*Selected Papers /
Ausgewählte Schriften*

PHAENOMENOLOGICA

COLLECTION PUBLIÉE SOUS LE PATRONAGE DES CENTRES
D'ARCHIVES HUSSERL

43

KURT GOLDSTEIN

Selected Papers/
Ausgewählte Schriften

KURT GOLDSTEIN

Selected Papers/
Ausgewählte Schriften

Edited by

ARON GURWITSCH
ELSE M. GOLDSTEIN HAUDEK
WILLIAM E. HAUDEK

Inroduction by

ARON GURWITSCH

MARTINUS NIJHOFF / THE HAGUE / 1971

ISBN 90 247 5047 4

PRINTED IN THE NETHERLANDS

TABLE OF CONTENTS/INHALT

VORWORT

Kurt Goldstein starb am 19. September 1965. Bis kurz vor seinem Tode arbeitete er an dem Plan, eine Auswahl seiner wichtigsten kürzeren Schriften zu veröffentlichen; ein verbindender Text sollte die ungebrochene Entwicklung seiner Ideen von ihren anfänglichen Keimen bis zur späteren vollen Entfaltung darlegen. Der Plan kam nicht mehr zur Vollendung; aber die vorliegende Zusammenstellung der für Kurt Goldstein's Lebenswerk bedeutsamsten Aufsätze mag dessen innere Einheit erhellen. Seine posthum veröffentlichte Autobiographie (s. unten S. 1 ff.) gibt eine knappe Zusammenfassung seiner grundlegenden wissenschaftlichen Ziele und Ergebnisse. Auskunft über seine hinterlassenen wissenschaftlichen Papiere ist durch mich erhältlich.

Herrn Professor Aron Gurwitsch, dem langjährigen Freunde Kurt Goldstein's und intimen Kenner seiner Ideen, der die Einleitung zu diesem Band geschrieben und an seiner Vorbereitung intensiv teilgenommen hat, spreche ich auch hier meine Dankbarkeit aus.

Desgleichen danke ich den Verlagshäusern, mit deren Erlaubnis die hier enthaltenen Schriften Kurt Goldstein's wieder abgedruckt werden konnten.

ELSE M. GOLDSTEIN HAUDEK
1080 Fifth Avenue
New York, New York 10028

EINLEITUNG

Die Aufnahme in die Serie *Phaenomenologica* der im vorgelegten Bande vereinigten Arbeiten rechtfertigt sich vollauf durch die philosophische Bedeutsamkeit sowohl dieser Aufsätze wie des gesamten Werkes von Kurt Goldstein – ungeachtet ihres weitgehend neurologischen Inhalts und ihrer ursprünglichen Herkunft aus neurologischer Forschung und Praxis. Genauer genommen besteht diese philosophische Bedeutsamkeit in doppelter Hinsicht. Als eine theoretisch vereinfachende Synthese grossen Stils bietet Goldsteins Auffassung des Organismus, vor allem des Nervensystems, zunächst ein besonderes Interesse vom Standpunkt der Wissenschaftslogik oder der Methodentheorie. Fungiert in dieser Hinsicht das Goldsteinsche Werk als Objekt philosophischer Betrachtung, so stehen auf der anderen Seite seine Deutungen psychologischer Folgeerscheinungen von Hirnverletzungen – Aphasien, Agnosien, Apraxien und dgl. – in einer noch direkteren und unmittelbareren Beziehung zur Philosophie, insofern sie mit gewissen philosophischen Lehren konvergieren oder sie bestätigen. In diesem Sinne sind sie auch mehrfach interpretiert worden. Es scheint uns ferner, dass die in Rede stehenden Deutungen einen sehr wesentlichen Beitrag zur Förderung gewisser Probleme der Husserlschen Phänomenologie zu leisten berufen sind und dass sich ihre philosophische Fruchtbarkeit in dieser Hinsicht in zukünftiger Forschungsarbeit noch weiter und noch klarer erweisen wird.

Naturgemäss ist der zweite Gesichtspunkt, der der direkten philosophischen Relevanz, massgebend gewesen für die Auswahl der hier vorgelegten Arbeiten,[1] die übrigens alle in der Sprache wieder abgedruckt werden, in der sie ursprünglich veröffentlich waren. Jedoch

---

[1] Eine vollständige Bibliographie der Arbeiten von Goldstein hat Jos. Meiers in *The Reach of Mind,* New York 1967, zusammengestellt.

soll in diesen einleitenden Bermerkungen auch dem an erster Stelle genannten Gesichtspunkt in gewissem Masse Genüge getan werden.

I

Nach Goldstein stellt das *Nervensystem* ein *Netzwerk* dar, *das immer als ganzes funktioniert.*[2] An verschiedenen Stellen dieses Netzwerkes befinden sich Ganglienzellen, durch die eine übermässig schnelle Ausbreitung einer in einem umschriebenen Bereich eingetretenen Erregungsveränderung auf das gesamte System verhindert wird. Auf der anderen Seite aber ermöglichen eben diese Ganglienzellen, weil sie den in Rede stehenden Bereich mit dem Netzwerk als ganzem in Verbindung halten, einen allmählichen Ausgleich der Energiedifferenzen und der Differenzen der Erregungsintensität, d.h. die Wiederherstellung einer Gleichgewichtslage. Bei dieser Aufassung des Nervensystems geht es nicht an, dieses als aus Segmenten und Sektoren zusammengesetzt aufzufassen, die alle in autonomer Weise, d.h. unabhängig voneinander funktionieren, so dass diese Einzelfunktionen sich erst nachträglich miteinander verbinden und kombinieren, z.B. auf Grund von "Wechselwirkungen," oder dass eine "höheren Zentren" zugeschriebene, aber ebenfalls in diesem Sinne nachträgliche Koordination zwischen ihnen erforderlich wäre. Demgemäss kann keine Leistung oder Funktion, welcher Art immer, als Resultante von Elementarfunktionen und -leistungen angesehen werden, die den Vorgängen in den erwähnten Segmenten und Sektoren entsprächen. Vielmehr muss jede Leistung auf das Nervensystem als ganzes be-

---

[2] Goldstein hat seine Auffassung vom Nervensystem (die er übrigens auf den Organismus als ganzen verallgemeinert wissen will) entwickelt in seinem Buch *Der Aufbau des Organismus* (Haag 1934), besonders Kap. III (englisch *The Organism,* New York 1939 und Boston 1963; französisch *La structure de l'organisme,* Paris 1951). Zusammenfassende Darstellungen sind gegeben worden von A. Gurwitsch, "Le fonctionnement de l'organisme d'après K. Goldstein", *Journal de Psychologie normale et pathologique* XXXVI, 1939, und W. Riese, "Kurt Goldstein. The man and his work", *The Reach of Mind,* New York 1967. Zur methodentheoretischen Diskussion siehe A. Gurwitsch, "La science biologique d'après K. Goldstein," *Revue Philosophique de la France et de l'Étranger* CXXIX, 1940 (englisch "Goldstein's conception of biological science", *Studies in Phenomenology and Psychology,* Evanston, Ill. U.S.A. 1966); zur geistesgeschichtlichen Einordnung von Goldsteins Ideen vgl. M. Klein, "Sur les résonances de la philosophie de la nature en biologie moderne et contemporaine", *Revue Philosophique de la France et de l'Étranger* CXLIV, 1954.

zogen, als Ausdruck und Manifestation des Gesamtorganismus gesehen werden, wobei den Bedingungen, unter denen der Organismus jeweilig steht, z.B. seiner Ausgangslage, Rechnung zu tragen ist.

Es ergibt sich daraus eine Konsequenz bezüglich der Frage der *Lokalisation von Leistungen und Funktionen.* Aus dem Umstand, dass bei Schädigung eines bestimmten Bereiches des nervösen Substrats eine gewisse Funktion ausfällt, bzw. mehr oder minder beeinträchtigt ist, darf nicht geschlossen werden, dass der geschädigte Bereich in dem Sinne den Sitz der betr. Funktion bildet, dass die Vorgänge ausserhalb diesen Bereichs für ihren Ablauf relativ belanglos wären. Da Schädigung eines Bereiches dessen Isolierung bedeutet, ist eine Verallgemeinerung möglich. Erscheinungen, die unter der Bedingung der Isolierung auftreten, z.B. wenn durch experimentelle Anordnung nur ein Teilsektor des Nervensystems unter weitgehender Ausschaltung des restlichen Gesamtnetzwerkes in Anspruch genommen wird, stellen Produkte und Resultate der Isolierung dar. Man darf aber nicht glauben, dass diese Erscheinungen in isolierter Form und in "Reinheit" jene Elementarfunktionen und -prozesse darstellen, die unter anderen Bedingungen als denen der Isolierung ebenfalls vor sich gehen, nur dass sie dann in umfassendere Komplexe von Prozessen und Funktionen eintreten, in denen sie aber so vorhanden sind und ablaufen (nur evt. nachträglich modifiziert), wie sie sich unter den Bedingungen der Isolierung zeigen. Goldstein wird so auf ein wichtiges methodologisches Prinzip geführt: Zum Verständnis des Organismus muss man zwar von den unter der Bedingung der Isolierung festgestellten Erscheinungen ausgehen, weil für die Praxis der theoretischen Forschung keine andere Zugangsmöglichkeit besteht. *Man kann aber nicht zum Verständnis des Organismus gelangen, wenn man ihn s.z.s. "induktiv" aus den unter der Bedingung der Isolierung beobachteten Erscheinungen zusammensetzen und aufbauen will. Vielmehr müssen diese Erscheinungen auf den Organismus als ganzen bezogen und als dessen Manifestationen und Verhaltungsweisen unter der Bedingung der jeweils in Rede stehenden Isolierung gedeutet werden.* Anders ausgedrückt: das gesunde Verhalten kann nie von pathologischen Phänomenen her begriffen werden, sondern nur umgekehrt das pathologische Verhalten als Abwandlung des gesunden unter der Bedingung der Isolierung.

Obwohl es für keine Leistung oder Funktion eine Lokalisiertheit im traditionellen Sinne gibt, haben Prozesse, die sich in einem bestimmten

Bereich des nervösen Substrats abspielen, für eine gegebene Funktion
oder Leistung eine besondere Bedeutung. Diese Prozesse stellen das
Vordergrundgeschehen dar, sie sind Figur-Prozesse, die für die
Promptheit ihres Ablaufens darauf angewiesen sind, dass sich im restlichen nervösen Netzwerk, ausserhalb des betr. Bereiches, das entsprechende *Hintergrundgeschehen* abspielt. Die Struktur von Vorder-
grund- und Hintergrundprozessen, die einander entgegengesetzt gerichtet sind, stellt nach Goldstein die Grundform alles nervösen Geschehens dar. Die Verankerung des Vordergrundprozesses in dem ihm
entsprechenden Hintergrundgeschehen bezeichnet Goldstein als *Zentrierung*, die verschiedener Grade fähig ist, und die beim Menschen
kaum je in idealvollkommener Weise besteht. Vom Grade der Zentrierung hängt ab die grössere oder geringere Differenziertheit der
Funktionen, die Präzision und Promptheit der Leistungen, die Stabili-
tät des Milieus, das der Organismus sich schafft, und in dem er lebt,
die Fähigkeit des Organismus, sich mit seiner Umwelt auseinanderzusetzen und den in ihr erwachsenen Aufgaben Genüge zu tun, – mit
einem Worte, die zwischen dem Organismus und seiner Umwelt bestehende, auch subjektiv erfahrene Adäquatheit.

Aus der zu Anfang skizzierten Auffassung des Nervensystems als
eines Netzwerks lassen sich die Folgen ableiten, die bei Isolierung
eines Teilbereichs dieses Netzwerks eintreten, z.B. wenn durch Krankheit, mechanische Schädigung oder operativen Eingriff Ganglienzellen
zerstört werden. Isolierung hat immer Herabsetzung der Zentrierung
zur Folge. Für Isolierung und Dezentrierung ist übrigens die materielle Zerstörung von Ganglienzellen keine notwendige Bedingung.
Isolierung kann auf Grund besonderer Umstände der ärztlichen Untersuchung eintreten oder auf Grund der Bedingungen eines Experiments, wenn z.B. der optische Sektor allein in Anspruch genommen
wird, ferner bei plötzlich auftretender Gefahr oder bei unerwarteter
Reizung von unverhältnismässig heftiger Intensität. Mangelnde Zentriertheit liegt auch beim noch nicht voll entwickelten Organismus,
nämlich dem kindlichen, vor, insofern als die zur Reife gehörige und
ihr entsprechende Stufe der Zentriertheit noch nicht erreicht ist. Worauf es ankommt, sind nicht die mannigfachen und verschiedenen möglichen Ursachen der Isolierung, sondern vielmehr diese selbst und die
mit ihr Hand in Hand gehende Dezentrierung.

Als Folge ergibt sich eine erschwerte Ansprechbarkeit auf äussere
Reize: die Schwellen sind erhöht. Ist aber eine äussere Reizung wirk-

sam geworden, so erhält das von ihr hervorgerufene nervöse Geschehen, eben weil infolge der Isolierung der Bereich, in dem es sich
abspielt, verkleinert ist, aussergewöhnliche Heftigkeit und Intensität.
Die Rückkehr in die Gleichgewichtslage ist erschwert, und diese
Erschwerung manifestiert sich in abnormaler Fixation sowie in Per-
severationserscheinungen aller Art und auf den verschiedensten Gebieten. Weil das Erregungsgeschehen auf einen umschriebenen Bereich beschränkt ist, verliert es in einem gewissen Masse den Charakter
eines in dem ihm zugehörigen Hintergrund verankerten Figurprozesses.
Der Nivellierung zwischen Figur und Hintergrund entspricht die Entdifferenzierung der Leistungen und Funktionen. Hierher gehört auch
die automatenhafte Rigidität des *Reflexes,* in dem Goldstein weder das
einfachste und elementarste Phänomen des Lebens noch eine bloss
theoretische Konstruktion oder Abstraktion sieht, sondern den er als
ein spezielles Verhalten unter der spezifischen Bedingung der Isolierung interpretiert, geradezu als Resultat und Produkt von Isolierung
und Dezentrierung, als hierdurch geschaffen. Aus der Nivellierung
von Vordergrund- und Hintergrundgeschehen erklärt sich auch die
Labilität, d.h. die alternierende Aufeinanderfolge antagonistischer
Prozesse, und zwar auf dem Gebiet der Sensorik wie der Motorik.
Nachdem ein gewisser Prozess, der infolge der Dezentrierung eine
exzessive Intensität erreicht, eine Zeit gedauert hat, gewinnen die
Hintergrundprozesse das Übergewicht, setzen sich durch, und der
ursprüngliche Prozess wird durch einen ihm entgegengesetzt gerichteten abgelöst, bis nach einiger Zeit ein weiterer Rückschlag eintritt und
der ursprüngliche Prozess wiederum das Übergewicht erhält, usw.
Während es im normalen Leben des Organismus überhaupt keine
Opposition gegeneinander wirkender antagonistischer Prozesse gibt,
sondern eine mehr oder weniger vollkommen ausgeprägte Vorder-
grund-Hintergrund-Struktur, löst sich diese Struktur unter der Bedingung der Isolierung und Dezentrierung in eine zeitliche Abfolge
antagonistischer Phasen eines Prozesses auf. Phänomene des Anta-
gonismus sind wie Reflexe nichts anderes als Resultate und geradezu
Schöpfungen der Isolierung, wobei die Gründe und Ursachen unerheb-
lich sind, die in einem gegebenen Fall die Isolierung herbeiführen.
Zugleich wird es verständlich, dass und warum man bei demselben
Kranken sowohl abnorme Fixation wie abnorme Labilität beobachten
kann.

Auf Grund dieser Auffassung der Dezentrierung und ihrer Folgen findet eine überaus grosse Fülle pathologischer Erscheinungen und experimenteller Befunde eine einheitliche Erklärung, d.h. eine Erklärung aus einem einzigen Prinzip. Im gegenwärtigen Zusammenhang ist es nicht möglich, dieser Fülle auch nur in Andeutungen nachzugehen [3]. Nur mit einigen Worten sei die Kritik Goldsteins an der *Psychoanalyse* und seine Erklärung der *Ambivalenz* erwähnt. Zunächst lehnt Goldstein das Unbewusste schon darum ab, weil es sich um einen rein negativ definierten Begriff handelt. Eines seiner wichtigsten methodischen Prinzipien untersagt es, von negativ definierten Begriffen, z.B. auch solchen wie Hemmung, Enthemmung, Gebrauch zu machen. Folglich gibt Goldstein nicht zu, dass die Ideen, Erfahrungen, Gefühle usw. des Kindes, kurz die kindliche Mentalität, ins Unbewusste verdrängt wird und dort unverändert die Reife und Entwicklung überlebt, um dann bei geeigneter Gelegenheit in bewusster Form zu Tage zu treten. Wenn der Neurotiker von "Vater", "Mutter", "moralischer Norm", "Inzest" usw. spricht, so bedeutet das für ihn etwas völlig anderes als es in seiner Kindheit bedeutet hatte. Die Neurose stellt keine Regression in die Kindheit dar. Es ist richtig: ambivalentes Verhalten beobachtet man beim Kinde sowohl wie beim Neurotiker. Ambivalenz aber stellt einen Spezialfall der Labilität dar, die ihrerseits eine Folge geschwächter oder verminderter Zentrierung ist. Infolge seiner Unreife hat das Kind die Zentrierung noch nicht erreicht; beim Neurotiker ist die Herabsetzung der Zentrierung eine Folge der Krankheit, die ausserdem noch durch die besonderen Umstände der psychoanalytischen Situation begünstigt wird. Um die Ähnlichkeit des kindlichen und neurotischen Verhaltens zu erklären, bedarf es also keiner Identifizierung der Inhalte und Materialien, die in die beiderseitigen Prozesse eingehen, vielmehr erklärt sich diese Ähnlichkeit durch die der Bedingungen, unter denen die Prozesse stattfinden, und durch ihre von den Bedingungen her bestimmte Ablaufsform.

Das Beispiel der Kritik an der Psychoanalyse, dem viele andere an die Seite gesetzt werden könnten (z.B. die Diskussion des Babinski-Phänomens), lässt sichtbar werden, dass Goldsteins Auffassung eine theoretische Vereinfachung darstellt, weil er die mannigfachsten Phänomene auf den verschiedensten Gebieten aus einigen wenigen ganz allgemeinen Prinzipien erklärt, unter denen vor allem die aus der

---

[3] Siehe hierzu Goldstein, *Der Aufbau des Organismus,* Kap. IV – VI und unsere zusammenfassende Darstellung in "Le fonctionnement de l'organisme d'après K. Goldstein", *loc. cit.* S. 119 ff.

Isolierung sich ergebende Herabsetzung der Zentrierung zu nennen ist, ohne auf irgendwelche Zusatzannahmen und Hilfshypothesen angewiesen zu sein, bei denen in weitem Masse auf die Eigenart der jeweils im Spiele befindlichen speziellen Inhalte Rücksicht genommen werden muss. Ermöglicht wird Goldsteins theoretisch vereinfachende Synthese dadurch, dass *sein Denken sich nicht so sehr an sachlichen Inhalten, Gegebenheiten und Gehalten als vielmehr an Funktionen, deren Bedingungen und Verlaufsformen, d.h. an formalen Aspekten von Funktionalem orientiert.* Vom Standpunkte der philosophischen Methodenlehre ist dieser Übergang von einem an die sachlichen Inhalte gebundenen Denken zu einem funktional orientierten deshalb besonders bedeutungsvoll, weil er dem echten Geiste moderner Wissenschaftlichkeit entspricht.[4]

Aus der funktionalen Orientierung des Goldsteinschen Denkens folgt ein weiteres von ihm aufgestelltes wichtiges methodologisches Prinzip. Wird bei einem Kranken eine Mehrheit von Symptomen festgestellt, so darf niemals eines dieser Symptome als zentral oder fundamental angesehen werden, aus dem die anderen Symptome sich als abgeleitet oder sekundär ergeben. Eine solche Auszeichnung kann niemals anders als willkürlich im Sinne der Unsachlichkeit sein, da sie entweder auf vorgefassten theoretischen Ideen beruht, oder darauf, dass ein bestimmtes Symptom aus irgendwelchen Gründen besonders auffällt. Die richtige Methode besteht darin, sämtliche Symptome voll zur Geltung kommen zu lassen, sie aber alle in gleichmässiger Weise als Symptome zu nehmen, d.h. sie auf den Organismus als ganzen zu beziehen und als dessen Verhaltensweisen unter den in Rede stehenden Bedingungen zu deuten. Worauf es ankommt, ist, die fundamentale Veränderung des Organismus herauszustellen, die sich in allen seinen Leistungen und Verhaltensweisen in einer den jeweils ins Spiel tretenden Inhalten entsprechenden Weise bekundet.

Wenn Goldstein vom Organismus als ganzem oder als solchem spricht, so meint er damit nicht eine "Entelechie" oder irgendein Ge-

---

[4] Aus diesem Grunde sei auch auf die Kritik der Psychoanalyse bei Piaget, *Introduction à l'Épistémologie génétique* (Paris 1950) Bd. III S. 154 f. hingewiesen. Piaget geht von anderen Voraussetzungen aus, und auch seine Begrifflichkeit ist nicht dieselbe. Methodentheoretisch gesehen, nähert sich seine Kritik der Goldsteinschen insofern an, als auch er die "substanzielle Kausalität" durch die Betrachtung von Funktionalem (von ihm "Schemata" genannt) ersetzt.

bilde höherer Ordnung, das den Gliedern, Organen und Organsyste-
men übergeordnet wäre. Es handelt sich ihm nicht um eine *ratio es-
sendi* als vielmehr um eine *ratio cognoscendi*. Für Goldstein stellt der
Organismus eine Idee dar, die Erkenntnis begründen, d.h. das Verständnis von mit Hilfe analytischer und experimenteller Methoden
festgestellten Erscheinungen ermöglichen soll. Von so festgestellten
Erscheinungen und Tatsachen ist auszugehen, weil es keinen anderen
Zugang zum Organismus gibt. Jedoch wird dieser nicht dadurch erreicht, dass man die analytisch-experimentell ermittelten Tatsachen
zusammenstellt, miteinander vergleicht, klassifiziert, kurz gesagt,
induktiv mit ihnen verfährt. Um von den Einzeltatsachen zum Organismus zu gelangen, bedarf es in der Biologie nicht anders als in den
anderen theoretischen Disziplinen, z.B. der Physik, eines Sprunges,
nämlich der Konzeption einer Idee. Aus dieser werden Konsequenzen
abgeleitet, die zu weiteren experimentell-analytischen Feststellungen
Anlass geben, welche ihrerseits entweder die theoretische Konzeption
bestätigen oder aber zu ihrer mehr oder weniger radikalen Revision,
bis zur völligen Verwerfung führen. In diesem Falle wird eine neue
Idee vom Organismus konzipiert, die ihrerseits wieder in der erwähnten Weise mit den Resultaten der Analyse und des Experiments zu
konfrontieren ist usw.

Im Zuge seiner methodologischen Darlegungen beruft sich Goldstein auf E. Cassirer und vor allem auf H. Hertz für den symbolischen
Charakter theoretischer Konstruktionen und Modelle. Aus diesem
Grunde kann er von einer Idee des Organismus sprechen, die die Einzelheiten verständlich macht. Biologische Modelle und Konstruktionen
unterscheiden sich von denen der mathematisch-physikalischen Wissenschaften durch ihre grössere "Lebensnähe": sie sind weniger abstrakt und formalisiert. Immerhin betonten wir die funktionale Orientierung des Goldsteinschen Werkes, das wegen dieser Orientierung
und dank ihr sich den grossen aus der Geschichte der Wissenschaften
bekannten theoretisch vereinfachenden Synthesen an die Seite stellt.

II

Aus Goldsteins in Gemeinschaft mit A. Gelb angestellten Unter-
suchungen psychologischer Folgeerscheinungen von Hirnverletzungen
– Aphasien, Agnosien, Apraxien, usw. – ergab sich die grundlegende
Unterscheidung von *konkreter* und *kategorialer Einstellung*. In der

konkreten Einstellung überlässt sich das Subjekt der Aussenwelt und lässt sich von der gerade vorliegenden konkreten Situation, in der es sich befindet, leiten. Es wird den jeweiligen praktischen Erfordernissen routinehaft gerecht und entspricht den Anforderungen, die aus der konkret gegebenen Situation erwachsen. Dinge aller Art werden als die genommen und behandelt, als die sie *hic et nunc* in der gerade vorliegenden Situation figurieren; sie sind geradezu durch ihren praktischen Zweck und Gebrauch unter den konkret gegebenen Umständen definiert. Das Charakteristische der konkreten Einstellung liegt darin, dass das Subjekt sich völlig innerhalb der gerade vorgegebenen Situation hält und s.z.s. ausserstande ist, über sie hinaus zu sehen. Weil das Subjekt von der gegebenen Situation in ihrer massiven Realität gleichsam überwältigt und dieser Situation ausgeliefert ist, gibt es keine Distanz zwischen dem Ich und der Aussenwelt.

Gerade das Bestehen einer solchen Distanz ist für die kategoriale Einstellung wesentlich. In dieser Einstellung wird die vorliegende konkrete Situation zwar gesehen, erscheint aber in einen weiteren Zusammenhang hineingestellt. Handlungen, zu denen die gegebene Situation auffordert, können unterlassen werden, weil unerwünschte "Nebeneffekte" vorausgesehen werden, die die Ausführung der betr. Handlung nach sich ziehen würde. Wir sprechen von Nebeneffekten, weil die Wirkungen, um die es sich handelt, ausserhalb der in Rede stehenden konkreten Situation liegen. Ohne dass die letztere ihre Realität für das Subjekt verliert, büsst diese Realität doch ihre Massivität insofern ein, als die gegebene Situation trotz ihrer Wirklichkeit als veränderbar begriffen wird. Anders ausgedrückt: es können Möglichkeiten in Betracht gezogen werden, so dass die vorliegende konkrete wirkliche Situation als eine mögliche unter anderen möglichen erscheint. Das besagt: die vorgegebene Wirklichkeit kann unter verschiedenen und wechselnden Gesichtspunkten betrachtet werden, deren Wahl lediglich von dem Subjekt abhängt. Das Subjekt kann zur gegebenen Situation Stellung nehmen, Handlungen ins Auge fassen, und einleiten, die auf deren Abänderung abzielen. Entsprehend können in der konkreten Situation angetroffene Dinge und Gegenstände aus der Bezogenheit auf den Handlungszusammenhang in dieser Situation herausgelöst werden. Dann werden sie nicht mehr als lediglich durch die Funktion bestimmt gesehen, die sie in einem gewissen Handlungszusammenhang erfüllen, sondern sie können auf eine begriffliche Ordnung bezogen, z.B. als Spezialfälle eines Begriffes genommen werden oder als Repräsentanten einer Klasse oder Kategorie von Objekten. Wiederum kann es sich um verschiedene begriffliche Ordnungen handeln, und der Übergang von einer zur anderen ist der freien Wahl des Subjekts anheimgestellt. Zusammenfassend lässt sich die kategoriale Einstellung dahin charakterisieren, dass in ihr das Subjekt in der Lage ist, sowohl im Denken als auch im Handeln der gegebenen Wirklichkeit gegenüber Initiative zu entfalten.

Aus jahrelangen klinischen Beobachtungen und Untersuchungen ergab sich, dass in allen Fällen von Hirnverletzungen die Kranken auf die konkrete Einstellung reduziert sind. Obwohl das klinische Bild im Einzelnen je nach den Umständen mannigfach wechselt, lässt sich diese Reduktion ganz allgemein feststellen, und es muss betont werden, dass sie sämtliche Funktionen und Leistungen betrifft. Mit dieser Reduktion haben wir eine der vorhin erwähnten fundamentalen Veränderungen vor uns, die sich in allen Symptomen ausdrückt, und auf die alle Symptome in gleicher Weise zu beziehen sind. Selbstverständlich ist diese Reduktion eine Folge der durch die Verletzung geschaffenen Isolierung; die Isolierung bekundet sich übrigens auch in dem Verhalten des Kranken, insofern er dem praktischen Handlungszusammenhang verhaftet bleibt und nicht in der Lage ist, über die wirklich vorliegende konkrete Situation hinaus zu sehen.

Indem die konkrete Einstellung von der kategorialen unterschieden wird, ist noch zu betonen, dass das Verhalten der auf die konkrete Einstellung reduzierten Hirnverletzten nicht mit der konkreten Einstellung des Gesunden identifiziert werden darf. Auch der gesunde Mensch kann sich konkret verhalten und verhält sich konkret, soweit er den alltäglichen Anforderungen durch glatt ablaufende Handlungen Genüge tut. Jedoch ist beim Gesunden die Phase des konkreten Verhaltens in einen umfassenderen Prozess eingeordnet, der auch durch kategoriale Einstellung bestimmte Phasen enthält. Man kann sagen, dass das konkrete Verhalten des Gesunden sich innerhalb eines Horizontes möglicher kategorialer Einstellung abspielt. Für den Hirnverletzten gilt das nicht. Sein Reduziertsein auf die konkrete Einstellung besagt das Fortfallen der Möglichkeit kategorialer Einstellung, folglich auch jedes Bezugs auf diese Möglichkeit. Methodologisch folgt daraus, dass das Verhalten des Hirnverletzten nur von dem des Normalen aus verstanden werden kann, nämlich als Variation und Radikalisierung der konkreten Einstellung des Gesunden.

Goldsteins Begriffe und Theorien sind in der zeitgenössischen philosophischen Literatur mehrfach herangezogen und interpretiert worden [5]. E. Cassirer hat ihnen eine eingehende Darstellung und Erörterung gewidmet und sie als Bestätigung seiner Lehre von den symbolischen Funktionen in Anspruch genommen [6]. Nach dieser Lehre sind die in ständigem Wechsel und Fluss begriffenen sinnlichen Phänomene der symbolischen Formung unterworfen, kraft deren sie in Bezug auf bestimmte Ordnungszentren (Ding-Eigenschaft, räumliche Ordung, zeitliche Abfolge) organisiert werden und so Sinn und Bedeutung erhalten. Nun sind nach Cassirer weder die sinnlichen Daten in ihrer Reinheit, noch ist die symbolische Funktion in ihrer Operation direkt und unmittelbar zugänglich. Was sich uns darbietet, und womit wir es zu tun haben, ist immer nur das fertige Produkt oder Resultat des Zusammenwirkens der beiden Faktoren: die in bestimmter Weise symbolisch formierten oder geformten sinnlichen Daten. Goldsteins Befunde erhalten für Cassirer Bedeutsamkeit, weil sich in diesen Befunden eine Lockerung der Verbindung zwischen den beiden erwähnten Momenten anzeigt; sie treten in gewissem Mass auseinander. Auf der einen Seite erscheint die Interpretation Goldsteins als eine Bestätigung der Theorie Cassirers, besonders des für diese Theorie so charakteristischen und wesentlichen Dualismus. Auf der anderen Seite interpretiert Cassirer die Reduktion auf die konkrete Einstellung als eine Beeinträchtigung, wenn nicht Ausschaltung, der symbolischen Funktion.

Dieser, wie er sie nennt, intellektualistischen Auffassung Cassirers stellt Merleau-Ponty seine existentialistische Deutung gegenüber [7]. Nach Merleau-Ponty betrifft die Reduktion auf die konkrete Einstellung nicht so sehr, und jedenfalls nicht primär, die symbolische oder überhaupt eine im eigentlichen Sinne intellektuelle Funktion als vielmehr die primordiale, prae-logische und prae-prädikative Erfahrung, die allen logischen Leistungen zu Grunde liegt, und auf deren Boden allein diese Leistungen erst möglich sind [8]. Die in primordialer Er-

---

[5] Siehe den Überblick von A. Schutz, "Language, language disturbances and the texture of consciousness", *Social Research* XVII, 1950 und *Collected Papers* Bd. I, 1962.

[6] E. Cassirer, *Philosophie der symbolischen Formen* Bd. III (1929) Teil II Kap. VI.

[7] M. Merleau-Ponty, *Phénoménologie de la perception*, Première Partie III, IV, VI.

[8] Merleau-Ponty zieht für seine Interpretation Ideen heran, die Husserl in seinen letzten Schriften entwickelt hat. Wir kommen auf diese Ideen noch kurz zurück.

fahrung dem Gesunden gegebene Welt ist in spezifischer Weise organisiert; es bestehen in ihr Äquivalenzen, Entsprechungen und andere Bedeutsamkeiten, dank deren der Gesunde sich in seiner Welt spontan und prompt orientieren kann. Im Falle der Hirnverletzung wird dieses System von Korrespondenzen zerstört, so dass das Verhalten des Kranken in charakteristischer Weise verändert wird, wobei diese Veränderungen je nach dem Sitz der Schädigung in mannigfacher Weise variieren. In einem Fall von optischer Agnosie, um nur ein einziges Beispiel zu erwähnen, muss der Kranke die ihm optisch dargebotenen Gegenstände Stück für Stück, richtiger gesagt Fragment für Fragment schrittweise konstruieren. Bei dem engen Zusammenhang zwischen der Struktur der Welt eines Subjektes und dessen Weise, sich zu seiner Welt zu verhalten und in ihr zu existieren, entspricht eine Veränderung der Welt der Variation der Weise, sich in dieser Welt zu orientieren und sich mit den jeweils gegebenen Situationen auseinander zu setzen. – Sein ärztlicher Beruf und seine intensive Anteilnahme am Menschen, besonders dem kranken Menschen, haben für Goldstein diese auf der Linie einer philosophischen Anthropologie liegende Interpretation seines Werkes besonders anziehend gemacht.

Vom Standpunkt der Phänomenologie Husserls hat der Verfasser dieser Seiten den Versuch unternommen, eine Konvergenz zwischen Husserls Theorie der Ideation und Gelb-Goldsteins Erklärung der amnestischen Aphasie, besonders der Farbennamenamnesie herauszustellen [9]. Die neurologischen Befunde bestätigen die von Husserl behauptete spezifische Natur ideierender Akte und die Unzurückführbarkeit ideierenden Bewusstseins auf Wahrnehmungsbewusstsein, eine Zurückführung, die in der empirizistischen Schule immer wieder versucht wurde. Beide Forschungsrichtungen sind ferner in vollständiger Unabhängigkeit voneinander auf eine Unterscheidung geführt worden, die in phänomenologischer Ausdrucksweise als die zwischen sinnlichen Gleichheits- oder Einheitsmomenten auf der einen Seite und Gleichheit oder Einheit als kategorialen Formen auf der anderen Seite bezeichnet werden kann. Es macht einen Unterschied, ob farbige Gegenstände, z.B. Wollsträhnen, kraft einer gerade im Augenblick er-

---

[9] A. Gurwitsch, "Gelb-Goldstein's concept of 'concrete' and 'categorial' attitude and the phenomenology of ideation", *Philosophy and Phenomenological Research* X, 1949 und *Studies in Phenomenology and Psychology*. Goldstein hat diese Konvergenz selbst anerkannt in *A History of Psychology in Autobiography* Bd. V (hrsg. von E. G. Boring und G. Lindzey, 1967) S. 162 f.

fahrenen unmittelbar-sinnlichen Kohärenz als zusammengehörig erscheinen oder deshalb, weil sie alle auf dieselbe Spezies, etwa Rot, bezogen und als Exemplare dieser Spezies betrachtet werden, bzw. als Vertreter der im Hinblick auf die genannte Spezies konstituierten Klasse "rote Gegenstände". Auf Grund dieser und ähnlicher Befunde hat der Verfasser, Husserl folgend, die These vertreten, dass alle kategorialen und logischen Termini einer doppelten Bedeutung fähig sind [10]. Die eine ist die kategoriale und logische im eigentlichen streng begrifflichen Sinne; in der anderen Bedeutung genommen, bezeichnen die fraglichen Termini unmittelbar gegebene Züge und Momente, die den sinnlichen Wahrnehmungserfahrungen immanent sind.

Die in Rede stehende Unterscheidung ist fundamental und von ganz allgemeiner Bedeutung. In seinen letzten Schriften hat Husserl die "Lebenswelt", d.h. die Welt, wie sie in reiner Wahrnehmungserfahrung gegeben ist, in den Vordergrund gestellt als den Grund und Boden, auf dem die Leistungen der Vernunft erwachsen, der logischen, mathematischen und im spezifisch neuzeitlichen Sinne naturwissenschaftlichen Vernunft [11]. Für eine radikale philosophische Aufklärung des Sinnes dieser Vernunftleistungen muss auf die Lebenswelt zurückgegangen werden. Diese weist ganz bestimmte Organisationsformen auf. Husserl spricht von einem "universalen lebensweltlichen Apriori" im Unterschied zum "objektiven Apriori" der mathematischen und anderen formalen Wissenschaften, das in dem ersteren Apriori gründet und dank spezifischer "idealisierender Leistungen" aus diesem hervorgeht [12]. Man kann das vielleicht dahin ausdrücken, dass in der Lebenswelt eine bestimmte Art von "Logik" gilt und herrscht, die aber nicht die Logik im eigentlichen Sinne einer in Explizitheit zu systematisierenden formalen Disziplin ist, sondern lediglich deren Keimzelle bildet, und die daher nicht unangemessen als "Proto-Logik"

---

[10] A. Gurwitsch, "Quelques aspects et quelques développements de la psychologie de la forme", *Journal de Psychologie normale et pathologique* XXXIII (1936) S. 437 f. und 455 f. (english: "Some aspects and developments of Gestalt Psychology", *Studies in Phenomenology and Psychology* S. 30 f. und 49 f.).

[11] Husserl, *Formale und transzendentale Logik* (1929); *Erfahrung und Urteil* (1939 und 1948); *Die Krisis der europäischen Wissenschaften und die transzendentale Phänomenologie* = *Husserliana* Bd. VI (1954).

[12] Husserl, *Die Krisis der europäischen Wissenschaften und die transzendentale Phänomenologie*, § 36.

bezeichnet werden kann [13]. Damit ist ein Problem oder vielmehr eine
Forschungsaufgabe von grösster Tragweite formuliert, die Aufgabe
nämlich, zunächst *die Proto-Logik in Vollständigkeit zu entwickeln
und dann den Übergang von ihr zur Logik im eigentlichen Sinne auf-
zuklären.* Es handelt sich um die Herausstellung und Analyse der Be-
wusstseinsakte, die an diesem Übergang, besonders an den idealisie-
renden Leistungen beteiligt sind, sowie um die Bedingungen, unter
denen diese Akte und Leistungen möglich werden. In diesem Zusammenhang gewinnen Goldsteins Untersuchungen besondere Relevanz,
weil pathologische Befunde geeignet sind, s.z.s. als negatives Gegen-
beispiel zu fungieren, indem an ihnen Bedingungen zu Tage treten,
die leicht übersehen werden, oder deren Erfülltsein für selbstverständlich gilt, eben weil sie im normalen Bewusstseinsleben *de facto* immer
erfüllt sind [14]. In der soeben bezeichneten Aufgabe, die auf nichts
anderes hinausläuft als auf eine phänomenologische Theorie der Wissenschaften – *aller* Wissenschaften – sehen wir ein dringendes Anliegen
der Husserlschen Phänomenologie im gegenwärtigen Stadium ihrer
Entwicklung. Für die In-Angriff-nahme dieser Aufgabe erwarten wir
von den Forschungen Goldsteins wertvolle Anregungen und erheb-
liche Förderung.

ARON GURWITSCH.

---

[13] Für den Ausdruck "Proto-Logik" ist Vf. seinem Schüler Herrn L. Embree
zu Dank verpflichtet.
[14] Vgl. A. Gurwitsch, "Sur la pensée conceptuelle", *Edmund Husserl 1859–
1959 = Phaenomenologica* Bd. IV, 1959 (englisch "On the conceptual consciousness", *Studies in Phenomenology and Psychology*).

NOTES ON THE DEVELOPMENT
OF MY CONCEPTS*

In the German classical gymnasium in which I was educated, our interest and learning was essentially directed toward the humanities, and so was my reading outside of school. Nevertheless, the young men in the gymnasium generally tended to choose natural sciences as a profession. When I had to decide between natural sciences and philosophy before entering the university, I did not know which to choose. In deciding on natural science, I was certain that I would use it only as a basis for becoming a physician. Medicine alone appeared suited to my inclination – to deal with human beings.

The vague knowledge I had of medicine concerned mainly people with mental diseases, who seemed to me particularly in need of help. At that time, these diseases were considered the expression of abnormal brain conditions. Thus study of the nervous system was taken for granted, and I became attracted by professors who were occupied with studies in this field: the anatomist, Professor Schaper, who was interested in the embryonic development of the nervous system; the famous psychiatrist, Professor Karl Wernicke, who tried to understand the symptoms of the patients psychologically and to combine this understanding with the findings on their brains; and Professor Ludwig Edinger, who laid the foundations of comparative anatomy of the nervous system and for whom the study of anatomy was mainly the means of understanding the behavior of different animals and man. In the middle of my university life I had already started work in the laboratory and published two anatomical papers, somewhat neglecting the required lectures, particularly those in surgery and gynecology.

* Reprinted from Journal of Individual Psychology, Vol .15, 1959 (pp. 5-14), by permission of the Journal.

THE SYMPTOM IN RELATION TO THE WHOLE ORGANISM

Prepared with some knowledge in my favored field, I went to work with neurological patients, using the wonderful detailed method of examination of Wernicke's for my model. In 1907 I obtained a position in the psychiatric university clinic in Koenigsberg. There I was extremely disappointed because psychiatric care was at that time mainly custodial; and the clinical approach of Kraepelin, by which he tried to bring order into the somewhat confused field, appeared to me unpromising for therapy.

While concentrating on investigation of organic neurological and psychiatric cases, I became aware that the usual procedure, following the method of natural sciences, studying carefully the outstanding symptoms and trying to base therapy on these results, revealed many interesting phenomena but was very unsatisfactory for purposes of therapy. When I began to examine also the other manifestations of pathological behavior of the same patients, which were usually considered simple concomitants and were more or less neglected in the interpretation, the results seemed more promising. Indeed, I was not certain how far one should go in this respect and by what method one could evaluate this increasing amount of material. I felt that we are confronted with a basic problem in our scientific approach to understanding the behavior not only of patients but of living beings in general. I did not yet foresee that the attempt to attack this problem would permanently determine my scientific endeavors [1].

The problem became particularly urgent during and after the First World War, when I was confronted with the task of treating a great number of young soldiers with brain injuries and defects in different mental capacities, particularly language. After surgical treatment, they were generally considered objects of charity and care, because it seemed that a real improvement could never be expected. Only a few neurologists, myself among them, protested that by adequate treatment these patients might be brought to a condition where life would again be worth living, despite some remaining defects. For this pur-

[1] K. Goldstein, *The Organism; a Holistic Approach to Biology Derived from Pathological Data in Man.* New York: American Book Co., 1939.

pose, a few special hospitals were established, in opposition to the opinion of most of the leading neurologists of the country [2/3].

My idea was to build an institution which offered the opportunity to observe the patients' everyday behavior and to study them in all respects. Accordingly I organized in Frankfurt am Main, under the administration of the government, a hospital which consisted of a ward for medical and orthopedic treatment, a physiological and psychological laboratory for special examination of the patients and theoretical interpretation of the observed phenomena, a school for retraining on the basis of the results of this research, and finally workshops in which the patient's aptitude for special occupations was tested and he was taught an occupation suited to his ability. I was assisted in this work by younger neurologists, teachers, and psychologists. Here the cooperation of my late friend, the psychologist A. Gelb, for over ten years proved to be of the greatest significance. This hospital, later called Institute for Research on the After-Effects of Brain Injuries, existed until Hitler came to power. For our purposes it was particularly fortunate that we could keep and observe patients for a long time, even for years [4].

This intensive cooperative work yielded many results of practical and theoretical value for medicine and psychology, as evidenced by a number of publications by my co-workers and myself, particularly the *Psychologische Analysen hirnpathologischer Fälle* [5]. The enormous experience gained became the basis for the development of my theoretical concepts.

ABSTRACT VERSUS CONCRETE BEHAVIOR

We soon found that one reason for failure in treatment was that we overlooked the fact that similar-appearing symptoms can be of essentially different origins, and that only by knowing the latter can one avoid inadequate treatment and achieve better results [6].

[2] K. Goldstein, *Die Behandlung, Fürsorge und Begutachtung des hirnverletzten Soldaten.* Leipzig: Vogel, 1919.

[3] K. Goldstein, *Aftereffects of brain injuries in war; their evaluation and treatment.* New York: Grune & Stratton, 1942.

[4] *Supra* n. 2.

[5] K. Goldstein and A. Gelb, *Psychologische Analysen hirnpathologischer Fälle.* Leipzig: Barth, 1920.

[6] K. Goldstein, "Das Wesen der amnestischen Aphasie", *Schweiz. Arch. Neurol. Psychiat.,* 1924, 15, 163-175.

We discovered further that we are dealing with two different groups of symptoms. In the one group, the symptoms are due to damage of a special mental capacity, which we could characterize on the basis of the defects of behavior of these patients and which we later called the abstract attitude; while in the other group, the symptoms represent a damage of another form of human behavior, the concrete behavior to which the learned activities belong particularly [7/8].

Because observation revealed that the characteristic modification of behavior in the first group concerned more or less all performance fields, it was possible to explain through a differentiation of one and the same function many different symptoms which before were considered the result of more accidental damage of different performance fields. This gave a deeper insight to our concept of brain functioning in general [9/10].

Among the symptoms consisting of modifications of concrete behavior, we could distinguish [11] those which were the direct effect of the lesion in one field, and [12] those which became understandable from the change of the functioning of the field concerned due to its isolation [13] from the influence of the abstract capacity. When we then saw that the modification of function through isolation follows definite laws, we pondered whether isolation might not play a decisive role in the development of many pathological phenomena in general. The increasing verification of this idea became the basis for a new approach to study the functioning of the brain, the so-called *holistic approach*, which assumes that every phenomenon – normal as well as pathological – is an activity of the whole organism, in a particular organization of the organism [14].

By application of this methodical procedure, a number of much

[7] K. Goldstein, "Das Symptom; seine Entstehung und Bedeutung für unsere Auffassung vom Bau und von der Funktion des Nervensystems", *Arch. Psychiat. Neurol.*, 1925, 76, 84-108.

[8] K. Goldstein and M. Scheerer, "Abstract and concrete behavior; an experimental study with special tests", *Psychol. Monogr.*, 1941, 53, No. 2.

[9] K. Goldstein, "Über induzierte Veränderungen des Tonus", *Klin. Wschr.*, 1925, 4, 294-299.

[10] K. Goldstein, "'Die Lokalisation in der Grosshirnrinde". In A. Bethe *et al.* (Eds.), *Handbuch der normalen und pathologischen Physiologie*, Vol. 10. Berlin: Springer, 1927, 600-842.

[11] *Supra* n. 2.

[12] *Supra* n. 5.

[13] *Supra* n. 1, p. 133.

[14] *Supra* n. 1.

discussed phenomena became more easily explained. Regarding the problem of brain localization, the usual assumption of isolated functions in isolated regions of the cortex proved untenable [15]. The so-called psychosomatic relationship [16] found a new interpretation which resolved many of the former difficulties in this field. The experiences with aphasic patients led to repudiation of the concept, at that time predominant, that different types of aphasia, related to lesions in different centers of the brain, can be distinguished [17]. The various forms of aphasia could be explained in a unitary way, which gave rise to a new concept of language, with consequences for the theory of language in general [18/19]. Similarly, new explanations were suggested for the problems of the reflexes [20], of anxiety [21], of the so-called unconscious [22], and the phenomena of the tonus [23/24/25].

HEALTH, DISEASE AND THERAPY

The most general result of our studies in the field of medicine was a definite concept of health, disease and therapy which originated from observation of brain-injured patients, but gained general significance after it proved to be useful in application to all diseases which cannot be cured totally.

The brain-injured patient presents not only failures of a greater or lesser degree, but a frequent occurrence of what I called *catastrophic condition, i.e.,*[26] symptoms of disordered functioning of the whole organism, which shows all the characteristics of severe *anxiety*. By considering the patient's mental condition in its totality, we concluded

[15] *Supra* n. 1, p. 249.
[16] *Supra* n. 1, p. 335.
[17] K. Goldstein, "Die zwei Formen der Störungsmöglichkeit der Sprache", *Zbl. ges. Neurol. Psychiat.*, 1931, 61, 267-288.
[18] K. Goldstein, *Über Aphasie*. Zurich: Orel Füssli, 1927.
[19] K. Goldstein, *Language and language disturbances*. New York: Grune & Stratton, 1948.
[20] *Supra* n. 1, p. 159.
[21] *Supra* n. 1, p. 291.
[22] *Supra* n. 1, p. 307.
[23] K. Goldstein and W. Riese, "Über induzierte Veränderungen des Tonus", *Klin. Wschr.*, 1923, 2, 1201-1206, 2339-2340; 1924, 3, 187-188.
[24] *Supra* n. 9.
[25] K. Goldstein, "Über induzierte Veränderungen des Tonus", *Schweiz. Arch. Neurol. Psychiat.*, 1926, 17, 203-288.
[26] *Supra* n. 1, p. 35.

that this anxiety cannot be a reaction to the experience of failure [27]. The catastrophic condition and anxiety can be understood only as a reaction of the personality to the danger to which he is exposed by the impossibility of realizing his essential capacities, due to the failure. The observations brought us to characterize anxiety in general as the *subjective experience of being in danger of losing "existence"* [28].

It is this danger to existence which the individual experiences in all conditions we call sickness [29/30]. In contrast to this, health appears to be the condition of order by which the realization of the organism's nature, its "existence," is guaranteed. But health is, in cases in which *restitutio ad integrum* cannot take place, characterized by another phenomenon, which we also first studied in these brain-injured patients.

If the patient has achieved a state of order, after we have arranged an environment where no demands are made on him which he cannot fulfill and which would lead him to catastrophe, then, he feels healthy; and one could say he is in a state of health. But observation shows that even then, when he is in principle able to use undamaged capacities, he seems not to use those which may bring him − under some conditions − in spite of the protection, into catastrophe. In other words, for maintenance of order as well as existence in an objectively not totally restituted condition, *some restrictions are necessary to guarantee the order, and thus the existence corresponding to his nature* [31].

What we observed in the brain-injured patient proved also to fit patients with sicknesses of different kinds, as long as the sickness cannot be wholly eliminated. In such cases order, or health, can be achieved only if some restrictions are maintained. But even then health can be maintained only if the patient does not encounter catastrophe due to these restrictions. Such catastrophe is avoided in the brain-injured, when we arrange their environment so that they get as much as they can appreciate of the personal satisfaction which they need so badly. Due to the impairment of their abstract capacity, they

[27] *Supra* n. 1, p. 295.
[28] K. Goldstein, "The structure of anxiety". In J. H. Masserman & J. L. Moreno (Eds.), *Progress in psychotherapy*, Vol. 2. New York: Grune & Stratton, 1957, 61-70.
[29] *Supra* n. 1, p. 247.
[30] K. Goldstein, "The idea of disease and therapy", *Rev. Relig.*, 1949, 13, 229-240.
[31] *Supra* n. 30.

do not realize under these conditions the shrinkage of their world and their personalities by the restrictions. When mentally normal individuals with severe bodily diseases, neurotics, and psychotics become aware of restrictions of performances which they feel able to execute, they are confronted with a dilemma. The solution of this dilemma is necessary for their becoming "healthy," else they may come into catastrophe, and their health will be diminished. They must bear restrictions, and with them some suffering and anxiety. Only then will such patients be in an ordered state where they can "exist." So we come from our "organismic approach" – which takes the whole nature of the individual (his *Wesen,* his existence) into account – to a concept of sickness and health which must consider the phenomenon of accepting some restrictions as a prerequisite of health [32].

Our result concerns the condition of health not only in patients without *restitutio ad integrum,* but also in normal individuals, since life always demands some restrictions. Each performance, pathological or normal, can be correctly evaluated only if one takes its relation to the individual's "existence" into consideration. The relation to the existence is so important a factor for the interpretation of each performance of an individual that it is essential to any attempt to understand human behavior in general.

I want to mention here shortly some consequences of this viewpoint for *therapy.* Becoming healthy demands a transformation of the individual's personality which enables him to bear restrictions. That is the presupposition to acquiring an adequacy between his remaining capacities and the world, *i.e.,* an ordered state – and thereby the possibility of using the undamaged capacities to such a degree that life remains worth living in spite of restriction. It is our task in therapy to help the patient realize the necessity of restrictions in becoming healthy. I would like to stress again that this concerns all kinds of sickness.

We shall be successful in therapy only when we always have the aforementioned goal in mind. From this point of view we have to decide, for instance, which symptoms can be eliminated and which should remain undisturbed, and shall have to evaluate the many procedures which have been recommended in the different schools of psychotherapy.

---

[32] *Supra* n. 30.

A particular part of therapy consists in making the patient understand the problem as much as possible in all of its details. It will help him to take restrictions, particularly if he becomes aware that his situation is in principle not so very different from that in which normal human beings "exist."

In all the mentioned respects, adequate organization of the relationship between physician and patient will be of the greatest importance. Its development is according to our experience a prerequisite for success, not only in so-called functional diseases but in "organic" patients as well. Of course, it will be organized somewhat differently in the various conditions. Our organization is based on the organismic approach and differs somewhat from the transference of other schools of psychotherapy, particularly that of psychoanalysis [33].

EPISTEMOLOGY AND THE NATURE OF MAN

In stressing that the interpretation of any symptom and the organization of therapy must be based on knowledge of the total organism, that we always have to consider the individual personality in its functioning and the way in which its existence is guaranteed, we are faced with a serious epistemological problem [34], which indeed concerns all biological knowledge in the same way. This problem becomes apparent in the further consideration of our concept of "accepting some restrictions as a prerequisite of health," in that becoming "healthy" demands a choice from the individual. Health thus acquires the character of a value – the value of existence [35] – whereby existence does not mean simply survival of the individual in his psychophysical organization, but *the preservation of the nature of his being.* Knowledge of this "nature" of the individual cannot be gained by the methods of natural sciences alone. The data obtained through the method of natural sciences, which till now have been almost wholly in the foreground in medical and biological theory, are not at all considered useless. It is only that they hold another place within the totality of our knowledge concerning organismic existence – a place

[33] K. Goldstein, "The concept of transference in treatment of organic and functional nervous diseases", *Acta psychother.,* 1954, 2, 334-353.

[34] *Supra* n. 1, p. 399.

[35] K. Goldstein, "Health as Value". In A. H. Maslow (Ed.), *New Knowledge in Human Values.* New York: Harper, 1959, 178-188.

by which many wrong interpretations may be avoided and the theory becomes grounded on a more realistic basis. The knowledge we need can be comprehended only by a special mental procedure which I have characterized as a creative activity, based on empirical data, by which the "nature" comes, as a Gestalt, increasingly within the reach of our experience [36]. This procedure will no longer seem so strange when one realizes that it is essentially akin to the activity of the organism itself, by which, in achieving adequacy with its environment, the organism's existence is guaranteed [37]. The application of this cognitive procedure is subject to difficulties similar to those of the procedure of the organism itself in finding the condition in which it can exist. From this viewpoint results a definite concept of human nature which I tried to develop on the basis of the experiences gained with pathological cases [38].

It became understandable that our cognition can never be complete and definite. All our knowledge in human biology is based on some freedom of choice and thus always runs some risk. Therefore any action on this basis demands responsibility and courage. This is true also of every kind of therapy, particularly psychotherapy. Therapy is not simply an objective procedure. The physician must not only be aware of the nature of the total personality of the patient he is dealing with, but must also be aware of his own responsibility for the effect of any action he undertakes. Therapy is a joint enterprise of the physician and the patient, based on a kind of communion between them [39], in which the physician leads because he has learned how to handle difficult problems. Therapy will be successful only if the patient participates in this enterprise adequately and is more or less aware of its complexity.

RELATION TO OTHER THEORIES

I should like to say some words concerning the relation of my concepts to the views of others in the field. It is hardly necessary to say that I am influenced from various sides. Indeed, I was more influenced

---

[36] *Supra* n. 1, p. 402.

[37] *Supra* n. 1, p. 403.

[38] K. Goldstein, *Human Nature in the Light of Psychopathology*. Cambridge, Mass.: Harvard Univ. Press, 1940.

[39] *Supra* n. 33.

by contemporary views in general than by the theoretical explanations of specific men or schools. I have always thought that it is not
possible simply to take over facts or concepts from one field of knowledge to another. This is often even detrimental to progress. While one
should never neglect the facts described by others, one has to make
them understandable in the light of one's own theory.

In accordance with the spirit of the times in medicine, I was attracted to the idea that sickness should not be considered something
which befalls the individual from the outside, but that one should
rather treat the sick personality, a concept which had gained wide
consideration in Germany already at the beginning of the century [40].

I was impressed by the demonstrations of Wertheimer and the
Gestalt psychologists which proved that many performances can be
understood only from the Gestalt aspect. I tried to apply this principle to the study of the behavior of my patients, because I felt it was
similar to my approach which was based on the analysis of normal
and abnormal behavior. Needless to say, this helped us to understand
a number of phenomena. But later I became increasingly aware of the
difference between the Gestalt theory and my own organismic concept.
So I think it is not justified that I am often considered a "Gestaltist" [41].

Most of the leading psychiatrists and neurologists did not agree
with my theoretical ideas when I first presented them. There were
only a few who were thinking along similar lines. The one with whom
I had most in common, the late Hughlings Jackson, was very little
known in Germany or in England at that time. Thus he could scarcely
have influenced the development of my ideas, much as I learned later
from his writings. Yet there have always remained some not unimportant differences between his views and mine.

The ideas of Freud and his followers were not only not accepted in
Germany at that time, except by small esoteric circles, but were so
little known for a considerable time after the publication of his most
famous books, that – incredible as it may be – I learned about his
theory only a little before 1920. I was impressed but not attracted,
particularly because of the exclusive application of the method of
natural sciences to the attempt to understand human behavior and the

---

[40] K. Goldstein, "Die ganzheitliche Betrachtung in der Medizin". In T.
Brugsch (Ed.), *Einheitsbestrebungen in der Medizin*. Dresden: Steinkopff, 1933,
144-158.

[41] *Supra* n. 1. p. 369.

mechanistic interpretation resulting from that. I recognized similarity between the psychoanalytic and my biologic mechanisms, but after careful consideration realized the difference between them in respect to their significance for normal and pathological behavior. I would like to stress that I was encouraged in my interpretation of the "symptoms" by Freud's assumption that they should not be considered simple facts, but become understandable only in relation to their meaning for the individual [42]. I was further influenced in respect to my interest in many problems which Freud had put in the foreground. I have always admired Freud's genius and tried to do justice to him, but never have I concealed my opposition, grounded on careful consideration of his own description of phenomena.

In my general, more optimistic, attitude I felt closer to Adler. I found a number of similarities between my concepts and his, which I unfortunately got to know only quite late. But I see the problem of interpersonal relationships somewhat differently from the way he does. I realize some similarities also with the ideas of Fromm, Karen Horney, and Sullivan.

I should say that the main difference between these writers and myself is that, much as they put personality in the foreground, they do not give enough consideration to the phenomenon of existence. An explanation for this may be that my approach originated in anatomy and physiology and clinical observation, not only of neurotics and psychotics, but particularly of organic patients. In such patients many phenomena which are essential for therapy can be more clearly seen than in those with functional nervous diseases.

Finally I should like to mention the influence of philosophic ideas, particularly those of Kant, Ernst Cassirer, and Edmund Husserl. My introduction of the concept of "existence" in the interpretation of human behavior – much as it developed from observations – ultimately goes back to Kant's transcendental theory of knowledge.

Because my concept seems to have similarity with that underlying "existential psychiatry," I should like to stress that it did not develop in relation to the latter, and that there are essential differences between the two. I agree with the existentialistic concept in so far as I also deny that biological phenomena, particularly human existence, can be understood by application of the method of natural sciences. But

[42] K. Goldstein, "Die Beziehungen der Psychoanalyse zur Biologie". In *Sitzungsber. II, allg. ärztl. Kongr. Psychother.* Leipzig: Hirzel, 1927, 15-52.

I differ in the meaning of the term existence. It means for me an epistemological concept based on phenomenological observations, which enables us to describe normal and pathological behavior and to give a definite orientation for therapy. It is a kind of philosophical anthropology. Existential analysis and psychiatry, on the other hand, intend mainly an ontological interpretation of "man as a being" in normal and pathological situations.

From this difference results a different attitude toward psychoanalysis. Taking the inapplicability of the natural sciences method seriously, I do not see any possibility of coming to an agreement with psychoanalysis which is based on this method. Without denying that some results of psychoanalysis can be made useful for the new concept – of course, only if they are given a new interpretation from the existential point of view [43] – I cannot accept the belief that both disciplines can be coordinated and harmonized. I think such an attempt must confuse the issue.

[43] *Supra* n. 42.

ZUR FRAGE DER AMNESTISCHEN APHASIE UND IHRER ABGRENZUNG GEGENÜBER DER TRANSCORTICALEN UND GLOSSOPSYCHISCHEN APHASIE*

KRANKENGESCHICHTE

Es handelt sich um eine ca. 60 Jahre alte Frau, die äusserlich einen ihrem Alter entsprechenden Eindruck macht. Die körperliche Untersuchung ergiebt keinen besonderen Befund seniler Erscheinungen, keine Zeichen einer starken Arteriosklerose an den peripheren Arterien und dem Herzen, keine Anomalien der Reflexe, der Sensibilität. Untersuchung der Sinnesorgane ergiebt:

Gehör: Ein wenig herabgesetzt. Jedoch auch Flüstersprache noch in einiger Entfernung verstanden. Unterscheidung hoher und tiefer Töne möglich.

Sehschärfe: In Folge Astigmatismus auf ca. $\frac{1}{2}$ herabgesetzt, doch ohne wesentlichen Einfluss auf ihre Sehfähigkeit und Erkennen.

Geschmack: leidlich intact.

Geruch: nicht sicher zu prüfen.

Das einzige auffallende körperliche Symptom ist eine stärkere Schmerzempfindlichkeit beim Beklopfen irgend einer Stelle des Schädels, der andererseits die einzigen spontanen Klagen über Stiche im Kopfe zu entsprechen scheinen.

Ueber das Vorleben der Patientin ist leider nichts Sicheres zu eruiren gewesen. Sie hat mehrere erwachsene Kinder, und ein Leben schwerer Arbeit hinter sich. Sie hat wahrscheinlich nicht viel gelernt, ist aber geweckt gewesen und hat wohl so viel wie der landläufige Durchschnitt an Kenntnissen besessen.

Seit wann das psychische Bild, das sie jetzt bietet, besteht, ob es plötzlich oder allmälig eingetreten ist, ist nicht sicher zu erfahren gewesen. Sie selbst führt als Veranlassung ein Trauma, das sie erlitten

* Mit freundlicher Erlaubnis des Springer-Verlags, Heidelberg, abgedruckt aus dem *Archiv für Psychiatrie,* 41, 1905 (pp. 1-40).

habe, an. Ein Mann, der sie vergewaltigen wollte, habe sie überfallen und auf den Kopf geschlagen. Wann dies gewesen, ist nicht sicher, ebenso ob die psychische Veränderung wirklich plötzlich darnach eingetreten ist. Doch ist die Angabe nicht unglaubwürdig, weil Patientin über die wichtigsten Daten ihres Lebens sonst ganz leidlich Auskunft zu geben vermag und andererseits ähnliche psychische Zustände nicht selten gerade im Anschluss an Traumen beobachtet worden sind. Das Moment gewinnt im vorliegenden Falle noch mehr an Wahrscheinlichkeit, weil sich weder senile, arteriosklerotische oder sonstige Veränderungen an ihr finden, die einen Rückschluss auf die anatomische Veränderung im Gehirn gestatten würden.

Da sich das psychische Bild während der ganzen sich über mehrere Monate erstreckenden Beobachtungszeit nicht wesentlich verändert hat, verzichte ich auf genaue Wiedergabe der Krankengeschichte und will den Befund in systematischer Weise darstellen.

I. Allgemeines Verhalten

Patientin wurde in leicht verwirrtem Zustande in die Klinik gebracht, war aber bereits am zweiten Tage vollkommen klar und ist dies auch seitdem stets geblieben. Sie schickte sich in die Situation, erfasste aber, dass man sie zwangsweise zurückhielt und verlangte heim. Ihre Orientirung ist örtlich exact, sie weiss, dass sie in Freiburg im Krankenhause ist; zeitlich mangelhaft, es sei anfangs 1900, 1901 oder so ähnlich; ebenso weiss sie Datum, Wochentag nicht richtig anzugeben; dagegen wohl die Dauer ihres Aufenthaltes.

Die Personen ihrer Umgebung beurtheilt sie im Ganzen richtig; erkennt den Arzt als "der Höchst", womit sie, wie sich bei näherer Prüfung ergiebt, seine Stellung als Oberster auf der Abtheilung zum Ausdruck bringen will.

Ihr Benehmen ist nicht besonders auffallend. Sie isst allein, kleidet sich allein an, besorgt ihre Bedürfnisse allein; ist nicht unreinlich. Es zeigt sich niemals, dass sie einen Gegenstand verkehrt gebraucht. Sie schläft ruhig, delirirt auch nachts nie, benimmt sich überhaupt in jeder Weise geordnet.

Sie ist gutmütig, immer freundlich zum Arzt, den Wärterinnen und den Mitpatientinnen. Sie erregt durch die später zu erwähnenden stereotypen Redensarten leicht Lachen, auch bei den Mitpatientinnen, was sie aber nicht besonders übel nimmt. Bei jeder Unterhaltung verlangt sie nach Hause, doch ist sie leicht zu beruhigen und ist mit Versprechungen auf morgen zufrieden. Sie macht im Ganzen den Eindruck eines geringen Schwachsinns, der jedoch sich wesentlich durch die später zu beschreibende Sprachstörung verstärkt erweist.

Die Prüfung wird erschwert durch ihre mangelnde Aufmerksamkeit und leichte Ablenkbarkeit durch irgend welche Sinneseindrücke und durch die sie selbst beschäftigenden Gedanken und Wünsche, vor Allem das Verlangen nach Hause.

Die Perception für Sinneseindrücke ist ungestört, wie im einzelnen aus der folgenden Darstellung hervorgehen wird.

Ebenso ist die Apperception intact; häufig wird hierin eine Störung durch Abgelenktheit vorgetäuscht. Es mag auch eine nicht näher zu bestimmende Erschwerung und Verlangsamung der Auffassung bestehen; doch kommt sie schliesslich immer zum richtigen Verständniss.

II. Intelligenz-Prüfung

Das Gedächtniss für frühere Erinnerungen ist nicht vollkommen intact. Sie weiss zwar über sich, Namen, Geburtstag und Ort Bescheid, sie gibt ihren Wohnort an, ebenso zu welchem Amt er gehört, und kennt die Bedeutung desselben als kleinen Badeort. Die Hauptdaten ihres Lebens sind ihr geläufig, doch sind die Angaben über ihre Familie nicht genügend.

Die *Merkfähigkeit* für frische Eindrücke ist weit schlechter. Schon nach 10–20 Secunden hat sie sowohl optische wie acustische Merkobjecte meist vergessen; das optische Gedächtniss scheint etwas besser als das acustische. Jedoch vergrössert auch hier die mangelnde Aufmerksamkeit, die im übrigen jede genaue Prüfung überhaupt unmöglich macht, wesentlich den Fehler. Es zeigt sich dies dadurch, dass sie sonst für die Vorgänge auf der Abtheilung eine gar nicht so schlechte Merkfähigkeit aufweist, wie es ja schon daraus hervorgeht, dass sie ihre Umgebung kennt. Sie erinnert sich auch nach einem längeren Aussetzen der Untersuchung an die früheren, sogar in manchen Einzelheiten.

Schulkenntnisse sind sehr mangelhaft, doch mag sie nie viel mehr gehabt haben. Sie gehen in geographischer Beziehung nicht über ihren Heimathsort hinaus, dessen Amt und ungefähre Lage sie anzugeben weiss, sind in geschichtlicher, politischer Beziehung gleich Null. Dagegen weiss sie einige Gebete ganz prompt aufzusagen, ebenso anzugeben, in welcher Jahreszeit die wichtigsten Feste sind.

Alphabet: A, b, c, d, e, f, g, h, m, n, o, n, b, c, e, d, e, m . . .

Monate: Vorwärts: prompt. Rückwärts: Dezember, October, Februar, April, Mai, Juni . . .

Wochentage: Vorwärts: meist richtig. Rückwärts: geht nicht.

Wie lang die einzelnen Monate sind, wie viel Wochentage das Jahr hat, weiss sie nicht.

Zahlenreihe: 1–50 prompt; rückwärts mangelhaft.

Zehner vorwärts bis 200 prompt; rückwärts, wenn man den Anfang vorzählt, meist richtig.

Rechnen: geht im Ganzen sehr langsam, macht ihr viel Mühe. Sie muss mit grosser Sorgfalt immer wieder aufgefordert werden.

Einmaleins mit der 4 leidlich, mit der 5 ebenso, mit der 7 mangelhaft; ebenso mit der 10.

Ausserhalb der Reihe einfache Multiplication zwar langsam, doch richtig. Addition desgleichen (8 + 14 = 22; 14 + 26 = 40, allerdings nur schriftlich).

Subtraction äusserst mangelhaft. Division gar nicht möglich.

Ihr *Urtheilsvermögen* hat nicht in wesentlichem Maasse gelitten, wie sich schon aus ihrer richtigen Auffassung der Situation ergiebt und auch dann zeigt, wenn sie über Dinge ihrer früheren Beschäftigung spricht. Die erschwerte Auffassung der Frage und die mangelnde Fixirbarkeit für längere Zeit sind besonders für die Untersuchung der höheren psychischen Fähigkeiten sehr beeinträchtigend; wohl nicht zum mindesten deshalb ist auch ihre Combinationsfähigkeit (Heilbronner'sche Methode) sehr mässig. Gelegentliche Aeusserungen geben hier einen besseren Einblick als besondere systematische Untersuchungen. So bezeichnet sie z. B. zu ganz differenten Zeiten den Arzt, dann den Bürgermeister, den Pfarrer, Grossherzog, den Hahn auf einem Bilde unter den Hennen als den "Höchsten" und zeigt damit ein gutes Vermögen in der Beurtheilung der verschiedenen Individuen.

III. Untersuchung der Sprachstörung

Hier wird es nöthig sein, einige Protokolle, wenn auch nur einen kleinen Theil der vorliegenden, etwas ausführlicher wiederzugeben.

Spontansprechen

Meist lebhaft, mit guter Betonung und unter Begleitung richtiger Geberden. Bemerkenswerth sind zunächst gewisse stereotyp wiederkehrende Sätze, die auch meist monotoner vorgetragen werden als

Patientin sonst zu sprechen pflegt. Sie werden entweder beim blossen Erscheinen des Arztes oder irgend einer anderen Person, von der sie sich ein Entgegenkommen verspricht, oder auch als Antwort auf Fragen wie heruntergeleiert. Es handelt sich inhaltlich immer um Dinge, die ihr persönliches Wohl betreffen. So beantwortet sie z. B. die Frage: "Wie geht es Ihnen?" fast stets vollkommen gleich durch folgende Satzfolge: "Ich hab Stich im Kopf, brustkrank, leberkrank, Darm verwickelt, als ich das Mädle bekommen hab, haben sie mich aus dem Hause genommen, habe ich müssen 40 M. zahlen". Oder "Ich muss heim, sonst bekomme ich mein Geld nimmer, ich bekomme 10 M. alle Monat. Wie ich bin beim Höchsten gewesen, hat er gefragt, was ich Hauszins zahlen muss, da hab ich gesagt 8 M.; dann hat er gesagt, da bekommen Sie nur 2 M. für Milch. Ich muss jetzt heim, sonst bekomm ich mein Geld nimmer". Aehnliche Sätze werden uns auch später noch begegnen.

Im Ganzen ist der Inhalt der spontanen Sprache dürftig (was allerdings durch das gleichmässige Anstaltsleben und durch das vorwiegende Interesse für ihr Heimkommen mitbedingt sein mag), aber nie sinnlos.

Am auffallendsten ist der Mangel an Bezeichnungen für concrete Gegenstände, namentlich fehlen ihr Substantiva und Adjectiva, und sie gebraucht dafür allerlei Umschreibungen. Der Wortschatz ist deshalb recht gering, und sie bezeichnet sehr viele Dinge mit gleichem Namen, es sind dann meist Ausdrücke, die eine hervorstechende Eigenschaft derselben ausdrücken. Auch die Anzahl der ihr zur Verfügung stehenden Verben ist stark reducirt. Für alle Thätigkeiten z. B. benutzt sie fast ausschliesslich ein selbstgebildetes Verbum "überfahren". Dieser Defect ist beim spontanen Sprechen allerdings lange nicht so gross, als er sich, wie wir später sehen werden, beim Benennen von Gegenständen und überhaupt bei verlangten Antworten herausstellt. Auch kommt er in den stereotypen Sätzen nicht so zum Ausdruck.

Die Satzconstruction zeigt keinen Defect. Ebenso fehlt jede Paraphasie. Das Reihensprechen geht leidlich, nicht sehr schnell. Näheres darüber bei der Intelligenzprüfung.

Das Sprachverständniss

Ist im grossen Ganzen intact. Sie giebt auf die Fragen über ihre Person entsprechende Antwort und führt alle Aufträge prompt aus. Oft wird durch die Unaufmerksamkeit ein Mangel an Verständniss vorgetäuscht, der bei Wiederholung der Frage sich aber bald als irr-thümlich angenommen herausstellt. Allerdings scheint für gewisse höhere psychische Leistungen ein Mangel an Verständniss zu bestehen, so z. B. versteht sie nicht, was "abziehen" ist, und Aehnliches. Auch hier müssen wir bei der Beurtheilung dem niedrigen Bildungsgrad Rechnung tragen.

Das Nachsprechen

Kurze Worte, auch sinnlose Silbenzusammenstellungen bis zu 5 oder 6 Silben, spricht sie prompt nach.

Längere Worte, wenn sie ihr bekannt sind, ebenfalls. Dagegen wie-derholt sie bei unbekannten nur die aufgenommenen Klänge, wobei ihr oft falsche Buchstaben, namentlich Consonanten unterlaufen.

Dieser Unterschied zwischen Bekanntem und Unbekanntem kommt noch mehr bei Sätzen zum Ausdruck.

Sätze, deren Inhalt sie versteht, wie: Die Milch ist sauer geworden, die Wiese ist grün, spricht sie prompt nach, dagegen: z. B. Man soll den Tag nicht vor dem Abend loben und Aehnliches, was sie nach ihrer eigenen Angabe nicht versteht, ganz ungenau, lässt Silben aus, hält aber die Betonung und die Hauptlaute meist richtig inne. Die letzten Worte sind am ungenausten. Eigentliche Paraphasie ist nie zu beobachten, die Defecte im Nachsprechen lassen sich zum grössten Theil auf das nicht intacte Hörvermögen und die schlechte Merk-fähigkeit zurückführen. Bei bekannten Worten wird beides durch die Reproduction vom Begriffe aus compensirt.

Das *spontane* Nachsprechen (cfr. Heilbronner, Archiv für Psych. Bd. 34, S. 371) zeigt keine wesentliche Differenz gegenüber dem auf Geheiss. Es werden ihr nach dem Vorgange Heilbronner's Gegenstän-de genannt, die sie zeigen soll; sie zeigt sie und wird sofort gefragt, wie sie heissen. Sie ist im Stande, bei den meisten Gegenständen sofort nachher den Namen richtig anzugeben; wartet man aber nur einige Secunden, so ist dies in Folge der schlechten Merkfähigkeit unmög-lich.

IV. Prüfung auf die Namenfindung für concrete Objecte und das Wiedererkennen.

1. Gesichtssinn

Gezeigte Gegenstände:	Antwort:
Uhr	Ein Stückle, wo man sieht, ein schöns Stückle. Hätt ich nur so ein.
Wozu ist es?	Es ist jetzt halb fünf(richtig), schöns Stückle, Rundellele, eins, zwei, drei, vier, fünf.
Schlüssel	Schöns Stückle, so zu machen, wo man kann überfahren (macht Schliessbewegungen an der Thür).
Bleistift	So überfahren auf schöns Stückle (macht Schreibbewegungen auf Papier).
Messer	Stückle, zum überfahren, wenn ichs nur hätt (versucht den Bleistift zu spitzen).
Taschentuch	Schöns Stückle, hätte ich nur so ein.
Was macht man damit?	Nas putzen (macht Putzbewegung).
Nase	Schöns Stückle, wo man kann überfahren, wo man kann Nasputzen.
Wie nennt man es?	Wo man kann überfahre, schöns Stückle (macht Putzbewegung).
Börse	Da ist Dings drin, schön Stückle, geben sie mir eins, zehn Sous, 1 M.
Fünfpfennigmarke?	Lug jetzt, man muss es auf etwas lege, man macht es drauf (versucht sie auf ein daliegendes Couvert zu kleben).
Zopf	Schöns Stückle, als ich 16 war ist der Höchst (nach Ausfragen: der Grossherzog) bei uns gewesen, da hab ich 2 solch lange Stückle bis dahin (zeigt auf den Boden) gehabt, da gab es Tanz, da hat der Höchst gesagt, ich sollt sie hochbinden, sonst wer ich drauftreten.
Ring	Rundellele, so ein Stückle wo man an den Finger macht.

Gabel	Wo man kann fahre mit (steckt es an den Mund), wo man kann essen mit.
Ist es ein Messer?	Nein.
Löffel?	Nein.
Gabel?	J a [1], *Gabel, Gabel.*
Teller	Wo man ebbis dreinmacht, eine Rundellele, man kann kochen mit (macht Rührbewegung auf dem Teller).
Ist es eine Gabel?	Ja (zweifelnd).
Schüssel?	J a , *Schüssel, Schüssel, Schüssel.*
Zum essen?	J a , *Schüssel, Schüssel.*
Streichholzschachtel	Schön Stückle, wo man kann überfahre mit (macht Streichbewegungen). Dingli drin (nimmt Streichholz heraus), so überfahre, wo man kann koche mit.
Ist es ein Bett?	Nein.
Kasten?	Nein.
Streichholzschachtel?	J a .
Papier	So ein Stückle wo man kann überfahre mit (macht Schreibbewegung).
Feder?	Nein.
Papier?	J a , *Papier, Papier.*
Glas mit Wasser	Man kann überfahren, mit dem was drin ist (fährt sich waschend übers Gesicht).
Ist es Wein?	Nein.
Wasser?	J a .
Ist es ein Topf?	Unsicher.
Ist es ein Glas?	J a .

Einige wenige Gegenstände benannte sie richtig. So Brot, Fenster. Tasten brachte ihr, wenn sie den Namen nicht gleich fand, keinen Vortheil.

Bilder:

Pferd	Ein Ding, wo sie fahren mit.
Hund	Das ist ein schöns Stückle.
Schwein	Säule.
Kuh	Wo man's Ding holt, wo man thut über-

---

[1] Durch den gesperrten Druck soll die sonst nicht wiederzugebende lebhafte Betonung bei den bejahenden Antworten angedeutet werden.

	fahren (zeigt an die Euter und macht melkende Bewegung). Milch, Wissen Sie wir hatten zehn Kühe.
Henne	Wo man Eier bekommt, weisse Rundellele.
Ente	Auch weisse Rundellele, isst man nicht.
Geis	Ich weiss schon wir haben 4 gehabt.
Was 4?	Wir haben vier Geisle gehabt.
Kaminfeger	Der oben überfährt, oben auf dem Haus.
Hühner und Hahn	Die wo so weisse Dinger haben, hinten durch; das ist der Höchst (zeigt auf den Hahn).
Bett	Wo man kann ebbis darüber machen, in der Nacht darüber liegen.
Kind	Mädle –.
Spritzkanne	Wo man kann ebbes darüber mache, wo kann Wasser drein thun.
Regenschirm	Ich weiss schon, schöns Stückel wenns regnet, da macht man auf, ich hab zwei Stückle daheim, drei hab ich gehabt.
Schuhe	Wo ich anlege, weiss schon was (zeigt auf ihre Füsse).
Wie heisst es?	Weiss schon was.
Sind es Strümpfe?	Nein.
Schuhe?	Ja.
Uhr	Wo man, schöns Stückle, 1, 2, 3, Rundellele.
Wozu?	11, 12, 1, 2, 3, 4, 5, 6, 7, 8, 9, man sieht wenn's ...
Weiss man, wie spät es ist?	Ja ich hab schöns Stückle gehabt von dem, eine *Uhr,* Uhrli, *Uhrli.*
Schlüssel	Zum Kasten, dass man so macht (Schliessbewegung). Ich weiss schon.
Ist es ein Schloss	Nein kein Schloss.
Schlüssel?	Ja, ja *Schlüssel, Schlüssel.*
Bürste?	Weiss schon was, wo man kann die Stückli (zeigt die Zöpfe) überfahren. Ich hab auch solche Stückli gehabt.
Ist es ein Eimer?	Nein.
Ist es ein Kamm?	Nein.

Ist's eine Bürste?   *Ja, Bürste, ja eine Bürste.*

Geldstücke hat sie von vorn herein richtig bezeichnet, und zwar sämtliche Stücke, auch wenn sie ihr nur von der Adlerseite gezeigt wurden.

Woll-Farbenprüfung

Gezeigt	Sie antwortet	Genannt	Gezeigt
Roth	Stückli, wo man kann darüber machen (zeigt die Strümpfe).	Roth	Findet die gehöri-gen Nüancen.
Ist es grün?	Nein, rothlächt.	Grün	
Grün	Anders.	Blau	dto.
Ist es roth?	Nein.	Braun	dto.
Blau?	Nein.	Gelb	dto.
Grün?	J a g r ü n .		
Blau	Weiss nicht.		
Ist es roth?	Nicht so ganz roth.		
Schwarz?	Nein.		
Blau?	*Ja blau.*		

Das *Wiedererkennen* ist sowohl für Gegenstände wie Bilder prompt, weshalb ein ausführliches Protokoll überflüssig ist. Es kommt vor, dass sie hier und da ein Bild nicht zeigen kann, ebenso wie sie gar nicht weiss, was es vorstellt. Es sind aber nur wenige, ihr vielleicht unbe-kanntere Objecte. Auch spielt die bei verschiedenen Untersuchungen verschiedene Aufmerksamkeit hier wohl eine Rolle.

2. Tastsinn

Schlüssel	Wo man kann überfahren, an Kasten ma-chen.
Streichholzschachtel	Es ist ebbis drin, wo man kann überfahren mit, wo man kann Kaffee kochen, wo man kann kochen mit.
Trichter	Wo man kann ebbis drübermachen, Milch ebbis, dass ebbis druntergeht.
Löffel	Schön Stückli, wo man kann ebbis ins Maul machen mit, zum essen.
Scheere	Wo man ebbis macht, mit, wo man ebbis macht (zeigt den Rock, macht unterm

	Tisch die Schneidebewegung, ohne hinzusehen).
Ist es ein Messer?	Nein.
Ist es eine Scheere?	*Ja Scheere.*
Flasche	Wo man ebbis kann drübermachen, Milch oder Wasser rein machen.
Ist es ein Löffel?	Nein.
Ist es eine Flasche?	*Ja Flasche.*
Portemonnaie	Schönes Stückli, das darf ich mitnehme (lacht), weiss schon, was drin ist, Geld is drin, Geld.
Ist es eine Flasche?	Nein.
Ist es ein Ball?	Nein.
Ist es ein Portemonnaie?	J a .
Papier	Wo man kann ebbis machen mit dem Stückli (zeigt auf meinen schreibenden Federhalter).

Geldstücke richtig erkannt und benannt.

Alle die erwähnten Objecte findet sie bei Namennennung aus einer Anzahl getasteter prompt heraus.

3. Gehör (ohne dass sie hinsieht)

Untersucher niest.	Gesundheit!
Wie heisst man das?	Weiss schon.
Husten?	Nein.
Niesen?	J a .
Es wird ihr vorgehustet.	Weiss schon was.
Niesen?	Nein.
Schreien?	Nein, kein schreien.
Husten?	*Ja Huste.*
Es wird mit dem Fuss gescharrt.	Ueberfahre mit dem Stückli (zeigt auf ihren Fuss).
Ist es Klopfen?	Nein.
Ist es scharren?	*Ja scharren.*
Händeklatschen	So überfahre mit dem Dingli da (zeigt die Hände).
Husten?	Nein.
Schreien?	Nein.
Klatschen?	J a .

Geldklirren.	Weiss schon was, schöne Stückli, wo man kann nehmen dafür, Geld, 5 Mark, 10 Mark.

Wiedererkennen bei Namennennung prompt.

4. Geschmack (mit Ausschluss der übrigen Sinne):

Salz auf der Zunge	(Macht Ekelbewegung.)
Wonach hat es ge-schmeckt?	Weiss nicht.
Zucker?	*Nein, kein Zucker.*
Salz?	Weiss nicht.
Essig auf der Zunge:	Bossig.
Zucker?	Nein.
Pfeffer?	Zweifelnd.
Salz?	Nein.
Essig?	Ja, Essig.
Semmel	Weiss schon was, wo ich beim Bur gewesen bin, hab ich es mache müsse. Zuerst hab ich von der Kuh genommen (meint Milch).
Ist es Fleisch?	*Nein, kein Fleisch.*
Ist es Obst?	Nein.
In die Hand gegeben	Weiss schon was, beim Bur hab ichs gehabt.
Brot?	Ja.
Weckle?	*Ja, Weckle, Weckle, Weckle.*
Milch getrunken	Guts Stückli von der Kuh, ich war beim Bur, wo 10 Stück gewesen sind, hab alle müssen machen, konnte nicht essen, da bin ich krank geworden.
Ist es Milch?	*Ja, Milch, Milch.*
Wein getrunken	Weiss schon was, wo es einem besser geht.
Ist das Milch?	Nein.
Wasser?	Nein.
Kommt es von der Kuh?	Nein.
Kommt es von der Rebe?	Ja.
Ist es Wein?	*Ja, Wein.*

Wiedererkennen vom Namen aus prompt.

5. *Geruch* ist bei ihr so wenig entwickelt, dass eine genauere Prüfung nicht möglich ist.

6. *Prüfung auf die Fähigkeit, die nicht sinnlich gestützten Eigenschaften eines Objectes anzugeben.*

Dass diese Fähigkeit leidlich intact ist, ist schon im Laufe des vorliegenden Protokolls in ihrer umschreibenden Charakteristik der Objecte zum Ausdruck gekommen. Hier noch einige Einzelheiten:

Uhr ans Ohr gehalten	Kenn es, hab zu Hause, schöns Stückle, 1, 2, 3, 4, 5, 6, 7.
Ist es rund oder eckig?	Rund.
Soll es aufmalen.	Macht einen Kreis.
Ring in die Hand.	Schöns Stückli (zeigt auf meinen Finger) an den Finger, hab auch eins gehabt, habs verloren.
Ist es eckig oder rund?	Rund.
Ist es Blech?	Nein.
Ist es Gold?	*Ja Gold.*
Ist es ein Ring?	*Ja schöns Ringli.*
Portemonnaie in die Hand.	Schöns Stückli, wo Geld drin ist.
Ist das weiss oder schwarz?	*Weiss.*
Uhr in die Hand.	Schöns Stückli.
Es werden ihr verschiedene Geräusche vorgemacht, darunter Tick-Tack, und sie soll auswählen, wie die Uhr macht.	Sie wählt Tick-Tack.
Wozu ist es?	Wie spät es ist.
Es wird ihr in einfachen Linien eine Uhr aufgemalt.	(Erkennt sie sofort.)
Wie macht das?	Tick-Tack.

Auch von den Worten aus ist Patientin, so weit man sie zu dieser schwierigen Aufgabe bringen kann, im Stande, die Eigenschaften eines Objectes anzugeben, oder vielmehr die richtigen aus Genannten herauszufinden. *Ihre Begriffsbildung ist jedenfalls nicht irgendwie wesentlich gestört.*

Im Allgemeinen sei es besonders hervorgehoben, dass sie Namen, die sie nicht sprechend anzugeben weiss, auch nicht schreibend findet. Schreibt man den Namen auf, so erkennt sie ihn erst, wenn sie ihn laut vorgelesen hat.

Ein Unterschied zwischen der Wortfindung für nicht sinnliche Objecte von der für sinnliche war nicht zu constatiren.

V. Das Schreiben.

Von vornherein ist zu bemerken, dass Patientin früher nicht geübt im Schreiben war. – Die Formen der geschriebenen Buchstaben und Zahlen sind vollkommen correct.

1. Spontanschreiben: Bei der Aufforderung irgend etwas zu schreiben, schreibt sie ihren Namen, Wohnort und ähnliches ganz correct. Bei längerem Schreiben zeigt sich inhaltlich dieselbe Stereotypie, wie vorher beim spontanen Sprechen hervorgehoben, was besonders in einem von ihr geschriebenen Brief zum Ausdruck kommt; ausserdem aber pharagraphische Symptome. Der nachfolgend abgedruckte Brief wird die eigenthümliche Schreibweise besser illustriren, als jede weitere Auseinandersetzung.

Libe Inrad bete für Euch, dass ich heubgöhl dass ich bin Göld butt dass ich heub butte gehn und schirben für, dass ich heub huet, dass ich heub hut, dass Geld bekunt, dass unte Göld bund und Anbad, dass ich heuch hund, dass ich bete Göld behund, dass Jrvad schirben führ, dass ich heub hut doch bitte ich für Euch. Jch bin, dass ich heub hut, dass ich Göld bot but, dass ich heub kuth. Jch bitte für Euch Jnwath, dass ihr Euch schirben, dass ich heub but, dass ich bin Göld buth, dass ich heub hab Jhr schirben Jhr führ, dass ich das Göld buth. Jch büt Göld buth söhr für dass ich heub Gut bitte führ, dass ich heub Hut.

Böthe Güsse, dass ich heub Gut, dass ich, dass Göld buth.
Frau Bötzinger.

Lässt man sie einzelne Worte auf Dictat schreiben, so schreibt sie sie meist richtig. Nicht selten kommen auch hier, meist aber nur bei unbekannteren Worten, pharagraphische Veränderungen vor, welche aber wie beim Nachsprechen zum grössten Theil auf mangelhaftes Hören zurückzuführen sind. Sie schreibt, wie sie nachspricht, jeden

Laut und liest das Geschriebene, wie es dasteht. Sehr bemerkenswerth ist dafür folgendes Dictat:

Libe Mutter zölo du bitt, dass ich zu then Kranken Wöthe gö abi und bin am ersten Abrilin Heutelberg eintraten.

(Soll heissen; Liebe Mutter ich theile dir mit, dass ich zu den Krankenwärterinnen gegangen bin und bin am ersten April in Heidelberg eingetreten.)

Der Umstand, dass sie eine ganze Reihe von Worten richtig schreibt, zeigt, *dass das Schreiben auf Dictat an sich intact ist.* Und wir sind wohl berechtigt, auch für das mangelhafte Dictatschreiben, abgesehen vom mangelhaften Hörvermögen, ihre Unbehülflichkeit im Schreiben überhaupt und ihre Unaufmerksamkeit verantwortlich zu machen.

Eigenartig verhält sich Patientin beim *Dictatschreiben von einzelnen Buchstaben und Zahlen.* Ueber diesen Punkt, der uns später näher beschäftigen soll, folgende Protokolle:

I. Protokoll (Mai 1905):

Dictirt	Geschrieben	D.	G.	D.	G.
a	a [2]	i	in	r	ruh
b	B	k	ka	s	es
c	d	l	ell	t	dö
d	d	m	äm	u	uh
e	E	n	en	v	brau
f	ef	o	o	w	wö
g	ga	p	p	x	ich
h	ha	q	gu	z	dess

Später nach öfterer Untersuchung werden die Resultate besser, doch bleibt immer noch eine grosse Anzahl von Buchstaben übrig, die sie auf Dictat nicht richtig schreibt, wie die Auszüge aus zwei späteren Untersuchungen zeigen mögen (S. 28).

Manchmal gelingen ihr einzelne Zahlen, namentlich wenn man ihr zunächst einige vorgeschrieben hat; doch bleibt sie im ganzen bei obiger Schreibweise.

2. Nachschreiben: Von Buchstaben, Worten und Zahlen in jeder

[2] Sie schreibt in deutscher Schrift.

(Juni 1905)		(Juli 1905)	
Dictirt	*Geschrieben*	*Dictirt*	*Geschrieben*
o	e	u	un
v	vrau	f	öf
w	wöh	r	ehr
z	zot	b	böh
l	el	d	döh
g	ga	h	Hah
k	ka	e	öh
m	äm	s	ess

Zahlen:

Dictirt	*Geschrieben*	*Dictirt*	*Geschrieben*
3	dreu	7	sübe
4	wür	8	acht
5	fün	10	sehn
6	sech	15	fünfzehn

Weise intact; auch für gedruckte Buchstaben, die in Currentschrift wieder gegeben werden.

VI. Das Lesen.

Lesen der Buchstaben des Alphabets hintereinander:

Vorgeschrieben: a, b, c, d, e, f, g, h, i, k [3], l, m, n, o, p, qu, r, s.
Gelesen: a, be, ce, de, e, ef, ge, ha, i, zwölf, elf, u, n, o, h, du, h, f.
Vorgeschrieben: t, u, v, w, z.
Gelesen: te, u, rei, wem, zeit.

Lesen ausser der Reihe:

Vorgeschrieben: d, b, h, l, m, a, f, u, i, v, o, e, g, q, r, f, w, z.
Gelesen: de, be, ha, ell, in, a, elf, u, i, Faff, o, e, ge, Kuh, reih, ef, war, ze.

Späteres Protokoll:

---

[3] Zur Erklärung hierfür ist zu sagen, dass das kleine deutsche k in der Vorschrift eine gewisse Aehnlichkeit mit einer 12 hatte.

a, r, u, o, e, b, n, r, g, b, t, l, w, z, f, t.
a, Rixheim, u, Dotter, e, Bob, Bab, ab, en, re, ge, beb, pef, el, wef, ze, ef, gut.

Drittes Protokoll:

a, z, g, m, t, v, w, f, h, p, o, u, t, A, M, K, R, Z, T, J,
a, ze, ge, em, te, vaf, we, elf, ha, paf, o, u, et, A, We, Ka, Re, Ze, Te, Ja,
L, G, P.
Le, Ga, Pef.

Ein noch späteres Protokoll zeigt in sofern ein besseres Resultat, als sie die Namen fast sämmtlicher Buchstaben richtig angiebt. Fehler im Sinne der obigen Protokolle macht sie noch am häufigsten bei z, w, r. Gar nicht erkennt sie x und y.

Der Auftrag, genannte Buchstaben aus einer Reihe vorgeschriebener herauszufinden, wird prompt ausgeführt; manchmal werden zunächst s und z, v und w verwechselt, was bei wiederholter Aufforderung nicht mehr geschieht.

Lesen von Buchstabenzusammensetzungen. Theile von Worten liest sie in der Weise, dass sie sie möglichst als sinnvolles Wort liest: z. B. Tan- (das te verdeckt) dann, te- (Tan verdeckt) Thee, (Ta-) fel Fell.

Andererseits liest sie Buchstabenzusammensetzungen, die keinen Sinn geben, auch so wie sie dastehen, so z.B. die von ihr auf Dictat falsch geschriebenen Worte, oder die fehlerhaften Worte ihres Briefes. Hierbei verfährt sie deutlich buchstabirend. Am promptesten liest sie ganze Worte oder Sätze weit schneller als die Worttheile; sowohl gedruckt, wie geschrieben. Keine pharaphasischen Veränderungen.

Das Herausfinden von genannten Worten aus einer Anzahl vorgeschriebener geschieht prompt; auch bei sinnlosen.

Das Verständniss für das Gelesene ist nicht immer intact. Aufträge versteht sie leidlich; über den Inhalt auch nur kurzer, sehr einfacher Erzählungen, die sie eben richtig vorgelesen hat, weiss sie nichts zu sagen. Vielleicht ist auch dies die Folge der schlechten Merkfähigkeit und ihrer Auffassungsstörung; dafür spricht, dass das Resultat nicht besser wird, wenn man ihr die Geschichte erzählt.

Zahlenlesen. Einzelne Zahlen in der Reihe prompt. Zweistellige Zahlen oft derartig, dass sie jede einzelne für sich liest. Die Zehnerzahlen werden im Ganzen richtiger gelesen als die dazwischen liegenden, z. B. 40 prompt, 41 mit Stocken, oft als vier, eins.

Das Herausfinden von genannten Zahlen, ein-, zwei-, drei- und vier-
stelliger, aus einer Anzahl vorgeschriebener erfolgt prompt.

Buchstabiren: Es ist ihr nur schwer begreiflich zu machen, was man
von ihr verlangt. Es gelingt dann auf Geheiss schliesslich nur mangelhaft; doch buchstabirt sie beim Lesen unbekannter Worte gut. Angaben, wie viel Buchstaben ein bestimmtes Wort hat, sind von ihr
nicht zu erhalten. Zusammensetzen von Buchstabentäfelchen zu einzelnen kurzen ihr genannten Worten gelingt allmälig.

VII. Untersuchung über das Verhalten reinen räumlichen Vorstellungen gegenüber.

Patientin ist im Stande ähnliche Arabesken, Mäander und geome-
trische Figuren von einander zu unterscheiden, und die Unterschei-
dungsmerkmale anzugeben. Ebenso vermag sie die Bilder, wenn auch
ungeschickt, doch richtig nachzuzeichnen, sowohl direct nach der Vorlage, wie auch sofort nach Entfernung derselben. Sie kann also räumliche Vorstellungen auch kurze Zeit im Gedächtniss bewahren. Einfache Gegenstände vermag sie, allerdings sehr primitiv, aus dem Kopfe
zu zeichnen; etwas besser gelingt es ihr, wenn man ihr den Gegenstand
zeigt oder in die Hand giebt.

Ueberblicken wir den vorliegenden Befund, so haben wir das ziemlich reine Bild der *amnestischen Aphasie*, wie es von Pitres (31) de-
finirt worden ist. Zunächst erscheint es allerdings, als ob der Fall der
Definition von Pitres "l'aphasie amnésique est le signe révélateur de
la rupture des communications entre les centres psychiques intacts
et les centres inaltérés des images verbales" besonders durch die
Störungen des Schreibens und Lesens nicht vollkommen entspricht
und dass es sich auch in diesem Falle um eine complicirtere Störung
handelt, als deren Hauptsymptom sich die erschwerte Wortfindung
(Amnésie d'évocation von Pitres) darstellt.

Wir dürfen aber nur dann den Fall als amnestische Aphasie auffassen, wenn sich *erstens als einziges Symptom die erschwerte Wortfindung bei erhaltenem Wiedererkennen ergiebt, zweitens Wortbegriff
und Objectbegriff wirklich intact sind.* Nur wenn wir daran genau
festhalten, können weitere Verwirrungen vermieden werden und die
immer noch discutirte Existenzberechtigung der amnestischen Aphasie
mit Erfolg erörtert werden.

Dass der Fall der ersten Anforderung genügt, bedarf kaum einer näheren Begründung. Die Protokolle geben darüber klarsten Aufschluss. Es soll nur auf einige interessante Einzelheiten näher eingegangen werden. Complicirter liegen die Verhältnisse betreffs der zweiten Anforderung. Wir werden einerseits eine Erklärung für die Schreib- und Lesestörung zu geben haben, die es ermöglicht, diese als zum Bilde der amnestischen Aphasie gehörig aufzufassen, andererseits die Intactheit des Objectbegriffes darzuthun haben.

Zweifellos steht das Symptom der erschwerten Wortfindung für concrete Dinge im Vordergrunde des Bildes. Bemerkenswerth ist nur seine Ausdehnung. Es erstreckt sich nicht nur einerseits auf sämmtliche Sinnesgebiete in gleicher Weise, ein Umstand, der von manchen Autoren [Bischoff (6), Wernicke (42)] allerdings als regelmässig betrachtet ist, aber thatsächlich keineswegs immer zur Beobachtung gekommen ist [cfr. Heilbronner (18), S. 431], und präsentirt sich andererseits fast stets nicht nur als Erschwerung, sondern als Unmöglichkeit der Wortfindung. Einige wenige Worte findet Patientin und zwar sofort, alle anderen ist sie, auch bei längstem Zuwarten, nicht im Stande anzugeben. Dieser hohe Grad der Störung ist keineswegs immer in ähnlichen Fällen vorhanden; auch der Kranke Pitres's, der sonst ein vollkommen reines Bild bietet, findet schliesslich nach längeren Umschreibungen doch öfters das richtige Wort.

Merkwürdig ist, dass das Benennen von Geldstücken von der Störung gar nicht betroffen ist. Es wurde zuerst daran gedacht, dass die leidliche Intactheit des Zahlenlesens eine Erklärung dafür böte, aber Patientin erkennt die Geldstücke auch von der Wappenseite her prompt.

Einen eigenthümlichen und, so weit ich die Literatur übersehe, ziemlich einzig dastehenden Befund bietet unser Fall dadurch, dass sich *die Amnesie auch auf die Buchstaben erstreckt* [4], Es verdient dieser Umstand auch deshalb besondere Beachtung, weil er bei oberflächlicher Betrachtung als gewöhnliche Alexie und Agraphie imponiren könnte.

Während die Patientin Worte exact liest, also die Buchstabenlaute durch das Buchstabenbild correct hervorgerufen werden (d. h. die

---

[4] Bei der "optisch-amnestischen Agraphie", die Freund (12) bei einem Fall genereller Gedächtnissschwäche beschrieben hat, handelt es sich wohl um eine andere Störung, die zum Theil, wie Freund schon hervorhebt, "mit der hochgradigen Gedächtnissschwäche in Zusammenhang gebracht werden kann", zum Theil aber mehr transcorticalen Charakters sein dürfte (s. später).

Buchstabenbilder in ihrer Bedeutung richtig erkannt werden), fehlt ihr nicht selten die gebräuchliche Wortbezeichnung für den einzelnen Buchstaben. Die Vocale, bei denen Laut und Benennung zusammenfallen, bezeichnet sie fast immer richtig, so dass der Defect nur bei den Consonanten deutlich wird. Sie bedient sich beim Lesen der einzelnen Consonanten einer eigenthümlichen Manier, die darin besteht, dass sie die Consonanten mit einem Vocal verbindet oder ein Wort liest, das mit dem Consonanten beginnt. Folgende Beispiele sind dafür sehr lehrreich.

Sie liest: r–re, v–Faff, z–zeit, w–wem, l–le, g–ga u. s. f. Diese Vervollständigung zu Worten deutet darauf hin, dass Patientin empfindet, dass zu den einzelnen Buchstabenbildern Worte gehören. In Ermangelung der richtigen Bezeichnungen sucht sie sich auf die angegebene Weise zu helfen. Bei einer Reihe von Consonanten stimmen die Bildungen, mit denen sie dieselben bezeichnet, mit den thatsächlichen Namen überein (z. B. wenn T als Te, b als be, k als ka gelesen wird), wir können aber mit vielem Recht annehmen, dass dies mehr oder weniger auf Zufälligkeit beruht. Es zeigt sich dies auch dadurch, dass sie beim Dictatschreiben das dictirte t nicht als Namen des Buchstaben aufzufassen im Stande ist, sondern te schreibt und ähnlich in den andern erwähnten Fällen.

Im Gegensatz zu dieser Unmöglichkeit, die dem Buchstabenbilde zugehörige Benennung zu finden, steht das für die amnestische Störung charakteristische intacte Wiedererkennen der Buchstabenbilder bei Nennung des zugehörigen Namens; darin macht sie nie einen Fehler, das Zeigen erfolgt sicher und prompt.

Entsprechend dem Lesen zeigt sich die Störung der Verbindung zwischen Buchstabennamen und Buchstabenbild auch beim Schreiben. Sie vermag nicht auf Dictat einzelne Buchstaben zu schreiben, obgleich ihr der dem genannten Buchstabennamen zugehörige Laut richtig zum Bewusstsein kommt, was daraus hervorgeht, dass er sich immer unter den von ihr producirten Worten findet. Sie schreibt also gar nicht, als wenn man ihr Buchstaben dictirte, sondern so, als wenn es Worte wären, die Laute nieder, die sie hört. Dass sie die Aufgabe versteht, geht schon daraus hervor, dass sie mit lebhafter Betonung ihre Zustimmung kundgibt, wenn man ihr den genannten Buchstaben vorschreibt. Die *Verbindung zwischen Buchstabenformvorstellung und zugehöriger Wortvorstellung, die uns durch den häufigen Gebrauch, wie bei anderen Objecten, geläufig ist, ist bei ihr gestört.* –

Hervorzuheben ist, dass das Abschreiben von einzelnen Buchstaben normal von Statten geht.

Aehnlich wie Buchstaben verhält sie sich Zahlen gegenüber; doch ist hier die Störung nur beim Schreiben deutlich. Sie fasst dann die Zahlworte, obgleich sie die Zahlzeichen gut kennt, als Worte auf und ist trotz häufigen Ermahnens meist nicht zum Schreiben von Zahlen zu bringen, sondern schreibt sie als Worte rein dem Klange nach. Dabei findet sie genannte Zahlen aus einer Reihe vorgeschriebener sofort richtig heraus.

Alle diese Störungen im Schreiben und Lesen sind nicht ganz constant, doch ist bei jeder Untersuchung zu bemerken, dass sie Worte besser sowohl zu lesen wie zu schreiben vermag. *Die Identification der Buchstabenform vom Namen her, das Wiedererkennen also ist ungestört, dagegen ist einerseits die Beziehung zwischen Buchstabenform und zugehöriger Wortvorstellung (beim Lesen), andererseits die Beziehung zwischen Lautvorstellung der Buchstabenbezeichnung und freier Reproduction der Form des einzelnen Buchstaben gestört.*

Die Lese- und Schreibstörung liegt also vollkommen im Rahmen der amnestischen Aphasie und ist eher als Bestätigung der Diagnose als als Einwand gegen dieselbe zu betrachten [5].

Eine gewisse Ausnahme macht nur die Störung des spontanen Schreibens, wie sie besonders in dem angeführten Briefe zum Ausdruck kommt. Patientin schreibt stark paragraphisch. Man könnte allerdings auch diese Schreibweise ähnlich wie Freund (12) in seinem

---

[5] Anmerkung: Die Differenz zwischen dem Lesen (resp. Schreiben) von Buchstaben und Worten könnte leicht zu dem Schlusse veranlassen, dass Pat. nicht buchstabirend lese (und schreibe). Es könnte deshalb der Fall als Beleg für die von mancher Seite ebenso lebhaft verfochtene [cfr. z. B. Sommer (35), Löwenfeld (24) u.A.], wie von andererseits geleugnete [z. B. Wernicke (42)] Anschauung herangezogen werden, dass das Lesen und Schreiben überhaupt nicht buchstabirend erfolge. Diese lässt sich in unserem Falle direct dadurch widerlegen, dass man die Pat. beim Lesen ihr unbekannter Worte beobachtet; sie liest dann buchstabirend Buchstaben für Buchstaben. Die Ursache für die erwähnte Differenz liegt in etwas ganz anderem: Beim Lesen von Worten brauchen wir uns nur der Buchstabenlaute, nicht der ihnen zugehörigen Worte bewusst zu werden, wie beim Lesen von einzelnen Buchstaben. Ersteres ist Pat. mühelos im Stande, letzteres aber nicht. Ich glaube, dass sich diese Differenz zwischen Buchstaben und Worten als charakteristisch für die amnestische Lese- und Schreibstörung herausstellen wird. Sie steht damit im Gegensatz zu der später zu erwähnenden Störung dieser Functionen bei Läsionen des glosso-psychischen Feldes.

Falle [6] auf ein Nichteinfallen der Buchstabenbilder in gewissen Momenten, also auf eine amnestische Störung zurückführen. Ich glaube aber, dass man wenigstens in meinem Falle dazu nicht berechtigt ist, weil Patientin die Buchstaben im Ganzen auch beim Spontanschreiben richtig schreibt und ein grosser Theil der Worte vollkommen exact ist. Ich möchte die Störung lieber auf mangelhafte Aufmerksamkeit und die Schwierigkeit der Aufgabe, die das Briefschreiben für die im Schreiben nicht gewandte Frau darstellt, zurückführen und glaube, dass sie mit dem übrigen Befunde nichts zu thun hat [7].

Die *Intactheit der Begriffsbildung* bei der Patientin dürfte aus den Protokollen ziemlich eindeutig hervorgehen. Sie weiss mit allen Gegenständen vollkommen zweckmässig umzugehen und auch sonst über ihre Eigenschaften genügend Bescheid. Ebenso ist durch das erhaltene Nachsprechen sowie das Fehlen jeder Paraphasie beim spontanen Sprechen die überwiegende *Intactheit der Sprachvorstellungen* garantirt. Auch von dieser Seite dürfte also der Diagnose der amnestischen Aphasie nichts im Wege stehen.

Trotz sorgfältigen Nachsuchens habe ich nur wenige ähnlich reine Fälle amnestischer Aphasie zusammenstellen können. Es sind die Beobachtungen von Nasse (26), Hood (citirt bei Nasse), Lichtheim (23) (zweite Beobachtung), Bleuler (8), Bischoff (6), Pitres (31), Heilbronner (18).

Die Fälle Bleuler's und Bischoff's konnten nur unter Vernachlässigung der Lesestörungen mitgerechnet werden. Diese können eventuell amnestischer Natur gewesen sein. Als Hauptbedingung galt mir intactes Nachsprechen. Deshalb sind vielleicht auch die beiden Fälle von Bouillard und Cassan hierher zu rechnen, die ich aber nur aus dem Referat bei Bischoff kenne. Der Fall Sander's (33) ist zu summarisch mitgetheilt, als dass er ein sicheres Urtheil erlaubt. Die vollkommene Unfähigkeit zu lesen und zu schreiben muss jedenfalls stutzig machen.

---

[6] Die Aehnlichkeit des dort mitgetheilten Briefes mit dem unserer Patientin ist im Ganzen eine recht grosse.

[7] Ganz abgesehen ist hier von der Perseveration, die beim Spontanschreiben so stark hervortritt, und die theilweise als Merkfähigkeitsstörung, in überwiegendem Maasse wohl als Ausfluss eines allgemeinen psychischen Schwächezustandes aufzufassen ist. Sie steht zweifellos in gewisser Beziehung zur Echolalie bei den transcorticalen Störungen (s. später) und zeigt, dass absolut scharfe Grenzen zwischen dieser und der hier vorliegenden Aphasieform nicht in allen ihren Symptomen zu ziehen immer möglich sein dürfte.

Ob es sich im Falle Rieger's (32), an den man noch in demselben Zusammenhange denken könnte, um eine amnestische Aphasie handelt, ist mir sehr zweifelhaft. Alle übrigen Fälle, die als amnestische Aphasie in der Literatur beschrieben sind, kann man als solche nicht anerkennen. Für den berühmten Patienten Grashey's (16) bedarf dies nach den weiteren Ausführungen Sommer's (34) und besonders Wolff's (43) keiner besonderen Begründung. Die beiden Fälle Löwenfeld's (24) zeigen, abgesehen von allem andern, schon durch die Störung im Nachsprechen, dass es sich nicht um amnestische, sondern um motorische Aphasien gehandelt hat.

Natürlich können wir nachträglich ein richtiges Urtheil, ob ein Fall zur amnestischen Aphasie gehört oder nicht, nur dann fällen, wenn die Protokolle darüber ausführlich genug sind. Leider ist dies nicht immer der Fall, und die Zusammenfassung, die doch immer unter dem bestimmten subjectiven Gesichtspunkte des Untersuchers gemacht ist, giebt über die wichtigsten Dinge oft keinen genügenden Aufschluss. Wie in der ganzen Frage der Aphasie kann auch hier nur die möglichst ausführliche objective Wiedergabe der Befunde, die dem Nachuntersucher und seinen neuen Gesichtspunkten eine Nachprüfung gestattet, uns fördern und die wirkliche Verwerthung eines Falles sichern.

Schon aus dem angeführten Grunde sind die Arbeiten älterer Autoren, die sich meist mit summarischen Wiedergaben begnügten, so wenig zu verwerthen. Der Erste, der das Symptom der erschwerten Wortfindung überhaupt beschrieben hat, scheint Gesner (14) (1770) gewesen zu sein; er bezeichnet es als Sprachamnesie. In der ersten Hälfte des vorigen Jahrhunderts haben sich besonders französische Autoren (wie Bouillard, Falret, Lordat u. A.) damit beschäftigt, eine einigermassen scharfe Präcisirung der reinen amnestischen Aphasie finden wir aber erst bei Nasse, der schon neben dem Befund des amnestischen Symptomes die Nothwendigkeit des intacten Nachsprechens und Nachschreibens hervorhebt (mit einem Wort: Intactheit des Sprachapparates selbst). Er scheidet streng davon "die Fälle, wo zwar ebenfalls eine völlige Freiheit der intellectuellen Fähigkeit sowie (anscheinend) auch der Zungenbewegung vorhanden ist, wo aber nicht wie in den ersteren die fehlenden Buchstaben, Wörter oder Redensarten auf Vorsprechen wiederholt und ebenfalls nicht nachgeschrieben werden können" (*l.c.* S. 533).

Im weiteren Verlauf hat die amnestische Aphasie mancherlei Anfechtungen von Seiten der verschiedenen Autoren erfahren, die zum grössten Theile dadurch bedingt waren, dass man nicht streng an einer Definition festhielt. So konnte Wernicke (40) noch in seiner berühmten ersten Aphasiearbeit die amnestische Aphasie in der Gedächnissstörung aufgehen lassen, womit das Interesse für diesen Symptomencomplex sich wesentlich abschwächte.

Natürlich sind immer einzelne Fälle beschrieben worden. Eine bedeutende Förderung erfuhr dann aber die ganze Frage durch die Arbeiten von Bischoff (6) und Pitres (31). Besonders die scharfe Definition des letzteren, von der auch wir ausgingen, hat dazu beigetragen, das Bild der amnestischen Aphasie als berechtigten einheitlichen Symptomencomplex wieder anzuerkennen. Bischoff, der schon zu einer ähnlichen Präcisirung des Krankheitsbildes gekommen war, hat in seiner Arbeit daran nicht ganz festgehalten und durch Hereinbringung fremder Momente den Sachverhalt nicht zur nöthigen Klarheit gebracht; deshalb muss auch die Pitres'sche Arbeit als Ausgangspunkt jeder neuen Untersuchung über die amnestische Aphasie angesehen werden [cf. hierzu Wernicke (42), S. 535].

In naher Beziehung zur amnestischen Aphasie stehen zweifellos die Fälle von optischer Aphasie, bei der ja die erschwerte Wortfindung ein wichtiges Symptom bildet. Leider herrscht über den Begriff der optischen Aphasie ebenso viele Unklarheit in der Literatur, wie über den der amnestischen Aphasie. So grundlegend die Freund'sche Arbeit (11) war, so hat sie doch dadurch, dass der Autor neun verschiedene Formen unterschied und nur einen Namen verwendete, nothwendig eine starke Verwirrung zur Folge gehabt. Freund hat bekanntlich eine Form besonders herausgehoben und durch die Krankengeschichten belegt, die ihn überhaupt zur Aufstellung der optischen Aphasie veranlassten. Es sind die Fälle von optischer Aphasie mit centraler Sehstörung. Mit Recht nimmt er als Grundlage für die erschwerte Wortfindung in seinen Fällen eine mangelhafte Begriffsbildung ("hinsichtlich ihrer optischen Bestandtheile") in Anspruch und erklärt damit auch die Lesestörung. Der grösste Theil der Fälle von Alexie, die ja so häufig mit der optischen Aphasie combinirt ist, dürfte sich auf dieselbe Weise erklären lassen. Storch (36) hat durch eine geeignete Untersuchungsmethode dies auf's Klarste an der Hand zweier Fälle von reiner Alexie dargethan.

Damit sind aber alle diese Fälle streng von der amnestischen Aphasie unterschieden, für die der intacte Begriff eine der Hauptanforderungen ist. Die Art und Weise, wie die Patienten ihren Defect bei dieser Störung zu compensiren suchen, unterscheidet sich auch wesentlich von der bei der echten amnestischen Aphasie, worauf später noch eingegangen werden soll.

Nun ist aber, nachdem von mehreren Autoren Fälle von optischer Aphasie ohne Sehstörung [Jansen (21), Zaufal und Pick (44) u. A.] beobachtet worden sind, die Bezeichnung optische Aphasie für den von Freund herausgehobenen Symptomencomplex verlassen und der Name für die Störung in Anspruch genommen worden, bei der eine Läsion der optisch-acustischen Bahn zu Grunde liegt. "Man versteht also nur die transcorticalen Formen darunter, nicht mehr die agnostischen" [Vorster (39), S. 354].

Darnach müsste optische Aphasie und eine auf das optische Gebiet beschränkte Amnesie identisch sein; die Amnesie wird auch von manchen Autoren als der "integrirende Bestandtheil" der optischen Aphasie aufgefasst [Bischoff (6), S. 360].

Es ist aber sehr zweifelhaft, ob diese, vielleicht besser "optische Amnesie" (schon zur Unterscheidung von der optischen Aphasie Freund's) zu nennende Störung überhaupt isolirt vorkommt, oder nur ein Symptom einer allgemeinen Amnesie darstellt, eine Annahme, die besonders Bischoff (*l.c.* S. 375) vertritt und der auch Wernicke (42) [S. 536] zuneigt. Es gibt allerdings thatsächlich einige Fälle, in denen Gegenstände vom Tastsinn aus erkannt werden, vom Gesichtssinn nicht. Wir werden es uns aber jetzt, besonders nach den Ausführungen Wolff's (43), durch den wir die für verschiedene Objecte so differirende Bedeutung kennen gelernt haben, die den einzelnen Sinnesgebieten zur Erzeugung des Gesammtbegriffs eines Objectes und zur Namenauslösung zukommt, an dieser einfachen Angabe nicht mehr genügen lassen dürfen, sondern die Art der Untersuchung und die Schwierigkeit der Erkennbarkeit eines Gegenstandes durch einen bestimmten Sinn mehr in Betracht ziehen müssen. Heilbronner betont besonders dieses Moment und hebt zwei Punkte hervor, die immer zu beachten wären (*l. c.* 18, S. 433):

1. Ob Optisch-Aphasische auch *andere als vorwiegend nicht optisch bestimmte Gegenstände tastend* benennen können;

2. Ob Optisch-Aphasische vorwiegend *nicht optisch bestimmte Gegenstände* nicht doch beim *Besehen – auf associativem Wege –* von den tactilen *etc.* Vorstellungen aus benennen können.

Erst wenn diese Bedingungen erfüllt wären, könnte man mit Recht von optischer Aphasie sprechen. Der Autor verweist damit die Ent-

scheidung der Existenzberechtigung der optischen Aphasie auf eine
genauere Untersuchung weiterer Fälle.

Aber auch aus rein theoretischen Gründen dürfte die Annahme
einer optischen Amnesie als Folge einer Läsion der Bahn vom optischen Felde zum Sprachfelde sehr bedenklich sein. Es ist höchst
unwahrscheinlich, dass die Namenfindung auf dem directen Wege vom
optischen Centrum zum Sprachcentrum stattfindet; denn "alle Erfahrungen stimmen darin überein, dass für die Wortfindung vorge-
zeigter Gegenstände das Erkennen ihrer Bedeutung unerlässlich ist,
und noch nie ist der Fall beobachtet worden, dass etwa in Fällen von
Seelenblindheit ein mittels des Gesichtssinnes nicht erkannter Gegenstand doch hätte richtig bezeichnet werden können" [Wernicke (42),
S. 532]. *Die einfache Läsion der optisch-acustischen Associationsbahn*,
die ja die Verbindung des optischen Centrums mit allen übrigen, auch
die Begriffsbildung, das Erkennen intact lässt, *kann also eigentlich gar
nicht zur optischen Amnesie führen*, wenn nicht gleichzeitig durch
associative Störung zwischen den einzelnen Centren die Begriffsbildung selbst gelitten hat. Ich habe nicht die Absicht sammtliche Fälle
von optischer Aphasie darauf hin nachzuprüfen, ob die Begriffsbildung immer intact war. Der Versuch würde auch wohl an der leicht
erklärlichen Unvollständigkeit der Protokolle der meisten Fälle in
dieser Beziehung scheitern. Jedenfalls muss jeder Fall von isolirter optischer Amnesie dazu auffordern, die Begriffsbildung genauestens zu
untersuchen. Gerade für die Störungen der Begriffsbildung ist es be-
greiflicher Weise charakteristisch, dass für einen Gegenstand, der
mittels eines Sinnes nicht benannt werden kann, bei Perception durch
einen anderen der Name eventuell prompt gefunden wird, indem die
"Störung im Wahrnehmungsprocess" (Storch), die auf einen Sinn
eventuell beschränkt ist, durch einen anderen bis zu einem gewissen
Grade compensirt wird (*cf.* z. B. das Protokoll Storch's in seinen Fällen
reiner Alexie, bei welchen eine Störung der Begriffsbildung durch
den Autor nachgewiesen ist).

Die Darlegung dürfte jedenfalls so viel ergeben haben, *dass die
Existenzberechtigung einer isolirten optischen Amnesie (optischen
Aphasie, Aut.) sehr zweifelhaft ist* [8]. Vielleicht käme dadurch die alte

---

[8] Die höchst interessanten Ausführungen Wolff's (Klinische und kritische
Beiträge zur Lehre von den Sprachstörungen, Leipzig, 1904) über dieses Thema
sind mir leider erst nach Absendung des Manuskriptes bekannt geworden. Ich
bedaure dies um so mehr, als Wolff's Kritik der optischen Aphasie eine weit

Freund'sche Definition der optischen Aphasie (optische Amnesie plus centraler Sehstörung) wieder zu ihrem strittigen Recht; es würde sich damit auch erklären, warum optische Aphasien relativ so häufig sind, die tactilen Aphasien dagegen so ausserordentlich selten, dass eine isolirte tactile Aphasie meines Wissens überhaupt noch nie zur Beobachtung gekommen ist. Centrale Sehstörungen sind eben leidlich häufig, centrale Taststörungen selten.

Bei fast allen Formen von Aphasie kann gelegentlich das Symptom der Amnesie zur Beobachtung kommen, und es ist von den verschiedenen Autoren bald als wesentlich für die eine, bald für die andere angesehen worden. Das häufige Vorkommen bei sensorischer Aphasie hat z. B. Bastian (4) veranlasst, sie als den leichtesten Grad dieser Sprachstörung anzusehen, andererseits hält sie Bischoff (*l. c.*) für ein charakteristisches Symptom einer Läsion des motorischen Sprachcentrums; beide Autoren gleichzeitig geleitet von ihrer verschiedenen Auffassung der Werthigkeit des sensorischen und motorischen Centrums für die Sprachbildung.

Sollte sich thatsächlich ergeben, dass typische amnestische Aphasie bei jeder Läsion des motorischen oder sensorischen Sprachcentrums vorkommt, so bedürfte die ganze Frage einer Revision. Dies ist aber wohl nicht der Fall, sondern *die amnestische Störung ist wahrscheinlich nur als Begleitsymptom der motorischen und sensorischen Aphasie* (bedingt durch Läsion der Nachbargebiete) aufzufassen. Für die sensorische Aphasie giebt Bischoff (*l.c.*) dies zu [der beste Beleg dafür sind die Fälle von Girandeau (13), A. Pick (30), Ziehl (45), in denen sensorische Aphasie ohne Amnesie zu Beobachtung kam], für die Läsion der Broca'schen Stelle hält er aber die Erzeugung der amnestischen Aphasie für erwiesen.

Sein Beweis ist jedoch in keiner Weise einwandfrei, und es ist deshalb nöthig, darauf näher einzugehen, weil die Differentialdiagnose der amnestischen Aphasie gegenüber gewissen leichten Formen motorischer Aphasie nicht immer ganz einfach sein dürfte.

Bischoff stützt sich zunächst auf die theoretischen Darlegungen Bastian's, der bekanntlich verschiedene Erregbarkeitszustände eines

umfassendere ist, als die hier vorgetragene. Der Autor kommt nicht nur auf Grund theoretischer Ueberlegungen zu einer ähnlichen Leugnung der optischen Aphasie, wie ich sie vertrete, sondern hat auch durch eine scharfsinnige Kritik sämmtlicher einschlägigen Fälle die scheinbar nicht wegzuleugnenden thatsächlichen Belege ihrer Beweiskraft beraubt. Leider ist es nicht möglich, hier näher auf die Darlegungen des Autors einzugehen.

Centrums annimmt, denen bestimmte Functionen entsprechen. Jede Erregbarkeitsherabsetzung bedingt eine Abnahme der Leistungsfähigkeit. Der leichteste Grad beeinträchtigt allein die schwierigste Function, die sog. spontane Erregung desselben, als welche Bischoff merkwürdiger Weise die Amnesie auffasst. Die Widersprüche, zu denen die Bastian'sche Annahme führt, die Unhaltbarkeit der scharfen Unterscheidung zwischen associativer und spontaner Erregung sind schon mehrfach hervorgehoben worden [z. B. von Heilbronner (18) und Storch (37)]. Zur Erklärung der amnestischen Aphasie als Folge der Läsion eines bestimmten Centrums ist sie ganz besonders nicht geeignet, denn gerade bei dieser ist ja die spontane Function, die Erregung der Worte vom Begriff aus, weniger betroffen, als die sogenannte associative, die Wortfindung als Gegenstandsbezeichnung. (Eigentlich findet auch diese Erregung vom Begriff aus statt, nur ist der Begriff hier theilweise sinnlich gestützt, also lebhafter). Es ist ja längst bekannt, wie häufig derartige Kranke Worte in der Unterhaltung noch richtig gebrauchen, die sie als Namen von concreten Objecten nicht angeben können.

Aber auch die Beweiskraft der übrigen Ausführungen, durch die Bischoff seine Anschauung zu stützen sucht, ist sehr zweifelhaft und schon mit zwingenden Gründen von Heilbronner (l. c.) zurückgewiesen worden, der besonders auch auf die grosse Bedeutung des von Banti (2) mitgetheilten Falles aufmerksam gemacht hat, in dem hochgradige motorische Aphasie (vollkommene Unmöglichkeit zu sprechen) mit Intactheit der Wortfindung zu beobachten war. Dieser Fall widerlegt direct die Bischoff'sche Annahme [9].

---

[9] Eigentlich handelt es sich in diesem und ähnlichen Fällen um den klinischen Begriff der subcorticalen motorischen Aphasie Wernicke's, und die Bemerkung Bischoff's, dass diese Fälle gar nicht als Einwand gegen die Zugehörigkeit der Amnesie zur corticalen motorischen Aphasie in Anspruch genommen werden dürften, könnte gerechtfertigt erscheinen. Doch, wie die Section ergab, lag anatomisch keine subcorticale Läsion, sondern eine solche der Broca'schen Stelle selbst vor; *es ist also soviel sicher, dass isolirte Läsion der Broca'schen Stelle keine Amnesie hervorruft.* Wir kommen später auf die Frage der subcorticalen Aphasien noch einmal zu sprechen.

Auch Gowers (15) nimmt an, dass eine typische amnestische Aphasie als einziges Residuum einer rein motorischen Aphasie zurückbleiben könnte. Diese Anschauung ist aber für uns deshalb bedeutungslos, weil Gowers unter Amnesie etwas ganz anderes versteht, als hier vertreten wurde, nämlich "einen Zustand, bei welchem die willkürliche Wiederholung von Worten grosse Schwierigkeit macht"; also Erschwerung des Nachsprechens, das gerade bei der typischen amnestischen Aphasie intact ist.

So viel steht fest, dass sowohl corticale motorische, wie sensorische Aphasie ohne Amnesie vorkommt, d. h. mit anderen Worten eine Läsion der Broca'schen oder der Wernicke'schen Stelle keine amnestische Aphasie zur Folge hat. Andererseits steht dieser Thatsache das häufige Vorkommen amnestischer Störungen bei beiden Aphasieformen gegenüber. Was bedingt nun in diesen letzteren Fällen die Amnesie?

Diese Frage wird, so weit ich wenigstens das Sectionsmaterial übersehe, vorläufig nicht auf anatomischem Gebiete entschieden werden können; dazu sind die Sectionen bei reinen Fällen von Aphasie noch viel zu spärlich. Unsere augenblicklichen anatomischen Kenntnisse sind nur berufen, uns auf diesem schwierigen Gebiete auf Irrwege zu führen.

Glücklicherweise bedürfen wir nicht unbedingt der Anatomie, sondern können durch die psychologische Analyse allein zu einer ziemlich eindeutigen Entscheidung kommen. Wie fruchtbar diese für die Auffassung aller Fragen auf dem Gebiete der Aphasie sein kann, hat in neuerer Zeit Storch gezeigt, der klar den Weg gewiesen hat, den alle künftige Aphasieforschung, die wirklich bemüht ist, in die psychologischen Räthsel der aphasischen Symptome einzudringen, zu gehen haben wird. –

Ueberlegen wir also, *wodurch das Hauptsymptom der amnestischen Aphasie, die erschwerte Wortfindung, zu Stande kommen kann?* – Wenn wir die schon vorher angeführte Anschauung zu Grunde legen, dass die Wortfindung an das Erkennen des Objectes gebunden ist, ihre anatomische Grundlage also die Association zwischen den den Begriff constituirenden Rindenbezirken und dem Sprachfeld darstellt, so sind drei Möglichkeiten gegeben, die zur Amnesie führen können:

1. *Störung des Wortbegriffs,*
2. *Störung der Association zwischen Wortbegriff und Objectbegriff,*
3. *Störung des Objectbegriffes.*

Alle drei Möglichkeiten kommen wahrscheinlich vor und dürften sich durch geeignete Fälle belegen lassen; nur die zweite jedoch ist als eigentliche amnestische Aphasie in Anspruch zu nehmen, wenn wir an der Pitres'schen Definition festhalten. Es wird unsere Aufgabe sein, die differentialdiagnostischen Punkte zu eruiren, um sie von den beiden anderen ähnlichen Formen abzugrenzen.

Betrachten wir zunächst die *Amnesie bei Störung des Wortbegriffes,* so gehören hierher die schon erwähnten Fälle, bei denen die Amnesie

eine motorische oder sensorische Aphasie complicirt. Dass sie durch
die Läsion des sogenannten motorischen *resp.* sensorischen Centrums
selbst nicht bedingt ist, haben wir schon vorher gesehen; ihr Auftreten
bei Läsionen jedes der beiden Centren erklärt sich wohl am einfachsten durch die Annahme, dass sie die *Folge der Mitverletzung eines
zwischen beiden Centren gelegenen Gebietes ist.*

Freud (10) hat nach einer scharfsinnigen Kritik der Centrenlehre die
begründete Ansicht ausgesprochen, dass das Sprachfeld auch das
zwischen den beiden Centren gelegene Gebiet umfasst (eine Auffassung, der übrigens auch Wernicke in seiner ersten Aphasie-Arbeit
zuneigte), und hat auf die Weise die "functionslose Lücke" Meynert's
mit in das Bereich des Sprachapparates gezogen. Besonders durch
Storch (37) ist dann diese Anschauung aufgenommen und psychologisch gestützt worden durch die principiellen Auseinandersetzungen
über die psychologische Unmöglichkeit der Trennung zwischen Klang-
erinnerungsbildern und Sprechbewegungsvorstellungen. "Die durch
die Gehörwahrnehmung entstehende Wortvorstellung ist identisch mit
der, welche den Willen zum Sprechen begleitet" (Storch *l.c.,* S. 502).
Sie kann also unmöglich an zwei verschiedenen Stellen localisirt sein,
wie es die übliche Auffassung annimmt. Die Sprachcentren, die Freud
schon als "periphere Theile" das Sprachfeldes gelten lässt, werden ausschliesslich zum Aufnahme- bezw. Ausführungsorgan eines zwischen
ihnen beiden gelegenen Gebietes, das allein als Sitz der einheitlichen
Sprachvorstellung angesehen werden kann, des "glossopsychischen
Feldes".[10]

---

[10] Zur besseren Illustration dieser Anschauung sei noch folgende Argumentation aus der Storch'schen Originalarbeit angeführt: "Da die Sprachvorstellung
auch in mir vorhanden ist, ohne dass die specifischen Energien des acustischen
Systemes sich in Kinese befinden, da sie ausserdem auch beim Hören eines
Sprachlautes auftritt, ohne dass das motorische Neuronsystem der Hirnrinde in
seinem die phonetische Muskulatur beherrschenden Theile innervirt ist, so
dürfen wir weder die acustischen, noch die motorischen Rindenzellen als Sitz
der Sprachvorstellungen betrachten, sondern müssen für sie ein eigenes Neuronsystem beanspruchen, dessen Dendriten unmittelbar oder durch Vermittlung
von Schaltzellen im acustischen Rindenfelde wurzeln, und dessen Neuriten ihre
Erregungen unter der psychologischen Voraussetzung, dass ich sprechen will,
auf gewisse Theile des motorischen Rindensystems übertragen. Dieses Neuronsystem, dessen Thätigkeit für unser Bewusstsein Sprachvorstellungen bedeutet,
wurzelt also einerseits im Schläfelappen und endet andererseits in der Broca-
schen Windung, wo ein Theil der die Bewegungsmechanismen des Sprachor-
ganes innervirenden Zellen gelegen ist. Für dieses System wählte ich die Bezeichnung glossopsychisches Feld" (S. 339).

Auf die interessanten Beziehungen dieses Feldes zum übrigen Bewusstseinsorgan einzugehen, besonders zum sogenannten stereopsychischen Feld, und deren gegenseitige Assonanz, als deren Folge die innige Verknüpfung zwischen Object und Wort aufzufassen ist, liegt ausserhalb unseres augenblicklichen Interesses; so viel ist jedoch obigen Ausführungen zu entnehmen, dass wir mit *vielem Recht den Sitz der Wortvorstellung in einem zwischen der Broca'schen und Wernicke'schen Stelle liegenden Gebiete annehmen dürfen, als dessen Läsion wir die bei der motorischen und sensorischen Aphasie auftretende Amnesie auffassen können* [cfr. hierzu Storch (37), S. 517].

Welche Störungen haben wir bei isolirter Erkrankung des glossopsychischen Feldes zu erwarten und in welcher Weise dürfte hierbei die Amnesie complicirt sein? Zunächst wird sowohl beim Spontansprechen wie beim Nachsprechen Paraphasie, und zwar literaler Natur zu beobachten sein, d. h. die Sprachvorstellung wird sowohl vom Begriff aus, wie vom Gehör aus nicht mehr richtig gebildet werden können. Frühzeitig wird ferner das Lautlesen (das Leseverständniss wird erhalten sein) und Schreiben und das Buchstabiren gestört sein (cf. Storch, S. 607). Die Beeinträchtigung der Sprachvorstellungen wird eine Amnesie zur Folge haben, die in paraphasischen Veränderungen der Worte, im Fehlen oder Verwechseln von Worten bestehen wird. Der motorische Theil der Sprache wird weit stärker als der sensorische betroffen sein; erst bei hochgradiger Läsion des glossopsychischen Feldes wird auch das Sprachverständniss leiden. Es erklärt sich dies daraus, dass für das Verstehen die Intactheit der Wortvorstellung (bei normaler Begriffsbildung) eine weit geringere Rolle spielt als für das Sprechen, da wir auch aus Bruchstücken eines Wortes noch den Sinn desselben erkennen (indem wir durch die Combinationsfähigkeit unterstützt werden), dagegen ein Wort, das uns nicht vollkommen vorstellbar ist, nicht aussprechen können. Da die Assonanz zur intacten Stereopsyche vorhanden ist, wird der Kranke seine Fehler bemerken.

Ob ein Fall, der die Symptome der isolirten Läsion des glossopsychischen Feldes bietet, schon zur Beobachtung gekommen ist, ist mir nicht sicher. Jedenfalls sind die Fälle selten. Möglicher Weise gehört der erste Fall Löwenfeld's (24) hierher, den Verfasser als leichten Grad motorischer Aphasie auffasst und dessen Symptome ziemlich mit den oben theoretisch abgeleiteten übereinstimmen. Er bot folgendes Bild: Wortamnesie derart: Fehlen von Worten, Paraphasie, Wortverwechslungen, Wortverstümmlungen; Sprachverständniss intact; Paraphasie beim Nachsprechen; Paralexie und Paragraphie bei intactem Leseverständniss.

Es ist mehr als wahrscheinlich, dass Läsionen des glossopsychischen Feldes meist sich nicht auf dieses Gebiet beschränken, sondern auf die Broca'sche oder Wernicke'sche Stelle übergreifen werden. Wir bekommen dann zu den erwähnten Symptomen im Falle des Uebergreifens auf die Broca'sche Windung noch die stärkeren Störungen des Sprechens und Lesens und Schreibens bis zur völligen Aufhebung dieser Functionen, bei Mitbetheiligung der Wernicke'schen Stelle Verlust des Sprachverständnisses; Symptombilder, die der corticalen motorischen *resp.* sensorischen Aphasie Wernicke's entsprechen.

Sind schliesslich Broca'sche oder Wernicke'sche Stelle allein betroffen, so haben wir reine Wortstummheit [z. B. Fall Banti (2)] oder reine Worttaubheit (z. B. die Fälle von Girandeau, Pick, Ziehl) ohne Amnesie.

Diese letzten Fälle sind dem klinischen Bilde nach als subcorticale Aphasien zu bezeichnen. Um jedem Missverständniss vorzubeugen,[11] müssen wir kurz die Frage der subcorticalen Aphasien anschneiden, wobei wir jedoch der Einfachheit halber nur die motorische in Betracht ziehen wollen. Die ganze Verwirrung auf diesem Gebiete dürfte daher rühren, dass man mit corticaler Aphasie bald das klinische Bild, bald die Läsion der Broca'schen Stelle bezeichnet. Thatsächlich erzeugt die umschriebene Läsion der Broca'schen Windung keineswegs das Bild der corticalen, sondern das der subcorticalen Aphasie (Fall Banti), und bei corticaler Aphasie ist immer ein mehr oder weniger grösseres Gebiet betroffen, eben Theile des glossopsychischen Feldes. Dies widerspricht allerdings zunächst der landläufigen Meinung, dass die subcorticalen Aphasien durch die Läsion der Verbindungsbahnen der Sprachzentren mit der Peripherie erzeugt würden; eine Anschauung, die aber schon besonders von Freud (*l. c.*), wie ich glaube mit Recht, zurückgewiesen worden ist, indem dieser Autor hervorhebt, dass durch eine derartige Läsion für den motorischen Theil der Sprache wohl Anarthrie, aber nicht Aphasie zu Stande käme. Uebrigens hat sich auch Wernicke in seiner ersten Arbeit (S. 19) für die sensorische Seite entsprechend geäussert, dass die Unterbrechung seiner Bahn a a$_1$ keine "Spur von Aphasie" zur Folge habe.

In den Fällen corticaler wie subcorticaler Aphasie liegt also aus-

---

[11] Vergl. hierzu Anmerkung S. 934.

schliesslich Verletzung von Rindengebieten, nur in verschieden starker Ausdehnung, vor. Die Differenz der klinischen Bilder erklärt sich nach unseren früheren Ausführungen über die Darlegungen Storch's einfach dadurch, dass bei der sogenannten corticalen Aphasie durch die Mitverletzung des glossopsychischen Feldes der Wortbegriff und die Fähigkeit des Buchstabirens und der Silbenzerlegung mit geschädigt wird, also Schreiben und Angabe der Silbenzahl eines Wortes unmöglich ist [12], während bei der subcorticalen motorischen Aphasie die Intactheit des glossopsychischen Feldes beide Functionen ermöglicht.

Das klinische Bild der corticalen motorischen Aphasie wird wegen der meist bei ihm vorhandenen Mitläsion des glossopsychischen Feldes, abgesehen von der Schreibstörung, mehr oder weniger von Amnesie begleitet sein; soweit kann man Bischoff beistimmen. Ich kann aber nicht zugeben, "dass Amnesie ein Symptom der Läsion des motorischen Sprachcentrums (S. 361) ist".[13]

Die Differentialdiagnose der glossopsychischen Aphasie gegenüber den Störungen bei isolirter Läsion der Broca'schen oder Wernickeschen Stelle ergibt sich aus unsern Ausführungen von selbst. Wir hätten die glossopsychische Aphasie nur noch gegenüber der eigentlichen amnestischen Aphasie und der Amnesie in Folge von Läsion der Begriffe abzugrenzen. Wir wollen jedoch diese differentialdiagnostischen Erwägungen bis nach Behandlung der eigentlichen amnestischen Aphasie aufschieben und zunächst auf die dritte der Möglichkeiten für das Zustandekommen von Amnesie eingehen.

Auf die aphasischen Symptome, die durch Läsion der Beziehungen des Sprachapparates zu den Begriffen zu Stande kommen, hat bekanntlich Lichtheim (23) zuerst in seiner klassischen Arbeit aufmerksam gemacht. Wernicke (41) hat dann für sie den charakteristischen Namen der transcorticalen Aphasien geprägt. Sie sind noch heut Objecte lebhafter Controverse. Uns interessirt hier nur ihre Aehnlichkeit mit der amnestischen Aphasie, die so gross ist, das beide Formen von

---

[12] Bekanntlich gilt dies als Unterschied der corticalen von der subcorticalen motorischen Aphasie.

[13] Auch bei isolirter Läsion der Broca'schen Windung kann Amnesie besonders bei den leichten Fällen leicht vorgetäuscht werden. Der Kranke erkennt genannte Objecte prompt wieder, weiss ihre Namen aber nicht anzugeben. Er bringt aber doch ähnlich klingende paraphasische Bildungen vor, und es wird dann immer leicht durch die Lichtheim'sche Probe oder durch Niederschreiben constatirt werden können, dass der Wortbegriff vollkommen intact ist, nur nicht richtig innervirt werden kann, dass also gar keine Amnesie vorliegt.

manchen Autoren als identisch aufgefasst werden. Das Wesentliche zur Entscheidung dieser Frage wird sein, dass wir genau definiren, was unter transcorticaler Aphasie zu verstehen ist.

Nach Lichtheim unterscheidet man bekanntlich zwei Formen, die durch die Unterbrechung der Bahnen M. B. und A. B. charakterisirt sind und die Wernicke als motorische und sensorische transcorticale Aphasie bezeichnet hat.

Halten wir an dieser Lichtheim'schen Definition fest, so wird die transcorticale motorische Aphasie mit unserer Amnesie identisch sein; wir haben auch oben den von Lichtheim (*l. c.*) als Beleg für diese Aphasieform angeführten Fall II (Traumatische Aphasie) als amnestische Aphasie in Anspruch genommen.

Andererseits giebt es aber unter den als transcorticale Aphasie beschriebenen Fällen solche, die sich nicht unwesentlich von denen der amnestischen Aphasie unterscheiden [auch Heilbronner (18) hat sich gegen eine Identificirung der amnestischen Aphasie mit der transcorticalen motorischen Aphasie ausgesprochen (S. 140)]. Beim genauen Vergleich der Protokolle lässt sich besonders eine Gruppe abgrenzen, deren Symptome ihre einfachste Erklärung darin finden, dass es sich hierbei um eine directe Läsion der Begriffe handelt. Diese Fälle dürften als eigentliche transcorticale Aphasie bezeichnet werden, eine Ansicht, die ihre Stütze in einer Zusammenstellung findet, die kürzlich Berg (5) von den bekannten Fällen transcorticaler Aphasie gemacht hat.

Vergleicht man die Fälle untereinander, so fällt zunächst die grosse Differenz zwischen den einzelnen auf [cf. hierzu auch Heilbronner (18) S. 403]; sucht man dann möglichst ähnliche zusammenzustellen, so ergeben sich folgende Gruppen;

1. Fälle mit vorwiegender Betheiligung der Willkürsprache, und zwar besonders Fehlen von Substantiven, überhaupt Bezeichnungen für Concreta; ebenso mehr oder weniger hochgradige Störung im willkürlichen Schreiben, dabei erhaltenes Nachsprechen und Nachschreiben, intactes Sprach- und Leseverständniss. Satzconstruction correct. Vorgezeigte Gegenstände werden erkannt und bei Namennennung identificirt, können aber nicht benannt werden. Intacte Intelligenz. [Fall Lichtheim 23, (3),[14] ziemlich rein; Fall Heilbronner 18, (17) nicht ganz rein.] Diese Fälle sind identisch mit der amnestischen Aphasie.

---

[14] Die Zahlen in den Klammern bedeuten die Nummern der Berg'schen Zusammenstellung.

2. Fälle mit gleichzeitiger Störung der Willkürsprache und des Sprachverständnisses. Die Störung der Willkürsprache besonders ausgezeichnet durch sinnloses Aneinanderreihen von Worten bei leidlicher Correctheit der Worte selbst. Mangelhafte Satzconstruction. Nachsprechen meist echolalisch und ohne Verständniss. Schreiben und Lesen in verschiedenem Maasse gestört, meist ausgeprochenes Fehlen des Verständnisses. Störungen der Intelligenz. Oft Asymbolie. [Fall Lichtheim 23, (4), Heubner 20, (5), A. Pick 27–30, (6, 7, 10, 11), Ascher 1, (9), Bischoff 7, (14, 15), Heilbronner 17, (16), Berg 5 (18).] In allen diesen Fällen erscheinen die aufgezählten Symptome mehr oder weniger ausgesprochen, am reinsten in den Fällen von Heubner (20) and A. Pick (27). Ausgezeichnet ist diese Gruppe durch das Vorwiegen der Störungen des Verständnisses für gesprochenes, gelesenes oder auf Dictat geschriebenes Wort. Diese Fälle sind es, die ich als eigentliche transcorticale Aphasie in Anspruch nehme und bei denen es sich meiner Meinung nach um eine Läsion der Begriffe handelt. Damit harmonirt die constante Combination mit mehr oder weniger starken Intelligenzdefecten.

Ein Punkt, der besonders gegen das Dargelegte sprechen könnte, bedarf besonderer Auseinandersetzung. Es ist auffallend, dass bei diesen Fällen der sensorische Theil der Sprache meist so viel stärker betroffen ist als der motorische, wesshalb der grösste Theil derselben auch als sensorische Aphasie beschrieben worden ist; und es könnte darnach die Erklärung, dass die Bahn A. B. unterbrochen ist, als viel plausibler erscheinen, ja es ist zunächst kaum verständlich, warum bei Läsion der Begriffe die beiden Functionen der Sprache so verschieden gelitten haben sollen. Ich glaube jedoch, dass sich dies ziemlich einfach erklären lässt.

Die Differenz dürfte wesentlich darauf beruhen, dass meist Sprachverständniss und Fähigkeit zum Sprechen einfach gegenüber gestellt werden. Dies ist auch, soweit es sich um corticale Aphasien handelt, berechtigt, nicht aber bei den transcorticalen.

Es ist ja eine bekannte Erscheinung, dass Patienten mit erworbenem Blödsinn oft nichts mehr verstehen und doch noch allerdings sinnlos sprechen können. Es bedarf als Beleg hierfür wohl kaum des Hinweises auf das Verbigeriren der Paralytiker in ihren Endstadien.

Dem Sprachverständniss entspricht bei den transcorticalen Störungen nicht die Fähigkeit zu sprechen, sondern die Fähigkeit, sinnvoll und in geordnetem Satzbau zu sprechen.

Betrachten wir unter diesem Gesichtspunkt nochmals die Berg'sche Tabelle, so sehen wir, dass die Störung des motorischen Theiles der Sprache in den erwähnten Fällen keineswegs hinter der des sensorischen wesentlich zurückbleibt. Die Störung der willkürlichen Sprache, besonders bei leichteren Formen, dürfte sich kaum besser charakterisiren lassen als die Schilderung, die Pick von einem derartigen Falle giebt (27): "Patient besitzt einen sehr grossen Wortschatz, spricht auch, dazu angeregt, sehr viel, reiht jedoch die einzelnen, meist correcten Worte sinnlos aneinander, ohne dass er daran etwas Auffallendes finden würde." (S. 647.) Wird die Störung hochgradiger, so geht sowohl das Sprachverständniss wie die willkürliche Sprache vollkommen verloren. (Fall Heubner.) Nicht alle Fälle werden jedoch einfach in diesen beiden Gruppen aufgehen. Es ist aber auch leicht einzusehen, dass sich die Krankheit nicht immer an ein bestimmtes Gebiet halten wird, und dass es, besonders wenn sie auch auf das glossopsychische Feld übergreift, nicht immer leicht sein wird, derartige Fälle zu entwirren und einer bestimmten Gruppe zuzuweisen. Es wird hier gehen, wie im ganzen Gebiet der Aphasie; dennoch dürfte der Werth der schematischen Abgrenzungen kaum zweifelhaft sein.

Auf Grund der vorherigen Ausführungen verstehen wir also *unter transcorticaler Aphasie, eine aphasische Störung, die wesentlich die Folge einer Läsion der Begriffe ist.* Wie diese Läsion der Begriffe zu Stande kommt, ist zunächst gleichgültig; sie kann, wie es Storch (36) in seinen Fällen von reiner Alexie dargelegt hat, in denen gleichfalls eine transcorticale Amnesie bestand, auf einer Störung des Wahrnehmungsvorganges oder wie im Fall Grashey-Wolff auf einer Dissociation der Vorstellungen beruhen.

Dieser transcorticalen Aphasie kommt eine ganz bestimmte, oben schon kurz skizzirte amnestische Störung zu, die sowohl von der glossopsychischen Amnesie, wie der eigentlich amnestischen Aphasie verschieden ist, und die eine nicht unwesentliche Stütze unserer Auffassung der transcorticalen Aphasie darstellt. Wir wollen auf sie jedoch, um Wiederholungen zu vermeiden, erst eingehen, wenn wir die eigentlich amnestische Aphasie näher betrachtet haben.

Die Charakteristik der amnestischen Aphasie, die wir als Folge einer functionellen Schädigung der Association zwischen Begriff und Wort, als Folge einer gestörten Assonanz zwischen glossopsychischem und stereopsychischem Felde (Storch) ansehen, ist sehr einfach und vorwiegend negativer Natur. Es darf weder eine Störung der Begriffs-

· bildung, noch des Sprachapparates selbst vorliegen, das ergiebt sich aus dem Sitz der angenommenen Läsion von selbst und kommt in reinen Fällen klar zur Beobachtung. Das einzige positive Symptom ist die erschwerte Wortfindung.

Auf diese müssen wir zunächst eingehen, und besonders die viel discutirte Eigenthümlichkeit betrachten, dass die Kranken genannte Objecte wohl wiedererkennen, aber nicht im Stande sind, die Namen der gesehenen, getasteten *etc.* Objecte anzugeben.

Grashey (16) hat schon mit Recht die Annahme zur Erklärung dieser Eigenthümlichkeit zurückgewiesen, dass wohl die Bahn zwischen Wortvorstellung und Objectvorstellung in einem Sinne gangbar, im anderen es aber nicht wäre, oder dass zwei Bahnen existirten, von denen die eine, die vom Object zum Wort, zerstört, dagegen die umgekehrt leitende intact wäre.

Sein Erklärungsversuch, der überdies auf gewissen speciellen Eigenthümlichkeiten seines Falles basirte, musste lebhafte theoretische Bedenken hervorrufen und hat desshalb wenig Anklang gefunden. Eine sehr ansprechende Erklärung hat Bleuler (8) gegeben, auf die hier nur verwiesen aber nicht in ihren Einzelheiten eingegangen werden kann.

Ich glaube jedoch nicht, dass das von ihm angeführte Moment, dass nämlich die centrifugalen Functionen viel leichter gestört werden als die centripetalen, allein genügt, um die Differenz zwischen gestörter Wortfindung und intactem Wiedererkennen zu erklären. Ich meine vielmehr, dass *eine grosse Bedeutung den vielfältigeren sinnlichen Stützen zukommt, durch die der Akt des Wiedererkennens sich vor dem der Wortfindung auszeichnet.* Beim Wiedererkennen sind uns sowohl Wortvorstellung wie Object sinnlich gegeben, und die einzige psychische Leistung besteht darin, das Object unter mehreren sinnlich gestützten herauszufinden, dessen Vorstellung durch die von früheren Erfahrungen her gewohnte Assonanz zu dem gehörten Wort von vornherein eine stärkere Affinität besitzt; beim Wortfinden dagegen handelt es sich um freie Reproduction der Wortvorstellung, wofür uns als einziger Anhaltspunkt das Object gegeben ist. Es ist leicht einzusehen, dass bei irgend einer Störung der die Verbindung von Object und Wort vermittelnden Function die letztere, schwierigere, zuerst leiden wird. *Die amnestische Aphasie lässt sich also auf eine gleichmässige Herabsetzung der Assonanz zwischen Wort und Begriff zurückführen.* In einem Falle führt sie zur Aufhebung der Function, während sie im andern keine wesentliche Schädigung hervorruft. Eine totale

Unterbrechung der Verbindung zwischen Wort und Begriff hebt auch die leichteste Function auf, wir haben dann keine Amnesie mehr, sondern wahrscheinlich das Bild totaler transcorticaler Aphasie.

Auch bei der amnestischen Aphasie kann dieselbe Störung, die zur Erschwerung der Wortfindung für concrete Objecte führt, eine Störung des Lesens und Schreibens zur Folge haben (wie wir sie bei unserem Falle beobachten konnten); diese zeigt dann auch einen amnestischen Charakter, d. h. *eine Differenz zwischen freier Reproduction und Wiederkennen, und die Eigenthümlichkeit, dass sie gegenüber Buchstaben in stärkerem Maasse zum Ausdruck kommt als Worten.* Sie wird natürlich stets von den übrigen pathologischen Anomalien des Lesens und Schreibens zu trennen sein.

Differentialdiagnostisch wird die amnestische Aphasie vor allem gegen die glossopsychische und transcorticale Aphasie abzugrenzen sein. Theoretisch lässt sich voraussagen, dass schon die Amnesie in jeder der drei Formen einen verschiedenen Charakter aufweisen wird; dies bestätigt sich auch ziemlich, wenn man die Protokolle derartiger Fälle vergleicht. Man muss natürlich dabei bedenken, dass das Vorkommen von ganz reinen Fällen ausserordentlich selten ist.

Die Amnesie bei transcorticaler Aphasie wird vorwiegend in der *Verwendung von Namen für weitere Begriffe* zum Ausdruck kommen.

Mit den falschen Benennungen wird entsprechend der mangelhaften Begriffsbildung, die ihnen zu Grunde liegt, auch eine mehr oder weniger falsche Verwendung der Gegenstände Seitens des Kranken entstehen. Allerdings werden diese asymbolischen Störungen viel weniger in Erscheinung treten, weil, wie besonders aus den Wolff'schen Untersuchungen (43) des Falles Grashey's hervorgeht, die Störung der Begriffsbildung schon sehr hochgradig sein muss, damit es zu asymbolischen Erscheinungen kommt.

Der Kranke wird durch fortwährendes Betasten und Befühlen *etc.* des Gegenstandes zu einem engeren Begriffe und entsprechenden Namen kommen, bis er schliesslich den richtigen findet. Er wird aber auch in Folge seiner gestörten Kritik eventuell vor Nennung eines garnicht entsprechenden Namens nicht zurückschrecken. Auch das Wiedererkennen wird meist nicht ganz intact sein.

Der *glossopsychisch Aphasische* wird, da bei ihm der Wortbegriff gelitten hat, die Worte wesentlich paraphasisch und verstümmelt herausbringen; auch wird er eventuell ganz falsche Namen nennen, wird aber den Fehler sofort merken und zu verbessern suchen. Alles längere

Betrachten des Objects wird ihm wenig nützen. Das Erkennen und Wiedererkennen wird keinerlei Störung zeigen.

Von beiden wesentlich abweichen wird schliesslich der *eigentlich amnestisch Aphasische*. Er wird weder Worte, die zu weiten Begriffen entsprechen, verwenden, noch paraphasische Erscheinungen bieten, sondern sich vielerlei Umschreibungen bedienen. Die Störung in der Findung der Bezeichnungen für concrete Dinge wird weit grösser sein, als bei der transcorticalen Aphasie; der Kranke wird viel öfter gar keinen concreten Namen angeben können. Erkennen und Wiedererkennen vollkommen ungestört.

Während es für das Verhalten des glossopsychisch Aphasischen, das sich nicht wesentlich von dem eines leicht cortical-motorisch Aphasischen unterscheidet, kaum der Anführung eines Beispieles bedarf, (zumal mir ein Protokoll eines solchen Falles nicht zur Verfügung steht), dürfte die Gegenüberstellung einiger weniger Beispiele für die beiden anderen Störungen zur besseren Veranschaulichung zweckmässig sein. Ich wähle natürlich einige typische Beispiele aus; für die transcorticale Aphasie aus der Arbeit von Storch über 2 Fälle von Alexie,[15] für die amnestische Aphasie aus dem Protokoll meines Falles.

Transcorticale Aphasie	*Amnestische Aphasie*
[aus Storch, (36) S. 505].	
Metermaass (getastet): Das ist weiches Metall, es ist weicher wie Metall, eine Masse, die zum Biegen geht, es kommt mir vor wie ein . . ., wenn man Balken macht; (hingesehen): Ein Bandmaass.	*Ziege*: Das ist, wo man kann Dings da abnehmen (zeigt auf die Euter), wo man kann kochen damit, 4 haben wir gehabt.
Haarbürstchen: Es kann etwas zum Reinmachen, zum Waschen, zum Poliren sein; hier sind dem Anschein nach Bürsten oder Haare, ich will annehmen, es ist eine Bürste.	*Kaffeemühle*: Schöns Stückli, wo man oben kann reinthun, schöns Stückli (Bohnen!), damit so machen (macht die Bewegung des Mahlens) und dann unten hat.
	Briefbogen: Ein Stückli wo man kann überfahren mit (macht Schreibbewegung).
Thaler: Ein Metallstück, ein Münz-	*Streichholzschachtel*: Schöns Stück-

[15] Allerdings handelt es sich hier um eine sehr leichte Form transcorticaler Störung, aber nur bei einer solchen, bei der die motorische Sprache überhaupt wenig befallen ist, werden die amnestischen Störungen deutlich zum Ausdruck kommen, deshalb ist auch dieses Beispiel gewählt worden. Bei den schwereren Formen stehen wohl die Störungen der motorischen Sprache, wie des Wortverständnisses so sehr im Vordergrund, dass die amnestische Störung daneben ganz verschwindet.

stück in Grösse eines Thalers. *Wandtafel*: Das muss aus Schiefer sein, oder Holz, es ist eine Tafel.

li, wo man kann überführen mit (macht Streichbewegung) Dingli drin (nimmt Streichholz heraus), so überfahre, wo man kann kochen mit.

Dürften die drei Aphasien also schon durch die jeder eigenen Art der Amnesie zu unterscheiden sein, so wird dies durch die *Differenz der Störung des Lesens und Schreibens* noch wesentlich erleichtert. Die *transcorticale Aphasie* wird besonders durch das *mangelnde Verständniss für Gelesenes oder auf Dictact Geschriebenes* bei leidlicher Intactheit der Functionen selbst vor den beiden anderen ausgezeichnet sein. Andererseits wird die Störung in einer *mangelhaften Auffassung der Buchstabenformen* zum Ausdruck kommen (*cf.* Storch: Alexie). Die Buchstabenbegriffe werden gelitten haben. Eine derartige Störung scheint auch bei Freund's Kranken vorgelegen zu haben. Darauf deuten die Fehler beim Abschreiben von Gedrucktem oder Geschriebenem, sowie die Verstümmelungen der einzelnen Buchstaben beim Dictatschreiben hin. Bei der *glossopsychischen Aphasie wird die Verwechslung von Buchstaben beim Schreiben und Lesen* im Vordergrund stehen und die *Störung Worten gegenüber stärker zum Ausdruck kommen als bei einzelnen Buchstaben*, die event. noch exact gelesen und geschrieben werden können.[16] Hierher gehören wohl die Lesestörungen in den interessanten Fällen von Sommer (35) (Zur Theorie der cerebralen Schreib- und Lesestörung) und Hinshelwood (A case of "Word" without "letter" blindness, Lancet. Febr. 1898), deren Patienten Worte nicht lesen konnten, deren Buchstaben sie einzeln zu benennen vermochten. "Das Zusammenfügen von richtig gelesenen und gemerkten Buchstabenreihen zu Worten ist also eine besondere psychische Function" (Sommer *l. c.*, S. 310), und zwar eine Function, die man nach den Storchschen Ausführungen mit gutem Recht der Thätigkeit des glossopsychischen Feldes zuschreiben kann. Bei der *amnestischen Aphasie* dagegen sind *die Schreib- und Lesestörungen selten und betreffen am meisten das Schreiben*. Sie sind dadurch charakterisirt, dass sie *das Lesen und Schreiben von Buchstaben weit mehr alteriren als das von Worten*. Sie beruhen darauf, dass beim

---

[16] Von den Ausnahmen, dass Worte noch gelesen und geschrieben werden können, und Buchstaben nicht, sehe ich hier ab; sie beschränken sich auf sehr wenig Worte und bilden keinen Widerspruch gegen die obige Annahme. Wegen der Erklärung dieser Eigenthümlichkeit *cfr.* Wernicke (42), S. 533.

Amnestischen die Beziehung zwischen Buchstabenbild und Buchstabenbezeichnung lädirt, die zwischen ersterem und Buchstabenlaut erhalten ist. Es sind gestört: Benennen von Buchstaben und Schreiben von Buchstaben auf Dictat; intact ist das Wiedererkennen von genannten Buchstaben und Worten, sowie das Lesen und Dictatschreiben von Buchstaben und Worten.

Es dürfte zweckmässig sein, nochmals in tabellarischer Form die Hauptsymptome der drei Aphasieformen zusammenzustellen:

	Transcorticale Aphasie	Amnestische Aphasie	Glosso-psychische Aphasie
Willkürsprache.	Stark gestört. Wortschatz mehr oder weniger erhalten. Meist correcte Worte, sinnlos aneinandergereiht. Gebrauch v. Worten weiterer Bedeutung. Satzconstruction erheblich gestört.	Stark gestört. Erschwerte Wortfindung. Keine Paraphasie. Satzconstruction correct. Viel Umschreibungen.	Starke Paraphasie mit Wortverwechslung. Wortverstümmelung.
Sprachverständniss.	Mehr oder weniger hochgradig gestört.	Intact.	Meist vollkommen intact.
Bezeichnung von Objecten.	Gebrauch von Worten weiterer Bedeutung.	Fast ausschliesslich Umschreibungen möglich.	Störung wie bei der Willkürsprache.
Wiedererkennen genannt. Objecte.	Theilweise gestört.	Intact.	Intact.
Willkürliches Schreiben.	Stark gestört, meist ohne Sinn. Ev. Störung der Buchstabenformen.	Entsprechend der Willkürsprache.	Paraphasie, sonst intact.
Schriftverständniss.	Stark gestört.	Intact.	Intact.
Lautlesen.	Meist intact, aber ohne Verständniss.	Intact, ev. amnestische Alexie. Worte prompt gelesen, Fehlen der Buchstabenbezeichnungen.	Paralexie, event. Buchstaben gelesen, Worte nicht.

	Transcorticale Aphasie	Amnestische Aphasie	Glosso-psychische Aphasie
Nachsprechen.	Intact, aber ohne Verständniss. Echolalisch.	Intact.	Paraphasie.
Dictatschreiben.	Meist sehr gestört, ev. Störung der Buchstaben-formen.	Meist intact, ev. gestört für einzelne Buchstaben, f. Worte intact. Amnestische A-graphie.	Paragraphie.
Copiren.	Meist nur nachma-lend.	Intact.	Intact.

Die Beziehungen der amnestischen Aphasie zu den Störungen des Gedächtnisses verdienen noch eine kurze Besprechung. In unserem Falle bestand eine deutliche Gedächtnissstörung für alte und frische Eindrücke. Im Gegensatz hierzu ist von anderen Autoren die intacte Merkfähigkeit besonders hervorgehoben worden. Dass jedenfalls kein directes Verhältniss zwischen Merkfähigkeit und erschwerter Wortfindung besteht, davon konnte ich mich selbst bei einem Fall von Presbyophrenie, den ich augenblicklich zu beobachten Gelegenheit habe, überzeugen. Die Merkfähigkeit der Patientin ist so schlecht, dass sie nach 3 bis 4 Secunden alles absolut vergessen hat; dennoch finden sich kaum Andeutungen von amnestischer Aphasie. Ihr Gedächtniss ist wesentlich besser erhalten, und es scheint mir auch mehr auf das Gedächtniss für alte als für frische Dinge bei der amnestischen Störung anzukommen. So konnte ich auch kürzlich bei einer Frau mit schwerer Gedächtnissstörung auf Grund einer Epilepsie einen prägnanten Unterschied zwischen Bezeichnung und Wiedererkennen von Objecten constatiren. Das Gedächtniss scheint aber auch bei den Fällen anderer Autoren nicht vollkommen intact gewesen zu sein. Leider sind die Angaben darüber meist nicht genau genug. Es wird zur Entscheidung der Frage noch eines grösseren casuistischen Materials bedürfen.

In naher Beziehung zu dieser Frage steht die nach der anatomischen Veränderung, die der Störung zu Grunde liegt. Etwas Sicheres ist darüber zur Zeit kaum zu sagen. In unserem Falle, in dem jede Andeutung eines Herdsymptoms sonst fehlt, dürfte die Annahme einer gröberen localisirten Läsion sehr unwahrscheinlich sein. Viel eher darf man eine allgemeine Atrophie des Gehirns annehmen. Es ist ja bei der Patientin Intelligenz, Gedächtniss, alles nicht vollkommen intact. Möglicherweise ist die Atrophie in gewissen Partien stärker ausgesprochen, so dass besonders die Beziehungen zwischen Sprachapparat und der übrigen Rinde geschädigt sind. Wir hatten Befunde ähnlich denen, die z. B. von A. Pick (29) in Fällen von transcorticaler Aphasie beschrieben wurden: allgemeine Atrophie der Gehirnwindungen mit besonderer Beteiligung bestimmter Stellen. Vielleicht ist diese letzte Annahme nicht einmal nothwendig, die gleichmässige Atrophie bedeutet ja wahrscheinlich für die verschiedenen Functionen des Gehirns eine verschieden starke Schädigung. Jedenfalls spricht der Umstand, dass wir amnestische Symptome so häufig bei senilen Patienten finden, dafür, dass die Gehirnfunction, die der Wortbildung zu Grunde liegt, besonders leicht geschädigt werden kann.

Freiburg i. B., August 1905.

LITERATURVERZEICHNISS

1. B. Ascher, "Ueber Aphasie bei allgemeiner Paralyse," *Allgem. Zeitschr. f. Psych.* Bd. 49. 1893.
2. Banti, "'Afasia e le sue forme," *Lo sperimentale.* 1886.
3. Bastian, "On different kinds of Aphasia," *Brit. med. journ.* 1887.
4. Bastian, "The Lumleian lecture on some problems in Aphasia and other speech defects," *The Lancet.* 1897.
5. Max Berg, "Beitrag zur Kenntniss der transcorticalen Aphasie," *Monatsschrift f. Neurol.* Bd. XIII. 1903.
6. Bischoff, "Beiträge zur Lehre der amnestischen Sprachstörungen nebst Bemerkungen über Sprachstörung bei Epilepsie," *Jahrb. f. Psych.* 1897. Bd. 16.
7. Bischoff, "Beiträge zur Lehre von der sensorischen Aphasie," *Archiv für Psych.* Bd. XXXII. 1899.
8. Bleuler, "Ein Fall von aphasischen Symptomen, Hemianopsie, amnestischer Farbenblindheit und Seelenlähmung," *Archiv. f. Psych.* Bd. XXV.
9. Falret, "Troubles du langage et de la mémoire des mots dans les affections cérébrales," *Archives générales de méd.* 1864. Cit. nach Pitres.
10. Sigm. Freud, *Zur Auffassung der Aphasien. Eine kritische Studie.* 1891.
11. Freund, "Ueber optische Aphasie und Seelenblindheit," *Archiv f. Psych.* Bd. XX. 1889. S. 276.
12. Freund, "Klinische Beiträge zur Kenntniss der generellen Gedächtnissschwäche," *Archiv f. Psych.* Bd. XX.
13. Girandeau, *Revue de médecine.* 1882.
14. Gesner, *Sammlung von Beobachtungen aus der Arzneigelahrtheit, Noerdl.* 1770. II. Citirt nach Nasse.
15. Gowers, *Erkrankungen des Nervensystems.* Bd. II. S. 49.

16. Grashey, "Ueber Aphasie und ihre Beziehungen zur Wahrnehmung," *Archiv f. Psych.* Bd. XVI.
17. Heilbronner, "Ueber die Beziehungen zwischen Demenz und Aphasie," *Archiv f. Psych.* Bd. XXXIII. 1900.
18. Heilbronner, "Ueber die transcorticale motorische Aphasie und die als Amnesie bezeichnete Sprachstörung," *Archiv f. Psychiatrie.* Bd. XXXIV. 1901.
19. Heilbronner, *Aphasie und Geisteskrankheit. Wernicke's psychiatrische Abhandlungen.* Heft I.
20. Heubner, "Ueber Aphasie," *Schmidt's Jahrb. der gesammten Medicin.* Bd. 224. 1889.
21. Jansen, *Berliner klinische Wochenschrift.* 1895.
22. Kussmaul, *Die Störungen der Sprache.* Leipzig. 1885.
23. L. Lichtheim, "Ueber Aphasie," *Deutsches Archiv für klinische Medicin.* Bd. 36. 1885.
24. Loewenfeld, "Ueber zwei Fälle von amnestischer Aphasie nebst Bemerkungen über die centralen Vorgänge beim Lesen und Schreiben," *Deutsche Zeitschr. f. Nervenheilkunde.* 1892. Bd. II.
25. Lordat, "Analyse de la parole etc.," *Journal de la société pratique de Montpellier.* 1843/44. Citirt nach Pitres.
26. Nasse, "Ueber einige Arten von partiellem Sprachunvermögen," *Allgemeine Zeitschr. f. Psych.* 1853.
27. A. Pick, "Ein Fall von transcorticaler sensorischer Aphasie, *Neurolog. Centralbl.* 1890. S. 646.
28. A. Pick, "Ueber die Beziehungen der senilen Hirnatrophie zur Aphasie," *Prager med. Wochenschr.* 1892.
29. A. Pick, *Beiträge zur Pathologie und patholog. Anatomie des Centralnervensystems.* Berlin. 1898.
30. A. Pick, *Archiv f. Psych.* XXIII.
31. A. Pitres, *L'aphasie amnésique et ses variétés cliniques. Progrès médical.* 1898.
32. Rieger, "Beschreibung einer Intelligenzstörung in Folge einer Hirnverletzung," *Verhandl. d. phys.-med. Gesellschaft zu Würzburg. Neue Folge.* Bd. XXII.
33. Sander, *Archiv für Psych.* II. Bd.
34. Sommer, "Zur Pathologie der Sprache," *Zeitschr. für Psychologie und Physiologie der Sinnesorgane,* 2. Bd.
35. Sommer, "Zur Theorie der cerebralen Schreib- und Lesestörungen," *Zeitschrift f. Psych. und Phys. der Sinnesorgane.* 5. Bd. S. 305.
36. E. Storch, "Zwei Fälle von reiner Alexie," *Monatsschr. für Psych. und Neurol.* Bd. XIII. Ergänzungsheft. 1903.
37. E. Storch, "Der aphasische Symptomencomplex," *Monatsschr. für Psych. und Neurol.* Bd. XIII. 1903.
38. E. Storch, *Versuch einer psycho-physiologischen Darstellung des Bewusstseins.* Berlin 1902.
39. Vorster, "Beiträge zur Kenntniss der optischen und tactilen Aphasie," *Archiv. für Psych.* Bd. XXX.
40. Wernicke, *Der aphasische Symptomencomplex. Eine psychologische Studie auf anatomischer Basis.* Breslau 1874.
41. Wernicke, "Einige neuere Arbeiten über Aphasie," *Fortschritte der Medizin.* III. 1885. S. 824 und IV. 1886. S. 371 und 463.

42. Wernicke, "Der aphasische Symptomencomplex," *Deutsche Klinik*. 13. Vorlesung. S. 487.

43. Wolff, "Ueber krankhafte Dissociation der Vorstellungen," *Zeitschrift für Psych. und Phys. der Sinnesorgane*. 1896.

44. Zaufal und Pick, *Prager med. Wochenschr*. 1896.

45. Ziehl, "Ueber einen Fall von Worttaubheit und das Lichtheim'sche Krankheitsbild der subcorticalen sensorischen Aphasie," *Deutsche Zeitschr. für Nervenheilk*. Bd. VIII.

ÜBER FARBENNAMENAMNESIE

NEBST BEMERKUNGEN ÜBER DAS WESEN DER AMNESTISCHEN APHASIE
ÜBERHAUPT UND DIE BEZIEHUNG ZWISCHEN SPRACHE UND DEM
VERHALTEN ZUR UMWELT. *

So zahlreich die Untersuchungen und Erörterungen sind, die der amnestischen Aphasie gewidmet wurden, so gewiß ist es, daß noch keine befriedigende Auffassung von der Natur und dem Zustandekommen dieser Störung vorliegt.[1] Man dürfte wohl im allgemeinen darüber einig sein, daß die Störung bei der amnestischen Aphasie weder das rein Sprachliche, noch das rein Begriffliche betrifft, sondern daß bei ihr eine Beeinträchtigung vorliegt, die sich auf den problematischen Zusammenhang von Sprechen und Denken erstreckt. Ist gerade deshalb die Klärung der amnestischen Aphasie eine so schwierige Aufgabe, so gewinnt auf der anderen Seite jede Analyse, die zu einem tieferen Verständnis der amnestischen Aphasie führt, dadurch eine allgemeinere Bedeutung, daß sie uns auch der Klärung des Problemes: Sprechen und Denken näher bringt.

Wir gehen bei unseren Erörterungen nicht von der Wortfindungsstörung für Gegenstände aus, sondern von der für Farben – der Farbennamenamnesie – und zwar deshalb, weil, wie wir sehen werden, bei den Farben Verhältnisse vorliegen, die die Natur der Störung besonders deutlich zutage treten lassen.

* Von Kurt Goldstein und Adhémar Gelb.
Mit freundlicher Erlaubnis des Springer-Verlags, Heidelberg, abgedruckt aus *Psychologische Forschung*, 6, 1924 (pp. 127-186).
[1] Für den mit der pathologischen Literatur nicht vertrauten Leser heben wir aus der zahlreichen Literatur folgende Arbeiten über die amnestische Aphasie hervor: Kussmaul, *Die Störungen der Sprache*. Leipzig 1877. – Pitres, *L'aphasie amnésique et ses variétés cliniques*. Paris 1898. Alcan. – Wolff, *Klinische und kritische Beiträge zur Lehre von den Sprachstörungen*. Leipzig 1904. – Goldstein, "Zur Frage der amnestischen Aphasie usw.," *Arch. f. Psychiatrie u. Nervenkrankh.* 41, 911. 1906 und 48, 408. 1911. – Kehrer, "Beiträge zur Aphasielehre mit besonderer Berücksichtigung der amnestischen Aphasie," *Arch. f. Psychiatrie u. Nervenkrankh.* 51, 1. 1913.

I. Die Farbennamenamnesie

Einleitung

Es gibt Patienten, die als Folge einer cerebralen Schädigung eigenartige Störungen im Verhalten zu Farben aufweisen, ohne daß sie eine Beeinträchtigung des Farbensinnes im engeren Sinne haben. Sie lesen prompt die Stillingschen pseudoisochromatischen Tafeln, sie bestehen wie Gesunde die Prüfung am Nagelschen Anomaloskop, verhalten sich aber z. B. bei der Untersuchung mit den Holmgreenschen Wollproben und anderen ähnlichen Prüfungen nicht wie Normale: Sie sortieren in charakteristischer Weise anders als farbentüchtige Gesunde. Sie können ferner wahrgenommene oder vorgestellte Farben nicht oder nur selten richtig benennen und vermögen nicht, zu Farbennamen die entsprechenden Nuancen aus einer größeren Reihe von Mustern auszusuchen usw.

Wilbrand [2] hat auf Grund einer wohl hierher gehörigen Beobachtung vor vielen Jahren das Krankheitsbild der "amnestischen Farbenblindheit" aufgestellt. Er rechnete die Störung "zum aphasischen" Symptomenkomplexe und nahm als Ursache eine "Unterbrechung der Assoziationsbahnen zwischen Farbensinnzentrum und corticalem Sprachgebiet" an.

Seit der genauen Analyse von Lewandowsky [3] hat dieser Symptomenkomplex verschiedene Auslegungen erfahren. Die Verschiedenheit der Erklärungsversuche ist teilweise wohl dadurch bedingt, daß bei den einzelnen Fällen verschiedene Symptome im Vordergrund zu stehen schienen: bei manchen fiel hauptsächlich die Beeinträchtigung im Benennen von Farben auf, bei anderen (so z. B. bei dem Lewandowskyschen Patienten) die Unfähigkeit, die Farben ihnen genannter Gegenstände anzugeben und sie aus einer Reihe vorgelegter Farben auszusuchen. Indem man nun nach einer Erklärung des auffälligsten Symptomes suchte, übersah man leicht anscheinend nicht zum Wesen der Störung gehörende Symptome, wie z. B. die Störung im Sortieren, oder man versuchte, solche Symptome, die sich nicht ohne weiteres der für das Hauptsymptom gefundenen Erklärung fügten, auf andere

---

[2] Wilbrand, *Ophthalmiatrische Beiträge zur Diagnostik der Gehirnkrankheiten.* Wiesbaden 1884.

[3] M. Lewandowsky, "Über Abspaltung des Farbensinnes," *Monatsschr. f. Psychiatrie u. Neurol.* 23, 488ff. 1908.

Weise zu erklären, und kam so zu der Annahme mehrerer, nebeneinander bestehender Störungen.

Lewandowsky selbst spricht von einer "Abspaltung des Farbensinnes, bzw. der Vorstellung der Farbe von der Vorstellung der Form,
der Gestalt der Gegenstände", von einer Unterbrechung der "Assoziation zwischen Farbe und Form der Gegenstände". – Pick [4] sucht
den Lewandowskyschen Fall durch Verlust der Gedächtnisfarben im
Heringschen Sinne zu erklären. – Poppelreuter [5] glaubt für zweifellos
hierher gehörige Fälle (vgl. später S. 174f.) eine "psychische Farbenschwäche" annehmen zu müssen, bei der zwar der Farbensinn als
solcher nicht oder nicht wesentlich gestört, die Farben-*Auffassung*
aber, die in höheren psychischen Prozessen bestehe, pathologisch verändert sein soll. – Wieder andere, und zwar die meisten, führen bei
der Auslegung des Lewandowskyschen Falles verschiedene nebeneinander bestehende Ursachen an: Nach G. E. Müller [6] – und in verwand-
ter Weise hat sich schon vorher Kehrer [7] geäußert – besteht erstens eine
Beeinträchtigung des Vorstellungsvermögens, eine abnorme, pathologisch gesteigerte Verblassungstendenz für Farben, eine sog. *Farbenamnesie*, zweitens (unabhängig von der Farbenamnesie) eine Störung
der "Assoziation zwischen Farben und ihren Bezeichnungen", eine
Farbennamenamnesie. – Berze [8] legt das Hauptgewicht auf die mit
der Farbennamenamnesie einhergehende Störung des "Farb-*Begriffes*", glaubt aber, daß man damit allein nicht auskommt, und postuliert
noch eine Farbenauffassungsstörung im Sinne von Poppelreuter. –
Verwandt sind die Anschauungen, die neuerdings Sittig [9] unter Hinzu-
ziehung neuer eigener Fälle vertritt. Sittig sieht sich gezwungen, außer
der Farbennamenamnesie noch eine andere "agnostische" Störung anzunehmen ("Störungen höherer psychischer Funktionen, wie Aufmerksamkeit, Evokation der Begriffe usw."), weil er glaubt, das ab-

---

[4] A. Pick, "Kritische Bemerkungen zur Lehre von der Farbenbenennung bei
Aphasischen," *Zeitschr. f. d. ges. Neurol. u. Psychiatrie* 32. 1916.

[5] W. Poppelreuter, *Die psychischen Schädigungen durch Kopfschuß* 1. 1917.

[6] G. E. Müller, *Zeitschr. f. Psychol. u. Physiol. d. Sinnesorg.* Ergänz.-Bd. 9,
S. 639ff. 1917.

[7] Kehrer, "Beiträge zur Aphasielehre," *Arch. f. Psychiatrie u. Nervenkrankh.*
52. 1913.

[8] Berze, "Zur Frage der Lokalisation der Vorstellungen," *Zeitschr. f. d. ges.
Neurol. u. Psychiatrie* 44. 1919.

[9] O. Sittig, "'Störungen im Verhalten gegenüber Farben bei Aphasischen,"
Monatsschr. f. Psychiatrie u. Neurol. 41, 63ff und 159ff. (Am Schluß dieser
Arbeit findet man ein ausführliches Literaturverzeichnis.)

weichende Verhalten der Kranken beim Sortieren nicht mit der Sprachstörung in Beziehung bringen zu können.

Wir sahen bei der Untersuchung unserer Kranken sehr bald ein, daß man nicht nur die besonders ins Auge fallenden, sondern auch die im Gesamtbilde mehr zurücktretenden Symptome ausführlich analysieren muß, wenn man einen wirklichen Einblick in die Natur der vorliegenden Störung gewinnen will. Wir können ja von vornherein gar nicht wissen, ob das auffallendste Symptom zur Erkenntnis der Natur der Störung gerade das geeignetste ist. Nur wenn man alle Symptome zunächst als gleichwertig betrachtet, kann es sich überhaupt herausstellen, ob die Gesamtheit der Symptome der Ausdruck einer einheitlichen Störung oder mehrerer, unabhängig voneinander bestehender Störungen ist.

Dabei darf man sich auch nicht mit dem Nachweis des positiven oder negativen Ausfalles einer Prüfung begnügen; man muß vielmehr eingehend feststellen, in welcher Weise der Effekt bei den einzelnen Leistungen vom Patienten erreicht wird, auf Grund welcher Vorgänge der Kranke z. B. sortiert, warum er gerade diese bestimmten Abweichungen vom Normalen aufweist usw. Es genügt weiter z. B. nicht, nachzuweisen, daß ein Kranker nicht die Farbe eines ihm genannten oder sonst irgendwie zur Erinnerung gebrachten Gegenstandes aus vorgelegten Farbenmustern herauszusuchen vermag, sondern man muß zu erfahren suchen, bei welchen Gegenständen der Kranke versagt und bei welchen nicht. Erst so wird man die Beziehung aufklären können, die evtl. zwischen einer bestimmten Reaktion und einer bestimmten gleichzeitig vorhandenen Sprachstörung besteht. Wir werden z. B. sehen, daß beim Vorhandensein einer leichten motorischen Aphasie die Störung, die wir als Grundlage des uns interessierenden Symptomenkomplexes erkennen werden, ganz anders zum Ausdruck kommen und daß andererseits die Intaktheit der motorischen Sprache zuweilen die Grundstörung in ihrer Wirkung verdecken und deshalb evtl. übersehen lassen kann.

Die folgenden Darlegungen gehen von einem Einzelfalle aus, der sich für eine Analyse deshalb besonders geeignet erwies, weil bei ihm gewisse Leistungen schwer und eindeutig gestört, andere wiederum restlos gut erhalten waren. Die an diesem Patienten gewonnenen Erkenntnisse gaben die Gesichtspunkte, die uns das Verständnis anderer, sowohl eigener als auch von anderen Autoren mitgeteilter, verwickelterer Fälle ermöglichten.

Wir sind auch hier dem Prinzip gefolgt, zu dem uns die jahrelange
Beschäftigung mit psychopathologischen Problemen geführt hat: die
Klärung eines Problemes nicht durch summarische Untersuchung
einer großen Zahl von Fällen herbeizuführen, sondern durch das Verstehen eines einzelnen, uns geeignet erscheinenden Falles.

Unser Vorgehen hat uns den Vorwurf eingetragen, wir beschrieben nur
"interessante Fälle". Meint man damit, wir beschrieben nur *"Curiosa"*,
"singuläre" Fälle, so übersieht man, daß der Eindruck der Singularität
nur dadurch zustande kommt, daß man die betreffenden Fälle bisher nicht
oder nicht restlos aufklären konnte. Denn gelingt das, so verlieren die
Fälle sofort den Charakter der Kuriosität, sie erweisen sich vielmehr als
von prinzipieller Bedeutung für den Fortschritt unserer Erkenntnis. Es
zeigt sich dann, daß es sich gar nicht um einzelne Abnormitäten, sondern
um eine besonders krasse Ausprägung von Symptomen handelt, die man
bei verschiedenen anderen Patienten wiederfindet, sobald die Gesichtspunkte für die Untersuchung gegeben sind. Man denke nur an die Bedeutung einzelner, zunächst als Curiosa imponierender Fälle für die Entwicklung der Lehre von der Seelenblindheit oder der Apraxie, z. B. an die
Bedeutung des berühmten "Regierungsrates" Liepmanns. Im übrigen ist
jeder Fall "interessant", wenn man ihn vollständig analysiert und sich
nicht begnügt, nur solche Symptome zu betrachten, die durch ihre Ähnlichkeit mit bei anderen Fällen beobachteten Symptomen schon als bekannt erscheinen.

Bei dem Vorwurf übersieht man auch, daß man "eigenartige" Einzel-
symptome nur versteht, wenn man sie im Zusammenhang mit dem ganzen
übrigen Verhalten des Patienten betrachtet, und daß, wenn dies auf diesem
Wege nicht gelingt, die Untersuchung noch so vieler anderer, aber ebenfalls unklarer Fälle auch nicht weiterhilft, so wenig "hundert graue Pferde
einen einzigen Schimmel ausmachen". Die Sachlage klärt sich aber gewöhnlich, wenn man unter vielen Fällen einem "interessanten" begegnet,
d. h. eben einem solchen, der zu einer so weitgehenden Analyse geeignet
ist, daß er ein wirkliches Verständnis des in Betracht kommenden Symptomes ermöglicht. Dann befinden wir uns aber wieder bei der Analyse
eines Einzelfalles. Wir brauchen wohl kaum zu erwähnen, daß unsere
"interessanten" Fälle aus einer großen Zahl von untersuchten ausgewählt
sind. Wenn wir nicht alle veröffentlicht haben, so geschah das nur deshalb,
weil die betreffenden Fälle nicht geeignet waren, prinzipielle Gesichtspunkte und Aufschlüsse zu gewähren.

Bei dem großen Material, das auch uns in den letzten Jahren zur Verfügung stand, besteht natürlich die Neigung, möglichst zahlreiche Fälle
zu untersuchen; aber wir sahen sehr bald die Gefahr eines solchen Vorgehens und seine Unfruchtbarkeit zur Herbeiführung wirklicher Ent-
scheidungen. Bei der Untersuchung vieler oder gar aller zur Verfügung
stehenden Kranken auf ein einzelnes Problem bleibt ja nicht viel anderes
übrig, als die Untersuchung von mitgebrachten (meist umstrittenen) theo-

retischen Voraussetzungen aus vorzunehmen, und die Ergebnisse wieder von "fertigen" Theorien aus zu betrachten. Man wird die Resultate einer Leistungsprüfung statistisch zusammenstellen müssen und dabei leicht dazu neigen, aus den äußerlich gleichen Leistungen auf gleiche oder wesensähnliche Störungen zu schließen. Fehlschlüsse, wie sie bei einem derartigen Vorgehen leicht vorkommen und in mancher neueren psychopathologischen Arbeit deutlich zutage treten, sind wohl nur zu vermeiden, wenn man den Einzelfall nicht im Hinblick auf das gerade interessierende Problem, sondern immer als Ganzes betrachtet, wodurch allein das interessierende Problem selbst erst im richtigen Licht erscheint. Dann wird man oft finden, daß der effektiv äußerlich gleiche oder ähnliche Prüfungsausfall doch durch eine sehr verschiedene Störung bedingt sein kann. Eine solche Betrachtung erfordert allerdings wieder die genaue Analyse von Einzelfällen, die in gleich vollkommener Weise bei sehr vielen unmöglich ist. Sie erscheint uns eigentlich auch unwesentlich, sobald einmal ein Symptom geklärt ist.

Natürlich verkennen wir nicht, daß ein zur Zeit als geklärt erscheinendes Symptom durch die Untersuchung weiterer Fälle noch näher geklärt und eine gewonnene Anschauung durch neue Befunde evtl. modifiziert werden kann. Deshalb lehnen wir eine summarische Untersuchung nicht *schlechthin* ab – im Gegenteil, wir sind von Anbeginn für eine solche Untersuchung eingetreten und haben einen ausführlichen Untersuchungsbogen mitgeteilt, mit dem alle unsere Kranken geprüft werden; aber wir müssen auch hier wieder betonen, daß eine solche Untersuchung nur als eine vorläufige zu betrachten ist, nur als *Grundlage für die Auswahl derjenigen Fälle, die für die spezielle Untersuchung geeignet sind,* und daß allein diese zu einem wirklich wissenschaftlich brauchbaren Ziele führt.[10] Unsere Beschränkung auf sog. interessante Fälle ist also nur die Folge methodischer Besinnung und nicht etwa die einer Beschränktheit durch das Material.

Ganz im dargelegten Sinne ist auch die folgende Analyse des uns hier interessierenden Symptomenkomplexes zunächst an einem einzigen Falle durchgeführt. Wie die Heranziehung weiterer Fälle zur Klärung einzelner Symptome förderlich ist, werden ebenfalls unsere Ausführungen dartun.

Fall Th. Auszug aus der Krankengeschichte: Th., Bergmann, zur Zeit der Untersuchung 23 Jahre alt. Bis zu seiner Verwundung im Jahre 1918 völlig gesund und normal. 1918 Granatsplitterverletzung über dem linken Scheitelbein. Guter Wundverlauf ohne Hinterlassung einer Knochenlücke. Nach der Verletzung Lähmung und Gefühllosigkeit des rechten

---

[10] Cf. hierzu Goldstein, *Die Behandlung, Fürsorge und Begutachtung der Hirnverletzten.* F. C. W. Vogel, Leipzig 1919, S. 5, und Benary, *Z. f. angew. Psychol.* 17 (1920), S. 110ff.

Armes. Keine gröbere Sprachstörung. – Bei der Untersuchung im Jahre 1920: Ganz geringe Schwäche des rechten Armes, sonst von körperlichen Erscheinungen nur Kopfschmerzen. Schwindel. In psychischer Beziehung: Sehr zugänglicher, aufmerksamer Mann. Gedächtnis und Rechnen etwas herabgesetzt, Kombinationsfähigkeit gut. Keine Sprachstörung außer der amnestischen Aphasie. Starke Ermüdbarkeit. Wegen des normalen Farbensinnes des Patienten vgl. später S. 144.

§ 1. Das Benennen von Farben und das Aussuchen von Farben zu Farbennamen

Eine außerordentlich schwere Störung zeigte sich, wenn der Patient
1. gezeigte Farben benennen und
2. ihm genannte Farben auswählen sollte.

1. Dem Patienten wurden die Holmgreenschen Wollproben oder eine große Menge getönter und ungetönter Papierschnitzel im bunten Durcheinander vorgelegt. Auf die Frage: wie heißt diese oder jene Farbe? vermochte der Patient ganz selten den richtigen Namen anzugeben, und wenn das geschah, so erfolgte die Antwort zögernd und vorsichtig. Mehrfach kam es vor, daß der Kranke einen Farbennamen nannte, dann aber sofort wieder für falsch erklärte. Das geschah besonders bei unrichtigen Bezeichnungen, aber zuweilen kam es auch bei richtigen vor.

Eine richtige Bezeichnung erschien im Grunde als ein Zufallsprodukt und zeigte sich bei wiederholten Prüfungen bald bei dieser, bald bei jener Farbe. Wenn aber der Patient überhaupt einen Namen, wenn auch einen falschen, aussprach, so tat er das mit einem gewissen subjektiven Sicherheitsgefühl. War er ganz unsicher, so schwieg er lieber, ehe er einfach darauflos riet. Er benahm sich in dieser Beziehung anders als manche anderen Patienten, anders z. B. auch als der Lewandowskysche, der zuweilen, ungeduldig und ratend, irgendwelche Farbennamen aufzählte. Wir machen absichtlich auf dieses verschiedene Verhalten der Kranken aufmerksam, weil, wie wir sehen werden, dies für die theoretische Auswertung der Versuchsergebnisse gar nicht so unwesentlich ist.

Wenn man dem Kranken Hilfen gab, indem man ihm eine Reihe von Farbennamen, darunter auch den richtigen, vorsprach, also Hilfen, wie sie bei der Untersuchung von Kranken mit amnestischer Aphasie für Gegenstände so oft mit Erfolg angewandt werden, so lehnte er in der Regel einen falschen Namen nicht ab und stimmte auch in der

Regel dem richtigen Namen nicht zu. Die vorgesprochene richtige Bezeichnung übte also nicht jene besondere Wirkung aus, die man bei
amnestisch-Aphasischen sonst gewöhnlich findet; es kam nicht zu dem
charakteristischen "Einschnappen" beim vorgesprochenen richtigen
Namen (vgl. hierzu auch S. 184f.). Wenn dies das eine oder andere Mal
erfolgte, so war es nicht so prompt und affektbetont wie gewöhnlich
bei amnestisch-Aphasischen.

Nicht selten kam es vor, daß der Kranke ein bestimmtes Rot als
"kirschartig", ein bestimmtes Grün als "grasartig", ein bestimmtes
Blau als "veilchenartig", ein bestimmtes Orange "wie eine Apfelsine",
ein helles Blau "wie ein Vergißmeinnicht" usw. bezeichnete. Solche
konkret-gegenständliche Bezeichnungen sind uns Normalen auf anderen Gebieten geläufig, z. B. auf dem Geruchsgebiete.[11] Wir dürfen
wohl hier von einer *primitiveren Verhaltungsweise* sprechen, wofür ja
auch die Tatsache zu verwerten ist, daß Angehörige primitiverer Kul-
turen Farbenbezeichnungen konkret-gegenständlicher Natur gebrauchen [12] (vgl. später).

*Es bestand also bei dem Patienten eine schwere Störung im üblichen
Benennen gezeigter Farben.*

2. Bei der Aufforderung, die einem Farbennamen entsprechende
Farbe aus den vor ihm liegenden Farbenmuster auszuwählen, wiederholte der Kranke in der Regel den vorgesprochenen Namen, ohne daß
man entscheiden konnte, ob ihm der Name bekannt oder fremd vor-
kam. Dann blickte er auf die ausgebreiteten farbigen Papiere oder
Wollproben und begann, sie unter dauerndem leisen Nachsprechen des
Farbennamens zu mustern. Das Nachsprechen half ihm aber sichtlich
gar nichts; je anhaltender er das tat, um so fremder wurde ihm anscheinend der Name: er begann, umherzublicken oder auf irgend etwas
zu starren, mit einer Miene, wie wenn er sich auf etwas besinnen
wollte, und wiederholte immer wieder den Farbennamen. Er kam aber
auf diesem Wege nicht zum Ziel. Man hatte den Eindruck, daß der
Name für ihn nur einen *bedeutungslosen Lautkomplex* darstellte, etwa
wie uns ein Wort zu einem sinnlosen Schall wird, wenn wir es oft hintereinander rein auf seinen Klang hin aussprechen. Auch dann er-

---

[11] Vgl. H. Henning, *Der Geruch.* 2. Aufl., 1924, S. 63ff.
[12] Vgl. Pechuël-Loesche, *Volkskunde von Loango.* Stuttgart 1907, S. 30f., und
Henning, a. a. O.

scheint uns das betreffende Wort fremd und geht aller Beziehungen zu seiner Bedeutung verloren.[13]

Manchmal zeigte der Kranke eine genannte Farbe richtig, doch führte er dies, wie wir später (S. 99 ff) sehen werden, nicht direkt, sondern auf einem besonderen, instruktionswidrigen Umwege aus. Er umging bei richtigen Leistungen die Aufgabe.

Der Patient bot also eine sehr schwere Beeinträchtigung der Beziehungen, die zwischen einer gebotenen Farbe und ihrer Bezeichnung normalerweise besteht, das Bild einer schweren "Farbennamenamnesie".

3. Diese Störung gilt nicht nur für Prüfungsobjekte wie Wollproben, sondern auch für Gegenstände von charakteristischer, natürlicher oder künstlicher Färbung: auch den Namen der *Farbe solcher Gegenstände,* wie Veilchen, Kirschen, Blätter, Mohnblume, konnte der Patient *nicht angeben.* Sagte er einmal einen richtigen Namen, so machte er das auf demselben Umwege wie beim Zeigen genannter Farben (vgl. später S. 99 ff). Dasselbe gilt für sein Verhalten gegenüber bloß vorgestellten Farben von Gegenständen. Bei seinem guten Visualisationsvermögen konnte er sich Gegenstände mit ihren Farben sehr gut vorstellen.

Die hier geschilderten Symptome der Farbennamenamnesie boten alle in der Literatur beschriebenen Patienten mit dem uns beschäftigenden Symptomenkomplex, wenn auch in etwas verschieden starkem Maße; besonders auch der Patient von Lewandowsky (a. a. O.), mit dessen Deutung wir uns noch ausführlich beschäftigen werden.

§ 2. *Das Zeigen von Farben zu "vorgestellten" Gegenständen und das Nennen von Gegenständen zu vorgelegten Farben*

a. *Befund an unserem Patienten Th.*

Im Gegensatz dazu, daß der Patient Farben von Gegenständen, die man ihm irgendwie zur Erinnerung brachte, indem man etwa die Gegenstände nannte oder schematisch aufzeichnete, nicht direkt angeben konnte, *gelang es ihm außerordentlich gut, die den betreffenden Gegenständen zugehörige Nuance aus einem Haufen vorgelegter Farben auszusuchen.*

---

[13] Etwas ähnliches berichtet Bleuler (*Arch. f. Psychiatrie u. Nervenkrankh.* 25, 39. 1893) von seinem Pat. mit Farbennamenamnesie, dem "die gehörte oder von ihm selbst gebrauchte Farbenbezeichnung *ein leerer Schall war,* mit dem er nichts anzufangen weiß."

Er wählte die Farbe einer reifen Erdbeere, des Briefkastens, des Billardtuches, der Kreide, des Veilchens, der Zehnpfennigmarke, des Vergißmeinnichts usw. aus einer großen Anzahl von Farben (Wollproben, farbigen Papierchen) prompt, wenn die betreffende Nuance überhaupt vorhanden war. In anderen Fällen wählte er die *ähnlichste*, war aber dabei nicht völlig zufrieden; er sagte: "so ähnlich ist es schon, aber ganz stimmt es nicht", und suchte nach immer ähnlicheren. *Niemals kam es vor, daß der Patient eine falsche Farbe zeigte.*

Es ist hier der Ort, auf das Verhalten des Normalen gegenüber derselben Aufgabe etwas näher einzugehen.

Individuen mit ausgesprochen guter Visualisation können, wenn sie z. B. die Aufgabe haben, die Farbe einer reifen Erdbeere auszuwählen, sich die Erdbeere in einer bestimmten roten Farbe innerlich vorstellen und die einzelnen vorgelegten Farben auf ihr "Passen" zur Farbe des Vorstellungsbildes mustern. Bei einer dem Vorstellungsbild genau entsprechenden Nuance stellt sich das Erlebnis des "Passens" ein. Fehlt unter den Farbenmustern eine genau entsprechende Nuance, so wird die passendste gewählt, es bleibt aber das Gefühl: "es stimmt nicht ganz".

Ein wirklich farbiges Vorstellungsbild ist indessen zur Lösung der Aufgabe *keineswegs nötig*. Man kann auch – wie Versuche an Normalen sofort zeigen, und worauf auch *Poppelreuter* (a. a. O., S. 95) hingewiesen hat – eine gute Wahl treffen, ohne daß man den zur Erinnerung gebrachten Gegenstand in der ihm eigentümlichen Farbe sich deutlich vorstellt. *Dem Wählen liegt dann mehr ein bloßes Wiedererkennen zugrunde*: die nicht ganz passenden Farben werden als "fremdartig" abgelehnt, die richtigen als "passende" identifiziert. – Ähnlich verhält man sich, wenn man etwa verschiedene Kopien eines bekannten kolorierten Bildes unter dem Gesichtspunkte betrachtet, die beste Kopie auszusuchen. Ohne daß man imstande zu sein braucht, die Originalfarben sich innerlich zu reproduzieren, vermag man diejenige Kopie anzugeben, die die Farben des Originals relativ am besten wiedergibt. Für den positiven Ausfall des Versuches, die Farbe eines zur Erinnerung gebrachten Gegenstandes auszusuchen, ist es eben *nicht nötig, sich den betreffenden Gegenstand in seiner eigentümlichen Farbe vorzustellen*. Wir können auf Grund von Versuchen an geschulten normalen Beobachtern sogar sagen, daß die Reproduktion bei diesen Versuchen recht selten erfolgt und die Entscheidung gewöhnlich auf Grund des Wiedererkennens erfolgt.

Schließlich dürfte auch noch das sog. *"sprachliche Wissen"* sehr oft eine Rolle spielen, namentlich bei solchen Gegenständen, deren Farbenbezeichnungen sehr geläufig sind. Man "weiß" dann, welche Farbe der betreffende Gegenstand hat, und beginnt, die Farbe nur unter solchen Nuancen zu suchen, auf die sich die *Bezeichnung* anwenden läßt. Die Entscheidung kommt aber auch hier, genau wie vorhin, unter dem Erlebnis des Passens zustande. Auch Personen mit guter Visualisation nehmen unter Umständen das sprachliche Wissen zu Hilfe.

Die verschiedenen Verhaltungsweisen kommen in Wirklichkeit vielfach kombiniert vor. Nicht nur findet man bei verschiedenen Individuen ein Überwiegen der einen oder der anderen Verhaltungsweise im allgemeinen, sondern auch beim selben Individuum kann unter verschiedenen Umständen bald das eine, bald das andere Verhalten vorherrschen.

Gleichviel, auf welchem Wege die Wahl erfolgt, immer kommen, da das anschauliche Erlebnis des Passens ausschlaggebend ist, nur ganz wenige Nuancen – die identischen und die sehr ähnlichen – für die Wahl in Betracht. Farben dagegen, die zwar denselben Grundton, aber eine von der charakteristischen Färbung des Gegenstandes abweichende Nuance aufweisen, werden ebenso abgelehnt wie Farben, die zu einer ganz anderen Kategorie gehören. Wird die Farbe des Blutes verlangt, so gehen wir über ein Rosa nicht weniger gleichgültig hinweg wie etwa über ein Grün.

Fehlt unter den vorgelegten Farben eine wirklich passende Nuance, so wird der Normale unter den verschiedenen Farben natürlich eher eine Farbe vom gleichen Grundton, d. h. eine, die zur gleichen Kategorie gehört, wählen, als eine Farbe von ganz anderem Grundton. Er wird zu "Blut" eher *irgendein* Rot als ein Grün wählen. Eine derartige Wahl ist aber eigentlich nicht eine Wahl einer zum Gegenstand passenden Farbe, sondern es handelt sich hierbei um das Aufzeigen einer Farbe als Repräsentanten für die mit dem Farbennamen gemeinte Farbkategorie. Es liegen also zwei psychologisch ganz verschiedene Vorgänge vor, deren Unterscheidung, wie wir sehen werden, für das Verständnis der Reaktionen unserer Patienten von entscheidender Bedeutung ist.

Von den geschilderten Verhaltungsweisen war dem Patienten Th. das Vorgehen mit Hilfe des sprachlichen Wissens verschlossen. Selbst wenn er die Bezeichnung für die Farbe des zur Erinnerung gebrachten Gegenstandes "wußte", konnte ihm das ebensowenig zur Wahl der betreffenden Farbe verhelfen, wie es ihm gelang, eine ihm genannte Farbe zu zeigen (vgl. § 1). Unser Patient, der, wie gesagt, zu einem genannten Gegenstand die zugehörige Farbe immer ausgezeichnet herausfand, muß also seine Wahl entweder auf Grund eines innerlich reproduzierten farbigen Vorstellungsbildes oder auf dem Wege des Wiedererkennens im dargelegten Sinne getroffen haben. Nach seinen spontanen Angaben besaß der Patient ein sehr gutes Visualisations-vermögen, so daß er in vielen Fällen, besonders bei Gegenständen mit ganz spezifischer Färbung (Briefkasten, Briefmarken, Billardtuch, Vergißmeinnicht), sich wohl wirklich die Gegenstände mit ihren Farben innerlich reproduzierte.[14] War unter den vorgelegten Farben keine, die für den Patienten zum Gegenstand paßte, *so wählte er gar keine. Niemals wählte er eine Farbe, die nur insofern zum genannten Gegenstand paßte, als sie zur selben Kategorie gehörte wie der Farbenton des Gegenstandes. – Wie bei dem Farbenbezeichnen verhielt sich der Patient also auch hier "konkreter" als ein normaler.*

Nur kurz erwähnen wir noch, daß der Patient zu einer vorgelegten Nuance einen Gegenstand von genau entsprechender Farbe angeben konnte. Bei einem bestimmten Blau sagte er z. B.: "Das ist genau wie der Briefkasten." Paßte die vorgelegte Farbe aber zu keinem ihm bekannten Gegenstande, so nannte er nicht etwa einen Gegenstand, der je nach dem vorgelegten Farbenmuster irgendwie blau, irgendwie rot oder sonstwie war.

b. Das Verhalten anderer Patienten

Während alle in der Literatur beschriebenen Patienten mit der uns beschäftigenden Grundstörung in mehr oder weniger starkem Maße das Symptom der Farbennamenamnesie aufwiesen, bestehen zwischen ihnen wesentliche *Unterschiede in bezug auf ihre Reaktionen bei der Aufgabe, zu genannten Gegenständen die entsprechende Farbe zu zeigen.* Keineswegs vermochten das alle so gut wie unser Patient. Im besonderen versagte der Lewandowskysche Kranke bei dieser Aufgabe so gut wie ganz: *er zeigte meistens völlig falsche Farben.*

Gerade das Versagen bei dieser Aufgabe betrachtete Lewandowsky als den wichtigsten Ausdruck der von ihm angenommenen Störung.

---

[14] Die Farbe von Gegenständen mit *spezifisch-charakteristischer* Färbung läßt sich leichter reproduzieren als eine Gegenstandsfarbe, die in verschiedener Abstufung vorkommt, wie etwa das Grün von Blättern, das Rot von Kirschen oder Erdbeeren. Je singulärer und für den Gegenstand charakteristischer eine Farbe ist, um so leichter dürfte sie im allgemeinen reproduziert werden können. Im Einklang damit stehen die Erfahrungen an Eidetikern.

Da er annahm, daß das Vorstellungsvermögen für Farben als solches bei seinem Kranken intakt geblieben war (wir kommen gleich darauf zu sprechen), glaubte er, daß das Versagen des Patienten nicht etwa durch ein mangelhaftes Vorstellungsvermögen für Farben bedingt sein konnte, und schloß, daß "eine Abspaltung des Farbensinnes bzw. der Vorstellung der Farbe von der Vorstellung der Form, der Gestalt der Gegenstände bestand, daß die Assoziation zwischen Farbe und Form der Gegenstände gesprengt, der Farbensinn von den übrigen Elementen der optischen Sphäre abgetrennt war".

Schon Kehrer (a. a. O.) und G. E. Müller (a. a. O.) hatten die Auffassung von Lewandowsky abgelehnt. Müller weist darauf hin, Lewandowsky habe nicht den Beweis erbracht, daß das Vorstellungsvermögen seines Patienten für Farben intakt sei. Das positive Ergebnis jenes Lewandowskyschen Versuches, daß der Patient zwei ihm zur Einprägung aufgegebene Farben unter einer Anzahl anderer nach einer gewissen Zwischenzeit wiederzuerkennen vermochte, beweist, wie Müller ausführt, gewiß nicht, daß die Fähigkeit, sich Farben *willkürlich vorzustellen*, bei dem Kranken intakt geblieben war.

Müller selbst nimmt zur Erklärung an, daß der Patient von Lewandowsky "die ihm genannten oder sonstwie zur Erinnerung gebrachten Gegenstände nicht mehr mit ihren bunten Farben, sondern nur noch als farblose vorstellt, daß bei ihm sozusagen die Verblassungstendenz pathologisch gesteigert ist". Müller nimmt mit anderen Worten eine *Farbenamnesie* an. Er schließt dies hauptsächlich daraus, daß der Patient weder Farben ihm genannter oder aufgezeichneter Gegenstände aufweisen, noch zu einer vorgelegten bzw. genannten Farbe ähnlich gefärbte Objekte nennen kann, daß er ferner einige ihm genannte, deutlich verschiedenfarbige Gegenstände (Blatt und Siegellack) für gleichfarbig erklärt (S. 641).

So sehr wir G. E. Müller beistimmen, daß gerade die von ihm hervorgehobenen Symptome für das Verständnis der vorliegenden Störung von besonderer Wichtigkeit sind, so können wir doch auf Grund der an unserem Patienten festgestellten Tatsachen seine Deutung der Lewandowskyschen Befunde nicht für richtig halten.

Die Tatsache, daß der Patient von Lewandowsky zu genannten bzw. gezeichneten Gegenständen nicht die richtige Farbe unter vorgelegten Farbenmustern aufzuweisen vermochte, könnte nur dann als ein Beweis für eine pathologisch gesteigerte Verblassungstendenz, für eine Farbenamnesie, sprechen, wenn zur Lösung der in Betracht kommenden Aufgabe das willkürliche Hervorrufen und Festhalten der Vorstellung eines Gegenstandes mit einer spezifischen Farbe unbedingt erforderlich wäre. Wie wir aber schon sagten, geschieht das auch beim Gesunden keineswegs häufig auf Grund eines willkürlich hervorgerufenen Vorstellungsbildes, sondern meist auf Grund eines bloßen Wiedererkennens. Danach aber hätte der Lewandowskysche Patient die Aufgabe lösen müssen, denn an der Intaktheit des Wiedererkennens besteht ja bei ihm kein Zweifel.

Wenn er trotzdem völlig falsche Farben zeigte – z. B. für *Citrone*: rot, dann grau; für *Veilchen*: gelb; für *Blut*: auch gelb usw. –, so spricht das dafür, daß er bei der Lösung der Aufgabe nicht optisch vorgegangen ist. Müßte nicht sonst das intakte Wiedererkennen den Patienten vom Zeigen so falscher Farben abgehalten haben? Müßte nicht der Patient sonst einen Fremdheitseindruck empfinden, den er ja bei Versuchen mit falsch kolorierten Abbildungen häufig hatte? Das Zeigen völlig falscher Farben wäre also auch bei wirklich vorhandener Farbenamnesie nicht ohne weiteres verständlich.

Warum aber der Patient trotz seines intakten Wiedererkennens nicht optisch vorging, wird klar, wenn man sich die Versuchsanordnung, die Lewandowsky vielfach benutzte, genauer ansieht. Lewandowsky verwendete nur *wenige* Grundtöne (6–7) und auch diese nur in einer einzigen Nuance, so daß eine Lösung der Aufgabe auf optischem Wege wohl nicht in Betracht kam. Die spezifische Nuance fehlte gewöhnlich unter den vorgelegten Farben. Unter solchen Bedingungen bleibt nur der psychologisch ganz andere (oben S. 68 dargelegte) Weg übrig, nämlich die Wahl einer Farbe, die zur selben Kategorie gehört wie der Farbenton des Gegenstandes: man muß z. B. bei der Aufgabe, die Farbe des Himmels aufzuweisen, "wissen", daß der Himmel "blau" ist, und dann einen "Blau-Vertreter" unter den gerade vorliegenden Farben zeigen. Solche Versuche sind also prinzipiell nicht geeignet für die Beantwortung der Frage, ob das *Vorstellungsvermögen* des Lewandowskyschen Patienten intakt war oder nicht.

Der Patient ging wohl auch bei den in Frage kommenden Versuchen wie ein Normaler unter Zuhilfenahme der Sprache vor. *Daraus erklären sich seine Wahlen ganz falscher Farben.* Daher kommt auch sein ganz anderes Verhalten bei dieser Aufgabe als Th., der niemals falsche Farben wählte.

Auch in den Fällen, in denen Lewandowsky seinem Patienten *zahlreiche* Nuancen vorlegte (vgl. z. B. das Protokoll S. 490), verhielt sich wohl der Patient nicht anders. Auch hier ging er offenbar sprachlich vor: bei der Aufgabe z. B., die Farbe des Grases zu zeigen, *sagt* Patient "grün" und zeigt auf gelb und rot; bei der Frage, wie sieht Schnee aus? *sagt* Patient *"grün"* und *zeigt ein helles Gelb*; bei der Aufgabe, die Farbe eines Blattes zu zeigen, sagt Patient wiederum "also grün" und *zeigt* auf grau.

Solche Beispiele, deren Zahl sich beträchtlich vermehren ließe, sprechen dafür, daß der Patient *gar nicht die eigentliche Aufgabe*, zu einem vorgestellten Gegenstand die Farbe zu zeigen, *ausführte, sondern zu Farben-Namen Farben suchte*. Gleichviel, ob er den Namen für die Farbe des genannten Gegenstandes im Anschluß an ein farbiges Vorstellungsbild fand oder auf Grund einer ihm geläufigen Bezeichnung oder Wortverbindung, gleichviel auch, ob der von ihm genannte Name richtig oder falsch war – beides kam vor –, jedenfalls mußte der Patient, wenn er auf diesem Wege vorging, bei seiner starken Farben*namen*amnesie versagen.

Wie wir schon ausführten, neigen auch sehr viele Gesunde bei der in Betracht kommenden Aufgabe dazu, die Farbennamen genannter Gegenstände sich vorzusagen, ehe sie an das Heraussuchen gehen. Vielleicht war das auch für den Patienten das natürliche Verhalten. Außerdem bestimmte den Patienten dabei wohl noch der Umstand, daß er, ehe er die Farbe zu einem Gegenstande zu zeigen hatte, oft nach dem Namen der betreffenden Farbe gefragt wurde.

Aber selbst wenn die Zuhilfenahme der Sprache (die veranlaßt, nicht die zum Vorstellungsbild wirklich passende Nuance zu suchen, sondern nur einen Vertreter der mit dem Namen bezeichneten Farbkategorie aufzuweisen) für den Patienten vor seiner Erkrankung keine besondere Rolle gespielt haben mag, und selbst wenn man eine Einstellung auf den sprachlichen Weg durch die Untersuchung selbst nicht besonders hoch einschätzen will, so ist zu bedenken, daß die Alteration durch das Nichteinfallen des Farbennamens den Patienten auf das sprachliche Moment des ganzen Vorganges erst recht hingewiesen hat. Beim Versuch, die Schwierigkeit, den richtigen Namen zu finden, zu überwinden, wurde er vielleicht erst recht auf den sprachlichen Weg gedrängt. *Gerade die Namenamnesie konnte so die Einstellung auf den sprachlichen Weg nahelegen.*

Unter Zugrundelegung der Müllerschen Annahme, daß der Patient sich die Gegenstände nur farblos vorstellen konnte, hätte der Patient zum mindesten *heiligkeits*ähnliche Farben aufzeigen müssen. Bei

Schnee, Kohle und ähnlichen Fällen tat er das, worauf auch Müller hinweist. Aber diese Beispiele sind nicht beweisend, weil es gerade Gegenstände waren, die er immer als hell und dunkel richtig *bezeichnen* konnte und weil er zu den Worten "hell" und "dunkel" helle und dunkle Farben zu finden vermochte. Wenn aber der Patient (S. 496) für *Zigarre* ein *ganz helles Grau*, für *Citrone* dagegen ein *dunkles Grau* und ein anderes Mal ein *Braun* zeigte (S. 492 und 496), wenn er ferner für *Blut gelb* (S. 496) – die hellste unter den vorgelegten Farben –, dann für *Blut* und *Himmel dieselbe* Strähne wählte (S. 494), so ist das alles mit der Annahme nicht vereinbar, daß der Patient nur durch die vorgestellte Helligkeit bei der Wahl bestimmt wurde. Verständlich aber wird sein Verhalten wieder, wenn wir auch in diesen Fällen annehmen, daß der Patient mit Hilfe der Sprache vorging.

Vielleicht könnte man eine Farbenamnesie im Sinne Müllers daraus folgern, daß der Kranke nicht imstande war, zu vorgelegten Farben Gegenstände zu nennen, denen die betreffenden Farben zukommen. Allerdings scheint uns auch ein Versagen in dieser Beziehung nicht zwingend für eine Farbenamnesie zu sprechen. Sieht man nämlich zu, wie das der Gesunde gewöhnlich ausführt, so zeigt sich auch bei diesen Versuchen, daß der Normale gewöhnlich einen Gegenstand nicht unmittelbar zu dem Farbeneindruck sucht, sondern einen Gegenstand nennt, dessen Farbe mit demselben Namen bezeichnet wird wie die vorgelegte. Dazu muß man aber den Namen der vorgelegten Farbe wissen. Dieser Weg war aber dem Lewandowskyschen Patienten infolge der Namenamnesie völlig versperrt. Der Kranke hätte die Aufgabe also nur dann lösen können, wenn ihm beim Anblick einer vorgelegten Farbe ein Vorstellungsbild eines Gegenstandes mit gleicher oder sehr ähnlicher Farbe auftauchte. Diese Leistung dürfte wohl aber eine außergewöhnlich gute Visualisation voraussetzen. Unser Patient Th. konnte das, weil er ganz besonders optisch veranlagt war. Im Zusammenhang damit steht wohl auch die Tatsache, daß Th. für viele Farben konkret-gegenständliche Bezeichnungen hatte (vgl. oben S. 64). Wir haben jedenfalls auf Grund nur dieser Versuche keine Veranlassung, eine Farbenamnesie beim Lewandowskyschen Patienten anzunehmen.

Ebensowenig spricht für eine Farbenamnesie die Angabe des Patienten, "Blatt und Siegellack" hätten "dieselbe" Farbe. Eine solche, wirklich falsche Angabe erfolgte *nur ein einziges Mal* (am 20. VII.), nämlich nur bei "Blatt und Siegellack", während der Patient bei der Prüfung am 2. X., als noch die Farbennamenamnesie deutlich vorlag, erklärte: "Blatt grün, Siegellack mehr rot." *Alle anderen Angaben waren*, wenn man von falschen Farb*bezeichnungen* absieht, *immer richtig*, wie die folgenden Auszüge aus den Lewandowskyschen Protokollen zeigen.

Am 6. V. (S. 442).
(Frosch und Citrone die gleiche Farbe?): "Die Farbe wird wohl gleich sein."
(Frosch und Gras die gleiche Farbe?): "Das kann sein oder auch nicht sein."
Am 10. VII. (S. 498).
Hat Frosch und Blatt *dieselbe* Farbe? "Laubfrosch ja, Wasserfrosch nein."
Citrone und Postkutsche? "So ziemlich."
Citrone und Frosch? "Frosch Kleinigkeit dunkler."
Rose und Blut? "Es gibt zuviel Rosen, rote, grüne, alle Arten."
Billardtuch und Blatt? "Ja".
Blatt und Siegellack? "Ja" (die einzige wirklich falsche Antwort).[15]
Postkutsche und Citrone? "Citrone etwas heller."
Citrone und Kanarienvogel? "Ja."
Am 2. X. (S. 499).
Dieselbe Farbe haben?
Citrone und Frosch? "So ziemlich ja."
Rose und Blut? "Ja, beides rot."
Blatt und Siegellack? "Blatt grün, Siegellack mehr rot."
Billardtuch und Blatt? "Grün, es wird ziemlich dieselbe Farbe sein."

Die Antwort, daß ein Frosch und eine Citrone so ziemlich dieselbe Farbe hätten, darf wohl auch als nicht falsch angesehen werden, da der Patient, wie aus anderen Stellen hervorgeht, verschiedene Frosch-arten der Farbe nach wohl unterschied.

Indessen wollen wir aus den richtigen Angaben des Patienten nicht auf gute Farbvorstellungen schließen, weil die von Lewandowsky gestellten Fragen für eine Beantwortung der Frage nach der Intaktheit oder Nichtintaktheit der Farbvorstellungen überhaupt nicht geeignet waren: Bei seinen Fragen handelte es sich ja (mit Ausnahme der nach der Farbe von "Blatt" und "Siegellack") um Fragen nach Gegenständen von gleicher Grundfarbe. Warum der Patient gerade bei der einen Frage (Blatt und Siegellack) eine falsche Angabe machte, ist nicht zu entscheiden. Sie wäre aber nur dann für die Annahme einer Farben-amnesie zu verwerten, wenn noch andere eindeutige Symptome dafür vorhanden wären. Bei den vielfach unzuverlässigen Angaben des

---

[15] Von uns eingefügt.

Lewandowskyschen Patienten möchten wir aus der einen Antwort nicht auf Farbenamnesie schließen, die ja mit den übrigen Befunden so wenig in Einklang zu bringen ist.

Aus dem Verhalten des Patienten bei diesen letzten Versuchen könnte man mit einer gewissen Reserve auch auf ein gutes Visualisationsvermögen für Farben schließen. Denn nur von der Müllerschen *Annahme* aus, daß der Patient die ihm genannten oder sonstwie zur Erinnerung gebrachten Gegenstände nicht mehr mit ihren bunten Farben, sondern nur noch als farblose vorstellte, könnte man die vom Patienten gemachten feinen Differenzierungen eventuell so deuten, als wenn er damit nur feinere Helligkeitsunterschiede ausdrückte. Da aber nach dem, was wir bisher ausgeführt haben, keine Veranlassung vorliegt, eine Farbenamnesie anzunehmen, so haben wir auch keinen Grund, solche feinen Unterscheidungen an Vorstellungsbildern wie zwischen Postkutsche und Citrone nicht auch als Unterscheidungen in bezug auf die Farben zu betrachten.

Aber es gibt noch ganz andere, von Lewandowsky berichtete Tatsachen, die man, wenn man will, direkt als Belege für die Unversehrtheit des Farbvorstellungsvermögens bei dem Patienten anführen kann. Schon manche Angaben des Patienten: so, wenn er, nach der Farbe des Veilchens gefragt, sagt: "Ich sehe sie vor mir aufs genaueste" (S. 495) oder wenn er auf die Frage, ob er sich einen Kanarienvogel "genau in der Farbe vorstellen" könnte, erklärt: "Gewiß, ganz genau" (S. 491) oder wenn er, nachdem er eben erklärte, der Dotter ist "rot, Ei ist außen weiß und innen rötlich", bei der nachfolgenden Frage nach der Farbe der Citrone sagt: "auch rot, etwas heller wie das Innere vom Ei" (S. 495). Namentlich diese letztere Angabe läßt eine Deutung in dem Sinne, daß der Patient nur Helligkeitsunterschiede meinte, ganz und gar unwahrscheinlich sein. Würde er das gemeint haben, so wären seine völlig falschen Reaktionen in bezug auf Helligkeit beim Zeigen von Farben zu genannten Gegenständen (vgl. oben S. 73) völlig unverständlich.

Schließlich ist noch folgendes zu beachten. Nur die Annahme eines *intakten* Visualisationsvermögens ermöglicht ein tieferes Verständnis für folgende, psychologisch zunächst sehr merkwürdige Tatsache. Bei Fragen nach der Farbe verschiedener Gegenstände war der Patient auch bei solchen Gegenständen, bei denen er die Farbenbezeichnung auf Grund sog. stehender Redensarten kannte und er sie auch oft richtig benutzte (grasgrün, himmelblau), mitunter ganz ratlos. Z. B.: als die Farbe des *Blutes* gibt er einmal an: "rötlich, blau, blau, weiß, nein, weißblau" (S. 491); als die des *Himmels* "gelbgrün, das wäre das einzig Richtige", als die des *Grases* "blau, braun, verschiedene Farben gibts" usw. usw. (S. 491).

Weshalb sagte der Patient nicht *immer* "grasgrün", bzw. "himmelblau" bzw. "rot wie Blut"? Verständlich wird dies, wenn man annimmt, daß der Patient in den Fällen, in denen er die geläufige Wortverbindung nicht angab, *nicht sprachlich vorging* und die Farbe des hervorgerufenen Vorstellungsbildes zu benennen versuchte. Daß er dabei versagen mußte, wie beim Farbenbenennen überhaupt, ist selbstverständlich.

Da die Protokolle von Lewandowsky nicht ausreichen, die Frage sicher zu beantworten, ob sein Patient Farbvorstellungen wirklich hervorrufen konnte oder nicht, mußten unsere vorstehenden Ausführungen in manchen Punkten hypothetischen Charakter tragen. Das Ergebnis, zu dem wir gekommen sind, darf aber zum mindesten insoweit als sicher gelten, *daß kein Grund vorliegt, bei dem Lewandowskyschen Fall eine Farbenamnesie im Sinne G. E. Müllers anzunehmen.*

Gerade die Tatsachen, auf Grund deren Lewandowsky seine Theorie von der Abspaltung des Farbensinnes aufstellte, haben Müller veranlaßt, eine *Farbenamnesie* zu postulieren. Damit, daß wir gezeigt haben, all die betreffenden Tatsachen könnten schon mit der Farben*namen*amnesie im Zusammenhang stehen,[16] wird gleichzeitig auch die Erklärung von Lewandowsky, die in sich nicht recht verständlich und sehr gesucht ist, überflüssig.

§ 3. Das Zuordnen von Farben

Eine Reihe von Autoren nahmen nach dem allgemeinen Eindruck, den das Verhalten dieser Kranken zu Farben erweckt, an, daß bei den Kranken die Farbwahrnehmung bzw. -auffassung selbst nicht intakt sei. Ganz besonders konnte hierzu die Tatsache Veranlassung geben, daß die Kranken auch eine Störung im Zuordnen der Farben aufweisen.

a. Befund an unserem Patienten Th.

Wir gehen wieder von unserem Patienten aus, der eine außeror-

---

[16] Damit soll nur der Tatbestand geschildert sein. Ein Verständnis dieses Zusammenhanges kann erst erfolgen, wenn die Natur der Farbennamenamnesie selbst geklärt sein wird (cf. S. 86ff.).

dentlich grobe Störung bei der Prüfung mit den Holmgreenschen *Woll-proben* zeigte.

Daß diese Störung nicht die Folge eines mangelhaften, rein sinn-lichen Unterscheidungsvermögens in gewöhnlichem Sinne sein konnte, zeigten die verschiedenen Farbensinnprüfungen, die an dem Patienten angestellt wurden. Die Prüfung mit dem Nagelschen Anomaloskop ergab ein völlig positives Resultat: Der Patient lehnte prompt, wie jeder intelligente Farbentüchtige, alle Gleichungen ab, die ein Indi-viduum mit einer angeborenen oder erworbenen Farbensinnstörung anzunehmen pflegt; er nahm die normale Rayleigh-Gleichung an und stellte sie selbst immer wieder mit außerordentlicher Schärfe ein. Er las ohne jede Schwierigkeit sämtliche Stillingschen Tafeln und auch die weit schwierigeren von Podesta.

Wenn wir so die Störung beim Sortieren nicht mit einer Farbensinn-störung im gewöhnlichen Sinne erklären können, so weist andererseits die Tatsache, daß sie faktisch bei allen aufs Sortieren untersuchten Patienten mehr oder weniger ausgesprochen vorlag, – wenn das auch vielfach übersehen worden ist – darauf hin, daß auch diese Störungen in irgendeinem inneren Zusammenhang mit der vorliegenden Grund-störung stehen müssen.

Eine Beeinflussung des Farbensortierens durch die Farbennamen-amnesie scheint allerdings zunächst nicht in Betracht zu kommen. Wird doch die Prüfung mit Holmgreenschen Wollproben im allge-meinen empfohlen, weil sie ermöglicht, etwaige Beeinflussungen des Prüfungsresultates durch die Sprache auszuschließen.[17]

Um ein Verständnis für die Sortierungsstörung zu gewinnen, ist es nötig, zu analysieren, auf Grund welcher psychischer Vorgänge die Kranken die Aufgabe lösen. Diese Analyse ergab bei unseren Patienten folgendes:

Bei der üblichen Aufforderung, zu einem ihm gegebenen Muster alle ähnlichen, nur heller oder dunkler erscheinenden Farbnuancen auszusuchen, ging der Patient *stets zögernd und langsam* vor und griff *ebenso oft nach völlig falschen Farben wie nach richtigen.* Man hatte den Eindruck, daß er sich niemals für eine Farbe wirklich entscheiden konnte. Er griff auch oft nach *helligkeitsähnlichen* Farben, statt nach tonähnlichen, und *manche seiner Wahlen* erschienen *zunächst ganz unerklärlich.* Auffallend war außerdem, daß er in einer beträchtlichen

---

[17] Cf. z. B. Köllner, *Die Störungen des Farbensinnes.* Karger, Berlin 1912, S. 359 und besonders S. 375.

Zahl von Fällen an ganz ähnlichen Farben *achtlos vorbeiging* und oft eine *"richtige" Strähne, die er schon in der Hand hielt, wieder zurücklegte*. Er benahm sich also in vieler Beziehung ähnlich wie ein Farben*untüchtiger*, und man konnte zunächst glauben, daß der Kranke überhaupt nicht imstande war, die Aufgabe richtig zu lösen.

Bei fortgesetzter Prüfung schien es indessen, als ob er unter bestimmten Umständen es doch vermochte. Allerdings zeigte sich bei näherem Zusehen, daß er sich auch dann anders verhielt, als sich der Normale zu verhalten pflegt.

Der Patient verglich das Muster dauernd mit einzelnen Farben, – er sah dauernd hin und her, oder er hielt das Muster neben eine Farbe – und versuchte auf diese Weise, passende Strähnen aus dem Haufen herauszufinden. Im großen und ganzen gelang es dem Kranken vielfach, recht gute Nuancen zu finden, doch wählte er *immer nur sehr wenige*; sehr oft blieben auch Nuancen, die für uns deutlich denselben Grundton aufwiesen, unberücksichtigt. Hatte sich der Kranke auf diese Weise einen kleinen Haufen ausgesucht, so hielt er nochmals jede dieser gewählten Farben dicht neben das Muster und verglich sie mit diesem. Jetzt wählte er mit großer Sicherheit die objektiv ähnlichsten, freilich immer zu verstehen gebend, daß es doch *noch nicht ganz die richtigen* seien und daß in dem übrigen, großen Haufen vielleicht noch mehr und passendere Nuancen zu finden wären.

Am besten gelang es dem Patienten in bezug auf Ton und Helligkeit völlig gleich aussehende, identische Farben, einander zuzuordnen. Wenn man z. B. 20 verschiedenfarbige Papiere (9 x 12 cm) vor ihm ausbreitete und ihm 20 andere, kleinere, aber völlig entsprechende Papiere in die Hand gab, mit der Aufgabe, jedes der kleinen Papiere auf das gleich aussehende größere zu legen, so löste der Kranke diese Aufgabe ausgezeichnet.

Bei dem Verhalten des Patienten fällt also folgendes auf: es scheint zunächst, daß der Patient sich wie ein Farbenuntüchtiger benimmt; er greift zögernd nach richtigen und falschen und oft nach helligkeitsähnlichen Farben, statt nach tonähnlichen. Aber bei fortgesetzter Prüfung zeigt es sich, daß er – im Gegensatz zu einem Farbenuntüchtigen – *niemals unrichtige* Farben *endgültig* wählt. Es gelingt ihm allmählich immer, einige sehr passende Nuancen herauszufinden.

Im Gegensatz zu einem Farbenuntüchtigen vermochte er auch von drei nebeneinander gegebenen Farben a, b, c, von denen b hinsichtlich der Qualität entweder mit a oder mit c größere Verwandtschaft aufwies, anzugeben, welche die beiden ähnlicheren Farben sind. Die Beurteilung der innigeren Zusammengehörigkeit, des Kohärenzgrades, war unter solchen Umständen völlig intakt. (Vgl. dazu später S. 82). Allerdings mußte man dabei dafür sorgen, daß b nicht gleichzeitig in bezug auf irgendeine andere Eigenschaft, – etwa gleiche Helligkeit – gerade zu derjenigen der beiden anderen Farben paßte, die hinsichtlich des Grundtons von b abwich. Schloß sich dagegen b etwa in bezug auf Helligkeit mit a ebenso stark zusammen wie in bezug auf den Grundton mit c (oder umgekehrt), so konnte sich der Patient nicht ohne weiteres entscheiden.[18]

Gegenüber einem *Farbentüchtigen* und auch im übrigen Normalen, fällt besonders auf, das der Patient *nur durch dauerndes Nebeneinanderhalten* der einzelnen Farben mit dem Muster passende Nuancen festzustellen vermag. Er ist im Gegensatz zum Normalen auch *nur dann mit seiner Auswahl zufrieden, wenn er objektiv sehr ähnliche Farben festgestellt hat, während ein Normaler auch mit viel geringeren Ähnlichkeiten sich zu begnügen pflegt.* Ist das Muster z. B. rot oder grün, so nimmt der Normale alle Farben, die nur irgendwie rot oder grün sind, namentlich, wenn man die übliche Instruktion erteilt, *alle* zu dem Grundton des Musters passenden Farben herauszusuchen.

Schließlich zeigt sich das Abweichen des Patienten sowohl vom Verhalten Farbentüchtiger, als auch von dem Farbenuntüchtiger in einer weiteren Eigentümlichkeit: in dem *achtlosen Vorbeigehen an einer dem Grundton nach ähnlichen Farbe. Man hatte den Eindruck, daß der Patient überhaupt nicht versteht, was man von ihm verlangt.* Dieses ratlose Verhalten, das um so krasser hervortrat, je mehr Farben man bei der Sortierprobe verwendete, war durch eine wiederholte Instruktion nicht zu überwinden.

Fassen wir alles zusammen: bei der Prüfung mit dem Anomaloskop und im Prinzip ähnlichen Prüfungen, verhält sich unser Kranker wie ein absolut Farbentüchtiger; es kommen niemals Farbenverwechslungen vor. Bei der Sortierprobe zeigt der Patient ein Verhalten, welches zwar nicht dem Verhalten des Normalen entspricht, aber auch nicht mit dem Verhalten Farbenblinder oder -untüchtiger übereinstimmt. Positiv können wir daraus schließen, daß die *Ursache* des veränderten

---

[18] So gut der Patient drei vorgelegte Farben nach ihrer Verwandtschaft ordnen konnte, so gut vermochte er auch größere Ähnlichkeitsreihen herzustellen.

Verhaltens beim Sortieren *eine andere* sein muß als die, welche für die Fehler der Farbenuntüchtigen in Betracht kommt.

Das Vorgehen beim Sortieren ist bei einem Farbenuntüchtigen im Prinzip das gleiche wie bei einem Farbentüchtigen. Das Sortieren geht bei beiden auf Grund desselben psychischen Verhaltens vor sich, nur begeht der Farbenuntüchtige charakteristische Verwechslungen, nämlich die, die er bei der Prüfung mit einem Farbengleichungsapparat auch zeigt. Dagegen muß bei unserem Patienten, der eigentlich *niemals verwechselte* – wie sollte er sonst z. B. so prompt identische Farben herausfinden? – *offenbar eine Veränderung des Sortierungsvorganges die Ursache für sein abweichendes Verhalten sein.*

b. *Das Verhalten anderer Patienten beim Zuordnen von Farben*

Hält man sich bei der Beurteilung des Ausfalles der Prüfung nur an das endgültige Resultat, so kann man aus der Tatsache, daß unser Kranker Th. schließlich niemals sich für Verwechslungsfarben entscheiden konnte, zu dem Ergebnis gelangen, daß er sich dabei wie ein Normaler verhielt. So wird es verständlich, daß verschiedene Autoren das Sortieren ihrer Patienten für "intakt" erklärten, während, wie aus den Protokollen hervorgeht, ihre Patienten beim Sortieren dieselben Eigentümlichkeiten aufwiesen wie unser Patient. Das mußte aber den Autoren entgehen, weil sie das Verhalten ihrer Patienten bei der Sortierprüfung nicht unter dem Gesichtspunkte des Sortierungsvorganges betrachtet haben. Gerade ein "ausgezeichnetes" Sortieren im Sinne einer Wahl "ganz genau passender" Nuancen, wie es von manchen Autoren besonders hervorgehoben wird, spricht für dasselbe abnorme Vorgehen wie das unseres Patienten.

Wenn z. B. Heilbronner [19] sagt: "die Aufgabe, die Wollprobe zu sortieren, wird so präzise gelöst, daß er (*sc.* der Patient) auch einzelne etwas verschossene oder verschmutzte Stränge beiseite legte", so entspricht das gerade dem von uns als nicht normal aufgezeigten Verhalten unseres Patienten. Im selben Sinne dürfte wohl auch die Bemerkung von Adler [20] zu verstehen sein, daß sein Patient zu einer Wollsträhne "die feinsten ähnlichen Nuancen aus der Mitte der Wollbündel auffinden" konnte.

Besonders instruktiv sind in unserem Zusammenhang die Protokolle von Lewandowsky (a. a. O.). Sein Patient "versteht auch zunächst die

---

[19] Heilbronner, "Zur Psychologie der Alexie," *Monatsschr. f. Psychiatrie u. Neurol.* 32, 471. 1912.
[20] Adler, *Berl. klin. Wochenschr.* 1890, S. 358.

Aufforderung nicht" und sagt: "alle Farben sind verschieden" (S. 490);
auch bei unserem Patienten war uns ja etwas ganz Ähnliches aufge-
fallen. Auch später noch, als der Lewandowskysche Patient schon wiederholt "ohne Fehler" (S. 493, 495) sortiert hatte, sagte er: "ich kann
das nicht fassen", "das kann ja kein Mensch, das habe ich nie ge-
konnt" (S. 490, ähnlich 491 und 493). In vollem Einklange mit unseren
Beobachtungen steht ferner, daß der Patient von Lewandowsky "die
ganze Zeit gedrängt werden muß", an die Aufgabe heranzugehen, daß
er "trotzdem er viel herumgreift, schließlich alle falschen Farben doch
verwirft", und daß er bei *identischen* Farben (Wollsträhnen wurden
zerschnitten) sofort sagt: "das kann ich" und "die Aufgabe fehlerlos
in kürzester Zeit löst" (S. 491).

Diese Beispiele dürften gewiß genügen, um einerseits die völlige
Übereinstimmung im Verhalten solcher Patienten beim Sortieren mit
dem unsrigen zu zeigen und um andererseits darzutun, wie wenig es
den Tatsachen entspricht, das Sortieren solcher Patienten als "intakt"
oder "normal" zu bezeichnen, wie es fast immer geschehen ist.

Diesen Irrtum findet man auch bei Sittig (a.a.O.), der die Sortierungsstörung viel mehr als andere Autoren beachtet hat. Deshalb
bezeichnet er in seiner Tabelle (S. 87) z. B. das Sortieren des Lewandowskyschen Patienten als "fast stets gut", das des Heilbronnerschen
als "gut" usw., und deshalb kommt Sittig zu einer falschen theoretischen Beurteilung des Sortierens im Rahmen des gesamten Symptomenkomplexes. Deshalb sieht Sittig auch bei seinen eigenen Patienten
die Störung *nur in der Wahl falscher* Farben, ohne die Anomalie zu erkennen, daß die Störung auch in der Neigung besteht, nur ganz ähnliche oder am liebsten identische Farben zu suchen.

Methodisch ergibt sich daraus, daß man bei solchen Patienten sich
nicht mit der Angabe begnügen darf, ob zu einem bestimmten Muster
eine richtige oder eine falsche Farbe gewählt wurde.

§ 4. *"Farbennamenamnesie" und das Fehlen eines Zuordnungsprinzips*

Das abweichende Verhalten der Kranken beim Sortieren hat sich
uns als eine Störung des Sortierungs*vorganges* erwiesen. Wie wir schon
sagten, pflegt der Normale alle Farben, die irgendwie zum Grundtone
des Musters gehören, zu wählen, während Patienten mit der uns hier
beschäftigenden Störung sich in einem ungewöhnlich stärkeren Maße
an den konkreten, individuellen Eindruck des Musters halten. Sie

wählen ja nur Farben, die identisch oder nach irgendeiner Hinsicht dem Muster sehr ähnlich sind, entweder in bezug auf den Farbenton oder in bezug auf Helligkeit usw. Um ein näheres Verständnis für die Ursache dieses Verhaltens zu gewinnen, halten wir uns an weitere Feststellungen an unserem Patienten Th., die aber nach unseren vorherigen Ausführungen über das übereinstimmende Verhalten aller derartiger Patienten beim Zuordnen von Farben auch von allen Patienten gelten.

Schon das Verhalten des Patienten Th. beim Bezeichnen von Farben, sowie sein Verhalten beim Zeigen von Farben zu genannten Gegenständen (vgl. oben S. 64 und S. 69) veranlaßte uns, dies als ein *primitiveres* zu kennzeichnen. Als ein primitiveres, d. h. der Wirklichkeit näheres Verhalten dürfen wir wohl auch sein Vorgehen beim Zuordnen der Farben betrachten. Sein Verhalten erscheint unrationeller, lebensnäher insofern, als er das Muster und den Farbenhaufen nicht von vornherein unter einem bestimmten Gesichtspunkte betrachtete, etwa unter dem Gesichtspunkt der Bläue, Röte usw., unabhängig davon, ob die vorgelegten Farben die Bläue oder Röte stark oder schwach hervortreten ließen. Jede Strähne erweckte dem Patienten ein charakteristisches Farberlebnis, das je nach ihrer objektiven Beschaffenheit einmal durch die Farbigkeit, ein anderes Mal durch die Helligkeit oder Zartheit usw. bestimmt war. Wenn also zwei Farben, etwa das Muster und eine Strähne des Haufens, objektiv denselben Farbenton, aber verschiedene Helligkeiten hatten, so brauchten sie dem Patienten deshalb nicht als zueinander gehörig zu erscheinen, weil ihm beim Muster etwa die Farbigkeit, bei der anderen Strähne etwa die Helligkeit oder die Wärme prävalierte. Gab man dem Patienten als Muster z. B. eine Strähne, bei der etwa ein bestimmtes intensives Rot prävalierte, so suchte er nach einer Strähne, die geeignet war, ihm ein ähnliches Erlebnis zu erwecken. Nahm er dabei etwa eine deutlich hellere oder dunklere rote Strähne und hielt sie neben das Muster, so konnte es vorkommen, daß er sie wieder weglegte, obgleich sie vom Standpunkte der Normalen "auch rot" war und daher gut zu passen schien; für den Patienten gehörte sie offenbar deshalb nicht zum Muster, weil sich ihm bei dieser Strähne in erster Linie das Erlebnis der Helligkeit bzw. Dunkelheit aufdrängte, und der Patient dadurch nicht ein Kohärenzerlebnis, sondern den Eindruck des Nichtzueinanderpassens hatte.

Akzeptieren konnte er nur auf Grund eines konkreten Kohärenzerlebnisses. Das war eigentlich nur bei identischen Farben wirklich der

Fall. So ist auch ohne weiteres verständlich, daß dieser Patient, wie alle anderen, identische Farben so prompt wählen konnte. Verständlich wird auch, daß er bei ähnlichen Farben nie ganz zufrieden sein konnte, weil das Kohärenzerlebnis für ihn noch steigerungsfähig war. Deshalb gab er ja auch immer zu verstehen, daß im Haufen noch passendere Nuancen vorhanden sein möchten.

Hatte er auch ein Kohärenzerlebnis, welches ihn zum Akzeptieren veranlaßte, so konnte es doch beim Nebeneinanderhalten der beiden Strähnen vorkommen, daß der Patient noch ein qualitativ anderes Kohärenzerlebnis als das nach der Farbigkeit hatte, etwa in bezug auf die Helligkeit, und dieses neue Kohärenzerlebnis für das weitere Sortieren bestimmend wurde. Dies kam besonders dann vor, wenn nicht das ursprüngliche Muster, sondern die mit Zögern akzeptierte Strähne die weiteren Wahlen bestimmte. (Vgl. hierzu später das Verhalten des Patienten Hac, S. 105.)

Das Vorgehen des Patienten mußte im Effekt dazu führen, daß der Patient bald solche Strähnen zusammenlegte, die in bezug auf Farbigkeit, bald solche, die in bezug auf Helligkeit oder andere Eigenschaften kohärierten. Auf diese Weise konnte der *Schein* zustande kommen, als wenn der Kranke nach wechselnden Zuordnungsprinzipien vorging, so wenn er einmal in bezug auf den Farbenton, ein anderes Mal in bezug auf Helligkeit sotierte. *In Wirklichkeit aber hatte der Kranke überhaupt kein Zuordnungsprinzip, sondern er wählte immer nach dem jeweils vorhandenen, konkreten Ähnlichkeits- bzw. Kohärenzerlebnis. Das ist das Verhalten, das wir als unrationelles, konkretanschauliches, lebensnäheres, biologisch-primitiveres bezeichnen dürfen.*[21]

Von diesem Gesichtspunkte aus betrachtet, bezeichnet man es zu Unrecht als "falsche Zuordnung", wenn ein Patient unter Umständen zwei Farben zueinander legt, die zwar in bezug auf den Farbenton nicht miteinander kohärieren, wohl aber in bezug auf andere Eigenschaften.

Jetzt wird eine weitere Abweichung des Kranken vom Normalen verständlich. Der Kranke verhielt sich bei der Prüfung des Zuordnens nicht wesentlich anders, als beim Heraussuchen einer Farbe zu einem genannten Gegenstand: hier wie dort war er in den meisten Fällen mit

---

[21] Es ist in diesem Zusammenhange die Angabe von Pechuël-Loesche (a. a. O.) gewiß bemerkenswert, daß die Bafióti ebenfalls stark dazu neigen, bei der Prüfung des Farbensortierens identische Farben zu wählen.

den gewählten Farben nicht völlig zufrieden und suchte nach immer ähnlicheren; hier wie dort suchte er niemals nach Farben, die nur zur "Kategorie" des Musters bzw. der Farbe des Gegenstandes gehörten. Der Normale dagegen verhält sich bei beiden Aufgaben gewöhnlich verschieden: beim Suchen einer Farbe zu einem Gegenstande pflegt auch der Gesunde nur ganz wenige, womöglich nur eine einzige Nüance, die kohärenteste, anzuerkennen, soweit er wie Th. auch rein anschaulich vorgeht (vgl. oben S. 68), bei der Sortierprobe dagegen greift er gewöhnlich auch nach solchen Nuancen, die noch irgendwie zu der "Kategorie" jener Farbe gehören, in die das Muster fällt.

Wir verstehen jetzt auch, warum solche Kranke überhaupt *so schwer die Aufgabe begreifen,* warum sie, wie auch Lewandowsky bei seinem Patienten festgestellt hat, dauernd zum Sortieren gedrängt werden müssen. Da das Verhalten der Kranken nur durch das jeweils sich aufdrängende anschauliche Kohärenzerlebnis bestimmt wird, fällt es ihnen auch so schwer, in eine verlangte Beachtungsrichtung hineinzukommen. *Wenn ihre Wahl im Effekt auch einmal der verlangten Beachtungsrichtung entspricht, so geschieht das mehr zufällig, wenn nämlich das Kohärenzerlebnis zwischen Muster und einer anderen Strähne in derselben Richtung liegt, wie es die Beachtungsrichtung verlangt.* So bleibt die Aufgabe, etwa nach dem Farbenton zu sortieren, solchen Patienten meistens unverständlich, auch wenn man versucht, ihnen die Aufgabe rein anschaulich vorzumachen. Besonders deutlich wird das, wenn sie eine Strähne in die Hand bekommen, bei der ihnen die Helligkeit stärker imponiert als die Farbigkeit, wenn man also den Kranken etwa ein Rosa oder ein Dunkelrot als Muster gibt und sie dahin bringen will, nach dem Farbenton zu sortieren.

Der Normale kann sich eine einigermaßen zutreffende Vorstellung von dem ganzen phänomenalen Hergang beim Sortieren solcher Kranken machen, wenn er z. B. mit dem Muster über den Haufen hinwegfährt und sich dabei möglichst passiv verhält.[22] Es schließen sich dann die mit dem Muster identischen Farben ohne weiteres rein anschaulich zusammen, auch solche, die mit dem Muster eine große Ähnlichkeit in bezug auf die auffallendste Eigenschaft aufweisen. Befinden sich aber im Haufen keine Farben, die, wie die identischen, mit dem Muster nach allen Seiten hin kohärieren, sondern nur solche,

---

[22] Die nachstehende Schilderung bringt in zusammenfassender Form das Typische aus Protokollen, die wir bei sehr zahlreichen Versuchen mit Normalen (Studenten) erhalten haben.

von denen einige mehr nach der einen, andere mehr nach einer anderen Richtung kohärieren so erfolgt ein *Wechsel des anschaulichen Zusammenschlusses der Farben.* Aber auch schon dann, wenn wir den beim Sortieren gewöhnlich benutzten Haufen von Wonproben möglichst passiv mit wanderndem Blicke betrachten, erleben wir etwas Ähnliches: der Haufen erscheint unruhig, bewegt, und wir konstatieren einen fortwährenden Wechsel, eine Art Wettstreit zwischen Gruppierungen der Farben nach verschiedenen Seiten. Wir haben dann nicht das Erlebnis einer ganz bestimmten Einstellung, etwa auf einen bestimmten Farbenton, sondern fühlen uns den sich aufdrängenden Kohärenzerlebnissen ausgeliefert. Während dieses Zustandes begreifen auch wir nicht recht, was er heißen soll, die Farben etwa nach einem bestimmten Farbenton zu ordnen.

Mit einem Schlage ändert sich aber der gesamte phänomenale Hergang, wenn wir zum instruktionsgemäßen Sortieren übergehen. Der Haufen selbst, der uns vorher als ein buntes Durcheinander erschien, erfährt jetzt eine besondere Differenzierung: die zur Kategorie des Grundtons des Musters gehörigen Farben heben sich gegenüber den anderen ab, die dazu nicht gehörigen werden im Verhältnis zu den dominierenden gleichgültig; sie werden einfach nicht "beachtet". Es handelt sich hier um einen phänomenalen Tatbestand, der wesensverwandt ist demjenigen, den wir beim Herausspringen irgendeines Musters, z. B. eines Ornamentes, aus einem Strichgewirr erleben. Wie das herausspringende Muster sich gegenüber den übrigen Strichen abhebt, so leben sich die dem Muster entsprechenden Farben gegenüber den anderen, indifferenten ab. Bei einem roten Muster springen alle roten heraus, bei einem grünen die grünen usw. Der Haufen erfährt durch das phänomenale Hervortreten eines bestimmten Grundtones eine *Einbuße an seiner ursprünglichen Buntheit,* in dem Sinne, daß jetzt mehr der *Eindruck des Einfarbigen* da ist. Haben sich die dem Muster entsprechenden Farben abgehoben, dann pflegen wir die einzelnen Stucke einzeln abzutragen.[23]

---

[23] Damit hört aber gewöhnlich das Sortieren nicht auf, sondern man überlegt, ob nicht noch andere Farben passen. Dabei ist folgendes leicht zu beobachten: Farben, die dem Muster qualitativ nicht sehr benachbart sind und deshalb nicht ohne weiteres in den dominierenden Haufen eingehen, erweisen sich während des Sortierens als kohärent zu einzelnen, bereits abgetragenen Wollsträhnen; diese werden dann mit herausgenommen. Während des Sortierens wiederholt sich gleichsam der beschriebene Vorgang. Es kommt uns im übrigen auf diese Vorgänge im einzelnen hier nicht an. Was uns wesentlich erscheint,

Danach dürfen wir schließen: Da die Kranken sich dauernd in einem Zustand befinden wie der Normale, wenn er den Haufen rein passiv betrachtet, zo behält der Haufen für sie dauernd den Charakter der ursprünglichen Buntheit, und ein Herausspringen irgendeiner besonderen Farbe wird bei ihnen nicht zustande kommen. Auch dies ist nur ein Ausdruck ihres primitiveren, konkreteren Verhaltens. Daher sind auch die phänomenalen Farberlebnisse der Kranken im gewissen Sinne als verändert zu betrachten. (Näheres hierzu vgl. S. 94 ff.)

Den Unterschied zwischen dem Verhalten des Gesunden und dem des Kranken können wir also folgendermaßen charakterisieren: *Der Normale wird beim Sortieren durch die Instruktion in eine bestimmte Beachtungsrichtung gedrängt. Er betrachtet instruktionsgemäß das Muster allein in bezug auf die Grundfarbe, unabhängig davon, mit welcher Intensität bzw. Reinheit sie hervortritt.* Die konkrete Farbe wird hier nicht in ihrem rein singulären Sosein hingenommen, sondern mehr als Vertreter des Begriffes rot, gelb, blau usw. angesehen. Die Farbe wird aus dem anschaulich gegebenen Verbande herausgelöst und nur als *Repräsentant für eine bestimmte Farbkategorie, als Repräsentant für Röte, Gelbe, Bläue usw. hingenommen.* Dieses "begriffliche" Verhalten wollen wir, um im folgenden einen kurzen Ausdruck zu haben, als *"kategoriales Verhalten" bezeichnen.*[24]

Den Kranken fehlt nun mehr oder weniger jedes Zuordnungsprinzip deshalb, weil ihnen dieses kategoriale Verhalten unmöglich oder erschwert ist. Das soll nicht etwa bedeuten, daß wir den Kranken die Fähigkeit zum Erkennen sachlicher Bezüge absprechen. Auf eine Erörterung der Frage nach dem Wesensunterschied der Erkenntnis, die einerseits durch das "kategoriale" Verhalten, andrerseits durch das "konkret-anschauliche" vermittelt wird, können wir hier nicht eingehen.

Unsere Darlegungen stehen im Zusammenhang mit dem Problem

---

ist, daß die *Farben keineswegs der Reihe nach einzeln als zum Muster zugehörig, also nicht Stück für Stück, gleichsam buchstabierend, gewählt werden, sondern daß man die einzelnen Stücke eines auf einmal erfaßten, eines auf einmal herausgesprungenen Haufens der Reihe nach abhebt.*

[24] Wir verstehen darunter nicht das Erlebnis der Subsumption einzelner Exemplare unter eine Kollektivvorstellung, die das Gemeinsame sämtlicher Einzelnuancen einer Grundqualität enthält, sondern wir meinen ein bestimmtes, oben kurz charakterisiertes Verhalten, bei dem die konkret gegebene Farbe nicht als ein in der gegenwärtigen Situation gegebenes Farbphänomen betrachtet wird, sondern nur als ein Vertreter für alle möglichen Rot, Gelb usw. genommen wird.

der sogenannten isolierenden Abstraktion, d. h. dem Problem der
isolierenden Beachtung einer der verschiedenen Seiten oder Momente
an einem Sinneseindruck. Man könnte so auch sagen, die Kranken
verhielten sich in bezug auf die isolierende Abstraktion nicht normal.
Gewiß erscheint ihre praktische Reaktion (das Zusammenlegen von
Strähnen) durch bestimmte Seiten der vorgelegten Farben bestimmt,
aber dies nur insofern, als die praktische Reaktion durch bestimmte
Kohärenzerlebnisse bestimmt wird, durch die und mit denen bestimmte Farbmomente in den Vordergrund treten.[25] *Dagegen ist es
solchen Patienten unmöglich oder erschwert, eine ganz bestimmte
Farbeigenschaft willkürlich herauszuheben,* ebensowenig wie es gelingt, sie in eine bestimmte Beachtungsrichtung hineinzubringen. Wenn
sie beim Sortieren bestimmte Farben zusammenlegen, so wird dies
passiv durch das jeweilige Kohärenzerlebnis aufgezwungen. Die Kranken können ferner, auch wenn eine bestimmte Seite des Sinnesein-
druckes ihr Vorgehen erzwungen hat, nicht diese Seite bei ihrem weiteren Vorgehen festhalten, sie zum Zuordnungsprinzip machen, denn
die betreffende Farbeigenschaft ist ihnen an einer einzelnen Strähne
im Grunde gar nicht isoliert gegeben.

§ 5. Gesichtspunkte für die Deutung

Hat sich gezeigt, daß die Störung im Sortieren auf einer Beeinträchtigung des kategorialen Verhaltens beruht, so erhebt sich, ehe man
daran geht, ein Verständnis für den gesamten Symptomenkomplex zu
gewinnen, die Frage, ob nicht auch bei den anderen Symptomen die
Beeinträchtigung des kategorialen Verhaltens eine Rolle spielt, bzw.
ob nicht zur Ausführung der anderen, bei den Patienten gestörten
Leistungen ein kategoriales Verhalten erforderlich ist.

Mit das auffälligste Symptom, das Symptom, das zur Aufstellung
des Krankheitsbildes der Farbennamenamnesie geführt hat, ist die
Störung im Benennen vorgelegter Farben. Was geht nun psychologisch
vor sich, wenn wir eine gegebene Farbe benennen? Wir bezeichnen
zweifellos nicht das singuläre, in bestimmter Weise charakterisierte
Farbphänomen, sondern die Kategorie, zu der die gegebene Farbe
gehört. Nur bei einer solchen Betrachtung benutzen wir wenigstens

---

[25] Es ist nach unserer Meinung nicht so, daß Kohärenzerlebnisse gegenüber
den Farbeigenschaften sekundär sind, etwa daß sie zu bestimmten, bereits gegebenen Farbeigenschaften hinzukommen.

die üblichen Farbennamen wie rot, blau usw. Versucht man, statt für die Kategorie, zu der die vorgelegte Farbe gehört, für den Farbeneindruck als solchen einen passenden sprachlichen Ausdruck zu gewinnen, so wählt man nicht die üblichen Farbennamen, sondern allenfalls solche, die etwa von Naturgegenständen entnommen werden. Man bezeichnet dann etwa ein bestimmtes Blau als Vergißmeinnichtfarbe, ein bestimmtes Rot als Blutfarbe. Gerade diese letztere, primitivere Art der Bezeichnung ist aber die einzige, die den Kranken keine Schwierigkeit macht. Diese Art der Namengebung benutzte, wie wir sahen, unser Patient Th. mitunter ganz spontan.

So wie für das übliche Benennen der Farben das kategoriale Verhalten Voraussetzung ist, ebenso notwendig ist es, eine Farbe kategorial betrachten zu können, wenn man zu einem Farbennamen eine passende Farbe unter einer Reihe vorgelegter Muster aufzeigen soll. Denn, um eine solche Farbe zu finden, ist es nötig, daß der Name als Zeichen für eine bestimmte Farbkategorie aufgefaßt wird, die vorgelegten Farben aber als Vertreter der verschiedenen Kategorien erfaßt werden. Etwas ganz anderes ist es, wenn man die Farbe einer Kirsche, eines Veilchens usw. zeigen soll. Diese Aufgabe kann ohne kategoriales Verhalten gelöst werden, weil man hier nicht einen Vertreter einer Kategorie, sondern eine spezielle Nüance sucht, die zu einem bestimmten Vorstellungsbilde völlig paßt. Es ist nun bemerkenswert, daß die Patienten beim Zeigen von Farben zu gewöhnlichen Farbennamen versagen, daß es dagegen ihnen wohl gelingt, Farben zu Gegenständen, bzw. zu Namen konkret – gegenständlicher Natur zu zeigen. Sie versagen hierbei nur dann, wenn sie, wie es wohl der Patient von Lewandowsky tat, erst nach dem Namen der Farbe des genannten Gegenstandes und dann zu dem Namen die Farbe suchen – also wieder mit Hilfe des kategorialen Verhaltens vorgehen.

Da nun die Kranken einerseits bei all den Leistungen eine Störung aufweisen, bei denen das kategoriale Verhalten in Frage kommt, andererseits symptomatisch die Wortfindungsstörung im Gesamtbilde besonders auffällt, so erhebt sich notwendig die Frage, in welcher Beziehung die beiden Erscheinungen zueinander stehen.

Man könnte daran denken, daß die Sprachstörung die Grundstörung darstellt. Die Patienten würden dann deshalb eine Farbe nicht kategorial betrachten können, weil sie sie nicht benennen können und bei allen solchen Leistungen Störungen aufweisen, die direkt oder indirekt mit dem Benennen in Zusammenhang stehen.

Auch die Störung im Sortieren könnte man versuchen, in entsprechender Weise durch die Beeinträchtigung des Farbenbenennens zu erklären. In der Tat scheinen verschiedene Tatsachen aus der Normalpsychologie und der Psychopathologie eine solche Annahme für das Sortieren nahezulegen. Zunächst der Umstand, daß die meisten Normalen den Eindruck haben, daß gleichzeitig mit der *Beachtung des Farbentones* des Musters der entsprechende Farbenname mehr oder weniger deutlich bewußt wird. Mit dem Haben des Namens scheint gleichzeitig die Möglichkeit zu verschwinden, bzw. eingeengt zu werden, daß bald der Grundton, bald irgendeine der anderen Eigenschaften – je nach der Beschaffenheit der vorgelegten Farben und der jeweiligen Gesamtkonstellation – sich aufdrängt. So würde die von uns geschilderte Gliederung des Haufens in bezug auf die Grundqualität des Musters entstehen und damit das Sortieren in der geforderten Weise garantiert werden. Es scheint auch nicht fraglich, daß die Sprache eines der wirksamsten Mittel darstellt, sich von dem primitiven, lebensnäheren Verhalten, das wir beim rein passiven Betrachten des Farbenhaufens geschildert haben, abzuwenden und sich auf das kategoriale Verhalten umzustellen.

Die Auffassung, daß die Farbennamenamnesie die primäre und eigentliche Grundstörung ist, von der alle übrigen Symptome abhängen, könnte ferner eine Stütze finden in unseren Beobachtungen an einem Patienten mit optischer Agnosie [26] und in den Ergebnissen der Untersuchungen, die Peters [27] an abnormen Kindern angestellt hat.

Wenn man unseren Patienten Sch. mit optischer Agnosie aufforderte, zu einem gegebenen Muster die ähnlichen Farben herauszusuchen, so benannte der Patient laut das Muster und *suchte dann diejenigen Farben einzeln heraus, auf welche die dem Muster erteilte Bezeichnung paßte.* Hatte der Patient das Muster, etwa ein rotes, einmal benannt, so schaute er es gar nicht mehr an. Gelegentlich ergriff er eine falsche Farbe, verglich sie aber nicht etwa mit dem Muster, wie der Patient Th., sondern er legte sie weg mit der Begründung "nein, die ist ja nicht *rot*".

Aufgefordert, das Muster nicht zu benennen, erklärte er, daß er dann überhaupt nicht wüßte, welche Farbe er heraussuchen solle. Gab man ihm als Muster eine Farbe, für die ihm keine Bezeichnung ge-

---

[26] Bezüglich dieses Patienten verweisen wir auf unsere *Psychologischen Analysen usw.* Bd. I. 1920.
[27] *Fortschritte der Psychologie* (Marbe) Bd. III, S. 150ff.

läufig war, so klassifizierte er es mit Hilfe von Umschreibungen. Ein Orange z. B. bezeichnete er "braun und gelb" und suchte jetzt nach Wollsträhnen, auf die beide Bezeichnungen paßten.

In prinzipiell gleicher Weise verhielt sich natürlich Sch. bei der Aufgabe, Farben nach Helligkeiten zu sortieren, d. h. hellere Nuancen zu helleren und dunklere zu dunkleren zu legen.

Daß Sch. wirklich in dieser unanschaulichen, rationellen, dabei aber im gewissen Sinne "blinden" Weise vorging, zeigte sich auch darin, daß er beim Sortieren sich genau so verhielt, als wenn man ihm die Farben, die er heraussuchen sollte, *nur nannte*. Das Sortieren bestand ja für diesen Patienten in nichts anderem, als im Heraussuchen solcher Farben, deren Namen er sich laut vorsagte. Die große Verschiedenheit, die Th. bei Sortieren und beim Heraussuchen von Farben zu genannten Farbennamen aufwies, fiel hier ganz fort.

Das Einhergehen von Farbennamenamnesie mit dem Fehlen eines Zuordnungsprinzipes bei Th. und ähnlichen Patienten und die ausgezeichneten Leistungen von Sch., der allein auf die Sprache angewiesen war, könnte, wie gesagt, zu der Annahme veranlassen, das veränderte Verhalten von Th. und ähnlichen Kranken in einen inneren Zusammenhang mit dem Verlust des Farbennamens zu bringen.

Schließlich könnten auch die Versuche von Peters im gleichen Sinne sprechen. Peters stellte fest, daß abnorme Kinder, solange sie über keine Farbennamen verfügen, Farben richtig zuordnen. Auch solche Kinder, die die richtigen Namen erworben haben, begehen keine Fehler. Fehler treten auf, wenn die Kinder etwa spontan falsche Bezeichnungen gewonnen haben, etwa die gleichen Bezeichnungen für Haupt- und Zwischenfarben, oder wenn ihnen eine falsche Bezeichnung beigebracht wurde. Hat man sie z. B. für Rot und Violett den gleichen Namen gelehrt, so ordnen sie Rot und Violett einander zu. Ein Vergleich des Verhaltens der Kinder in diesem frühen Stadium mit dem unseres Patienten Th. ergibt, soweit der Vergleich nach den Protokollen von Peters möglich ist, auch eine Übereinstimmung mit dem unseres Kranken in anderer Beziehung: die Kinder wählen wie z. B. Th. *nur genau die gleiche Nuance* (S. 91); wenn sie etwa eine dunklere oder hellere aufnehmen, so legen sie die Strähne nach Vergleich mit dem Muster wieder weg.

Sehr deutlich weicht davon das Verhalten der Kinder ab, die richtige Farbennamen haben. Die Kinder gehen jetzt ganz anders vor: sie suchen offenbar viel weniger die genau zum Muster passenden Farben, als daß der Name mitbestimmend für die Wahl wird, wahrscheinlich ähnlich wie beim normalen Erwachsenen. Es ist dann klar, daß die Kinder, wenn etwa die Namen noch nicht sicher sind oder ihnen absichtlich falsche Namen beigebracht werden, Zuordnungen vornehmen müssen, die nicht der Aufgabe entsprechen. Ohne hier auf die Einzelheiten der Petersschen Versuche einzugehen, betonen wir nur die Tatsache, daß auch bei diesen Versuchen das *Zuordnen von Farben sich vom Haben oder Nichthaben des Namens abhängig* erwies.

Ehe man aus den angeführten Tatsachen den anscheinend so nahe liegenden Schluß einer Abhängigkeit des Sortierens von der Sprache zieht, soll man aber beachten, daß es keineswegs einfach berechtigt ist, aus den Resultaten, die an den Kranken und den Kindern gewonnen worden sind, auf ein entsprechendes Verhalten des normalen Erwachsenen zu schließen. Da über den Vorgang beim Sortieren bei den Kindern nichts Sicheres auszusagen ist, so ist ein Vergleich mit dem Verhalten unserer Kranken hier kaum möglich. – Was den Agnostischen betrifft, so vergesse man nicht, daß er sich, wie wir gesehen haben, keineswegs wie ein Normaler verhielt. Wir dürfen deshalb auch nicht ohne weiteres annehmen, daß die Sprache für den Normalen beim Sortieren die gleiche Bedeutung hat wie für den Agnostischen. Bei ihm tritt infolge seiner psychischen Gesamtveränderung die Bedeutung der Sprache als eines rein äußerlichen, technischen Hilfsmittels viel mehr in den Vordergrund, als dies beim Normalen der Fall ist. Ohne auf die theoretisch interessante Frage, in welcher Weise die Sprache und ihre Bedeutung für das Gesamtverhalten des Agnostischen verändert ist, hier eingehen zu können, dürfen wir soviel als sicher annehmen, daß die Verhältnisse bei ihm nicht mit denen des Normalen ohne weiteres zu vergleichen sind. Ob der Agnostische sich beim Sortieren wie der Normale verhält, erscheint uns sogar mehr als zweifelhaft. Das Verhalten des Agnostischen kann uns eigentlich nur das eine lehren, daß beim Gewinnen und Festhalten eines Zuordnungsprinzipes, das für das normale Sortieren so wichtig ist, das Haben eines Farbennamens eine große Rolle spielt.

Aber, auch wenn wir von der Schwierigkeit ganz absehen, die Verschiedenheit der Bedeutung der Sprache für die verschiedenen Kranken und den Normalen ganz klarzulegen, so wäre mit der Feststellung, es bestehe zwischen Sprache und normalem Sortieren bzw. der Möglichkeit, sich kategorial zu verhalten, ein Zusammenhang, noch wenig geholfen: Wir wüßten ja damit noch nichts über die Natur dieses Zusammenhangs. Die Tatsachen der Pathologie lehren uns nur, daß Namenamnesie und das Fehlen des kategorialen Verhaltens miteinander einhergehen, nichts aber darüber, was davon primär und was sekundär ist, und ob überhaupt ein solches Abhängigkeitsverhältnis der einen Störung von allen anderen besteht. Wenn man sich nur an die Tatsachen hält, liegt keine Nötigung vor, die Namenamnesie für die Grundstörung zu halten.

Daß man überhaupt dazu neigt, die Sprachstörung für die Grundstörung zu halten, liegt ja hauptsächlich daran, daß die Sprachstörung sowohl im gewöhnlichen Verkehr mit dem Patienten als auch bei den üblichen Prüfungen rein äußerlich mehr auffällt. (Dabei ist aber nicht zu vergessen, daß auch die Auswahl der Prüfungen nicht frei ist von dem Einfluß mitgebrachter Theorien.) So ist es natürlich, daß die Sprachstörung für die primäre Störung gehalten wird. Indessen ist gegen die Annahme, daß die Sprachstörung die Beeinträchtigung des kategorialen Verhaltens verursacht, zu bedenken, daß das bloße Hören des richtigen Farbennamens, ja das Aussprechen desselben seitens der Kranken, die Patienten – in schweren Fällen wenigstens – nicht auf das kategoriale Verhalten umstellt. Die Patienten vermögen ja auch zu genannten Farbennamen die entsprechenden Farben nicht aufzuzeigen, auch nicht, wenn sie sich die Farbennamen vorsprechen, was sie ja vielfach können. *Das Nichteinfallen des Wortes an sich kann es also nicht sein, das das kategoriale Verhalten erschwert bzw. unmöglich macht, sondern die Worte müssen etwas eingebüßt haben, was ihnen normalerweise zukommt,* und was sie geeignet macht, im Zusammenhange mit dem kategorialen Verhalten verwendet zu werden. Daß die Worte gerade diese Eigenschaft bei den Kranken eingebüßt haben, das lehrt folgendes: Die Kranken wissen zwar, daß die Farben bekannte Namen haben, aber die Namen sind ihnen zu einem "leeren Schall" geworden, *sie haben für die Patienten aufgehört, Zeichen für Begriffe zu sein.*

Faßt man die Bedeutung der Sprache in diesem Sinne, dann dürfte man allerdings kaum mehr sagen können, daß die Sprachstörung die Beeinträchtigung des kategorialen Verhaltens *verursacht,* denn die Laute in ihrer signifikativen Bedeutung, als Zeichen für Begriffe haben zu können, das besagt ja nichts anderes als ein kategoriales Verhalten einnehmen zu können. *Kategoriales Verhalten und Haben der Sprache in ihrer signifikativen Bedeutung ist der Ausdruck ein und desselben Grundverhaltens. Keines von beiden dürfte Ursache oder Wirkung*

sein. Eine Beeinträchtigung dieses Grundverhaltens und ein dement-
sprechendes Herabsinken auf ein primitiveres, lebensnäheres Verhal-
ten erscheint uns als die Störung, die sämtliche Symptome, die wir bei
unseren Kranken finden, zustande kommen läßt.

Eine solche Auffassung scheint uns geeignet, alle nachgewiesenen
Tatsachen in einheitlicher Weise zu verstehen. Erst dadurch, daß wir
Sprache und kategoriales Verhalten als Ausdruck eines bestimmten
Grundverhaltens betrachten, verliert auch die Sprache den Charakter
einer äußerlichen Begleiterscheinung intellektueller Vorgänge. Erst
mit diesem Grundverhalten gewinnen die Laute den Charakter der
entwickelten Sprache in dem Sinne, daß die *Laute* zu *Zeichen* werden,[28] daß die *Namen Darstellungsfunktion* im Sinne Bühlers gewinnen.

In physiologischer Hinsicht dürfen wir uns vorstellen, daß diesem
Grundverhalten eine bestimmte Grundfunktion des Gehirnes entspricht. Über das Wesen dieser Grundfunktion des Gehirnes ist zur
Zeit kaum etwas sicheres zu sagen, sie könnte überhaupt nur im
Rahmen einer allgemeinen Theorie der Funktion des Gehirnes erörtert
werden. Mit der Aktivierung dieser Grundfunktion ist das kategoriale
Verhalten und gleichzeitig der Name in seiner signifikativen Bedeutung gegeben. Mit der Schädigung der Grundfunktion, wie sie bei
unseren Kranken vorliegt, sind beides, Namengebung im Sinne des
eigentlichen Bezeichnens und kategoriales Verhalten beeinträchtigt.

Man könnte nun fragen, ob denn der grobe Ausfall der Farbennamen bei den uns hier beschäftigenden Patienten wirklich nur mit
der Beeinträchtigung des kategorialen Verhaltens zusammenhängt. Es
besteht doch gewiß kein Zweifel, daß man ein Wort, auch einen Farbennamen, benutzen kann, ohne damit etwas im strengen Sinne benennen zu wollen, ohne damit sagen zu wollen, daß mit dem betreffenden Wort eine bestimmte Farbe gemeint ist. So z. B. kann man
Farbennamen in irgendeiner Reihenfolge aufzählen oder beim Anblick
eines Gegenstandes von charakteristischer Färbung, etwa einer Kirsche, sagen: "die rote Kirsche". In solchen Fällen der Wortreaktion
ist gewiß ein kategoriales Verhalten zum gegebenen Farbeneindruck
nicht nötig. Das Wort wird hier nicht in seiner Darstellungsfunktion

---

[28] Vgl. hierzu die Untersuchung von N. Ach: *Über die Begriffsbildung.*
Bamberg 1921. Bes. S. 195ff. u. Kap. VIII "Über die Arten und Bedingungen
der Bedeutungsverleihung."

im Sinne Bühlers gebraucht, es stellt sich vielmehr im Zusammenhange der Gesamtsituation ein.

Derartige Wortreaktionen dürften bei den uns hier beschäftigenden
Kranken nicht beeinträchtigt sein und sind es auch nicht. Sowohl unser
Patient Th. als auch der von Lewandowsky, wie auch andere Patienten, konnten Farbennamen in beliebiger, und von Fall zu Fall wechselnder Reihenfolge spontan aufzählen; sie können auch Farbennamen
in Form von stehenden Redensarten und in einem geschlossenen Ge-
dankenzusammenhang sehr wohl benutzen.

Gerade die Tatsache, daß die Wortfindung nur dann versagt, wenn
von den Patienten eine wirkliche Benennung verlangt wird, daß die
Patienten dagegen bei anderen Gelegenheiten die Worte wohl benutzen, spricht für unsere Auffassung. Es spricht gleichzeitig dafür, daß
die uns beschäftigende Grundstörung nicht in einer primären Unterwertigkeit des für den Sprechvorgang in Betracht kommenden physiologischen Substrates begründet ist. Es kommt hier nur deshalb nicht
zur Erregung des in Betracht kommenden physiologischen Substrates,
weil dasjenige physiologische Geschehen, das wir uns als das materielle
Korrelat des gemeinten Grundverhaltens vorstellen und an dessen Ablauf die Erregung im Sprechapparat bei der Wortfindung gebunden
ist, beeinträchtigt ist.

§ 6. Die Veränderung der Farberlebnisse der Patienten

Wir haben schon vorhin (S. 85) bemerkt, daß mit dem Fehlen eines
Zuordnungsprinzips ein gegenüber den normalen Verhältnissen veränderter phänomenaler Eindruck des Farbenhaufens einhergeht.

Schon die unmittelbare Beobachtung der Kranken beim Sortieren
und bei ähnlichen Situationen erweckt den zwingenden Eindruck, daß
die Farberlebnisse der Kranken irgendwie pathologisch verändert sein
müssen. Es ist daher verständlich, daß verschiedene Autoren gemeint
haben, es bestünde bei den betreffenden Patienten neben einer Sprachstörung eine primäre Störung der Farbwahrnehmung. Da aber bei den
Patienten die üblichen Farbensinnprüfungen (etwa die am Anomaloskop) absolute Farbentüchtigkeit ergaben, so sah man sich genötigt,
eine Farbwahrnehmungsstörung gleichsam "höherer" Art anzunehmen. Die verschiedenen Autoren machten sich davon verschiedene
Vorstellungen.

Berze [29] nimmt an, daß außer der Namenamnesie noch eine primäre Beeinträchtigung des Farbensehens vorliegt, die zwar keine Farbensinnanomalie im gewöhnlichen Sinne ist, aber doch eine Beeinträchtigung darstellt, durch welche die "Farbqualitäten sich hinsichtlich der Aufmerksamkeitsattraktion nicht gegenüber den anderen Komponenten behaupten" können. Dadurch kommt nach Berze die Neigung, Helligkeiten gegenüber der Farbigkeit zu bevorzugen. Zu dieser Annahme wird Berze vor allem durch die Tatsache veranlaßt, daß die Kranken vielfach nach Helligkeiten sortieren.

Dieser Schluß ist nach unseren Darlegungen nicht richtig. Nicht ein primär verändertes Farbensehen bewirkt bei den Patienten die Neigung, Farben nach Helligkeiten zusammenzulegen, sondern: sie lassen sich manchmal durch die Helligkeit bestimmen, weil bei ihnen überhaupt keine konstante Beachtungsrichtung zustande kommt und unter Umständen gerade ein Kohärenzerlebnis nach der Helligkeit sich aufdrängt.

Tatsächlich sind für das Vorgehen des Kranken *keineswegs nur Helligkeiten* bestimmend, sondern auch andere Farbeigenschaften wie Wärme, Kälte usw. Mitunter greifen sie ja auch nach völlig falschen Farben, wie wir es oben gesagt haben.

Die Neigung, Helligkeiten zu bevorzugen, ist nur ein *spezieller Ausdruck für ihr labiles Verhalten beim Sortieren*, das, wie wir gesehen haben, in ursächlichem Zusammenhang steht mit dem Fehlen eines Zuordnungsprinzips. Der Anschein, daß die Kranken speziell Helligkeiten bevorzugen – auch wir neigten anfangs zu dieser Annahme – wird dadurch erweckt, daß man *die* Wahlen, die durch ganz andere Eigenschaften als die Helligkeit bestimmt sind, übersieht oder mehr als zufällig betrachtet; vielleicht auch deshalb, weil für uns in der pychologischen Optik die Helligkeit im Vergleich mit anderen Eigenschaften der Farben, wie Wärme und Kälte eine viel größere Rolle zu spielen pflegt und wir allzu leicht dazu neigen, bei jedem Sortieren, das sichtlich nicht nach dem Farbentone erfolgt, ein Sortieren nach Helligkeiten anzunehmen.

Schließlich könnte die Tatsache, daß die Kranken oft helligkeitsgleiche Strähnen wählen, noch ganz anders zu erklären sein. Zwei verschieden getönte Farben können in bezug auf die Helligkeit gleich oder annähernd gleich aussehen, d. h. man kann gleiche Helligkeit bei verschiedenen Grundtönen antreffen. Dagegen können wir die Helligkeit eines bestimm-

---

[29] *Zeitschr. f. d. ges. Neurol. u. Psychiatrie* 44. 1919.

ten Grundtones nicht verändern, ohne den Grundton selbst in weitgehendem Maße mit zu verändern. Infolgedessen steht das Wählen nach gleichen Helligkeiten für die Kranken psychologisch dem Wählen identischer Nüancen näher, und deshalb ist ihre Reaktion auf Helligkeitskohärenzen ein so natürliches Verhalten.

Wie nun auch das Verhalten gegenüber der Helligkeit im Einzelfalle tatsächlich sein und sich erklären mag, keinesfalls können wir Berze zustimmen, wenn er die als sicher angenommene Bevorzugung der Helligkeit in Parallele bringt zu "neueren Erfahrungen" von Pötzl und Poppelreuter, die gezeigt hätten, daß es Störungen im Gebiete der Farbwahrnehmung gäbe, bei denen die Kranken "die Helligkeit, aber nicht die Qualität der Farben empfinden". Eine allgemeine Bevorzugung der Helligkeit, etwa auch außerhalb des Sortierens, besteht ja bei den Fällen mit Farbennamenamnesie sicher nicht, auch nicht bei dem Lewandowskyschen Patienten, den Berze seinen Erörterungen zugrunde legt.[30]

Wir müssen bei unseren Patienten eine Störung der Farbwahrnehmung im Sinne Berzes entschieden ablehnen. Es ist allerdings recht schwierig, die Frage präzis zu beantworten, in welcher Art die Farberlebnisse der Patienten verändert sind. Soweit es sich lediglich um das Erlebnis der Homogenität und Inhomogenität handelt, wird das Erlebnis der Kranken gegenüber dem des Normalen unverändert sein. Darum bestehen die Patienten die Prüfung am Anomaloskop und ähnliche Prüfungen; denn hier kommt es ja nur auf die Entscheidung an, ob das Feld homogen oder inhomogen aussieht. Deshalb lesen sie auch prompt die Stilling'schen und ähnliche Tafeln. Darum machen sie auch beim Sortieren keine Verwechslungen im Sinne der Farbuntüchtigen. Wir dürfen also annehmen, daß sie auch *bei allen Leistungen im Leben, wo es nur auf die Entscheidung "homogen" oder "inhomogen" ankommt, sowohl in ihrem Erlebnis als auch in ihrem Verhalten dem Normalen entsprechen werden.*

Mit all dem ist aber nicht gesagt, daß die phänomenale Farbwelt der Patienten in jeder Beziehung und unter allen Umständen der des Normalen gleich ist. Der phänomenale Charakter der Farbwelt eines Individuums wird ja auch dadurch bestimmt, *in welcher Weise sich*

---

[30] Die Frage nach der sog. "psychischen Farbenschwäche" von Poppelreuter, auf die Berze Bezug nimmt, werden wir später (S. 112f.) behandeln und sehen, daß es sich auch dabei nicht um eine primäre Störung der Farbenwahrnehmung handelt.

die Farben für den Beobachter gruppieren, in welcher Weise sich das Sehfeld farbig gliedert. Nun haben wir bei der Besprechung des Sortierens gesehen, daß der Farbenhaufen sich für den Gesunden in einer anderen Weise gliedert als für die Kranken, und das wird auch für die Farbwelt des Kranken im gewöhnlichen Leben nicht ohne Einfluß sein.

Überall dort, wo für uns die Gliederung unter dem Einflusse einer bestimmten Beachtungsrichtung zustande kommt – die ja auch vom Wort aus angeregt werden kann – müssen wir bei den Patienten wohl Abweichungen von normalen Verhältnissen annehmen. Hier leidet beim Normalen infolge der Einstellung auf eine bestimmte Farbeigenschaft der Charakter der Buntheit; bei den Kranken aber dürfte das Erlebnis der Buntheit immer vorherrschen, weil bei ihnen die willkürliche Einstellung auf eine bestimmte Farbeigenschaft erschwert ist.

Dort aber, wo wir ein rein anschauliches Verhalten an den Tag legen, wie z. B. beim Betrachten von Teppichmustern und ähnlichem, ist kein Grund vorhanden, eine Abweichung im Verhalten der Kranken vom normalen Verhalten anzunehmen. Denn gleichviel, ob das gegebene Muster nur eine einzige Farbgliederung oder ob es verschiedene Gruppierungen nahelegt, – solange nicht irgendeine willkürlich eingenommene Beachtungsrichtung auf irgendeine Farbe die Farbgliederung mit bestimmt, so lange ist die auftretende Farbgliederung stets eine gleichsam von außen aufgezwungene, und solange haben wir keine Veranlassung, beim Kranken ein anderes Erlebnis als bei uns anzunehmen.

Nun werden wir aber dort, wo beim Kranken die Farbgliederung nur durch erzwungene Kohärenzen bestimmt ist, beim Normalen aber unter dem Einfluß einer bestimmten Beachtungsrichtung steht, auch eine mehr oder weniger ins Gewicht fallende Abweichung der sogenannten Farbenempfindung annehmen müssen. Da, wie heute kein Zweifel ist, eine Veränderung in der Farbgliederung zu einer mehr oder weniger deutlichen Veränderung der Empfindungen führt,[31] so müssen wir schließen, daß auch bei den Patienten unter Umständen als Folge der Abweichungen in der Gliederung Abweichungen in der

---

[31] Vgl. besonders W. Fuchs, "Experimentelle Untersuchungen über die Änderung von Farben unter dem Einflusse von Gestalten ("Angleichungserscheinungen.")" *Zeitschr. f. Psychol. u. Physiol. d. Sinnesorg.* 92, 249ff. 1923; ferner Eva Rothmann, in einer in der *Zeitschr. f. Psychol. u. Physiol. d. Sinnesorg.* erscheinenden Arbeit. (Frankfurt Inaug.-Diss.).

Empfindung auftreten. Die Frage also, ob die sogenannten Farbenempfindungen bei den uns hier beschäftigenden Kranken verändert sind oder nicht, kann *schlechthin weder in positivem noch in negativem Sinne beantwortet werden.* Eine primäre Störung der Farbprozesse liegt jedenfals nicht vor.

EXKURS

Der Einfluß der Sprache auf die Farbenschwelle

Unsere Darlegungen über den Zusammenhang zwischen Sprache und Wahrnehmungswelt scheinen auch geeignet zu sein zur Erklärung der Beobachtungen über den modifizierenden Einfluß des Namens auf einen sinnlichen Eindruck.

Wenn aus irgendeinem Grunde der durch den objektiv einwirkenden Reiz bedingte Eindruck nicht deutlich oder nicht charakteristisch oder nicht intensiv genug ist, um richtig identifiziert zu werden, tritt die Beziehung zwischen Namen und sinnlichem Eindruck besonders deutlich darin zum Ausdruck, daß in solchen Fällen der sinnliche Eindruck bei Nennung des Namens vielfach verändert wird und erst dann sich so darstellt, daß seine Identifizierung möglich wird. Dafür gibt es zahlreiche Beispiele insbesondere auf dem Gebiete des Geruchssinnes.[32] Wir geben zwei eigene Beobachtungen auf dem uns hier beschäftigenden Farbengebiete, wo unseres Wissens etwas derartiges noch nicht beschrieben worden ist.

Im ersten Falle handelt es sich um die "farbenschwache" Frau K. Sie gehört zu den sog. *Protanomalen:* Bei der Einstellung der Rayleigh-Gleichung am Nagelschen Anomaloskop braucht sie etwa 6–8 Teilstriche mehr Rot als absolut Farbentüchtige. Bei Versuchen über Farbenschwellen, die diese Dame als Teilnehmerin an einem psychologischen Praktikum anstellte, konnte man nun folgendes interessante Verhalten feststellen. Es zeigte sich öfters, daß dieser Versuchsperson ein Feld, welches der Normale bereits farbig sah, noch farblos erschien, bei Nennung des richtigen Farbennamens aber sich veränderte und farbig wurde. Eine Veränderung des Farbeneindrucks durch einen falschen Namen war nicht festzustellen.

Dieselbe Tatsache, aber in einer viel krasseren Form, konnten wir an einem hirnverletzten Patienten E. beobachten. Es handelt sich

---

[32] H. Henning, *Der Geruch²*. Leipzig 1924, S. 308ff.

um einen Kranken mit Hinterhauptsverletzung, der neben einer Gesichtsfeldstörung und einer optischen Agnosie mit Beeinträchtigung des Visualisationsvermögens [33] folgende Störung im Farbensehen hatte. Alles Farbige, auch wenn es sich um größere Objekte handelte, z. B. große farbige Bogen, erschien ihm zunächst als tonlos. Erst nach einer Betrachtung von einigen Sekunden wurden die Objekte für ihn farbig. Er sah dabei deutlich, wie sich der Eindruck allmählich veränderte und das Objekt immer farbiger wurde. Er verglich diesen Vorgang etwa mit dem Rotwerden eines Menschen oder mit der immer mehr zunehmenden Verfärbung einer farblosen Flüssigkeit, wenn man eine sich allmählich auflösende Farbe hineinschüttet.[34] Bei schwächeren Reizen (bei geringerer Intensität des Reizes, bei kleinerem Gesichtswinkel) kam es auch bei anhaltender Betrachtung nicht zu einem farbigen Eindruck. Sprach sich der Patient jetzt verschiedene Farbennamen vor, so nahm *beim Aussprechen des richtigen Namens das Objekt die Farbe an*; beim Aussprechen eines falschen Namens veränderte sich das Objekt nicht. Dieses Farbigwerden eines Objektes bei einem bestimmten Farbennamen galt dem Patienten als Zeichen dafür, daß der Name der Farbe richtig war. Ähnlich wie gegenüber Wahrnehmungen verhielt sich der Patient gegenüber Vorstellungen. Auch vorgestellte Objekte stellten sich zunächst immer farblos dar und erst beim Nennen des richtigen Namens wurden sie mehr oder weniger farbig.

Auf die Einzelheiten der Symptome und ihre Ursachen brauchen wir hier nicht einzugehen; es interessiert uns nur die Beziehung der Sprache zur Veränderung des sinnlichen Eindrucks.

Zweifellos liegt in diesen Fällen eine, wenn auch verschieden starke und auch verschieden bedingte Erschwerung der Ansprechbarkeit der chromatischen Prozesse vor. Die Farbvalenz ist gegenüber der farblosen Valenz, die ja von jedem beliebigen farbigen Reiz hervorgerufen wird, so schwach, daß sie nicht durchdringt. Erst bei Nennung des

[33] Bezüglich der Beeinträchtigung des Visualisationsvermögens bei diesem Patienten, den wir zum Vergleich mit unserem Seelenblinden Sch. heranzogen, verweisen wir auf unsere Darstellung in *Psychologische Analysen*, Bd. I, S. 122ff.
[34] In analoger Weise konstituierten sich für den Patienten auch die Formen der Sehdinge erst allmählich: Er sah gewöhnlich zuerst irgendwelche einzelne Partien, die anderen gesellten sich allmählich dazu, und bei komplizierteren Objekten kam es in der Regel überhaupt nicht zu einer simultanen Auffassung des Ganzen.

Namens wird eine derartige Veränderung des psychophysischen Vorganges hervorgerufen, daß bei gleichbleibendem äußeren Reiz der chromatische Prozeß überschwellig wird.

Das Zustandekommen der hier vorliegenden Veränderung im psychophysischen Substrat für Farben können wir uns im Prinzip ähnlich denken, wie wir das vorher bei dem Einfluß des Wortes in seiner signifikativen Bedeutung auf die Farbgliederung und damit Farbempfindung auseinandergesetzt haben. Tritt die Grundfunktion des Gehirnes in Aktion, die wir als das physiologische Substrat des kategorialen Verhaltens angenommen haben, so wird das physiologische Substrat, das den "Sprachvorstellungen" entspricht, erregt und gleichzeitig werden diejenigen Farbprozesse begünstigt, die das materielle Korrelat jener Farben darstellen, auf die die kategoriale Einstellung gerichtet ist. Tritt nun andererseits der physiologische Vorgang, der dem kategorialen Verhalten entspricht, durch das Haben des Wortes in seiner signifikativen Bedeutung in Wirksamkeit, so kommt es auch zu einer Bevorzugung der Farbprozesse, deren Kategorie durch das Wort benannt wird. So wird mit der Einstellung auf Röte bzw. Bläue der jeweilige Rot- bzw. Blauprozeß überschwellig.

In analoger Weise denken wir uns auch den modifizierenden Einfluß des Namens auf den sinnlichen Geruchseindruck, den zuerst Henning (a. a. O., S. 308f.) und nach ihm Ries [35] feststellen konnte. Auf die Residuentheorie dieser Autoren wollen wir hier nicht eingehen, da das allzu eingehende Erörterungen des vieldeutigen und theoretisch recht belasteten Residuenbegriffes erfordern würde. Auch für diese Fälle scheint uns das Wesentliche in der von uns angenommenen Veränderung der Einstellung im psychophysischen Substrat (in dem von uns dargelegten Sinne) zu liegen.

§ 7. Bestätigung durch andere Fälle

a. Allgemeine Gesichtspunkte

Wir haben uns bei unseren Darlegungen vor allem an einen unserer Fälle gehalten, der für prinzipielle Erörterungen besonders günstig war. Durch die Gegenüberstellung des Patienten Th. dem Lewandowsky-

---

[35] G. Ries, "Untersuchungen über die Sicherheit der Aussage." *Zeitschr. f. Psychol. u. Physiol. d. Sinnesorg.* 88. 1922. Vgl. ferner F. Schumann, *Das Erkennungsurteil.* Ebenda S. 205ff.

schen Patienten haben wir schon gesehen, daß nicht alle Kranken mit Farbennamenamnesie sich in jeder Hinsicht gleich verhalten müssen. Wir wollen das im folgenden noch unter Heranziehung der Befunde bei anderen Patienten im Einzelnen zeigen. Wir werden sehen, wie eine nähere Analyse der verschiedenen Lösungsmöglichkeiten einer bestimmten Aufgabe, das verschiedene Verhalten verschiedener Patienten gegenüber einer bestimmten Aufgabe erklärt, ohne daß wir nötig hätten, von unseren Grundanschauungen abzugehen.

Es konnte scheinen, als ob unser Kranker zuweilen Farbnamen angeben konnte. So konnte er z. B. Worte wie blau, rot usw. auf einem besonderen Umwege finden: Er benutzte dabei das sog. Reihensprechen. Beim Anblick z. B. einer blauen Farbe tauchte bei ihm, wie er sagte, das Bild eines Vergißmeinnichts auf und hierzu rezitierte er: "Blau blüht ein Blümelein", und sagte dann "blau". Durch die Aufgabe wird das Hersagen des Verschens, das eine Leistung des Reihensprechens darstellt und das durch die amnestische Aphasie in keiner Weise gestört ist, angeregt, und damit ist das Wort gegeben, das er einfach noch einmal wiederholt, natürlich nur der Laut, nicht etwa das Wort in seiner signifikativen Bedeutung. Einen analogen technischen Umweg finden wir auch sonst bei amnestisch-Aphasischen. Fehlt einem amnestisch-Aphasischen z. B. die Bezeichnung für einen Buchstaben, so rezitiert er sich das Alphabet bis zur Stelle, an der der betreffende Buchstabenname steht und wiederholt dann das so über das Reihensprechen gefundene Wort.

Daß unser Patient Th. das Wort "blau", wenn überhaupt, so nur über das Reihensprechen angeben konnte, ging daraus hervor, daß bei Wiederholung des gleichen Versuches der Patient immer wieder das Versehen aufsagen mußte, wenn er einen Namen angab. Im selben Sinne spricht die Tatsache, daß der Patient nur Namen für solche Farben angeben konnte, für die er eine stehende Redensart besaß, wie schneeweiß, grasgrün, himmelblau, rot wie Blut usw. Legte man ihm dagegen Farbennuancen vor, die nicht zu einer Visualisation eines Gegenstandes mit entsprechender Farbe Anlaß gaben oder zu einem Gegenstande gehörten, der mit keiner stehenden Redensart verknüpft war, so versagte der Kranke. Es bedarf also unter Umständen einer ganz bestimmt gerichteten Untersuchung, um überhaupt das Vorhandensein einer "amnestischen Aphasie" für Farben deutlich nachzuweisen, und es ist begreiflich, daß man bei Nichtbeachtung dieses

"Umweges" mitunter glauben kann, daß keine Farbennamenamnesie vorliegt.

Wenn wir hier vom Reihensprechen als von einem "Umwege" sprechen, auf dem der Kranke den Namen findet, so darf das nicht mißverstanden werden. Das Reihensprechen führt ja nur äußerlich betrachtet zum Ziele, nämlich zum Benennen. Das Wort, das der Kranke so findet, gewinnt ja bei ihm nicht die normale Beziehung zu seiner Bedeutung, wie es beim Benennen des Normalen der Fall ist. Deshalb sollte man hier vielleicht nicht von einem Umwege, der doch immerhin zum selben Ziele führen muß wie der richtige Weg, sondern eher von einem technischen Auswege sprechen, der nur einen äußerlichen Ersatz bietet.

Natürlich ist die Wortfindung über das Reihensprechen nicht für alle Patienten möglich. Es gehört wohl immer dazu, daß das betreffende Individuum über ein gutes Visualisationsvermögen verfügt, – beim Anblick einer Farbe muß sich ja das Bild eines Gegenstandes von gleicher oder ähnlicher Farbe einstellen. Es gehört weiter dazu, daß der Betreffende im Besitz der erforderlichen stehenden Redensart ist. Und es dürfte daher selbstverständlich sein, daß in dieser Beziehung starke individuelle Differenzen bestehen. Natürlich ist dieser Weg solchen Patienten mit Farbennamenamnesie völlig versperrt, die *außerdem eine motorische Aphasie mit der Störung des Reihensprechens haben*. Das Versagen solcher Kranker bei der hier diskutierten Aufgabe ist aber in höchstem Maße geeignet, die Bedeutung eines intakten Reihensprechens für das indirekte, äußerliche Finden des Farbennamens darzutun.

2. Ganz ähnlich wie bei der Aufgabe, Farben zu benennen, kann ein Patient das Reihensprechen auch zu Hilfe nehmen, wenn es sich darum handelt, die Farbe eines ihm nur genannten oder sonstwie zur Erinnerung gebrachten Gegenstandes anzugeben, was ein amnestisch-Aphasischer im allgemeinen an sich ebensowenig vermag, wie eine ihm gezeigte Farbe zu benennen, da es sich ja – wenigstens der Intention der Aufgabe nach – ebenfalls um das Benennen einer Farbe, nämlich einer vorgestellten, handelt. Diese Aufgabe kann aber mit Hilfe des Reihensprechens unter Umständen gelöst werden. So kann ein Kranker beim Hören des Wortes Blut sich die Reihe: "rot wie Blut" innerlich hersagen und damit den Lautkomplex "rot" sagen (vgl. z. B. die Protokolle des Lewandowskyschen Patienten).[36]

[36] Wenn wir hier und im folgenden von "Reihen" reden, so handelt es sich

3. Auch das Zeigen einer Farbe zu einem Farbennamen kann gelegentlich durch das Reihensprechen möglich werden. Der Kranke Th. z. B. sagt bei der Aufgabe, Rot zu zeigen, reihenmäßig "rot wie eine Kirsche" und sucht jetzt zu der Vorstellung einer Kirsche rein optisch die entsprechende Farbe. In diesem letzteren Falle handelt es sich also um die früher ausführlich erörterte Leistung, zu einem vorgestellten Gegenstande die entsprechende Farbe zu zeigen. Der "Umweg", auf dem das Zeigen der Farbe richtig erfolgt, besteht also in einer Kombination dieser letzteren Leistung mit dem Reihensprechen. Da zum Aussuchen einer Farbe nach einem Vorstellungsbild gute Visualisation gehört, kann dieses Verfahren nicht von solchen Kranken eingeschlagen werden, die keine gute Visualisationsfähigkeit besitzen.

4. Auch bei der Aufgabe zu einer
a) vorgelegten Farbe oder
b) zu einem Farbennamen
einen Gegenstand von entsprechender Farbe zu nennen, bzw. zu zeigen, versagt der amnestisch-Aphasische, wenn er mit Hilfe der Sprache vorgeht, indem er die vorgelegte Farbe zu benennen sucht.

Er wird die unter a) genannte Aufgabe nur lösen können, wenn er beim Anblick der Farbe sich einen Gegenstand von entsprechender Farbe vorstellen kann; diesen kann er dann benennen, vorausgesetzt, daß er nicht etwa das Wort für den Gegenstand aus einer allgemeinen amnestisch-aphasischen Ursache nicht findet. Taucht ihm z. B. beim Anblick des Rot das Bild einer Kirsche oder das des Blutes auf, so kann der Patient evtl. das Wort Kirsche oder Blut angeben, sofern er nicht für diese Dinge amnestisch-aphasisch ist. Dazu gehört außerdem ein gutes Visualisationsvermögen.

Die unter b) genannte Aufgabe, zu einem Farbennamen einen Gegenstand von entsprechender Farbe zu nennen bzw. zu zeigen, wird der Patient nur lösen können, wenn er ein intaktes Reihensprechen hat. Er sagt dann beim Hören des Wortes "rot" z. B. "rot wie Blut" und nennt dann Blut als Gegenstand. Hier spielt also die Wortfindung als solche keine Rolle, und deshalb wird diese Aufgabe auch von einem Kranken mit einer allgemeinen amnestischen Aphasie gelöst werden können.

---

keineswegs immer um wirklich geläufige sprechmotorische Reihen, wie etwa um die Zahlenreihe oder ein Verschen oder einen Spruch, sondern wir meinen auch Fälle, in denen es sich oft um ein sogenanntes sprachlich-begriffliches Wissen handelt, wie z. B.: die Kohle ist schwarz, der Himmel ist blau usw.

Hingegen kann bei der Aufgabe, zu einer *vorgelegten Farbe* einen Gegenstand von entsprechender Farbe zu nennen, auch bei guter Visualisation der Kranke infolge der Wortfindungsstörung versagen. Auch Individuen mit aufgehobenem Visualisationsvermögen, wie unser agnostischer Patient Sch., können allein mit Hilfe der intakten Wortfindung und des intakten Reihensprechens die Aufgabe lösen. Der Patient Sch. *benennt* ein vorgelegtes Rot und sagt dazu reihenmäßig "Blut ist rot"; daraufhin nennt er den Gegenstand Blut. Ähnlich macht er es in folgendem Beispiel:

Vorgelegt:	*Aussage des Patienten:*
Rötliches Orange:	rosa, Rosen, rosa Rosen.
Violett:	lila, das Leder ist lila, was ich heute zugeschnitten habe, das ist lila.
Gelb:	Das ist gelb ... gelb ... gelb ... es gibt wenig Gegenstände, die gelb sind, ... es fällt mir keiner ein (wie ist der Eidotter?) Pat. lächelt, schnappt sofort ein: Eidotter, ja das ist gelb.
Schwarz:	Das ist schwarz ... Kohle ist schwarz ... Schwarze Schuhe.
Rot:	Das ist rot, rot wie's Blut, Blut ist rot. (Hier ist deutlich der sprachliche Weg zu erkennen. Aufgefordert, einen roten Gegenstand zu nennen, sagt er erst die Redewendung so, wie sie ihm geläufig ist: rot wie Blut, dann durch Umstellung: Blut ist rot.)
Grün:	Das ist grün, das Gras ist grün.
Grau:	Das ist grau ... Was ist grau? Grauer Nebel könnte man sagen.

Nach all dem ist klar, daß das Symptomenbild bei einer amnestischen Aphasie sehr variieren kann, weil bei den verschiedenen Prüfungen die verschiedenen, außerhalb der Grundstörung liegenden Momente den äußerlichen Ausfall der einzelnen Prüfungen beeinflussen können. Ohne die genaue Kenntnis dieser allgemeinen Sachlage und ohne die genaue Analyse der Bedeutung der einzelnen Momente im konkreten Falle wird das Erkennen der eigentlichen Grundstörung vielfach nicht möglich.

b. Besprechung anderer eigener Fälle und Beobachtungen aus der Literatur

Eine ganze Reihe anderer eigener Fälle und die nähere Analyse der in der Literatur geschilderten Kranken bestätigten in vollem Umfange den hier vertretenen theoretischen Standpunkt. Wir erwähnen, um uns nicht wiederholen zu müssen, zunächst, daß sämtliche Patienten mit dem Nagelschen Anomaloskop geprüft wurden und als vollständig farbentüchtig befunden wurden.

Patient Ho.

Von diesem Patienten heben wir, ohne über ihn ausführlich zu berichten, nur folgendes hervor: Ho., der neben einer partiellen motorischen Sprachstörung das *typische Bild einer Farbennamenamnesie* bot – er konnte Farben, mit Ausnahme manchmal der roten, nicht richtig bezeichnen, sondern nannte gewöhnlich gar keine oder falsche Namen und schnappte auf den richtigen Namen gewöhnlich nicht ein; er konnte auch zu Farbennamen die passende Nuance nicht aufzeigen – versagte bei der Aufgabe, zu genannten Gegenständen die entsprechende Farbe aufzuzeigen, meist völlig, d. h. er zeigte gewöhnlich überhaupt keine Farbe. Mitunter aber zeigte er eine falsche, die er aber *nachträglich ablehnte.* Eine genauere Beobachtung des Patienten machte es wahrscheinlich, daß er in den Fällen, in denen er überhaupt keine Farbe aufzeigte, nach einem Vorstellungsbilde suchte. Da er aber eine genau passende Nuance unter den vorgelegten Mustern nicht fand, so akzeptierte er überhaupt keine (vgl. dazu oben S. 69). In den seltenen Fällen dagegen, in denen er zuerst eine falsche Farbe zeigte, war es schwer festzustellen, weshalb er dies tat. Es ist möglich, daß er. ähnlich wie wir es vom Lewandowskyschen Patienten dargelegt haben, sprachlich vorging, d. h. zum Farbennamen des genannten Gegenstandes eine Farbe suchte. Die Tatsache aber, daß er die zuerst gewählte falsche Farbe wieder verwarf, ist wohl so zu deuten, daß er sie als nichtpassend zu seinem nachträglich erweckten Vorstellungsbilde des Gegenstandes erkannte.

Patient Hac. 17 jähriger Junge. Ohrerkrankung, und im Anschluß daran linksseitige Schläfenlappenvereiterung, die nach Operation ausheilte. Als Folge der Gehirneiterung trat eine kompliziertere aphasische Störung mit Hervortreten einer typischen amnestischen Aphasie auf.

Benennen von Farben. Patient kann meist keinen Namen angeben, oder er nennt einen falschen, mit Unsicherheit. Auf den vorgesprochenen richtigen Namen schnappt er manchmal ein, aber auch nicht immer mit dem Gefühl der Sicherheit. Auch wenn er eben einen Farbennamen als richtig akzeptiert hat, kann er die entsprechende Farbe kurz darauf wieder nicht benennen.

Sein Verhalten beim *Heraussuchen von Farben zu vorgesprochenen Farbennamen* möge durch folgendes Protokoll illustriert sein:

Zeigen Sie:

Violett:	Pat. ergreift sofort ein ungesättigtes Purpur, darauf ein ähnliches, mehr blaues, das aber noch immer viel zu rot ist.
Rot:	Pat. wiederholt das Wort "rot" und zeigt nach längerem Suchen auf ein helles Moosgrün.
Blau:	Pat. wiederholt dauernd das Wort "blau", zeigt nach einiger Zeit auf ein dunkles Moosgrün, dann auf ein zweites, etwas gelbliches Grün.
Rot:	Pat. holt nach kurzer Zeit ein Resedagrün heraus, dann unter allerlei lautlosem Bedenken zwei dunklere und ein etwas helleres Resedagrün.
Gelb:	Pat. zögert lange und nimmt nichts. Auf dringende Aufforderung nimmt er ein stark grünliches Gelb heraus. Dann holt er zwei helle Grüns dazu, aber erst nach längerem Suchen.
Blau:	Pat. sucht zögernd im ganzen vor ihm liegenden Haufen, läßt das vor ihm liegende und angeblickte Blau unbeachtet liegen, nimmt schließlich ein reines Grün. Darauf wird der Versuch als vergeblich abgebrochen.
Grün:	Pat. ergreift sofort ein sehr helles Gelbgrün. Darauf nimmt er ein (dunkleres) Resedagrün.
Blau:	Pat. wiederholt andauernd das Wort "Blau", ist aber völlig ratlos. Versuch wird abgebrochen.

Patient weist also den *typischen Befund der Farbennamenamnesie* auf. Die Störung ist nicht so schwer wie bei Th.: der Patient Hac. nimmt, wenn auch nicht immer sicher, den richtigen ihm genannten Namen an.

Zu genannten Gegenständen Farben zeigen.

Der Patient wird aufgefordert, eine Farbe zu zeigen, die so aussieht:

wie *Blut:*	Pat. faßt nach dem Haufen, faßt nach Rot; es paßt ihm nicht ganz, sucht noch weiter, bleibt dann beim selben.
wie ein *Blatt* (Baum):	Pat. wühlt unter den Wollproben herum, sieht auf die richtigen, lehnt sie ab, sagt dann "das hier" und greift nach einer oliv-moosfarbigen.
wie Zitrone:	Sieht auf Hellzitrone, nimmt sie nicht, dann ergreift er eine etwas dunklere Farbe, die nicht so gut paßt.
wie Himmel:	Pat. zeigt erst auf Preußischblau, wird unsicher,

	faßt nach mehreren zu der Kategorie blau gehören-den, aber fühlt sich ganz unsicher.
wie Briefkasten:	Pat. *zeigt prompt auf Preußischblau.*
wie Billardtuch:	Pat. *zeigt prompt helles Olivgrün.*
wie Kornblume:	Pat. faßt Hellblau, nach längerem Zögern greift er nach einem Preußischblau.
wie Vergißmeinnicht:	Pat. *zeigt prompt die richtige Farbe.*
wie Kirsche:	Pat. erfaßt ein Gelblichrosabraun, sagt: nein, zeigt auf Dunkelrot, ist aber nicht ganz zufrieden.
wie Laubfrosch:	Pat. sagt: *es gibt viele,* er faßt ein Resedagrün und entschließt sich dafür nach längerem Zweifel.
wie Erdbeere:	Pat. benimmt sich wie bei der Aufforderung, die Farbe der Kirsche zu zeigen.

Zuordnen von Farben.

Muster *Grün*: Pat. legt sofort zwei bräunlich ungesättigte Grün dazu, dann noch ein neues grünliches, indem er es mit dem bereits hinzugelegten vergleicht; darauf legt er das letzte wieder weg. Auch im folgenden vergleicht Pat. die jeweils herausgesuchte mit den bereits aussortierten. Darauf hört er auf, obzwar viel bessere Nuancen im Haufen vorhanden sind, die er aber völlig ignoriert.

Auf erneute Aufforderung, nach weiteren passenden Farben zu suchen, legt Patient zu den erwähnten drei allmählich noch weitere 6, immer viel und mühselig vergleichend; die geeignetsten bleiben wieder im Haufen liegen. Nochmals aufgefordert, in dem großen Haufen zu suchen, wählt Patient nach langem Herumsuchen noch zwei weitere aus, so daß – außer der ursprünglichen grünen Vorlage – alles in allem heraussortiert wird:

2 bräunliche ungesättigte Grün,
1 dunkles Moosgrün (dunkler als die Vorlage),
2 Hellgrün,
3 dunkel Resedagrün,
2 Gelbgrün.

Bei diesem Versuch verhält sich der Patient Hac. wesentlich so, wie wir es beim Patient Th. als typisch geschildert haben. Daß auch dieser Patient nicht nach einem bestimmten Zuordnungsprinzip, son-dern auf Grund singulärer Kohärenzerlebnisse zusammenlegte, zeigte sich gelegentlich besonders deutlich darin, daß er sogar es ablehnte, ein Rosa zu drei vorgelegten roten Strähnen zu legen. Der Patient zeigt beim Sortieren noch eine interessantere Eigentümlichkeit, auf die wir näher eingehen wollen.

Zu einem *blauen Muster* legte Patient, lange zögernd, nach und nach viele Farben zusammen. Wenn man die große Menge Farben, die er schließlich zusammenhäufte, betrachtete, so konnte man zunächst denken, daß er sich anders als z. B. Th. verhielt. Das für Th. so charakteristische Symptom, daß er nur wenig Farben wählte, fehlte hier. Verglich man ferner die ausgesuchten Farben als Ganzes mit dem ursprünglichen Muster, so konnte man feststellen, daß der Kranke sich nicht so genau an den konkreten Eindruck des Musters gehalten hatte. Man konnte daher glauben, daß er doch irgendwie zur Kategorie des Musters gehörende Farben gewählt hatte, sich also wie ein Normaler verhalten hat. Indessen lehrte die genauere Beobachtung des ganzen Verlaufes des Sortierens, daß dies nicht der Fall war, daß vielmehr auch er so vorging wie Th. und daß er nur deshalb effektiv so viele Farben fand, weil er im Verlaufe des Sortierens sich nicht mehr an das ursprüngliche Muster hielt, sondern immer an die zuletzt gewählte Farbe, die ihm für die nächstfolgende Wahl als Muster diente. Das ganze Sortieren zerfiel also in immer neue Einzelwahlen mit immer neuen Mustern.

Dieses letztere Verhalten erklärt auch die merkwürdigen Bildungen von Farb*reihen,* die beim anhaltenderen Sortieren entstanden: die einzelnen hintereinander gewählten Farben zeigten sich paarweise optisch einander ähnlich, wobei diese Ähnlichkeit bei verschiedenen Paaren sich nach verschiedenen Momenten richtete, zumeist nach dem Grundton, zuweilen aber auch nach der Helligkeit, zuweilen aber auch nach Eigenschaften, die schwer anzugeben sind, etwa nach Kälte, Wärme des Farbentones usw., so wie es bei unserer Auffassung des Sortierens solcher Kranker sein muß.

Pat. Hu.: Dieser Fall hat mit dem ausführlich geschilderten Patienten Th. große Ähnlichkeit. Da eine ausführliche Mitteilung dieses Falles schon anderwärts vorliegt,[37] heben wir hier nur die uns besonders interessierenden Hauptergebnisse der Untersuchung hervor:

1. *Der Licht- und Farbensinn des Patienten ist völlig intakt* (Prüfung am Anomaloskop u. a. ergaben völlig normalen Befund),

2. Es besteht eine *amnestische Aphasie für Farben*: das Benennen der Farben und ihr Zeigen ist schwer gestört,

3. Patient besitzt eine gute Visualisationsfähigkeit. Die visuelle

---

[37] Kurt Goldstein, *Die Behandlung, Begutachtung und Fürsorge der Hirnverletzten.* Vogel, Leipzig 1919, S. 120 ff.

Merkfähigkeit erwies sich bei tachistoskopischen Versuchen als ausgezeichnet, ferner vermag der Kranke aus der Erinnerung Details von Gegenständen anzugeben, deren man sich im allgemeinen nur auf optischem Wege erinnert.

4. Es besteht eine *motorische Aphasie*, insbesondere ist das *Reihensprechen sehr gestört.*

Was nun das Benennen der Farben betrifft, so gelingt es dem Patienten nur manchmal, eine der Hauptfarben nach längerer Besinnungszeit richtig anzugeben. Gab man dem Patienten Namen zur Auswahl, so lehnte er, wenn auch zögernd und unsicher, die falschen Namen ab und nahm die richtigen an. In dieser Beziehung war seine Farbennamenamnesie nicht so schwer wie die von Th., der ja die richtigen Namen von falschen kaum unterscheiden konnte. Genau so war das Zeigen der Farben gestört, wofür einige Beispiele angeführt seien.

(Zeigen Sie Blau.) Pat. wiederholt vor sich hin "blau ... blau ... blau ...", ergreift ein Zitronengelb, schüttelt den Kopf und legt es wieder weg.

(Zeigen Sie Rot). Pat. spricht vor sich hin "rot ... rot ... rot ...", zählt an den Fingern verschiedene Farbennamen auf, "schwarz, weiß, rot, gelb", gibt auch an, er wüßte, daß es etwas bedeute, aber nicht was. Die Farbe wird nicht gefunden.

(Zeigen Sie Gelb). Pat. wiederholt wieder den Namen "gelb ... gelb ... gelb ...", greift nach dunkelreseda, legt es aber wieder weg.

(Zeigen Sie Violett). Pat. holt wieder dunkelreseda, legt es aber wieder weg, große Unsicherheit zeigend.

Analoge Resultate ergaben sich bei den wiederholten Prüfungen.

Irgendwelche deutlichen Versuche, auf dem Umwege über das Reihensprechen Farben richtig zu zeigen oder zu benennen, wie wir es bei Th. geschildert haben, wurden nicht beobachtet. Es besteht jedoch die Möglichkeit, daß er gelegentlich, nämlich in Fällen richtigen Benennens, sich etwa einige der eben genannten Farbennamen aufsagte und auf diese Weise den entsprechenden anzugeben vermochte, ähnlich wie er aus einer Reihe hergesagter Farbennamen den richtigen auswählte.

Das Sortieren von Wollproben war außerordentlich schwer gestört. Er verhielt sich sehr ähnlich wie Th., so daß wir uns mit einigen charakteristischen Beispielen begnügen können. Der Kranke holt zu einem *hellgrünen Muster* zuerst ein dunkles Reseda, dann schüttelt er den Kopf, legt die Strähne wieder weg, holt dann ein etwas helleres Gelbgrün, blickt abwechselnd rasch auf das Muster, dann wieder auf die andere Farbe, sucht noch ein helles Grün, holt noch ein Reseda, legt dieses aber wieder fort, holt ein noch dunkleres Reseda und legt es auch fort.

In dem wiederholten Greifen und Ablehnen des Reseda, in dem fortwährenden Hin- und Herblicken zwischen Muster und ergriffener Farbe finden wir dieselben charakteristischen Eigentümlichkeiten, die uns bei Th. bestimmt haben, sein Sortieren als nur durch konkrete Kohärenzerlebnisse bestimmtes aufzufassen.

Das *Heraussuchen einer Farbe zu einem genannten Gegenstande* war wie bei Th. ausgezeichnet.

Einige Beispiele:

(Zeigen Sie die Farbe des Blutes.) Pat. macht eine Bewegung nach einer Narbe am Ohr und gibt deutlich zum Ausdruck, daß er sich die Farbe des Blutes vorstellen könne. Das Heraussuchen dieser Farbe gelingt ihm nicht. Es wird ihm nun geholfen: man zeigt ihm einige getönte Papiere mit der Frage "Ist es das?" Ein blaues und ein grünes Muster lehnt Pat. ab, bei einem Hellrot stutzt der Pat., ist unsicher. Beim Dunkelrot schnappt er ein und sagt: "Ja, das ist es."
(Zeigen Sie die Farbe einer Kornblume). Er zeigt prompt auf ein passendes Blau.
(Zeigen Sie die Farbe einer Zitrone.) Pat. macht einige Handbewegungen in der Luft, deutet die richtige Größe des Gegenstandes an. Nun wird ihm Blau gegeben; er lehnt es ab, ebenso ein Resedagrün. Bei der passenden Farbe sagt er prompt: "Ja, das ist es."
(Zeigen Sie mir die Farbe eines Veilchens.) Pat. lehnt wie vorhin alle falsch gezeigten Farben ab und nimmt die richtige prompt an.
In derselben Weise verhält er sich bei der Farbe des Eidotters, der Farbe des Randes der Infanteriemützen, der Farbe des Billardtuches u. a.

Die angeführten Beispiele zeigen, daß das Aussuchen der Farben zu einem Gegenstand hier auf Grund des Wiedererkennens erfolgte, wie wir es oben (S. 69f) geschildert und als Regel angenommen haben.

Gegenüber der erhaltenen Fähigkeit, zu einem genannten Gegenstande die entsprechende Farbe *zu zeigen, vermochte* dieser Patient *nicht*, zu einem genannten Gegenstande die entsprechende Farbe *zu nennen*. Das erklärt sich eben daraus, daß er infolge der gleichzeitig bestehenden Störung des Reihensprechens nicht in der Lage war, auf dem Umwege über das Reihensprechen das Lautgebilde zu finden. Fragte man z. B. den Kranken nach der Farbe des Vergißmeinnichts, so konnte er nicht, wie Th., sich ein Verschen hersagen "blau blüht ein Blümelein" und daher auch nicht die Wirkung der amnestischen Aphasie äußerlich verdecken.

Einen wertvollen Beleg für die Bedeutung des Reihensprechens liefert ein amnestisch-aphasischer Patient U. P. von *Sittig,* der im Gegensatz zu unserem Patienten Hu. ein intaktes Reihensprechen hatte und infolgedessen die Aufgabe, die Farbe eines vorgestellten Gegenstandes zu benennen, lösen konnte, allerdings nur dann, wenn er auf dem Umwege über das Reihensprechen, bzw. ein allgemein begriffliches Wissen die richtige Bezeichnung finden konnte, so z. B. Gras(grün), Blut(rot), Kohle(schwarz), Kirsche(rot), Schnee(weiß), Himmel(blau), Veilchen-(blau), Citronen(gelb), Zucker(weiß), Papier(weiß), Zigarren(braun), Kanarienvogel(gelb).

Leider hat Sittig fast nur solche Aufgaben gegeben, bei denen dieser Umweg möglich war. Hätte er Beispiele gewählt, bei denen das nicht möglich ist, so hätte der Patient gewiß sehr viel weniger Farben "benennen" und der Autor dann schon dem Befunde nach nicht behaupten können, daß das Benennen der Farben aus der Vorstellung intakt ist (vgl. bei Sittig Tab. S. 87).[38] Einen Beleg für die Richtigkeit unserer Annahme gibt das Protokoll von Sittig, insofern, als der Patient bei den wenigen Aufgaben, bei denen das Reihensprechen und "Wissen" nicht in Betracht kam, versagte, so z. B. bei der Aufgabe, die Farbe des Hahnenkammes oder die der "gebräuchlichen" Briefmarken (anno?) zu benennen (S. 83).

Daß dieser Patient von Sittig zu genannten Gegenständen Farben so schlecht *zeigen* konnte, ist entweder durch eine schlechte Visualisationsfähigkeit des Patienten zu erklären (man erfährt in dieser Beziehung nichts Positives), am wahrscheinlichsten aber dadurch, daß auch dieser Kranke sprachlich vorging, also zum Farbennamen des genannten Gegenstandes Farben suchte.

Ganz ähnlich wie der zuletzt besprochene Patient von Sittig verhielt sich der Patient Br. von Poppelreuter, der die uns hier beschäftigende Störung in ausgesprochener Weise aufwies: er konnte weder Farben benennen, noch Farben zeigen und versagte beim Sortieren gänzlich; "er legte rot zu blau, blau zu gelb und ordnete etwa nach der

---

[38] Daß es sich auch bei dem Angeben richtiger Worte seitens des Kranken nicht um ein eigentliches Benennen handelt, brauchen wir wohl nach dem S. 101 Dargelegten kaum noch hervorzuheben.

Helligkeit", konnte aber die identischen Nuancen zwar langsam aber ohne Fehler einander zuordnen. Zu Gegenständen, die ihm irgendwie zur Erinnerung gebracht wurden, konnte er, ganz ähnlich wie der Patient U. P. von Sittig, die Farbennamen *nennen, aber nicht zeigen* (nach dem wiedergegebenen Protokoll Poppelreuters erfolgte das richtige Nennen der Farben offenbar auf dem Wege des Reihensprechens und des sprachlichen Wissens).

Nach dem Krankenbericht von Poppelreuter besteht auch nicht der geringste Zweifel, daß sein Patient Br. in eine Reihe mit den bisher besprochenen Fällen zu stellen ist. Poppelreuter faßt die Störung seines Patienten allerdings anders auf: er erblickt in ihm einen Beleg für das von ihm aufgestellte Krankheitsbild der *psychischen Farbenschwäche*. Er nimmt an, daß beim Patienten die Farben als solche intakt sind – auch das ist freilich nach manchen seiner Äußerungen (vgl. S. 92) nicht absolut deutlich – schließt aber aus dem gestörten Verhalten des Kranken beim Sortieren und anderen Untersuchungen, daß die Farben*auffassung* gestört sei. So unklar dieser Beriff im allgemeinen ist, so soll er doch bei Poppelreuter sicher besagen, daß an dem, was wir gewöhnlich bei Farben erleben, außer der Empfindung noch etwas anderes eine Rolle spielt, was zu der Empfindung "hinzukommt". "Wir haben bei der Farbenwahrnehmung mit dem Hereinspielen höherer Vorgänge zu rechnen." Sind diese höheren psychischen Vorgänge" gestört, so entstehe das Krankheitsbild: "psychische Farbenschwäche".

Aus unseren Erörterungen (S. 97 und 98) ergibt sich, daß die Frage nach dem Vorhandensein oder Nichtvorhandensein einer Empfindungsstörung im Sinne Poppelreuters gar nicht so allgemein gestellt werden darf. Im übrigen berechtigen die Belege, die Poppelreuter zur Aufstellung seines Krankheitsbildes beibringt, nicht, ein solches anzunehmen. Wir möchten mit einigen Worten darauf eingehen, weil man in der medizinischen Literatur heute vielfach von der "psychischen Farbenschwäche" Poppelreuters als einem charakteristischen Krankheitsbilde spricht, und zwar völlig kritiklos anscheinend überall dort, wo die genaue Farbensinnuntersuchung zwar einen normalen Befund ergibt, das sonstige Verhalten der Patienten aber zu Farben verändert ist.

Das "*hervorstechende Symptom*" der psychischen Farbenschwäche besteht nach Poppelreuter in der *Verwechslung von blau und grün* (S. 93). Sie äußert "*sich darin, daß bei freier fixierender Betrachtung Farben ver-*

wechselt werden, wiewohl sich nachweisen läßt, daß keine Farbenblindheit, keine deutliche Störung der Empfindung besteht" (*sic!*) (S. 91, 92).

Sieht man daraufhin die Protokolle bei Poppelreuter durch, so fällt die Verwechslung von blau und grün nicht besonders auf, man findet vielmehr ebenso oft die Verwechslung von gelb und rot und anderen Farben. Bei dem ausführlich mitgeteilten Fall Br. findet man eine Verwechslung von blau und grün überhaupt nicht, während dieser Pat. beim Sortieren stets "rot zu blau und blau zu gelb" legte. (Was aber im Sinne unserer Theorie *keine Verwechslung* ist.) Bei einem anderen Pat. F. (S. 96) wird ein einziges Mal erwähnt, daß ein schwaches Grün zu Blau gelegt wird, tatsächlich wird aber ein nicht schwaches Gelb auch zu grün gelegt, auch gelb zu rot. Von einem dritten als Beleg angeführten Fall Olle (S. 96) schreibt Poppelreuter selbst bei Mitteilung seiner Krankengeschichte, daß er "keine deutliche psychische Farbenschwäche hatte" (S. 369). Auch bei den weiteren mitgeteilten Fällen sucht man umsonst nach einem Protokoll, daß das "hervorstechende Symptom", die Verwechslung von blau und grün, illustrieren könnte.

Auch unter den Ergebnissen der tachistokopischen Versuche, bei denen Farben exponiert wurden und danach aus einer Reihe vorgelegter Farben herausgesucht werden sollten, findet man das "hervorstechende Symptom" nicht. Es wird hier zwar grün und blau hin und wieder "verwechselt", aber nicht weniger oft auch richtig "erkannt", andererseits auch gelb und rot oft miteinander "verwechselt".

Im übrigen läßt sich ohne genaue Analyse aus den tachistoskopischen Untersuchungen Poppelreuters nichts sicheres schließen, vor allem auch nicht sagen, wie es Poppelreuter tut, daß es sich hier um eine Auffassungs- und nicht um eine Empfindungsstörung handelt. Da es sich bei allen Fällen um Hinterhauptverletzungen handelte, könnte es sehr wohl möglich sein, daß hier und da auch eine leichte Herabsetzung des Farbensinnes vorlag, die sich bei der tachistoskopischen Prüfung – der einzigen, wirklich feineren Farbensinnprüfung, die Poppelreuter nach seinen Angaben (S. 93) vornahm – zeigte.

Jedenfalls haben wir auch bei sorgfältigster Prüfung des dargelegten Materials keinerlei Anhaltspunkte gefunden für die Berechtigung, ein Krankheitsbild anzunehmen, bei dem in erster Linie eine Verwechslung von blau und grün vorliegt.

Auf ein weiteres Eingehen auf die in der Literatur mitgeteilten Fälle können wir verzichten. Zum Teil bestätigen sie unsere Theorie, aber auch dort, wo Abweichungen zu bestehen scheinen, hat es keinen Zweck, auf sie näher einzugehen, weil die Protokolle zu wenig ausführlich sind, als daß man sich eine wirkliche Vorstellung von dem Verhalten eines Patienten bilden könnte.

Zusammenfassung

Unsere Analyse hat ergeben, daß wir es bei dem uns hier beschäftigenden Krankheitsbild mit einem Symptomenkomplex zu tun
haben, zu dem nicht nur Störungen im Benennen von Farben und im
Aufweisen von Farben zu Farbennamen gehören, sondern unter Umständen auch Störungen beim Nennen und Zeigen von Farben zu vorgestellten Gegenständen und umgekehrt beim Nennen von Gegenständen, denen vorgelegte oder genannte Farben zukommen, ferner
Störungen beim Sortieren und unter bestimmten Bedingungen auch
Störungen der Farberlebnisse.

Wir sind weiter zu der Auffassung gekommen, daß *alle diese Stö-*
rungen in innerem Zusammenhang miteinander stehen und daß sie alle
der Ausdruck sind einer und derselben Grundstörung, die wir psycho-
logisch als eine Erschwerung des kategorialen Verhaltens charakteri-
siert haben, und die wir physiologisch als eine Beeinträchtigung einer
bestimmten Grundfunktion des Gehirnes auffassen. Es liegt keinerlei
Veranlassung vor, statt einer Grundstörung mehrere, nebeneinander
bestehende Störungen anzunehmen.

Diese Grundstörung kommt in einer tiefer gehenden Veränderung
im Verhalten der Kranken gegenüber Farben zum Ausdruck: *die*
Kranken legen ein weniger rationelles, ein primitiveres, in der kon-
kreten Wirklichkeit wurzelndes Verhalten an den Tag, das sich sowohl
in der Verwendung von konkret-gegenständlichen Bezeichnungen für
Farben, sowie darin zeigt, daß sie zu genannten Gegenständen nur
solche Farben aufzuweisen pflegen, die zu dem vorgestellten Gegenstande völlig passen, dagegen nicht solche Farben, die nur zu derselben
Kategorie gehören, wie die Farbe des Gegenstandes. Besonders deut-
licht tritt das charakteristische Verhalten *beim Zuordnen von Farben*
hervor. Die Kranken verhalten sich konkreter in dem Sinne, daß sie
beim Zusammenlegen ganz und gar auf die gleichsam von außen auf-
gezwungenen Kohärenzerlebnisse zwischen Muster und den anderen
Farben angewiesen sind; *sie vermögen dadurch nicht, irgendein Zu-*
ordnungsprinzip zu gewinnen. Mit diesem konkreteren, lebensnäheren
Verhalten geht unter bestimmten Umständen auch ein *verändertes*
Erlebnis der Farbwelt einher.

II. Zur Frage der amnestischen Aphasie
für Gegenstände.

Man hat vielfach festgestellt, daß amnestisch-Aphasische gerade für *konkrete* Gegenstände nicht oder nur sehr schwer die Worte finden und zur Bezeichnung der konkreten Gegenstände Namen benutzen, die, logisch-grammatikalisch betrachtet, Allgemeineres meinen. So bezeichnen solche Kranke z. B. eine Rose als "Blume" oder gar als "Ding", oder benutzen Umschreibungen, indem sie z. B. einen Federhalter oder ein Tintenfaß "zum Schreiben" benennen. Daraus schloß man, daß bei amnestisch-Aphasischen die Worte für Individualbegriffe eher verloren gehen, als für Klassen- und Allgemeinbegriffe. "Je konkreter der Begriff ist", so schreibt Kussmaul,[39] "desto eher versagt das ihn bezeichnende Wort". Auch sonst besteht im allgemeinen die Tendenz, den Gebrauch allgemeinerer Bezeichnungen anstatt der konkreteren in dieser Weise aufzufassen.

Es fragt sich nun, ob eine derartige Auslegung des Wortgebrauches bei der amnestischen Aphasie zutrifft, ob nicht diese Auslegung allzu intellektualistisch ist, d. h. ob man bei der ganzen Erörterung anstatt von psychologischen Gesichtspunkten, die hier in Betracht kommen, sich von grammatikalisch-logischen leiten ließ.

Eine Beobachtung des Verhaltens der Kranken spricht nicht für die Richtigkeit der dargelegten Auffassung. Denn es zeigt sich, daß die Kranken, auch wenn sie ein Wort benutzen, das vom Standpunkte der Begriffslogik etwas Allgemeineres ausdrückt, doch etwas ganz *Konkretes meinen.* Wenn z. B. eine Kranke von K. Goldstein – und an jedem Kranken mit amnestischer Aphasie lassen sich ähnliche Beobachtungen anstellen – auf jeden Gegenstand "Dingle" oder "Stückle" sagt, so benutzt sie zwar ein Wort, das eine allgemeinere Bedeutung hat, sie meint damit aber nicht etwa die Zusammengehörigkeit des betreffenden Gegenstandes mit vielen anderen zum Begriff "Ding", *sondern die ganze konkrete Situation, in der man den vorgelegten Gegenstand in der und der Weise gebraucht.* So bezeichnet sie einen Regenschirm, eine Bürste, eine Uhr, ihren eigenen Zopf als "Stückle", fügt aber hinzu:

---

[39] Kussmaul, *Die Störungen der Sprache.* 3. Aufl. Leipzig 1885, S. 164.
Psychologische Forschung. Bd. 6.

beim Regenschirm: "schönes Stückle, wenns regnet, da macht man auf, ich hab zwei Stückle daheim, drei habe ich gehabt,"

bei Bürste: "weiß schon was. Wo man kann die Stückle (zeigt auf die Zöpfe) überfahren."

Streichhölzer: "Schöns Stückle, wo man kann überfahren mit (macht Streichbewegungen)."

Aus diesen "Beschreibungen", wie aus den begleitenden pantomimischen Geberden, die ein ganz konkretes Hantieren mit den Gegenständen illustrieren, sieht man, daß das Wort "Stückle" nicht als Gattungsbegriff im begriffslogischen Sinne benutzt ist.

Ebenso verhält es sich in den Fällen, in denen amnestisch-Aphasische sog. Umschreibungen benutzen. Wenn ein Kranker z. B. einen *"Federhalter* als "zum Schreiben", ein *Metermaß* als "zum Messen", eine *Schere* als "zum Schneiden" bezeichnet, so meint er damit gewiß nicht, daß diese Gegenstände zu einer Gruppe von Dingen gehören, mit denen man schreiben, bzw. messen, bzw. schneiden kann, sondern er meint auch hier – wie aus seinem gesamten Verhalten hervorgeht – einen *ganz konkreten Verhalt zum Gegenstand*, d. h. er will zu verstehen geben, daß man mit dem Gegenstand in einer bestimmten Weise hantieren kann. Die Kranken begleiten deshalb ihre sprachlichen Äußerungen mit mehr oder weniger lebhaften pantomimischen Gesten, die für das, was sie ausdrücken wollen, für sie beinahe wesentlicher zu sein scheinen, als die sprachliche Formulierung.

Im übrigen ist zu sagen, daß die alte Anschauung, allgemeinere Bezeichnungen fehlten weniger als die konkreteren, nicht ganz den Tatsachen entspricht. Goldstein hatte schon darauf hingewiesen, daß bei seiner Patientin kein Unterschied in der Wortfindung für Abstraktes und Konkretes bestand. Kleist [40] hat dann betont, daß durchschnittlich die Bezeichnungen abstrakter Begriffe am schwersten betroffen sind. Neuerdings hat Lothmar [41] durch spezielle Untersuchungen gezeigt, daß bei einem Kranken, bei dem die Wortfindung *für Konkretes nur etwas erschwert* war, die Bezeichnungen *für Allgemeinbegriffe wie Tugend, Gerechtigkeit usw. in weitgehenderem Maße* gelitten haben. So ähnlich dürften sich auch sonst amnestisch-Aphasische verhalten;

---

[40] *Neur. Zentralbl.* 1918. S. 414 ff.
[41] Lothmar, "Zur Kenntnis der erschwerten Wortfindung und ihrer Bedeutung für das Denken des Aphasischen", *Schweiz. Arch. f. Neurol. u. Psychiatrie* 6. 1920.

doch sind diesbezüglich genauere Untersuchungen noch erforderlich.

Die Feststellung, daß den Kranken auch für Abstraktes die entsprechenden Worte fehlen, deutet schon darauf hin, daß *die allgemeineren Ausdrücke*, die sie für konkrete Dinge benutzen, *nicht zum Bezeichnen des Klassen- oder Gattungsbegriffes dienen dürften*, unter den das betreffende konkrete Ding eingeordnet werden kann. Ein bündiger Beweis für diese Auffassung wäre allerdings erst erbracht, wenn es in Zukunft gelingen sollte, nachzuweisen, daß unter Umständen ein und dasselbe Wort, z. B. das Wort Blume, im Zusammenhang mit konkreten Erlebnissen an einer Rose gefunden wird, aber als Bezeichnung des Klassenbegriffes, zu dem Rosen, Nelken usw. gehören, nicht gefunden wird. Allerdings würde aus der Tatsache als solcher, daß ein Kranker beim Gegebensein verschiedener Blumensorten das Wort Blume benutzt, keineswegs ohne weiteres folgen, daß er instruktionsgemäß das Wort Blume wirklich als Bezeichnung für den Klassen- oder Gattungsbegriff verwendet. Nur eine genaue, aber schwer durchzuführende phänomenologische Untersuchung könnte hier sicheren Aufschluß bringen.

Wir haben in dem eigentümlichen Verhalten beim Farbensortieren eine besonders charakteristische Äußerung des konkreteren, primitiven Verhaltens der Kranken kennen gelernt. Wenn die amnestisch-Aphasischen sich auch gegenüber Gegenständen konkreter verhalten, so ist zu erwarten, daß sie bei der Aufgabe, Gegenstände des täglichen Gebrauches irgendwie zu ordnen, sich ebenfalls konkreter verhalten werden als Normale beim gleichen Versuch. Allerdings dürfen die Verhältnisse, wie sie einerseits beim Sortieren gewöhnlicher Gegenstände und andererseits beim Sortieren von Farben vorliegen, nicht einfach in Parallele gesetzt werden. Beim Ordnen von Gegenständen kommen noch viel mehr Gesichtspunkte in Frage als beim Ordnen von Farben, und es ist daher nicht möglich, die Aufgabe in beiden Fällen genau gleich zu gestalten. Doch kann man gewiß auch Gegenstände irgendwie ordnen. Man kann z. B. aus einem großen Haufen heterogenster Gegenstände alle diejenigen heraussuchen, die zu einem Bleistift passen, etwa eine Feder, ein Tintenfaß, einen Löscher usw., also alles, was irgendwie mit dem Bleistift zusammen auf einem Schreibtisch liegen kann. Wenn man solche Versuche mit Normalen durchführt, so zeigt sich, daß trotz der verschiedenen Gesichtspunkte, nach denen man die Gegenstände ordnen kann, die Normalen bei einem solchen Versuch bestimmte Zuordnungsprinzipien bevorzugen, so daß die Ergebnisse

auch ohne bestimmte Instruktion doch in weitgehendem Maße übereinstimmen.

Wir wollen nun zunächst an einigen Beispielen veranschaulichen,
wie sich ein Kranker mit amnestischer Aphasie beim Ordnen von
Gegenständen verhielt.

Es handelt sich um den *Patienten B.*, der eine amnestische Aphasie
sowohl für gewöhnliche Gegenstände, als auch für Farben hatte. Beim
Sortieren von Farben verhielt er sich in der von uns geschilderten
typischen Weise.

Legte man nun diesem Kranken eine Reihe von Gegenständen vor,
mit der Aufforderung, Gegenstände, "die zusammen gehören", zu
ordnen, so nahm er irgendeinen Gegenstand, z. B. einen *großen eiser-
nen Stempel* heraus und legte dazu:

einen metallnen Aschenbecher, einen Abdrücker mit Metallgestell,
ein metallnes Stethoskop, ein Messer, eine Zange, eine Schere, einen
Sönnecken-Locher, während er ein hölzernes Metermaß, ein hölzernes
Zigarettenetui, ein Holzspatel und einen Federhalter aus Holz zu einer
zweiten Gruppe zusammenlegte.

Die Wahl der Gegenstände erfolgte prompt und ziemlich rasch.
Für uns war das Vorgehen des Patienten recht verblüffend. Wir verstanden zunächst gar nicht, wie jemand einen Federhalter mit einem
Spatel und mit einem Zigarettenetui so selbstverständlich als zusammengehörig betrachten konnte, während ein Stethoskop und ein Spatel,
ein Aschenbecher und ein Zigarettenetui, ein Löscher und ein Federhalter usw. getrennt wurden.

Erst als wir auf unsere Frage vom Patienten erfuhren, daß er "alles
Eisen" und "alles Holz" zusammengelegt hatte, glaubten wir, sein
Vorgehen zu begreifen: er schien "nach dem Material" geordnet zu
haben. (Wir möchten nicht versäumen, auf unser eigenes Erlebnis bei
dieser Angabe hinzuweisen: wie mit einem Schlage waren die Gegenstände "umzentriert" und erschienen uns als wohlgeordnet.) Allerdings mutete uns das Ordnen "nach dem Material" recht merkwürdig
an: "es schien uns zu abstrakt", und deshalb waren wir erstaunt, daß
der Patient gerade so vorging, da wir doch ein ganz konkretes Verhalten erwarteten. Für uns dürfte das natürlichste sein, daß wir die
Gegenstände einfach danach ordnen, wie sie im gewöhnlichen Leben
zusammen gebraucht werden. Eine Reihe von Versuchen, die wir mit
normalen Erwachsenen und Kindern angestellt haben, bestätigten uns
deutlich, daß dieses Vorgehen das natürliche ist.

Wenn wir nun den Kranken zu dem uns natürlichen Vorgehen zu veranlassen suchten, ihm etwa erklärten, daß man die Gegenstände auch nach ihrem Gebrauch zusammenlegen kann, dies ihm an einem Beispiele vormachten, so führte der Patient diese Aufgabe dem äußerlichen Effekt nach in der gewünschten Weise aus, so legte er z. B. Löscher, Federhalter, Bleistift, Locher, Stempel zusammen.

Gefragt, warum er so und nicht anders ordnet, sagte er, "das gehört zusammen", beim "viel schreiben" und "Fabrik" (meint Bureau). In ähnlicher Weise ordnet er: Stethoskop, Reflexhammer, medizinische Zange, Spatel und Nadel zusammen, mit der Begründung: "das ist für den Arzt". Dabei fiel auf, daß er *viel zögernder und unsicherer vorging* als der Normale, viel unsicherer auch als vorhin, als er alle Gegenstände aus Holz und die aus Eisen zusammenlegte. Bei manchen Gegenständen, die uns als ganz natürlich zusammengehörig erschienen, sträubte er sich sogar, sie dazuzulegen, selbst wenn man ihn daraufhin wies. So z. B. lehnte er es ab, einen Korkenzieher und eine Flasche, in der ein Korken *nur lose* steckte, zusammenzulegen. Er begründete es damit, daß *"die Flasche ja schon offen sei"*.

Dieses Beispiel gibt uns den Schlüssel zum Verständnis seines gesamten Vorgehens. Es deutet darauf hin, daß der Kranke die verschiedenen Gegenstände in viel größerem Maße als der Normale in ihrem Bezuge auf die konkrete, im Versuch vorliegende Situation auffaßte. Wenn nun der Normale Flasche und Korkenzieher als zusammengehörig betrachtet, so sieht er diese beiden Gegenstände nur in der für ihren Zusammengebrauch wesentlichen Beziehung, nämlich, daß man eine Flasche mit einem Korkenzieher öffnen kann. Es ist dem Normalen dabei recht nebensächlich, ob der Korken lose oder fest ist, oder ob überhaupt ein Korken vorhanden ist; der Normale sieht also von den im Versuch verwendeten Objekten selbst ab. Dem Normalen repräsentieren der im Versuch vorgelegte Korkenzieher oder die im Versuch verwendete Flasche *einen* Korkenzieher bzw. *eine* Flasche schlechthin. Der Kranke dagegen neigt offenbar dazu, die *Gegenstände selbst* auf ihre Zusammengehörigkeit hin zu betrachten; *für ihn ist bestimmend, ob die wirklich verwendeten Objekte sinnvoll zusammen benutzt werden können.* Deshalb ist für ihn das nur lose Stecken des Korkens ausschlaggebend, Flasche und Korkenzieher als nicht zusammengehörig zu betrachten.

Es erhellt jetzt, warum der Kranke beim Ordnen der Gegenstände nach ihrem Gebrauch im gewöhnlichen Leben nur zögernd und unsicher vorging. Da er sich mehr von der konkreten Beschaffenheit der Gegenstände leiten läßt, als der Normale, hat er beim Ordnen Widerstände zu überwinden, die ihm aus dem nicht völligen Passen der verwendeten Gegenstände für eine sinnvolle Benutzung erwachsen. Werden diese Widerstande so groß wie bei dem Beispiel mit der Flasche und dem Korkenzieher, so lehnt er die Zusammengehörigkeit ganz ab. In dieser Hinsicht finden wir dasselbe Verhalten wie beim Zuordnen von Farben; es ist auch hier *das Ordnen des Patienten psychologisch etwas anderes als unser Ordnen, sein Verhalten dabei konkreter, lebensnäher als das des Normalen.*

Bei der Art des Vorgehens des Patienten verstehen wir jetzt auch, warum der Patient es vorzog, die vorgelegten Gegenstände nach Eisen, nach Holz zusammenzulegen: Nicht etwa, wie es zuerst scheinen konnte, deshalb, weil er, wie es etwa der Normale bei einer entsprechenden Einstellung tun würde, alles das zusammenlegte, was aus Holz war, was er unter der Kategorie Holz betrachten konnte, sondern er legte die Gegenstände auf Grund *eines konkreten Kohärenzerlebnisses* zusammen. Die Gegenstände gehörten für ihn in einer bestimmten anschaulich-konkreten Hinsicht zusammen. Er ging also bei dieser Art des Zusammenlegens ganz konkret vor.

Wenn auch die Frage nach dem Verhalten der amnestisch-Aphasischen gegenüber Gegenständen gewiß noch weiterer eingehender Untersuchungen bedarf, so können wir doch auf Grund der Beobachtung solcher Patienten bei der gewöhnlichen Prüfung, sowie auf Grund der Versuche über das Zuordnen von Gegenständen, sagen: *das Verhalten der amnestisch-Aphasischen weist nicht nur gegenüber Farben, sondern auch gegenüber den gewöhnlichen Gegenständen einen mehr konkreten, in der lebendigen Wirklichkeit wurzelnden Charakter auf.*

Wenn wir nun ein Verständnis dafür gewinnen wollen, daß die Kranken trotz ihres konkreten Verhaltens vielfach ganz allgemeine Ausdrücke verwenden, so knüpfen wir am besten an Beobachtungen von Kindern an, bei denen wir in einem bestimmten Frühstadium der Sprachentwicklung einen ähnlichen Tatbestand vorfinden, nämlich einen Gebrauch allgemeiner Ausdrücke bei einem zweifellos durchaus konkreten, lebendigen Verhalten gegenüber Gegenständen.

Wir wissen, daß das Kind solche Ausdrücke wie Blume gewöhnlich eher erwirbt, als Rose, Nelke usw. Hier liegt allerdings ein Problem vor, das bei der Kindersprache noch keineswegs geklärt ist. Soviel ist aber sicher, es wäre ganz falsch, anzunehmen, daß das Kind mit

Blume etwas Generelles meint, sondern es meint etwas durchaus Konkretes. Mit besonderem Nachdruck hat Stern [42] betont, daß beim Kind in diesem Stadium das Anwendungsgebiet des einzelnen Wortes in keiner Weise logisch bestimmt ist. Es kenne im Frühstadium überhaupt keine Individualbegriffe und Gattungsbegriffe in unserem Sinne. Wenn nun das Kind sehr früh solche Worte erwirbt, die vom Standpunkte der Begriffslogik etwas sehr Allgemeines meinen – und an dieser Tatsache ist kein Zweifel, – zo zeigt das, daß man *allgemeinere und allgemeinste Namen verwenden kann, ohne Allgemeineres und Allgemeinstes zu meinen.*

Die Frage nun, weshalb gerade diese Wörter sehr früh, und vielfach früher als Exemplarnamen wie Tisch, Haus usw. erworben werden, ist noch nicht geklärt.[43] Jedenfalls müssen diese Wörter geeignet sein, den sprachlichen Bedürfnissen des in der lebendigen Wirklichkeit lebenden Kindes zu entsprechen.

Gewiß benutzt das Kind die zuerst erworbenen Worte, um ein ganz bestimmtes konkretes Verhalten zum Ausdruck zu bringen,[44] und es benutzt dasselbe Wort überall dort, wo es sich um das gleiche konkrete Verhalten handelt. Immer z. B., wenn das Kind in die Situation des Pflückens kommt, benutzt es das Wort, das es bei dieser Handlung erworben hat.[45] War es das Wort Rose, so wird es für alle Blumen Rose sagen, war es ein anderes Wort, so wird es für alle Blumen das andere verwenden, denn es bezeichnet ja damit nicht den Gegenstand Rose, bzw. Nelke, sondern das Wort ist an die konkrete Handlung geknüpft. Nun dürfte wohl die Umgebung des Kindes bemüht sein, ihm solche Bezeichnungen beizubringen, die vom Standpunkte des Erwachsenen aus geeignet sind, bei verschiedenen Exemplaren einer Reihe von Gegenständen Anwendung zu finden. Und deshalb dürfte das Wort Blume von der Umgebung früher "gelehrt" werden als Rose und Nelke.

Im übrigen werden Worte wie Blume, Tier usw. auch vom Erwachsenen keineswegs immer als "Bezeichnungen" für allgemeine

---

[42] Stern, *Psychologie der frühen Kindheit.* 1. Aufl., S. 95 ff.

[43] Cf. auch Bühler, *Die geistige Entwicklung des Kindes.* 3. Aufl., S. 416 f.

[44] Es ist keine Frage, daß in diesem Stadium die Sprache vorwiegend im Dienste der Kundgabe im Sinne Bühlers steht, also mehr Ausdruck als Darstellung ist.

[45] Über die Natur dieses Lernvorganges soll damit nichts Bestimmtes ausgemacht sein. Eine Erörterung dieser Frage würde uns zu weit von unserem Thema abführen.

Begriffe benutzt, sondern in der lebendigen Rede ebenfalls oft, um etwas ganz Konkretes zum Ausdruck zu bringen. Wenn z. B. dem Erwachsenen für einen selteneren Gegenstand, etwa ein Exemplar einer selteneren Tiergattung, das Wort fehlt, so sagt er zwar "Tier", meint aber nicht den Gattungsbegriff Tier, sondern das individuelle, anschaulich gegebene Exemplar. Oder wir gebrauchen beim Fehlen eines richtigen Wortes das Wort Ding, gerade wenn wir etwas ganz Konkretes meinen, etwa einen bestimmten Gegenstand, den wir im Auge haben, gereicht bekommen wollen. Besonders im Zustande der Ermüdung kommen solche Fälle oft genug vor.

Wir können danach verstehen, daß viele in der Sprache des Erwachsenen verwendete Worte, die, begriffslogisch betrachtet, zur Bezeichnung von Allgemeinem dienen, zu einem sehr früh erworbenen Sprachschatz gehören, und daß ein konkretes Verhalten und ein Gebrauch von relativ viel "allgemeineren" Bezeichnungen nicht im Widerspruch miteinander stehen. Wenn aber allgemeine Bezeichnungen zu einem früh erworbenen Sprachschatz gehören und das Wesen der amnestischen Aphasie darin besteht, daß die von ihr Betroffenen in ihrem Verhalten auf ein primitiveres Niveau herabgesunken sind, so wird verständlich, daß die allgemeineren Ausdrücke im Wortgebrauch der amnestisch-Aphasischen vorherrschen.

Wir kommen so zur Auffassung, daß bei der *amnestischen Aphasie für Gegenstände eine analoge tiefgehende psychische Veränderung des Gesamtverhaltens der Kranken vorliegt wie bei der Farbennamenamnesie, nämlich ein Herabsinken auf ein primitiveres, mehr in der lebendigen Wirklichkeit wurzelndes Verhalten.*

Wenn wir bei den amnestisch-Aphasischen ein Herabsinken auf ein primitiveres Verhalten annehmen, so meinen wir damit nicht, daß die Sprache des Amnestischen der des Kindes gleich wird. Die Sprache des amnestisch-Aphasisschen ist, wenn man von geläufigen Redewendungen absieht, im allgemeinen dürftiger als die Sprache des Kindes, vor allem an konkreten Worten. Das Kind, das noch nicht gelernt hat, Worte als Zeichen für Begriffe zu verwenden, benutzt Worte in innigster Verknüpfung mit einem konkreten Verhalten, wobei das Wort sich dem Kinde geradezu als eine Eigenschaft des Objektes darstellt. Diese innige Zusammengehörigkeit geht nun im Laufe der Entwicklung des Kindes in dem Maße verloren, als das Kind sich auf das kategoriale Verhalten umstellt, und damit geht immer mehr der Trieb verloren, konkretes Handeln mit Worten zu begleiten. Die Sprache des Amnestischen ist nun im Vergleich mit der Kindersprache deshalb dürftiger, weil der Amnestische die Worte als Begriffszeichen nicht finden kann und er, als Erwachsener, nicht mehr (oder nicht mehr im selben Maße wie das Kind) den Trieb hat, sein Tun und Handeln mit Worten zu begleiten.

Wenn die amnestische Aphasie für Gegenstände im allgemeinen sich in ganz ähnlichen Symptomen äußert wie die Farbennamenamnesie, so scheint doch in einem Punkte ein symptomatologisch wichtiger Unterschied zu bestehen. Während Kranke mit Farbennamenamnesie Farben nicht nur nicht bezeichnen können, sondern vielfach auch nicht imstande sind, vorgesprochene Farbennamen zu einem bestimmten Farbeneindruck in Beziehung zu bringen, versagen die Kranken mit amnestischer Aphasie für Gegenstände nie bei der Aufgabe, genannte Gegenstände aufzuzeigen; sie "schnappen" ja in charakteristischer Weise auf den Namen "ein" und lehnen falsche Bezeichnungen prompt als falsche ab.

Man könnte vielleicht annehmen, diese Verschiedenheit im Verhalten rühre daher, daß das Hören des richtigen Namens für einen Gegenstand leichter ein kategoriales Verhalten erweckt (wenn auch nur für eine kurze Zeit) als das Hören eines Farbennamens und daß also bei einer Beeinträchtigung des kategorialen Verhaltens die eine Leistung noch möglich ist, die andere aber nicht. Gegen diese Annahme spricht aber schon die Tatsache, daß auch in *schwersten* Fällen von amnestischer Aphasie das Einschnappen auf den richtigen Gegenstandsnamen absolut prompt erfolgt, während bei der Farbennamenamnesie immer zum mindesten eine Unsicherheit gegenüber dem gehörten oder sonstwie zum Bewußtsein gebrachten Farbennamen besteht. Die ganze Annahme erscheint uns auch sonst recht gezwungen.

Wir glauben, daß die Differenz im Verhalten gegenüber Farbennamen einerseits und gegenüber Gegenstandsbezeichnungen andererseits im folgenden beruht: Wenn man jemand auffordert, zu einem Farbennamen eine passende Nuance aufzuzeigen, so wird diese Aufgabe, wie wir S. 88 darlegten, gewöhnlich so ausgeführt, daß man den Farbennamen im Sinne einer Bezeichnung einer Farbkategorie faßt und unter den vorgelegten Farbmustern einen Vertreter der betreffenden Farbkategorie sucht. Ein Kranker mit Farbennamenamnesie löst diese Aufgabe nicht wegen der Beeinträchtigung des dazu erforderlichen kategorialen Verhaltens. Aber ein Kranker kann, wie wir S. 102 sahen, die verlangte Farbe doch finden, wenn er die Aufgabe auf einem anderen, ein kategoriales Verhalten gar nicht erfordernden Wege löst, wenn er nämlich zu dem genannten Farbennamen, etwa zum Worte "rot", mit Hilfe des sog. sprachlichen Wissens sich einen entsprechend gefärbten Gegenstand nennt und vorstellt (z. B. Blut) und sich dann unter den vorgelegten Farben die zum Vorstellungsbild passende Nuance aussucht.

Während nun bei den Farben das erste, mehr abstrakte, intellektuelle Vorgehen das übliche und vielfach das allein mögliche sein dürfte – schon deshalb, weil zum Vorgehen auf die zweite Art gute Visualisation und außerdem noch erforderlich ist, daß unter den vorgelegten Farben die zum Vorstellungsbild genau passende Nuance vorhanden ist –, ist es bei der Aufgabe, zu einer Gegenstandsbezeichnung den entsprechenden Gegenstand zu zeigen, immer möglich und geradezu gegeben, auf die zweite, mehr konkret-anschauliche Weise vorzugehen. Sollen wir z. B. aus einer Reihe von Gegenständen etwa das Taschentuch zeigen, so ist das Wort Taschentuch mit ganz bestimmten konkreten Erlebnissen verknüpft, und zwar nicht nur wie Farbennamen durch verschiedenes sog. sprachliches Wissen z. B. "Taschentuch ist zum schnauben", sondern auch durch verschiedene praktische Reaktionen. Wenn wir also *einen genannten Gegenstand zeigen, so brauchen wir den gehörten Namen nicht als eine Bezeichnung für eine Gegenstandskategorie zu fassen, ebensowenig den zu zeigenden Gegenstand als einen Repräsentanten dieser Kategorie, sondern: wir wählen unter den gebotenen Gegenständen den, der zu irgendeinem der konkreten Erlebnisse paßt. Das Zeigen genannter Gegenstände ist bei der amnestischen Aphasie deshalb nicht gestört, weil man dazu, wenn man auf dem zweiten Wege vorgeht, kein kategoriales Verhalten nötig hat.*

Wir sehen also, daß zwischen dem Verhalten beim Zeigen genannter Farben und dem Zeigen genannter Gegenstände ein prinzipieller Gegensatz nicht besteht, wohl aber ein Unterschied insofern, als zum Zeigen genannter Farben das kategoriale Verhalten oft allein zum Ziele führen kann, während beim Zeigen von Gegenständen ein kategoriales Verhalten immer entbehrlich ist.

Ganz ähnlich liegt es beim sog. Einschnappen auf den richtigen Namen eines Gegenstandes: unter den dem Kranken vorgesprochenen Bezeichnungen paßt nur eine einzige zu den jeweils konkreten Erlebnissen, die der Gegenstand auslöst.

Auf Grund unserer Darlegungen wird es auch verständlich, daß der amnestisch Aphasische nicht selten Worte, die er eben bei der Prüfung absolut nicht finden konnte, kurz darauf in der lebendigen Rede, also dort, wo es nicht auf Bezeichnungen, nicht auf Benennungsurteile ankommt, gebraucht. Es kommt ja auch gar nicht selten vor, daß ein Kranker, der bei der Prüfung etwa das Wort "Schachtel" für eine Schachtel nicht findet, sagt: "ich weiß nicht, wie die Schachtel heißt". Dies weist darauf hin, daß das Wesen der amnestischen Aphasie nicht als eine Beeinträchtigung der Wortvorstellungen restlos charakterisiert werden darf. Natürlich ist auch die Möglichkeit zu erwägen, daß bei schweren Fällen und bei längerem Bestehen der amnestischen Aphasie auch das physiologische Substrat der "Wortvorstellungen" sekundär leidet und so eine eigentliche erschwerte Erweckbarkeit des Wortes zustande kommt. Bei der Beurteilung eines konkreten Falles ist selbstverständlich auch zu erwägen, ob nicht eine Kombination einer amnestischen Aphasie mit einer primären Störung der Ansprechbarkeit der Wortvorstellungen vorliegt.

DAS SYMPTOM, SEINE ENTSTEHUNG UND BEDEUTUNG FÜR UNSERE AUFFASSUNG VOM BAU UND VON DER FUNKTION DES NERVENSYSTEMS *

Wir sind so gewohnt, die Symptome als unmittelbaren Ausdruck der Schädigung bestimmter Teile des Nervensystems zu betrachten, daß schon die Frage nach der Entstehung der Symptome als eine zum mindesten überflüssige erscheinen könnte. Sehen wir uns aber die Symptome näher an, so stellen wir fest, daß nur ein geringer Teil wirklich ohne weiteres, der größte Teil eigentlich erst bei ganz bestimmter Untersuchung in Erscheinung tritt. Die Symptome sind Antworten, die der Organismus auf ganz bestimmte, von uns gestellte Fragen gibt, sie sind also zum mindesten mitbedingt durch unsere Fragestellung, die wiederum ihrerseits völlig von der theoretischen Grundauffassung bestimmt wird, die wir vom Bau and von der Funktion des Nervensystems haben. Wie wir uns das Nervensystem aus einzelnen Apparaten zusammengesetzt denken, so werden wir auch bei der Feststellung der Symptome von dem Bestreben geleitet, die einzelnen Teile des Nervensystems nach Möglichkeit zu isolieren und gesondert zu untersuchen. Diesem Verfahren verdanken wir die Kenntnis der Reflexe, des Gesichtsfeldes und seiner Störungen, der umschriebenen Sensibilitätsstörungen, verdanken wir die Trennung der Motilität von der Sensibilität, die Abgrenzung umschriebener Aphasien, Apraxien, Agnosien, die Kenntnis umschriebener Gedächtnisleistungen, umschriebener Intelligenzdefekte usw.

Wie wichtig diese Betrachtungsweise für die praktischen Fragen der Neurologie, speziell die Lokaldiagnostik ist, wie sehr sie unsere Kenntnisse vom feineren Aufbau des Nervensystems gefördert hat, so verhängnisvoll wurde sie für unsere Grundauffassung vom Bau und der Funktion des Nervensystems. Dadurch, daß die mit ihr gewonnenen Ergebnisse die Voraussetzung der umschriebenen Apparate im

* Mit freundlicher Erlaubnis des Springer-Verlags, Heidelberg, abgedruckt aus dem *Archiv für Psychiatrie*, 76, 1925 (pp. 84-108).

Nervensystem immer mehr zu bestätigen schienen, ließ sie ganz vergessen, daß es sich auch bei den sogenannten anatomischen Tatsachen
doch um auf den Ergebnissen einer bestimmten Methodik basierende
Konstruktionen handelt. So wurden diese Konstruktionen immer mehr
zu einem starren Dogma, das, wenn neue Tatsachen bekannt wurden,
die ihm widersprachen, immer gewaltsamere Ergänzungen der Grund-
konstruktion und immer neue Hilfshypothesen nötig machte. So
entstanden die Begriffe der Hemmung bestimmter Leistungen durch
übergeordnete Zentren, um die Steigerung gewisser Leistungen bei bestimmten Läsionen zu erklären, so der Begriff der verschiedenen
Schaltungen, um die verschiedene Wirkung des gleichen Reizes unter
verschiedenen Umständen, der Begriff des Eintretens anderer Hirnbe-
zirke bei einem Defekt, um die Wiederkehr einer verloren gegangenen,
resp. das Erhaltensein einer Leistung, die man mit einem bestimmten
Apparat in Beziehung zu bringen gewohnt war, verständlich zu
machen. Ich brauche wohl nur auf die vielen Hilfshypothesen, die in
der psychopathologischen und hirnpathologischen Forschung aufgestellt worden sind, hinzuweisen; um die Unhaltbarkeit dieses Zustandes darzutun. Einmal mußte die Kritik an den Grundvorausset-
zungen kommen. Zuerst kam sie gegenüber unseren Vorstellungen von
der Lokalisation umschriebener Leistungen an umschriebenen Stellen
der Großhirnrinde. Nachdem schon von psychologischen Gesichtspunkten aus schwerwiegende Einwände gegen diese Anschauung erhoben worden – ich erinnere an die kritischen Ausführungen von
Storch, Freud, *mir* – entwickelte Monakow auf Grund von hirnphysiologischen Überlegungen seine prinzipiellen Einwände und brachte die
fruchtbare Unterscheidung einer Lokalisation der Symptome und einer
Lokalisation der Funktionen. Er legte dar, daß nur Symptome lokali-
sierbar seien, während Funktionen überhaupt keiner Lokalisation
fähig seien, sondern Leistungen der ganzen Hirnrinde darstellen.
Meine eigenen weiteren Einwände basierten, abgesehen von den psychologischen Erwägungen vor allem auf einer eingehenderen Analyse
der Symptome. Diese ergab, daß auch die für typisch gehaltenen
Symptome sehr wesentlich mehr zufällige Produkte der Betrachtung
waren, keineswegs die wirkliche Veränderung repräsentierten. Auch
bei umschriebenen Läsionen der Hirnrinde lassen sich eigentlich, wenn
diese nicht gerade die sog. Peripherie der Rinde in den motorischen
und sensorischen Zentren betreffen, immer Störungen auf allen Gebieten nachweisen, wenn auch bei verschieden gelagerten Läsionen die

einzelnen Leistungen in verschieden starker Weise betroffen sind. Die
Analyse der Symptome ergab weiter, daß die auftretenden Störungen
nicht in einem Ausfall sog. umschriebener Leistungen wie Vorstellungen eines Sinnesgebietes, einzelner gelernter Fertigkeiten usw. bestehen, sondern sich als Veränderungen bestimmter Grundfunktionen
darstellen, so z. B. des Gestalterfassens, des kategorialen Verhaltens.
Diese Grundfunktionen entsprechen der Rindenleistung überhaupt,
und die einzelnen Leistungen wie Wahrnehmungen, Vorstellungen,
Denken, Fühlen usw. sind nur spezielle Äußerungen dieser Grundfunktionen an verschiedenem Material, das durch die Tätigkeit der
Sinneszentren und die motorischen Apparate geliefert wird, die sich
von der Peripherie über Rückenmark und Stamm bis in die Sensorien
und Motorien der Rinde erstrecken. Die Grundfunktionen finden ihren
anatomischen Ausdruck in der Übereinstimmung bestimmter Schichten in der ganzen Rinde, die verschiedenen Materialien in der Verschiedenheit der regionären Differenzierungen. Die Trennung einzelner
Hirnabschnitte nach besonderen Funktionen ist eine Abstraktion. Die
Vorgänge in den sensorischen und motorischen Abschnitten verlaufen
nie isoliert von denen im sog. zentralen Apparat; in jeder Leistung,
die wir mit der Tätigkeit eines bestimmten sensorischen oder motorischen Apparates in Beziehung bringen, steckt die Leistung des zentralen Apparates und umgekehrt. Beide, die Leistung des zentralen Apparates und die der einzelnen Sensorien und Motorien sind
überhaupt nur künstlich aus der Gesamtleistung herauszulösen, sie
stellen nur Momente der Gesamtleistung dar. Immer handelt es sich
um eine einheitliche Leistung, die die gesamte Hirnrinde umfaßt,
deren einzelnen Abschnitten nur gewisse Sonderleistungen zukommen,
die aber immer nur innerhalb des Ganzen und abhängig vom Ganzen
vor sich gehen. Was wir als Lokalsymptome feststellen, entspricht der
Veränderung, die ein Herd an dieser ganzen Leistung setzt. Sie sind
verschieden, je nachdem der Herd mehr in der Nähe eines Motoriums
oder Sensoriums gelegen ist oder mehr in den einzelnen Abschnitten
des großen zentralen Apparates liegt, indem so jeweils verschiedene
Momente der Gesamtleistung besonders geschädigt werden. Bei Lage
des Herdes in der Nähe eines Sensoriums oder Motoriums verarmt die
Leistung an diesen entsprechenden Momenten. Bei Schädigung des
zentralen Apparates kommt es zu einem Abbau der Gesamtleistung,
der sich in einer Schädigung der verschiedensten sensorischen und
motorischen Leistungen kundtut. Immer spielt bei der Auswahl der

erhaltenen und geschädigten Leistungen das Moment der verschiedenen psycho-physiologischen Wertigkeit der einzelnen Leistungen eine sehr wesentliche Rolle. Die Symptome sind überhaupt nur bei Berücksichtigung dieses Momentes zu verstehen. Bei dieser Auffassung, die sich, wie gesagt, völlig auf einer Analyse der Symptome aufbaut, behalten die bekannten lokaldiagnostisch wichtigen groben Tatsachen ihre volle Bedeutung, ohne daß wir umschriebene Zentren für einzelne Leistungen und überhaupt eine isolierte Funktion umschriebener Gebiete anzunehmen brauchen.[1]

Bei dieser Auffassung bleibt noch ein Problem und vielleicht das für die ganze Frage der Funktion der Großhirnrinde wichtigste unberührt, das *Problem der festen Gebundenheit der einzelnen Leistung an eine bestimmte Struktur,* so etwa der Gebundenheit des normalen Sehfeldes an die beiderseitige Calcarina, der Gebundenheit der Lage jedes einzelnen Raumpunktes im Sehfelde an die Erregung einer bestimmten Netzhaut- und Calcarinastelle, oder der Gebundenheit einer mit einem Glied erlernten Bewegung, wie etwa des Schreibens, an eine bestimmte Stelle des Motoriums und ähnliches. Die hier vertretene Auffassung ließe sich eventuell noch mit der Annahme fester Strukturen für derartige Leistungen vereinigen, die vom übergeordneten zentralen Apparat in Tätigkeit gesetzt würden. Eine vertieftere Symptomenlehre erweist aber auch diese Annahme als unhaltbar. Gewiß ist es keine Frage, daß eine anatomische Verbindung zwischen jeder Netzhautstelle und einer bestimmten Calcarinastelle besteht. Damit ist aber über die Funktion der Calcarina beim wirklichen Sehen im Leben, d. h. wenn wir ein räumlich ausgedehntes Sehfeld mit ganz bestimmter Anordnung und Lage der Einzeldinge in ihm vor uns haben, nichts gesagt. Dieses Problem bleibt unberührt, auch wenn wir mit v. Monakow neben dem optischen Hauptfeld noch Nebenfelder annehmen. Die Annahme weiterer, extracalcarinärer Bezirke für die Sehleistungen würde nur besagen, daß das in Betracht kommende Substrat ausgedehnter ist, als man bisher annahm, und daß die Beziehung zwischen Peripherie und Rinde komplizierter ist. Die Symptomenbetrachtung lehrt aber, daß wohl der Befund beim Perimetrieren, nicht aber das Haben eines so gestalteten Sehfeldes an die Intaktheit beider Calcarinen gebunden ist, daß hierzu *eine genügt,* die wahrscheinlich auch nicht einmal völlig intakt zu sein braucht. Dieselben Kranken, die bei

---

[1] Vgl. hierzu: "Die Topik der Großhirnrinde in ihrer klinischen Bedeutung", *Dtsch. Zeitschr. f. Nervenheilk.* 77, 8 ff.

der Perimeterprüfung eine völlige Hemianopsie, eventuell noch eine
Einschränkung der erhaltenen Hälften aufweisen, haben – das haben
eingehende Untersuchungen von Fuchs [2] aus meinem Institut, die wir
inzwischen wiederholt bestätigen konnten, klar erwiesen – dieselben
Kranken haben im Leben und auch unter entsprechenden lebensnäheren Versuchsanordnungen ein wohlgestaltetes ganzes, wenn auch
verkleinertes Sehfeld mit einer Stelle des deutlichsten Sehens im Mittelpunkt, wie es dem normalen Sehfeld entspricht. Es hat sich gezeigt,
daß sogar die Sehschärfe der Macula unter diesen Umständen schlechter sein kann als die einer peripher gelegenen Stelle, die jetzt die
funktionelle Macula darstellt. Von der Anschauung aus, daß der
Raumwert und die Sehschärfe jeder Netzhautstelle an die Funktion
einer ganz bestimmten Stelle der Calcarina gebunden ist, ist diese Tatsache nicht zu erklären. Man könnte die alte Anschauung nur zu retten
versuchen, indem man die Sehschärfe, die Raumwerte als Leistung
eines höheren Gebietes betrachtet und eine veränderte Beziehung der
erhaltenen Calcarina diesem höheren Zentrum gegenüber im Sinne
einer veränderten Schaltung annimmt. Dagegen dürfte aber die Tatsache sprechen, daß sich die veränderten Verhältnisse anscheinend
recht rasch, jedenfalls ohne Übung, ja ohne Wissen von seiten der Patienten ausbilden.

Und wie wäre es mit der Annahme verschiedener Schaltung zu verstehen, wenn, wie Untersuchungen von Jaensch,[3] Gelb [4] lehren, der
Raumwert, die Sehschärfe jeder Stelle schon normalerweise unter
verschiedenen Umständen wechseln können? Wird nicht mit der Möglichkeit so vieler verschiedener Schaltungen, die an sich alle prinzipiell
gleichartig sind, die Annahme irgendeiner fixen Struktur unmöglich,
jedenfalls überflüssig?

Gerade die Lehre vom Gesichtsfeld zeigt besonders deutlich, wie verhängnisvoll die übliche Auffassung von der Gebundenheit bestimmter
Leistungen an eine bestimmte Struktur für den Fortschritt unseres Wissens werden kann, ja muß. Diese Auffassung führte dazu, daß man sich
mit der Untersuchung am Perimeter glaubte begnügen zu können und eine
Vertiefung unserer Kenntnisse von der Funktion des zentralen Sehappa-

---

[2] Fuchs, "Untersuchungen über das Sehen der Hemianopiker", *Psychol.
Analys.* Herausg. v. Gelb u. Goldstein. I. Leipzig: Barth 1920, S. 251 u. 419
und *Psychol. Forsch.* 1, 157. 1921.
[3] Jaensch, Zur Analyse der Gesichtswahrnehmungen. *Zeitschr. f. Psychol. u.
Physiol. d. Sinnesorg.,* Ergzbd. 4.
[4] A. Gelb, "Grundfragen der Wahrnehmungspsychologie", *Ber. über d.
VII. Kongreß f. experim. Psychol.* Marburg 1921. Fischer-Jena 1922.

rates wesentlich von einer Verfeinerung der Methodik zur Prüfung einzelner Stellen der Netzhaut erwartete. Man vernachlässigte dabei fast völlig die Untersuchung der Sehleistungen der Hemianoptiker unter anderen
Bedingungen, die uns eigentlich überhaupt erst einen Einblick in das
wirkliche Sehen solcher Kranker und damit die Funktion des Gehirnes
gibt. Erst die letzten Jahre haben hier Wandlung geschaffen und haben
durch die Aufdeckung ganz neuer Symptome bei den gleichen Kranken
ein besonders gutes Beispiel dafür geliefert, daß das für eine bestimmte
Hirnschädigung charakteristische Symptomenbild absolut durch die Art
unserer Untersuchung bestimmt wird.

Die isolierende Betrachtung der Lähmungen hat zu der Annahme
einer ganz bestimmten Anordnung der Zentren für die einzelnen Muskeln in der Rinde, den subcorticalen Apparaten und zur Annahme
ganz bestimmter Beziehungen zwischen ihnen und der Peripherie geführt. Wir wissen aus den Erfahrungen bei Transplantationen, daß
diese Beziehung völlig verändert werden kann und daß die Funktion
doch noch zustande kommen kann. Vielleicht könnte man zur Erklärung dieser Tatsache auch an ein Neulernen denken, wobei allerdings
nicht zu verstehen wäre, wie etwa die Erregung vom alten corticalen
Facialiszentrum auf das bulbäre Hypoglossuszentrum übergehen soll,
wenn nicht von vornherein eine Verbindung zwischen beiden Gebieten,
d. h. *nicht nur eine bestimmte,* eben die die Facialisinnervation be-
dingende, Verbindung vorhanden wäre.

Wie steht es aber erst in solchen Fällen, in denen von Neulernen
gar keine Rede sein kann, sondern eine bestimmte Bewegung sofort
mit anderen Muskeln, als je vorher dafür benützt wurden, ausgeführt
werden kann, so wenn wir zum erstenmal versuchen, etwa mit dem
Fuß zu schreiben oder gar mit pronierter statt mit supinierter Hand?
Diese Bewegung gelingt schon beim ersten Male absolut prompt, und
dasselbe ist bei ihrer Ausführung in jeder anderen Stellung zu konstatieren, sofern nur die notwendigen Bewegungen rein mechanisch möglich sind. Wie sind diese Tatsachen verständlich, wenn man jedem gelernten Vorgang einen ganz bestimmten Apparat zuschreibt? Man
glaubte, dieser Schwierigkeit dadurch begegnen zu können, daß man
den Apparat, in dem die Übung stattfindet, in ein Gebiet oberhalb des
Motoriums verlegte und annahm, daß von da aus die Erregung auf
die entsprechenden verschiedenen motorischen Gebiete dirigiert
würde. Wie soll man sich aber diese eigentümliche Fähigkeit der Umschaltung der Erregung auf ein Gebiet, das niemals in diesem Zusammenhang mitgearbeitet hat, vorstellen und schließlich auch die außer-

ordentliche Geschicklichkeit des Motoriums zur Ausführung von Leistungen, die es nie ausgeführt, sicher jedenfalls nie geübt hat? Und wenn die geübte Bewegung rein funktionell sich doch eigentlich in nichts von den anderen unterscheidet, sie nicht "normaler" ist als die anderen, nur der Ausführung in der gewohnten Situation entspricht und uns daher als die "normale" imponiert, warum sollen wir nicht annehmen, daß dieser gewohnten Bewegung nicht nur *eine* Schaltung unter vielen, ja beliebigen entspricht, und verliert mit der Annahme so beliebiger Schaltungsmöglichkeiten die Annahme eines besonderen fixen Apparates für die gelernte Leistung nicht überhaupt ihre Berechtigung?

Ich will mich hier, wie bei dem entsprechenden Ergebnis, bei der Erörterung über das Gesichtsfeld mit dieser negativen Bestimmung begnügen und die Erklärung auf später verschieben. Ich möchte hier nur noch hervorheben, daß sich ganz entsprechende Verhältnisse bei der genauen Analyse der verschiedenartigsten anderen bei Rindenläsion auftretenden Störungen ergeben, daß wir es hier also mit einer ganz allgemeinen Erscheinung zu tun haben.

Soweit es sich um die Hirnrinde handelt, ist die Annahme umschriebener Gebiete mit umschriebenen Funktionen heute beinahe so allgemein aufgegeben, daß auch die hier vertretene Auffassung kaum mehr auf sehr heftigen Widerstand stoßen dürfte. Für eine biologische Betrachtung ist aber damit die Kritik an den herrschenden Anschauungen über die Funktion des Nervensystems keineswegs erschöpft, auch die scharfe Trennung zwischen Rinde und übrigem Nervensystem ist ja nur ein Ergebnis einer ganz bestimmten theoretischen Grundeinstellung, die sich wieder auf eine Bevorzugung einzelner bei bestimmter Untersuchung festgestellter Symptome stützt. Die ältere Auffassung glaubte die Funktion der Hirnrinde besser zu verstehen, indem sie dieselbe auf das Schema des Reflexvorganges zurückzuführen suchte, das, wenn wir von den Reflexvorgängen an niederen Tieren absehen, von der Symptomatologie der Rückenmarkschädigungen an Tier und Mensch hergeleitet ist. Mußten wir das Reflexschema bei der Auffassung der Vorgänge im Großhirn aufgeben, so wird uns auch die Reflexnatur der subcorticalen Vorgänge zum Problem, und es erhebt sich die Frage, ob nicht auch diese Annahme durch eine Symptomatologie bedingt ist, die sich auf Grund der Untersuchung unter ganz bestimmten theoretischen Gesichtspunkten ergeben mußte. Basiert nicht vielleicht auch hier die Annahme umschriebener isolierter Apparate auf ähnlichen Voraussetzungen wie bei der entsprechenden Annahme über die Funktion der Großhirnrinde? Tatsächlich erheben sich bei einer Berücksichtigung einer verfeinerten Symptomatologie, vor allem einer gleichen Berücksichtigung *aller* unter verschiedenen Situationen zu beobachtenden Erscheinungen gegenüber der üblichen Auffassung sofort schwerwiegende und ganz ähnliche Bedenken, wie wir sie bei Besprechung der Großhirnfunktion kennengelernt haben.

Der "normale" Patellarreflex erweist sich als die beim gesunden, unversehrten Organismus in ganz bestimmter Situation des Gesamtorganismus bei isolierter Reizung einer umschriebenen Stelle auftretende Erscheinung, wobei noch irgendwelche andere gleichzeitig erfolgende Wirkungen entweder nicht beachtet oder künstlich verhindert werden. So lange man nur den abgeschwächten Reflex bei Erkrankung des sogen. Reflexbogens und den gesteigerten bei Pyramidenbahnläsion oder Läsion der Rinde im Auge hat, kann man wohl von normalem und abnormem Reflex sprechen, indem man die beim Gesunden auftretende Wirkung als den normalen und die beim Kranken auftretende als den abnormen Reflex bezeichnet. Wie aber, wenn sich ähnliche Differenzen in der Stärke des Reflexes auch beim Gesunden unter verschiedenen Situationen feststellen lassen und wenn auch ohne alle pathologischen Veränderungen am Nervensystem durch Variationen der peripheren Situation, etwa der Lage des Gliedes, durch Ausführung verschiedener anderer gleichzeitiger Leistungen oder durch verschiedene "Aufmerksamkeitshinlenkung" auf den Reflexvorgang der Reflex in ganz ähnlicher Weise verändert werden kann? Wir sagen, wir hemmen den normalen Reflex durch die Aufmerksamkeitshinwendung. Aber nur bei einer ganz bestimmten Art der Aufmerksamkeitshinwendung wird der Reflex schwächer. Wie Hoffmann und Kretschmer gezeigt haben, kann er so auch verstärkt werden.

Woher nehmen wir nun bei so verschiedenem Reflexablauf unter verschiedenen Bedingungen und bei dem immer gleichen unter einer bestimmten Bedingung das Recht, den unter der einen Bedingung auftretenden als den normalen, den anderen als einen gehemmten oder geförderten zu bezeichnen, ja sogar den unter ganz besonders künstlichen Bedingungen festgestellten Reflex als den normalen? Das ist nur zu verstehen, wenn wir uns klar sind, daß wir vom normalen Reflex von einer ganz bestimmten theoretischen Auffassung aus sprechen, indem wir die Leistung des isolierten Teiles des Nervensystems – um eine solche handelt es sich beim sog. normalen Patellarreflex – als die normale betrachten. Um nun die normale Natur dieses Reflexes zu retten, müssen weitere übergeordnete Zentren angenommen werden, von denen aus er reguliert, gehemmt, gefördert wird. Ist es je nachgewiesen worden, daß es solche Zentren gibt? Nachgewiesen ist immer nur eine Verschiedenheit der Leistung bei verschiedenem Zustand des Nervensystems, wobei gar nicht zu sagen ist, welche von zwei Leistungen die normale und welche die gehemmte ist. Wäre es so nicht auch viel richtiger, einfach von zwei verschiedenen Leistungen unter verschiedenen Bedingungen zu sprechen und zu versuchen, die verschiedenen Leistungen durch die jeweiligen Bedingungen zu verstehen als das ganze Problem durch solche Worte zu verdecken und uns so von vornherein die Möglichkeit zu nehmen, aus der Verschiedenheit der Symptome ein wirkliches Verständnis für die Funktion des Nervensystems zu gewinnen?

Ein weiteres Beispiel für einen ähnlichen Sachverhalt: Wir haben durch Magnus die sog. Halsreflexe kennengelernt, deren Wirkung eine feste Bindung bestimmter Kopfstellungen mit bestimmten Gliederstellungen bedingt. Diesen Bindungen sollen festgefügte Reflexe entsprechen. Wir finden diese Beziehungen bei Kranken gelegentlich sehr ausgesprochen. Dreht man bei solchen Kranken den Kopf, so tritt eine ganz bestimmte Gliederstellung ein. Beobachtet man nun solche Kranke im Leben, so sieht man sofort, daß unter anderen Umständen auch ganz andere Beziehungen zwischen Kopf und Gliedern mit der gleichen Promptheit wie dieser Reflex in Erscheinung treten. Es bliebe also wieder nichts anderes übrig als anzunehmen, daß dieser pathologisch verstärkte Reflex durch eine andere Erregung, vom Großhirn her, gehemmt würde. Wieder scheint mir die Promptheit, mit der die veränderte Leistung eintritt, gegen eine solche Annahme zu sprechen, wie auch die Tatsache, daß im Normalen keineswegs diese Reflexstellung irgendwie wesentlich bevorzugt ist, so daß man die anderen Beziehungen als Ausnahmen, die durch besondere weitere Einflüsse bedingt wären, auffassen müßte. Es sind vielmehr verschiedene Beziehungen, die verschiedenen Gesamtsituationen des ganzen Organismus entsprechen. Unter diesen mag die eine eine besonders häufige, bevorzugte sein, weil die eine Situation eine bevorgzugte ist; mehr aber auch nicht. Und es wäre eine wohl richtigere, jedenfalls eine völlig ausreichende Beschreibung des Tatbestandes, wenn man sagte, beim Kranken kommt bei diesem isolierenden Verfahren der Prüfung der passiven Kopfdrehung diese eine Beziehung zum Ausdruck, weil man die Gesamtsituation so gestaltet, daß diese Beziehung bevorzugt ist. Tatsächlich ergaben weitere Versuche, daß man die Beziehung sofort auch beim Kranken verändern kann, wenn man die Gesamtsituation verändert, indem man den übrigen Körper experimentell in verschiedene andere Situationen bringt, etwa indem man noch andere Reize an anderen Stellen einwirken läßt, wie ich es an vielfachen Beispielen zeigen konnte.

Noch deutlicher wird die hier hervorgehobene Sachlage bei der Betrachtung der üblichen Erklärung der sog. *Reflexumkehr* durch die Annahme einer anderen "Schaltung". Beim Rückenmarkshund bekommt man bei Reizung der Sehne des einen Beines einen Reflex auf der gekreuzten Seite und zwar bei der üblichen Prüfung mit gebeugtem Bein den sog. normalen Reflex, der in einer Streckung des gekreuzten Beines besteht. Streckt man das gekreuzte Bein passiv, so tritt eine Beugung des Beines ein, die Reflexumkehr. Oder: der Rückenmarkshund kratzt beim sog. Kratzreflex mit der dem Reiz gleichseitigen Pfote; abduziert und streckt man diese, so kratzt er mit einem anderen, und zwar immer mit dem zur Reaktion geeignetsten Beine. Der Reflex hat sich umgekehrt. Man sagt: beim normalen gekreuzten Reflex verläuft die Erregung auf dem zu den Streckern gehenden fixen Reflexbogen, bei der Reflexumkehr wird die Erregung auf die Zentren der Beuger umgeschaltet. Ähnlich wird der Reiz beim umgekehrten Kratzreflex, anstatt in den normalen Reflexbogen zu gehen auf die Beuger der anderen Seite umgeschaltet. Ganz ähnlich wie die Veränderungen der Lage des einzelnen Gliedes sollen Lageveränderungen des ganzen Tieres, Berührungsreize an bestimmten Stellen u. a. zu veränderten Schaltungen führen (vgl. hierzu bes. die Ausführungen von Magnus, *Körperstellung*, S. 24ff.).

Schließlich noch ein besonders instruktives Beispiel aus der Symptomatologie striärer Erkrankungen: Ein Kranker mit postencephalitischem Parkinsonismus hat eine so schwere Rigidität und Akinese, daß er bei der Aufforderung, dem Arzte die Hand zu geben, diese nur ganz langsam und unter sichtlich großer Anstrengung zu heben vermag. wobei der ganze übrige Körper steif und ausdruckslos bleibt. Derselbe Kranke fängt prompt einen ihm zugeworfenen Ball, wirft ihn wieder zurück und vermag dieses Spiel mit nicht besonders verlangsamten und geschickt abgepaßten Bewegungen des Armes nicht nur, sondern auch mit völlig entsprechenden Bewegungen des ganzen Körpers fortzusetzen. Ist die Promptheit der veränderten Leistung unter anderer

Gesamtsituation wirklich durch ein Wort wie Überwindung der striären Widerstände durch die corticale Erregung erklärt?

Es ließen sich aus der Physiologie und Pathologie der Tiere und des Menschen noch eine Fülle ähnlicher Vorgänge anführen, die die Abhängigkeit der nicht corticalen Leistungen von den jeweiligen wechselnden Umständen und nicht allein von dem den Reflex auslösenden Reiz dartun. Und immer wieder würden wir sehen, daß eigentlich die *Annahme, daß eine bestimmte Leistung die normale ist und auf einem fixen Apparat abläuft, nur dadurch zusammenkommt, daß ein durch eine Versuchsanordnung oder durch ein durch im Organismus gelegene Momente bevorzugte Situation zustande gekommener Effekt in unseren Vorstellungen eine solche Überwertung erlangt hat, daß man ihn als den Reflex betrachten zu können glaubte*; eine vertieftere Symptomenbetrachtung lehrt uns aber immer wieder das Unberechtigte dieses Vorgehens und muß uns veranlassen, nicht diese mehr zufällig hervortretenden einzelnen Symptome in den Mittelpunkt der Theorie von der Funktion des Nervensystems zu stellen, sondern vielmehr die Tatsache, daß *in verschiedenen Situationen verschiedene Leistungen* und *in einer bestimmten Situation eine bestimmte erfolgt.*

Bisher sind diese Abweichungen vom "typischen" Bilde, das heißt alle die, die nicht zu der üblichen Grundanschauung passen, gewöhnlich entweder als Kuriosa beiseite gelassen oder als "funktionelle", hysterische Erscheinungen betrachtet worden. Man übersieht bei der Annahme "funktioneller" Erscheinungen gewöhnlich, daß damit die Erscheinungen keineswegs erklärt werden, daß das Problem nur verschoben wird, indem wir jetzt vor der Aufgabe stehen, diese funktionellen Erscheinungen, die ja doch auch irgendeine physiologische Grundlage haben müssen, zu verstehen. Wir wollen aber auf diese Frage hier [5] nicht eingehen. Wir wollen nur noch betonen, daß gerade diese abweichenden Symptome es sind, die uns von ganz besonderer Bedeutung für den Fortschritt im allgemeinen, so auch für den in unserer Erkenntnis vom Bau und der Funktion des Nervensystems zu sein scheinen, indem sie uns zu einer immer neuen Revision unserer Vorstellungen zwingen. Nur wer immer wieder zur Aufgabe auch der scheinbar sichersten Grundlagen bereit ist, dient wahrhaft dem Fortschritt der Wissenschaft.

Diese abweichenden Symptome sind es vor allem, die uns zu einer

[5] *Cf.* hierzu meine Ausführungen, *Monatsschr. f. Psychiatrie u. Neurol.* 57, 191. 1924.

völligen Umgestaltung unserer Anschauungen von Grund auf zwingen, nachdem sich die vielfachen Ergänzungen der ursprünglichen Konstruktion und all der verschiedenen Hilfshypothesen als so unbefriedigend und schließlich doch unfruchtbar erwiesen haben.

Eine solche Umgestaltung scheint mir gerade auf Grund der vertieften Symptomenlehre schon jetzt möglich, und ich möchte mir erlauben, sie Ihnen kurz darzulegen.

Die neue Auffassung der Funktion des Nervensystems muß natürlich mit den bekannten *anatomischen Tatsachen vereinbar* sein. Allerdings erhebt sich auch hier die Frage, welches sind denn diese Tatsachen? So einfach, wie es nach den üblichen Darstellungen, die als Grundlage für klinisch-neurologische Überlegungen gegeben werden, zu sein scheint, liegen die Verhältnisse gewiß nicht. Daß die Neuronenlehre, die ja einen so schönen anatomischen Boden für den funktionellen Reflexablauf gibt, nicht Tatsache ist, wenn wir die Fibrillen als den leitenden Bestandteil des Nervensystems betrachten, bedarf heute keines Beweises mehr. Aber auch bei Zugrundelegung der Fibrillenstruktur ist noch keineswegs etwas Eindeutiges über die Beziehungen der Teile zueinander ausgemacht. Ich erinnere an den keineswegs geschlichteten Streit über die Frage, ob die Ausläufer der Zellen nur miteinander in Kontakt treten oder eine direkte Kontinuität besteht. Es kommt eben ganz auf die Methode an, mit der wir untersuchen, wie uns das Nervensystem anatomisch entgegentritt. Wir sind auch hier auf die Verwertung von Symptomen angewiesen, die abhängig sind von unseren Fragen, d.h. eben der angewandten Methode. Und wissen wir denn, wie weit alle nachgewiesenen Strukturen überhaupt nicht Kunstprodukte sind? Selbst für die Fibrillen ist die Existenz im Leben in der Weise, wie sie die Bilder darstellen, angezweifelt worden (L. Auerbach). Für eine solche Betrachtung kann es aber überhaupt zweifelhaft sein, ob die anatomisch nachgewiesenen Strukturen für die Funktion des Nervensystems wirklich wesentlich sind. Man kann gewiß fragen: ist denn die Funktion des Nervensystems wirklich überhaupt ausschließlich an die sog. "nervösen" Elemente gebunden? Man könnte eigentlich schon heute sagen, diese fast allgemein angenommene Anschauung ist in dieser Ausschließlichkeit wohl sicher nicht richtig. Welche Bedeutung mag die Glia, mögen die verschiedenen anderen dargestellten Structuren dabei haben, wobei wir auch berücksichtigen müssen, daß auch deren Struktur doch ganz von der angewandten Methode abhängig ist; und welche die nicht als Struktur bisher darstellbaren flüssigen Bestandteile? Rieger [6] hat im Prinzip gewiß recht, wenn er vor einer Überschätzung des "Solidum", wie er es nennt, gegenüber dem "Liquidum" warnt bei dem Suchen nach den funktionellen Erscheinungen äquivalenten Vorgängen im Gehirn. So lange all diese Fragen eigentlich so gut wie völlig unbeantwortbar sind, müssen doch auch alle Theorien von der Funktion des Nervensystems, die sich auf den sog. anatomischen Tatsachen aufbauen, höchst problematischen Charakter aufweisen. Die Anatomie kann jedenfalls nicht den Anspruch machen, eine absolut sichere Grundlage für die Theorie von der Funktion abzugeben. Immerhin sollte die Theorie von der Funktion des Nervensystems versuchen, den augenblicklich bekannten anatomischen Tatsachen im ganzen gerecht zu werden. Wir werden sehen, daß die hier vertretene Theorie mit den herrschenden anatomischen Anschauungen sehr wohl vereinbar ist. Ist die Theorie richtig, gibt sie ein wirkliches Abbild vom Leben im Nervensystem, so wird sie ihrerseits sogar beitragen können zu der Entscheidung, welche durch die verschiedenen Methoden dargestellten Strukturen die "wirklichen", d. h. die am besten geeigneten sind, eine materielle Grundlage für den Ablauf der Funktionen abzugeben. Uns erscheint, wie wir sehen werden, unter solchem Gesichtspunkt die Auffassung, die die Fibrillenlehre gibt, vorläufig die adäquateste zu sein. Dabei ist noch zu beachten, daß damit noch keineswegs gesagt zu sein braucht, daß der Erregungslauf sich in oder auf dem Wege der Fasern abspielt, sondern daß den Fasern möglicherweise nur die Bedeutung zukommt, die Verbindung einzelner Abschnitte des Nervensystems zu funktionell-einheitlich tätigen Apparaten zu erleichtern, wie ich schon an anderer Stelle einmal ausgeführt habe.[7]

In bezug auf die Funktion muß die Theorie zunächst einigen ganz allgemeinen Erscheinungen, die uns bei den Leistungen des Organismus immer wieder begegnen, gerecht werden:

1. der Tatsache, daß ein *Reiz im ganzen Nervensystem eine gleichartige Wirkung* ausüben kann. Als Symptome sind hier zu nennen: die gleichartige Rhythmisierung des ganzen Körpers durch einen an einer Stelle ansetzenden Reiz, die Schwierigkeit, zwei Glieder in verschiedenen Rhythmen zu bewegen, die gleichartige Einstellung des ganzen

---

[6] Rieger, "Wie geht es in dem Hirn zu?" *Zeitschr. f. d. ges. Neurol. u. Psychiatrie* 94, 392. 1925.

[7] Vgl. Goldstein, "Die Topik der Großhirnrinde", *Dtsch. Zeitschr. f. Nervenheilk.* 77, 21.

Körpers bei Reizeinwirkung an irgendeiner Stelle, die sog. Einheit und Enge des Bewußtseins u.a. Von pathologischen Tatsachen ist hier zu erinnern etwa an die Beeinflussung von Halluzinationen in einem Sinnesgebiet durch Sinnesreize auf einem anderen Gebiet; an die gleichsinnige Beeinflussung bei den induzierten Tonusveränderungen bei Cerebellarkranken u. a. Warum diese gleichartige Wirkung gewöhnlich nicht so deutlich ist, sondern nur unter besonderen Bedingungen in Erscheinung tritt, dazu vgl. S. 129ff.

2. Die zweite zu erklärende Tatsache ist darin gegeben, daß eben in Wirklichkeit nicht jeder Reiz am ganzen Organismus seine Wirkung auszuüben scheint, sondern die *gewöhnliche Reizwirkung* im Gegenteil *eine ganz lokalisierte ist* oder zu sein scheint.

3. Die dritte Tatsache ist die, mit der wir uns vorher so viel beschäftigt haben, daß auf den *gleichen Reiz je nach der Situation, in der sich das Nervensystem resp. der Organismus befindet, mit der gleichen Promptheit die verschiedensten immer "zweckmäßigen" Leistungen erfolgen* und *jeweils bei gleicher Situation die gleiche Leistung.*

Diesen allgemeinsten Forderungen, die die Symptomenlehre an die Theorie von der Funktion des Nervensystems stellt, kann eine Vorstellung gerecht werden, die, von der Fibrillenstruktur ausgehend, das Nervensystem als ein Netz betrachtet, in das an verschiedenen Stellen Ganglienzellen eingeschaltet sind und das durch die Sinnesapparate und die beweglichen Körperteile mit der Außenwelt in Beziehung steht. Dieses Netzwerk stellt einen einheitlichen Apparat dar, ein System, in dem jeder Reiz eine Veränderung des ganzen erzeugt. Diese Veränderung findet ihren inneren Ausdruck in den Bewußtseinsvorgängen, ihren äußeren in den Bewegungen der Erfolgsorgane.

Bei dieser Grundauffassung ließe sich die gleichartige Wirkung eines Reizes im ganzen System ohne weiteres verstehen. Wie ist aber zu erklären, daß diese Gleichartigkeit so selten in Erscheinung tritt, woher kommt weiter die Bevorzugung der lokalisierten Reaktion und die Verschiedenartigkeit der Wirkungen unter verschiedenen Umständen? Die vertiefte Symptomenbetrachtung gibt uns auch hierfür ein Verständnis. Sie läßt uns eine Reihe von Gesetzmäßigkeiten erkennen, die wir als Ursache der Verschiedenartigkeit der Erregungsverteilung in diesem einheitlichen System unter verschiedenen Umständen betrachten können.

1. Wir dürfen annehmen, daß in einem großen physikalischen System eine an einer Stelle ansetzende Veränderung *nicht überall*

gleichzeitig sich geltend macht, sondern *in der Nähe* des Ansatzes *eher*
und stärker als in den ferneren Bezirken. Wir wissen aus experimentellen Erfahrungen an niederen Tieren, daß dies auch für die biologischen Systeme gilt, daß die Intensität der Erregung in einem Nerven-
netz mit der Entfernung von der Reizansatzstelle abnimmt, daß der
Erregungsvorgang in einem solchen Netz ein "Dekrement" hat. Ganz
besonders wirkt auch die Einschaltung von Ganglienzellen in diesem
Sinne, indem sie an bestimmten Stellen das Netzwerk besonders dicht
werden läßt; auch das wissen wir aus Experimenten an niederen Tieren. Die Ganglienzelle verzögert – durch Vergrößerung des Systems
an *dieser Stelle* – zunächst den Ausgleich zwischen der Erregung an
der Stelle des Reizansatzes und der im ganzen System – so kommt es
zu der starken Erregung im "Naheteil" und zu dem lokalen Effekt.
Dadurch, daß ein Teil der Erregungszunahme aber doch sich im Netz
der Ganglienzelle auswirkt, ist die Reizwirkung bei Vorhandensein
von Ganglienzellen geringer als ohne dieselbe, *resp.* bei Vorhandensein
aller zum System oder einem Systemteil gehöriger Ganglienzellen geringer als bei Ausschaltung eines Teiles derselben. Schließlich ist der
normale, allmählich erfolgende Erregungsausgleich an die normale
Beschaffenheit des Systems, im besonderen auch seiner Ganglienzellen
gebunden.

Die Dekrementwirkung, die *Nahewirkung* wird aber *nicht nur bestimmt durch die rein räumliche Nähe* eines Teils des Nervensystems,
etwa eines bestimmten Erfolgsorganes zum Orte des Reizansatzes,
sondern auch durch die mehr oder weniger *große Adäquatheit des
Reizes für die verschiedenen Teile des Nervensystems.* Die verschiedenen Teile des Nervensystems sind durch die angeborene Organisation des betr. Organismus sowie durch die erworbenen Abstimmungen
(Gedächtnis) den verschiedenen Reizen verschieden angepaßt. Einem
bestimmten Reiz angepaßte Teile erfahren durch diesen eine stärkere
Veränderung als weniger angepaßte Teile. In ersteren kann es so durch
einen Reiz schon zu einer solchen Veränderung kommen, daß eine
nachweisbare Wirkung eintritt, – wir wollen hier von *funktioneller
Nahewirkung* gegenüber der räumlichen sprechen – während der
gleiche Reiz in einem inadäquaten Teil noch nicht zur Wirkung führt,
"unterschwellig" ist. Funktionell gleichartige Teile haben eine bestimmte gleichartige Struktur, die die Wirkung bestimmter adäquater
Reize begünstigt. Hier zeigt sich die Bedeutung der anatomisch nach-

weisbaren Strukturen für die besonders häufigen, dem Organismus besonders adäquaten Leistungen.[8]

Die Symptombetrachtung lehrt immer wieder, daß bestimmten rezeptorischen Abschnitten des Organismus bestimmte effektorische – wohl in Form örtlicher und funktioneller Nahewirkung – als Erfolgsorgane zugeordnet sind und daß die Naheveränderung dem mit dem Reizansatz in Nahebeziehung stehenden Erfolgsorgan zugerichtet ist. Diese *Nahewirkung findet ihren Ausdruck in den immer wieder zu beobachtenden lokalen Reaktionen auf lokal ansetzende Reize.* Der gewissermaßen reizbildende Vorgang der Nahewirkung ist ein sehr wesentlicher Grund dafür, daß nicht jeder Reiz unter allen Umständen sich überall in gleicher Weise wirksam zeigt. Außerdem kommt dafür natürlich die verschiedene funktionelle Differenzierung der einzelnen Teile des Systems und der zur Zeit der lokalen Reizeinwirkung in den einzelnen herrschende verschiedene Erregungszustand in Betracht, so daß eine gleiche Erregungszunahme in den verschiedenen Teilen zu sehr verschiedenen Erregungshöhen und also ganz verschiedenen funktionellen Wirkungen führen wird. Die Veränderung, die ein Reiz im ganzen System erzeugt, ist so besonders von der "Gesamtaufgabe", unter der das System gerade steht, abhängig. Wohl als die primitivste Gesamtaufgabe kann man die Erhaltung des Gleichgewichtes im ganzen System trotz der Erregungsänderung an einer Stelle betrachten. Diese Erhaltung des Gleichgewichtes im ganzen System erfordert ein ganz bestimmtes Verhalten des übrigen Systemes bei Eintreten einer lokalen Veränderung durch einen Reiz, die wir uns – wiederum auf Grund der Analyse der Symptome – folgendermaßen denken können:

Jede Bewegung eines Körperteiles ist begleitet von einer bestimmten Veränderung der Lage, der Stellung des übrigen Körpers, die erst die exakte Ausführung der durch den Reiz bestimmten Bewegung ermöglicht. Beim Hervortreten einer bestimmten Stelle unseres Wahrnehmungsfeldes auf einen Reiz hin verändert sich gleichzeitig, die aktuelle Wahrnehmung stützend, das ganze Wahrnehmungsfeld. Wir dürfen aus solchen Tatsachen, die sich ja beliebig vermehren ließen, schließen, daß *gleichzeitig mit jeder Naheveränderung eine ihr angepaßte Veränderung im ganzen System* einhergeht, durch die das

---

[8] Wie diese Strukturen entstehen, kann hier nicht auseinandergesetzt werden. Die Ursache ihrer Entstehung dürfte in der häufigen Wiederkehr gleichartiger Reizbedingungen gelegen sein. (Vgl. hierzu meine Ausführungen, *Topik*, S. 21, u. *Schweiz. Arch. f. Neurol. u. Psychiatrie* 13, 294.)

Gleichgewicht im ganzen System während des Nahevorganges gewährleistet wird. Dieser Vorgang im übrigen System stellt gewissermaßen
den *Hintergrund* dar, auf dem sich der *Vordergrundsvorgang im
Naheteil* abspielt. Dieser *Vordergrund-Hintergrundsvorgang ist ein
Grundphänomen aller Leistungen des Organismus,* von den primitivsten bis zu den höchsten. Er zeigt sich ebenso bei der automatischen
Einstellung eines Sinnesorganes auf einen Reiz, wie bei den höchsten
intellektuellen Leistungen. Im normalen Organismus wird dieses Verhältnis von Vordergrund- und Hintergrundsvorgang bestimmt durch
die funktionelle Bedeutung eines lokalen Vorgangs für den Gesamtorganismus.

Durch diese funktionelle Bedeutung, die ein Einzelvorgang für den
Gesamtorganismus hat, gewinnen bestimmte Vorgänge einen (wenigstens einigermaßen) konstanten Vordergrundcharakter. Solange wir
einen optisch wahrgenommenen Gegenstand eingeordnet in unserem
Gesamterlebnis erfassen, ist er – in einer bestimmten Gesamtsituation
– Vordergrund, "Figur". Er wird nie zum Hintergrund. Je mehr sich
aber ein Vorgang verselbständigt, von dem Gesamterlebnis isoliert, um
so weniger fest wird sein Figurcharakter. Wenn wir z. B. ein Bild betrachten, das so gestaltet ist, daß man sowohl einen, wie auch einen
anderen Teil als Figur "herausheben" kann (wobei dann immer der
jeweils nicht herausgehobene Teil Hintergrund wird), so können wir,
solange wir auf das Bild rein optisch eingestellt sind, einen dauernden
Wechsel zwischen den beiden Figuren erleben. Keine der beiden Figuren hat einen absoluten Vorzug, ist, (wenigstens wesentlich) stabiler
als die andere. So wechseln z. B. in einem bekannten, zu diesem Versuch besonders geeigneten Bilde, das der Psychologe Rubin angegeben
hat (bei dessen Betrachtung bald zwei sich anschauende schwarze
Gesichter auf einem zwischen ihnen liegenden weißen Hintergrund,
bald – entsprechend dem weißen Zwischenraum zwischen den Gesichtern – eine weiße Vase auf einem schwarzen Hintergrund (den vorherigen Gesichtern) erscheinen), bei rein optischer Einstellung die
beiden Erlebnisse – die Gesichter, die Vase – auch gegen unseren
Willen mehr oder weniger oft. Dieser Wechsel hört aber ganz auf
oder wird sehr eingeschränkt, sobald wir in die Figur wirkliche Objekte, etwa wirkliche körperliche Köpfe oder eine wirkliche körperliche Vase hineinsehen. Bei dieser Einstellung, die das Objekt nicht
mehr nur als optisches "unwirkliches" Phänomen erscheinen läßt,
sondern als der umgebenden "wirklichen" Welt viel stärker verbun-

denen Gegenstand, wird die Figur, auf die wir einmal gerichtet sind, weit fester. Sie ist nun mit unserer ganzen Persönlichkeit weit stärker verknüpft. Physiologisch ausgedrückt können wir die Verschiedenheit der beiden Einstellungen etwa so charakterisieren: Im ersten Falle ist das optische Gebiet unseres Nervensystems relativ losgelöst vom übrigen Organismus in Tätigkeit, im zweiten Falle ist dagegen der ganze Organismus in viel stärkerem Maße an dem Vorgang beteiligt. Nur im zweiten Fall besteht das normale Verhältnis zwischen der lokalen Veränderung und dem Gesamtorganismus und damit das normale, dem Organismus entsprechende Figur-Hintergrundsverhältnis, das eben einen einigermaßen stabilen Charakter hat. Im ersten dagegen, wo allein diese lokalen Vorgänge maßgebend sind, wird das Verhältnis zwischen Figur und Hintergrundsvorgang infolge des Fehlens der festen Bestimmungen durch die Verbindung mit dem Gesamtorganismus ein schwankendes, weit mehr von der Zufälligkeit der Reizkonfiguration und von den infolge der Isolierung veränderten physiologischen Vorgängen an Ort und Stelle abhängig. Diese Tatsache spielt bei den Erscheinungen der Reizverwertung unter pathologischen oder experimentellen Bedingungen, die ja sämtlich Isolierungen einzelner Abschnitte des Nervenssystems darstellen, eine bedeutsame Rolle. Je mehr das ganze System (oder ein Systemteil) durch einen allen seinen Teilen adäquaten Reiz betroffen wird, um so mehr verliert die Wirkung den Vordergrunds-Hintergrundscharakter und zeigt sich in gleichartiger Weise am ganzen System. Am ganzen System werden dementsprechend nur rel. selten gleichartige Symptome zu beobachten sein. Nur etwa bei rel. starken Reizen und bei Reizverwertungen, die relativ primitiver Natur sind und deshalb für alle Systemteile etwa adäquate Reaktionen darstellen. So z. B. bei der rhythmischen Beeinflussung. Viel deutlicher wird sich diese Gleichartigkeit der Wirkung dann zeigen, wenn es sich um Reizverwertungen nur in einem System*teil*, besonders in einem, der funktionell ziemlich gleichartig ist, also wiederum unter pathologischen oder experimentellen Bedingungen, die bestimmte funktionell gleichartige Systemteile isolieren.

So tritt beim Cerebellarkranken an Stelle der bei Normalen bei passiver Kopfdrehung zu beobachtenden Gegenwendung der Augen die gleichgerichtete Bewegung von Kopf und Augen; an Stelle der Figur-Hintergrundssituation, wie sie das für die Aufrechterhaltung des Sehens so wichtige entgegengesetzte Verhältnis von Kopf- und Augen-stellung darstellt, tritt das gleichartige Verhalten als Folge der Isolierung der Leistung von der differenzierenden Wirkung der cerebralcerebellaren Systemteile. So bekommen wir bei corticalen Läsionen sog. Synkinäsien bei gleichzeitiger Unfähigkeit zu isolierten Bewegungen, oder einen Fortfall der zweckmäßigen den Hintergrund bildenden Mitbewegungen, oder bei Läsionen in den bedeutungsvollsten Gegenden der Rinde eine Nivellierung der Vorstellungen der Gefühls- und Willensvorgänge mit der Unfähigkeit zur Differenzierung bei diesen höchsten Leistungen. Gleichzeitig mit dieser Tendenz zur Gleichartigkeit tritt die vorher erwähnte Labilität auf, soweit überhaupt noch Figur-Hintergrundsbildungen sich finden. Anstatt der Strecker werden die Beuger innerviert oder umgekehrt, anstatt "ja" sagt der aphasische Kranke "nein", anstatt "schwarz" "weiß" u. ä. Wir stellen nicht nur eine Nivellierung der sog. Aufmerksamkeit, sondern auch ein abnorm starkes Schwanken derselben fest. Die Aufmerksamkeit wird bald von dem einen, bald dem anderen festgehalten. Ebenso schwankt die Richtung der Willensvorgänge, der Gefühle. Ich muß mich hier mit diesen Andeutungen begnügen. Es konnte hier ja nur darauf ankommen, den *Figur-Hintergrundsvorgang* als ein *Grundphänomen des nervösen Geschehens* darzutun und zu zeigen, wie dessen richtiger Ablauf an die durch die lokale Reizung veranlaßte richtige Mittätigkeit des ganzen Systems gebunden ist, *resp.* wie Isolierungen einzelner Teile vom ganzen System in diesen isolierten Teilen den Vorgang verändern. Der Vorgang selbst ist als Erregungsverteilung in einem Netzwerk sehr wohl verständlich. Die Kenntnis dieses Vorganges, die wir hier aus der Betrachtung der verschiedenen symptomatologischen Erscheinungen entwickelt haben, ist von wesentlicher Bedeutung für das Verständnis sehr vieler Symptome.

2. Eine Veränderung kann, wenn sie sich auch im ganzen System ausbildet, an einzelnen Stellen in ihrer Wirkung *begünstigt* oder *beeinträchtigt* werden durch die *Beschaffenheit des Erfolgsorganes*. Das zeigt sich bei dem Einfluß, den der Dehnungszustand des Muskels auf seine Kontraktion ausübt, bei dem Einfluß der Lage des Beines auf den Ausfall des Reflexes, z. B. bei der sog. Reflexumkehr. Die Wirkung tritt bei gleichmäßiger Verteilung der Erregung im ganzen System in dem Abschnitt eines Systems ein, in dem die günstigsten Bedingungen für sie gegeben sind. Die Reflexumkehr findet nicht durch eine Umschaltung statt, sondern ist dadurch bedingt, daß der sich überall ausbreitende Reiz bei Beugung des (gekreuzten) Beines eher in

den gedehnten Streckern, umgekehrt bei Streckung eher in den gedehnten Beugern wirksam wird. Vgl. hierzu die näheren Ausführungen – dieses Arch. 74, 370 ff.

Für die Begünstigung und Verschlechterung der Leistung kommt weiter die *Beschaffenheit des ganzen übrigen Systems* in Betracht. Die Leistung wird begünstigt, wenn die Erregung im übrigen System gleich gerichtet ist. So wird, wie Hoffmann [9] und Kretzschmer gezeigt haben, der Reflex bei in bestimmter Weise erfolgter willkürlicher Mitinnervation verstärkt. Verstärkend kann auch die Isolierung eines Systemteiles durch die damit einhergehende Verkleinerung des Gebietes, in dem sich der Reiz ausbreiten kann, wirken. So kommen alle pathologischen Reflexsteigerungen zustande, so etwa die Steigerung der Patellarreflexe bei Läsion der Pyramidenbahnen. So aber auch die Steigerung der Reflexe bei der sog. Ablenkung der Aufmerksamkeit vom Akte des Reflexvorganges. Diese sog. Ablenkung besteht ja darin, daß das Individuum sich irgendeinem anderen Vorgang stark zuwendet. Dadurch wird der Reflexapparat aus der Gesamtleistung des Organismus gewissermaßen ausgeschaltet, isoliert, der an dem Reflexapparat ansetzende Reiz wird in seiner Wirkung verstärkt.

Im Gegensatz hierzu finden wir bei Aufmerksamkeitszuwendung auf den Vorgang des Reflexes eine Herabsetzung des Reflexes. Diese Zuwendung, die eine Einbeziehung des Nahevorganges in einen größeren andersartigen Systemzusammenhang darstellt, schwächt die Wirkung des lokalen Reizes ab, offenbar deshalb, weil dieser sich auf einen größeren Systemabschnitt verteilt als bei der durch Ablenkung der Aufmerksamkeit erfolgenden relativen Isolierung des Naheteils. Wie verschiedenartig der gleiche Reiz an einer Stelle wirken kann, je nachdem diese Stelle in einen mehr oder weniger großen (auch funktionell verschiedenartigen) Bezirk eingezogen ist, *resp.* von einem mehr oder weniger großen Teil des Nervensystemes gelöst ist, das zeigen die verschiedenartigen Symptome bei verschiedenen Läsionen des Nervensystems, die sich alle durch die gleiche Gesetzmäßigkeit erklären lassen: die Wirkung der verschiedenen Verbundenheit eines Vorgangs mit mehr oder weniger großen und funktionell mehr oder weniger adäquaten Systemteilen. Hierher gehört neben den erwähnten Reflexänderungen in bezug auf die Stärke das Auftreten sog. abnormer Reflexe, hierher gehören die Tonusveränderungen bei Cerebellarkranken (als Ausdruck abnormer Wirkung normaler Reize auf die

---

[9] *Untersuchungen über die Eigenreflexe*, S. 67. Berlin: Julius Springer 1922.

vom cerebro-cerebellaren Systemteil gelösten subcerebellaren System-
abschnitte), hierher gehört die Hypermetamorphose der Encephaliti-
ker, als abnorme Einstellbewegungen auf Reize infolge der Lösung des
striocerebellaren Systemabschnittes vom corticalen, die abnormen Einstellbewegungen bei großen Cerebraldefekten, die abnorme Ablenkbarkeit bei Frontalhirnkranken und schließlich vielerlei andere Vorgänge, die wir bei organischen und funktionellen Erkrankungen finden. Ich bin an anderer Stelle (dieses Archiv 74, 397) ausführlich hierauf eingegangen und möchte hier nur noch ein Symptom hervorheben,
das uns die Folge der Isolierung auf der "höchsten" Stufe der Leistung
des Nervensystems zeigt, das Konkreter-Primitiverwerden der Leistungen, das so charakteristisch ist für die Schädigungen der Rinde.[10]
Auch dieses dürfte sich zwanglos durch unsere Auffassung erklären.
Mit den Ausdrücken, die Leistungen des Rindengeschädigten seien
"primitiver" geworden, seien auf ein tieferes Niveau herabgesunken,
soll ja gesagt sein, daß die Leistungen an Differenziertheit eingebüßt
haben. Es ist wohl keine Frage, daß die enorme Ausbildung der Rinde
speziell beim Menschen die außerordentliche Differenziertheit der
Leistungen des Menschen bedingt, daß ferner die Organismen mit verschieden gut entwickelter Großhirnrinde sich gerade in bezug auf
dieses Moment in ihren Leistungen unterscheiden. Je feiner organisiert
das Nervensystem, speziell die Rinde ist, je mehr "Außenwelt" wird
von dem Organismus erfaßt, desto größer ist die Kapazität seines Gedächtnisses, desto weniger wird er bei seinen Leistungen der direkten,
äußeren Anregung bedürfen, je weniger reizgebunden, je weniger
"konkret" wird er sein, je mehr vermag er "abstrakt" zu sein. Jede
Schädigung der Hirnrinde beeinträchtigt zuerst diese Differenziertheit,
und es leiden so nicht nur Wissen, Können, das Individuum wird der
Wirklichkeit gegenüber nicht nur "enger", sondern auch reizgebundener, konkreter, eben primitiver. Jede Schädigung der Rinde verkleinert den Rindenbezirk, sie wirkt also im Sinne der Isolierung. Und
tatsächlich besteht auch in der Art der Veränderung, die auftritt, wenn
man einem Wirbellosen das Nervensystem entfernt, oder wenn bei
einem Menschen die Beziehung zwischen Rückenmark und Großhirn
durch Krankheit unterbrochen wird, oder wenn eine Läsion der Rinde
vorliegt, eine wesentliche Übereinstimmung, insofern als die Leistun-

---

[10] Siehe hierzu meine Ausführungen in *Dtsch. Zeitschr. f. Nervenheilk.* Ba.
A. 1922, 7. Jg. *Sitzungsber. u. Schweiz. Arch. f. Neurol. u. Psychiatrie* 15, H. 2.
1924 und Gelb und Goldstein, *Psychol. Forsch.* VI, S. 127 ff.

gen in allen diesen Fällen jetzt weit mehr durch die *gerade einwirkenden Reize* bestimmt werden, da ja durch den Defekt viele gedächtnismäßige Stützen sowie sonst durch die jetzt abgetrennten Teile gleichzeitig vermittelte Reizverwertungen fortfallen. Schließlich noch insofern, als die Reizverwertung nicht mehr vom ganzen System aus mit bestimmt wird. Die Leistungen sind also "reizgebundener", "konkreter", "primitiver".

Die größere Primitivität besteht aber nicht etwa darin, daß die Leistungen des geschädigten Organismus jetzt mit denen eines tiefer stehenden, primitiven Organismus übereinstimmen. Ein reduzierter Organismus ist ein defektes System, ein primitiver immer ein vollständiges. Wenn ein geschädigter Organismus auch in der Art seiner Reaktionen gewisse Ähnlichkeiten mit denen primitiver aufweist, so wird er deshalb doch nie zu einem primitiven Organismus.

3. Jede Wirkung hat die *Tendenz, trotz entgegengesetzter Einwirkung sich eine Zeitlang in gleicher Weise fortzusetzen.* Es dauert eine gewisse Zeit, ehe wir aus einer Aufmerksamkeitseinstellung durch neue Reize herausgebracht werden können. Es vergeht eine gewisse Zeit, ehe eine bestimmte tonische Stellung durch einen von anderer Seite kommenden Einfluß überwunden wird.

Dieser Tendenz zur Beharrung steht die *Tendenz zum Ausgleich* gegenüber. Das System, *resp.* der isolierte Systemteil hat die Tendenz, in den ihm adäquaten (relativen) Ruhezustand zurückzukehren. Ich habe an anderer Stelle [11] Tatsachen angeführt, die für das Vorliegen einer solchen Tendenz sprechen, und es wahrscheinlich zu machen gesucht, daß dieser Ausgleich anscheinend immer einen nystagmusartigen Verlauf hat, d. h. daß der Weg zu diesem immer natürlich nur relativen Ruhestand durch immer schwächer werdende entgegengesetzte Phasen hindurchgeht. Die Möglichkeit *zum Ausgleich ist beeinträchtigt,* wenn das System, in dem sich der Prozeß abspielt, verkleinert ist, also in einem isolierten Systemteil. Es kommt dann zu abnormer Beharrung. Der der Ganglienzelle beraubte Muskel kommt in tonische Anspannung, die *abnorme Beharrung* eines Vorganges in isolierten Systemteilen führt zu bekannten Erscheinungen der Pathologie. So kommt es bei Isolierung bestimmter Teile des Nervensystems, sei es durch Krankheit organischer oder funktioneller Natur, sei es durch besondere Einstellungen, zu den Erscheinungen abnormer Beharrung, so z. B. im Phänomen des Zwanges bei organischen und funktionellen

[11] Vgl. hierzu *Arch. f. Psychiatrie u. Nervenkrankh.* 74, 370. 1925.

Erkrankungen, in der Fortsetzung einmal eingeleiteter Bewegungen bei der künstlichen, durch Aufmerksamkeitsablenkung bedingten Isolierung bei Auslösung der sog. induzierten Tonusveränderungen, bei abnormen Bewußtseinszuständen usw. Vgl. hierzu Arch. f. Psychiatrie u. Nervenkrankh. 74, 397 ff. 1925.

4. Jede Veränderung hat weiter die Tendenz *bis zu einem bestimmten Ziele zu gelangen, eine bestimmte Stärke zu erreichen,* und zwar dies relativ unabhängig von der Stärke des Reizes. Alle Reaktionen, Wahrnehmungen, willkürlichen Bewegungen, Denkvorgänge verlaufen nicht in kontinuierlich abgestuftem Flusse, sondern von einer ausgezeichneten Stelle zur anderen. Auf das Beklopfen der Patellarsehne erfolgt, sobald die Schwelle überschritten ist, relativ unabhängig von der Stärke des Reizes, die gleiche Bewegung; ebenso verhält sich die Einstellung der Augen auf optischen Reiz. Bestimmte Richtungen sind im Optischen, im Motorischen ausgezeichnet, so die Vertikale, die Horizontale u. a.m. Für alle Reizverwertungen gilt bis zu einem gewissen Grade das "Alles oder Nichts" Gesetz, oder, wie ich mit einem von *Max Wertheimer* im Rahmen der Gestalttheorie verwendeten Ausdruck, der etwa dasselbe meint, sagen möchte, sie folgen dem *Gesetz der Prägnanz.*

5. *Gleichgerichtete Veränderungen verstärken sich, entgegengesetzt gerichtete führen zu Resultantenwirkung.* Doch kann es sich auch ereignen, daß von zwei entgegengesetzt gerichteten Vorgängen der eine an Übergewicht gewinnt und daß der *Effekt nur durch diesen einen* bestimmt wird, oder es kann zu einem *dauernden Wettstreit* zwischen zwei entgegengesetzt gerichteten Wirkungen kommen. Ob das eine oder das andere eintritt, ist, wie ich an anderer Stelle [12] gezeigt habe, von der Beschaffenheit des ganzen Systems, der geringeren und der größeren Zugehörigkeit des einen oder des anderen Vorganges zu dem das ganze System gerade beherrschenden Vorgang abhängig.

6. *Die dem ganzen System zur Verfügung stehende Energiemenge ist innerhalb gewisser Grenzen konstant.* Abnorm starker Verbrauch an einer Stelle führt zu einer Herabsetzung der Leistung an einer anderen und umgekehrt. Als Beispiele, auf die sich die Aufstellung dieser Gesetzmäßigkeit stützt, sei besonders auf die Vorgänge bei der sog. Restitution etwa bei der Hemianopsie und Hemiamblyopie, bei den verschiedenen Formen der Agnosie, auf die Erscheinungen bei einer

---

[12] *Arch. f. Psychiatrie u. Nervenkrankh. l. c. S. 393.*

Beobachtung von Poetzl mit Worttaubheit und anderes hingewiesen.[13]

7. Der *Erregungsverlauf folgt dem Prinzip des kleinsten Kraftmaßes.* Das ist offenbar dann erfüllt, wenn ein Ziel auf dem unter den gegebenen Umständen zweckmäßigsten Wege in der dem Vorgang adäquaten Zeit erreicht wird.

Das Verhalten des Rückenmarksfrosches bei Auslösung des Kratzreflexes in verschiedenen Situationen hat so in Erstaunen gesetzt, daß man glaubte, es nicht anders als durch die Annahme einer Rückenmarksseele erklären zu können. Das Verhalten dürfte völlig verständlich werden, wenn man es unter dem Gesichtspunkt des oben angeführten Prinzipes betrachtet. Beim Kratzreflex handelt es sich um den Ausdruck der primitiven Erfassungstendenz,[14] die auf einen Reiz hin im ganzen Tier erweckt wird. Ihr Ziel, die Reizerfassung, wird beim normalen Tier am kürzesten und unter geringstem Kraftaufwand erreicht, wenn die nächstliegende Extremität zum Kratzen verwendet wird. Wird diese Extremität festgehalten, also an der Ausführung der Erfassungsbewegung gehindert, so kehrt der durch den Reiz bewirkte Zustand des Ungleichgewichtes im Organismus erst in das dem Organismus adäquate Gleichgewicht zurück, wenn die Erfassungsbewegung durch ein anderes Glied ausgeführt wird. Die Möglichkeit hierzu ist in allen Gliedern gegeben, die Verwirklichung geschieht mit dem Gliede, das am besten dazu geeignet ist. In ihm ist ja – abgesehen natürlich vom nächstliegenden Glied – schon vorher die stärkste Nahewirkung vorhanden; hier wird deshalb die Veränderung zuerst wirksam werden, hier erfordert die Wirkung den geringsten Kraftaufwand. Wir benötigen zur Klärung des Vorgangs nicht die Annahme einer Rückenmarksseele, auch nicht die Annahme eines besonderen Regulationsvorganges, auch natürlich nicht irgendeines Schaltungsphänomens.

Kurz hervorheben möchte ich noch, daß es aus dieser Tendenz verständlich wird, daß wir bei Kranken mit cerebralen Defekten immer die Tendenz zu möglichst biologisch-sinnvollen Reaktionen, *resp.* die Bevorzugung solcher Reaktionen gegenüber den willkürlichen, "abstrakten" Leistungen finden, da ja zweifellos die biologischen Reaktionen, vom energetischen Standpunkt betrachtet, einfacher sind. Es wird auch verständlich, daß bei einem bestimmten Grade der Herabsetzung der Leistungsfähigkeit des Nervensystems überhaupt nur mehr

---

[13] Vgl. hierzu *Schweiz. Arch. f. Neurol. u. Psychiatrie* 13, 288. 1923.
[14] Vgl. hierzu *Klin. Wochenschr.* 4, Nr. 7, S. 297 u. *Arch. f. Psychiatrie u. Nervenkrankh. l. c.* S. 400.

die konkreten biologischen Situationen möglich sind, während die abstrakteren, willensmäßigeren, lebensfremderen unmöglich geworden sind. Es ließen sich eine ganze Reihe normaler und pathologischer Vorgänge anführen, die sich auf eine Erregungsverteilung zurückführen lassen, die nach dem Prinzip des kleinsten Kraftmaßes vor sich geht. Ich verweise dieserhalb auf meine frühere Arbeit, Arch. f. Psychiatrie u. Nervenkrankh., 74, S. 392.

8. *Bei einer Schädigung irgendeines Teiles des Nervensystems besteht die Tendenz, daß die alte Funktionsweise so lange beibehalten wird, als es irgendwie ohne schwere Beeinträchtigung der wesentlichen Aufgaben des ganzen Organismus,* wie sie in seiner Organisation gegeben sind, *angeht.* Erst wenn die Veränderung einer Leistung derartig ist, daß dadurch die Existenz des ganzen Systems bedroht ist, also gewöhnlich erst bei fast völliger Zerstörung einer Stelle oder jedenfalls so weitgehender Veränderung, daß eine Funktion überhaupt kaum mehr möglich ist, gestaltet sich der Erregungsablauf im erhaltenen Nervensystem um, und zwar so, daß die in Betracht kommende durch die Schädigung *unmögliche Leistung jetzt auf eine neue Weise vollbracht* wird. Dieses Gesetz, das sich mir ursprünglich aus den Beobachtungen bei der sog. Restitution der Hemianopsie und Hemiamblyopie ergeben hatte, dürfte ganz allgemeine Gültigkeit haben. Ganz allgemein kann man sagen: Die Kranken mit Totaldefekten an einer Stelle verhalten sich in bezug auf ihre Gesamtleistung besser als die mit partiellen Defekten, in ersterem Falle findet ein besserer sog. Ersatz statt als in letzterem Falle. Wie weit dies auch für die sog. höchsten Gebiete gilt, also z. B. für das Stirnhirn, bleibe dahingestellt. Bei Läsionen der sensorischen und motorischen Zentren gilt es nur soweit, als durch den Herd nicht ein Gebiet beiderseitig total zerstört ist, also etwa die Zufuhr der Erregungen eines Sinnesgebietes völlig unmöglich ist. Dann fallen natürlich die dem einen Sinnesgebiet entsprechenden Erregungen und Erlebnisse völlig aus. Ein "Ersatz" fehlt auch dann nicht. Auch dann kommt es zu einer Umgestaltung des Erregungsablaufes im restierenden Systemteil, der aber nicht die spezifischen Leistungen des zerstörten Sinnesgebietes wiederschaffen kann, sondern die Gesamtleistung durch besondere Ausgestaltung der anderen Leistungen, etwa der eines anderen Sinnesgebietes, auf der für den Organismus notwendigen Höhe erhält.[15] Ein total Blinder kann sich so in bezug auf seine Gesamtleistung besser befinden als ein partiell Blinder. Ähnlich steht

[15] Vgl. hierzu *Schweiz. Arch. f. Neurol. u. Psychiatrie* 13, 287 ff. 1923.

es bei totalen oder partiellen Lähmungen oder gar bei Fehlen eines
Armes und nur Schädigung desselben. Auch ein Totalseelenblinder
ist oft besser gestellt als ein partiell Geschädigter (cf. *l.c.*). Ganz wie
ein wirklicher Defekt kann die durch irgendwelche vorübergehende
Momente bedingte Unmöglichkeit der normalen Benutzung eines
Organes wirken, etwa die mechanische Behinderung der Benutzung
eines Gliedes. Das Kratzen mit einem anderen Bein findet beim
Rückenmarksfrosch erst dann statt, wenn das nächstliegende Bein so
festgehalten wird, daß das Tier es auch mit größter Anstrengung nicht
bewegen kann. Hält man es nur wenig fest, so wird immer der Versuch gemacht, es doch zu benutzen. Erst die völlige Unmöglichkeit
führt auch hier zur Umstellung. Etwas ganz Entsprechendes kann man
auch beim Sichkratzen des Menschen beobachten. Wie Szymanski [16]
gezeigt hat, erfolgt der Vorgang der Kratzens unter verschiedenen
Situationen bei verschiedener Topographie der gereizten Stelle, bei
wechselnder allgemeiner Körperlage, bei Belastung der einen oder
der anderen Hand usw. immer in der unter den gegebenen Umständen
mechanisch einfachsten Art und mit dem geringsten Kraftaufwand
auf der kürzesten Bahn, und zwar ganz von selbst, ohne daß man
das Bewußtsein der hohen Zweckmäßigkeit des jeweiligen Verlaufes
des Kratzaktes hat. Eigene Beobachtungen haben mir gezeigt, daß
das nächstliegende Glied, so lange es ohne zu große Mühe oder ohne
zu große Veränderung der Gesamtsituation benutzbar ist, zum Kratzen benutzt wird. Erst wenn es ganz fixiert ist oder die Gesamtsituation bei seiner Benutzung völlig aufgehoben würde, wird ein anderes
– das dann nächstliegende Glied – benutzt.

Die verschiedenen kurz skizzierten Gesetzmäßigkeiten wirken natürlich bei jedem Vorgang alle, wenn auch die einzelnen nicht immer
in gleicher Weise. So kann es zu höchst komplizierten Resultanten-
wirkungen kommen. Es bedarf, wenn man den Ausfall einer Reaktion
auf einen Reiz verstehen will, einer sehr eingehenden Analyse des
ganzen Vorgangs, die bei dem Mangel unserer Kenntnisse und unserer
Methodik heute gewiß noch recht oft zu keinem vollbefriedigenden
Ergebnis führen wird. Wie fruchtbar sie aber schon heute sein kann,
das hat sich mir immer wieder gezeigt, wenn ich mich bei meinem
Vorgehen bei der Untersuchung von den hier vertretenen allgemeinen
Gesichtspunkten leiten ließ.

[16] "Untersuchungen über eine einfache natürliche Reaktionstätigkeit",
Psychol. Forsch. 2, 298. 1922.

Vor allem ist zu berücksichtigen, daß die hier gegebene Zusammenstellung der verschiedenen Gesetzmäßigkeiten ja keineswegs den Anspruch auf Vollständigkeit macht. Wie sie durch die bisherige Empirie gewonnen wurde, wird sie durch weitere ergänzt und gewiß auch berichtigt werden. Es wird sich z. B. höchst wahrscheinlich herausstellen, daß manche der hier aufgestellten Gesetzmäßigkeiten, die hier als verschiedene erscheinen, nur verschiedene Erscheinungsweisen eines einzigen Gesetzes sind; vielleicht lassen sich einmal alle auf ganz wenige oder vielleicht gar nur eine einzige zurückführen.

Besonders hervorhebenswert scheint uns, daß die Symptomenbetrachtung uns immer wieder gelehrt hat, daß die gleichen Gesetzmäßigkeiten für den Erregungsverlauf in allen Teilen des Nervensystems gelten, in der Großhirnrinde genau so wie im Rückenmark. Die *Funktion der Großhirnrinde unterscheidet sich in dieser Beziehung durch nichts von der des Rückenmarkes, die verschiedenen Leistungen resultieren nur durch die Verschiedenheit der Größe und der Differenzierung der Systeme,* etwa des Rückenmarkes allein oder des ganzen Nervensystemes, die ein verschieden großes und differenzierteres Erfassen der Außenwelt, verschieden große Gedächtniskapazität usw. bedeutet. *Die Struktur des Erregungsablaufes ist überall die gleiche.*

Die Momente, die wir als Ursachen für die Erregungsverteilung im System kennengelernt haben, lassen sich auf recht einfache Gesetze des physikalischen Geschehens zurückführen, und es wird die Aufgabe der künftigen Forschung sein, von den hier entwickelten Gesichtspunkten die physikalischen Vorgänge, die sich im Nervensystem abspielen, zu erforschen. Über deren Natur ist durch unsere Darlegungen nichts ausgesagt und kann auch nichts ausgesagt werden. Die Symptomenlehre vermag *nur etwas über die Struktur der Vorgänge* im Nervensystem, *nichts über die Art* derselben selbst zu lehren. Diese Feststellung ist noch in anderer Beziehung wichtig. Wenn wir zu dem Resultat kommen, daß alle sich im Nervensystem abspielenden Vorgänge, auch die sog. psychischen, unter Zugrundelegung physikalischer Gesetze zu verstehen sind, so könnte der Eindruck erweckt werden, als wenn wir die psychischen Erscheinungen durch materielle Vorgänge glaubten erklären zu können. Nichts liegt mir ferner. Das, was wir feststellen, ist nur die *Gleichartigkeit der Struktur des Geschehens der körperlich-materiellen und der psychischen Erscheinungen.* Über die Art der Beziehung zueinander ist damit nichts ausgesagt und kann durch rein empirische Forschung überhaupt nichts ausgesagt werden. Das ist eine Frage, die nur von einem weit größeren, von einem naturphilosophischen Standpunkte aus angegriffen werden kann.

Meine Herren! Meine Ausführungen konnten wegen der Kürze der zur Verfügung stehenden Zeit nur skizzenhaft sein, und so mußte wahrscheinlich manches unklar bleiben. Ich hoffe aber, daß es mir gelungen ist, die Grundtendenz meiner Anschauung klar zum Ausdruck zu bringen, die ich nochmals kurz darlegen möchte: *Unsere bisherigen Anschauungen vom Bau und der Funktion des Nervensystems beruhen auf einer besonderen Bewertung bestimmter Symptome, die durch ein isolierendes Verfahren der Untersuchung zustande gekommen sind. Die weitere symptomatologische Analyse zeigt, daß diese Auffassung der Zusammensetzung des Nervensystems aus isolierten Apparaten, die sich nur in ihrer Leistung fördern und hemmen können, nicht ausreicht, um die Symptome zu verstehen.* Die hier vertretene Auffassung, die sich auf den Ergebnissen einer vertiefteren Symptomenlehre aufbaut, bringt nicht nur ein Verständnis aller früher bekannten Erscheinungen, sondern auch der neueren, ohne daß wir zu immer neuen Hilfshypothesen greifen müßten. So hat sie gewiß den Vorzug der Einfachheit und ich glaube auch der Anpassungsfähigkeit an neue Tatsachen; sie wird ihnen gerecht werden können, ohne daß es notwendig sein wird, das Grundprinzip irgendwie zu ändern. *Sie beruht letzlich auf der eigentlich selbstverständlichen Grundvoraussetzung, daß der Organismus immer als ganzes und seiner Wesenheit entsprechend tätig ist. während die bisherige Auffassung die Reaktionen als lauter Teilreaktionen auffaßt und damit ein Verständnis der Reaktionen als Reaktionen des Organismus ganz unverständlich sein läßt. Die Anatomie steht keineswegs im Widerspruch mit der hier vertretenen Anschauung, ihre Ergebnisse finden bei ihr ihre volle Bewertung. Wir erkennen nur, daß die von uns gewöhnlich als absolute Tatsachen betrachteten Strukturen auch nur das Produkt ganz bestimmter Methoden der Untersuchung sind, und vor allem daß, so bedeutungsvoll sie für den Ablauf der Erregung sein mögen, die Funktion doch nicht an ihre Intaktheit gebunden ist.*

ÜBER APHASIE [1] *

Meine Herren! Ich bin der Aufforderung Ihres Herrn Vorsitzenden, über die augenblickliche Lage der Lehre von der Aphasie zu berichten, gerne, aber nicht ohne Bedenken gefolgt. Es muss als ein recht gewagtes Unterfangen erscheinen, heute eine zusammenfassende Darstellung der Lehre von der Aphasie zu geben, wo doch kein Zweifel bestehen kann, dass die lange herrschenden Anschauungen in ihren Grundfesten erschüttert und die Grundlagen für eine neue Auffassung zwar – meiner Überzeugung nach wenigstens – gefunden, aber gewiss noch nicht so gefestigt sind, dass man mit ihnen ein Gebäude von nur annähernd solcher Geschlossenheit aufbauen kann, wie es die sogenannte klassische Lehre dargestellt hat. Wenn ich trotzdem den Versuch wage, so bestimmt mich dabei vor allem die Erkenntnis der Wichtigkeit einer Klarstellung der Problemlage, die vielleicht einen neuen Antrieb für die etwas ins Stocken geratene Forschung auf diesem Gebiete bedeuten könnte.

Die Lehre von der Aphasie enthält für den Arzt *zwei Grundprobleme.* Das erste betrifft die *Symptomenlehre,* die Abgrenzung bestimmter Krankheitsbilder, und die Theorie, die uns ein Verständnis für die Entstehung gerade dieser Bilder, sowie eine Grundlage für unsere Anschauungen über den Aufbau des normalen Sprachvorganges liefern soll. Das zweite Problem ist das *lokalisatorische.* Gerade die Beobachtungen an aphasischen Kranken waren es, die nicht nur in der berühmten Entdeckung Brocas einen der Grundpfeiler der Lokalisation überhaupt geliefert haben, sondern auch für die weitere Ent-

* Mit freundlicher Erlaubnis des Instituts Orell Füssli AS, Zürich, abgedruckt aus dem *Schweizer Archiv für Neurologie und Psychiatrie (Neurologische und psychiatrische Abhandlungen,* Heft 6), 1927 (pp. 1-68).
[1] Nach einem Referat, erstattet auf Aufforderung des Vorstandes der Schweizer. Gesellschaft für Psychiatrie am 27. Februar 1926 in Bern.

wicklung der Lehre von der Lokalisation von der grössten Bedeutung gewesen sind.

Über beide Probleme liegt eine ungeheure Literatur vor. Der Tenor dieser Literatur war noch bis vor einem Jahrzehnt ein ausserordentlich sicherer. Trotz immer sich mehrender Schwierigkeiten schien über eine Lösungsmöglichkeit der Probleme auf dem Boden der klassischen Lehre den Meisten kein Zweifel. Das ist völlig anders geworden. Die Sicherheit hat im allgemeinen einer grossen Unsicherheit, *resp.* einem Skeptizismus Platz gemacht. Das zeigt sich schon in der starken Abnahme der Produktion auf diesem Gebiete. Schon 1909 sprach *v. Monakow* in seinem Referate auf dem Budapester internationalen Kongress von einem Stillstand der Forschung auf dem Gebiete der Aphasielehre, und wer die Aphasieliteratur überschaut, muss feststellen, dass gegenüber einer gewaltigen Literatur noch im ersten Jahrzehnt des neuen Jahrhunderts die Arbeiten über Aphasie in allen Ländern im letzten Jahrzehnt ausserordentlich viel seltener geworden sind. Erst in den letzten Jahren sind wieder eine Anzahl bedeutungsvoller Arbeiten erschienen, aber sie nehmen fast alle einen ablehnenden, zum Teil sogar schroff ablehnenden Standpunkt gegenüber der klassischen Lehre ein. Diese Situation macht eine Darstellung des jetzigen Standes der Lehre von der Aphasie zu einer recht schwierigen Aufgabe.

Die Lehre von der umschriebenen Lokalisation hat besonders unter dem Einfluss der Lehren v. Monakows einer Auffassung Platz gemacht, die für einen normalen Ablauf der Sprachvorgänge dem ganzen Gehirn eine wesentliche Bedeutung zuweist. Die Lehre von den Sprachzentren kann in der Form einer umschriebenen Lokalisation isolierter Leistungen als abgetan gelten. Auch die ganz umschriebene Lokalisation der Aphasien ist höchst problematisch geworden, nachdem man erkennen musste, dass die Annahme ganz umschriebener Läsionen als notwendiger Ursache für die Entstehung bestimmter Störungen gewiss nicht zurecht besteht. Aber noch mehr: *die ganze Frage der Beziehung zwischen einem Symptom und einem bestimmt gelagerten Hirnherd und die Frage nach der Bedeutung des umschriebenen Defektes für die Entstehung eines Symptombildes ist neu zum Problem geworden.* Das lokalisatorische Problem kann heute nicht mehr lauten: wo ist eine bestimmte Störung lokalisiert, sondern in welcher Weise kann ein Herd an einer bestimmten Stelle die Hirnleistung so beeinträchtigen, dass dieses vorliegende Symptomenbild auftritt. Und diese Frage ist überhaupt nur von dem weiteren Gesichtspunkt

einer Theorie der Funktion der Hirnmaterie zu behandeln möglich,
was wiederum nicht ohne eine Erörterung der Grundlagen unserer
Anschauungen über die Funktion des Nervensystemes überhaupt
möglich ist. Das wiederum ist deshalb besonders schwierig, weil unsere
Anschauungen über die Funktion des Nervensystems und ihre
Beziehung zur Anatomie sich zur Zeit in stärkster Umwälzung befinden.

Die grössten Schwierigkeiten bei der Behandlung der Lehre von
der Aphasie liegen aber nicht hier im Problem der Lokalisation, sondern
in dem *Problem der Symptomatologie.* Nicht nur, dass die Schilderung
der Symptome unter Zugrundelegung der Lehre von den sog.
Sprachvorstellungen sich als unmöglich erwiesen hat, wurde es immer
zweifelhafter, ob es rein symptomatologisch überhaupt Störungen gibt,
die ein einzelnes Sprachgebiet betreffen, ob auch umschriebene Herde
je Störungen ausschliesslich der Sprachleistungen zur Folge haben
und nicht immer auch Störungen psychischer Leistungen anderer Art,
ob nicht die Sprachstörungen nur Teilerscheinungen einer umfassenden
Gesamtveränderung sind und nur von da aus verständlich werden
– damit aber natürlich ihren isolierten Charakter einbüssend. Schon
Wernicke hat gemeint, die aphasischen Störungen gäben einen Weg,
in das eigentlich Psychische vorzustossen, aber es erschien doch als
eine der sog. klassischen Lehre wesentliche Aufgabe, die Besonderheit
der aphasischen Störungen zu erfassen: die psychischen Störungen erschienen
mehr als die Folgen der Sprachstörungen als ihnen gleichartig.
Der Angriff *Pierre Maries,* der ja gerade die psychische Natur
der aphasischen Störung in den Vordergrund rückte, taucht jetzt durch
eingehende Untersuchungen weit besser fundiert von neuem auf und
droht jetzt, die ganze Sonderstellung gewisser zweifellos zu den aphasischen
Störungen gehöriger Störungen völlig zu verwischen. Es liegt
auf der Hand, dass sich damit grosse Schwierigkeiten für die Behandlung
der Symptomenlehre ergeben, schon insofern sie weit mehr vom
psychischen Gesamtverhalten des Kranken mitberücksichtigen muss
und sich keineswegs so wesentlich auf die Störungen der Sprachvorgänge
beschränken kann wie die bisherige Betrachtung. Nicht nur
wird dadurch der Umfang des Tatsachenmaterials sehr vergrössert:
nein, eine solche Darstellung ist in zusammenfassender Form deshalb
heute kaum möglich, weil die Zahl der von diesem Gesichtspunkte gut
untersuchten Fälle recht gering, eigentlich viel zu gering ist, um einer
Gesamtdarstellung des ganzen Problemgebietes als Unterlage dienen

zu können. Ich bitte auch deshalb zu entschuldigen, wenn ich mich vorwiegend auf eigene Untersuchungen beziehe, weil ich über eine grössere Zahl in dieser umfassenderen Weise untersuchter Fälle verfüge.

I. METHODISCHER TEIL.

1. Das Problem der Symptomatologie

Wenn wir die Symptombeschreibungen der Schöpfer der sogenannten klassischen Aphasielehre betrachten, so fällt als ihr vielleicht charakteristischster Grundzug die Tendenz auf, die Symptomatologie unter dem Gesichtspunkt darzustellen, dass nach Möglichkeit eine bestimmte Grundstörung angenommen wird, die aus dem "Hauptsymptom" abgeleitet ist, und von der aus versucht wird, alle anderen Symptome zu erklären. Die motorische Sprachstörung eines Kranken wird als das Hauptsymptom betrachtet, als Folge der Beeinträchtigung motorischer Sprachvorstellungen angesehen und seine Schreibstörung wird nun als Folge dieser Beeinträchtigung der motorischen Sprachvorstellungen aufgefasst. Die Beeinträchtigung der sensorischen Sprachvorstellungen, die die Worttaubheit erzeugt, soll auch die Ursache für die Paraphasie sein, die der Kranke ausserdem bietet. Ebenso werden die Lese- und Schreibstörungen, die erschwerte Wortfindung als Folge bestimmter auf Grund anderweitiger Symptome angenommener Grundstörungen betrachtet. Nun liegt diesem Vorgehen ein an sich richtiges Forschungsprinzip zu Grunde. Da wir ja eine Funktionsstörung direkt nicht nachweisen können, so sind wir ja bei ihrer Eruierung auf den Schluss aus den in den Symptomen vorliegenden Leistungsveränderungen angewiesen. Das kann aber nur zu einem richtigen Ziele führen, wenn man durch eine genaue Analyse *aller* vorliegenden Leistungsstörungen wirklich jene Funktionsstörung festgestellt hat, die als Grund für das Auftreten so verschiedener Leistungsstörungen gelten kann. Diese Forderung ist gewiss bei der Erforschung eines unbekannten Gebietes kaum zu erfüllen. Es ist da wohl ganz selbstverständlich, dass man von dem ausgehen wird, was sich einem besonders aufdrängt. Es bleibt einem ja zunächst nichts anderes übrig. Es besteht darin auch keine grosse Gefahr, so lange man sich klar bleibt, dass man in den zunächst aufgedeckten Erscheinungen keineswegs die *wesentlichen* Erscheinungen vor sich zu haben braucht, sondern nur solche, die aus bestimmten Gründen besonders auffallen, die an sich keineswegs geeignet zu sein brauchen, von ihnen aus eine theoretische Grundlage für das Verständnis der Entstehung auch aller anderen Erscheinungen schaffen zu können. Verhängnisvoll für den Fortschritt wird es erst, wenn man auf so zweifelhafter Grundlage eine Theorie aufbaut oder, wenn man dies schon tut, vergisst, dass die von den zunächst festgestellten Erscheinungen aus geschaffene Theorie nur eine vorläufige, höchstens zur groben Orientierung geeignete, sein kann. Verhängnisvoll wird dieses Vorgehen, wenn man sich bei neuen Erfahrungen nicht entschliessen kann, die alte Theorie aufzugeben und durch eine den neuen Tatsachen angepasste zu ersetzen, sondern die auf mangelhafter Erfahrung fussende Theorie durch dauernde Ergänzungen zu erhalten und brauchbar zu machen sucht. Diesem Fehler ist man beim Ausbau der klassischen Lehre nicht entgangen. Der Grundirrtum dieses ganzen Vorgehens bestand darin, dass man übersah, dass Symptome keineswegs ein eindeutiger Ausdruck einer vorliegenden Funktionsstörung sind, sondern dass Symptome nur Antworten darstellen, die der erkrankte Organismus auf die an ihn gestellten Fragen gibt, und dass diese Antworten sehr durch die Fragen bestimmt werden. Die *auffallendsten Symptome* sind natürlich die, die auf Fragen erfolgen, die durch die normale Situation gestellt werden, in der sich der Organismus befindet, *resp.* das Fehlen von Antworten überhaupt. Es ist so selbstverständlich, dass das Versagen beim Sprechen und Verstehen zuerst in Erscheinung treten muss. Die weiteren Symptome ergeben sich als Antworten auf die speziellen vom Untersucher gestellten Fragen. Diese Fragen sind aber nicht zufällig, sondern durch die theoretischen Grundvorstellungen bedingt, die sich der Untersucher von dem zu untersuchenden Phänomen macht. Da wird schon die populäre Abgrenzung von Sprechen, Verstehen, Schreiben, Lesen von Einfluss auf das Vorgehen. So sehen wir Symptome aufgeführt, die eine Beeinträchtigung dieser Leistungen anzeigen sollen. Hätte man nun bei diesem Vorgehen alles registriert und alle Ergebnisse in gleicher Weise verwertet, so wäre man sicher rein empirisch zu einer anderen Auffassung des Grundgeschehens bei der Sprache und der Art der Störung bei den aphasischen Symptomen gekommen. Hier aber setzte wohl aus dem Wunsche zur Ordnung des Gefundenen und zur Systematisierung des weiteren Vorgehens *die Theoriebildung zu frühzeitig ein.* Sie fusste aber nicht auf allen gefundenen Tatsachen – eine solche Theorie wäre nicht möglich gewesen – sondern wurde einerseits durch die *besondere Bewertung der oft recht zufällig hervorstechenden Symptome,* andererseits durch die *theoretischen Vorstellungen* bestimmt, die man aus anderen Forschungsgebieten mitbrachte, nämlich aus der *Reflexneurologie* und der *herrschenden Psychologie.* Das weitere Fragen wurde jetzt nicht nur durch die einmal gebildete Theorie geleitet, sondern neue Erscheinungen, die sich aufdrängten, versuchte man entweder unter die einmal festgelegten Krankheitsbilder einzuordnen, oder sie wurden, wenn das auch durch die gewagtesten Umbildungen der Theorie nicht gelang, dadurch *unschädlich gemacht,* dass man sie als zufällige Komplikationen beiseite liess, die mit dem eigentlichen Krankheitsbilde nichts zu tun hätten, sondern nur seine "Reinheit" störten.

Das klassische Beispiel für das erste Vorgehen ist der Erklärungsversuch der Paraphasie. Weil die Paraphasie sich gleichzeitig mit Störungen des Wortverständnisses bei Läsion des "sensorischen Sprachfeldes" fand, musste die Paraphasie von einer Läsion der sensorischen Wortbilder abhängig sein; es entstand jene eigentümliche Annahme einer Regulierung des motorischen Sprechens durch die sensorischen Wortbilder. Man konnte sich diese Regulierung in verschiedener Wiese denken; die ursprüngliche Annahme wollte sie von den innerlich erklingenden akustischen Worterinnerungen ausgehen lassen. Diese Annahme ist aber gewiss nicht haltbar – es ist keine Rede davon, dass beim gewöhnlichen Sprechen dem Aussprechen eines Wortes ein solches Erklingen vorausgeht. Die Annahme, dass das schon ausgesprochene Wort kontrolliert würde, hat wiederum keinen Sinn, weil diese Kontrollen stets zu spät kämen. Es blieb also nur eine Regulierung durch die Erregung der zerebralen akustischen Wortspuren.[2] Diese ja recht verbreitete Art, eine Erscheinung durch die Wirkung physiologischer Vorgänge zu erklären, ist besonders verhängnisvoll, weil sie ja eine Prüfung der Theorie auf ihre Richtigkeit ganz unmöglich macht. Solche Scheinerklärungen sind die grössten Hemmnisse für den Fortschritt unserer Erkenntnis, weil sie von der weiteren Analyse der Symptome abhalten.[3]

Ganz ähnlich war das Vorgehen bei der Erklärung der Lesestörungen bei der motorischen Aphasie. Weil man das Lesen bei manchen

[2] *Cf. z. B.* Kleist, "Aphasie und Geisteskrankheit", *Münch. med. Wochenschrift.* 1914. Nr. 1, S. 5.
[3] *Cf.* hierzu auch meine Ausführungen. "Topik der Grosshirnrinde *etc*", *D. Zeitschrift f. Nervenheilkunde.* Bd. 77, S. 85 ff.

Patienten mit motorischer Aphasie gestört fand, musste eine Bahn vom Lesezentrum zum motorischen Sprachzentrum angenommen werden.

Dafür, wie man zur ursprünglichen Auffassung nicht passende Erscheinungen unschädlich machte, sei als Beispiel die Erklärung der Erscheinungen von Seelenblindheit bei der "Wortblindheit" angeführt. Die optische Alexie war nach der Theorie durch Läsion der optischen Buchstabenresiduen im Angulariszentrum bedingt. Als man sah, dass sich so gut wie immer bei der Alexie Erscheinungen auch im Erkennen anderer optischer Gebilde finden, betrachtete man diese Zeichen der Seelenblindheit als zufällige Begleiterscheinungen der Alexie, etwa rein lokalisatorisch bedingt durch die benachbarte Lage des Zentrums für die optischen Buchstabenvorstellungen und der Zentren für die anderen optischen Erinnerungsbilder, ganz übersehend, dass es das natürlichste gewesen wäre, die Störungen im Erkennen von Buchstaben und anderer optischer Gebilde als zwei Erscheinungen ein und derselben Grundstörung anzusehen, die sich nur bei beiden Leistungen in etwas verschiedener Weise äussert. Heute ist an einer solchen Auffassung wohl kein Zweifel.

Man hat versucht, den Irrweg der klassischen Aphasielehre darauf zurückzuführen, dass sie zu *psychologisch* eingestellt gewesen sei. Andere Autoren wieder, die die psychologische Betrachtungsweise an sich befürworten, sahen den Grund des Fiaskos in der *Mangelhaftigkeit der Psychologie,* deren sich die Mediziner bedienten.

Der Einwand gegen die psychologische Betrachtung überhaupt ist besonders von *Pierre Marie* erhoben worden. Der Arzt soll medizinische Tatsachen medizinisch behandeln, nicht psychologisch. Ich gehöre zu den wenigen deutschen Autoren, die dem Pierre Marie'schen Angriff gegen die herrschende Aphasielehre nicht ablehnend gegenüberstanden. Ich habe Pierre Marie in seinen Grundanschauungen, namentlich der Anschauung, dass es *nur eine Aphasie* gebe, sofort zugestimmt. Ich glaube auch, dass Pierre Marie durch die grössere Unbefangenheit der rein klinischen Betrachtung mit wirklich tieferem Blick die Wesenheit der aphasischen Störungen erfasst hat, als die theoretisch so stark voreingenommenen Anhänger der klassischen Lehre. Dass es aber nicht allein bei klinischer Betrachtung möglich ist, freien Blick zu bewahren, dürfte daraus hervorgehen, dass dieselben Einwände, wie sie die Pierre Marie'sche Lehre in ihrem Grundzug enthält, ja gerade von der psychologischen Betrachtung aus gleichzeitig, ja schon vorher, in ganz ähnlicher Weise, allerdings kaum beachtet, erhoben worden sind, indem auch die psychologische Richtung zur Aufstellung nur einer einzigen, eigentlichen, Aphasie kam, die in der von mir vertretenen Lehre von der zentralen Aphasie ihren prägnantesten Ausdruck gewonnen hat.[4] Aber wie soll man denn überhaupt, auch bei klinischer Betrachtung, psychische Erscheinungen anders schildern als unter Benutzung psychologischer Ausdrücke! Auch Pierre Marie treibt ja Psychologie, wenn er von Intelligenzstörung spricht. Der Versuch einer rein klinischen Gruppierung in dem Sinne, dass man Krankheitsbilder nach dem immer Zusammenvorkommen einzelner gleicher Erscheinungen abgrenzt, ist doch ohne psychologische Analyse gar nicht möglich; denn wie soll man denn das Gleichsein oder Ungleichsein psychischer Erscheinungen bestimmen, wenn nicht durch psychologische Betrachtung? Es wäre doch ganz gewiss unvollkommen, wenn wir die Symptomenbilder ganz grob allein nach den Ausfällen charakterisieren wollten, da ja eine Störung sich nicht nur in Ausfällen, sondern auch in verändertem Verhalten bei erhaltenen Leistungen kundtut. Eine solche Veränderung ist doch bei psychischen Phänomenen nur bei einer psychologisch-phänomenalen Analyse richtig zu beurteilen. Nur damit können wir auch der grossen Gefahr rein klinischer Betrachtung entgehen, die, wie wir später sehen werden, daraus entsteht, dass wir uns allein an die effektiven Äusserungen der Kranken halten müssen. Es ist wohl auch kein Zufall, sondern auf den Vorzug der psychologischen Betrachtung gegenüber der rein klinischen zurückzuführen, dass die Marie'sche Lehre beinahe nur ein negatives Ergebnis enthält, während die psychologische Betrachtung zu positiver Erforschung der zentralen Aphasie und zu der Frage drängte, wie sich im einzelnen die Aphasie gestaltet. Der Ausdruck Intelligenz ist zu nichtssagend; welcher Art ist die Intelligenzstörung, welche Rolle spielen bei den Aphasien die rein sprachlichen Vorgänge? (cf. S. 51 ff.) – Fragen, die nur mit Hilfe der Psychologie entschieden werden können.

Ich glaube, die Abneigung der klinisch eingestellten Forscher richtet sich nicht so sehr gegen die psychologische Betrachtung an sich als gegen die theoretisch voreingenommene psychologische Betrachtung, wie sie meist üblich war. Die psychologische Betrachtung muss sich die gleiche Unvoreingenommenheit bewahren, wie sie der klinische Blick des echten Klinikers hat; dann ist die psychologische Betrachtung nicht nur der klinischen Betrachtung ebenbürtig, ja eine richtige

[4] *Cf.* hierzu später S. 198, 213f.

klinische Betrachtung wird sie nicht entbehren wollen, weil sie ohne sie überhaupt nicht auskommt.

Allerdings erhebt sich hier die schwierige Frage: *wie soll der Kliniker bei seiner psychologischen Analyse vorgehen?* Soll er die Grundlehren der Psychologie einfach übernehmen und danach die Kranken untersuchen? Das wäre, wenn es eine allgemein anerkannte "richtige" Psychologie gäbe, gewiss möglich. Aber es ist keine Rede davon, dass es eine solche gibt. Der Mediziner ist nun gezwungen, sich an eine der Richtungen der Psychologie anzulehnen, und er wird gewiss dazu neigen, sich der am meisten anerkannten anzuschliessen. So stand die klassische Aphasielehre ganz unter dem Einfluss der herrschenden Assoziationspsychologie in der besonderen Form der Herbart'schen Vorstellungspsychologie. Man hat, wie wir schon andeuteten, die Irrgänge der Aphasielehre mit dem Anschluss an diese "falsche" Psychologie in Zusammenhang zu bringen versucht. Besonders A. Pick hat das betont, und er hat das Heil in einer Abwendung von dieser Psychologie und in einem Anschluss an die "neuere" Psychologie der Würzburger Schule sehen wollen. Diese einfache Übernahme einer anderen Psychologie können wir nicht für richtig halten. Laufen wir nicht Gefahr, bei der Übernahme der Lehren jeder Psychologie dieselben Irrwege zu gehen? Wie sollen wir denn entscheiden, ob psychologische Lehren richtig sind, ob falsch, ob brauchbar für unsere Fragen, ob nicht? Besteht nicht bei Übernahme der Resultate der "neueren" Psychologie, die A. Pick empfahl, der Lehren der sogenannten Würzburger Schule, dieselbe Gefahr? Ich persönlich meine, ja. Eben erst beginnt wieder eine neuere Psychologie, die in starkem Gegensatz zu der Würzburger Schule steht, immer mehr an Bedeutung zu gewinnen. Sollen wir uns jetzt wieder dieser "neueren", der Gestaltpsychologie, anschliessen? Wie soll der Mediziner wissen, was er im Streit der Meinungen der Fachforscher zu wählen hat? Besteht da nicht der Einwand gegenüber jeder psychologischen Betrachtung zurecht, der von der Unzulänglichkeit jeder Psychologie aus von v. Monakow gegen jede psychologische Betrachtung erhoben wurde?

Und wenn wir trotzdem auf eine psychologische Betrachtung nicht verzichten können und wollen, sollen wir etwa uns unsere eigene für unsere Zwecke passende Psychologie bilden? Gerade, dass die Mediziner das oft versucht haben, das hat man speziell von psychologischer Seite ihnen vorgeworfen und die Irrtümer, in die sie verfallen sind, auf dieses Vorgehen zurückzuführen versucht. Gewiss liegt in den Vorwürfen gegenüber vielen von den Medizinern vertretenen psychologischen Vorstellungen, die besonders lebhaft auch von einem Mediziner selbst, nämlich von A. Pick, erhoben worden sind, viel Richtiges. Aber ich glaube, das Falsche des Vorgehens lag nicht darin, dass der Mediziner sich bei seinen psychologischen Überlegungen von den pathologischen Erfahrungen zu sehr, sondern dass er sich zu wenig von ihnen leiten liess, dass er zu früh und oft unter Heranziehung von Vorstellungen, die keineswegs aus den ihm vorliegenden Tatsachen gewonnen waren, zur Theoriebildung überging. Mir scheint es wirklich der einzig gangbare Weg zu sein, wenn man von dem vorliegenden Material ausgeht und möglichst ohne jede Voreingenommenheit durch irgendeine Theorie an die Beschreibung der psychologischen Phänomene herantritt. Wichtiger als alles andere ist zunächst einmal die möglichst unvoreingenommene Beschreibung der Phänomene. Das ist gewiss nicht ganz einfach. Ich glaube aber, man wird groben Irrtümern entgehen, wenn man sich an einige *methodische Hauptforderungen hält, die sich aus dem Material, mit dem man es zu tun hat,* eigentlich ganz von selbst ergeben, wenn sie auch bisher – eben weil man mit theoretischer Voreingenommenheit an die Untersuchung heranging – gewöhnlich übersehen worden sind. *Die erste methodische Forderung* geht davon aus, dass uns materialiter ein *Organismus* mit Abweichungen gegenüber der Norm gegeben ist. So dürfen wir auch die *Veränderungen nie ohne Beziehung zu* diesem *Organismus,* mit dem wir es zu tun haben, betrachten. Das ist die erste methodische Forderung, nach der wir vorzugehen haben. Für die unbefangene Betrachtung besteht ein lebendiger Organismus körperlich nicht aus Ohren, Augen, Gehirn, Beinen *etc.*, sondern es ist ein *Organismus* mit Ohren, Augen, Gehirn und Beinen *etc.* Das gleiche gilt für die Betrachtung des psychischen Organismus. Der psychische Mensch setzt sich nicht zusammen aus seinem Denken, Sprechen, Wollen, Handeln, Fühlen, aus optischen, akustischen *etc.* Erlebnissen, sondern es ist ein denkender, sprechender, fühlender, optische *etc.* Erlebnisse habender Mensch. In pathologischen Fällen haben wir es etwa beim Aphasischen nicht mit einem Menschen mit veränderter Sprache zu tun, sondern mit einem Menschen, dessen Veränderung sich uns in gewissen Erscheinungen seiner Sprache, aber auch in den verschiedensten anderen Erscheinungen kundtut. Also betrachte man nie eine Erscheinung isoliert vom ganzen kranken Menschen. Die

verschiedenen Leistungen eines Kranken bei der gleichen Anforderung in verschiedenen Situationen, die so typisch sind für alle Hirngeschädigten und die sich ja nur aus der Abhängigkeit der Leistungen
vom ganzen Menschen verstehen lassen, hätten diese Forderung, die
schon H. Jackson ganz bewusst aufgestellt hat, nie so vergessen lassen
dürfen. Wie viel Irrtümer wären vermieden worden, wenn man Jackson gefolgt wäre!

Ein Moment darf hier auch nicht übersehen werden. Der Mensch
ist ein psycho-physischer Organismus. Jede Krankheit verändert ihn
im Ganzen. Man hat bisher gewiss allzusehr das Nervensystem vom
übrigen Körper isoliert betrachtet und die nervös-psychischen Erscheinungen allein mit den Veränderungen der "nervösen" Substanz in
Beziehung gebracht. Nicht nur, dass die Beschaffenheit der nicht nervösen Bestandteile des Nervensystems von grösster Bedeutung für die
Art der Reaktion des Organismus sein wird, es gilt etwas Entsprechendes auch von der Beschaffenheit des übrigen Körpers, seiner
einzelnen Teile bei den einzelnen Leistungen wahrscheinlich in verschieden starkem Masse. Unsere methodische Forderung ist jedenfalls
erst erfüllt, wenn wir den Menschen, mit dem wir es zu tun haben,
stets als psycho-physischen Organismus betrachten und uns dabei
nicht mit so allgemeinen Ausdrücken, wie schlechtes Allgemeinbe-
finden, Ermüdung begnügen, sondern jede Reaktion immer von dem
augenblicklichen möglichst genau zu analysierenden Zustand auch in
körperlicher Beziehung aus betrachten.

Die zweite Grundforderung heisst: *Man berücksichtige alle Erscheinungen*, die ein Kranker bietet, und gebe auch zunächst keiner
den Vorrang für die Beurteilung. Es gibt zunächst keine wichtigen,
keine unwichtigen. Nur dann ist die richtige Deskription möglich.
Überlassen wir es der weiteren Forschung, festzustellen, wie weit ein
Symptom wesenhafter zur Erkenntnis der zugrundeliegenden Veränderung einer Funktion ist als ein anderes! Jede unbefangene längere
Untersuchung eines Falles lehrt immer wieder, wie wenig geeignet
eine besonders hervortretende Leistungsänderung für das Verständnis
der zugrundeliegenden Funktionsstörung zu sein braucht, und wie
bedeutungsvoll eine kaum die Beachtung auf sich ziehende Erscheinung sein kann. Nirgends hat sich das vielleicht so klar gezeigt als bei
der Analyse der amnestischen Aphasie. So lange man bei einem Erklärungsversuch sich an das hervorstechende Symptom hielt, die
erschwerte Wortfindung, konnte man nur zu der Annahme kommen,

dass die Störung durch eine erschwerte Ansprechbarkeit der Sprachdispositionen zustande kommt. Als wir aber die vorher kaum beachtete Veränderung des Gesamtverhaltens der Kranken ebenso berücksichtigten, ergab sich nicht nur eine ganz andere Auffassung der zugrundeliegenden Funktionsstörung, sondern auch die rein sprachlichen Erscheinungen wurden in ganz anderer Weise verständlich, als es vorher der Fall war. Die Auffassung der Grundstörung als erschwerte Ansprechbarkeit der Sprachdispositionen, die ja tatsächlich nur mit Schwierigkeiten und Hilfshypothesen angenommen werden konnte, da den Kranken die Worte unter bestimmten Umständen ja keineswegs fehlen, war jetzt überflüssig. Die Kranken finden die Worte nicht deshalb nicht, weil eine primäre Unterwertigkeit der Sprachdispositionen vorliegt, sondern weil die Sprachdispositionen in der erforderten Situation infolge des veränderten Gesamtverhaltens gar nicht erweckt werden, bei einem derartigen Verhalten, wie es die Kranken infolge der zugrundeliegenden Funktionsstörung allein einnehmen können, auch beim Gesunden nicht erweckt werden.[5]

Die dritte methodische Forderung verlangt, erst dann eine Erscheinung bei der Theoriebildung zu verwerten, *wenn sie völlig klar ist.* Dazu gehört nicht nur die sichere Feststellung der Erscheinung in effektiver Weise, z. B. die Kenntnis der effektiven Reaktion in einer bestimmten Situation, sondern auch *die Kenntnis des Weges, auf dem der Kranke zu seiner Reaktion gekommen ist.* Dieser letzte Punkt verlangt eine ganz besondere Beachtung. Die älteren Untersuchungen haben die Darlegung der Defekte, die Erörterung darüber, was ein Patient nicht kann und was er kann, zu sehr in den Vordergrund gestellt.

Wenn Sie ältere Krankengeschichten lesen, so sehen Sie, dass das plus oder minus eine sehr grosse Rolle in ihnen spielt. Man prüfte möglichst vielerlei und suchte oft sogar statistisch festzustellen, wobei und wie oft der Kranke versagte, wobei nicht und wie oft nicht *etc.* Man zählte etwa, wieviele Worte ein Amnestischer fand, wieviel nicht *etc.* Auf die *falschen Antworten* legte man *viel geringeren Wert,* sie wurden entweder gar nicht beachtet oder als negativ bewertet und bei der Gesamtauffassung kaum herangezogen, jedenfalls in ihrer *prinzipiellen Bedeutung* für diese ganz und gar nicht richtig erkannt. Das war verständlich, weil die falschen Antworten so lange Curiosa

---

[5] *Cf.* hierzu Gelb und Goldstein, *Psychologische Forschung.* 11. Bd. 1924, S. 127.

blieben, als man nicht festzustellen vermochte, wie sie zustande gekommen waren. Man konnte ihre Entstehung höchstens theoretisch
erklären, wie etwa die Paraphasie, da man die Art und Weise, wie
ein Kranker zu seiner falschen Antwort kam, durch die übliche Untersuchung gar nicht feststellen konnte. Das vermag bei psychischen
Phänomenen nur eine durch die Benutzung des Experimentes verfeinerte phänomenale Analyse, die man aber im weitesten Masse vernachlässigt hat. Erst diese vermag einen wirklichen Einblick in das
veränderte Geschehen zu verschaffen und damit auch eigentlicht erst
die Tatsachen so aufzudecken, dass eine überhaupt brauchbare
Theorie aus ihnen entwickelt werden kann. Fast alle Irrtümer, die die
klassische Lehre enthält, basieren auf der Vernachlässigung der
phänomenalen Analyse. Eine solche phänomenale Analyse ist nicht
nur unbedingte Voraussetzung, wenn man aus einer falschen Reaktion auf die Art der Veränderung des Geschehens, also die zugrunde-
liegende Funktionsstörung schliessen will, sondern auch bei der Bewertung der sog. richtigen Antworten. Man hat sich dabei gewöhnlich allzusehr daran gehalten, ob eine Reaktion derartig war, dass die
gestellte Aufgabe effektiv als gelöst betrachtet werden konnte. Das
besagt aber für die normale Grundlage einer Reaktion eigentlich sehr
wenig und kann bei Kranken zu den schwersten Täuschungen bei der
Entscheidung, ob eine Störung vorliegt oder nicht, führen. Erst die
Analyse deckt oft die Störung auf, indem sie zeigt, dass der Kranke
seine Reaktion auf einem Umweg ausgeführt hat, der bei ihm trotz
der Störung möglich war. Würden wir uns nur an den Effekt halten,
so würden wir die Störung übersehen, da der gleiche Effekt auf verschiedenen Wegen zustande kommen kann. *Eine bestimmte Leistung*
bedeutet normaler Weise aber *die Benutzung eines bestimmten* Weges,
und die Annahme, dass keine Störung vorliegt, erfordert den Nachweis, dass der Kranke den Weg zu gehen imstande ist, den er in gesunden Tagen gegangen ist. Würde unser Beobachtungsvermögen
nicht so unvollkommen sein, so würden wir gewiss schon bei Betrachtung der Effekte selbst erkennen, dass der Kranke auf abnormem Wege zu seinem Ziele gekommen ist. Ist man erst auf dieses
Problem aufmerksam geworden, so weist einen schon die einfache
Beobachtung gelegentlich auf den Defekt hin. Oft ist aber eine genaue Analyse notwendig. Die genaue Analyse der Umwege, durch
die der Kranke zu seinen Reaktionen kommt, ist nicht nur sehr wesentlich, wenn wir nicht aus einer Reaktion einen falschen Schluss auf

die Intaktheit einer Funktion ziehen wollen, sondern sie bringt uns auch erst ein Verständnis für manche falschen Reaktionen, die oft irrtümlich als direkte Folgen der Schädigung einer bestimmten Funktion aufgefasst werden, während sie der Ausdruck an sich ganz normaler Leistungen sind, die nur mangelhafte Effekte darstellen, weil der Kranke einen Weg benutzt, das heisst benutzen muss, der auch beim Gesunden die gleichen, effektiv schlechten, Leistungen bringen würde. Wir werden auf dieses wichtige Moment für das Verständnis zahlreicher Erscheinungen bei aphasischen Kranken, so besonders mancher Formen der Paraphasie, zurückzukommen haben. Erwähnt sei auch schliesslich noch, dass auch erst die Analyse der Umwegsleistungen die richtigen Grundlagen für die richtige Lokalisation liefert. *Eine bestimmte lokalisatorische Beziehung bedeutet einen bestimmten Weg.* Wenn wir eine lokalisatorische Bestimmung ausführen wollen, etwa aus einem Befund auf das Vorliegen eines Herdes an einer Stelle schliessen wollen oder bei einer effektiv möglichen Leistung eine für diese Leistung bedeutungsvolle Stelle als intakt annehmen wollen, müssen wir wissen, ob auch wirklich der Weg, den diese lokalisatorische Beziehung darstellt, gegangen worden ist oder nicht.[6] Vielerlei unnütze Diskussionen über die Lokalisation wären erspart geblieben, wenn man diesen wichtigen Punkt nicht fast allgemein übersehen hätte.

Eine genaue, unter den erwähnten Gesichtspunkten ausgeführte Analyse der Symptome lässt uns die Symptome, die bei einem Hirnherd auftreten, in drei Gruppen einteilen.

Die erste Gruppe von Erscheinungen ist *der direkte Ausfluss der vorliegenden Grundstörung. Die zweite* wird durch jene, von uns schon erwähnten *Umwegsleistungen* gebildet. Diese Umwegsleistungen stellen einen Ausweg dar, den der erkrankte Organismus wählt, um trotz der Funktionsstörung doch noch den an ihn gestellten Anforderungen nach Möglichkeit nachzukommen. Wie ich an anderer Stelle [7] ausführlich dargelegt habe, macht sich dabei die Tendenz geltend, möglichst solche Leistungen zustande kommen zu lassen, die biologisch wichtig, d. h. solche, die für die Aufrechterhaltung des Gesamtorganismus wesentlich sind. Vieles, was im allgemeinen als Re-

---

[6] *Cf.* hierzu meine Darlegungen in "Topik der Grosshirnrinde, *etc.*" *Deutsche Z. f. Nervenheilkunde* Bd. 77, S. 34.

[7] *Cf.* Goldstein, *Schweizer. Archiv f. Neurologie u. Psychiatrie* XIII. 1923. S. 287, u. "Topik d. Grosshirnrinde", *Deutsche Z. f. Nervenheilkunde* Bd. 77, S. 15 ff.

stitution bezeichnet wird, stellt sich als solche Umwegleistung heraus, die nur dem Effekt nach den normalen einigermassen entspricht und deshalb fälschlich als Ausdruck eines Wiederersatzes aufgefasst zu werden pflegt. Eine Restitution im Sinne einer Wiederkehr der Funktion liegt tatsächlich nicht vor. Nur eine genaue Analyse kann diese Differenz aufdecken. Ohne eine solche sind deshalb auch alle Erörterungen über die Restitution, die ja einen so ungeheuer grossen Raum in den Erörterungen über die Aphasie, speziell über die Lokalisation der Störungen, einnehmen, eigentlich recht wertlos. Damit wird allerdings das Urteil über die meisten derartigen Diskussionen gesprochen. Wirkliche Restitution, d. h. Wiederkehr der Funktion, scheint mir nur durch eine Restitution des geschädigten Substrates, besonders durch einen Rückgang der Diaschisis möglich.

Eine *dritte* Gruppe von Erscheinungen schliesslich kommt dadurch zustande, dass die durch die Funktionsstörung bedingten Leistungsstörungen sekundär auch andere Leistungen beeinträchtigen. Ist zum Beispiel durch eine Funktionsstörung das Zustandekommen von simultanen räumlichen Erlebnissen beeinträchtigt, so bekommt der Kranke auch eine Taststörung, nicht weil auf dem Tastgebiete auch eine Störung vorliegt, sondern weil die Tastwahrnehmungen wegen des durch die erwähnte Funktionsstörung bedingten Fehlens räumlicher Vorstellungen zu keiner räumlichen Vorstellung führen können.

Unsere methodischen Forderungen enthalten eine Schwierigkeit, die wir uns nicht verhehlen. Sie können eigentlich nie völlig erfüllt werden. Denn sie erfordern eine vollständige Analyse eines Falles, die nicht nur grösste Mühe macht, sondern auch gar nicht immer durchzuführen ist. Vor allem erhebt sich die Frage, wann ist denn eine Analyse als fertig zu betrachten? Praktisch ist dieser Einwand keineswegs so schwerwiegend, als er zunächst erscheint. Man darf das Prinzip nur nicht überspannen. Gewiss ist eine Analyse eines Falles nie abgeschlossen; aber zwischen der üblichen Beschreibung einzelner Störungen der optischen, der sprachlichen Leistungen *etc.* und einer auch nicht vollständigen, aber prinzipiell sich auf möglichst alle Leistungen erstreckenden Analyse besteht doch ein sehr grosser Unterschied, und das letztere Vorgehen wird sicher vor gröbsten Irrtümern schon bewahren, wenn es auch nicht zu absolut einwandfreien Resultaten führt. Dem Kundigen, der sich in die Persönlichkeit eines Kranken zu versenken versteht, wird es sich ergeben, wann er etwa mit einer Analyse aufhören kann, ohne Gefahr zu laufen, gröbsten

Irrtümern in der Deutung zu verfallen. Man wird soweit gehen müssen, dass zunächst alle Erscheinungen ohne weiteres durch die auf den bisher festgestellten Tatsachen aufgebaute Theorie verständlich werden, *resp.* wir bei jeder neuen Frage, die auftaucht, mit grosser Wahrscheinlichkeit vorher sagen können, wie sich der Kranke verhalten wird. Nur dann ist die Analyse ausreichend. Das ist zum Beispiel bei dem von Gelb und mir beschriebenen Kranken mit Seelenblindheit der Fall. Wir haben bei ihm auf Grund unserer ersten Untersuchungen, die nicht genügend erschöpfend waren, eine nicht ganz zureichende Theorie gebildet. Je mehr wir ihn weiter untersuchten, umso klarer wurde uns die Funktionsstörung, die bei ihm vorliegt, und heute sind wir so weit, dass wir wirklich auf Grund der gebildeten Theorie voraussagen können, wie der Kranke sich in jeder Situation verhalten wird, auch bei Leistungen, die wir nie bei ihm untersucht haben. Nur soweit untersuchte Fälle sollten eigentlich zur Theoriebildung benutzt werden. Eine einzige solche möglichst weit durchgeführte Analyse halte ich für viel wertvoller als viele Untersuchungen vieler Kranken mit lauter unvollkommenen Ergebnissen. Die Häufung auch noch so vieler unvollkommen festgestellter Tatsachen führt nie zur Erkenntnis des richtigen Sachverhaltes. Auch unsere Wissenschaft ist allzusehr von der Suggestion der Zahl beherrscht. So wichtig es ist, einmal festgestellte Ergebnisse immer wieder an neuem Material bestätigt zu finden, so wenig bringt uns diese Bestätigung in der Erkenntnis des Wesentlichen natürlich an sich weiter.

Eine Theorie wird umso richtiger, je mehr sie alle aufzeigbaren Phänomene zu erklären vermag. Es ist deshalb wichtig, dass wir möglichst alle Tatsachen, die in Beziehung zu dem uns beschäftigenden Problem stehen, bei der Aufstellung der Theorie heranziehen. In diesem Sinne ist die besonders von Pick vorgeschlagene Heranziehung linguistischer, völkerkundlicher und kinderpsychologischer [8] Erfahrungen als von grossem Werte für unser Problem zu betrachten. Aber auch hier würde ich die einfache Übertragung der Ergebnisse dieser Forschungsgebiete zur Beurteilung unserer Tatsachen für bedenklich halten; wenn man beachtet, wie hier alles schwankend ist, gewiss für mindestens ebenso bedenklich wie die Heranziehung der Normal-Psychologie. Die Ergebnisse der anderen Wissenschaften dürfen uns nur Anregungen zu bestimmtem Vorgehen bei der Erforschung unseres ei-

---

[8] *Cf.* hierzu bes. auch den Versuch von Fröschels, den ich von meinem Standpunkte aus allerdings nicht für ganz geglückt betrachten kann.

genen Materiales bringen und zur Kontrolle unserer Resultate dienen, wobei die Differenzen, die im verschiedenen Material gelegen sind, ernsteste Beachtung verdienen, mehr als dies manchmal bei der Heranziehung der Kinderpsychologie oder der Völkerpsychologie zur Erklärung pathologischer Tatsachen geschehen ist. Der Vergleich unserer Tatsachen mit denen der anderen erwähnten Wissenschaften wird auch erst bei diesem vorsichtigen Vorgehen den anderen Wissenschaften Vorteile bringen. Die gleichen Überlegungen gelten übrigens auch für die Heranziehung der physiologischen Erfahrungen zum Verständnis psychischer Probleme, auf die wir bald bei der Frage der Lokalisation näher eingehen müssen. Die psychologische Theorie wird natürlich besonders auch den *physiologischen Tatsachen* gerecht werden müssen. Die Richtigkeit einer Theorie wird sich sogar besonders dadurch zu erweisen haben, dass sie die Feuerprobe der physiologischen Kritik besteht. Allerdings wird auch diese sich nicht auf irgend eine gerade herrschende physiologische Theorie stützen, sondern sich auch nur auf allen physiologischen Tatsachen aufbauen dürfen. Dass sich hier für die *physiologische Betrachtung die gleichen methodischen Schwierigkeiten ergeben,* die wir eben bei der psychologischen Betrachtung kennen gelernt haben, werden wir bald sehen.

2. Das Problem der Lokalisation

Die physiologische Theorie der psychischen Vorgänge ist in ihrer innersten Tendenz auf ein Verständnis der Beziehungen zwischen den psychischen Erscheinungen und dem sich dabei im Gehirn abspielenden physiologischen Geschehen im allgemeinen gerichtet. Mit der Broca'schen Entdeckung rückte aber *das Problem der Ortsbeziehung* in den Vordergrund und nahm mit der zunehmenden Erfahrung über die Abhängigkeit bestimmter Störungen von Läsionen bestimmter Örtlichkeit schliesslich das ganze Interesse ein. Solange man im Fortschritt weiterer Erfahrungen nur Hirndefekte und Symptome gegenüberstellte, war gegen dieses Verfahren, das ja seine grosse Bedeutung für die Lokaldiagnostik hat, nichts einzuwenden, als dass man sowohl bei Bestimmung der Symptome wie bei der Abgrenzung der Herde zu grob vorging. Dass hier das vorher besprochene Vorgehen bei der Symptombetrachtung nicht ohne schädliche Wirkung auf die Lokalisation bleiben konnte, liegt auf der Hand. Beschrieb man die vorliegenden *Symptombilder so unzureichend,* rückte man unberechtigter Weise einzelne ganz in den Vordergrund als die bei einem bestimmt gelagerten Herd charakteristischen Symptome, so mussten auch die lokalisatorischen Festlegungen unvollkommen werden und die Widersprüche und die Diskussionen sich häufen. In gleicher Weise mussten sich Unstimmigkeiten ergeben aus der *allzu schematischen Betrachtung des Herdes,* die das Auftreten von Symptomen fast ausschliesslich zur Örtlichkeit überhaupt in Beziehung brachte und fast ganz übersah, dass die verschiedene Schädigung einer Stelle, wie sie verschiedenartige Erkrankungen oder die verschiedenen histopathologischen Zustände zu verschiedenen Zeiten der Erkrankung *etc.* darstellen, nicht etwa nur quantitative Differenzen der gleichen Symptomatologie erzeugt, sondern dass dadurch, wie sich bei unbefangener Betrachtung immer deutlicher herausstellte, wesensverschiedene Funktionsstörungen mit verschiedenen Symptomen bewirkt werden können. Man denke an die besonders von v. Monakow mit Recht so hervorgehobene prinzipielle Verschiedenheit der Initial- und Residualsymptome. Man übersah so gut wie vollkommen *die Lokalisation nach Schichten* in der Hirnrinde, man übersah, dass das Symptomenbild von der Individualität des Kranken in psychischer und körperlicher Beziehung abhängig ist, besonders von der Beschaffenheit des ganzen übrigen Gehirns, man übersah schliesslich die ausserordentliche Unsicherheit, die sich bei der Setzung einer Beziehung zwischen Symptom und Herd daraus ergibt, dass wir ja eigentlich nicht wissen, in welchem *Verhältnis eine bestimmte Beschaffenheit des anatomischen Substrates zu einer bestimmten Leistung steht.* Wie weit sind wir doch davon entfernt, entscheiden zu können, ob das erhaltene Gewebe noch ausreicht, eine bestimmte Leistung zu ermöglichen oder nicht! Wir haben ja gar kein eigentliches Kriterium für diese Entscheidung; wissen wir doch nicht einmal, für welche Leistungen die Rinde und die feinen Assoziationsfasern, für welche das subkortikale Mark von Bedeutung ist, wie weit die Rinde unversehrt sein muss, um normal zu funktionieren *etc.* Wir stehen hier vor einer methodischen Schwierigkeit, die überhaupt kaum zu überwinden ist, und werden uns wohl immer mit einem annähernden Ergebnis begnügen müssen, und doch wäre eine Entscheidung von so grundlegender Bedeutung für alle Fragen der Lokalisation; wie viele Irrtümer und Gegensätze in den Anschauungen beruhen einfach auf der Unsicherheit auf diesem Gebiet, die so leicht eine willkürliche Auffassung in einem gegebenen Falle ermöglicht. Das ganze Problem des sogenannten Eintretens der unterwertigen Hemisphäre für die Leistungen der überwertigen wird durch diese Unsicherheit eigentlich im Prinzip unlösbar.[9]

Die erörterten Schwierigkeiten wurden besonders bedeutungsvoll, als man den für die ganze lokalisatorische Betrachtung so verhängnisvollen Schritt von der Lokalisation der Symptome zur *Lokalisation der Funktion* tat. Damit dass *Broca*, der sich zuerst so vorsichtig ausgedrückt hatte, indem er nur von der Läsion des Lobe frontal als der Ursache für den Verlust der Sprache sprach, später in den Fuss der dritten Stirnwindung den Sitz der Fähigkeit zur artikulierten Sprache verlegte, brach die neue Ära an, in der die berühmten und berüchtigten Hirnkarten geschaffen wurden, wenn auch die neue Lehre erst im Anschluss an die Feststellungen von Fritsch und Hitzig über die Beziehung isolierter Stellen der Hisnrinde zu bestimmten Muskelgebieten und durch die psychologische Betrachtung *Wernickes* ihren eigentlichen Siegeszug begann.

Worin die prinzipiellen Fehler bei dieser Lokalisation der Funktionen lagen, hat wohl niemand so klar und eindringlich dargelegt wie *v. Monakow*. Ich brauche darauf kaum näher einzugehen. So sehr ich mich v. Monakow im allgemeinen anschliesse, so kann ich ihm in seiner Skepsis gegenüber der Möglichkeit einer Lokalisation psychischer Vorgänge überhaupt nicht beistimmen. Auch v. Monakow ist zwar der Auffassung, dass den psychischen Vorgängen, selbst den höchsten, bestimmte Erregungskreise in der Hirnrinde entsprechen, und betrachtet diese, wenn auch ausgedehnt über die ganze Hirnrinde, doch bei den verschiedenen Leistungen als verschieden verteilt. Eine Ableitung der Funktion aus den vielen verwickelten und heterogen gestalteten Reiz- und Lähmungserscheinungen, die ein Herd in diesen physiologischen Vorgängen setzt, erscheint ihm aber als ein gegenwärtig einer Lösung kaum zugängliches Problem und damit auch eine Lokalisation psychischer Vorgänge. Eigentlich müsste er danach auch der Lokalisation der nicht-psychischen Leistungen skeptisch gegenüberstehen. Auch diese können wir ja nicht direkt feststellen, sondern nur aus den Leistungen *resp.* Leistungsausfällen beim defekten Nervensystem erschliessen. Und sind wirklich die Erregungsbogen, die wir danach als Grundlage der Leistungen annehmen müssen, prinzipiell so viel weniger kompliziert und prinzipiell so viel leichter durchschaubar, oder befinden wir uns da nicht unter der Sugge-

---

[9] *Cf.* hierzu meine Ausführungen: "Topik d. Grosshirnrinde *etc.*", *Deutsche Z. f. Nervenheilkunde*, Bd. 77, S. 35 u. S. 42 ff.

stion von der Lehre vom Reflex aus einem theoretischen Vorurteil heraus in einer Täuschung, in einer ähnlichen Täuschung wie die klassischen Lokalisatoren bei der Lokalisation des Psychischen?

Wir werden bald sehen, dass wir alle Veranlassung haben, diese Frage zu bejahen. Wir werden sehen, dass sich bei dem Versuch, die nicht-psychischen Leistungen mit einem bestimmt lokalisierten Nervenprozess in Beziehung zu bringen, dieselben Schwierigkeiten ergeben, wie bei der Lokalisation der psychischen, und dass trotzdem eine Möglichkeit besteht, bei beiden Vorgängen an einer Lokalisation, wenn auch in recht anderer Gestaltung als im allgemeinen üblich, festzuhalten.

Zunächst stellen wir uns die Frage: warum sollten wir die psychologische Analyse nicht zur Grundlage der Lokalisation machen? Wenn überhaupt zwischen Psychischem und Physischem eine Beziehung angenommen wird, so muss die Struktur des Geschehens doch für beide Vorgänge übereinstimmen, mag das Material, an dem das Geschehen sich abspielt, auch unvergleichlich sein. Dann muss es aber auch möglich sein, sowohl von der psychologischen, wie der physiologischen Seite her der Erkenntnis des Aufbaues des psycho-physischen Geschehens näher zu kommen. Es ist Sache der empirischen Forschung zu zeigen, welcher von beiden Wegen uns bei einem bestimmten Problem weiterführt. Die unbefangene Betrachtung zeigt immer wieder, dass es bald der eine, bald der andere Weg ist, der eher zum Ziele führt, und dass eine prinzipielle Vernachlässigung des einen uns für gewisse Erscheinungen das Verständnis ganz verschliesst. Wenn man etwa allein die physiologische Betrachtung anwendet, so wird man bei solchen Gebieten, deren Bedeutung für die psychischen Leistungen doch wohl fraglos ist, zu keinem befriedigenden Resultat kommen können, wie zum Beispiel beim Stirnhirn. Wir werden sehen, dass dem gegenüber die psychologische Betrachtung uns auch eine ganz bestimmte Auffassung von der Bedeutung der einzelnen Hirnabschnitte für die psychischen Vorgänge ermöglicht.

Eine psychologische Grundlage für die Lokalisation wollte auch *Wernicke* schaffen. Er wollte sich nicht mit der *Broca*'schen Anschauung begnügen, etwas so Komplexes wie die Fähigkeit zur artikulierten Sprache lokalisatorisch festzulegen, er wollte die psychischen Elementarvorgänge, die den sprachlichen Leistungen zu Grunde liegen, eruieren und diese mit bestimmten Hirnstellen in Beziehung bringen. Als diese Elementarvorgänge erschienen ihm die Erweckung der mo-

torischen, sensorischen Erinnerungsbilder, die Erweckung der sogenannten Sprachvorstellungen, als lokalisatorisch festlegbare Elemente
eben dieser Sprachvorstellungen. Diese sind bei den aphasischen Symptomen infolge der umschriebenen Läsion ausgeschaltet oder beeinträchtigt. In der weiteren Entwicklung der Lehre suchte man auch
aus den anderen Symptomenkomplexen die elementaren Vorstellungen festzulegen, deren Schädigung die Symptome zur Folge haben
sollten. So entstanden das motorische und sensorische Sprachzentrum,
das Lesezentrum, das Schreibzentrum, das Gesangzentrum, das
Rechenzentrum, das Namenzentrum u. a. m. immer von der Annahme
aus, dass an diesen Stellen die Vorstellungen, deren Erweckung die
betreffenden Leistungen zustande kommen lässt, deponiert seien.

Dieser Versuch Wernicke's, nur die Elementarvorgänge zu lokali-
sieren, kann an sich wohl als berechtigt betrachtet werden. Bedenklich
wurde er erst durch die Grundlagen, auf denen er aufgebaut wurde,
die einerseits aus der herrschenden Auffassung des physiologischen
Geschehens bei den Vorgängen im übrigen Nervensystem, also bei
den nicht-psychischen Leistungen, andererseits aus den herrschenden
Vorstellungen der Assoziationspsychologie genommen wurden. Das
erste Moment war für Wernicke bei seinem lokalisatorischen Vorgehen eigentlich viel bestimmender als die psychologische Grundle-
gung, und man hat gerade die Verwendung der neurologischen Methoden und Anschauungen auch bei der Erforschung der hirnpathologischen Erscheinungen für das Fiasko der Lokalisationslehre verantwortlich machen wollen. Meiner Meinung nach lag der Fehler
allerdings nicht, wie man gewöhnlich annimmt, darin, dass Wernicke
meinte, beide Gebiete, das nicht-psychische und das psychische Geschehen, einheitlich verstehen zu können, sondern darin, dass er einfach die Ergebnisse eines Forschungsgebietes auf die Betrachtung der
Erscheinungen eines anderen übertrug und damit durch die Unvoll-
kommenheiten des einen Gebietes auch die Erforschung des anderen
in falsche Bahnen lenkte. Tatsächlich wiederholte so die Lokalisationslehre einfach die Fehler der Schwesterwissenschaft, indem sie die
Lehre vom Reflex, auf der die ganze Neurologie aufgebaut ist, über-
nahm. Ich brauche Ihnen diese Grundanschauungen, auf denen die
ganze klassische Physiologie des Nervensystems sowie die Neurologie
basiert und die ihre Entstehung der Übernahme von Vorstellungen
aus den allgemeinen naturwissenschaftlichen Anschauungen und
Forschungsmethoden, im besonderen der Physik, verdanken, nicht

näher auszuführen. Das Nervensystem sollte danach aus isolierten, miteinander nur sekundär verbundenen Apparaten mit bestimmten festen Funktionen bestehen. Man zerstückelte das Nervensystem, stellte die Reaktionen dieser isolierten Teile auf Reize fest und betrachtete die so festgestellten Reaktionen auch als die Leistungen der betreffenden Teile im Verbande des ganzen Organismus. Da das Nervensystem ja aus lauter getrennten Teilen bestehen sollte, so konnte es ja keinen wesentlichen Unterschied ausmachen, ob die Apparate isoliert oder im Verbande des ganzen arbeiteten. So kam man zu einer Symptomenlehre, die sich aus lauter bestimmten, den sogenannten *normalen Leistungen der einzelnen Teile des Nervensystems* zusammensetzte. Als man dann aber versuchte, die Leistungen des ganzen Organismus von diesen Ergebnissen aus zu verstehen, da ergab sich, dass das nicht möglich war. Man musste zu Hilfsvorstellungen greifen, zu "übergeordneten" Funktionen, die "hemmend", "fördernd", eingreifen sollten, die die Aufgabe hatten, diese Unstimmigkeiten zu beseitigen. Ganz dieser Auffassung vom Bau und der Funktion des Nervensystems entsprechend, hatte Wernicke seine Lehre von der Lokalisation der Vorstellungen in der Rinde aufgebaut. Während die vielen widersprechenden neuen Erfahrungen an der Richtigkeit der Lokalisationslehre in der Rinde schon lange lebhafte Zweifel erweckten, steht die ja eigentlich ganz gleich gebildete Lehre von der Funktion des übrigen Nervensystems noch fast unerschüttert da, obgleich genugsam neue Tatsachen bekannt geworden sind, die mit Nachdruck gegen sie sprechen. Ich habe an anderer Stelle eine Kritik der Lehre versucht, an der wir auch hier Interesse haben, da wir ja der Überzeugung sind, dass die physiologischen Vorgänge im Gehirn sich im Prinzip in gleicher Weise abspielen wie im übrigen Nervensystem. Wir wollen deshalb auf diese Kritik kurz eingehen und in aller Kürze die Anschauung entwickeln, die sich bei einer Betrachtung der nicht-psychischen, nervösen Symptome ergibt, wenn man sie nach denselben methodischen Regeln betrachtet, die wir vorher für die Betrachtung biologischer Vorgänge im allgemeinen aufgestellt haben. Bei einer solchen Betrachtung [10] ergab sich, dass eine bestimmte Erscheinung, etwa der "normale" Patellarreflex bei Reizung der Patellarsehne nur unter ganz bestimmten Umständen auftritt, vor allem unter den Bedingungen der künstlichen Isolierung eines Teiles des

---

[10] *Cf.* hierzu meine Ausführungen: "Zur Theorie d. Funktion d. Nervensystems", *Archiv. f. Psychiatrie,* Bd. 74, 1925, S. 370.

Nervensystems, dass dagegen unter *andern Bedingungen der gleiche äussere Reiz zu ganz anderen, sehr verschiedenen, mit den Bedingungen welchselnden Resultaten führen kann* (sogenannte Reflexumkehr, Reflexvariation). Woher nahm man nun aber das Recht, bei so verschiedenem Verhalten unter verschiedenen Bedingungen ein Verhalten als das *normale,* die andern als gehemmte oder anderweitig beeinflusste zu betrachten, ja sogar das unter ganz besonders künstlichen Bedingungen festgestellte als das normale? Das ist nur aus einer theoretischen Voreingenommenheit zu verstehen. Um nun die normale Natur eines Vorganges, etwa eines Reflexes, zu retten, mussten weitere übergeordnete Zentren angenommen werden, von denen aus der Vorgang reguliert, gehemmt, gefördert wird. Ist es je nachgewiesen, dass es solche Zentren gibt? Nachgewiesen ist nur eine Verschiedenheit der Leistungen bei verschiedenen Zuständen des Nervensystems. Wäre es so nicht viel richtiger, einfach von zwei verschiedenen Leistungen unter verschiedenen Bedingungen zu sprechen und zu versuchen, die jeweiligen Leistungen durch die jeweiligen Bedingungen zu verstehen, als das ganze Problem durch Worte zu verdecken und uns so von vornherein die Möglichkeit zu nehmen, aus der Verschiedenheit der Symptome ein wirkliches Verständnis für die Funktion des Nervensystems zu gewinnen? Ich habe das versucht und kam auf Grund der Analyse sehr zahlreicher Erscheinungen am gesunden und kranken Menschen zu dem Ergebnis, dass *die Annahme bestimmter konstanter Grundleistungen, die an bestimmte Teile des Nervensystems gebunden sind, die anatomisch-physiologische Konstanzannahme, wie ich sie nennen möchte, nur dadurch zustandegekommen ist, dass ein bestimmter Effekt, der einer Versuchsanordnung oder im Organismus gelegenen und eine bestimmte Situation begünstigenden Momenten seine Entstehung verdankt, in unseren Vorstellungen eine solche Überwertung erlangt hat, dass man ihn als den Effekt betrachten zu können glaubte.* Wir sehen hier wieder die Vernachlässigung unserer methodischen Regeln in ihrer verhängnisvollen Wirkung. Die unvoreingenommene Betrachtung der Symptome lehrt uns immer wieder das Unberechtigte dieses Vorgehens erkennen und muss uns veranlassen, nicht diese mehr zufällig hervortretenden einzelnen Symptome in den *Mittelpunkt der Theorie zu stellen, sondern vielmehr die Tatsache, dass in verschiedenen Situationen verschiedene Leistungen und in einer bestimmten Situation eine bestimmte auftritt.*
Ich kam bei einem derartig fundierten Versuch, die Funktion des

Nervensystems zu verstehen, zu folgendem Ergebnis: Jeder Reiz, der auf das Nervensystem, das stets als ganzes tätig ist, einwirkt, erzeugt eine Veränderung im ganzen System. Bei genauerer Beobachtung, bei gleicher Bewertung aller Erscheinungen zeigt sich, dass die Reaktionen nur scheinbar an einem Teile des Nervensystems, tatsächlich überall, wenn auch an einem Teile oft im besonderen Masse, auftreten. Das besondere Hervortreten der Wirkung an einer Stelle ist die Folge einer jeweilig verschiedenen Erregungsverteilung im gesamten System. Die Verteilung ist immer derart gestaltet, dass ein bestimmtes, mehr oder weniger ausgedehntes Gebiet stärker und in besonderer Art erregt ist, im Mittelpunkt des ganzen Erregungsbildes steht, während das übrige Nervensystem sich in andersartiger Erregung befindet. Diese beiden Erregungen, der *"Vordergrundsvorgang" und der "Hintergrundsvorgang"*, wie ich sie nennen möchte, stehen immer in einem bestimmten Verhältnis zueinander, sie sind überhaupt eigentlich nur zwei Seiten eines einheitlichen Vorganges: keiner kann sich verändern, ohne dass der andere sich gleichzeitig mitverändert. Dieser Erregungsverteilung entspricht *nun als Ausdruck des Vordergrundvorganges das Hervortreten einer Einzelleistung* – die wir kurz als *"Figur"* bezeichnen wollen – gegenüber dem gewissermassen den Rahmen dazu bildenden Verhalten des ganzen übrigen Organismus, dem *Hintergrund*. Bedenken Sie z. B., dass jede Bewegung eines Einzelgliedes von einer bestimmten Veränderung der Lage, der Stellung des ganzen übrigen Körpers begleitet ist, die erst die exakte Ausführung der durch den Reiz bezweckten Bewegung ermöglicht, indem sie den Hintergrund zu ihr darstellt, und wie dieser Hintergrund mit jeder Änderung der Einzelbewegung sich gesetzmässig mit ändert.

Dadurch, dass man die gesetzmässige Zugehörigkeit dieses Hintergrundes zu einem Vordergrundsvorgang übersah oder als etwas sekundäres bewertete, gewann man den Eindruck, als ob ein Reiz nur einen isolierten Vorgang an einer Stelle des Nervensystems erweckte. Im normalen Organismus wird dieses Verhältnis von Vordergrund- zu Hintergrundsvorgang durch *die funktionelle Bedeutung eines lokal ansetzenden Reizes für den Gesamtorganismus* bestimmt. So kommt es, dass einem gleichen Reiz in verschiedenen Gesamtsituationen des Organismus eine ganz verschiedene Vordergrunds-Hintergrundsverteilung entspricht, dass es beim gleichen Reiz zu ganz verschiedenen Reaktionen kommen kann; z. B. zu verschiedenen Variationen einer Reflexbewegung bei gleichem Reiz. Wie ich mich an anderer Stelle unter Heranziehung sehr zahlreicher Beispiele zu zeigen bemüht habe, stellt diese hier aufgezeigte Erregungsverteilung nach dem Prinzip der Figur-Hintergrundsbildung das Grundgeschehen bei jeder Veränderung des Erregungszustandes im Nervensystem dar.[11]

Dafür, dass etwas Vordergrund ist, ist funktionell ausgedrückt die Bedeutung, die ein Vorgang für den Gesamtorganismus hat, bestimmend. Erregungsphysiologisch entspricht dem die Annäherung an einen relativen Gleichgewichtszustand im ganzen System. Dieser Zustand wird, wenn durch die Reizeinwirkung ein Ungleichgewicht zustande gekommen ist, auf dem Wege des geringsten Kraftverbrauches erreicht. Diesem Prinzip des kleinsten Kraftverbrauches entspricht es, dass bei einer Schädigung irgend eines Teiles des Nervensystems die Tendenz zu bestehen scheint, dass die alte Funktionsweise so lange beibehalten wird, als es irgendwie ohne stärkere Beeinträchtigung der wesentlichen Aufgaben des Organismus, wie sie in seiner Organisation und dem Milieu, in dem er sich befindet, gegeben sind, angeht. Die Beachtung dieser Tendenz ist wesentlich für das Verständnis der ganzen Verhältnisse bei der sogenannten Restitution.[12]

Wenn wir so annehmen, dass der Grundvorgang sich immer in der gleichen Weise abspielt, so ist noch die *Verschiedenheit der Leistungen* in qualitativer Beziehung und die doch zweifellos bestehende Verschiedenheit der Schwierigkeit der einzelnen Leistungen zu erklären. Es ergibt sich da aus der Symptombetrachtung folgendes: Die Leistung ist zunächst inhaltlich abhängig von dem *Material*, das in die Figurbildung eingeht, so etwa, ob besonders ein bestimmter Sinnesapparat das Material dazu liefert oder ein bestimmtes Motorium *etc.* Die Figur-Hintergrundsbildung ist um so *schwieriger*, d. h. setzt um so grössere Anforderungen an die nervöse Substanz, je *umfangreicher das Material* ist, das in eine Figur-Hintergrundsbildung eingeht, weiter je *präziser* sich ein umschriebener, eine Einheit bildender Vorgang gegenüber dem übrigen Geschehen abheben soll, schliesslich *je mehr Einzelelemente* dieser umschriebene Vorgang in sich in charakteristischer Gestaltung enthält. Bei einer Herabsetzung der Leistungsfähigkeit eines Substrates leidet deshalb zuerst und vor allem die Ausführung irgendeiner einzelnen Reaktion, während Gesamtreaktionen, denen eine geringere Schärfe der Figur-Hintergrundsbildung ent-

---

[11] *Cf.* bes. "Das Symptom" *etc. l.c.* S. 98.
[12] *Cf.* hierzu: *Topik der Grosshirnrinde l. c.* S. 22.

spricht, noch möglich sein können, es leidet weiter die Differenzierung innerhalb einer Leistung, diese verliert an Präzision und Abgesetzt-heit in der Gestaltung der in ihr enthaltenen Einzelelemente. Welche Anforderung eine bestimmte konkrete Leistung an die Funktion des Nervensystems stellt – jede Leistung hat ihre daran gemessene besondere *Wertigkeit* – ist theoretisch nicht zu sagen, sondern muss empirisch bestimmt werden. Hierfür erweist sich neben den Beobachtungen am normalen Organismus vor allem die genaue Beobachtung solcher Fälle als wertvoll, bei denen ein Wechsel der Stärke der Schädigung als Folge einer Progression *resp.* Regression des krankhaften Prozesses angenommen werden kann.

Da die umschriebenen Hirnschädigungen, mit denen wir es bei Kranken zu tun haben, immer einzelne Teile des Nervensystems vom übrigen abtrennen, so muss es uns besonders interessieren, wie die *Erregungsverteilung sich in solchen isolierten Teilen des Nervensystems* ändert. Im normalen Organismus entspricht einem bestimmten Reiz eine bestimmte Figurbildung von bestimmter Festigkeit, Stärke und Dauer. Bei Reizverwertung im gleichen, aber isolierten Gebiet wird das Figur-Hintergrundsverhältnis lockerer, es kommt *leichter zu einem Wechsel von Figur und Hintergrund*, die Reaktion wird *stärker* und *zeitlich nachhaltiger*. Dadurch, dass ein geringerer Teil des Nervensystems sich an der Figur-Hintergrundsbildung beteiligt als normaler Weise, werden die Reaktionen *inhaltlich ärmer, primitiver*, es können *höchste Figur-Hintergrundsbildungen, d. h. bestimmte Leistungen eventuell ganz ausfallen*. Dadurch, dass infolge der Reduktion der inneren Vorgänge die von aussen hinzukommenden Veränderungen relativ wirksamere, mehr die Figurenbildung bestimmend werden als vorher, werden die Reaktionen mehr an die äussere Situation gebunden, d. h. *reizgebundener*, konkreter. Ich kann auf die weiteren Gesetzmässigkeiten, die für die Verteilung der Erregung im System gelten, hier nicht eingehen. Ich erlaube mir, auf meine Ausführungen in den erwähnten Arbeiten hinzuweisen. Ich möchte nur noch eine Gesetzmässigkeit von besonderer Wichtigkeit betonen, die wir in gleicher Weise aus der Analyse der psychischen Störungen ableiten können: *die dem System zur Verfügung stehende Energiemenge ist bis zu einem gewissen*, der Kapazität des Gesamtorganismus entsprechenden Grade konstant. Ein besonders starker Verbrauch an einer Stelle setzt die Leistung an einer anderen herab, und umgekehrt wird even-

tuell an einer Stelle eine Leistung erst möglich, wenn an einer anderen
ein abnormer Minderverbrauch vorliegt.[13]

Mit dieser Auffassung des physiologischen Geschehens bei den
nicht-psychischen Leistungen des Nervensystems wird die Frage der
Lokalisation, d. h. der Gebundenheit der Leistung an eine bestimmte
Stelle, auch bei diesen Leistungen zum Problem, und alle die Einwände, die gegen die Lokalisation der psychischen Leistungen erhoben worden sind, gelten meiner Meinung nach ebenso hier. Wenn man
nicht so von der Richtigkeit der Reflexlehre überzeugt gewesen wäre
und sich das klar gemacht hätte, dann hätte man der physiologischen
Forschung nicht einen so wesentlichen Vorteil vor der psychologischen zur Erlangung eines Verständnisses für die psychischen Vorgänge zuerkennen können. Tatsächlich führt die Analyse der psychischen Vorgänge zu einer ganz entsprechenden Auffassung des Hirn-
geschehens, wie sie sich uns durch die Analyse der nicht psychischen
Leistungen ergab. Ich war schon früher [14] durch die Analyse der psychischen Erscheinungen, speziell auch der aphasischen Symptome, zu
der Anschauung gekommen, dass alles Psychische Einheitliches sei,
dem ein immer das ganze Gehirn umfassender physiologischer Gesamtvorgang parallel geht. An diesem Gesamtvorgang sind die einzelnen Abschnitte des Gehirns nicht in einem zufälligen Nebeneinander beteiligt, sondern jedem psychischen Vorgang entspricht ein alle
Teile umfassender, systematisch aufgebauter, wohl charakterisierter
Ganzablauf mit verschiedener Beteiligung der einzelnen Abschnitte
der Rinde im Zusammenhang des Ganzen. Nicht einzelne Elemente,
an verschiedenen Stellen lokalisiert, sind anzunehmen, sondern einfache und komplizierte Ganzabläufe, die durch die Grundleistung des
Gehirns, die in der Bildung einheitlicher Ganzheiten von bestimmter
Struktur besteht, unter Benutzung des durch die verschiedenen Sinnesgebiete und Motorien gelieferten Materials zustandekommen. Die
Bedeutung der einzelnen Gebiete der Rinde von verschiedener Struktur für die Funktion bestand nach dieser Auffassung darin, dass sie
den normalen Ablauf des jeweilig ihnen entsprechenden Teiles dieses
Gesamtablaufes garantieren. Die für Schädigung eines Gebietes
charakteristische Symptomatologie ist nicht als Ausdruck der Zerstörung irgendwelcher Depots von Erinnerungsbildern aufzufassen,

---

[13] *Cf.* hierzu bes. auch. *Schweizer Archiv. f. Neur. u. Psychiat.* XIII, 1923,
S. 287.
  [14] *Cf.* bes.: *Topik der Groshirnrinde etc. l. c.*

sondern ist ein Ausdruck dafür, dass der Gesamtvorgang in bestimmter Weise an Momenten eingebüsst hat, etwa an optischer oder akustischer *etc*. Qualität – bei Läsion eines Sinneszentrums – oder an motorischer Ausdrucksfähigkeit – bei Läsion eines motorischen Gebietes *etc*., oder dass schliesslich bei Läsion der zentralsten Stellen – als die mir besonders die Flechsig'schen Assoziationsfelder, wenn auch keineswegs sie allein, erscheinen – die Einheitlichkeit der Gesamtleistung leidet, das heisst, dass nur noch primitivere Gesamtvorgänge möglich sind, während die komplizierteren und kompliziertesten ausfallen. Der Ausfall, *resp*. das Erhaltensein einzelner Leistungen ist nicht irgendwie wahllos, sondern es handelt sich um einen gesetzmässigen Abbau der Funktion, durch den die einzelnen Leistungen je nach ihrer verschiedenen Wertigkeit verschieden leiden.

Vor allem waren es dann die Ergebnisse der psychologischen Analyse eines seelenblinden Patienten, den meine Mitarbeiter *Gelb* und *Benary* und ich selbst viele Jahre hindurch beobachtet haben, sowie meine Erfahrungen an Stirnhirngeschädigten, die meine Anschauungen weiter geklärt haben. Wir wollen unsere weiteren Erörterungen an die Erfahrungen an dem seelenblinden Kranken anknüpfen, wobei ich von vorneherein betonen möchte, dass es sich dabei keineswegs um ein Unikum handelt, sondern dass ich nicht nur einen fast ebenso genau beobachteten ähnlichen Fall besitze, sondern dass mir ausserdem sehr zahlreiche andere Beobachtungen, speziell auch an Aphasischen zur Verfügung stehen, auf die ich meine Anschauungen stütze. Ich gehe von diesem Fall aus, weil es sich um ein objektiv festgelegtes Material handelt von einem Umfang, einer Vielseitigkeit und Gründlichkeit der methodischen Durcharbeitung, wie sie wohl kaum sonst in der Literatur zu finden sein dürfte.

Die Analyse der optischen Leistungen des Kranken [15] hatte uns zunächst ergeben, dass bei ihm trotz Erhaltenseins des Erlebnisses der optischen Qualitäten, trotz genügend grossen Gesichtsfeldes und genügender Sehschärfe eine schwere Veränderung seiner optischen Wahrnehmungswelt vorlag. All seine optischen Wahrnehmungen entbehrten jeglicher Raumgestaltung, er war auf optischem Gebiet auf das Erlebnis verschiedener Ausgedehntheit beschränkt. Diese schwere Veränderung der Gestaltung sahen wir als die vorliegende Funktionsstörung an, und es gelang uns auch, auf sie die Störung im Erkennen

---

[15] *Cf.* Gelb u. Goldstein: *Psychol. Analysen hirnpathol. Fälle.* Leipzig, Barth. 1920, 1 ff. (auch *Z. f. d. ges. Neur. u. Psychiat.* 41).

des Patienten zurückzuführen. Die weitere Untersuchung ergab aber, *dass die Störung bei ihm nicht auf das optische Gebiet beschränkt war, sondern, dass eigentlich alle seine Leistungen mehr oder weniger verändert waren.* Die Tasterlebnisse entbehrten aller räumlichen Momente, und der Patient war deshalb im Erkennen vom Tastsinn aus schwer gestört. Patient konnte bei erhaltener Sensibilität und dem Fehlen jeglicher Lähmung bei geschlossenen Augen keine Bewegung ausführen, vor allem nicht anfangen.[16] Untersuchungen besonders unseres Mitarbeiters Benary [17] ergaben, dass der Patient unfähig war zur Mengenschätzung, dass ihm jeglicher Zahlenbegriff fehlte, dass er bei Beurteilung von Tonschritten versagte und schwere Veränderungen bei Denkleistungen bot, bei Intaktheit der sog. Intelligenz im allgemeinen, ja bei zweifellos grosser allgemeiner Findigkeit und grossem Interesse, wie die ganz ausgezeichnete zum Teil willkürlich vorgenommene Ausbildung der Umwegsleistungen zeigte. Diese sind so ausgezeichnet, dass jemand, der die Störung des Patienten nicht kennt, sie beinahe völlig übersehen kann, so dass der Patient unter gewöhnlichen Umständen trotz seiner schweren Veränderung überhaupt nicht auffällt, sondern nur als langsam imponiert.

Überblickt man den ganzen hier nur in ganz groben Zügen skizzierten Befund, so erhebt sich zunächst die Frage: Ist dieses Nebeneinanderbestehen verschiedener Störungen zufällig und etwa durch gleichzeitig bestehende Läsion verschiedener Hirnstellen bedingt, hat der Patient etwa neben einer Seelenblindheit eine Asteregnosie, eine Denkstörung *etc.* als selbständige Störungen? Sowohl die Art der Hirnschädigung, die für das Auftreten der Symptome verantwortlich zu machen war – eine umschriebene Verletzung im Hinterhauptslappen – sowie der übrige klinische Befund – in Bezug auf Sensibilität, Motilität, körperliches und psychisches Allgemeinverhalten *etc.* – liess es ablehnen, dass etwa neben dem sicher vorhandenen Herd im extrakalkarinären, optischen Gebiet noch andere multiple Läsionen vorlagen, die etwa für die anderen Symptome verantwortlich zu machen wären; das Gesamtverhalten des Kranken sprach mit Sicherheit auch gegen die Annahme etwa einer diffusen Schädigung des ganzen Gehirns. Es blieb nur übrig, alle vorhandenen Symptome mit dem einen Herd in Beziehung zu bringen. Wie aber war das zu verstehen? Waren etwa die nicht auf optischem Gebiete liegenden Symptome als von

---

[16] Gelb und Goldstein. *Z. f. Psycholog.* 83.
[17] Benary. *Psychol. Forschung* Bd. II. 1922. S. 209.

der optischen Störung abhängig zu betrachten? Für gewisse ist das wohl der Fall, so für das Fehlen des räumlichen Momentes bei den durch den Tastsinn gewonnenen Wahrnehmungen. Ohne dass wir das hier näher ausführen können, dürfen wir diese Störung wohl als eine abhängige Leistungsstörung, keine eigentlich direkte Wirkung der vorliegenden Funktionsstörung betrachten. Anders steht es aber mit den anderen Erscheinungen. Abgesehen von anderen Erwägungen, auf die ich hier nicht eingehen kann, sprachen die Tatsachen dagegen, insofern als sich immer deutlicher zeigte, dass die Funktionsstörung, die wir als Grundlage für die Symptome auf optischem Gebiet annahmen, sich in gleicher Weise als Grundlage der anderen Symptome annehmen liess, dass die *Funktionsstörung sich, ganz gleich welche Leistung man untersuchte, überall als dem Wesen* nach gleich erwies. Mit diesem Nachweis war gar kein Grund vorhanden, die optische Störung noch in den Vordergrund zu rücken, wo sie nur als ein Ausdruck der Grundfunktionsstörung erscheint, die auch die Ursache aller anderen Erscheinungen ist. Die Störung liess sich etwa in folgender Weise charakterisieren: *Überall, wo es notwendig war, um in richtiger Weise zu reagieren, eine Gegebenheit simultan als gegliedertes Ganzes zu erfassen, versagte der Patient,* während er überall dort leidliches leistete, wo ein sukzessives Vorgehen zur Erfüllung einer Aufgabe ausreichte. Es besteht also bei dem Patienten eine *Beeinträchtigung einer Hirnfunktion,* die in simultanen Ganzvorgängen, Simultangestalten in Erscheinung tritt.

Das Ergebnis der Analyse dieses Falles ist in doppelter Beziehung bemerkenswert. Es zeigt erstens, dass ein *umschriebener Herd nicht nur zu Veränderungen auf einem umschriebenen Gebiet* führt, sondern eigentlich alle psychischen Leistungen mehr oder weniger verändern kann. Da ich diesen gleichen Tatbestand bei genauerer Untersuchung bei umschriebenen Herden in den verschiedensten Gegenden feststellen konnte, glaubte ich mich schon in meinem Vortrag in Halle [18] zu der allgemeinen Formulierung berechtigt: *Umschriebene Herde der Rinde führen* – ausgenommen gewisse ganz umschriebene Herde in der sog. Peripherie der Rinde in den motorischen und sensorischen Feldern – *niemals zu umschriebenen psychischen Veränderungen auf einem Gebiete,* sondern es sind *immer alle Leistungen mehr oder we-*

---

[18] *Topik der Grosshirnrinde etc. l. c.*

niger verändert. Zur Feststellung eines ähnlichen Tatbestandes kamen besonders *Head*,[19] *Boumann* und *Grünbaum* [20] und *Woerkom*.[21]

Das zweite für unsere allgemeine Betrachtung wichtige Ergebnis des Falles besteht darin, dass es sich bei den verschiedenen Einzelsymptomen, die bei einem umschriebenen Hirnherd auftreten, nicht um ein zufälliges Nebeneinander von Einzelstörungen handelt, sondern dass *alle Symptome der Ausdruck ein und derselben Funktionsstörung sind.* Auch dieser Tatbestand hat sich nicht nur bei zahlreichen eigenen Fällen bestätigt, sondern auch bei den Beobachtungen anderer Autoren. Wiederum habe ich hier die Arbeiten von Head, Woerkom, Boumann und Grünbaum zu nennen, die für uns besonders deshalb noch bemerkenswert sind, weil es sich bei allen Patienten dieser Autoren um aphasische Kranke handelte. Ich selbst habe das Gleiche bei Fällen mit amnestischer Aphasie, sowie gewissen Fällen motorischer Aphasie und besonders bei Fällen mit Scheitellappen und Stirnhirnerkrankungen [22] beobachten können.

Ein Vergleich der verschiedenen veröffentlichten Beobachtungen ergibt nun die weitere höchst bemerkenswerte Tatsache, dass die *bei den verschiedenen Kranken von den verschiedenen Autoren nachgewiesene Grundstörung der Art nach anscheinend überall die gleiche ist,* ganz gleich, wo der Herd gesessen haben mag und bei welchen Leistungen dementsprechend die Störung sich besonders bemerkbar gemacht hat.

Ich formulierte die Störung in meinem Hallenser Vortrag als eine Beeinträchtigung der Fähigkeit, Gegebenheiten als wohl strukturierte Ganzheiten zu haben. Bei der Analyse der Funktionsstörung bei Stirnhirngeschädigten kam ich zu dem Ergebnis, dass all die zu beobachtenden psychischen Einzelstörungen (die Störungen der Aufmerksamkeit, des Erkennens, des Gedächtnisses, des Gefühlslebens, des Willens *etc*), nicht nebeneinander bestehende, selbständige Defekte darstellen, sondern auf das Versagen einer Fähigkeit zurückzuführen seien, die darin bestehe, das *Wesentliche eines Vorganges zu erfassen.* Weitere Überlegungen führten mich zu dem Ergebnis, dass diese Veränderung dem Wesen nach mit der Gestaltstörung übereinstimmt,

---

[19] "Speech and cerebral Localization", *Brain.* XLII, 1923, S. 355.
[20] "Experim.-psychol. Untersuch. z. Aphasie u. Paraphasie", *Z. f. d. ges. Neurol. u. Psychiat.* XCVI, 1925, S. 481 ff.
[21] "Über Störungen im Denken bei Aphasiepatienten", *Monatsschr. f. Psychiat. u. Neurol.* LIX, 1925, S. 256.
[22] Über die Funktion des Stirnhirnes", *Med. Klinik* 1923.

dass man die Gestaltstörung auch in einer entsprechenden Formulierung charakterisieren könne. Man kann sagen: Indem sich bestimmte Teile eines Reizkomplexes im Erlebnis zu einer Einheit, zu einer Ganzheit zusammenschliessen, treten sie gegenüber dem Erlebnis der übrigen gleichzeitigen Reizwirkungen als etwas Besonderes, als etwas Wesentliches hervor, als die allein Beachtung heischende "Figur" gegenüber dem mehr indifferenten "Hintergrund". Dieses richtige Hervortreten des Wesentlichen einer Situation, eines Vorganges gewissermassen als allein wichtige, bestimmende "Figur" gegenüber dem mehr indifferenten "Hintergrund" ist beeinträchtigt. Deshalb versagt der Kranke bei allen Leistungen, bei denen dies Voraussetzung des Gelingens ist.

Damit waren die bei unserem Seelenblinden und bei den Stirnhirnkranken zu beobachtenden Störungen auf eine gemeinsame Formel gebracht, die uns besonders deshalb vorzuziehen scheint, weil sie eine direkte Gegenüberstellung der bei den psychischen Störungen gefundenen Funktionsstörung und der ermöglicht, die sich uns als das Resultat der Analyse der nicht-psychischen Symptome bei Läsion des Nervensystems ergeben hatte, und die ich ja in ganz entsprechender Weise formuliert hatte.

Eine genauere Betrachtung der Symptomatologie der Fälle zeigt, dass der bei diesen Kranken vorliegende Abbau der Funktion dem Wesen nach tatsächlich zu ganz ähnlichen Leistungsänderungen geführt hat, wie wir sie für die "isolierten" Leistungen bei den nicht-psychischen Vorgängen als charakteristisch gesehen haben: *Die Leistungen sind undifferenzierter*; (bei unserem Seelenblinden ist auf optischem Gebiete die Entdifferenzierung bis auf die tiefsten Stufen herabgesunken) – sie sind *reizgebundener, primitiver, konkreter*, die *Figur-Hintergrundsbildung hat an Konstanz eingebüsst*, es kann unter dem Einfluss irgendwelcher äusseren Reizmomente zu einem Wechsel zwischen Figur und Hintergrund, zu einer *Verwechslung von Figur und Hintergrund* kommen. – Beispiele für ein derartig verändertes Verhalten liessen sich aus den Protokollen über den Seelenblinden leicht anführen.

Ein Beispiel von einem anderen "seelenblinden" Kranken möge das Gesagte kurz illustrieren: Zeichnet man einen Kreis und lässt das Ende nicht glatt in den Anfangsteil übergehen, sondern über diesen ein Stück in einem grösseren Bogen hinausragen, wie es bei nicht sorgfältigem Zeichnen leicht geschieht, und legt eine solche Zeichnung dem Kranken vor, so sagt er, "es ist vom Schornsteinfeger das Ding" und begleitet diese Aussage mit Gebärden, die deutlich zeigen, dass er das gebogene Rohr im Auge hat, an dem der Schornsteinfeger den Besen befestigt hat. Gewiss hat die Zeichnung eine gewisse Ähnlichkeit mit dem Rohr, namentlich wenn man sich ganz genau an das Aufgezeichnete hält. Beim Normalen springt aber ohne weiteres als Charakteristikum des Dargestellten der Kreis als Figur heraus, der überragende Bogen erscheint als zum bedeutungslosen Hintergrund gehörig; es ist eben ein schlecht gezeichneter Kreis, aber ein Kreis.[23] Der Kranke hält sich zunächst viel strenger an den vorliegenden Reizkomplex, auch das, was uns als nebensächlich erscheint, ist bei ihm wirksam, der Kranke ist, wie wir sagten, reizgebundener, die beim Normalen bevorzugte Einstellung bei einer so gestalteten Figur auf den Kreis ist nicht so ausgesprochen, die durch die Reaktion des normalen Organismus bedingte scharfe Trennung zwischen Figur: Kreis und allem übrigen als Hintergrund ist verwischt, so dass bald das eine, bald ein anderes als Figur herausspringen mag, bis schliesslich bei diesem unserem Kranken das als Figur dominiert, was ihn zu dieser für den Normalen zunächst höchst befremdlichen Aussage veranlasste.

Es kann unter solchen Umständen auch zu ganz entgegengesetzten Aussagen beim gleichen Bilde kommen, je nachdem eben bald das eine, bald ein anderes von dem Gebotenen zur Figur für den Kranken wird. Warum das eine oder andere bevorzugt wird, das hängt mit der Beschaffenheit der ganzen Persönlichkeit des betreffenden Kranken und der jeweiligen Situation zusammen, in der die "Verkennung" erfolgt. Solche "Verkennungen" werden deshalb nur durch eine Analyse der ganzen Persönlichkeit des Kranken und unter Berücksichtigung der jeweiligen Situation verständlich. Ein ganz ähnliches, wie das skizzierte Verhalten findet man deutlich bei den Stirnhirnkranken; aber auch bei Tastblindheit, bei Aphasien und anderen Störungen. Viele Verkennungen der Kranken, die bei der üblichen Betrachtung eigentlich völlig unverständlich bleiben und gewöhnlich als Versager gebucht werden, klären sich bei der Analyse von userem Standpunkt aus, indem sie sich als richtige Reaktionen auf durch die Labilität der Figur-Hintergrundsbildung bedingter falscher Grundlage erweisen. Ist die Störung keine so tiefgehende, wie bei dem erwähnten "seelen-

---

[23] Auf die Gründe, warum gewisse Gegebenheiten so stark als Figuren bevorzugt sind, sodass der schlecht gezeichnete Kreis als schlecht gezeichneter Kreis und nicht als etwas anderes erscheint, darauf können wir nicht eingehen. Es hängt das mit der Gesamtstruktur des betreffenden Organismus zusammen. Für uns ist hier nur wichtig, dass beim normalen Organismus ganz bestimmte Figur-Hintergrundsbildungen mit nur geringer Labilität, wenigstens bei den gewöhnlichen Erlebnissen, auftreten.

blinden" Patienten, haben die Vorgänge nur etwas an Feinheit der Strukturierung, an Differenziertheit eingebüsst, so kann der Kranke noch manches richtig erkennen. Im besonderen dann, wenn die Erfassung des Ganzen ohne die Notwendigkeit sehr weitgehender Differenzierung innerhalb des Ganzen zum "Erkennen" genügt, wie es ja bei vielen Objekten der Fall ist. Der Kranke vermag dann ev. *Objekte als Ganzes zu erkennen, ohne doch über die Teile derselben Genaueres aussagen zu können*; er vermag *Teile,* die gewöhnlich nur im Zusammenhang von bestimmten Ganzen auftreten, jedenfalls rel. selten isoliert erlebt werden, *nicht herauszuheben oder sie, isoliert geboten, nicht zu erkennen* oder, wenn es sich um motorische Vorgänge handelt, *nicht isoliert zu verwirklichen.* Es kommen bei ihm jene feinen Figur-Hintergrundsbildungen nicht zustande, die zu solchen Leistungen notwendig sind, während allgemeine Figur-Hintergrundsbildungen noch sehr wohl möglich sind. Dieses Versagen besonders bei Leistungen, die eine Isolierung erfordern, ist als Symptom lange bekannt. Wenn Bastian von der Beeinträchtigung besonders der willkürlichen Leistungen sprach, wenn vielfach beobachtet wurde, dass ein Alektischer seinen Namen, aber keinen der darin enthaltenen Buchstaben lesen kann, ein Agraphischer Worte schreiben kann, aber keine einzelnen in den Worten enthaltenen Buchstaben isoliert, wenn ein motorisch Aphasischer ein Wort bei Aufsagen einer Reihe, die es enthält, aussprechen kann, aber nicht sofort darauf das einzelne Wort; wenn Munk davon sprach, dass bei Rindenläsionen noch die Gemeinschaftsbewegungen erhalten bleiben können bei Unfähigkeit zu Einzelbewegungen, was wir bei jeder zerebralen Hemiplegie immer wieder beobachten können, wenn Rieger von der Unfähigkeit zum Staccato bei Erhaltensein des Legato spricht – so handelt es sich hier wie bei vielen anderen Symptomen immer um den gleichen Vorgang der *Entdifferenzierung bei der Figur-Hintergrundsbildung,* immer um verschiedene Grade der Verwischung des Verhältnisses zwischen Figur und Hintergrund und damit einer verschieden starken Angleichung aller im erregten Feld sich abspielenden Vorgänge *resp.* aller entsprechenden Erlebnisse aneinander.

Ein besonders instruktives Beispiel zur Illustration dieses Sachverhaltes haben Boumann und Grünbaum mitgeteilt. Die Analyse der Leistungen ihres Patienten auf verschiedensten Gebieten (beim optischen Wahrnehmen, bei der Aufmerksamkeit, beim Denken, spontanen Sprechen, Lesen, Benennen, bei artikulatorischen Leistungen

etc.) führte die Autoren zu dem Ergebnis: "... auf allen Gebieten ...
konnte man bei unserem Patienten formal eine und dieselbe Störung
beobachten... die sich beschreiben lässt als ein Stehenbleiben des
psychischen oder des psychomotorischen Prozesses auf einer früheren
Phase einer normalen Entwicklung, und zwar *in der Richtung von
einem amorphen Gesamteindruck zu differenzierter und prägnanterer
Ausgestaltung"* (*l. c.* S. 534).

Wenn die Autoren der Meinung sind, dass die Störung bei ihrem Patienten zwar der Art nach der des unseren gleich sei, aber anscheinend
in entgegengesetzter Richtung zu gehen scheint, insofern als ihr Patient
gerade Einzelheiten nicht erkennen könne, unserer aber eigentlich nur
von Einzelheiten zum Erkennen komme, so kann ich dem nicht beistimmen. Unser Patient erkennt nur scheinbar vom einzelnen her; seine
Fähigkeit, einzelnes herauszuheben, ist in noch viel stärkerem Masse
beeinträchtigt als bei dem Patienten der Autoren. Wenn unser Patient
aus der "Breite", "Höhe" einer optischen Gegebenheit darauf schliesst,
was sie darstellt, so sind das nicht Einzelheiten, die er erkennt; seine Angaben entsprechen überhaupt nicht den optischen Erlebnissen allein,
sondern beruhen auf einer guten Verwertung ganz mangelhaft differenzierter optischer Gegebenheiten, sofern er nicht überhaupt auf dem Wege
über die Motorik "erkennt". Nur dem Effekt nach knüpft das Erkennen
des Patienten an Einzelheiten an. In Wirklichkeit besteht bei dem Patienten ein noch stärkerer Grad der Entdifferenzierung als bei dem Patienten von Boumann und Grünbaum, die *Art der Störung ist aber bei
beiden die gleiche.* Eine gewisse Differenz entsteht nur durch die verschiedene Lage der Hirnschädigung, die bei den verschiedenen Leistungen
zu einer gewissen Verschiedenheit führt, wie wir es bald noch näher besprechen werden.

Woerkom sagt von seinen Fällen, die uns besonders interessieren
müssen, weil es sich bei ihnen um das Bild der motorischen Aphasie
handelt, dass bei ihnen die *darstellende Funktion des Gehirnes* beeinträchtigt ist. Alle Symptome seien Äusserungen des Verlorengehens
einer Grundfunktion, "des Verlorengehens der sehr wichtigen Geistestätigkeit, welche es dem Normalen ermöglicht, einen Eindruck
"objektiv" analysiert, unabhängig von der jeweiligen, augenblicklichen Affekt- und Trieblage zu erfassen, sich von diesem Vorstellungen zu bilden und Begriffe zu produzieren". "Die Störung bestehe
darin, dass das psychische Material nicht im Geiste festgehalten werden und abstrahiert betrachtet werden könne, wodurch von selbst die
darstellende Tätigkeit wegfällt". "Es handle sich um einen Rückfall
auf ein niedrigeres Niveau, wodurch vor allem die darstellende Tätig-

keit des Gehirnes leidet" (*l. c.* S. 308). Woerkom meint mit der von ihm herausgehobenen Funktionsstörung wohl etwas ähnliches wie Head, wenn dieser von einer Störung des symbolischen Ausdruckes spricht. Die Formulierung Woerkoms stimmt fast ganz mit der überein, die Gelb und ich für die Störung bei der sogenannten amnestischen Aphasie gegeben haben, wobei ich ausdrücklich bemerken möchte, dass Woerkom unabhängig von uns zu seiner Formulierung gekommen ist.

Mit diesen Formulierungen charakterisieren wir noch zu sehr die beeinträchtigte psychische Leistung. Für die hirnphysiologische Betrachtung müssen wir versuchen, diese auf eine Funktionsstörung zurückzuführen. Und das ist sehr wohl möglich. Die Hirnleistung der darstellenden Geistestätigkeit lässt sich sehr wohl als eine besonders komplizierte Figur-Hintergrundsbildung betrachten und die Beeinträchtigung als die Schädigung besonders hochdifferenzierter Figur-Hintergrundsbildungen, wodurch es auch verständlich wird, dass gerade diese Leistung so *frühzeitig bei den verschiedensten Hirnschädigungen leidet.* Woerkom selbst ist übrigens der Auffassung, dass die Störung bei seinen Fällen eine andersartige als bei unserem Seelenblinden ist. Ich bin, wie schon gesagt, nicht der Meinung.

Es scheint mir wegen der Wichtigkeit der Sache für unsere prinzipielle Auffassung notwendig, die Hauptsymptome beider Fälle gegenüberzustellen und zu sehen, ob Woerkoms Anschauung durch die Tatsachen wirklich gestützt ist.

Besteht wirklich ein so scharfer Gegensatz schon in der Symptomatologie darin, dass bei Woerkom's Patienten, besonders seinem ersten, bei dem die Störung besonders deutlich in Erscheinung trat, das Erfassen von Formen und Gruppen ungestört war, die Störung besonders das Begriffsbildungs- und das Konstruktionsvermögen betraf (S. 314), während bei unserem "Seelenblinden" besonders das Erfassen der Formen schwer gestört war. Woerkom meint wohl, wenn er den Gegensatz so betont, dass die "Begriffsbildung und das Konstruktionsvermögen", die bei seinem Patienten so stark gestört waren, bei unserem Patienten intakt gewesen seien, ebenso wie er bei unserem Patienten das Vorhandensein eines Zahlbegriffes "in gewissem Sinne" annimmt (S. 314). Nun ist diese Charakteristik der beiden Fälle aber nicht ganz richtig. Gewiss war das Verhalten des Patienten Woerkom's optischen Gegebenheiten gegenüber wesentlich besser als das unseres Patienten. Ob sein Erfassen von Formen und Gruppen völlig intakt war, ist aber keineswegs sicher. Dass Patient über die Bilder und Gruppen richtige Angaben machen konnte, beweist das gewiss nicht. Es fehlt leider gerade über dieses Verhalten des ersten Patienten Woerkom's ein detailliertes Protokoll. Wir wissen nicht, wie der Patient zu seinen Äusserungen kam. Da er aber in dieser Beziehung Besseres als unser Patient, namentlich bei Strichfiguren, leistete, so müssen wir wohl annehmen, dass die rein optische Strukturierung bei ihm wesentlich besser war als bei unserem Seelenblinden. Wir werden nachher darauf zu sprechen kommen, dass diese Differenz wahrscheinlich durch die verschiedene Lage des Herdes in beiden Fällen bedingt ist. Aber abgesehen von diesem besseren optischen Erfassen war das Verhalten des Patienten sonst unserem doch in vielen Punkten ausserordentlich ähnlich. Die Schilderung, die Woerkom auf Seite 298 von dem Verhalten seines Patienten gibt, passt fast wörtlich auf unseren Patienten. Der Patient zeigte keine Apraxie beim Benutzen von Objekten usw. "Dagegen war das Markieren von Handlungen nahezu unmöglich; er blieb 'denkend' vor sich hinstarrend, versuchte es überhaupt nicht. Nur wenn es mir gelang, ihn in die betreffende psychische Situation zu bringen, indem ich z. B. bei der Bewegung des Eidablegens die Formel aussprach oder bei der Drohbewegung ihm die Geschichte eines Diebstahls erzählte, wurde die gewünschte Handlung auf einmal eupraktisch ausgeführt". Ganz so verhielt sich unser Patient, nur dass er es durch allerlei Überlegungen, namentlich aber durch Selbstvorsprechen, fertigbrachte, sich selbst in die Situation zu versetzen. Nur wenn das gelang, konnte er eine derartige Handlung ausführen, niemals rein markieren.[24] Bei intakter Topognosis auf Schalleindrücke (bei geschlossenen Augen) war es dem Woerkom'schen Patienten unmöglich, die Richtung des Schalles festzuhalten, "es sei denn, dass er sich fortwährend mit seinem Körper der Schallquelle zuwandte. Auch hinsichtlich der Orientierung am eigenen Körper stiessen wir auf einen ähnlichen Defekt: der Schmerzreiz wurde zwar durch Berührung lokalisiert – aber es war dem Patienten unmöglich, die von ihm selbst gezeigte Stelle in ein Schema zu projizieren". Ganz so verhielt sich unser Patient. Ebenso waren bei dem Woerkom'schen wie bei unserem die Diskrimination, die Zahlvorstellungen, die Zeitvorstellungen beeinträchtigt, wenn auch unser Patient auf Umwegen bei manchen Aufgaben zu richtigen Leistungen kommen konnte, die allerdings gelegentlich das Vorliegen einer wirklichen Leistung vortäuschen konnten, aber eben nur vortäuschen. Das gilt auch für die begrifflichen Leistungen, in bezug auf die auch keineswegs ein solcher Unterschied zwischen dem Patienten von Woerkom und unserem Patienten bestand, wie Woerkom anzunehmen scheint. *Die begrifflichen Leistungen unseres Patienten* waren ganz und gar *nicht normal*, sondern wiesen tiefgehende, ganz der Grundstörung entsprechende Veränderungen auf: das hat die Untersuchung Benary's klar gezeigt. Nur dem Effekt nach leistete er manchmal Gutes. Wie wenig man aber aus einem richtigen Effekt auf eine normale Leistung schliessen darf, das geht wohl aufs deutlichste daraus hervor, dass der Patient trotz der zweifellos hochgradigen Störung auf optischem Gebiete auch bei optischer Darbietung Gegenstände

---

[24] *Cf.* hierzu besonders meine Ausführungen *Monatsschr. f. Psychiat. u. Neurol.* Bd. **LIV**.

und Bilder richtig benannte. Tatsächlich liess sich auch meist zeigen, dass das Vorgehen des Patienten bei vielen von ihm richtig erledigten begrifflichen Leistungen ein absolut abnormes war und dass bei ihm die Einsicht in das Ganze des Vorganges recht mangelhaft war oder völlig fehlte. Der Zahlbegriff fehlte dem Patienten völlig, er war nicht, wie Woerkom (S. 314) schreibt, in "gewissem Sinne" vorhanden. Genau wie dem Patienten von Woerkom fehlten ihm die Begriffe "mehr" oder "weniger". "Die Zahlen als solche haben für ihn ihren bestimmten Sinn verloren, nur die Zahlenreihe, das Zählen ist erhalten" (Benary *l. c.* S. 222). Alle Rechenoperationen erfolgten absolut blind (Benary, S. 222). Hier bestand also kein Unterschied gegenüber dem Patienten von Woerkom.

Eine Hauptdifferenz scheint in dem recht verschiedenen sprachlichen Verhalten vorzuliegen. Die motorisch-sprachlichen Leistungen unseres Patienten sind gewiss viel besser, er spricht fliessender, es stehen ihm viele gewohnte Wendungen zur Verfügung, er spricht deshalb grammatikalisch gut usw. *Normal ist seine Sprache aber trotzdem keineswegs.* Benary schreibt: "Von einer schnellen Diskussion kann nicht die Rede sein; wenn der Patient sich die Besprechung einer Angelegenheit vornimmt, so überlegt er sich alles vorher durch, auch die Reihenfolge, damit er nachher weiss, was er sagen will." Er ist auch nicht in der Lage, einer fliessenden Rede in einer Versammlung oder Predigt zu folgen. Aus der Zeitung lässt er sich nur leichte Sachen, wie die Lokalnachrichten, von seiner Frau vorlesen. Also schon von Benary wird über Störungen sowohl des spontanen Sprechens wie des Verständnisses berichtet. Eine genauere Betrachtung der *Sprache* des Patienten ergibt das noch viel deutlicher und zeigt auch, dass die *Störung dem Wesen nach sehr mit der des* Woerkom*'schen Patienten übereinstimmt.* Gewöhnlich sprach er stockend, überlegend, wiederholte meist die Fragen, ehe er antwortete, und begleitete diese sowie sein spontanes Sprechen dauernd mit Bewegungen, ähnlich wie sie Benary schildert, wenn Patient eine Geschichte sich verständlich macht oder erzählt, also mit Bewegungen, die das Gesagte ausdrücken. Mehr fliessend sprach er eigentlich nur, wenn er ganz in einer Situation darin war und das Sprechen zu dieser Situation gehörte. Um den Text eines Liedes aufzusagen, musste er sich in die Situation versetzen, in der er das Lied zu singen pflegte, und benahm sich dann so, als ob er es wirklich in der Situation sang. Er konnte auch hier nichts nur markieren. Er konnte einen Satz, den er eben ausgesprochen hatte, keineswegs ohne weiteres in Worte zerlegen. Wohl sprach er einzelne Worte prompt nach, aber konnte keineswegs so ohne weiteres die hintereinander mit Pausen gesprochenen Worte eines Satzes sodann als Satz sofort nachsprechen. Einen Satz, der eine Sinnlosigkeit enthielt, nachzusprechen, machte ihm die grösste Schwierigkeit; das gelang ihm eigentlich nur auf einem Umweg, indem er sich die Worte als motorische Reihe einübte. Bei einem sinnlosen Worte stockte er auch dann immer und fügte stets ganz automatisch, zunächst wenigstens, das richtige anstatt des falschen ein, dann mit Überlegen das falsche bringend, wenn er nicht den Satz als eingelernte Reihe ohne Nachdenken ableierte. Das Buchstabieren von Worten war schwer gestört, ebenso das buchstabierende Schreiben eines Wortes, das er etwa oben prompt als Ganzes geschrieben hatte. Wir können hier keine vollständige Darstellung der Veränderung der Sprache des Patienten geben; das soll an anderer Stelle nachgeholt werden. Für unsere Zwecke genügt wohl das Mitgeteilte. Es dürfte deutlich zeigen, dass die *Sprache* nicht nur auch verändert war, sondern dass sie *ganz entsprechend dem sonstigen Verhalten des Patienten und im wesentlichen in ganz gleicher Art verändert war wie die des* Woerkom' *schen Patienten,* wenn unser Patient auch viel besser sprach und damit auch hier seine Störung sehr geschickt zu verdecken verstand, wenigstens für den etwas oberflächlichen Beobachter.

Fassen wir das Ergebnis unseres Vergleiches der Erscheinungen, die unser "Seelenblinder" und der Woerkom'sche Patient bot, zusammen, so stellen wir fest: Überall wo Störungen sich fanden, da waren sie bei beiden Patienten der *Art nach gleich.* Die Differenz bestand vor allem in den guten sprachlichen Leistungen, in der geschickten Umgehung von Aufgaben bei unserem Patienten und in dem weit besseren Erhaltensein der groben Wahrnehmungsvorgänge besonders auf optischem Gebiete bei dem Woerkom'schen Patienten. Diese *Differenzen treffen aber nicht das Wesen der Grundstörung,* wenn sie auch die Symptomatologie im einzelnen bei manchen Prüfungen recht different gestalten können. Sie sind meiner Meinung nach bedingt durch die verschiedene Lage des Herdes. Aus diesem Grunde muss aber ein Vergleich der beiden Fälle für die uns ja besonders interessierende Frage nach der Bedeutung der Lokalisation einer Schädigung für die Leistungen eines Kranken von besonderem Interesse sein, und wir wollen deshalb auf diese Frage gerade im Anschluss an diese beiden Beobachtungen näher eingehen.

Nach der Verteilung der Störungen auf verschiedene Gebiete unterscheidet sich die Symptomatologie bei Lokalisation des Herdes in der Nähe der optischen Sphäre (bei unserem "Seelenblinden") und im vorn gelegenen Hirnabschnitt (beim Patienten von Woerkom) hauptsächlich durch folgende Momente: Im ersten Falle steht neben der Beeinträchtigung im Zustandekommen von Simultanstrukturen auf allen Gebieten die Störung auf optischem Gebiete ganz besonders im Vordergrunde, sie kann aber durch Umwegsleistungen, besonders unter Benutzung von Sukzessivleistungen, sehr gut äusserlich kompensiert werden. Im besonderen helfen da Sprachleistungen, die, wenn die feinere Analyse der Sprache auch da Störungen von der gleichen Art ergibt, doch gut erhalten sind und zur Unterstützung sukzessiven Vorgehens sehr wertvoll sein können. Bei den Fällen mit vorngelegener Läsion sind dagegen besonders die Vorgänge beim Sprechen in ganz anders schwerer Weise beeinträchtigt, während die optischen Leistungen wenigstens in gewisser Hinsicht rel. gut sind, wenn auch da die Figur-Hintergrundsbildung gewiss beeinträchtigt ist, aber lange nicht so stark, dass dies bei den gewöhnlichen Prüfungen des Bilderkennens in grober Weise in Erscheinung zu treten braucht. Dass es sich bei diesen Eigentümlichkeiten der Bilder bei diesen bestimmt gelagerten Herden nicht um Zufälligkeiten handelt, zeigen Analysen anderer Fälle mit gleichgelagerten Herden.

Wieder anders gelagerte Herde ergeben wieder etwas andere Bilder. So führen Herde von bestimmter Beschaffenheit am Übergang von Schläfen- zu Scheitellappen zur amnestischen Aphasie, bei der ja vor allem gegenüber den Fällen motorischer Aphasie die Sprachmittel intakt sind. Im Gegensatz zu der, wenn auch relativen Beschränkung der Beeinträchtigung der Strukturierung auf bestimmte Gebiete in den erwähnten Fällen – auch bei Herden in der optischen Sphäre [25] bleibt ja das Gebiet der Sprache weitgehend erhalten – betrifft die Störung bei Herden im Scheitellappen und Stirnlappen alle Leistungen. Hier wird eben der Vorgang der Strukturierung im zentralsten Gebiete getroffen. Herde in der Wernicke'schen Gegend wirken wieder etwas anders. Sind sie auf die akustische Sphäre beschränkt, so erzeugen sie das Bild der Worttaubheit, das einen Abbau akustischer Figur-Hintergrundsbildungen bietet. Wie weit dabei allerdings noch anderweitige Störungen, besonders bei Leistungen, die zu ihrer Ausführung gute Sukzessivstrukturen erfordern, vorliegen, sei dahingestellt. Ein Auftreten solcher Störungen wäre bei der zweifellos nahen Beziehung zwischen der akustischen Sphäre und den Sukzessivstrukturen verständlich.

Da wir ja nicht leugnen, dass den verschiedenen Abschnitten der Grosshirnrinde für die einheitliche Leistung eine verschiedene Bedeutung zukommt, insofern als die Tätigkeit in ihnen zur Gesamtleistung bestimmte, verschiedene Momente beiträgt, so ist es nicht schwer verständlich, dass eine verschiedene Lage des Herdes die immer vor-

---

[25] Warum gerade Läsionen der optischen Sphäre zu so weitgehenden Störungen auf verschiedensten Gebieten führen, dazu vergl. meine Ausführungen *Topik l. c.* S. 26.

handene Störung der Grundfunktion an verschiedenem Material in Erscheinung treten lassen wird. Bei der Bewertung der so entstehenden verschiedenen Symptomatologie ist zu beachten, dass auch dadurch Differenzen entstehen können, dass die gleiche Funktionsstörung bei den verschiedenen Leistungen in verschiedenem Masse beeinträchtigend wirken kann, schliesslich ist auch nie zu vergessen, dass es sich bei positiven Leistungen eventuell nur um effektiv richtige, aber tatsächlich doch verändert ablaufende Leistungen handeln kann, die zu einer falschen Bewertung von Erscheinungen führen können.

Genug der Beispiele. Mangels eines genügend durchgearbeiteten Materials würden wir gar nicht in der Lage sein, präzis anzugeben, in welcher Weise die Beeinträchtigung der Figur-Hintergrundsbildung bei Lage des Herdes an verschiedensten Stellen in verschiedenartiger Symptomatologie zum Ausdruck kommt, da ja leider bei lokalisierten Herden gewöhnlich nur bestimmte Symptome genauer studiert worden sind. In unserem Zusammenhang kann es sich ja überhaupt nur um die Darlegung des Prinzipes der Betrachtung handeln, und dazu dürften die Darlegungen ausreichen. Wir glauben uns danach zu dem Schlusse berechtigt: *Bei jeder Lage des Herdes wird die Grundfunktion des Gehirns beeinträchtigt, die wir als Figur-Hintergrundsvorgang bezeichnen möchten. Jeder Herd führt zu einer Entdifferenzierung der Figur-Hintergrundsbildung. Die jeweilige Lage führt dadurch zu einer differenten Symptomatologie, weil durch diese die verschiedenen Leistungen in verschieden starker Weise von diesem Entdifferenzierungsprozess betroffen werden.*

Für unsere hier entwickelte Anschauung bekommt die Frage der Lokalisation ein ganz anderes Ansehen. Dadurch, dass wir jede Leistung auf einen Vorgang im ganzen Nervensystem zurückführen, wird das lokale Moment für die Leistung nicht mehr allein massgebend; dabei büsst es aber keineswegs seine Bedeutung ein. *Lokalisation eines Vorganges bedeutet für uns eine ganz bestimmte Erregungsverteilung innerhalb eines differenziert gebauten Nervensystems mit einer besonderen Gestaltung der Erregung an einer bestimmten Örtlichkeit. Eine bestimmte Örtlichkeit ist charakterisiert durch den Einfluss, den die besondere Struktur dieser Stelle auf den Gesamtvorgang ausübt, durch das Moment, das ihre Erregung kraft der in ihr vorliegenden Struktur zu dem Gesamtgeschehen beiträgt.*

Ein umschriebener Herd an einer Stelle bedeutet eine Beeinträchtigung der Grundfunktion in mehr oder weniger hohem Grade, so-

wohl im allgemeinen, wie je nach der Lage des Herdes besonders bei Leistungen an bestimmtem Material. So kommt es zu einem Abbau der Leistungen in der Stufenleiter ihrer "Wertigkeit" bald auf allen Gebieten bald besonders auf dem einen oder anderen.

Diese ganze Anschauung beeinträchtigt die klinische Brauchbarkeit der bekannten Tatsachen zur Lokaldiagnose nicht nur in keiner Weise, sondern dürfte geeignet sein, die Lokaldiagnose zu verfeinern, allerdings nur, wenn die Symptomenanalyse sehr viel feiner ausgeführt wird, als es bisher meist üblich war. Dann wird sich die Rückwirkung, die jede Verfeinerung theoretischer Vorstellungen für die praktischen Fragen hat, auch hier zeigen.

Unsere Betrachtungsweise entspricht, indem sie das Moment der reinen Ortsbeziehung in den Hintergrund und die Frage nach der Struktur des physiologischen und psychischen Geschehens ganz in den Vordergrund rückt, gewiss wieder mehr den Motiven, von denen, wie wir anfangs ausführten, diese ganze Fragestellung bestimmt ist. Sie bringt uns durch die Aufdeckung der Gleichheit der Struktur des Physischen und Psychischen wieder der Forschung nach den Beziehungen zwischen Psychischem und Physischem näher. Allerdings verhehlen wir uns nicht, dass die Auffassung der physiologischen Vorgänge, die wir vertreten, keineswegs direkt auf der Beobachtung der physiologischen Vorgänge gegründet ist, sondern auf einem Rückschluss aus der Analyse der Funktionen beruht. Da sich unsere Auffassung aber nicht auf eine Bestimmung der materiellen Vorgänge selbst bezieht, sondern nur deren *Struktur* zu ermitteln sucht, so dürfte das nicht bedenklich sein. Natürlich wird ein Beweis für die Richtigkeit der Anschauung erst erbracht sein, wenn es durch eine Erforschung der physiologischen Vorgänge selbst nachzuweisen gelingt, dass die Annahme einer solchen Struktur zu recht besteht. Ich darf in dieser Hinsicht vor allem auf die Ansätze zu einer solchen Feststellung hinweisen, die sich in W. Köhler's Buch über die physischen Gestalten finden und die direkt zu konkreter Untersuchung des physischen Geschehens im Gehirn bei bestimmten Leistungen anregen.

II. Spezieller Teil.

Wenn wir jetzt versuchen wollen, die Fülle der Erscheinungen, die sich bei aphasischen Kranken finden, nach den dargelegten Gesichtspunkten in einen theoretisch befriedigenden und für die Fragen der Klinik brauchbaren übersichtlichen Zusammenhang zu bringen, so knüpfen wir an Feststellungen und Darlegungen der sog. klassischen Lehre an. Manche der modernen Kritiker dieser Lehre sind geneigt, die ganze Entwicklung für verfehlt zu halten und die Forschungsergebnisse der ganzen Epoche abzulehnen. So sehr ich persönlich mich von den Grundlagen, auf denen diese Forscher und auch ich früher aufbauten, entfernt habe, so scheint mir dieser absolut ablehnende, ja zum Teil wegwerfende Standpunkt doch unberechtigt. Es ist ein Mangel an Ehrfurcht vor historisch Gewordenem, das, wenn auch verfehlt, doch irgendwie notwendig und nie völlig vergeblich war, vor allem aber vor der geistigen Kapazität der damaligen Forscher – man vergesse nicht, dass es Leute wie Bastian, Wernicke, Lichtheim, Kussmaul, Liepmann, Henschen, Dejerine waren – um nur einige wenige zu nennen –, die die Grundlagen der Lehre geschaffen und sie weiter ausgebaut haben. Der völlig ablehnende Standpunkt ist auch sachlich unberechtigt: die klassische Lehre enthält trotz der unserer Meinung nach falschen Theorie eine Fülle richtiger Beobachtungen, die auch für die neue Auffassung sehr wertvoll sein müssen. Manches, was heute neu entdeckt wird, ist auch der klassischen Lehre, wenn auch vielleicht unter einem anderen Namen, längst bekannt gewesen.

Wir knüpfen, indem wir versuchen, das Wesentliche in der Entwicklung der klassischen Lehre herausschälend, an ihre Grundlagen einen Anschluss zu finden, wieder an Wernicke an, der in Durchführung des Gesichtspunktes des psychischen Reflexbogens als Grundlage der Sprachvorgänge die motorischen und sensorischen Sprachvorstellungen unterschied und diese mit bestimmten Stellen des Gehirnes in Beziehung brachte (sog. motorisches und sensorisches Sprachzentrum). Diese Stellen stehen in Verbindung einerseits mit der Peripherie, andererseits miteinander durch eine Beziehungsbahn und schliesslich mit dem ganzen übrigen Gehirn, dem Gebiet "der Begriffe". Entsprechend der grossen Bedeutung, die für die Erlernung der Sprache der akustischen Sphäre zukommt, steht das akustische Wortbild resp. das sensorische Sprachzentrum im Mittelpunkt des ganzen Apparates. Nicht nur das Verstehen ist von seiner Intaktheit abhängig, sondern auch das Sprechen. Deshalb erzeugt seine Läsion nicht nur sensorische Aphasie, sondern auch Störungen des Sprechens, von seiner Läsion sind Störungen des Lesens und Schreibens abhängig; wie, darüber ist man trotz langer Diskussionen nie zur Klarheit

gekommen. Die Läsion des motorischen Sprachzentrums erzeugt die
motorische Aphasie. Dabei kommt es aber keineswegs allein zu einer
Beeinträchtigung des Sprechens, sondern auch des Schreibens, des
Verständnisses und noch zu weiteren Symptomen, deren Genese viel
diskutiert wurde und entweder auf eine Läsion der motorischen
Sprachvorstellungen oder häufiger auf eine Mitläsion der sensorischen
zurückgeführt wurde. Diese über die Störungen des Sprechens bei der
motorischen, des Verstehens bei der sensorischen Aphasie hinaus-
gehenden Symptome, die "Plussymptome" der motorischen und sensorischen Aphasie waren es, die schliesslich dazu veranlassten, noch
einen weiteren Vorgang neben den rein motorischen und sensorischen
Sprachvorstellungen theoretisch zu postulieren, die *innere* Sprache der
französischen Autoren, den *Wortbegriff* der deutschen. Wernicke
selbst nahm in späteren Arbeiten eine Verknüpfung der sensorischen
und motorischen Wortbilder an, deren Intaktheit vor allem für die
Schriftsprache, aber auch für die Lautsprache als viel wichtiger von
ihm erachtet wird als ursprünglich. Kleist ging noch weiter, indem er
das Wort als einen Komplex von Klang und Bewegungskomponenten
ansah, denen als solchen der Wert selbständiger, isoliert empfind-
barer oder vorstellbarer Elemente nicht zukommt, eine Anschauung,
die Kleist allerdings später wieder aufgab, wo er sich wieder mehr an
die ursprüngliche Wernicke'sche Anschauung von den getrennten
Sprachzentren anschloss. Freud war es dann, der demgegenüber die
einheitliche Natur des Sprachgebietes betonte. Dieses ist ihm ein zu-
sammenhängender Rindenbezirk, innerhalb dessen die Assoziationen
und Übertragungen, auf denen die Sprachfunktionen beruhen, in einer
dem Verständnis nicht näher zu bringenden Kompliziertheit vor sich
gehen. Schliesslich erscheint bei Storch und meinen sich an Storch
anschliessenden Anschauungen neben den motorischen und sensorischen Sprachvorgängen, denen als bewussten Vorgängen eine Bedeutung für die normale Sprache abgesprochen wird, der Wortbegriff
als ein von allem Motorischen und Sensorischen wesenhaft Verschiedenes, das den Zentralpunkt der Sprache darstellt. Wir haben bei der
Gehörswahrnehmung eines Wortes ein Erlebnis, das identisch ist mit
dem, das dem Sprechen vorausgeht. Dieses zentrale Erlebnis ist der
Kernpunkt, um den sich alle sprachlichen Leistungen gruppieren und
dessen Schädigung zu den Störungen der inneren Sprache führt. Gewiss, argumentierte ich, kann man sich – die einzelnen Menschen in
verschiedener Stärke – ein akustisches oder optisches Spracherinne-

rungsbild wachrufen, aber beim gewöhnlichen Sprechen oder Verstehen, beim Lesen oder Schreiben spielen sie keine Rolle. Natürlich
müssen wir hirnphysiologische Vorgänge annehmen, die den prompten Ablauf der Sprachbewegung, die prompte Auffassung der Worte
als charakteristische Sprachgebilde *etc.* garantieren. Diese Vorgänge
gewinnen aber ihre Bedeutung für die Sprache erst durch ihre Beziehung zum eigentlichen Sprachvorgang. Das Erlebnis dieses Sprachvorganges ist etwas Spezifisches, dessen Eigenart uns ebenso deutlich
bewusst ist, wie es schwierig ist, es genauer zu charakterisieren.

Diese Anschauung suchte ich nicht nur durch normalpsychologische
Überlegungen, sondern vor allem durch die Symptomatologie aphasischer Störungen zu stützen, indem ich besonderen Nachdruck darauf
legte, dass sich zwei Gruppen von Störungen unterscheiden lassen,
eine, die die sogenannten *reinen Aphasien* umfasst − rein in dem Sinne, dass die sogenannte innere Sprache intakt ist, also die reine Worttaubheit, Wortstummheit *etc.* − eine zweite Gruppe von Symptomenbildern, bei denen mehr oder weniger alle Leistungen der Sprache in
verschiedenartiger Gruppierung verändert sind und bei denen die
psychische Gesamtpersönlichkeit gewiss in viel stärkerem Masse mit-
betroffen ist als bei den sogenannten reinen Aphasien. Ich versuchte
die Sonderstellung dieser "eigentlichen" Aphasie durch den Namen
"zentrale Aphasie" besonders zu kennzeichnen. Ich sah damals und
sehe auch heute noch eine wesentliche Aufgabe der ganzen Aphasieforschung in der Analyse hierher gehöriger Symptomenbilder, die in
den sogenannten *Plussymptomen* der motorischen und sensorischen
Aphasie gleichzeitig mit motorischen, *resp.* sensorischen Störungen
auftreten oder relativ frei von letzteren in den Fällen von Leitungsaphasie sich finden, einem Symptomenkomplex, der theoretisch viel
umstritten, symptomatologisch gewiss − wenn auch selten rein − vorkommt und ein wohl charakterisiertes, allerdings sehr vielgestaltiges
Bild darstellt.

Dieses Symptomenbild ist die Hauptgrundlage gewesen, von der
aus Pierre Marie seinen Angriff gegen die klassische Aphasielehre
erhoben hat. Pierre Marie sieht in ihm eine Art Intelligenzstörung und
bezeichnet das durch sie hauptsächlich charakterisierte Bild der Wernicke'schen Aphasie als *die* Aphasie. Ich [26] stimmte mit der Heraushebung dieses besonderen Symptomenbildes als eigentlicher Aphasie
gegenüber den anderen Bildern durchaus überein, wenn ich auch seine

---

[26] *Archiv f. Psychiatrie*, Bd. 45, Heft I, S. 408 ff.

Identifizierung mit der Wernicke'schen Aphasie nicht anerkennen konnte, die aus einer Verkennung der spezifisch sensorischen Komponente, die diese enthält, entsprang.

Mit dem Wesentlichen der Pierre Marie'schen Anschauung, der Parole, dass es sich bei der Aphasie um eine Intelligenzstörung handle, war ein altes Problem von neuem aufgerollt, das die neueste Forschung schliesslich ganz in den Vordergrund gerückt hat. Auch die älteren Autoren sind an dem Problem nicht vorbeigegangen, und haben das veränderte Gesamtverhalten gewisser aphasischer Kranker nicht übersehen; Wernicke, Heilbronner, Kleist u. a. haben sich schon eingehend mit der Beziehung der Aphasie zu psychischen Veränderungen beschäftigt; aber es handelte sich bei ihnen mehr um die Frage der Beziehung der aphasischen Störungen zu psychischen, *resp.* ihre Rückwirkung auf die Psyche, als um die Analyse der spezifischen psychischen Veränderung, die in den Störungen der Sprache ihren Ausdruck findet, selbst. Die Erkenntnis der Störung, die Pierre Marie hauptsächlich im Auge hatte, war den Autoren durch die Lehre von den Sprachvorstellungen erschwert. Die Darlegungen Pierre Marie's waren allerdings auch nicht recht geeignet, uns positiv weiter zu bringen. Bei einem so allgemein gehaltenen Standpunkt besteht mit der Bezeichnung der aphasischen Störungen ganz allgemein als intellektueller die Gefahr, die Kompliziertheit des Problemes zu verdecken und namentlich die psychische Veränderung, die in der Alteration der *Sprachmittel* ihren Ausdruck findet, zu unterschätzen gegenüber den Veränderungen, die durch eine Beeinträchtigung der besonderen psychischen Leistungen bei der Benutzung der Sprache zustandekommen. Gewiss haben sich manche Symptome, die man bisher ganz allgemein geneigt war auf eine Schädigung der Sprachmittel zurückzuführen, bei genauerer Analyse als Symptome veränderten gesamtpsychischen Verhaltens erwiesen. So konnten Gelb und ich zeigen, dass die sogenannte amnestische Aphasie nicht der Ausdruck einer erschwerten Ansprechbarkeit der Wortbilder ist, sondern als Folge eines veränderten gesamtpsychischen Verhaltens aufzufassen ist. Head hat mit Recht gewisse Symptome bei Aphasischen als Störungen der Fähigkeit zum symbolischen Ausdruck bezeichnet. Boumann und Grünbaum, Woerkom sind durch die Analyse gewisser Fälle motorischer Aphasie ebenfalls dazu gekommen, bisher als rein sprachliche Störungen betrachtete Erscheinungen als Ausdruck einer tiefergehenden psychischen Veränderung anzusehen, und ich kann ihnen darin nach eigener Erfahrung nur beistimmen. So zweifellos es also ist, dass durch allgemein psychische Veränderung bedingte Symptome in den aphasischen Bildern eine sehr grosse Rolle spielen – und wir werden darauf noch eingehend zurückzukommen haben – so wäre es doch nicht richtig, eine andere Verursachung von aphasischen Symptomen nicht anzuerkennen oder die in Betracht kommenden Symptome einfach nicht zu den aphasischen zu rechnen. Das geht sowohl aus klinischen wie auch sachlichen Gründen nicht. Zu einer derartigen Betrachtungsweise neigt sowohl Pierre Marie, wenn er allein die durch intellektuelle Störungen bedingten Symptome zu den aphasischen rechnen will, wie auch Head. Darin scheint mir ein Versehen in den sonst so erfreulich lebendigen ausgezeichneten Untersuchungen Head's zu liegen, das vielleicht aus einer nicht recht genügenden Kenntnis des reichen Tatsachenmaterials entspringt, das uns die von ihm recht wenig hochgeschätzte klassische Lehre geliefert hat. Gerade wenn wir die psychische Veränderung, die den aphasischen Symptomen zugrunde liegt, erfassen wollen, müssen wir die Symptome eindringlichst und unvoreingenommen daraufhin analysieren, welcher Art denn die psychische Veränderung ist, die einer bestimmten konkreten Veränderung zugrunde liegt. Es geht sicher nicht an, alle Symptome als Ausdruck einer beeinträchtigten Symbolfunktion zu betrachten, sondern es dürften zwei Arten von Störungen zu unterscheiden sein. Nur die eine betrifft die *Fähigkeit der Benutzung der Sprachmittel zur Veräusserung seelischen Geschehens*. Daneben darf aber die *andere,* die die *spezifisch sprachlichen Vorgänge* betrifft und in *Leistungsveränderungen der Sprachmittel zum* Ausdruck kommt, nicht vergessen werden.

Natürlich enthält diese Trennung schon eine gewisse Abstraktion, insofern ja die Sprachmittel nie isoliert, sondern immer nur im Zusammenhang mit anderem psychischem Geschehen in Erscheinung treten – mit ganz wenigen seltenen Ausnahmen, auf die wir noch zu sprechen kommen –, dass eine Aussage über ihre Intaktheit resp. Beeinträchtigung allein überhaupt eigentlich nicht möglich ist. Auch ist ja nach der hier vertretenen Grundauffassung der hirnphysiologische Vorgang, der etwa der Symbolfunktion oder der inneren Sprache zugrunde liegt, prinzipiell gleicher Art. Es handelt sich ja nur um Unterschiede der Feinheit der Figur-Hintergrundbildung und ihres Auftretens an verschiedenem Material. Ich bin deshalb auch nicht der Ansicht, dass man sich vom hirnphysiologischen Standpunkte mit

solchen Ausdrücken wie Störung des symbolischen Ausdruckes oder
der inneren Sprache begnügen soll, sondern die zugrunde liegende
Funktionsstörung feststellen soll. Aber trotzdem muss zunächst aus
begrifflichen und hirnphysiologischen Gründen an der Trennung
zwischen Störungen der Sprachmittel und ihrer Verwendung festgehalten werden, schon deshalb, weil sonst das lokalisatorische Moment
zu kurz kommen muss.

Es ist für die aphasischen Symptombilder wie für alle psychopathologischen Erscheinungen charakteristisch, dass die Sprachleistungen sehr verschieden sind, je nachdem, in welchem Gesamtgeschehen sie erfolgen, und dass sie besonders bei bestimmten Verwen-
dungen beeinträchtigt sind. Jackson hat schon betont, dass die sogenannte emotionelle Sprache noch erhalten sein kann, während die
intellektuelle schon beeinträchtigt ist. Aber diese Trennung, so richtig
sie im allgemeinen ist, trifft doch noch nicht die ganze Komplexität
der Erscheinungen. Wir müssen nach normal-psychologischen Überlegungen wie nach Erfahrungen der Pathologie etwa drei verschiedene
Sprachvorgänge unterscheiden: 1. die *Verwendung der Sprache als
Mittel zur Darstellung*, die *willkürliche Sprache*, die besonders bei der
Lösung bestimmter sprachlicher Aufgaben benötigt wird, so etwa
beim Beantworten von Fragen, beim Bezeichnen von Gegenständen
etc. Das entspricht wohl dem, was Jackson als *intellektuelle* Sprache
bezeichnete. Dieser Sprachleistung entsprechen besonders komplizierte Figur-Hintergrundsbildungen, wie der darstellenden Funktion
überhaupt. Sie fallen bei Hirnschädigungen zuerst aus. Dem gegenüber steht 2. die *Sprache als Ausdrucksmittel*, die mit dem Ausdrucks-
erlebnis mit bestimmten anderen Ausdrucksbewegungen als Teil derselben mehr passiv hervortritt, als vom Sprecher absichtlich hervorgebracht wird. Diese *emotionelle* Sprache im Sinne Jackson's ist bei
Hirnschädigung am besten erhalten. Hier handelt es sich offenbar um
primitivste, uralte Leistungen, die hirnphysiologisch noch deshalb so
relativ einfach sind, weil bei ihnen stets der ganze Organismus in
gleicher Weise tätig ist, die Figur-Hintergrundsbildung also rel. einfacher Natur ist.

Gegenüber diesen beiden Spracharten müssen wir wohl noch 3. die
gewöhnliche Sprache unterscheiden, die nicht nur Ausdruckselemente
und Darstellungselemente in schwer analysierbarer Durchflechtung,
sondern auch noch ein weiteres Element enthält: Leistungen, die zwar
unter willkürlicher Intention erfolgen, aber fast automatisch aus der

psychischen Gesamtsituation fliessen, jedenfalls vom Sprecher nicht im einzelnen, sondern im ganzen angeregt werden. Diese Sprachleistungen sind besonders bei *Läsion des eigentlichen Sprachapparates* betroffen. Sie stehen in bezug auf die Schwierigkeit der hirnphysiologischen Leistung etwa zwischen den beiden vorher erwähnten, sind aber noch dadurch ausgezeichnet, dass für ihren prompten Ablauf die Intaktheit einer bestimmten Örtlichkeit, das eigentliche Sprachgebiet des Gehirnes, notwendige Voraussetzung ist.

Man kann es nun den einzelnen Sprachäusserungen nicht ohne weiteres ansehen, in welcher Weise sie im konkreten Falle vor sich gehen. Manches lässt sich allerdings aus der Betonung, den musischen Eigenschaften der Sprache und den sie begleitenden Ausdrucksbewegungen, oft auch aus der Beachtung der Gesamtsituation erschliessen; gewissen Situationen entspricht mehr der willkürlich angeregte automatische Fluss der Rede, anderen mehr der ausdrucksmässige Gebrauch der Sprache, anderen schliesslich der darstellungsmässige. Aus dem Gesagten ergibt sich, dass für die Beurteilung einer Sprachstörung die *Berücksichtigung der Situation von grösster Wichtigkeit* ist. Die Entscheidung, welche Verwendungsart der Sprache gestört ist und welche erhalten, ist allerdings auch dann nicht einfach, namentlich wenn durch eine Störung der Sprachmittel die Auskunftsmöglichkeit des Kranken über sein Verhalten beim Gebrauch der Sprache überhaupt schwer gelitten hat. Man darf keineswegs einfach daraus, dass ein Kranker ein Wort als Antwort auf eine Frage, also willkürlich, nicht sprechen kann, aber in anderem Zusammenhang, so etwa beim Nachsprechen wohl, schliessen, dass seine Fähigkeit zum symbolischen Ausdruck gelitten hat, auch muss wiederum nicht jede erschwerte Wortfindung eine solche Grundlage haben *etc.*

Die *spezielle Einstellung,* aus der heraus die Sprachleistung erfolgt, muss jedesmal genau festgestellt werden. Dann zeigt sich oft, dass die *Sprachstörung auf die Unmöglichkeit, manche Einstellung überhaupt einzunehmen,* zurückzuführen ist, wie etwa die amnestische Aphasie, oder auf die *Unfähigkeit, eine Einstellung willkürlich einzunehmen, resp. mit der Einstellung so schnell zu wechseln, wie* es die Situation erfordert. Aus dem letzteren Unvermögen resultiert nicht nur die Unmöglichkeit zu einer Antwort bei Aufgaben, die einen schnellen Wechsel der Einstellung erfordern, sondern auch Fehlleistungen, die durch ein Beharren auf einer früheren Einstellung bedingt sind, von der aus betrachtet sie an sich gar nicht falsch zu sein brauchen – einem

Beharren, das einfach dadurch zustande kommt, dass der Kranke nicht schnell genug in die andere Einstellung hineingelangt. Viele der Perseverationen, die wir bei aphasischen Kranken so häufig finden und die man gewöhnlich einfach durch eine abnorme Perseverationstendenz zu erklären oder vielmehr wegzuerklären versucht, werden sofort – auch inhaltlich – verständlich, wenn man das Moment der Mangelhaftigkeit der Einstellung, besonders die Beeinträchtigung des schnellen Wechsels zur Einstellung berücksichtigt, wo sich dann vor allem auch die Tatsache, dass die sogenannte Perseveration keineswegs bei allen Leistungen gleich stark, eventuell nur bei bestimmten überhaupt auftritt, aufklärt.

Beginnen wir mit der Betrachtung der Symptomenbilder, die der zweiten Gruppe von Erscheinungen zugehören, bei denen es sich also um *Störungen der Sprachmittel* handelt, so können wir diese je nach dem alleinigen oder wenigstens stärkeren *Befallensein der äusseren oder inneren Sprachmittel* unterscheiden.

Die erste Gruppe von Störungen, die auf *Beeinträchtigung der äusseren Sprachmittel* beruhen, werden durch die sogenannten *reinen Aphasieformen* dargestellt. Je nach der Lage des Herdes – auf deren spezielle Lokalisation ich hier nicht eingehe – kommt es zu rel. umschriebenen Bildern, der motorischen, der akustischen Aphasie, der Agraphie, die nach unserer Anschauung nicht durch einen Ausfall, *resp.* eine erschwerte Ansprechbarkeit irgend welcher Vorstellungen zustandekommen, sondern durch eine Entdifferenzierung, *resp.* eine Erschwerung der Figur-Hintergrundsbildung auf motorischem, akustischem *etc.* Gebiete.

Wieweit auch bei den hierhergehörigen Fällen nur die bekannten sprachlichen Erscheinungen und *nicht noch andere Symptome* apraktischer, *resp.* akustischer Art vorhanden sind, sei dahingestellt. Ich meine, es ist mehr oder weniger immer der Fall, da ja nie nur die für die Sprache wichtigen Figurbildungen allein geschädigt werden, wenn auch diese wegen ihrer besonderen funktionellen Wertigkeit bei der in Betracht kommenden Lage der Herde vorwiegend leiden. Bei der *Worttaubheit* z. B. finden sich fast immer, vielleicht immer, auch Beeinträchtigungen beim Erfassen von Geräuschen und Melodien. Unsere symptomatologische Analyse der in Frage kommenden Leistungen ist bisher so mangelhaft, dass nichts auch nur annähernd Sicheres über die Beziehung der einzelnen Leistungsstörungen zur Läsion bestimmter Örtlichkeiten ausgesagt werden kann. Im einzelnen kann ich

auf das höchst interessante Problem des lokalisatorischen Aufbaues
im Schläfenlappen nicht eingehen, erlaube mir, auf meine Ausführungen in der Topik zu verweisen.

Die *reine optische Alexie* ist meinen Erfahrungen nach überhaupt
nie ein auch nur einigermassen isoliertes Symptom. Immer finden sich
dabei Zeichen von Seelenblindheit und wenigstens in gewissem Grade
auch die weiteren, vorher bei unseren Patienten mit Seelenblindheit
erwähnten Symptome, offenbar deshalb, weil jede Herdläsion im optischen Gebiet die Grundfunktion des Gehirns ganz allgemein schwer
beeinträchtigt. Wie ich an anderer Stelle dargelegt habe,[27] liegt dies
wohl daran, dass die Bildung von Simultanstrukturen zweifellos ganz
besonders innig mit dem optischen Material verknüpft ist, an ihm
sich meist auswirkt. Deshalb ist die Bildung von Simultanstrukturen
überhaupt besonders leicht von Schädigungen in der optischen Sphäre
aus zu beeinträchtigen. Auch ist bei der Beurteilung der Symptomatologie nicht zu vergessen, dass bei der grossen Bedeutung der optischen
Erlebnisse für das Gesamtverhalten der Fortfall derselben gewiss sekundär zu mancherlei Störungen auf anderen Gebieten wird führen
können.

Etwas näher wollen wir uns hier nur mit der Symptomatologie der
motorischen Sprachstörungen beschäftigen.

Fälle, bei denen die motorische Sprachleistung völlig ausfällt, gibt
es bei einseitiger Herdläsion eigentlich nicht, jedenfalls nur vorübergehend. Auch bei der völligen Wortstummheit sind einzelne Laute und
einzelne Worte, ja manchmal einzelne Sätze, die bekannten *utterances*
Jackson's erhalten. Charakteristisch ist aber, dass auch die *erhaltenen
Leistungen nur als Ausdruckssprache* gebraucht werden können, *nicht
zur Darstellung*, nicht willkürlich wiederholt werden können, was nach
unserer Auffassung des Unterschiedes im hirnphysiologischen Vorgang bei dem verschiedenen Gebrauche der Sprachmittel als Ausdruck des Abbaues der Funktion verständlich ist.

Gewöhnlich spricht der Kranke sehr bald mancherlei, aber in einem
bei *oberflächlicher Betrachtung gar nicht verständlichen Wechsel der
Leistung*. Es entsteht der Eindruck grosser Inkonstanz, der gewöhnlich zu Unrecht auf die Wirkung von Allgemeinschädigung, Ermüdung geschoben wird. Alle Versuche, die erhaltenen und gestörten
Leistungen danach zu gruppieren, ob ein Kranker besser Laute als
Worte, besser kurze als lange Worte, motorisch leichte besser als

---

[27] *Topik d. Grosshirnrinde l. c.*, S. 75.

motorisch schwierige sprechen, besser Nachsprechen als Spontansprechen, besser leise als laut lesen kann oder umgekehrt *etc.*, alle
diese oder ähnliche Gruppierungen, wie man sie immer wieder versucht hat, führen zu keinem eindeutigen Resultat. Bei Anlegung solcher Kriterien hat es den Anschein, als ob die Leistungsfähigkeit
dauernd wechselte. Bald spricht der Kranke ein langes Wort, ja einen
Satz fast fehlerfrei, ist aber gar nicht imstande, ein kurzes gewiss motorisch leichtes Wort überhaupt herauszubringen; eben spricht er ein
Wort gut, kurz darauf vermag er es nicht zu sprechen. Jetzt liest er
eines tadellos vor und scheint es nicht verstanden zu haben, bald
wieder bringt er es gar nicht heraus und scheint es doch verstanden zu
haben u. a. mehr. Wenn man eine Gesetzmässigkeit in das Verhalten
hineinbringen will, muss man jede einzelne Leistung auf ihre Entstehung analysieren. Da kommt sofort eine Ordnung in das scheinbare
Chaos, wenn man die Leistungen von dem Standpunkte betrachtet,
dass jeder Leistung eine bestimmte Wertigkeit zukommt, d. h. dass
jede einen bestimmten Grad von Schwierigkeit darstellt, gemessen an
den Anforderungen, die ihre Ausführung an die Leistungsfähigkeit
der Hirnmaterie stellt. Wir sehen dann, dass die *ausfallenden Leistungen eben die schwierigeren sind* und dass die Symptome dem
Grad der Schädigung der Hirnsubstanz, *resp.* dem Grad der Beeinträchtigung der Figur-Hintergrundsbildung entsprechen.

Bei *schweren* Schädigungen zeigt sich, dass nur die *primitivsten*
sprachlichen Leistungen, wie das Sprechen von Lauten, bekannten
Worten als *Ausdruckssprache* möglich sind. Schon die willkürliche
Produktion von Lauten kann dem Kranken grosse Schwierigkeiten
machen, während er sie als Ausdrucksphänomene prompt hervorbringt, besonders wenn sie mit dem entsprechenden Affekt produziert
werden. Schon in einem solchen Stadium kann der Patient evtl. ein
Lied mit Text singen, zweifellos, weil es sich bei einem solchen aus-
drucksmässigen Hervorbringen der Sprache, bei dem der Kranke so
stark mit seiner ganzen Persönlichkeit beteiligt ist, um eine Gesamt-
reaktion handelt, die eine rel. einfache Leistung darstellt. Aus diesen
Gründen sind überhaupt die musischen Elemente der Sprache rel.
gut erhalten.

Instruktiver werden die Bilder in weiteren *Stadien der Rückbildung*
mit dem Hervortreten zahlreicher Sprachäusserungen. Auch jetzt
kann ein Kranker noch die grössten *Schwierigkeiten haben, willkürlich
die den Lauten an sich recht ähnlichen Buchstaben hervorzubringen.*

Dabei ist zu bedenken, dass es sich um spät erworbene Leistungen handelt, die auch motorisch schwieriger als die Laute sind. Aber das ist doch gewiss nicht ausschlaggebend; der gleiche Kranke kann evtl. motorisch viel schwierigere Worte gut sprechen. Wesentlich ist hier offenbar die *Schwierigkeit der Einstellung* bei so fremdartigen Gebilden, die ein stark darstellungsmässiges Sprechen erfordern. Dass die gleichen Worte ganz verschieden gesprochen werden, je nachdem sie aus der Situation heraus oder willkürlich gesprochen werden müssen, tritt besonders deutlich auch beim *Sprechen der Reihen* in Erscheinung. Schon die Zahlenreihe, die an sich rel. leicht und meist erhalten ist, wird, wenn der Kranke sie rein motorisch automatisch ableiert, oder wenn es etwa zur Situation gehört, dass der Kranke etwas zählen muss, viel besser produziert als wenn der Kranke die Reihe aufsagen soll. Die anderen Reihen: Wochentage, Monate *etc.* gehen oft recht schlecht, weil sie motorisch schwierig, nicht so geübt sind, mehr darstellungsmässig vorgebracht werden müssen. Bei den ganz peripher bedingten motorischen Aphasien, von denen wir hier reden, bei denen die Symbolfunktion an sich als wesentlich intakt angenommen werden darf, können die Kranken den reihenmässigen Rhythmus oft recht gut produzieren, nur sind die einzelnen Worte in der Reihe mangelhaft. Auch da können die Worte in der Reihe wesentlich besser gesprochen werden, als wenn sie der Kranke allein etwa als Antwort auf eine Frage produzieren soll. Durch dieses Erhaltensein des reihenmässigen Rhythmus wenigstens bei einigen Reihen unterscheiden sich diese Fälle von jenen, bei denen die Fähigkeit zum symbolischen Ausdruck gelitten hat, von denen wir bald sprechen werden. Bei diesen ist gerade der reihenmässige Rhythmus beeinträchtigt, während die einzelnen Worte oft gut, aber abgesetzt voneinander gesprochen werden. Diese noch recht oberfächliche Betrachtung zeigt schon deutlich, dass das Reihensprechen in sehr verschiedener Weise verändert sein kann und dass es sich *keineswegs um einen rein motorischen Vorgang* dabei handelt und wie wenig für das Verständnis der zugrundeliegenden Funktionsstörung damit getan ist, wenn man angibt, das Reihensprechen sei gestört oder intakt.

Besonders schwer sind oft *die* Reihen beeinträchtigt, deren normaler Ablauf für die *grammatikalischen* Leistungen von Bedeutung ist, begreiflich, da es sich doch um spät erworbene recht schwierige und speziell im Dienste der Darstellungsfunktion benutzte Leistungen handelt. Das Versagen bei den grammatischen Reihen ist die Grundursache des *Telegrammstiles,* der zur motorischen Aphasie gehört, wenn er auch, wie Isserlin [28] mit Recht betont hat, nicht allein dadurch sich erklärt. Wir kommen auf den Telegrammstil noch zu sprechen, wollen hier nur noch hervorheben, dass er bei diesen Kranken beim Schreiben weniger hervortritt als beim Sprechen, dass der Ablauf grammatischer Reihen beim gewöhnlichen Sprechen eventuell weit besser vor sich gehen kann als etwa das ja ausserordentlich schwierige und fremdartige Aufsagen dieser Reihen, der Deklinationsreihe, der Konjugationsreihe *etc.*

Natürlich leiden die motorisch besonders schwierigen Gestaltungsvorgänge besonders, der Kranke kann *motorisch schwierige Worte* besonders schlecht sprechen. Aber noch mehr leidet das *Herausheben – auch von an sich motorisch leicht zu bewältigenden – Einzelheiten aus einer motorischen Gesamtgestalt,* das Herausheben eines Buchstabens aus einem eben prompt gelesenen Worte oder das Lesen eines Wortgebildes mit Auslassung einzelner Buchstaben *etc.* Boumann und Grünbaum [29] haben in sehr sorgfältiger Untersuchung gezeigt, welche Schwierigkeiten derartiges analysierendes Sprechen, Lesen *etc.* den Kranken bereitet. Besonders instruktiv ist oft die völlige Ratlosigkeit, mit der motorisch Aphasische Worten, die wir gewohnt sind, nur in zusammenhängenden, sprachlichen Gebilden zu sprechen, und in denen die Kranken sie auch sprechen können, gegenüberstehen, wenn sie dieselben isoliert lesen, sprechen, ja auch wenn sie sie isoliert schreiben sollen, so z. B. die kleinen Satzteile wie "in", "der", "oft", "auf", "unten" *etc.* Es ist immer wieder frappierend, wenn ein solcher Kranker, wie ich ihn eben auch wieder in Beobachtung habe, selbst lange Gebilde, wie "Oberbürgermeister", "Frankfurt a. Main", "An das Hauptversorgungsamt in Kassel" *etc.* prompt vorliest etc., aber nicht "an", "aber", "der", nicht "in" oder nur unter den grössten Schwierigkeiten lautierend sprechen, lesen, schreiben kann. Für das Versagen bei diesen Worten kommt wahrscheinlich ausser ihrer Ungewohntheit, in Isolierung verwendet zu werden, noch ihre Sinnlosigkeit dabei in Betracht, wahrscheinlich ausserdem eine bestimmte Einstellung, die, wie wir sehen werden, die Mitursache für das Auftreten des Telegrammstiles ist und die diese Worte gewissermassen ganz aus der Erlebnissphäre des Kranken ausschaltet.

Wir sehen also, dass es nicht allein in der motorischen Gestalt selbst

---

[28] *Z. f. d. ges. Neur. u. Psychiat.* LXXV, S. 332.
[29] *L. c.* Vergl. hierzu auch unsere *Darlegungen* S. 187 f.

gelegene Momente sind, die zum Versagen oder zur Leistung führen, sondern dass die gesamte Situation, in der die Leistung erfolgt und die ihr eine bestimmte Wertigkeit verleiht, sehr wesentlich mit massgebend ist. Dabei spielt auch das Moment der *Beschränktheit der zur Verfügung stehenden Energie* eine Rolle. Da der Energieverbrauch bei einer Läsion im motorischen Gebiete bei motorischen Leistungen abnorm gross ist, so werden besonders solche Sprachleistungen ausfallen, denen besonders schwierige Figur-Hintergrundsbildungen im allgemeinen entsprechen. Deshalb treten auch Fehler besonders dann auf, *wenn zur richtigen Leistung schwierigere Einstellungen, resp. ein schneller Wechsel der Einstellung notwendig ist.* So können *polyglotte* Aphasische die ganze Fremdsprache eingebüsst haben, wenn sie auch die Muttersprache wieder gut sprechen können. Sie kommen auch bei guter Restitution beider verschiedener Sprachen leicht beim Sprechen der fremden Sprache in die Muttersprache hinein. Ein aphasischer Kranker Pick's, Tscheche, der deutsch sprechen konnte, der eben tschechisch geantwortet hatte, sprach, nachdem er gehört hatte, wie Pick sich mit seinem Assistenten deutsch unterhielt, von da an deutsch und war auch zunächst nicht davon abzubringen. Ein Patient, der ein Wort, das er eben als ganzes las, buchstabierend nicht lesen konnte, kann die einzelnen Buchstaben evtl. doch lesen, wenn sie ihm unabhängig vom Wortlesen isoliert geboten werden und er so darauf eingestellt ist, dass es sich um Buchstaben handelt. Ein motorisch Aphasischer, der, wie wir erwähnten, die kleinen Satzteile isoliert nicht lesen kann, vermag das doch, nachdem man vor ihm eine der Wortfolgen zerlegt hat und ihn auf das einzelne Wort eindringlich aufmerksam gemacht hat. Und er liest dann – bemerkenswerter Weise – nicht etwa nur dies eine, sondern auch andere derartige Worte, die er vorher isoliert nicht lesen konnte. Er ist jetzt auf die ganze Gruppe eingestellt. Einer meiner Patienten, mit dem ich den geschilderten Versuch öfter gemacht hatte und dem ich bei einer Demonstration das Wörtchen "an" diktierte, um zu zeigen, dass er es isoliert nicht schreiben kann, aber wohl in einem Satze, schrieb nicht nur das Wort "an" auf, sondern fügte auch spontan "auf", "der", "oben", "und", "in" hinzu, ohne dass ich diese Worte diktiert hatte. Er war offenbar durch die häufigen Versuche auf diese ganze Gruppe eingestellt. Auf die Gruppe, nicht auf das einzelne Wort; denn – zunächst recht frappierend – konnte er sofort darauf die Worte einzeln auf Diktat doch nicht oder nur unter grössten Schwierigkeiten schreiben.

Wir sehen also immer wieder: Was ein Patient leistet *resp.* nicht leistet, ist nicht vom Objekt aus zu bestimmen, um das es sich handelt, sondern nur von der Einstellung aus zu verstehen, mit der er ihm gegenübersteht. Der Normale vermag all diese Aufgaben zu bewältigen, indem er seine Einstellung je nach der Aufgabe wechselt. Gerade das kann der Patient nicht. Dass diese Erschwerung im Wechsel der Einstellung eine Perseveration als besondere Störung vortäuschen kann, haben wir schon erwähnt .Rein symptomatisch ist diese Perseveration bei Aphasischen oft genug zu beobachten. Man sollte sich aber hüten, sie einfach als eine besondere Funktionsstörung zu betrachten; das würde die weitere Analyse der Störung verhindern. Wie aus dem Mitgeteilten hervorgeht, ist diese "Perseveration" eine Perseveration der Einstellung [30] infolge der Beeinträchtigung des Wechselns, nicht etwa ein Beharren bei einer einzelnen Leistung. Ob ein solches überhaupt vorkommt, wäre noch zu eruieren.

Eine Reihe der angeführten Einzelmomente, die die Leistung beeinflussen und letztlich ja alle auf die gleiche Grundursache zurückgehen, wirken zusammen beim Zustandekommen der gewöhnlich so mangelhaften Leistungen der Kranken beim willkürlichen Sprechen, etwa wenn der Kranke gezwungen ist, eine bestimmte Antwort auf eine Frage zu geben, oder etwas erzählen soll. Der Kranke muss sich beim Antworten auf bestimmte Fragen nicht nur ziemlich plötzlich in eine ganz bestimmte Situation versetzen, sondern er muss dieser Situation entsprechend willkürlich ein bestimmtes Wort innervieren, er muss also die verschiedensten schwierigen Figur-Hintergrundsbildungen vornehmen; begreiflich, dass dann bei der mangelhaften Leistungsfähigkeit des motorischen Apparates das Wort nicht kommt. Es ist verständlich, dass in der gewöhnlichen Unterhaltung, namentlich in dem Kranken gewohnten Milieu, wo das einzelne Wort ja viel weniger willkürlich gewählt wird, als aus der Situation heraus mehr passiv auftaucht, das Aussprechen des gleichen Wortes so oft ganz prompt erfolgt. Weil die Sprachleistung um so besser ist, je mehr sie zu einer konkreten Situation gehört, deshalb ist auch das Nachsprechen evtl. besser, als das Spontansprechen und auch das Lesen rel. so gut. In bezug auf das Schreiben können sich diese Kranken verschieden verhalten. Das Nichtschreibenkönnen berechtigt nicht zur Abgrenzung

---

[30] *Cf.* hierzu meine Ausführungen über den Begriff der Perseveration der Einstellung in "Über den Einfluss motorischer Störungen auf die Psyche", *Dtsch. Ztschr. f. Nervenheilk.* Bd. 83, 1924, S. 129 ff.

einer besonderen Form, einer sogenannten kortikalen, motorischen Aphasie, wie man es früher getan hat. Es ist nicht von der Art der Sprachstörung, sondern von der Individualität des Kranken abhängig, ob er noch schreiben kann oder nicht, nämlich davon, ob er gewohnt ist, beim Schreiben mitzusprechen oder nicht. Trotz intakter "innerer Sprache" kann das Schreiben doch sehr gestört sein. Das Schreiben zeigt dann die gleichen Eigentümlichkeiten wie das Sprechen. (Natürlich kann das Schreiben evtl. durch besonderen Herd in F. 2 beeinträchtigt sein). Die Beurteilung der inneren Sprache selbst kann grosse Schwierigkeiten machen.

Was das *gesamtpsychische Verhalten* betrifft, so sind diese Kranken rel. frei von Störungen, im besonderen scheint die Fähigkeit, die Sprachgebilde als Symbole zu benutzen, an sich wohl erhalten zu sein, wenn die Kranken auch wegen der Gesamtschwierigkeit, die eine derartige Leistung macht, bei solchen Leistungen noch am meisten versagen. Ist die Sprachstörung sehr hochgradig und hält sie viele Jahre an, so kann der Kranke natürlich sekundär in seinen geistigen Leistungen leiden. Es kommt dabei sehr auf die Situation an, in der der Kranke sich befindet, die Anforderungen, die diese an ihn stellt *etc.*

Die *Mimik dieser Kranken* scheint fast immer intakt zu sein. Die Kranken können sogar zu einer gewissen darstellungsmässigen mimischen Bewegung fähig sein.

Was die anatomische Lokalisation der Herde betrifft, die zu dieser Form der Aphasie führen, so möchte ich auf diese Frage nicht näher eingehen. Ich möchte nur kurz darauf hinweisen, dass es sich dabei entweder um subkortikale Herde in der Gegend von F. 3 und dem Fuss der vorderen Zentralwindung handelt oder engbegrenzte Rindenherde in dieser Gegend, besonders in letzterem Gebiet.[31]

Bei einer *zweiten Gruppe* von Kranken, bei der ebenfalls die *motorische Aphasie* im Vordergrunde des Bildes zu stehen scheint, erweist sich die *motorische Störung nur als eine Teilerscheinung* einer weit allgemeineren Störung. Gerade für diese Kranken ist es besonders charakteristisch, dass sie versagen, wenn sie eine sprachliche Leistung darstellungsmässig verrichten sollen, während sie ausdrucksmässig und auch automatisch Gutes leisten, namentlich der rein motorische Ablauf bei ihnen rel. viel besser ist als bei der ersten Gruppe von

---

[31] *Cf.* hierzu auch meine Ausführungen in *Topik* l.c. S. 90 ff.

Kranken. So kann man oft an den Lippenbewegungen beobachten, wie diese Kranken rein automatisch unwillkürlich ein Wort tonlos produzieren, ohne imstande zu sein, dieses von ihnen mehrfach so wiederholte Wort willkürlich, laut auszusprechen. Sie probieren, bringen einen Buchstaben heraus, dann mühselig wieder einen, dann ein paraphasisches Gebilde, auf dessen Genese wir bald noch zurückkommen. Die Kranken sprechen spontan sehr wenig, meist abgesetzt. Auch das Reihensprechen ist gestört, und zwar ist bei ihnen besonders der reihenmässige Rhythmus gestört, während die einzelnen Worte noch rel. gut gesprochen werden können. (*Cf.* vorher S. 206). Auch sie sprechen im Telegrammstil, doch enthält ihre Sprache noch mancherlei grammatikalisch bedeutungsvolle Worte, ihr Telegrammstil ist nicht so ausgesprochen wie der der ersten Gruppe. Andererseits ist der Stil im Schreiben keinesweg besser als beim Sprechen, ja evtl. noch beträchtlich schlechter, wie das Schreiben bei ihnen überhaupt besonders gestört ist. Schreiben und Lesen sind etwa ähnlich beeinträchtigt wie das Sprechen. Überall sind ihre Äusserungen paraphasisch, in der Schriftsprache kann man besonders gut beobachten, wie ihre Paraphasien, wie wir es später noch eingehender auseinandersetzen werden, dadurch zustandekommen, dass die Kranken *stückhaft vorgehen* und sich bei ihren Leistungen der normalen Worterinneringsbilder bedienen.

Wie schon gesagt, ist die motorische Sprachstörung dieser Kranken nur ein Ausdruck einer viel allgemeineren Veränderung. Das sind Fälle, wie sie der Aufstellung der "verbal defects" von Head zugrunde gelegen haben und wie sie Woerkom bei seinen Untersuchungen vor sich gehabt hat. Ich kann die Beobachtungen dieser Autoren, namentlich die von Woerkom an meinen Fällen voll bestätigen. Danach haben die Kranken Störungen auf verschiedensten Gebieten, besonders da, wo es sich *nicht nur um konkretes, direkt durch die ihnen gewohnte Situation bedingtes Handeln handelt, sondern wo sie vorstellungsmässig mehr unter Benutzung von Symbolen vorgehen,* wo sie etwas darstellen müssen. So können sie zwar räumliche Leistungen in einer Situation verrichten, aber sie können sie nicht in einer idealen Situation markieren, sie können keine Raumverhältnisse losgelöst von der Situation bestimmen, sie können nicht angeben, wo "oben", wo "unten" ist, sie können zwar zählen und mit Hilfe des Zählens rechnen, aber sie haben keinerlei Zahlbegriffe. Sie können *nicht "analysieren", nicht "abstrahieren",* ganz gleich, um welche Leistung es sich handelt, sie können *nicht das Wesentliche erfassen;* so haben sie unter bestimmten Umständen Störungen beim Handeln, versagen bei bestimmten Erkennungsaufgaben *etc.* Sie sind in allem *konkreter, reizgebundener geworden.* Sie machen schon im *ganzen einen anderen* Eindruck als die Kranken der ersten Gruppe, ihr *Gesichtsausdruck* ist unlebendig, wie dauernd gespannt, sie sind eigentlich auf das, was sie gerade tun, sehr aufmerksam, andererseits beachten sie sehr vieles nicht, was der Gesunde beachtet, begehen deshalb Fehlleistungen und erscheinen deshalb uninteressiert. Es ist bei ihnen vor allem die *Schnelligkeit im willkürlichen Wechsel der Einstellung beeinträchtigt;* so bieten sie auch das Symptom der Perseveration von der Genese, wie wir es schon vorher dargelegt haben. Bei besonderen experimentell-psychologischen Versuchen, die ja alle einen schnellen Wechsel der Einstellung erfordern, versagen sie oft völlig; so z. B. beim gewöhnlichen Reaktionsversuch. Gleichzeitig kann man beobachten, dass sie in lebendigen Situationen gar nicht schlecht auf Reize reagieren, auch da *innerhalb einer Gesamtleistung* ihre Einstellung situationsgemäss wechseln können. So benehmen sie sich z. B. beim Ballspielen oft recht gut *etc.*

Ihre Sprachstörung ist nur *ein* Ausdruck der bei ihnen vorliegenden Grundstörung, die in einer allgemeinen Beeinträchtigung der Figur-Hintergrundsbildung im vorher dargelegten Sinne besteht. Sie bieten grosse Ähnlichkeit mit dem Verhalten Stirnhirngeschädigter, nur dass die allgemeine Verlangsamung bei ihnen nicht so hochgradig wie bei diesen zu sein braucht, andererseits die Störung auf dem motorischen Gebiet der Sprache bei ihnen viel stärker im Vordergrund steht. Die Ähnlichkeit mit den Stirnhirnverletzten kommt daher, dass anatomisch hier immer eine Läsion vorliegt, die über das motorische Sprachgebiet hinausgeht und besonders das Stirnhirn mitschädigt. Die Fälle entsprechen dem Typus der sogenannten kortikalen motorischen Aphasie, *resp.* der transkortikalen motorischen Aphasie insofern, als sie oft spontan fast gar nicht sprechen, während sie im Nachsprechen evtl. noch recht Gutes leisten.

Das Sprachverständnis dieser Kranken ist keineswegs intakt. Sie sprechen etwas unwillkürlich, automatisch nach, ohne dass sie es verstanden zu haben brauchen. Es gelten im Grunde für ihr Verstehen dieselben Bedingungen, wie für ihr Sprechen, es kommt ganz auf die Situation an, ob sie verstehen oder nicht, auf die Art, wie das Wort erfasst werden muss, um "verstanden" zu werden. (*Cf.* hierzu später S. 226f.).

Wir müssen uns hier mit dieser rel. groben Charakteristik der Fälle begnügen. Es kann ja hier nicht darauf ankommen, eine vollständige Symptomenlehre, sondern nur Beispiele zur Demonstration unserer Auffassung der Symptome zu geben.

Gehen wir jetzt auf die andere Gruppe von Erscheinungen bei Beeinträchtigung der Sprachmittel über, so haben wir es hier mit dem Bilde der zentralen Aphasie, der Leitungsaphasie, den Plussymptomen bei Broca'scher *resp.* Wernicke'scher Aphasie, mit den Störungen der sogenannten *inneren Sprache* zu tun. Da der Ausdruck "innere Sprache" in so verschiedenem Sinne gebraucht zu werden pflegt, ist es notwendig, kurz zu präzisieren, was wir hier darunter verstehen wollen.

Versteht man unter *innerer Sprache* alles, was dem motorischen Akt des Sprechens vorhergeht, oder was wach wird, wenn wir ein Geräusch als sprachliches von bestimmter Bedeutung erfassen, so ist das ein sehr komplexes Gebilde, an dem wir gerade auch vom Standpunkt der Pathologie noch im Groben zweierlei unterscheiden können: das, was die Sprachforscher als die *innere Sprachform* (nicht innere Sprache) bezeichnen, nach dem Ausdruck Wundt's die "Motive", die die äussere Sprachform als ihre Wirkung hervorbringen; zweitens das Haben jenes charakteristischen Erlebnisses, auf das wir vorher schon hingewiesen haben, das, weder motorischen noch sensorischen Charakters, etwas *spezifisch Sprachliches* darstellt, ganz gleichgültig, ob ihm Symbolcharakter zukommt oder nicht. Es ist wohl fraglos, dass die beiden hervorgehobenen Momente normaler Weise in der lebendigen Sprache nicht getrennt erlebt werden. Aber es gibt Situationen, wo wir sie doch bis zu einem gewissen Grade getrennt erleben. Dieselbe innere Sprachform (im Sinne der Linguisten) kann doch sehr verschieden äusserlich in Erscheinung treten, in verschiedenen Wendungen einer Sprache oder in verschiedenen Sprachen. Wir können uns auch der Sprachmittel vorübergehend isoliert bedienen, indem wir aus einer mehr automatischen Einstellung heraus ohne Verständnis etwa lesen oder automatisch sprechen. Die Erlebnisse dabei können einen spezifisch sprachlichen Charakter haben und sind doch rel. losgelöst vom Sinn der "inneren Sprachform". Diese Möglichkeit zur rel. Isolierung der inneren Sprachform und der Sprachmittel zeigt uns vor allem die Pathologie; in krassester Form in jenen Bildern von Echolalie, wo der

Kranke richtig und prompt nachspricht, ohne dass irgend etwas vom Sinne dabei in ihm oder wenigstens nur in primitivster Form anzuklingen braucht. Wieweit allerdings gerade diesen Erscheinungen eine ganz bestimmte psychische Gesamtveränderung zugrunde liegt, sei hier dahingestellt. Die Beziehungen dieser Erscheinungen zu bestimmten Vorgängen bei Geisteskranken liegen ja zu nahe, um nicht zu Anschauungen bestimmter Auffassungen in dieser Hinsicht zu drängen.

Wir haben nun die Aufgabe, diejenigen Symptome aus den aphasischen Bildern herauszulösen, die wir als Folge der *Beeinträchtigung der spezifisch sprachlichen Leistungen* betrachten können, ohne dass sie etwa durch Schädigung der motorischen oder sensorischen Vorgänge bedingt sind, also die *Störungen der inneren Sprache im Sinne der medizinischen Autoren*. Das sind die Hauptsymptome der zentralen Aphasie, soweit bei ihnen nicht eine Abhängigkeit von einer Beeinträchtigung der Fähigkeit zum symbolischen Ausdruck vorliegt. Dabei wird die Erfahrung lehren müssen, ob eine solche Trennung überhaupt möglich ist.

Von den Symptomen kommen vor allem die *litterale, die verbale Paraphasie*, die *Störungen im Satzgefüge*, die Störungen der *Wortfindung*, des *Nachsprechens*, des *Buchstabierens* in Betracht, die wir aber nicht alle eingehend hier besprechen können. Es kann sich uns auch hier nicht um ein Eingehen auf alle Einzelheiten der Symptomatologie handeln – das würde viel zu weit führen – sondern ich muss mich begnügen, an prägnanten Beispielen das Wesentliche meines Vorgehens und der Auffassung der Erscheinungen, das sich daraus ergibt, darzulegen.

Ich beginne mit der *litteralen Paraphasie*. Es geht gewiss nicht an, diese einfach auf eine Beeinträchtigung der Fähigkeit zum symbolischen Ausdruck zurückzuführen. Ein Wort kann intakt gesprochen werden und doch des Symbolcharakters entbehren, ein paraphasisch verstümmeltes Wort hinwiederum kann sehr wohl einen Wert als symbolischer Ausdruck haben. Das sehen wir bei Kranken immer wieder. Es ist immer genau zu analysieren, was eine konkret vorliegende, paraphasische Bildung für den Kranken bedeutet, und durch welche Funktionsstörung sie zustande kommt.

Es sind zunächst rein symptomatisch *zwei Formen der litteralen Paraphasie* zu unterscheiden: Die eine Form ist dadurch charakterisiert, dass im Vordergrund die Auslassung einzelner Buchstaben und Einschiebung falscher steht, also durch falsche Stellungen an sich richtiger einzelner Buchstaben bei relativ gutem Erhaltensein des ganzen Wortes. Mit dieser *Paraphasie geht eine Beeinträchtigung des willkürlichen ganzheitlichen Ablaufes* des Sprechens, Schreibens *etc.* einher, und sie kommt dadurch zustande, dass die Kranken bei der Sprachleistung stückhaft vorgehen und die Spracherinnerungsbilder dabei benutzen. Was als Sprachstörung imponiert, ist das *Ergebnis einer Umwegsleistung* im vorher dargelegten Sinne. Die *Fehler, die der Kranke macht, sind der Ausdruck der Unvollkommenheit des Umweges beim Sprechen mit Hilfe der Sprachvorstellungen.* Man kann dies durch die genauere Analyse der paraphasischen Bildungen besonders beim Schreiben deutlich feststellen. Die Analyse ergibt, dass ein solcher Kranker etwa so schreibt, wie ein Gesunder schreiben würde, wenn er sich beim Schreiben an seine akustischen oder optischen Erinnerungsbilder halten würde.

Wenn ich so zur Erklärung paraphasischer Erscheinungen die Spracherinnerungen heranziehe, so tue ich das – das dürfte wohl ohne weiteres klar sein – in einem prinzipiell anderen Sinne als die klassische Lehre, deren Auffassung der Paraphasie als Folge des Fehlens einer Regulation vom sensorischen Zentrum abzulehnen ist. Die Fehler der Kranken werden nicht als der direkte Ausdruck der Funktionsstörung betrachtet wie in der klassischen Lehre, sondern als *Ausdruck der Mangelhaftigkeit der normalen Vorstellungen.* Die verschiedene Art der Paraphasie, die verschiedene, effektive Güte der Leistung ist bei einer solchen Entstehung der Paraphasie natürlich nicht allein abhängig von der Stärke der vorliegenden Funktionsstörung, sondern vor allem von der Beschaffenheit der Spracherinnerungen des betreffenden Kranken schon in gesunden Tagen, die wiederum sehr vom Typus abhängt.

Es wird gewiss von besonderem Interesse sein, bei Aphasischen die Beschaffenheit der Spracherinnerungen genau zu untersuchen. Die klassische Lehre, die von der Läsion derselben so viel sprach, hat darin nicht viel Positives geleistet, vor allem weil sie überhaupt die phänomenale Analyse vernachlässigte und viel zu theoretisch eingestellt war.

Das Problem der Beschaffenheit der Spracherinnerungen bei Aphasischen steht in enger Beziehung zur *Frage der Selbsterkenntnis der Fehler* seitens der Kranken. Man hat das Fehlen solcher Erkenntnis oft zu leicht als eigentlich psychischen Defekt betrachtet. Wenn ein Kranker nach seinen normalen Wortbildern paraphasisch spricht und schreibt, so wird er zunächst den Eindruck haben, etwas richtiges produziert zu haben. Erst sekundär kann es zum Fremdheitseindruck kommen. Beim gesprochenen Wort, das ja so schnell verklingt, wird das nicht leicht geschehen, besonders wenn man beachtet, dass die psychische Anstrengung, die das Sprechen über Sprachvorstellungen kostet, ja wenig Energie freilässt, um auch noch auf das Produkt besonders zu achten. Spricht man derartigen Kranken das von ihnen gesprochene paraphasische Gebilde vor, so erkennen sie es wohl als falsch oder wenigstens, wenn man ihnen gleichzeitig das richtige bietet. Bei der zweiten Form der Paraphasie, die wir bald besprechen werden, kommt die Erkenntnis des Richtigen noch viel weniger zustande, weil hier wegen eines Defektes im Gefüge des Wortganzen ein Wiedererkennen des Richtigen viel schwieriger ist.

Wenn wir die Funktionsstörung, die dieser Form der litteralen Paraphasie zugrunde liegt, positiv nochmals zusammenfassend charakterisieren wollen, so können wir sagen, dass der normale ganzheitliche Ablauf beeinträchtigt ist. Diese Beeinträchtigung zwingt den Kranken zu einem mehr *sukzessiven stückhaften Vorgehen auf Umwegen,* die über das rein motorische Sprechen, das an sich auch beeinträchtigt ist, sowie über die anderen Spracherinnerungen führt, also über ein Material, das auch vom Gesunden bei stückhaftem Vorgehen, etwa beim Schreiben schwieriger Worte, benutzt wird und dann zu ähnlichen Fehlern führen kann. Allgemein charakterisiert handelt es sich um eine Unmöglichkeit zu höheren Figur-Hintergrundsbildungen auf sprachlichem Gebiet und um ein primitiveres Verhalten. Alte Erwerbungen des Kindes, die längst mehr von sekundärer Bedeutung im Erlebnis der Sprache geworden sind, werden wieder nutzbar gemacht, weil der spätere Erwerb des ganzheitlichen Vorganges beeinträchtigt ist. Die Leistungen sind mehr *Reiz-gebunden,* es müssen anschauliche Vorstellungen wachgerufen werden; die wirkliche Darbietung von Reizen, wie etwa beim Nachsprechen, besonders beim Lesen, begünstigt das Sprechen.

Die *zweite Form der Paraphasie* ist vor allem durch eine Verstellung der Buchstaben innerhalb des Wortes charakterisiert, sie stellt eine viel schwerere Veränderung des Wortes dar. Das Problem dieser Paraphasien bedarf noch sehr der genauen Erforschung. Sie scheinen mir, soweit ich die Sachlage übersehe, aber sehr wohl als Folge der Alteration der Gestaltung zu verstehen zu sein. So wird etwa das Wort in Länge, Rhythmus noch richtig reproduziert, auch sein Anfang, Ende, die charakteristischen Hauptbuchstaben sind etwa noch richtig, aber das innere Gefüge des Wortes ist schwer alteriert; es kommt noch zur Bildung der Gesamtgestalt, aber ohne Präzision der Teilmomente innerhalb derselben. Oder es ist das richtige Verhältnis des Wichtigen und Unwichtigen, des "Figürlichen" und "Hintergründlichen" gestört, es wird etwas falsches in den Vordergrund gerückt, betont, dies wieder bestimmt den weiteren Vorgang, so kommt es zu eigenartigsten Verbildungen. Die Differenzierung hat im allgemeinen gelitten, die Vorgänge nähern sich alle mehr einer Gleichartigkeit, so kommt es zur Angleichung von Buchstaben u. a. mehr. Wie gesagt, es ist hier noch vieles Problem, und ich kann hier nicht näher darauf eingehen. Ich möchte aber betonen, dass auch hier der Versuch, die Paraphasien aus einer Beeinträchtigung der Regulation von seiten des sensorischen Zentrums zu erklären, abzulehnen ist, weil diese Genese durch nichts bewiesen ist und die weitere Erforschung allzu sehr durch ein Wort verhindern kann, ja verhindert hat.

Die *verbale Paraphasie* zeigt sich besonders beim Nachsprechen und in bestimmten Erscheinungen bei der Wortwahl. Auch bei diesen Störungen können wir es mit Beeinträchtigungen spezifisch sprachlicher Vorgänge zu tun haben, nicht mit Folgen einer Beeinträchtigung des symbolischen Ausdruckes, aber sie *gehen einher mit ganz bestimmten Veränderungen des Denkablaufes, die allerdings von den Störungen des symbolischen Ausdrucks wohl unterschieden werden müssen, aber nachdrücklich auf die innige Beziehung zwischen Sprechen und Denken hinweisen.*

Ich habe vor Jahren [32] auf die Eigentümlichkeit aufmerksam gemacht, dass ein Patient bei der Aufforderung zum Nachsprechen nicht das vorgesprochene Wort zu wiederholen vermag – auch wenn es sprachlich gar nicht besonders schwierig ist – sondern eines produziert, das inhaltlich in den Vorstellungskreis des vorgesprochenen Wortes gehört, und derartige Beobachtungen sind recht oft zu machen.[33] Ich habe daraus auf die innige Beziehung zwischen den Spracherlebnissen und den Gegenstandserlebnissen geschlossen, die eine isolierte Erweckung einer der beiden Gruppen der Erlebnisse überhaupt kaum zulässt. Ist der Ablauf auf dem einen Gebiet durch Krankheit beeinträchtigt, so macht sich die Wirkung auch auf dem

[32] *Journ. f. Psychol. u. Neurolog.* 7, 1906.
[33] *Cf.* z. B. Heilbronner, *Handb. d. Neurologie,* I. Bd., S. 988. Kleist, *Mon. f. Psychiat. u. Neurolog.* 17. S. 503. Henneberg, *Neur. Centralbl.* 1918, 529 ff.

anderen geltend, und es kommt durch Umwegsleistungen zu eigen-
artigen Veränderungen des normalen Vorganges, eben im Sinne der
verbalen Paraphasie. Lotmar hat in sehr sorgfältigen Untersuchungen [34] den Denkvorgang bei einem Kranken mit erschwerter Wortfindung unter Heranziehung normalpsychologischer Anschauungen
von Selz untersucht und das Wechselspiel zwischen Gegenstandserleb-
nis und Spracherlebnis klarzulegen versucht. Er hat zeigen können, dass
die verbale Paraphasie des von ihm beobachteten Kranken nicht durch
Klangähnlichkeit richtiger und falscher Worte bestimmt wird, sondern
durch die Zugehörigkeit verschiedener Worte zur gleichen inhaltlichen
Sphäre. Die phänomenale Analyse hat durch die Heraushebung der
Zwischenglieder den Weg aufweisen können, auf dem der Kranke zu
dem falschen Wort gelangt. Dabei hat sich gezeigt, dass als Folge der
erschwerten Ansprechbarkeit der Sprachvorgänge ein vom normalen
veränderter Ablauf, *ein Umweg, schon in der gegenständlichen Sphäre*
auftritt, indem Anteile, die zwar zum determinierenden Komplex gehören, aber normaler Weise unterschwellig bleiben, auftauchen, und
von ihnen aus dann die Wortwahl erfolgt, weil etwa das entsprechende
Wort zufällig überschwelliger ist. Dadurch müssen verbal paraphasische Lösungen entstehen, oder es kommt, wenn schliesslich doch das
richtige Wort erweckt wird, zu einer starken Verlängerung der Zwischenzeit, als Ausdruck, dass ein abnormer Weg zu dieser Lösung geführt hat. Nebenbei bemerkt sei, dass es sich bei dem Lotmar'schen
Patienten nicht um das Bild der eigentlichen amnestischen Aphasie
handelt, bei der, wie wir schon erwähnten und bald noch näher sehen
werden, nicht eine erschwerte Ansprechbarkeit der Sprachdispositionen vorliegt. Die Resultate, die Lotmar bekommen hat, sind deshalb
nicht als charakteristisch für alle Fälle von erschwerter Wortfindung
zu betrachten.

Die Feststellungen bei meinem erwähnten Patienten, sowie die viel
eingehenderen von Lotmar, weisen mit Nachdruck daraufhin, *wie
wenig uns mit der einfachen Bezeichnung Intelligenzstörung gedient
ist,* ebenso wenig, wie mit dem Ausdruck einer Störung der Symbolfunktion *etc.*, sondern wie erst eine genauere Analyse, die eine eigenartige Störung der Sprachmittel aufdeckt, uns wirklich weiter bringt.
Wenn diese Störung auch das nicht-sprachliche Geschehen nicht un-

---

[34] "Zur Kenntnis der erschwerten Wortfindung und ihrer Bedeutung für
das Denken der Aphasischen", *Schweiz. Arch. f. Neurol. u. Psychiat.* VI,
S. 206.

beeinflusst lässt, so ist sie doch nicht einfach durch eine Veränderung in diesem bedingt. Bei Veränderung dort kommt es zu recht anderen Störungen. Wieder erscheint uns die *Funktionsstörung* charakterisiert als eine Beeinträchtigung des normalen ganzheitlichen Ablaufes infolge Mangelhaftigkeit der Figur-Hintergrundsbildungen und die Symptome als Wirkung einer Umwegsleistung.

Einen besonderen Einblick in die Vorgänge der inneren Sprache gibt die Untersuchung der *agrammatischen* [35] Symptome. Mit Recht hat A. Pick den Agrammatismus so sehr in den Mittelpunkt der Betrachtung aphasischer Störungen gerückt. Wir müssen, um diese Störungen zu verstehen, kurz auf die Beziehungen des Denkens zum Sprechen eingehen, die ja die Grundlage für den grammatischen Aufbau der Sprache darstellen. Es wäre dazu eine Analyse der Denkvorgänge selbst notwendig, die ich hier unmöglich geben kann. Ich muss mich mit ganz wenigen Bemerkungen begnügen, die gerade die Betrachtung der pathologischen Tatsachen – und von hier aus wollen wir die ganze Frage überhaupt nur betrachten – nahelegt. Es ist doch keine Frage, dass die Beziehung zwischen Sprechen und Denken sowohl vom normalen Ablauf der Denkvorgänge wie der Sprachvorgänge abhängig sein wird.

Die Anschauung, dass das Denken ein Spiel von Vorstellungen ist, kann wohl jetzt als aufgegeben betrachtet werden. Gewiss spielen Vorstellungen beim Denken eine Rolle, aber der Gedanke ist nicht eine noch so innig gedachte Verknüpfung von Vorstellungen, sondern ein spezifisches ganzheitliches Erlebnis, dem sicher auch hirnphysiologisch ein ganzheitlich gestalteter Vorgang entspricht. Schon in diesem ganzheitlichen Vorgang des Denkens besteht eine Gliederung, eine nicht-sprachliche *grammatische Ordnung,* namentlich wenn das Denken als Vorstufe einer sprachlichen Formulierung auftritt, eine Ordnung, die die verschieden grosse Bedeutung der verschiedenen in dem Gedanken enthaltenen Teilinhalte für die Einheit des Gedankens und die Beziehung der Teilinhalte zueinander widerspiegelt. Diese *Grammatik des Denkens,* wie ich diesen Tatbestand bezeichnet habe, kommt in der *syntaktischen* Ordnung zum Ausdruck. Die Stellung, die jeder Teilinhalt in der Gesamtarchitektonik einnimmt, gibt ihm seine Bedeutung.

---

[35] *Cf.* hierzu vor allem Pick, die *grammatischen Sprachstörungen* Bd. I. Berlin 1913. Springer und meine Ausführungen in "Die Störungen der Grammatik bei Hirnkranken", *Monatsschr. f. Psychiat. u. Neurolog.* 36, 1913.

Diese Ordnung des Gedanklichen wird aber von der *Sprache keineswegs einfach wiederholt,* es treten sehr starke Verschiebungen ein durch Hinzukommen rein sprachlicher Darstellungsmittel; neben die Stellung der Worte tritt als sehr wesentlich die Wortbeugung, die die Beziehungen der Gedankenteile zueinander noch weit feiner und präziser widerzuspiegeln vermag. Es wird überhaupt keineswegs alles Gedankliche auch sprachlich durch Worte ausgedrückt. Man denke nur, welche grosse Rolle bei der sprachlichen Formulierung die Tongebung des ganzen Satzes, die Betonung einzelner Worte, die Pausen, das Fortlassen gewisser Worte spielt! Der grammatische Aufbau ist so von den generellen Eigentümlichkeiten einer jeden Sprache, von individuellen Eigentümlichkeiten des Sprechers und schliesslich von der ganzen jeweiligen Situation, z. B. von der Zeit, die zur Verfügung steht, von der Art des Hörers und anderem abhängig, wobei als allgemeine Regel gelten kann, dass es sich immer darum handelt, dass die gedankliche Grundlage möglichst deutlich so zum Ausdruck gebracht wird, wie es der Sprecher beabsichtigt. So ist von einem Parallelismus von Denken und Sprechen natürlich keine Rede. In der Pathologie hat meist ein anderer Standpunkt geherrscht. So treten Pierre Marie und Moutier für die "Identitätslehre" ein, auch für Kleist ist der grammatische Verband das Spiegelbild, die Übersetzung der logischen Beziehungen zwischen einer Anzahl von Begriffen. Bei einem solchen Standpunkt wird das spezifisch Sprachliche nur mehr ein Technisches, und man könnte dann geneigt sein, wie man es früher besonders war, die grammatischen Störungen ganz als Folge von Denkstörungen zu betrachten oder als rein technische von den eigentlich aphasischen abzutrennen.

Ich unterschied *zwei Hauptgruppen von Veränderungen der Grammatik* bei Hirnkranken: erstens solche, die schon in Störungen des Denkens begründet sind und bei denen es sich wesentlich um ein Primitiverwerden der Satzkonstruktion und falsche Stellungen der Satzteile als Folge mangelhafter gedanklicher Ordnung handelt — wir kennen solche Störungen bei sogenannten transkortikalen Aphasien — zweitens solche, bei denen spezifisch-sprachliche Anomalien die Ursache der grammatikalischen Veränderungen sind. Unter diesen *sprachlich bedingten* Formen sind wiederum symptomatologisch zwei Formen zu unterscheiden: Zunächst der sogenannte Depeschenstil, der, ein gutes Verstehen ermöglichend, vor allem durch die geordnete Syntax mit Fehlen aller für die Verständigung nicht unbedingt notwendigen Worte charakterisiert ist und sich bei motorich Aphasischen findet. Wir haben schon vorher hervorgehoben, dass dieser Agrammatismus auf die Sprachnot infolge der Beeinträchtigung motorischer Reihenleistungen zurückgeht. Allerdings darf man sich dies nicht etwa in der Weise denken, dass die Kranken infolge der motorischen Erschwerung bewusst Worte von geringerer Bedeutung fortlassen, wie wir etwa beim Aufsetzen eines Telegrammes. Davon ist keine Rede. Es handelt sich vielmehr um eine völlig *veränderte Einstellung* gegenüber dem Sprachlichen überhaupt, wie Isserlin [36] wohl zuerst gezeigt hat, eine aus der Sprachnot entsprungene veränderte Einstellung, die gewiss auch schon das Denken anders als normal gestaltet. Diese Einstellung stellt eine höchst ökonomische Ausnutzung der zur Verfügung stehenden Energie dar und verdankt ihre Entstehung wohl einer Umstellung des gesamten Hirnapparates, wie wir schon unter normalen, besonders aber unter pathologischen Verhältnissen immer wieder beobachten können. Ich darf hier als Beispiel etwa auf die Umstellung hinweisen, die bei der totalen Zerstörung einer Calcarina zur Aufrechterhaltung eines zwar verkleinerten, aber doch ganzen, d. h. dem biologischen Hauptzweck entsprechenden Gesichtsfeldes führt.[37] Durch diese Einstellung werden die kleinen Satzteile, die für die Verständigung ja nicht unbedingt notwendig sind, jedenfalls noch am ehesten entbehrt werden können, *funktionell gewissermassen ausgeschaltet.* Dass das tatsächlich der Fall ist, das geht daraus hervor, dass die Kranken dieselben Worte, die sie in der Sprache nicht benutzen, oft auch, wenn sie isoliert geboten werden, nicht nur nicht laut vorlesen können, sondern auch dem Sinne nach nicht verstehen. Das zeigt doch deutlich, dass ihre Einstellung gegenüber den isoliert auch für uns viel schwerer in ihrer Bedeutung als Sprachgebilden erfassbaren Worten verändert ist; die Worte sind, isoliert geboten, ihnen bedeutungslos, fremdartig geworden. Bonhöffer,[38] der einer solchen funktionellen Erklärung des Telegrammstiles schon vor vielen Jahren sehr nahe war, hat sich zu Unrecht durch dieses Nichtverstehen der Worte von seiten der Kranken veranlasst gesehen, die Erklärung zu verwerfen. Beim Schreiben tritt der Telegrammstil nicht so hervor, wie auch schon Isserlin hervorgehoben hat, offenbar weil beim Schreiben, das doch eine ganz andere Situation darstellt, auch die Einstellung

---

[36] "Über Agrammatismus", *Z. f. d. ges. Neur. u. Psychiat.* LXXV.
[37] *Schweiz. Arch. f. Psychiat. u. Neurol.* XIII, 1923, S. 287.
[38] *Mitteil. a. d. Grenzgeb. d. Med. u. Chirurg.* 10, S. 223.

eine andere ist. Bemerkenswert ist auch, dass gelegentlich bei stark spontanen Äusserungen, die ganz aus der Persönlichkeit und schon äusserlich viel flotter erfolgen, sich grammatische Formen viel zahlreicher finden, ähnlich wie der Kranke bei gewohnten Wortzusammenstellungen, wie etwa Adressen, auch die kleinen Satzteile verwendet. Interessant ist es auch und zeigt, dass es sich um keinen eigentlichen Ausfall handelt, dass es manchmal gelingt, den Kranken dahin zu bringen, dass er die Worte sogar isoliert schreibt, wenn man vor ihm die kleinen Worte mit Nachdruck aus Wortzusammenstellungen, etwa Adressen, isoliert und ihn auf sie besonders hinweist. Dann versteht, schreibt der Kranke, wenn er das eine Wort gesprochen hat, auch andere derartige Worte. Die Einstellung ist gegenüber der ganzen Gruppe von Worten verändert. (*Cf.* vorher S. 208).

Die zweite Form des Agrammatismus, die man mit Kleist am besten als Paragrammatismus bezeichnen kann, findet sich bei der Wernicke' schen und der zentralen Aphasie. Der Paragrammatismus ist vor allem ausgezeichnet durch Verwechslung charakteristischer Flexionen, Deklinationsbildungen und anderer für die einzelnen Sprachen charakteristischer Eigentümlichkeiten bei reichlichem Wortschatz, der allerdings vielerlei litteral- und verbalparaphasische Bildungen aufweist, ferner durch Beeinträchtigung des gesamten Aufbaues des Satzes.

Allerdings sollte man die durch Paraphasien erzeugten falschen Bildungen nicht als grammatische Störungen betrachten, jedenfalls versuchen, sie von denen, die durch eigentliche Störungen der grammatikalischen Bildungen bedingt sind, und vor allem von denen des Satzbaues abzutrennen, wenn das auch schon deshalb schwer möglich ist, weil beide Veränderungen sich stark gegenseitig beeinflussen. Es gibt aber gewisse Bilder, wo beide Störungen verschieden ausgebildet sind. Vor allem scheint trotz starker Paraphasie der Satzbau noch rel. erhalten bleiben zu können, was für die Theoriebildung ein wichtiger Tatbestand ist.

Pick hat gewiss Recht, wenn er auch für diese Form des Agrammatismus eine Genese aus allgemeiner Intelligenzstörung ablehnt und eine *rein sprachliche Genese* annimmt. Der Paragrammatismus ist uns ein Ausdruck des Abbaues innersprachlicher Leistungen, die allerdings noch sehr der Erforschung bedürfen. Deutlich zeigt sich, dass die Leistung, die in der Intaktheit des Wortes ihren Ausdruck findet, anscheinend eher leidet als die, die dem Satzgefüge entspricht, was

nicht nur auf die Selbständigkeit des Satzgefüges gegenüber dem
Worte hinweist, sondern auch den Satz gewissermassen als das ein-
fachere Geschehen dartut. Der sprachliche Satz ist eben keineswegs
eine Summe von Wortvorstellungen, sondern ein spezifischer Gesamtvorgang, eine Art Schema, in das die Worte als Füllung eintreten,
eine Art Schema, das zu der gedanklichen Ordnung in bestimmter
Beziehung steht, auf deren Erörterung wir hier verzichten müssen.

Das *Satzschema geht dem Haben der Worte voraus*, wenn auch
einzelne zunächst auftretende Worte oft das Auftreten eines bestimmten Schemas sehr wesentlich mitbestimmen können. Dass die Wortvorstellungen nicht den Satz ausmachen, geht genugsam daraus hervor, dass sogar manche und oft die prägnantesten Satzkonstruktionen
durch Nichtvorhandensein einzelner Worte erreicht werden, und dass,
wie Pick schon hervorhob, viele Worte ihre Bedeutung überhaupt
erst durch die Stelle erhalten, die sie im Satz einnehmen. Ich kann hier
auf die grosse Bedeutung des "Vorausgesetzten" [39] für die Satzkonstruktion nur hinweisen, die aus der engen Beziehung der Satzkonstruktion zur Situation, sowohl des Sprechers wie des Hörers, entspringt. Die richtige Berücksichtigung des Vorausgesetzten erfordert
einen dauernden und prompten Wechsel der Einstellung. Dadurch
gewinnt dieses Moment für das Verständnis der Störungen der Satzkonstruktion bei den Kranken eine ganz besondere Bedeutung. Da
gerade diese Möglichkeit zum schnellen Wechsel der Einstellung den
Kranken abgeht, so wird der Satzbau nicht der Situation entsprechen,
kompliziertere Konstruktionen werden den Kranken unmöglich, der
Satzbau wird *einfacher* und passt dadurch, wenn auch schlecht, zu
sehr verschiedenartigen Situationen, oder es kommt, wenn der Kranke
eine bessere Konstruktion erstrebt, zu einem oft sehr schwer durch-
schaubaren Durcheinander, sowohl was die Stellung wie die Form-
bildung betrifft. Die gleichzeitige Beeinträchtigung der Benutzung der
Sprache zum symbolischen Ausdruck muss bei dem bewussten Vorgehen beim Satzbau, zu dem ja der Kranke gezwungen ist, natürlich
noch verschlechternd wirken. Dazu kann schliesslich noch eine Verschlechterung durch eine motorische Störung kommen.

Als ich das Symptomenbild der *zentralen* Aphasie abzugrenzen
versuchte, war ich mir klar, dass es sich um kein scharf umrissenes
Bild handelt. Wichtig schien mir hauptsächlich die begriffliche Tren-

[39] *Cf.* bes. A. Pick, *Die grammatischen Sprachstörungen*. Berlin 1913. Springer, Bd. I.

nung von den anderen Bildern, den reinen Aphasien, und dann von den sprachlichen Störungen als Folge von Denkstörungen. Das Wort zentrale Aphasie war für mich eine Aufgabe, eben mit Hülfe der Pathologie jenes psychische Geschehen näher zu erforschen, das die innere Sprache ausmacht. Wir sind gewiss noch weit davon entfernt, hier klar zu sehen, aber wir werden dies nur einmal besser können, wenn wir dieses innersprachliche, psychische Geschehen als etwas im Prinzip Besonderes anerkennen.

Was die *Lokalisation der Herde* betrifft, die das Bild der zentralen Aphasie, also die Störungen der inneren Sprache erzeugen, so herrscht über diesen Punkt noch keine Einigkeit. Die früher aufgestellte Ansicht, dass die sogenannte Leitungsaphasie auf einer Unterbrechung der Bahn zwischen akustischem und motorischem Sprachfeld beruhe, wird wohl von niemand mehr aufrechterhalten. Auch die Annahme, dass es sich um eine Schädigung des sensorischen Sprachfeldes selbst handelt, ist nicht aufrecht zu halten, wie ich unter eingehender Kritik dieser, besonders auch von Liepmann vertretenen Ansicht darzulegen versucht habe.[40] Ich persönlich habe immer die Ansicht vertreten, dass der Herd innerhalb eines Gebietes liegen muss, das die Insel und die angrenzenden Abschnitte des Schläfenlappens ausserhalb der "Worttaubheitsregion" und des Scheitellappens umfasst.

Gehen wir jetzt auf jene Sprachstörungen über, die durch eine *Beeinträchtigung der Fähigkeit, die Sprachmittel zur Veräusserung seelischen Geschehens* bewusst zu benützen, entstehen. Hier haben wir es vor allem mit jenen Störungen zu tun, bei denen die *Darstellungsfunktion der Sprache* beeinträchtigt ist. Es ist wohl keine Frage, dass gerade diese Leistung bei Rindenschädigungen am frühesten und so gelegentlich allein leiden kann.

Mit diesen Störungen haben sich besonders Head, Woerkom und Gelb und ich in Untersuchungen beschäftigt, die ganz unabhängig voneinander zu recht ähnlicher Auffassung bestimmter aphasischer Symptome gelangt sind. Wohl die reinste Form einer Beeinträchtigung der Fähigkeit, Sprache zur Darstellung zu benutzen, liegt bei der sogenannten *amnestischen* Aphasie vor. Diese Aphasie hat von jeher die Forscher besonders interessiert, aber man hat immer versucht, sie durch eine erschwerte Ansprechbarkeit der Sprachdispositionen zu erklären. Unsere Analyse hat nun eine ganz andere Verursachung des Verhaltens der Kranken ergeben. Es ergab sich zunächst, dass die

[40] *Topik der Grosshirnrinde etc., l. c.,* S. 84 ff.

Symptomatologie sich keineswegs in der erschwerten Wortfindung erschöpft, sondern dass noch eine Reihe anderer Symptome besteht, und dass sich alle Symptome auf eine Veränderung des gesamten Verhaltens der Kranken zurückführen lassen, eine Beeinträchtigung der Fähigkeit zu begrifflichem, kategorialem Verhalten, wie wir sagten, überhaupt. Die Kranken sind konkreter, mehr in der Wirklichkeit wurzelnde Menschen geworden, und die Erschwerung der *Wortfindung ist nur ein Ausdruck dieser Grundveränderung.* Die Kranken haben die Worte nicht vergessen, sondern weil ihre Fähigkeit beeinträchtigt ist, Worte als Zeichen für Begriffe zu verwenden, stehen sie ihnen in solchen Situationen nicht zur Verfügung, wo ein solches Verhalten notwendig ist, so besonders bei der Gegenstandsbezeichnung im Versuch; in anderen Situationen, wo die Worte in dem lebendigen Zusammenhang als Momente hinzugehören, haben die Kranken die Worte sehr wohl, wie ja schon lange bekannt ist. Diese Störung hat wohl Head bei seiner als "Nominaldefekt" bezeichneten Sprachstörung im Auge. Allerdings ist ja das von ihm charakterisierte Symptomenbild nicht nur auf eine Störung des symbolischen Ausdruckes zurückzuführen, sondern es finden sich dabei auch Störungen der Sprachmittel, wie ja die amnestische Aphasie gewöhnlich mit solchen Störungen kombiniert vorkommt. Dass es auch reine Fälle dieser Art gibt, ist wohl kein Zweifel. Anatomisch finden sich entweder diffuse Hirnschädigungen oder bei herdartigen Erkrankungen Herde am Übergangsgebiet vom Schläfen- zum Scheitellappen, die ihrer Art nach geeignet sind, auch eine gewisse Diffuswirkung auszuüben.

Es sind wiederholt Fälle beschrieben worden von sogenannter *einzelsinniger, optischer, taktiler Aphasie,* und man hat aus ihnen den Schluss ziehen wollen, dass die Sprache an einsinnige Vorstellungen gebunden sei. Diese Anschauung ist nicht nur theoretisch unhaltbar, sondern auch sachlich unbegründet. Wie besonders die Untersuchungen Wolf's [41] und meine eigenen [42] gezeigt haben, beruht die Annahme solcher einzelsinniger Aphasien auf einer mangelhaften Untersuchung.

Für die amnestische Aphasie hat es stets als Charakteristikum gegolten, dass das Verstehen intakt ist. Das ist auch im allgemeinen namentlich für die Umgangssprache sicher richtig. Trotzdem verhalten

[41] *Klinische und kritische Beiträge zur Lehre von den Sprachstörungen.* Leipzig, 1904, 2.
[42] *Arch. f. Psychiat.* 41, N. 3.

sich die Kranken der gehörten Sprache gegenüber keineswegs normal. So kann der amnestisch-Aphasische längeren Reden besonders abstrakten Inhaltes gewöhnlich nicht wie in gesunden Tagen folgen. Bei Kranken mit amnestischer Aphasie besonders für Farbennamen bleibt auch der gehörte Farbenname bedeutungslos, leerer Schall, fremdartig. Gelb und ich haben versucht, dieses mangelhafte Verstehen dadurch zu erklären, dass die Kranken auch beim Sprachehören dort versagen, wo ein kategoriales Verhalten zum Verstehen notwendig ist. Dass sie genannte Gegenstände so gut zeigen können, auch auf die richtigen Namen so gut einschnappen, beruht darauf, dass hierzu ein kategoriales Verhalten nicht notwendig ist, die bei den Kranken vorliegende Funktionsstörung sich also hierbei gar nicht wirksam zeigen kann.

Ein Fremdheitsgefühl gegenüber dem gehörten, auch dem selbst gesprochenen Wort, das wir bei Aphasischen überhaupt oft finden, tritt immer dann auf, wenn ein Wort relativ losgelöst als rein akustisches oder motorisches Gebilde erlebt wird. Auf die Bedeutung des Fremdheitsgefühles für die Entstehung verschiedener Störungen hat Valkenburg [43] besonders hingewiesen. Man ist nur selten in der Lage, die Bedeutung des Fremdheitsgefühles so schön zu demonstrieren, wie es Valkenburg durch die phänomenale Analyse bei einer Kranken gelang, die im übrigen eine deutliche Beeinträchtigung im Sinne einer Entdifferenzierung der Gestalten sowohl auf sprachlichem wie nichtsprachlichem Gebiete bot.

Wie bei der amnestischen Aphasie, so treten auch im Bilde der zentralen Aphasie (neben den vorher erwähnten Symptomen) Störungen des Verstehens als Folge der Beeinträchtigung der Fähigkeit zum symbolischen Ausdruck auf. Es wird in Zukunft bei den so vielfältig bedingten Störungen des Verstehens auf diese Genese besonders zu achten sein.

Die Störungen des Verstehens bilden ein besonders schwieriges Kapitel der Aphasielehre. Wie A. Pick gezeigt hat, ist die einfache Trennung von Wortlautverständnis und Wortsinnverständnis ungenügend, sondern es sind eine ganze Reihe von Stufen vorhanden, an denen das Verstehen beim Kranken Halt machen kann. Mir scheint die Trennung von Wortlaut- und Wortsinnverständnis überhaupt kaum durchführbar. Gewiss kann die Pathologie das Wortlautverständnis einigermassen erhalten sein lassen, wenigstens so weit, dass

[43] *Schweiz. Arch. f. Neurol. u. Psychiat.* XII, 1. 1923.

nachgesprochen werden kann, und das Wortsinnverständnis aufheben;
aber im allgemeinen ist auch das Lautverständnis nicht unabhängig
vom Sinnverständnis, das ja wiederum wesentlich durch die Einstellung bestimmt wird. Störungen des Verstehens finden sich eigentlich
bei fast allen Symptomenbildern und zwar keineswegs nur solche des
Sinnverständnisses. Die Fremdartigkeit des Klanggebildes ist ja schon
ein Zeichen des nicht völlig richtigen akustischen Erfassens, das
allerdings nicht allein eine Unversehrtheit des sensorischen Gebietes
voraussetzt, sondern auch durch eine Beeinträchtigung des normalen
Ablaufes der allgemeinen Figur-Hintergrundsfunktion bedingt sein
kann. Auch bei den motorischen Störungen ist das Verstehen nicht
intakt. Besonders Dejerine hat auf diesen Tatbestand schon immer
hingewiesen; allerdings hat man seine Bedeutung gewöhnlich durch
die Annahme einer gleichzeitigen Störung auf sensorischem Gebiet
wegdiskutiert. Es ist aber keine Frage, dass die Beeinträchtigung der
motorischen Sprache direkt auch das Verstehen mit beeinträchtigt,
indem sie bestimmte Einstellungsmöglichkeiten unmöglich macht
oder den Einstellungswechsel einschränkt. Ich weise in diesem Sinne
nochmals auf das Nichtverstehen der kleinen Satzteile bei der peripher
gelegenen Form der motorischen Aphasie hin. Selbstverständlich
muss jede innersprachliche Störung auch das Verstehen schädigen.
Auf die Bedeutung der Beeinträchtigung der Symbolfunktion für das
Verstehen haben wir schon hingewiesen. Erwähnt sei auch noch, dass
für das Verstehen die Möglichkeit zur wechselnden Einstellung beinahe noch bedeutungsvoller ist als für das Sprechen, woraus ja schon
folgt, dass das Verstehen bei Kranken, bei denen dieser Wechsel im
allgemeinen beeinträchtigt ist, recht schwer gestört sein kann, so z. B.
bei Stirnhirngeschädigten. Ich muss mich hier auf diese aphoristi-
schen, gewiss noch wenig befriedigenden Bemerkungen über die Störungen des Sprachverständnisses beschränken. Nur noch eine allgemeine Bemerkung: Die gesonderte Betrachtung der motorischen und
sensorischen Störungen und der Versuch, sie als selbständige Gruppen zu behandeln, ist wohl ein im Wesen der Sache begründetes ver-
gebliches Bemühen.

Schliesslich hätten wir noch auf die sogenannten *transkortikalen
Aphasien* einzugehen. Man hat wiederholt versucht, diese Bilder ganz
wegzuleugnen. Rein symptomatologisch ist das gewiss nicht berechtigt. Wie sie zustande kommen, ist eine Frage, die allerdings nicht so
schematisch beantwortet werden kann, wie es die klassische Lehre

durch die Annahme von Unterbrechungen transkortikaler Bahnen versucht hat. Die vielgestaltigen Bilder, die man unter diesem Namen vereinigen kann, haben eine sehr verschiedenartige Genese; teils handelt es sich um Folgen motorischer Erschwerung, wenn gut nachgesprochen, aber nur sehr schwer spontan gesprochen wird, oder um Störungen der darstellenden Funktion. Oft aber liegen Störungen des Denkens zugrunde. Das mangelhafte Sprechen und Verstehen bei relativ gutem Nachsprechen ist dann nur durch eine Analyse der Denkvorgänge der Kranken zu verstehen.

Indem ich mir erlaube, im allgemeinen auf eine frühere ausführliche Darstellung dieses Gegenstandes,[44] die ich im Prinzip noch anerkenne, wenn ich auch manches heute anders darstellen würde, zu verweisen, möchte ich nur kurz auf ein Bild eingehen: auf die Echolalie, bei der ja die Differenz zwischen Sprechen, Verstehen einerseits und Nachsprechen andererseits besonders in die Augen fällt. Hier dürfte es sich wirklich um eine Loslösung des Apparates, der für den normalen Ablauf der Sprachmittel in Betracht kommt, vom übrigen Gehirn handeln. Das Symptomenbild zeigt deutlich die Zeichen der Isolierung an sich, indem das Nachsprechen ja keineswegs normal ist, sondern ausserordentlich reiz-gebunden sich erweist, in Tonfall, Tempo sich sklavisch an das Vorgesprochene anlehnt, schliesslich einen zwanghaften Charakter trägt, mehr ein Wiederholen*müssen* darstellt, als ein Wiederholen *können* – also sich wie die Erscheinungen der Reizverwertung in isolierten Teilen des Nervensystemes verhält.

Die im Vorstehenden gegebene Übersicht über die aphasischen Störungen ist gewiss unvollkommen und sehr der Ergänzung und Vertiefung bedürftig. Das liegt zum Teil in der Sache begründet. Es fehlt auf manchen Gebieten noch sehr an richtig durchgearbeitetem Material. Vollständigkeit konnte allerdings überhaupt im Rahmen eines Vortrages nicht erstrebt werden. Es konnte nur darauf ankommen, den allgemeinen Standpunkt zu entwickeln und seine Brauchbarkeit zum Verständnis der Tatsachen an einer Reihe von Beispielen darzulegen. Ich hoffe, dass das wenigstens gelungen ist.

Lassen Sie mich diesen allgemeinen Standpuntk Ihnen nochmals kurz zusammenfassend darlegen:

Die aphasischen Symptome sind biologische Erscheinungen an einem durch Krankheit veränderten Organismus und müssen als Le-

---

[44] *Die transcortical. Aphas. Erg. d. Neurol. u. Psychiat.* G. Fischer, Jena 1915.

bensäusserungen unter Berücksichtigung der durch die Krankheit gesetzten Veränderungen der normalen Lebensvorgänge betrachtet werden. Also nicht mit Störungen irgend welcher besonderen Fähigkeiten haben wir es zu tun, sondern mit einer Veränderung des ganzen vor uns stehenden Menschen, die sich nur an bestimmten Leistungen desselben besonders deutlich zeigt. Die vorliegende Veränderung muss sowohl als Veränderung des Verhaltens wie des physiologischen Geschehens verstanden werden. Erst wenn beides in einem vorliegenden Falle klar gestellt ist, haben wir ihn wirklich verstanden. Dabei haben wir bei den physiologischen Vorgängen keineswegs nur die sich in der sogenannten nervösen Substanz abspielenden im Auge, sondern auch das Geschehen in den übrigen Bestandteilen des Nervensystems, so wenig sicheres wir auch bisher über die Bedeutung dieser Strukturen wissen, und schliesslich auch im übrigen nicht-nervösen Organismus, dessen Beschaffenheit für die Leistungen sehr bedeutungsvoll sein kann und bei der Beurteilung eines Verhaltens immer mit berücksichtigt werden muss. Die Trennung zwischen Nervensystem und übrigem Körper ist auch nur eine Abstraktion.

Erst wenn wir einen Fall so ganz verstanden haben, dürfen wir ihn zur Theoriebildung benutzen. Wenn wir vorher eine Theorie bilden, müssen wir uns immer bewusst bleiben, dass es sich nur um einen vorläufigen Erklärungsversuch handelt, der uns niemals zum Dogma werden und damit eine unbefangene Weiterforschung hindern darf. Von einer solchen Grundlage aus ist auch der Versuch einer Lokalisation der der Veränderung entsprechenden Hirnschädigung und eine Bewertung der einzelnen Gebiete des Gehirnes für die Gesamtleistung des Organismus möglich. Wenn wir auch die übliche Auffassung der Lokalisation ablehnen, so sind wir doch auf Grund der empirischen Ergebnisse überzeugt, dass die Veränderung der Leistungen des Organismus je nach der Lage der Läsion, der Art und dem Grade der Schädigung eine verschiedene ist, weil die Vorgänge an jeder Stelle des Gehirnes ihre besondere Bedeutung innerhalb der Gesamttätigkeit des Organismus haben.

Wir haben uns in unseren Grundanschauungen prinzipiell von denen der sogenannten klassischen Aphasielehre abwenden müssen. Wir sind uns dabei bewusst, dass auch unsere Anschauungen dem Wandel der Zeiten unterworfen sein werden, wenn wir auch glauben, dass sie auf einem besseren methodischen Fundament stehen und deshalb gegen Angriffe gesicherter sein mögen. Dabei möchte ich noch folgendes besonders betonen, was für sie sprechen dürfte. So sehr sie aus den Tatsachen der Spezialwissenschaft erwachsen sind, so entsprechen sie doch auch dem allgemeinen Geiste der Zeit. Die Zeit, in der die Analyse und die isolierende Betrachtung nicht nur in der Naturwissenschaft sondern auch bis weit hinein in die Geisteswissenschaften und das ausserwissenschaftliche Betrachten und Tun der Menschen eine fast unbeschränkte Herrschaft ausgeübt hat, in der die Freude an der Fülle der Entdeckungen von Einzelheiten und die Erfolge der maschinellen Konstruktionen es nicht nur möglich, sondern als das methodisch Richtige erscheinen liess, vom Einzelnen aus zum Ganzen aufzusteigen, so aus den Teilen die Welt nicht nur zu verstehen, sondern auch wieder aufzubauen, die Zeit ist vorüber und damit auch die Anschauungen der klassischen Aphasielehre, die ja ganz vom Geiste dieser einmal lebendigen, aber jetzt vergangenen Zeit getragen waren. Allenthalben steht man heute einem solchen Vorgehen skeptisch gegenüber, und überall – auch in der Naturwissenschaft – erstehen immer mehr Anhänger für eine Anschauung, die betont, dass das Einzelne überhaupt nur vom Ganzen aus verstanden werden kann. Wie das Ganze zu erfassen sei, und wie trotz des Ausganges vom Ganzen die Exaktheit der Forschung, die auf keinen Fall aufgegeben werden darf, gewahrt werden soll, das sind die Probleme, die heute jeden Wissenschaftler, besonders auch jeden vorwärtsblickenden Naturforscher aufs ernsteste beschäftigen müssen. Wenn also auch die Kritik an den Anschauungen und Methoden der älteren Aphasieforschung und die Stellung neuer, methodischer Forderungen ebenso wie die Tendenz der neuen Anschauung ganz aus den Bedürfnissen der Spezialwissenschaften erwachsen ist, so erweisen sie sich doch als ein Ausdruck des allgemeinen geistigen Ringens der Zeit, und das dürfte unseren Darlegungen vielleicht eine besondere Bedeutung und für uns, die wir doch in der Zeit verhaftet sind, einen besonderen Wahrheitswert geben.

ZUM PROBLEM DER ANGST *

ANGST UND FURCHT

Angst ist ein Zustand, der uns nicht nur bei Psychosen und Neurosen, sondern auch bei verschiedensten körperlichen Erkrankungen, ja nur allzu häufig auch, ohne daß eigentliche Krankheit besteht, begegnet. Die Angst ist auch keineswegs etwas spezifisch Menschliches. Zweifellos haben auch die Tiere Angst.

Dieser Tatbestand wird uns bei jedem Versuch, die Angst ihrem Wesen nach zu verstehen, von Wichtigkeit sein, insofern, als er uns darauf hinweist, daß die psychotische und neurotische Angst, die uns als Ärzten so sehr als die eigentliche Angst erscheint, nur ein Spezialfall einer weit in der Natur verbreiteten Erscheinung ist, die eine allgemein biologische Erklärung fordert und deren Wesen vielleicht an anderer Stelle leichter durchschaut werden kann, als es bei den so komplizierten psychotischen und neurotischen Zuständen möglich ist.

Wenn wir aber einen Einblick in das Wesen der Angst gewinnen wollen, müßten wir zunächst versuchen, präzise zu definieren, was wir darunter verstehen. Das ist keineswegs einfach. Schauen wir näher zu, in welchen Situationen und zur Charakterisierung welcher Zustände das Wort Angst verwendet wird, so sind wir erstaunt über die Unbestimmtheit seines Gebrauches, über die Verschiedenheit der durch das Wort charakterisierten Zustände. Das eine dürfte allerdings all den Zuständen gemeinsam sein, in denen man von Angst spricht, das *Erlebnis einer Gefahr,* einer *Gefährdung der eigenen Person.* Dazu gehört eine bestimmte Ausdrucksgestalt sowohl des Ge-

* Mit freundlicher Erlaubnis des S. Hirzel Verlags, Stuttgart, abgedruckt aus der *Allgemeinen Ärztlichen Zeitschrift für Psychotherapie,* 2, 1927 (pp. 409-437).

sichts wie des Körpers und ein bestimmter Zustand der physiologischen Vorgänge.

Es könnte den Anschein haben, als wenn wir auch bei Gefährdung
einer anderen Person oder gar einer Sache Angst haben. Wir können
in solchen Situationen gewiß etwas Ähnliches erleben und auch einen
ähnlichen Ausdruck darbieten; wir sagen auch, wir haben Angst für
jemanden, um dies usw. Tatsächlich aber erleben wir nicht die Angst
für jemanden, sondern wir erleben – durch Miterleben unmittelbar in
fremdem Sein seiend – selbst die Gefahr, als ob sie uns beträfe. Wir
haben das Erlebnis der eigenen Gefährdung, sind nicht nur Zuschauer
der Gefahr eines anderen. Die Person, für die wir Angst haben, ist nur
der Anlaß, an dem sich unsere eigene Angst entzündet.

Aber wir müssen die Angst von anderen Zuständen der Gefährdung abgrenzen. Nicht jede Gefährdung der eigenen Person führt zu
Angst. Schmerzreize gefährden uns ebenfalls, aber wir brauchen wenigstens beim Schmerz kein Angsterlebnis zu haben, sondern nur eben
das Erlebnis des Schmerzes. Ja, der Schmerz braucht nicht einmal
immer affektiv negativ betont zu sein, er kann mit einem gewissen
Lustgefühl einhergehen – Angst ist immer negativ betont.[1] Es muß
also schon eine besondere Art der Gefährdung der Person sein, bei
der Angst auftritt. Man könnte denken, daß Angst dann entsteht,
wenn wir einem gefahrbringenden Objekt gegenüberstehen von einer
Art, daß eine völlige Überwältigung droht, daß also Angst etwas mit
der Eigenart des Objektes zu tun hat, das uns in Angst versetzt. So hat
man auch z. B. die Angst des Säuglings auf das Erlebnis des Unheimlichen am Objekt zurückzuführen gesucht; wir werden zu besprechen
haben, ob diese spezielle Anschauung zu Recht besteht.

Wenn wir den phänomenologischen Tatbestand bei der Angst feststellen wollen, so müssen wir uns fragen, ob denn das Objekt in diesem Tatbestand enthalten ist. Kommt das Objekt uns überhaupt zum
Bewußtsein? Gewiß spielt das Objekt beim Auftreten der Angst auch
im Erlebnis eine Rolle. Wir erleben das Woher und Wodurch der
Angst. Jedenfalls gibt es Zustände, in denen das der Fall ist. Aber das
gilt keineswegs allgemein. Ja, es scheint, als ob mit *zunehmender*

---

[1] Die lustbetonte Angst, etwa das Gruseln, ist ein komplizierter Zustand.
Es gehen hierbei immer neben der – dann übrigens immer geringgradigen
Angst – Reaktionen auf den Zustand einher, die ihm diese ganz bestimmte
Färbung geben. Auch hier kommt aber von der Angst her die negativ betonte
Komponente.

Angst das Objekt immer mehr verschwände und die Angst immer gegenstandsloser und inhaltsloser würde. Wir hören gerade von Menschen mit schwerster Angst, wie bei beginnenden Psychosen, daß sie ganz und gar nicht angeben können, wovor sie Angst haben.[2] Sie empfinden gerade das besonders peinlich, und man könnte sich fragen: Entspringt nicht etwa gerade die schwere Angst einfach aus der großen Unsicherheit, die entstehen muß, wenn man nicht weiß, woher die Gefahr droht – wobei allerdings noch immer unklar bliebe, wodurch die Angst an sich verursacht worden ist –, oder gehört es etwa zum Wesen dieser höchsten Angst, daß ihr überhaupt kein Objekt entspricht; ist sie etwa ihrem Wesen nach objektlos, nicht Angst vor etwas? Wenn letzteres aber der Fall ist, so muß es bedenklich erscheinen, diese schwere Angst überhaupt noch mit jener objektbezogenen Angst in eine Reihe zu bringen, sie etwa nur als höchste Stufe der anderen zu betrachten, wie es gewöhnlich geschieht. Man spricht von Graden der Angst, und da man die leichtere auch als Furcht zu bezeichnen pflegt, so erscheint die eigentliche Angst nur als höchster Grad der Furcht. Das mag rein tatsachenmäßig insofern richtig sein, als an Stelle einer durch ein Objekt bedingten Furcht, einer Furcht vor etwas, durch Veränderung des Objektes ein höherer Grad von Furcht und schließlich jene höchste Stufe eintreten mag, die man eben Angst nennt. Mag aber auch diese Angst gewissermaßen durch einfache quantitative Zunahme der erregenden Ursache entstanden sein, so berechtigt dies an sich noch keinswegs ohne weiteres, sie ihrer Art nach als gleichartig den früheren Zuständen zu betrachten. Der Zunahme der Quantität der Ursache könnte sehr wohl eine verschiedene Qualität des Vorganges entsprechen. Das gilt, wie schon Bergson mit Recht immer betont hat, z. B. für das Gebiet der Wahrnehmung, und es dürfte kein Zweifel sein, daß es auch für das Phänomen der Angst gilt. Daß hier irgendwie *qualitative Differenzen* vorliegen, dafür spricht schon die *Verwendung zweier verschiedener Ausdrücke*, wie Furcht und Angst, wenn diese auch oft – leider – nicht scharf genug auseinander gehalten werden, und daß die *Differenz gerade in einer Verschiedenart der Beziehung zum Objekt* gesehen wird, darauf weist schon hin, daß man zu sagen pflegt: ich fürchte mich vor etwas, dagegen: ich ängstige mich. Allerdings darf man diese Differenz nicht

---

[2] Der Einwand, die Angst beziehe sich auf unbewußte Objekte, geht wenigstens in dieser allgemeinen Formulierung am Problem vorbei. Wir kommen noch darauf zurück.

so auffassen wie etwa W. Stern,[3] der Furcht und Angst als zwei verschiedene Seiten einer einheitlichen Gemütsverfassung betrachtet haben will, wobei "bei 'Furcht' in erster Linie an das Objekt gedacht
wird, das die Gemütserregung hervorruft, bei 'Angst' an das Subjekt';"
wobei es übrigens nicht recht klar wird, wie Stern das eigentlich meint,
insofern, als er nachher die Angst doch als "primär gegebene Stimmungslage" bezeichnet, die das Subjekt "sekundär an gewisse Sach-
verhalte heftet, zuweilen sogar 'gegenstandslos' erlebt". Hier scheint
es doch wieder so, als ob es sich auch für Stern bei der Angst nicht
nur um die subjektive Seite eines Vorganges handelte, sondern eine
andersartige, nicht mit Bewußtsein eines bestimmten Objektes einhergehende Stimmungslage vorläge als bei der eben durch Beziehung
zu einem Objekt bestimmten Furcht. Trotz dieser Unklarheit sehen
wir auch bei Stern den Versuch einer Trennung von Angst und
Furcht. Die Notwendigkeit einer solchen ist namentlich von philosophischer Seite oft betont worden. Die Psychologen haben das Phänomen recht vernachlässigt. Es ist in dieser Beziehung seit Kierkegaards [4] Ausspruch: "Der Begriff der Angst wird fast nie in der Psychologie behandelt", nicht viel anders geworden. Kierkegaard betont
nun scharf den Unterschied von Angst und Furcht und ähnlichen Zuständen: "Diese, sagt er, beziehen sich stets auf etwas Bestimmtes . . .,
während die Angst die Wirkung des Nichts ist." Auch für Heidegger [5]
ist die Furcht eine Furcht wovor, ist, wie er in seiner esoterischen Sprache sich ausdrückt, "ein innerliches, aus bestimmter Gegend, in der Nähe
sich näherndes, abträgliches Seiendes . . ." (S. 185). Bei der Angst dagegen ist das Wovor völlig unbestimmt; bei ihr ist das "innerweltliche
Seiende" überhaupt nicht relevant. "Nichts von dem, was innerhalb
der Welt zuhanden und vorhanden ist, fungiert als das, wovor die
Angst sich ängstet . . ." im Wovor der Angst wird das "Nichts ist es
und nirgends" offenbar (S. 186).

Von den Psychopathologen hat sich besonders Freud [6] eingehend
mit der Angst beschäftigt. Auch er betont, daß der Angst ein Charakter von Objektlosigkeit anhaftet. "Der korrekte Sprachgebrauch än-
dere selbst ihren Namen, wenn sie ein Objekt gefunden hat, und
ersetze ihn dann durch Furcht" (S. 124). Freud zieht allerdings aus

---

[3] W. Stern, *Psychologie der frühen Kindheit*. 4. Auflage. 1927, S. 448.

[4] S. Kierkegaard, *Der Begriff der Angst*. Übersetzung. Diederichs, 1923,
S. 36.

[5] M. Heidegger, *Sein und Zeit*. I. Niemeyer, Halle 1927.

[6] S. Freud, *Hemmung, Symptom und Angst*. Internationaler Psychoanaly-
tischer Verlag, 1926.

dem Vorhandensein dieser verschiedenen Namen nicht die so nahe-liegende Konsequenz auf das wahrscheinliche Vorliegen phänomeno-logisch verschiedener Zustände, sondern – befangen in der von uns später zu besprechenden Anschauung von der Ableitbarkeit der Angst aus Erlebnissen in bestimmter Situation, also bestimmter Objekt-bezogenheit, sagt er, kurz vor dieser Charakterisierung der Angst als objektlos: "Angst ist Angst vor etwas".

Bei all der Unbestimmtheit, die bei der Benutzung der Worte Angst und Furcht besteht, können wir diesen wenigen Beispielen doch ent-nehmen, daß man schon allenthalben eine phänomenologische Tren-nung von Furcht und Angst für notwendig erachtet hat. Daß phäno-menologische Differenzen bestehen, darüber dürfte wohl auch kein Zweifel sein. Hier sei nur einiges hervorgehoben: Bei der Furcht haben wir ein Objekt vor uns, dem wir entgegentreten, das wir zu be-seitigen trachten, oder vor dem wir fliehen können; wir sind uns bei der Furcht unserer selbst sowie des Objektes bewußt, wir können erwägen, wie wir uns demselben gegenüber verhalten sollen, wir richten das Auge auf die Ursache der Furcht, die wirklich räumlich vor uns liegt. Die Angst sitzt uns gewissermaßen im Rücken, wir können nur versuchen, ihr zu entfliehen, allerdings ohne zu wissen, wohin, weil wir sie von keinem Orte herkommend erleben, so daß uns diese Flucht auch nur zufällig einmal gelingt, meist mißlingt, die Angst bleibt im-mer mit uns verhaftet. Die Furcht ist durch die Verschiedenheit der Abwehrreaktion und durch eine verschiedene körperliche Ausdrucks-gestalt von der Angst unterschieden: der zweckmäßigen Abwehrreak-tion bei der Furcht, dem Ausdruck der Gespanntheit und höchsten Achtsamkeit auf eine bestimmte Umwelt steht die sinnlose Raserei der Angst gegenüber mit ihrer erstarrten oder verzerrten Ausdrucks-gestalt, mit ihrer Abgeschlossenheit gegenüber der Welt, die diese ganz irrelevant erscheinen und keinerlei zweckmäßige Wahrnehmung und Handlung zustande kommen läßt. Für die Furcht gibt es eine Beruhigung durch Aufweisung der Gefahrlosigkeit der Außenwelt-situation oder der Möglichkeit, die Gefahr zu überwinden, für die Angst gibt es diese Beruhigung nicht.

Wird uns so die Furcht zwar ohne weiteres als bedingt durch die Gefahr, die im Objekt liegt, verständlich, so erhebt sich die Frage: *Worin besteht denn die Gefahr bei der Angst,* wodurch sind denn jene Zustände charakterisiert, die wir Angst nennen, wenn nicht durch das Erleben der Gefahr vor der Überwältigung durch ein gegenüberste-hendes Objekt?

CHARAKTERISTIK DER STRUKTUR DES ZUSTANDES DER ANGST
AUF GRUND DER BEOBACHTUNGEN AN HIRNGESCHÄDIGTEN

Wir wollen bei unseren Bemühungen um eine Beantwortung dieser
für unser Problem wesentlichen Frage uns nicht auf rein theoretische
Überlegungen, auch nicht auf die Antworten der Theoretiker der
Angst stützen, sondern wollen versuchen, die *Struktur solcher konkreter Situationen zu erfassen, die uns als Zustände der Angst erscheinen.* Dabei wollen wir nicht von der Angst des psychisch Kranken oder des Normalen oder des Tieres ausgehen, sondern von bestimmten Beobachtungen an organisch Hirnbeschädigten, weil wir
meinen, gerade hier dem Wesen der Angst besonders nahekommen
zu können. Wir knüpfen hier an das an, was ich [7] an anderer Stelle
über das verschiedene Verhalten der Kranken bei für sie lösbaren
und unlösbaren Aufgaben ausgeführt habe, wobei unter Aufgaben
nicht nur die speziellen Aufgaben gemeint sind, die der Untersucher
dem Kranken aufgibt, sondern auch die, vor die der Kranke durch
die Situation, in der er lebt, gestellt wird. Ich habe darauf hingewiesen,
daß das Verhalten des Kranken, wenn er eine Aufgabe löst, und wenn
er sie nicht löst, mit der Feststellung des Effektes nur höchst unvollkommen charakterisiert werde, daß wir ein tieferes Verständnis nur
gewinnen, wenn wir das völlig verschiedene Gesamtverhalten in den
beiden Situationen mit heranziehen. Einmal – bei dem Versagen –
sehen wir eine eigenartige Starre im Gesicht, der Kranke wird rot oder
blaß, es tritt eine Pulsveränderung, allgemeine Unruhe, Zittern, ein
zorniger oder ratloser Ausdruck, ein ablehnendes Verhalten in Erscheinung; das andere Mal – bei der Leistung – ein belebter freudiger
Gesichtsausdruck, Ruhe, Gelassenheit, Bei-der-Sache-sein. Man
könnte denken, das sind eben die verschiedenen Reaktionen des
Kranken auf das Können und Nichtkönnen. Aber das wäre eine inadäquate Schilderung. Gegen diese Auffassung spricht schon, daß
diese Allgemeinreaktionen keineswegs der Leistung bzw. der Nicht-
leistung folgen, sondern gleichzeitig mit ihr auftreten. Weiter, daß
die Kranken oft gar nicht angeben können, warum sie erregt, zornig,
abweisend geworden sind. Tatsächlich ist dieses verschiedene Verhalten bei einer gelösten, bzw. nicht gelösten Aufgabe wohl als charak-

---

[7] K. Goldstein, "Beobachtungen über die Veränderungen des Gesamtverhaltens bei Gehirnschädigung", *Monatsschrift für Psychiatrie und Neurologie,*
1928, Bd. 68, S. 231.

teristischer Ausdruck des Vorganges zu betrachten, der der Lösung, bzw. der Unmöglichkeit der Lösung einer Aufgabe entspricht. Die Zustände bei Unmöglichkeit der Lösung bieten alle objektiven Charakteristika der Angst, die charakteristische Ausdrucksgestalt, das Versagen bei Leistungen, die unter anderen Umständen möglich wären bis zur Loslösung von der Außenwelt mit der Unfähigkeit der Verarbeitung von Wahrnehmungen, die Unmöglichkeit der Beruhigung durch Zureden, ja durch Fortschaffen der Ursachen, die den Zustand ausgelöst haben, die sinnlosen, planlosen Reaktionen. Wir haben alle Veranlassung anzunehmen, daß auch das Erlebnis des Kranken das der Angst ist, so wenig wir von ihm – infolge seiner Störung – darüber Auskunft bekommen können.

Ich habe versucht, die Zustände biologisch auf Grund anderweitig [8] ausführlich dargelegter Grundanschauungen näher zu bestimmen. Ich legte dar, daß die Situation der normalen Ruhe des Organismus, die der Angst entgegengesetzte Situation also, der das Erlebnis der Ruhe, des Behagens entspricht, einhergeht mit geordneten, dem "Wesen" des Organismus entsprechenden adäquaten Reaktionen. Und daß dieser Zustand dadurch gewährleistet ist, daß im nicht geschädigten Organismus bei "normalen" Reizen ("normalen" Aufgaben, im kranken Organismus bei lösbaren Aufgaben) die durch die Reize gesetzte Veränderung sich in der Weise ausgleicht, daß in einer dem betreffenden Organismus wesenhaft zugehörigen bestimmten Zeit das ihm wesenhaft zugehörige Erregungsmittel wieder erreicht wird. Dadurch bleiben die "Schwellen" immer relativ gleich, d. h. die Leistungen in einem bestimmten adäquaten Milieu relativ konstant; d. h. die Leistungen verlaufen geordnet, wie es dem Organismus in der Situation, in der er sich befindet, entspricht. Mit der Möglichkeit zu solchen Leistungen geht das Erlebnis der Ruhe einher, vielmehr die objektive Ausführung dieser Leistungen ist die Ruhe, die Nichtangst, wenn wir den Zustand in bezug auf das uns interessierende Problem bezeichnen wollen, objektiv sichtbar in dem geordneten Ablauf der sogenannten physiologischen Vorgänge, in dem Auftreten einer harmonischen Ausdrucksgestalt, subjektiv erlebt als Befriedigung und Ruhe, als Vertrauen auf die Möglichkeit zur erforderten Leistung, als Freiheit. Befriedigung – Nicht-Angst – ist also da, wenn der Organismus sich

---

[8] Kurt Goldstein, "Zur Theorie der Funktion des Nervensystems", *Archiv für Psychiatrie*, Bd. 19, und "Lokalisation im Großhirn usw.", *Handbuch der normalen und pathologischen Physiologie*, 1927, Bd. 10, S. 600.

seinem Wesen entsprechend – sinnvoll – verwirklichen kann, d. h.
geordnete adäquate Leistungen vollbringt. Sie ist damit gebunden an
die normale Struktur des Organismus und an das Sein in dem ihm
entsprechenden adäquaten Milieu. Änderungen der Struktur oder des
Milieus über ein gewisses Maß hinaus führen zu ungeordneter Reizverwertung, objektiv erkennbar an der Unordnung in den physiologischen Abläufen, an dem Auftreten primitiverer Verhaltungsweisen,
an der Verzerrung der Ausdrucksgestalt, an der Loslösung des Organismus von geordneten Beziehungen zur Außenwelt, an der Beeinträchtigung in der Ausführung adäquater Leistungen, subjektiv am
Erlebnis der Verwirrung und Angst.

Beim Hirnbeschädigten haben wir Änderungen der Struktur vor
uns. Dadurch kommen eine Reihe früherer, normaler Reizverwertungen nicht mehr zustande, es werden früher mögliche Aufgaben
unlösbar. Ist der Kranke vor sie gestellt, so kommt es zu abnormen
Reizverwertungen, zu "Katastrophenreaktionen", zur körperlich-
seelischen Erschütterung mit der Störung weiterer geordneter Reaktion, zur charakteristischen Erscheinung der Angst. Wie wir schon
hervorhoben, ist dabei nicht etwa die Angst als die Folge dieses Zustandes zu betrachten. Es ist nicht etwa die Angst vor der Unmöglichkeit der Lösung der Aufgaben und vor der daraus entstehenden Gefährdung. Der Kranke ist sich der Gefährlichkeit des Objektes, das
die äußere Ursache für das Auftreten der Angst ist, gar nicht bewußt.
Das Objekt kommt ihm überhaupt nicht als solches zu Bewußtsein,
das können wir gerade bei den Hirnkranken immer wieder feststellen.
Ein solches Zum-Bewußtsein-Kommen des Objektes ist bei der Art
ihrer Veränderung, durch die ja gerade das objektivierende Verhalten
besonders gestört ist, kaum möglich. Das ist auch biologisch nach
unseren Darlegungen verständlich: Objekt haben heißt, geordnete
Reizverwertung haben. Katastrophale Erschütterung ermöglicht ebensowenig wie eine geordnete Reaktion das Erlebnis eines Objektes mir
gegenüber, eines "Gegenstandes". *Die Angst des Kranken hat keinen
Inhalt, sie ist gegenstandslos. Der Kranke erlebt, so dürfen wir sagen,
nicht Angst vor etwas, sondern nur Angst, er erlebt die Erschütterung
des Bestandes seiner Persönlichkeit als Angst.* Diese Erschütterung
ist erlebnismäßig das, was wir Angst nennen. So ist es schon nicht
ganz richtig zu sagen, der Kranke *hat* Angst, richtiger wäre: der
Kranke *ist* Angst; denn ebensowenig wie er sich während der Erschütterung eines Objektes bewußt wird, ebensowenig wird er sich

seines Ichs bewußt. Das Ichbewustsein ist ja nur ein Korrelat zum Gegenstandbewußtsein. Der Kranke ist ein weiter gar nicht zu beschreibendes Erlebnis der Angst.

Gelingt es dem erkrankten Organismus, durch erneute Gewinnung eines seiner veränderten Struktur entsprechenden Milieus wieder zu geordneten Leistungen zu kommen, so tritt auch wieder Ruhe ein; die Angst schwindet. Der Organismus ist in der Lage, wieder in einer geordneten, wenn auch seiner jetzigen veränderten Wesenheit entsprechend veränderten Weise zu reagieren – und das heißt eben Nichtangst. Deshalb beobachten wir die Angst immer am Anfang der Erkrankung und sehen sie, wenn die Erkrankung – wenn auch mit Zurücklassung eines Defektes – zum Stillstand gekommen ist, allmählich verschwinden und später nur dann auftreten, wenn der Kranke in für ihn jetzt abnorme Situationen, das sind auch solche, die früher für ihn normal waren, kommt, wenn wir ihn vor für ihn jetzt unlösbare Aufgaben stellen.

Wir kommen damit zu dem Ergebnis: die *Angst tritt dann auf, wenn die Verwirklichung von der "Wesenheit" eines Organismus entsprechenden Aufgaben unmöglich geworden ist.* Dann ist der *Organismus in seiner Existenz* – wenigstens in der seiner Wesenheit entsprechenden Vollexistenz – *bedroht. Das ist die Gefährdung, der die Angst entspricht.* Ruhe, Ordnung, Nichtangst ist erst wieder gewährleistet, wenn die neue, veränderte Wesenheit Existenz geworden ist.

Kommen wir so zu dem Ergebnis, daß der Angst kein Objekt entspricht, so bedarf dieses Resultat doch einer zwiefachen Ergänzung. Es ist nämlich zunächst nur richtig, sofern wir bei der Angst nur das Erlebnis im Auge haben; ein *erlebtes Objekt hat der sich Ängstigende nicht.* Der Organismus aber, der von der katastrophalen Erschütterung ergriffen ist, steht selbstverständlich in Auseinandersetzung mit einer bestimmten objektiven Wirklichkeit. Der Zustand der Angst wird überhaupt erst verständlich, wenn wir das objektive Gegenübergestelltsein des Organismus gegenüber einer bestimmten Außenwelt in Betracht ziehen. Erst dann wird uns ja das Grundphänomen der Angst, das Eintreten der ungeordneten Reizverwertung begreiflich; denn es ist doch durch das Zusammentreffen von Organismus und einer bestimmten, eben einer nicht adäquaten, den Organismus in seiner Wesenheit objektiv gefährdenden Umwelt bedingt.[9] Nur also,

[9] Das Objekt kann auch im Körper liegen, so z. B. bei der Angst bei einer

wenn wir allein das Erlebnis im Auge haben, dürfen wir von inhalt-
loser Angst sprechen. Allerdings pflegt man gewöhnlich in diesem
Sinne von Angst zu sprechen – wenn auch zu Unrecht und infolge
einer falschen Betonung des Erlebnismäßigen bei der Charakterisierung sog. psychischer Phänomene. So bezeichnet z. B., wie wir schon
erwähnten, W. Stern allein die subjektive Seite als Angst. Man pflegt
dann gewöhnlich die körperlichen Erscheinungen – die physiologischen Vorgänge im Körper – wie auch die Ausdrucksgestalt nur als
Folgen des Seelischen, höchstens als *Begleiterscheinungen* zu betrachten. Wir können auf die ganze Problematik, die hier zugrunde liegt
und deren Besprechung eine eingehende Erörterung des Leib-Seele-
problemes erfordern würde, nicht eingehen. Ich habe schon an anderer
Stelle hervorgehoben, daß man bei einer Verabsolutierung des Seelischen ebensowenig wie bei einer Verabsolutierung des Physischen den
Tatsachen des lebendigen Geschehens gerecht werden kann. Man wird
doch gewiß das sogenannte Psychische nicht als den alleinigen Ausdruck, als das eigentliche Wesen des Lebendigen betrachten wollen.
Täte man das, so verlöre das Wort "psychisch" ganz seinen besonderen Sinn, und man könnte dann vor allen Dingen dem Somatischen
in keiner Weise mehr gerecht werden. Wie sollte denn das Somatische
vom Psychischen aus je verständlich werden? Das Somatische schiene
dann gewissermaßen als Ausfluß des Psychischen, und so erscheint
es auch manchem Analytiker als eine Art Kristallisationsprodukt der
psychischen Vorgänge. Wie das zustande kommen mag, bleibt völlig
unklar. Aber ganz abgesehen davon, vergißt man dabei, daß es sich
bei dem sog. Psychischen nicht etwa um ein an sich uns unmittelbar
Gegebenes handelt, sondern daß ein Gesamtgeschehen gegeben ist,
aus dem wir bei bestimmter Betrachtung auch das hervorheben können, was wir das Psychische nennen. Wie dieses abstraktiv Herausgehobene tatsächlich im Lebendigen enthalten ist, ist kaum zu sagen;
sicher aber ist es nicht als ein "Teil" in ihm enthalten. Besten Falles
könnte das Psychische nur eine Seite des Lebendigen wiedergeben,
und es ist nicht mal einzusehen, warum gerade bei der Betrachtung
von hier aus das Leben am besten zu erfassen sein soll. Es besteht
gewiß die gleiche Gefahr, wenn man so vorgeht, die vorliegt, wenn
man das Leben von der somatischen Betrachtung aus zu begreifen

---

Herzerkrankung, bei irgend welcher toxischen Schädigung des Organismus.
Hier ist die Funktionsstörung im Körper der nicht zu verarbeitende Umwelt-
reiz für den Organismus, der die Katastrophe veranlaßt.

versucht. Es wäre auch wenig damit geholfen, wenn man die bei der psychologischen Betrachtung gewonnenen Ergebnisse von denen, die bei der somatischen Betrachtung gewonnen werden, aus ergänzt. Gewiß ist sowohl das, was wir psychisch, wie das, was wir somatisch nennen, irgendwie der Ausdruck des Lebens, aber sobald man ein Verständnis des Lebens vom einen oder anderen Gebiet versucht, ist man gezwungen, dessen Vorgänge isoliert zu betrachten, und dann gewinnen die Tatsachen infolge dieser isolierenden Betrachtung eine unlebendige Besonderheit, die durch alle Korrekturen nicht wieder gutzumachen ist.

Eine eindeutige Beschreibung lebendigen Geschehens erfordert vielmehr, die Worte psychisch und physisch als indifferent gegenüber dem wirklichen Geschehen, einfach – zunächst wenigstens – als Hilfsmittel der Betrachtung zu benutzen. Und wenn wir auch gezwungen sind, uns dieser Betrachtungsweise zu bedienen, also physische und psychische Phänomene zu beschreiben, so müssen wir uns dabei doch immer bewußt bleiben, daß wir damit nicht an das Eigentliche herankommen, und sicherlich nicht, wenn wir nur den erlebnisfähigen oder gar nur den gegenständlich bewußten Teil des Geschehens ins Auge fassen.

Diese allgemeinen Betrachtungen gelten natürlich auch für das Phänomen der Angst. *Die Angst ist ein Lebensvorgang, ein bestimmtes Gesamtverhalten des Organismus, an das wir vom Physischen und vom Erlebnishaften herankommen können, das wir aber niemals allein vom Erlebten werden begreifen können.*

Es gibt so einen Sinn, vom äußeren Objekt zu sprechen, das der erlebnismäßig objektlosen Angst *zugehört.* Und es ist dies insofern sogar wichtig, als die Beseitigung der Angst oft nur dann in rationaler Weise geschehen kann, wenn man sich um eine Veränderung des äußeren Objektes, des Milieus, bemüht und so den Organismus in eine Situation bringt, in der geordnete Reizverwertung möglich ist. So wenig es gelingt, den in Angst Befindlichen dadurch von seiner Angst zu befreien, daß man ihm aufzeigt, daß objektiv kein Grund zur Angst vorhanden ist – das könnte ja nur wirken, wenn er das Objekt erlebnismäßig erfassen würde, und das kann er ja gerade nicht –, so sehr gelingt es durch Hineinbringen in eine andere Gesamtsituation. Da Angst durch das Erlebnis nicht genügend charakterisiert ist, so ist sie auch vom Erlebnis allein nicht zu beseitigen.

Aber auch, was die *Erlebnisseite betrifft, ist die Angst nicht unab-*

hängig von der Art des Objekts. Das Objekt als solches wird zwar nicht erlebt. Die Angst bekommt aber *vom Objekt her eine bestimmte* und je nach der Art des Objektes eine verschiedene *Färbung.* Bei einer kernhaften Gleichheit haben die Angstzustände gewisse Differenzierungen – man denke an die Verschiedenheit der Zustände, die als Schreck, als Unheimlichkeit, als Gruseln usw. bezeichnet werden –, und diese Differenzierungen sind eben durch Differenzen in dem Gesamtvorgang, dessen spezielle Gestaltung auch von der Art des Objektes abhängig ist, bedingt. Wenn wir hier von Angst sprechen, so meinen wir das kernhaft Gleiche der Zustände, ohne auf diese Differenzen Rücksicht zu nehmen, die einer besonderen eingehenden Analyse bedürfen, von der wir hier absichtlich Abstand nehmen.

CHARAKTERISTIK DES PHÄNOMENS FURCHT

Wie verhält sich nun dieser Zustand der Angst zu dem, den wir *Furcht* nennen. Wir sagten schon, der sich Fürchtende hat immer auch im Erlebnis ein Objekt, vor dem er sich fürchtet. Was ist es aber an dem Objekt, wovor er sich fürchtet? Ist es etwas, was dem Objekt an sich unter allen Umständen anhaftet? Gewiß nicht. Dem gleichen Objekt stehen wir einmal nur gleichgültig oder gar freudig gegenüber, ein andermal erweckt es höchste Furcht. Das, was zur Furcht führt, muß also etwas sein, was erst in einer bestimmten Beziehung zwischen Organismus und Objekt liegt (wir lassen es dahingestellt, ob wir dann überhaupt noch vom gleichen Objekt sprechen dürfen und nicht von einem anderen Objekt sprechen müßten – "objektiv" bleibt es dasselbe Objekt).

Was ist es nun, was zur Furcht führt? Wohl nichts anderes als das *Erlebnis der Möglichkeit des Eintretens der Angst.* Wir fürchten also das Eintreten der Angst. Das Phänomen der Angst ist nicht nur nicht durch das der Furcht zu verstehen, sondern umgekehrt: die Furcht wird überhaupt erst von der Angst aus verständlich. Der sich Fürchtende kennt die Angst in der Phantasie, der sich Ängstigende kann die Furcht nicht kennen, weil er im Zustande der Angst überhaupt nur Angst ist.

Der sich Fürchtende entnimmt aus bestimmten Indizien des Gegenstandes, daß dieser geeignet ist, ihn in die Situation der Angst zu versetzen. Inwieweit ein objektiver Gegenstand dazu imstande ist, wird selbstverständlich wechseln je nach der Beschaffenheit des Organismus selbst (objektiv und erlebnismäßig) und je nach der Umwelt, in der er sich befindet; je nachdem wird der Organismus sich trotz Angriffen der Umwelt mehr oder weniger selbst behaupten können oder wenigstens glauben, es zu können. So wird es verständlich, daß eine spezielle Charakteristik dessen, was Furcht erweckt, nicht möglich ist, daß alles zum Gegenstand der Furcht werden kann.

Dadurch, daß der sich Fürchtende noch nicht in Angst ist, sondern sie sich vorstellt und sich erst vor ihr fürchtet, ist er in seiner Beurteilung der Außenwelt nicht so irritiert wie der sich Ängstigende, im Gegenteil, er sucht – getrieben von der Tendenz, die Furcht zu beseitigen, – mit der Außenwelt in besonderen Konnex zu kommen. Er sucht sie besonders deutlich zu erfassen und reagiert in zweckmäßiger Weise auf sie, um sich entweder durch Angriff oder Flucht von der Gefahr der Angstsituation zu befreien. Die Furcht ist bedingt durch und gerichtet auf ganz bestimmte Inhalte der Umwelt. Diese müssen erkannt und beseitigt werden. Die Furcht stärkt die Sinne, die Angst macht sie unbenutzbar, die Furcht treibt zum Handeln, die Angst lähmt. Der Angst können wir nur entgehen, indem wir Furchtsituationen vermeiden. Von der Angst selbst können wir uns nicht befreien – wie sollten wir in diesem Zustande, in dem wir weder geordnete Leistungen vollbringen können, noch "Ich" sein können, "Uns" befreien können, d. h. uns in eine Situation versetzen können, in der geordnete, d. h. adäquate Reaktionen zustande kommen! Wir können dem Eintreten der Angst nur vorbeugen, indem wir keine Situation zustande kommen lassen, die zur Angst führen kann. Über das Hilfsmittel, das uns hierfür zur Verfügung steht, können uns die Hirnbeschädigten ebenfalls belehren; darauf kommen wir später zu sprechen. Zunächst wollen wir untersuchen, ob unsere Auffassung der Angst ihr Auftreten in verschiedenen Zuständen, in denen sie zur Beobachtung kommt, zu erklären vermag.

ANGST BEI PSYCHISCHEN UND KÖRPERLICHEN KRANKHEITEN

Wir sagten, daß Angst bei einem bestimmten Grad des Mißverhältnisses zwischen Wesenheit eines Organismus und Milieu auftritt, und betrachteten zunächst Zustände, bei denen dieses Mißverhältnis dadurch zustande kommt, daß die Wesenheit durch grobe Hirnschädigung verändert ist. Hier wäre zunächst zu ergänzen, daß die *Angst bei psychischen Krankheiten* in ganz ähnlicher Weise zu erklären ist.

Zunächst ist verständlich, daß die Angst besonders beim akuten Ausbruch einer Psychose zur Beobachtung kommt – alle Psychosen gehen mit Veränderungen der Persönlichkeit einher, die die Stellungnahme gegenüber der Außenwelt verändern. Das Resultat ist eine Desorientierung im weitesten Sinne des Wortes mit ihrer notwendigen Folge ungeordneter inadäquater Reizverwertungen und Beeinträchtigungen der wesentlichen Leistungen. Desorientierung im weitesten Sinne des Wortes ist das Charakteristikum der beginnenden Psychose, nach Wernickes [10] Ausspruch (S. 218) das eigentliche Wesen der Psychose. Erreicht sie höhere Grade, so haben wir die Angst. Wernicke gebraucht für den Zustand das sehr bezeichnende Wort der Ratlosigkeit. Besonders bei der Melancholie, noch mehr vielleicht bei bestimmten Formen akuter Psychosen auf degenerativer Basis, steht die Angst im Mittelpunkt des ganzen Bildes. Alle Wahrnehmungen sind verändert, alle Gegenstände fremd, das "Ich" ist verändert und fremd geworden, alles ist schreckhaft, angstbehaftet, alle Reaktionen haben abnorme Wirkung, bis in hohen Graden völlige Raserei oder ängstlicher Stupor das Bild beherrschen.

Auch die akuten Phasen der Dementia praecox verlaufen oft unter Angst. In den chronischen Stadien fehlt sie oder, richtiger ausgedrückt, der Kranke verhält sich dann etwa wie der Normale, hat Ruhe, Furcht und Angst; nur dadurch, daß seine Beziehungen zu unserer normalen Außenwelt andere geworden sind, scheint er apathisch und scheint bisweilen weniger Angst zu haben als ein Normaler.

Es ist verständlich, daß die Angst den akuten Psychosen zugehört, und daß man sie bei den "durchaus chronisch verlaufenden vergeblich suchen wird" (Wernicke, S. 25), und daß sie sich wieder in den akuten Exazerbationen der chronischen Psychosen findet. Nur im akuten Stadium besteht jenes Mißverhältnis zwischen (veränderter) Wesenheit des Organismus und ("normaler") Umwelt. Allmählich wandelt sich mit dem Fortschreiten der Erkrankung die Umwelt für den Kranken entsprechend seiner durch die Krankheit veränderten Wesenheit – ähnlich wie für den grob Hirngeschädigten, nur vielleicht noch in höherem Maße; ein Einbruch der "normalen" Umwelt, der bei einem Hirngeschädigten noch relativ leicht erzwungen werden kann, weil dieser ja noch in vielfacher Beziehung in Konnex mit dieser Umwelt bleibt, ist hier kaum oder nur in sehr beschränktem Maße möglich, weil der Kranke in einer völlig anderen Umwelt lebt, zu der

[10] Carl Wernicke, *Grundriß der Psychiatrie*. Georg Thieme, Leipzig 1900.

von der unseren aus kaum mehr Beziehungen bestehen. Die Kranken erscheinen deshalb in Situationen, die den Normalen in heftige Angst zu versetzen pflegen, eventuell völlig unängstlich, was zu Unrecht ohne weiteres als Ausdruck einer Stumpfheit betrachtet zu werden pflegt, sich vielmehr dadurch erklärt, daß die Situation, in der Angst auftreten könnte, für diesen Kranken gar nicht existiert. Daß bei den Kranken andererseits sogar sehr heftige Affekte, heftige Angst auftreten können, setzt nur den Unkundigen in Erstaunen; es erklärt sich ohne weiteres, wenn man beachtet, daß es sich um Situationen handelt, die in dem Kranken entsprechend seiner veränderten Wesenheit Angst erzeugen müssen, eventuell von noch ganz anderer Stärke als beim Gesunden.

Bei jenen Formen der Dementia praecox, die sich unter langsam vor sich gehender Veränderung der Persönlichkeit entwickeln, fehlt die Angst oder tritt wenigstens im Bilde ganz zurück. Mit der langsam sich entwickelnden Persönlichkeitsänderung geht hier, gewissermaßen Schritt für Schritt, einher die Milieuänderung. Der Kranke wird etwa in demselben Maße, wie er sich ändert, von der normalen Umwelt abgeschlossen und gewinnt seine neue, der ja wieder die Situation der Ruhe, der Nichtangst entspricht, so daß es niemals bei ihm zu einem größeren Mißverhältnis zwischen Wesen und Milieu, niemals zur Ratlosigkeit, zur Angst zu kommen braucht. Der Kranke verhält sich hier ähnlich wie der Normale gegenüber den gewöhnlichen (normalen) Änderungen der Umwelt. (Vergleiche später.)

Von unserer Auffassung aus ist es verständlich, daß *körperliche Erkrankungen* so häufig und besonders bestimmte Erkrankungen mit Angst einhergehen. Auch hier tritt die Angst besonders beim akuten Einsetzen von Erkrankung, bzw. beim Einsetzen eines Anfalles auf, und es ist auch hier nicht etwa Angst vor der Veränderung oder der speziellen Funktionsstörung oder der Gefahr, die diese birgt (von all dem weiß ja der Kranke gewöhnlich nichts), sondern die Angst steht in engster Beziehung zu der Allgemeinbehinderung, der Beeinträchtigung wichtigster Lebensfunktionen. Der Typus hierfür ist die Präkordialangst. Es ist nicht die Angst vor der Herzschwäche, vor der Atemnot, sondern die Angst als erlebter Ausdruck der gefährlichen Beeinträchtigung wichtigster Lebensfunktionen. Natürlich kann der Kranke auch Furcht vor dem Herzanfall haben; das aber nur vorher, außerhalb des Anfalles selbst. Er hat dann Furcht vor der ängstlichen Situation beim Anfall. Diese durch körperliche Erkrankung bedingten

Angstzustände können höchste Grade erreichen, mit völliger Verwirrtheit und sinnlosen Handlungen einhergehen wie die psychotisch
bedingten Angstzustände – begreiflich, sind sie doch der Ausdruck
einer besonders gefährlichen Beeinträchtigung der Funktion des Organismus. Fast jede körperliche Erkrankung geht beim Ausbruch mit
Angst einher, und die Angst hält so lange an, bis Beruhigung darüber
gewonnen ist, daß keine Gefahr für die Existenz besteht. Dann kann
sich der Kranke immer noch vor den Erscheinungen der Krankheit
fürchten, aber eigentlich nicht mehr ängstigen, was auch darin sich
kundtut, daß er auf die Erscheinungen in sinngemäßer Weise reagiert.
Es ist die *Undurchschaubarkeit, die Ungewißheit der akuten Erkrankung, bei der man nie weiß, ob sie nicht die Existenz bedroht, die die
Angst erzeugt.* Je wissender einer ist, desto geringer ist, wenigstens gegenüber den meisten, eben den nicht die Existenz bedrohenden Krankheiten, seine Angst. Begreiflich, daß bei Ungebildeten wie bei primitiven Völkern akute Erkrankung immer von starker Angst begleitet ist.
Daß das Wissen das Auftreten der Angst nicht hindert, ist andererseits selbstverständlich.

WELCHE ROLLE SPIELT DIE ANGST IM LEBEN DES NORMALEN, UND WELCHE BEDEUTUNG MAG IHR HIER ZUKOMMEN?

Wir sahen, daß Angst immer dann auftritt, wenn ein Mißverhältnis
zwischen den Möglichkeiten des Organismus und den durch die Umweltreize an ihn herantretenden Aufgaben besteht. Zu diesem Mißverhältnis muß es immer kommen, wenn ein Organismus neue Aufgaben zu bewältigen hat, es müßte also auch beim Gesunden bei
neuen Situationen Angst auftreten, die Eroberung der Welt über
einen Weg dauernden Erschreckens gehen. Das ist auch tatsächlich
der Fall. Besonders deutlich wird das begreiflicherweise beim Kinde
in Erscheinung treten. So gehört die Starre des Erstaunens, eines Zustandes, der der Angst gewiß sehr nahe steht, zu den charakteristischen Ausdruckserscheinungen des Kindes. Sie wird durch den außerordentlich großen Betätigungsdrang und die Funktionslust, die mit
der Tätigkeit einhergeht, überwunden, und an die Stelle des ängstlichen Staunens tritt das lustbetonte Sichwundern bei Bewältigung
eines Stückes Welt. Nur wenn keine Bewältigungsmöglichkeit vorhanden ist, tritt Angst auf, und da das beim Kinde oft der Fall ist, oft;
aber der Tätigkeitsdrang ist beim Kinde ein so großer, daß das Kind

sogar vor den Gefahren der Angstsituationen nicht zurückschreckt, ja diese sucht – Hänschen zog aus, um das Gruseln zu lernen. Immer wieder sehen wir, wie die Kinder Gefahren nicht nur nicht vermeiden, sondern direkt als zu bewältigende Aufgaben aufsuchen. Darin unterscheiden sie sich sehr wesentlich vom Hirnverletzten, und eine Gegenüberstellung des kindlichen Verhaltens und des Verhaltens des Hirnverletzten ist deshalb sehr lehrreich, wenn wir uns ein Bild von der Bedeutung der Angst bei der Auseinandersetzung des Erwachsenen mit der Welt machen wollen.

Der Hirnverletzte hat zweifellos vor allem die Tendenz, die Angst zu vermeiden. Er geht allen Situationen aus dem Wege, bei denen er aus gewissen Indizien erkennt, daß sie leicht zur Angst führen können; er läßt sich auch nur schwer und widerwillig in solche Situationen hineinzwingen. Er sucht ihnen dadurch zu entgehen, daß er nach Möglichkeit solche Situationen erstrebt oder an solchen festhält, die er bewältigen kann. Wir haben an anderer Stelle dargelegt, daß daraus ein ganz bestimmtes Gesamtverhalten des Hirnverletzten resultiert: seine Tendenz zur Ordentlichkeit, zur Erhaltung der Kontinuität, seine Bevorzugung solcher Situationen, in denen er nach Möglichkeit nicht plötzlich vor Aufgaben oder gar vor solche, die er nicht bewältigen kann, gestellt wird usw., seine ausgesprochene Neigung, immer tätig zu sein, und immer, was er kann, auch zu tun, d. h. nach Möglichkeit Gleichartiges, allem Wechsel aus dem Wege zu gehen usw. Die Angst oder, präziser gesagt die Furcht vor der Angst, erscheint beim Kranken als der Antrieb zum Handeln, als der Motor zur Verwirklichung derjenigen Leistungen, deren er fähig ist.

Wir sehen also sowohl beim Kind wie beim Hirnverletzten eine Tendenz zur Tätigkeit, aber bei beiden durch ganz entgegengesetzte Momente bedingt. Beim Hirnverletzten durch das Bestreben, alles Neue zu vermeiden, beim Kind bedingt durch das keine Gefahr scheuende aktive Streben nach zunehmender Bewältigung der Welt; im letzten Grunde aber doch bei beiden als Ausdruck der gleichen Tendenz des Organismus, seinem inneren Wesen nach sich zu verwirklichen.

Entsprechend der Verschiedenheit der Motive, die das Kind und den Kranken zur Tätigkeit drängen, besteht in der Wirkung dieser Tätigkeit ein wesentlicher Unterschied: Die Fähigkeit des Kindes, die aus der aktiven Tendenz des Organismus zu sein, sich entsprechend dem ihm zukommenden Wesen zu verwirklichen entspringt, ist pro-

duktiv; der Hirnverletzte kann entsprechend seinem veränderten We-
sen nur das verwirklichen, was ihm von seinen früher erworbenen
Leistungen geblieben ist, das heißt wesentlich Altes wiederholen. Sein
Wesen entbehrt der produktiven Kräfte, und der Kranke ist ganz auf
Erhaltung eingestellt. Gegenüber der Lebendigkeit, der Eroberungs-
lust und der dementsprechend fortschreitend zunehmenden Weite der
Welt des Kindes haben wir hier die ausgesprochene Tendenz zur
Gleichmäßigkeit, zum Nichtbehelligtwerden und die dementsprechend
enge, kaum veränderliche, fast immer gleiche Welt.

Der gesunde Erwachsene stellt in seinem Verhalten gewissermaßen
ein Zwischenglied zwischen dem Kinde und dem Hirnverletzten dar.

In dem Maße, wie das Kind in die Welt seines Milieus hinein-
wächst, wird auch sein Wesen gleichmäßiger und geordneter. Das
Erstaunen läßt mit zunehmender Einordnung mehr und mehr nach;
aber es schwindet nie ganz, und auch der Erwachsene wird, wie er sich
immer neuen äußeren und inneren Situationen gegenüber befindet,
immer wieder von Erstaunen und Angst erschüttert. Er hat, wie der
Hirnverletzte, wenn auch in weit geringerem Maße das Bestreben,
die Angst zu verkleinern, und als Ausdruck dieses Bestrebens sehen
wir im Prinzip ähnlich wie beim Hirnverletzten in seinem Weltbild
die Tendenz zur Ordnung, zur Kontinuität, zur Gleichartigkeit auftreten. Aber daneben ist er bestimmt durch sein Streben zum Neuen,
zur Eroberung der Welt, zur Erweiterung seines Umkreises, wodurch
er allein sich verwirklichen kann. Zwischen diesen beiden Tendenzen
schwankt sein Verhalten hin und her, bald mehr von der einen, bald
mehr von der anderen bestimmt. Das Resultat beider sind die Schöpfungen der Kultur. Man wird nicht sagen dürfen, diese geordnete
Welt, die sie darstellen, sei das Produkt der Angst, das Ergebnis des
Vermeidens der Angst, etwa wie Freud die Kultur als Ausfluß der
verdrängten Triebe auffaßt. Das würde die produktive Seite menschlichen Tuns ebenso völlig verkennen, wie es völlig unverständlich
ließe, warum gerade diese bestimmten Formen der Weltgestaltung geschaffen werden, warum gerade diese geeignet sind, Ordnung und
Ruhe zu bringen. Das ist nur verständlich, wenn man sie als den *Ausdruck der schöpferischen Kräfte des Menschen betrachtet, als den
Ausfluß der Verwirklichung seines Wesens.* Nur wenn die Welt adäquat einem Wesen ist, tritt ja das ein, was wir die Ruhe nennen. Diese
Verwirklichungstendenz ist das Primäre; aber sie kann sich nur durch-
setzen im Zusammenstoß und Ausgleich mit den entgegenwirkenden

Kräften der Umwelt. Das geschieht nie ohne Erschütterung und Angst. So dürfte es wohl nicht zuviel gesagt sein, wenn wir diese *Erschütterung dem Wesen des Menschen, ja allem Organischen zugehörig betrachten*, wenn wir meinen, daß das Leben unter Unsicherheit und Erschütterung verlaufen muß. Genau aber wie der Hirnverletzte wird auch der Normale die Tendenz haben, diese Unsicherheit einzuschränken, und als Ausfluß dieser Sicherungstendenz sehen wir dann im Weltbild, ähnlich wie beim Hirnverletzten, mehr oder weniger ausgesprochen die Zeichen der Sicherung auftreten in der Tendenz zur Normierung der Umwelt. Und gewiß haben wir hier eine Quelle zum mindesten gewisser formaler Eigentümlichkeiten an Wissenschaft, Kunst und Religion, aber weil es nicht oft genug betont werden kann, um einem verhängnisvollen Mißverständnis vorzubeugen, es wäre ganz falsch, die Kulturschöpfungen einfach als Ausfluß der Unsicherheit, der Angst zu betrachten. Durch sie könnte ja nie der Inhalt des Tuns bestimmt werden.

Wo die Angst als Triebfeder für das Tun des Menschen in den Vordergrund tritt, da ist immer an der Wesenheit des Menschen irgend etwas nicht in Ordnung, oder vielleicht richtiger gesagt: normal, gesund nennen wir den, bei dem die Tendenz zur Verwirklichung von innen heraus schafft, und der die Störungen, die durch den Zusammenstoß mit der Welt entstehen, überwindet, nicht aus Angst vor ihnen, sondern aus Freude an der Überwindung. Wie oft diese höchste Form der Verwirklichung sich tatsächlich findet, und ob sie in voller Reinheit überhaupt vorkommt, lassen wir dahingestellt. Jedenfalls muß auch das Leben in dieser höchsten Form durch die Störungen, die bei der Auseinandersetzung mit der Umwelt entstehen, hindurch, und auch der schöpferische Mensch wird dem Symptom der Angst nie ganz entgehen. Es wird von der persönlichen Struktur des Einzelnen abhängen, welche Rolle die Angst als Antrieb bei ihm spielt.

Im Anschluß an unsere Darlegungen über die Bedeutung der Angst im Leben des normalen Menschen seien einige Bemerkungen über die Anschauungen Pascals und Kierkegaards über die Angst anhangsweise angefügt.

Es ist nach Pascal das natürliche Unglück unserer schwachen und sterblichen und so elenden Beschaffenheit, die in uns eine Angst erzeugt, "daß nichts uns trösten kann, wenn wir ungehindert daran denken und nichts sehen als uns selbst" ("Gedanken" Ausgabe Reclam, S. 93). Also ein Nichtfertigwerden mit den Zwiespältigkeiten unseres inneren Wesens mit der "Menge unvermeidlichen Elends und der Leere an wirklichen und wahren Gütern, die der Mensch auszufüllen unfähig ist" (S. 94). Diese unerträgliche Unzufriedenheit, diese Angst, läßt den Menschen die Ruhe und ruhige Selbstbetrachtung fliehen und treibt ihn zur Zerstreuung und zu Zeitvertreib, zur Sorge um Ehre, Güter, zum Studium der Sprache, der Wissenschaft, der gelehrten Arbeiten und der Künste.

Wir sehen also auch in Pascals Anschauungen die Angst aus einer Unfähigkeit zur Bewältigung der Aufgaben erwachsen und zum Motor für sein Tun werden, ein Tun, das, obgleich es den Menschen nicht glücklich macht, doch von ihm gewählt wird, weil der dadurch geschaffene Zustand immer noch erträglicher ist, als wenn er in Ruhe über sich selbst nachdenkt – ganz ähnlich, wie wir uns die Entstehung des Symptoms als Flucht vor der Angst denken. Seiner eigentlichen Aufgabe, dem Nachdenken über sich selbst, ist der Mensch ohne die Stütze der Religion nicht gewachsen. Eine Rettung gibt es aus diesem Zustand nur durch die Religion, die den Menschen zu Gott führt und ihn trotz der Empfindung all seines Elends aufrecht erhält durch die Hoffnung auf ein anderes Leben, das vollständig davon frei sein muß (S. 94).

Das Tun, das den Menschen gewöhnlich von der Angst befreit, ist für ihn nach Pascals Ansicht unfruchtbar und unwesentlich, es hat also prinzipiell den gleichen Charakter wie das Tun des Hirnverletzten. Ob die erträgliche Ruhe beim Normalen aus der Religion erwächst wie bei Pascal, oder wie wir es dargestellt haben, aus der produktiven schöpferischen Tat bei der Eroberung der Welt, das ist im Prinzip unwesentlich. Diese Differenzen betreffen ja nur den Inhalt, der je nach der allgemeinen, mehr zum Leben positiven oder negativen Einstellung variieren wird; die Struktur des Vorganges ist aber in beiden Fällen die gleiche. Nur darauf aber kommt es uns hier an.

Eine ähnliche Parellele zu unseren Anschauungen finden wir in der Anschauung Kierkegaards ("Der Begriff der Angst", Diederichs 1923) von der Entstehung der Angst. Für Kierkegaard gehört die Angst zum Menschen und ist eine Folge der Erbsünde. Unschuld ist Unwissenheit, der Geist ist in ihr noch träumend, träumend produziert er seine Wirklichkeit voraus, aber diese Wirklichkeit ist nichts, und dieses Nichts, das die Unschuld beständig vor sich sieht, erzeugt die Angst. Sie ist aus der Sündhaftigkeit des Menschen geboren: Die Wirkung der Erbsünde oder das Dasein derselben in dem Einzelnen ist die Angst. Die Angst ist für Kierkegaard keine Unvollkommenheit am Menschen, sie gehört ja zu seinem Wesen. Und so muß man im Gegenteil sagen, je originaler ein Mensch ist, desto tiefer ist die Angst in ihm. "Daß es Menschen gibt, die schlechthin keine Angst in sich merken, muß von dem Gedanken aus verstanden werden, daß Adam auch keine Angst verspürt hätte, wenn er bloß Tier gewesen wäre" (S. 48). Mit dem Menschwerden entstand die Angst, Tiere haben nach Kierkegaard keine Angst.

Die Entstehung der Angst wird, entsprechend der religiösen Einstellung Kierkegaards, ganz in die seelische Auseinandersetzung verlegt, während wir sie als Zeichen jeder Auseinandersetzung, also auch der biologischen, betrachten. In der Auffassung der Struktur der Angst besteht aber – soweit ein Vergleich zwischen so heterogenen Gegenständen gestattet ist – zwischen den Anschauungen Kierkegaards und den hier vertretenen im Wesentlichen doch eine Übereinstimmung. Es dürfte zu besonderen Überlegungen veranlassen, daß man bei Betrachtungen biologischer Tatsachen zu ähnlichen Anschauungen kommen kann wie bei der Betrachtung religiöser Phänomene. Aber es kann darauf hier nur hingewiesen werden.

ÜBER DIE ANGST DES SÄUGLINGS UND DER TIERE

Unsere Darlegungen haben eine ganz bestimmte Auffassung von der Angst des Säuglings und der Tiere zur Folge, auf die hier noch kurz eingegangen sei.

Daß der Säugling, ja schon das neugeborene Kind Angst hat, darüber ist wohl kein Zweifel – seine Ausdrucksbewegungen sprechen dafür, und die meisten Beobachter sind sich über den Tatbestand einig. Verschiedene Meinung herrscht nur bei der Erklärung des Zustandekommens des meist als Furcht bezeichneten Zustandes. Für diejenigen Autoren, für die auch die Angst auf das Bewußtwerden einer drohenden Gefahr, also auf Erfahrung zurückführt, bieten die Erscheinungen von Angst in so früher Kindheit, in der das Kind die nötigen Erfahrungen noch gar nicht gemacht haben kann, große Schwierigkeiten. Zu ihrer Erklärung hat man sich veranlaßt gesehen, eine Erbfurcht anzunehmen, hat also auf Erfahrungen zurückgegriffen, die nicht das Individuum, aber seine Vorfahren gemacht haben, ja manche, wie Stanley Hall, wollen sogar bis auf die tierischen Ahnen des Menschen zurückgehen. Jedenfalls soll Angst vor bestimmten Objekten vererbt werden können. William Stern [11] hat diese Annahme einer Kritik unterzogen und mit Recht abgelehnt. Er hat vor allem darauf hingewiesen, daß die Furchtzustände, die immer als Belege für eine solche Anschauung angeführt werden, tatsächlich keineswegs sichergestellt sind. Er legt z. B. dar, daß bei den von ihm beobachteten Kindern weder Angst vor Dunkelheit noch vor Tieren noch vor dem Gewitter bestand, und wenn sonst Angst vor bestimmten Objekten zur Beobachtung kam, besondere Momente vorlagen, die dafür sprachen, daß die Furcht des Kindes sich auf wirkliche individuelle Erfahrung gründet. Auch Preyers Knabe zeigte z. B. keine Furcht vor Dunkelheit.

Es gibt aber auch nach Stern doch Situationen, in denen das Kind vor bestimmten Objekten, resp. vor bestimmten Eigentümlichkeiten

[11] W. Stern, *Psychologie der frühen Kindheit*, 4. Auflage, 1927, S. 450.

der Objekte Furcht haben soll, ohne daß dies sich durch Erfahrungen
erklären ließe; es hat "Furcht vor dem Unheimlichen" (S. 454). Stern
bezeichnet diese Furcht gegenüber der Erfahrungsfurcht als "Instinkt-
furcht" und stützt sich dabei auf eigene Beobachtungen und auf solche
von Groos.[12] Die Furcht vor dem Unheimlichen hat nach Groos eine
ausgesprochen instinktive Grundlage. "Sie entspricht", schreibt W.
Stern, "einer biologischen Notwendigkeit, deren Mechanismus sich
erblich von Individuum auf Individuum überträgt. Weil das Neue die
Wißbegierde und das Streben des Menschen in so hohem Maße an-
zieht, besteht zunächst die Tendenz, daß es sich allem Neuen ohne
Prüfung und ohne Verzicht hingebe. Darum braucht er als Selbst-
schutz eine Gegentendenz, eine negative Stellungnahme zum Neuen,
die ebenso treffsicher angeboren ist wie die Stellungnahme der Wißbegierde und der Neugier. Diese Schutzaufgabe hat die Furcht vor
dem Ungewohnten zu leisten" (Stern, S. 455). Durch die Furcht vor
dem Ungewohnten soll das Kind gewissermaßen zwischen dem ihm
Förderlichen und Schädlichen eine Auswahl treffen. Ist denn aber
wirklich immer das Ungewohnte das Schädliche, das Gewohnte das
Förderliche? Und wie wäre es überhaupt möglich, daß das Kind neue
Erfahrungen, ja überhaupt Erfahrungen machte, wenn es richtig
wäre, daß die Furcht das Kind vom Ungewohnten abhielte? Schon
diese Überlegungen weisen darauf hin, daß diese Anschauung nicht
richtig sein kann. Wie steht es aber nun mit den Tatsachen, auf die sie
sich stützt? Zunächst kann man wohl kaum sagen, daß das Kind sich
allem Ungewohnten gegenüber ablehnend verhält; ja das Gegenteil
scheint eher der Fall zu sein. Die Situationen, in denen nach Stern
beim Kinde Furcht auftritt, sind auch keineswegs einfach durch das
Moment des Ungewohntseins charakterisiert, sondern es sind, wie
Stern selbst hervorhebt, ganz bestimmte formale Eigentümlichkeiten,
die die Furcht erwecken: die Plötzlichkeit des Auftretens eines Reizes,
starke Intensität, schnelle Annäherung eines Objektes, unerwartetes
Auftreten bekannter Vorgänge in neuem Zusammenhang und umgekehrt usw.

Wenn unter all diesen Umständen es nur die Tatsache der Ungewohntheit wäre, die zur Furcht führt, so wäre eigentlich nicht einzusehen, warum denn das Kind sich nicht auch an solche Situationen
gewöhnt und so auch bei ihnen die Furcht allmählich nachläßt. Tatsächlich aber behalten die erwähnten formalen Eigentümlichkeiten

---

[12] Groos, *Seelenleben des Kindes.*

dauernd ihren ängstlichen Charakter und haben ihn sogar noch beim Erwachsenen, wenn auch allmählich gewiß in schwächerem Maße – das auch deshalb, weil sie allmählich mit der veränderten Stellung des Erwachsenen zur Welt ihren Charakter verändern. Es muß also diesen Eigentümlichkeiten selbst, nicht der Tatsache der Ungewohntheit etwas anhaften, was zur Furcht (Angst) führt. Das dürfte unschwer in dem Moment zu finden sein, daß unter diesen *angeführten Umständen eine adäquate Reizverwertung erschwert* ist, beim Kinde infolge seiner mangelhaften Entwicklung oft gar nicht zustande kommen kann. Und das bedeutet Erschütterung, Angst. Zu deren Erklärung ist dann die *Annahme eines besonderen Instinktes gegenüber dem Ungewohnten völlig überflüssig.* Tatsächlich schützt dieser angebliche Instinkt den Säugling auch gar nicht vor den Gefahren des Ungewohnten, d. h. vor den Gefahren der Reize, die er noch nicht zu bewältigen vermag; sondern davor schützt ihn die Umgebung des Erwachsenen.

Auch zum Meiden dieser gefährlichen Situationen ist die Annahme eines besonderen Instinktes nicht notwendig. Tatsächlich werden sie meist gar nicht gemieden, sondern sie verschwinden allmählich oder werden geringer in dem Maße, als der Organismus sich in die Welt einordnet, sich durch seine positiven Einstellungen und Leistungen vor dem Einbruch unverarbeitbarer Reizeinwirkungen sichert und ihnen schließlich, ihren gefahrbringenden Charakter an Indizien erkennend, absichtlich aus dem Wege geht.

Die Tatsachen der sogenannten Furcht des Säuglings finden durch unsere Anschauung über die Entstehung der Angst ihre einfache Erklärung, brauchen uns jedenfalls zu keinen anderen Annahmen zu veranlassen, als wir sie für die Entstehung der Angst im allgemeinen für notwendig erachtet haben. Danach sollten wir auch, worauf schon Bernfeld [13] hinweist (S. 119), beim Säugling des frühen Alters nicht von Furcht, sondern richtiger von Angst sprechen. Darin stimmen wir Bernfeld zu, allerdings ohne seine Anschauung anzunehmen, nach der die Angst eine Erinnerung an die Geburt ist (S. 117). Wir kommen hierauf bald bei unseren Darlegungen über die Anschauung Freuds zurück. Das Nicht-normal-reagieren-Können, das ist der Chock, dem das Unheimliche entspricht. Dies ist primärer als das Haben von Objekten und so auch das Haben der Objekte in falschem Zusammenhang. Das Erlebnis des Nichtpassens usw., also

[13] Bernfeld, *Psychologie des Säuglings.* Jul. Springer, Wien 1925.

z. B. das Nichthingehören eines bekannten Objektes an einen fremden Ort, ist die Grundlage des Unheimlichen, der Angst. Zum Haben des Unheimlichen in solchen Situationen ist aber das Haben von Objekten in gewohnter Umgebung, also Erfahrung notwendig. Das Unheimliche, das die Furcht des erfahrungslosen Säuglings erklären soll, setzt also schon Erfahrung voraus.

Durch unsere Anschauung werden alle jene phantastischen Erklärungen der angeblich ererbten Furcht überflüssig, so z. B. die Erklärung der Furcht vor bestimmten Tieren durch die Annahme, daß die Ahnen auf der Hut vor gewissen Tieren sein mußten, diese deshalb fürchteten, und diese Furcht auf die Nachkommen vererbt worden sei (Stanley Hall). Dieser Annahme liegt, abgesehen von allem anderen, die schon ganz unannehmbare Voraussetzung zugrunde, daß der jetzt lebende Säugling das betreffende Tier als denselben Gegenstand erlebt, wie ihn die erwachsenen Ahnen erlebt haben. Aber all diese unhaltbaren Annahmen sind auch überflüssig.

Wir werden, wenn wir beim Säugling in bestimmter Situation Angst feststellen, uns davor hüten müssen, sie von der Betrachtung des Gegenstandes aus, wie er uns erscheint, zu verstehen, sondern werden von einer Vorstellung über eine Auseinandersetzung zwischen der Wesenheit des Säuglings und der Umwelt, wie sie für ihn gegeben ist, auszugehen haben. Es wird sich dann immer zeigen, daß Angst auftritt, wenn eine Unmöglichkeit der adäquaten Auseinandersetzung vorliegt. Die Angst etwa vor bestimmten Tieren erweist sich dann als Folge eines bestimmten Verhaltens dieser, mit dem der Säugling nicht fertig wird; sie hat die gleiche Ursache wie die Angst der Ahnen, soweit eine solche sich nachweisen läßt. Es bedarf zu ihrer Erklärung nicht der Annahme der Nachwirkung früherer Situationen. Zur Erklärung der Angst ist der Faktor der Vererbung einer speziellen Leistung überflüssig und nur die Annahme notwendig, daß der Organismus auf inadäquate Situationen mit Angst reagiert, zur Zeit der Ahnen ebenso wie momentan. So erklärt sich gewiß die Furcht des Preyerschen Kindes vor dem brausenden Meere, die Furcht vor Wasser überhaupt, ohne daß man mit Stanley Hall erst erwägen wird, ob diese Furcht nicht ein Erbstück jener Urzeiten ist, da die Tierreihe aus dem Stadium des reinen Wasserwesens zu denen des Landwesens überging. Daß es sich nicht einfach um die Furcht vor ganz bestimmten Objekten handelt, darauf hätte schon hinweisen müssen, daß die Furcht ganz und gar nicht mit dem bestimmten Objekt an sich immer gegeben ist, sondern eigentlich immer nur bei einer ganz bestimmten Art des Zusammenkommens zwischen Objekt und Kind auftritt – so fürchtet sich das Kind keineswegs vor jedem Wasser, vor dem gleichen Tier nicht in jeder Situation, nicht vor jedem lauten Geräusch usw.

Die gleichen Einwände, die sich gegen die Annahme einer ererbten Furcht beim Säugling erheben lassen, gelten ebenso gegen eine entsprechende Erklärung der *Furchtäußerungen neugeborener oder junger Tiere,* die noch keine Erfahrung mit dem Objekt, vor dem sie sich fürchten, gemacht haben. Daß Tiere Angst haben, darüber sind sich alle Beobachter ziemlich einig. Ihre Erklärung bietet auch für unsere Anschauung keinerlei Schwierigkeit. Kommt das Tier in ein Milieu, in dem es nicht imstande ist, in geordneter Weise zu reagieren, so sehen wir – wie etwa, wenn ein Tier aus der Freiheit in Gefangenschaft gesetzt wird, von einem ihm vertrauten Wärter zu einem fremden kommt, der es in seinen Eigenheiten noch nicht kennt und von ihm deshalb Leistungen verlangt, denen es nicht gerecht werden kann – genau wie beim Menschen Angst auftreten.

Ob die Tatsachen, die für die Annahme einer ererbten Furcht bei Tieren angeführt werden, stichhaltig sind, ist sehr zweifelhaft. Das haben auch Autoren wie Groos, Bühler, Stern betont. Es wäre eben noch sehr zu prüfen, ob wirklich der Erbfeind durch angeborene Erinnerung erkannt oder gefürchtet wird, oder ob es nicht gewisse Eigentümlichkeiten im Zusammentreffen zwischen dem Erbfeind und dem jungen Tiere sind, die zu inadäquater Reaktion führen und damit zur Angst. Die Frage dürfte experimentell gar nicht so schwer zu entscheiden sein.

Ob beim Tier *Furcht* vorkommt und welche Rolle sie spielt, und wie das Objekt dem Tiere gegeben ist, vor dem es Furcht hat, das ist alles ebenfalls völlig unklar. Das Phänomen der Angst dürfte jedenfalls bei Tieren viel häufiger sein als die Furcht, da letztere das Erlebnis einer dem Organismus selbständig gegenüberstehenden Objektwelt erfordert und die Tiere eine solche doch gewiß kaum haben. Immerhin mögen sie doch durch gewisse Eigentümlichkeiten der Situation an frühere Angstzustände erinnert werden können und so bei ihnen doch Furcht zustande kommen.

KRITIK DER ANSCHAUUNGEN FREUDS ÜBER DIE ANGST

Unsere Anschauung von der Entstehung der Angst und ihrer Bedeutung für die Auseinandersetzung des Organismus mit der Außenwelt stimmt in manchen Punkten mit den von Freud [14] entwickelten Anschauungen überein: in der Beziehung zur Gefahrsituation, in der Annahme von der Bedeutung der Symptome zur Vermeidung der Gefahrsituation u. a. Trotz dieser Übereinstimmungen besteht aber doch eine wesentliche Differenz, die uns auch dazu führt, einen großen Teil der Konsequenzen, die Freud für die Auffassung der neurotischen Angst zieht, abzulehnen.

Die Angst ist für Freud charakterisiert durch einen spezifischen Unlustcharakter, durch Abfuhrreaktionen auf bestimmte Bahnen und Wahrnehmung derselben (S. 75). Es liegt ihr eine Steigerung der Erregung zugrunde, die den Unlustcharakter schafft und andererseits sich durch die genannten Abfuhren erleichtert. Diese rein physiologische Betrachtung genügt Freud aber nicht. Die Angst ist ein Affektzustand, und "Affekte sind Reproduktionen alter lebenswichtiger, eventuell vorindividueller Ereignisse" (S. 76), die in bestimmten Situationen wie Erinnerungssymbole wieder wachgerufen werden. "... der Angstzustand ist die Reproduktion eines Erlebnisses, das die Bedingungen einer solchen Reizsteigerung und der Abfuhr auf bestimmte Bahnen enthält, wodurch die Unlust der Angst ihren spezifischen Charakter erhält" (S. 76). Die Angst entstand als Reaktion auf einen Zustand der Gefahr – nämlich den bei der Geburt – durch die Trennung des Kindes von der Mutter, "... und darum sind wir geneigt, im Angstzustand eine Reproduktion des Geburtstraumas zu sehen" (S. 76). Diese "Urangst" wird regelmäßig reproduziert, wenn sich ein solcher Zustand der Gefahr wieder einstellt. Die Angst ist also Angst vor etwas.

Allerdings nimmt Freud diese Anschauung bald wieder ein wenig zurück, indem er ausführt, daß es ursprünglich doch nicht der Objektverlust ist, der die Angst erzeugt, sondern daß es "die Unbefriedigung ist, das *Anwachsen der Bedürfnisspannung,* gegen die er (der Säugling) ohnmächtig ist". Das ist die Situation, die als Gefahr gewertet wird. Erst später mit der "Erfahrung, daß ein äußeres durch Wahrnehmung erfaßbares Objekt der an die Geburt mahnenden gefährlichen Situation ein Ende machen kann, verschiebt sich der Inhalt der Gefahr von der ökonomischen Situation bei der Geburt auf seine Bedingung, den Objektverlust" (S. 83). So wird das Vermissen der Mutter die Gefahr, bei deren Eintritt der Säugling das Angstsignal

[14] *L. c.*

gibt, noch ehe die gefürchtete ökonomische Situation eingetreten ist.

Wenn die Trennung von der Mutter später Angst erzeugt, so deshalb, weil das Kind aus Erfahrung weiß, daß die Mutter alle seine Bedürfnisse ohne Verzug befriedigt. So ist die Unmöglichkeit der Befriedigung doch die eigentliche Ursache der Angst. Freud steht hier wieder einer biologischen Erklärung sehr nahe. Die Angst ist eine "ökonomische Störung durch das Anwachsen der Erledigung heischenden Reizgrößen. Dieses Moment ist der Kern der Gefahr". Aber Freud bleibt hierbei wieder nicht stehen, sondern die Erklärung schlägt wieder ins Psychologische um. Dieses Spannungserlebnis wird dadurch Ursache der Angst, daß das Kind als Analogie mit dem Geburtserlebnis die Wiederholung der Gefahrsituation erlebt. Die Angst wird so doch nicht durch die in der aktuellen Situation selbst gelegenen Momente erklärt, sondern auf die Erinnerung der Vorgänge bei der Geburtssituation zurückgeführt. Freud sieht zwar, es kann sich nicht um ein Wissen um die wirkliche Gefahr bei der Geburt handeln, "sicher dürfen wir beim Fötus nichts voraussetzen, was sich irgendwie einer Art von Wissen um die Möglichkeit eines Ausgangs in Lebensvernichtung annähert" (S. 79). Der Fötus kann "nichts anderes bemerken als eine großartige Störung in der Ökonomie seiner narzißtischen Libido". Mehr als diese Kennzeichnung der Gefahr braucht das Kind von seiner Geburt nicht bewahrt zu haben.

Wir könnten auch von unserer Anschauung aus zugeben, daß bei der Geburt Angst besteht. Die Vorbedingung hierfür wäre in der doch gewiß vorliegenden Erschütterung und der Beeinträchtigung lebenswichtigster Funktionen gegeben – ohne daß es natürlich zu entscheiden ist, ob diese Annahme zu Recht besteht. Aber zugegeben, daß bei der Geburt Angst auftritt, muß die spätere Angst durch Erinnerung an dieses Erlebnis bedingt sein? Wenn Freud die Anschauungen Ranks von der Beziehung bestimmter Phobien des Kindes zum Geburtserlebnis mit Recht damit ablehnt (S. 80), daß der Säugling derartige Erlebnisse, wie sie Rank annimmt, gar nicht gehabt haben kann, so richtet sich sein Einwand doch auch gegen ihn selbst. Vom Bemerken einer Störung zu sprechen, dürfte wohl kaum angängig sein, überhaupt wohl nicht von einer Angst vor etwas, schon deshalb nicht, weil die Trennung zwischen "Ich" und Gegenstand, die dieses Erlebnis voraussetzt, noch kaum vorhanden sein dürfte. Freud sagt selbst: "Im Intrauterinleben war die Mutter kein Objekt; damals gab es überhaupt keine Objekte" (S. 84). Aber man könnte weiter fragen:

Woher kommt denn überhaupt die Angst in dieser Situation, warum
bekommt denn das Kind bei der Störung der Ökonomie Angst? Freud
meint, das sei zweckmäßig: "Die Innervationen des ursprünglichen
Angstzustandes waren sinnvoll und zweckmäßig" (S. 77). Die Richtung der Innervation auf die Atmungsorgane hat die Tätigkeit der
Lungen vorbereitet usw. Aber zweckmäßig könnten doch nur die
Innervationen sein, nicht die Angst. Das Auftreten der Innervationen
wäre so zu verstehen, aber warum kommt es denn zur Angst, es sei
denn, daß sie, wie wir meinen, *zur Störung der Ökonomie gehört, d. h.
also nicht Reaktion auf die Störung ist?* Sie kann doch nur insofern
als zweckmäßig bezeichnet werden, als sie den Organismus vor gewissen Situationen warnt und zu solchen Leistungen antreibt, in denen
keine Angst entsteht. Aber von einer solchen Bedeutung der Angst
kann doch bei der Geburt nicht die Rede sein. Was für einen Zweck
soll dann aber die Angst bei der Geburt haben, wo sie ja erstmalig
entstehen soll? Tatsächlich gibt Freud später auch an, daß es zwei
Möglichkeiten für das Auftreten der Angst gibt, eine unzweckmäßige
in einer neuen Gefahrsituation, eine zweckmäßige zur Signalisierung
und Verhütung einer solchen. Es ist gewiß nicht einzusehen, wie die
Angst bei der Geburt, wenn sie überhaupt auftritt, zweckmäßig sein
soll; zu zweckmäßigen Reaktionen kann sie gewiß nicht veranlassen,
das meint wohl auch Freud nicht. Sie ist ja nur ein Signal dafür, daß
etwas nicht stimmt; nie aber kann sie den Weg weisen, wie die Gefahr
zu vermeiden ist.

Die Freudsche Theorie kann so eigentlich gar keine Antwort auf
die Frage geben, warum das Kind bei der Störung der Ökonomie bei
der Geburt Angst bekommt; und das kann überhaupt keine Theorie,
die die Angst als Angst vor etwas auffaßt. Vor etwas kann man nur
Angst haben, wenn man mit dem Etwas schon ängstliche Erfahrungen gemacht hat, man muß also mit dem Etwas überhaupt schon Erfahrungen gemacht haben. Die Annahme, daß bei der Geburt Angst
als Angst vor etwas auftritt, würde uns so auf noch weiter zurück-
liegende Erlebnisse zurückführen, deren Erinnerung in der Geburt
Angst erzeugt. Und tatsächlich haben ja manche die Angst auf vor-
individuelle Erlebnisse zurückzuführen versucht; aber eine solche
Annahme ist, abgesehen von ihrer völligen Unbegründetheit, schon
deshalb abzulehnen zur Erklärung für das Entstehen des Angst, weil
wir damit in einen Progressus infinitus kämen.

Wir stimmen also mit Freud insofern überein, als er annimmt, daß die Angst bei Gefahrsituation auftritt, aber weichen von ihm insofern ab, als wir die Angst nicht als Angst vor der Situation auffassen, sondern als zugehörig zur Situation. Die Angst ist als ein an sich zu der Störung der Ökonomie zugehöriges Phänomen zu betrachten, als die erlebnismäßige Seite der Erschütterung, nicht die Folge derselben.

Ist das aber der Fall, dann wird allerdings die *Zurückführung der späteren Angst auf die Angst bei der Geburt überflüssig*; denn die Angst entsteht immer in gleicher Weise aktuell mit dem Vorgang der Erschütterung selbst, und die eventuell bei der Geburt entstehende Angst hat nichts gegenüber der späteren Angst voraus. Warum muß denn das Kind dieses Kennzeichen der Gefahr vom Erlebnis der Geburt her haben? Dieses Gefahrerlebnis muß doch immer in gleicher Weise auftreten, wenn Gefahr vorhanden ist. Und Gefahr muß doch bei jedem neuen Auftreten von Angst vorhanden sein, sonst könnte ja auch nach Freud das Erlebnis der Geburt nicht reproduziert werden. Wenn aber Gefahr vorhanden ist, muß Angst auftreten auch ohne Reproduktion des Erlebnisses der Geburt.

Man könnte sagen, daß wir mit unserer Annahme, daß es sich bei der Angst um ein keiner weiteren Erklärung bedürftiges Phänomen, um eine Art Urphänomen handelt, der Erklärung aus dem Wege gehen. Aber vielleicht ist diese einfache Konstatierung des Tatbestandes, die Schilderung der Situation der Angst die einzig mögliche Klarlegung des Phänomens der Angst überhaupt. Schließlich verlangt ja auch die Zurückführung der Angst auf frühere Erlebnisse eine Erklärung dafür, warum überhaupt ein Erlebnis zur Angst wird, und da kommen wir immer wieder auf die einfache Konstatierung eines Tatbestandes, wie wir meinen, des Tatbestandes der Erschütterung des Organismus in seinem wesentlichen Bestand.

Freud sucht bei der Entstehung der Angst immer wieder die Beziehung zur Geburtssituation festzustellen, weil er glaubt, für die Angst durchaus einen Inhalt voraussetzen zu müssen. Er kommt zu dieser Annahme – und dadurch wird er auch veranlaßt, einen bestimmten Inhalt zu suchen – durch eine Vermengung der Begriffe Angst und Furcht. Nicht als ob Freud diesen Unterschied nicht kennte. Wenigstens in seinen Nachträgen, im Kapitel "Ergänzung zur Angst" sagt er (S. 125): "Es haftet der Angst der Charakter von *Unbestimmtheit* und *Objektlosigkeit* an; der korrekte Sprachgebrauch ändert selbst ihren Namen, wenn sie ein Objekt gefunden hat, und ersetzt ihn dann durch Furcht." Aber trotz dieser Erkenntnis sagt er

im gleichen Abschnitt: "Die Angst ist Angst vor etwas." Er hätte
sagen müssen, die Furcht ist Furcht vor etwas, und zwar Furcht vor
der Angstsituation, die an bestimmten Inhalten, Objekteigentümlich-
keiten erkannt und deshalb nach Möglichkeit vermieden wird. Die
Angst ist nicht zu vermeiden, sondern nur die Situationen sind zu vermeiden, die zu Angst führen können, und weil Freud die Angst als
Reaktion auf diese ansieht, glaubt er, nach einem charakteristischen
Objekt suchen zu müssen. Das Meiden dieser Situationen führt zur
Symptombildung, da hat Freud völlig Recht; aber dann kommt es
eben gar nicht zur Angst, sondern höchstens zum Erkennen aus gewissen Indizien, daß Angst im Verzuge ist, zur Furcht, die zum Vermeiden der Situation, zur Symptombildung veranlasst. Diese Indizien,
daß eine zu meidende Situation vorliegt, sind natürlich in bestimmten
Inhalten gegeben; also aber gewinnen diese Inhalte diese Eigenschaft
dadurch, daß sie zurückweisen auf frühkindliche Erlebnisse, also auf
die Gefahr, die in dem Fernsein von der Mutter liegt? Das ist eine
durch die analytische Deutung gewonnene Annahme, die zum mindesten recht problematisch ist. Das Vermissen der Mutter oder vielmehr die Ratlosigkeit, die Erschütterung, die Unmöglichkeit der
adäquaten Reaktion bei Fernsein der Mutter ist Angst, ohne daß das
Vermissen der Mutter als Inhalt erlebt zu werden braucht und wohl
auch zunächst kaum erlebt wird. Erlebt wird die Erschütterung bei
Fernsein der Mutter.[15] Erst viel später, wenn die Mutter als Gegenstand in ihrer Bedeutung für das Verhindern des Angsteintrittes erlebt
wird – und dies gewiß ohne jede Beziehung zum Geburtserlebnis –,
dann knüpft sich an das positive Vermissen der Mutter die Entstehung
der Angst. Sie setzt ein Erleben in Möglichkeiten, in Voraussicht, in
Vorstellung voraus, das der Säugling nicht haben kann. Es ist also
gewiß nicht möglich, die Angst bis auf die Geburt zurückzuführen.

Die Darlegungen Freuds über die Entstehungen der Angst sind
recht widerspruchsvoll. Es ist wie ein immerwährender Kampf
zwischen der biologischen Auffassung und der psychologischen, in
dem bald die eine bald die andere als Siegerin hervorgeht – ein Ausfluß der Ungeklärtheit von Freuds Vorstellungen über das Wesen des

---

[15] Dieses Erlebnis kann gewiß je nach den Umständen, unter denen es auftritt, eine verschiedene qualitative Färbung haben, und es ist mit dem Ausdruck
Angst allein vielleicht nicht genügend charakterisiert; diese Nuancen sind
schwer zu bezeichnen. Niemals aber hat es einen gegenständlichen Inhalt (vgl.
vorher S. 233).

Psychischen und des Physischen und ihrer Beziehungen zueinander. Es ist bei dieser Sachlage recht schwer, ein eindeutiges Bild von Freuds Anschauungen zu geben, und man läuft immer wieder Gefahr, daß eine eben als Freuds Anschauung wiedergegebene Auffassung durch einen an einer anderen Stelle stehenden Satz widerlegt wird. So sehr es für die kritische Einsicht Freuds spricht, daß er auch seine eigenen Feststellungen immer wieder anzweifelt und korrigiert, so gefährlich ist eine solche zwiespältige Darstellung. Man weiß schließlich gar nicht mehr, was der Autor meint.

Müssen wir Freuds Zurückführung der Entstehung der Angst auf das Geburtstrauma, überhaupt auf ein inhaltlich erfaßtes Erlebnis ablehnen – so auch die Bedeutung, die er dem Kastrationskomplex zuschreibt usw. –, so soll damit nicht gesagt sein, daß durchgemachte Angsterlebnisse für das Auftreten späterer Angstzustände nicht von Bedeutung werden und zur Verstärkung späterer Angstzustände führen können; das ist sogar sicher der Fall. Ebenso ist sicher, daß Situationen dadurch, daß sie an frühere, die zur Angst geführt haben, erinnern, Furcht erwecken können und schließlich zur Angst führen. Die Erschütterung, die die Angst ist, kann natürlich auch durch das Auftauchen von Erinnerungen bedingt sein und diese wiederum durch bestimmte Momente der gegenwärtigen Situation erweckt werden. Die Erinnerung spielt dann die gleiche Rolle wie augenblicklich von außen wirkende Reize; die Angst bleibt dabei immer der Zustand der Erschütterung durch die Unmöglichkeit adäquater Reaktionen, hier auf Erinnerungen; aber es sind bewußte Erlebnisse, die so wirken, nicht unbewußte, und die Angst ist nicht die Folge des Wirkens unbewußter Vorstellungen, unbewußter Inhalte. Wie ich anderwärts darzulegen versucht habe,[16] ist die Annahme unbewußter Inhalte allgemein abzulehnen, und damit auch als Verursachung der Angst. Das besagt aber nicht, daß frühere Angstzustände bei den aktuellen nicht mit wirksam sind; der oft erschütterte Organismus wird besonders leicht wieder erschüttert werden, weil die Sicherung gegenüber der Erschütterung, die positiven Stellungnahmen in der Welt, sich bei jemandem, der oft erschüttert worden ist, nicht so fest ausbilden werden wie bei einem anderen, dessen Leben wenig inadäquate Situationen enthält und in harmonischerer Weise verläuft. So wird bei jemandem, der oft Angst durchgemacht hat, die Schwelle für das Eintreten der

---

[16] "Psychoanalyse und Biologie", *Sitzungsber. d. II. Kongr. f. Psychotherapie* 1927. S. Hirzel, Leipzig. S. 15.

Angst herabgesetzt sein. Die leichtere Erschütterbarkeit, die Neigung
zur Angst ist so ein Ausdruck der mangelhaften Eingeordnetheit oder
der mangelhaften Kraft zur Einordnung. Für das Zustandekommen
der Einordnung sind natürlich alle inneren und äußeren Vorgänge von
Bedeutung. So wird natürlich die gesamte Lebensgeschichte – und
zwar alle physiologischen wie erlebnismäßigen Eindrücke – hier besteht kein Unterschied – von Bedeutung sein. Von hier aus wäre auch
zu erörtern, welche Bedeutung solchen Vorgängen wie dem Erlebnis
der Gefahr, z. B. der Kastration in der Kindheit oder dem sog. Ödi-
puserlebnis für die mangelhafte Eingeordnetheit, damit für die leichtere Erschütterbarkeit, das leichtere Entstehen der Angst zukommen.
In der allgemeinen Form, daß Vorgänge im Kindesalter für die Disposition zur Angst im späteren Leben von großer Bedeutung sind,
können wir Freud nur zustimmen. Ob dabei aber auch Kastrations-
und Ödipuskomplex in Betracht kommen, das können wir hier nicht
erörtern – das erforderte eine Erörterung der analytischen Auffassung
von Kastration und Ödipuskomplex, die uns hier zu weit abführen
würde. Wenn kindlichen Erlebnissen aber überhaupt eine Bedeutung
für das Auftreten von Angst im späteren Leben zukommt, so doch
nicht dadurch, daß von ihnen als bestimmten unbewußten Inhalten
angsterzeugende Kräfte ausgehen, sondern nur in dem Sinne, daß infolge ihrer ungenügenden Verarbeitung eine leichtere Erschütterbarkeit des Organismus besteht. Die Erschütterung selbst, die Angst, wird
immer durch die aktuellen Einwirkungen bedingt.

ÜBER ZEIGEN UND GREIFEN *

Die folgenden Untersuchungen gingen von einer Beobachtung aus, die nicht selten zu erheben ist: *von der Differenz im Ausfall des üblichen Zeigeversuches und des sog. Finger-Nasenversuches beim Kleinhirnkranken.* Derselbe Kranke, der sowohl bei taktiler wie optischer Ausführung des Zeigeversuches in typischer Weise vorbeizeigt, zeigt die Nasenspitze anscheinend richtig. Man könnte versucht sein, diese Differenz damit zu erklären, daß man sagt, der Finger-Nasenversuch gelänge, weil er einfacher sei, die Tatsache, daß die zu zeigende Stelle am eigenen Körper läge, gäbe mehr Anhaltspunkte für die Leistung. Eine genauere Beobachtung lehrt aber bald, daß die Differenz darin gewiß nicht begründet sein kann; man stellt nämlich fest, daß auch eine am Körper berührte Stelle keineswegs immer richtig gezeigt wird, der Cerebellarkranke kann beim Lokalisationsversuch an der Haut die gleichen Fehler wie beim Zeigeversuch aufweisen.[1] Aber die erwähnte Differenz scheint überhaupt nicht konstant zu sein, es wird auch beim Finger-Nasenversuch nicht immer richtig gezeigt, es bestehen in den Resultaten auffallende Schwankungen, bald zeigt der Kranke richtig, bald vorbei, Schwankungen im Ausfall, die leicht dazu veranlassen, an der Zuverlässigkeit des Patienten oder des Versuches zu zweifeln und die Resultate als inkonstant wenigstens beiseite zu lassen. Aber das wäre nicht richtig. Wie übrigens fast immer bei inkonstanten Resultaten. Gewiß sind sie nicht ohne weiteres zu verwerten, aber deshalb keineswegs wertlos, im Gegenteil: immer wieder kann man beobachten, daß sie bei genauerer Beobachtung der Tatsachen und bei dieser genaueren Beobachtung angepaßter Modifikation der Versuche gewöhnlich besonders geeignet sind, sowohl theoretisch wie praktisch

---

* Mit freundlicher Erlaubnis des Springer-Verlags, Heidelberg, abgedruckt aus *Nervenarzt,* 4, 1931 (pp. 453-466).
[1] Vgl. hierzu: "Das Kleinhirn," *Handb. d. norm. u. path. Physiol.* 10, 289.

bedeutsame Ergebnisse zu liefern. Und so ist es, wie wir sehen werden, auch hier. Bei genauerem Zusehen stellen wir zunächst fest, daß die *Bewegung* beim korrekten Resultat der beim Vorbeizeigen *nicht ganz gleichartig* ist. Während der Kranke im ersteren Falle entsprechend der Instruktion bei der üblichen Ausführung des Finger-Nasenversuches mit dem zeigenden Finger eine Stelle – wegen des Vorbeizeigens – neben der Nase berührt, entspricht im zweiten Fall die Bewegung mehr der eines Greifens nach der Nasenspitze. Fordern wir auf Grund solcher Beobachtung der Kranken einmal auf, nach der Nasenspitze zu greifen, das andere Mal die Stelle zu zeigen, wo sich die Spitze befindet, so bekommen wir im ersteren Fall jetzt gewöhnlich einen richtigen Ausfall, im zweiten ein VZ. Doch auch das scheint, wenn man weiter beobachtet, nicht immer konstant zu sein. Gelegentlich trifft der Kranke plötzlich mit der zeigenden Hand doch die Nasenspitze. Die weitere Analyse ergibt aber, daß der Kranke dann nur *scheinbar gezeigt,* und daß er tatsächlich trotz der Zeigestellung der Hand unter der *Einstellung des Greifens* gehandelt hat. Berücksichtigt man auch noch diese Möglichkeit, so werden die Resultate jetzt wirklich konstant. Und es ergibt sich: *das Wesentliche für den Ausfall des Versuches ist die Einstellung des Kranken auf Zeigen oder Greifen.* Das lehrt nicht nur eine Verhaltensanalyse des Kranken, sondern läßt sich auch durch weitere Modifikation der Versuche objektiv dartun. Man kann die Einstellung auf Greifen erschweren und erleichtern – erschweren, ja fast unmöglich machen, wenn man den Kranken auffordert, die Nase nicht zu berühren, sondern eine Stelle, etwa 2 cm vor der Spitze, zu zeigen. Hierbei ist fast nur eine Einstellung auf Zeigen möglich. Prüft man in dieser Weise, so zeigt der Kranke *jetzt immer vorbei.* Man kann die Einstellung auf Greifen andrerseits nahelegen, indem man den Kranken auffordert, einen Gegenstand, mit dem man eine Hautstelle berührt, anzufassen, dann berührt der Kranke, der bei der Aufforderung, eine berührte Stelle zu zeigen, ohne sie wirklich zu berühren, vorbeizeigt, die Spitze selbst evtl. mit Zeigestellung der Hand richtig. Übersieht man die verschiedene Haltung der Hand – in Zeige- oder Greifstellung – oder die noch schwerer – nur durch Analyse – aufzudeckende verschiedene Einstellung (die evtl. äußerlich dadurch verdeckt sein kann, daß, wenn auch das Zeigen gewöhnlich in Zeige-, das Greifen in Greifhaltung der Hand erfolgt, das gelegentlich auch anders sein kann: der Kranke in Greifhaltung zeigen kann und umgekehrt), so wird man zu keiner einheitlichen Auffassung des Verhaltens des Kranken kommen. Eine solche ergibt sich aber sofort, wenn man die verschiedenen Tatsachen unter dem erweiterten Gesichtspunkte betrachtet, daß der Kranke *unter der Einstellung, eine Stelle zu zeigen,* die Aufgabe fehlerhaft, unter der, einen Gegenstand zu *ergreifen,* fehlerfrei löst.

Es erhebt sich nun die Frage, *wie diese Differenz sich erklärt?* Um die Grundlagen zu einer Erklärung zu gewinnen, wollen wir noch eine Reihe weiterer Tatsachen ins Auge fassen, die sich bei verschiedenartig lokalisierten Erkrankungen bzw. verschiedenartigen Grundstörungen bei Anstellung der Versuche feststellen lassen.

Der erwähnte Ausfall des Versuches ist besonders charakteristisch für den *Cerebellar- und Frontalhirnkranken.* Er geht hier parallel mit anderen Gleichgewichtsstörungen, wie Neigung zum Fallen, Abweichen und bestimmt gerichteten Lokalisationsstörungen von taktilen, optischen und akustischen Gegebenheiten – bei Fehlen eigentlicher Sensibilitätsstörungen. Eine ganz ähnliche Differenz zwischen dem Ausfall des Zeige- und Greifversuches findet sich aber auch bei ganz anderen Störungen, so bei der sog. *Seelenblindheit,* wenigstens einer bestimmten Form dieser Erkrankung. Wie wir anderwärts ausführlich dargelegt haben, geht mit der "Seelenblindheit" eine Störung der Lokalisation einher: der Kranke ist weder imstande, eine vorher gesehene Stelle im Außenraum bei geschlossenen Augen wiederzufinden, noch eine berührte Stelle des eigenen Körpers zu zeigen. Dagegen kann er sehr wohl nach einer Körperstelle (wenigstens unter bestimmten Umständen – nämlich bei Auftreten von Tastzuckungen –) greifen und ähnlich auch nach einer Schallquelle. Und das Gleiche finden wir bei Kranken mit bestimmten *Stirnhirnschädigungen* oder etwa diffuser Beeinträchtigung der Hirnrindenfunktion überhaupt. Während sie prompt nach einer bestimmten berührten Stelle des Körpers greifen, sich auch einer Schallquelle zuwenden und nach ihr greifen,[2] sind sie weder imstande einfach zu zeigen, bzw. anzugeben, wo ihre Körperteile sich befinden (ohne hinzugreifen oder zu zeigen), oder anzugeben, aus welcher Richtung eine Schallquelle kommt. Auch bei manchen Patienten mit *corticalen Sensibilitätsstörungen* kann man eine Differenz zwischen Zeigen und Greifen einer berührten Stelle beobachten. Es gibt oberflächliche Läsionen der hinteren Zentralwindung bzw. des *angrenzenden Parietallappens* – besonders sind es

---

[2] Hierzu Woerkom, *Mschr. Psychiatr.* 59, 256 (1925). – K. Goldstein, "Über Aphasie", *Schweiz. Arch. Neur.* 1927, 52.

solche traumatischer Genese –, bei denen die Patienten trotz schwerer Störung der Tiefensensibilität und des Lokalisationsvermögens – übrigens gleichzeitig mit Fehlen oder sehr geringer Ausbildung von Ataxie – mit der kranken Hand zwar die Nasenspitze nicht finden, höchstens ganz allgemein in die Gegend gelangen, während sie prompt hingreifen. Ähnlich verhalten sie sich bei Berührung des Körpers (auf der kranken Seite) – sie können zwar seine Lage nicht zeigen, greifen aber nach dem berührten Finger richtig, wissen nachher nicht, welcher berührt wurde, auch nicht, nach welchen sie gegriffen haben. Allerdings gelingt auch dieses Greifen nur, wenn der berührte Finger – übrigens anscheinend unwillkürlich – sich bewegt hat.

Ganz anders verhalten sich Patienten mit peripherer oder dem gewöhnlichen Typus der zentralen *Sensibilitätsstörung.* Hier schwindet der Unterschied zwischen Greifen und Zeigen fast ganz, beides geschieht fehlerhaft und unsicher, wenn auch bei leichten Sensibilitätsstörungen eine berührte Stelle besser ergriffen als gezeigt wird, und auch die Hand, in der die Sensibilitätsstörung beeinträchtigt ist, oft etwas sicherer greift als zeigt. Ein ähnliches Bild wie bei Sensibilitätsstörungen kann man bei solchen mit Vestibularisstörungen und Vorbeizeigen beobachten. Wir lernen so recht verschiedene Typen des Verhaltens beim Zeigen und Greifen kennen:

1. Ein *völliges Versagen beim Zeigen bei erhaltenem Greifen* beim Seelenblinden und andersartigen Rindenschädigungen, besonders diffusen Schädigungen des Stirnhirns.

2. *Ein in einer bestimmten Richtung erfolgendes Vorbeizeigen bei intaktem Greifen* beim Kleinhirngeschädigten und bestimmten (lokalisierten) Stirnhirngeschädigten.

3. Eine Unmöglichkeit des Zeigens und Greifens einer Körperstelle bei unbewegtem Gliede, bei gleichzeitigem *richtigem Greifen nach einem unwillkürlich bewegten Gliede bei gewissen corticalen* (man könnte auch sagen "transcorticalen") *Sensibilitätsstörungen.*

4. Eine Störung des Zeigens *und* Greifens bei Sensibilitätsstörungen.

Es ist anzunehmen, daß dieses verschiedene Verhalten beim Zeigen und Greifen mit den jeweiligen sonstigen Störungen zusammenhängt, und zu erwarten, daß eine Gegenüberstellung der sonstigen Störungen und des Verhaltens beim Zeigen und Greifen uns einen Einblick in die Ursachen für die Differenz beim Zeigen und Greifen gewinnen lassen wird. Wir gehen bei unserer dies betreffenden Analyse am besten von dem klarsten Falle aus, von der gröbsten Differenz zwischen *Zeigen und Greifen beim "Seelenblinden"*. Nach unserer Analyse handelt es sich beim Seelenblinden nicht, wie man früher fast allgemein annahm, primär um einen Verlust optischer Vorstellungen, sondern die Unfähigkeit, sich optische Erinnerungsbilder zu erwecken; wie alle anderen Störungen, die der Seelenblinde aufweist, sind sie auf eine Grundstörung zurückzuführen, die man charakterisieren kann als Beeinträchtigung der *Fähigkeit, eine Gegebenheit simultan als gegliedertes Ganzes zu haben*. Der Ausdruck dieser Grundstörung, der uns im Zusammenhang mit unserem Problem am meisten interessiert, ist das *Fehlen eines dem Subjekt gegenüberstehenden objektiven Raumes. Ein solcher Raum ist notwendig, damit überhaupt die Einstellung auf Zeigen zustande kommen kann. Nur in einem solchen gibt es Stellen, auf die man zeigen kann*. Auch das Zeigen berührter Stellen am eigenen Körper ist ein Zeigen von Stellen im objektiven Raum, hier nur von solchen Stellen, die vom eigenen Körper eingenommen werden. In bezug auf den Vorgang beim Zeigen besteht kein Unterschied zwischen Stellen des eigenen Körpers und Stellen im Außenraum. *Der Seelenblinde kann nicht zeigen, weil er einen solchen Raum und solche ihm gegenüberstehende Raumstellen nicht hat. Zum Greifen ist ein solcher Raum offenbar nicht notwendig*. Das geht auch daraus hervor, daß der Kranke, auch nachdem er richtig gegriffen hat, nicht weiß, wo sich das befindet, was er gegriffen hat.

Lehren uns diese Beobachtungen, *daß Zeigen und Greifen nicht graduell, sondern prinzipiell verschiedene Leistungen sind*, daß ihnen *prinzipiell verschiedene Verhaltungsweisen entsprechen*, so gestatten weitere Beobachtungen besonders an Stirnhirngeschädigten diese zum Zeigen notwendige Verhaltungsweise noch genauer zu bestimmen. Es ist charakteristisch für diese Kranken, daß sie, obwohl sie sämtliche räumliche Leistungen verschiedenster Art auszuführen vermögen, nicht imstande sind, sich über objektive Raumverhältnisse, Richtungen, Entfernungen usw. Rechenschaft zu geben. Führen wir die Analyse weiter, so zeigt sich, daß dieses Versagen bei räumlichen Verhältnissen wieder nur ein Ausdruck ist ihrer *Unfähigkeit, sich überhaupt Rechenschaft zu geben, sich gegenständlich, kategorial zu verhalten*, wie wir es genannt haben, oder, wie man es auch ausdrücken kann, aus einem Gesamtgeschehen willkürlich eine Einzelheit herauszuheben. Sie leben und handeln in der Welt, aber sie haben nicht eine ihnen

gegenüberstehende Welt.[3] Eine solche ist aber notwendig, um eine
Stelle im Außenraum zu haben und um zu zeigen. Die Unfähigkeit
zum Zeigen ist also letztlich ein Ausdruck der bei den Stirnhirngeschädigten vorliegenden Beeinträchtigung der Trennung zwischen
Subjekt und gegenständlicher Außenwelt. Nebenbei sei bemerkt, daß
die Störung beim Seelenblinden sich auch in dieser Weise charakterisieren läßt. Daß die Störung des Zeigens beim Seelenblinden so besonders hochgradig ist, noch stärker als beim Stirnhirngeschädigten,
legt die Annahme nahe, daß dem Fehlen der optischen Fundierung
der Gegebenheiten noch eine besondere Bedeutung für das Versagen
beim Zeigen zukommt, und das ist begreiflich, wenn wir uns die große
Rolle vergegenwärtigen, die die optische Füllung für das Haben des
objektiven Raumes und die Trennung zwischen Ich und Außenwelt
spielt. Die Beobachtungen bei verschiedenen Rindenschädigungen (im
besonderen solcher außerhalb der sensorischen und motorischen Fel-
der) lehren, daß die charakterisierte Verhaltungsweise frühzeitig und
zuerst leidet. Das weist darauf hin, daß es sich um eine biologisch
schwierige, man kann wohl sagen, schwierigste, dem Menschen eigen-
tümlich Leistung handelt. Ich habe das an anderer Stelle ausführlicher
auseinandergesetzt.[4] Hier interessiert uns nur die Tatsache, daß das
Versagen beim Zeigen auf die Beeinträchtigung eines, ja des kompliziertesten, allgemeinen Verhaltens zurückzuführen ist.

Entspricht der Beeinträchtigung dieses allgemeinen Verhaltens mit
dem Fehlen eines dem Individuum gegenüberstehenden äußeren
Raumes eine völlige Unfähigkeit des Zeigens, so entsprechen den
Zeigestörungen beim Cerebellarkranken und den Kranken mit Sensibilitätsstörungen *Störungen im Aufbau dieses Raumes.* Der Cerebellarkranke kann an sich zeigen, jene Einstellung auf einen objektiven
Raum, auf Stellen im Außenraum ist bei ihm ungestört, aber die erlebte
und von ihm gezeigte Stelle entspricht nicht ihrer objektiven Lage.
Wir haben alle Veranlassung – nach dem sonstigen Verhalten der
Kranken bei optischen, akustischen Wahrnehmungen, der Verschiebung optischer oder akustischer Gegebenheiten im Sinne des Zeige-
fehlers – bei ihnen eine *bestimmt gerichtete Veränderung* des Raumes
anzunehmen. Das Vorbeizeigen ist nur ein Ausdruck der Verschie-

---

[3] Vgl. hierzu meine Ausführungen: "Über die Störungen des Gesamtverhaltens bei Hirngeschädigten", *Mschr. Psychiatr. und Neurol.* 68, 217 (1928).
[4] "Lokalisation in der Großhirnrinde", *Handb. d. norm. u. pathol. Physiol.*
10, 666 ff.

bung des Raumes, der durch die veränderte Verarbeitung der die kranke Seite treffenden Erregungen bedingt ist (vgl. hierzu meine früheren Ausführungen.[5])

Die Störungen des Zeigens und Greifens bei gewöhnlichen Sensibilitätsstörungen bedürfen keiner besonderen Erklärung, die Störung des sensiblen Apparates erzeugt eine Unbestimmtheit der Raumerlebnisse infolge Beeinträchtigung ihrer Grundlagen und damit parallelgehend naturgemäß Störungen des Zeigens und Greifens. So wird auch das Versagen beim Zeigen bei den erwähnten corticalen Sensibilitätsstörungen verständlich. Warum aber vermögen diese Kranken evtl. richtig zu greifen? Diese Frage führt uns zu der allgemeinen, *warum in all den Fällen das Greifen soviel besser als das Zeigen oder gar allein gelingt?* Aus den Tatsachen konnten wir zunächst nur schließen, daß das Greifen ein prinzipiell anderer Vorgang sein muß, und zwar ein Vorgang, der sowohl durch das Fehlen eines objektiven Raumes als auch durch eine Veränderung der Raumerlebnisse nicht irritiert zu werden braucht. Daß die Einstellung auf Stellen im objektiven Raum dazu nicht notwendig ist, das lehrt auch die Selbstbeobachtung, das lehrt vor allem die Tatsache, daß wir eine Stelle treffen in Situationen, in denen wir uns der Örtlichkeit gewiß nicht bewußt werden, etwa wenn wir schnell nach einem uns stechenden Insekt fassen, daß wir das im Schlafe sogar richtig auszuführen vermögen.

Sehen wir uns nun die Situationen, in denen dieses prompte Greifen erfolgt, genauer an, so stellen wir fest, daß die dazu führenden Reize insofern eine Besonderheit aufweisen, als ihnen eine *besondere Bedeutung für den Gesamtorganismus* zukommt. Während das Objekt, auf das wir zeigen, relativ bedeutungslos für uns sein kann, bei der Tatsache des Zeigens uns wesentlich die Raumstelle interessiert, an der es sich befindet, ist das *Greifen* durch die *Art des Objektes,* das ergriffen werden soll, sehr wesentlich bestimmt. Die Greifbewegung ist deshalb der besonderen Art des Objektes angepaßt; die Zeigebewegung dagegen, für die ja die Art des Objektes gleichgültig ist, ist viel weniger differenziert, immer mehr eine gleiche schematische, mehr "abstrakte" Bewegung. Es sind weiter vor allem Objekte, die auf uns irritierend wirken, die wegen der Gefahr, die sie für den Organismus darstellen, eine schnelle Reaktion des Organismus erfordern, die das Greifen veranlassen, oder, wenn sie kein Gefahrenmoment enthalten, haben die Objekte doch wenigstens eine positive oder ne-

---

[5] "Das Cerebellum", *Handb. d. norm. u. pathol. Physiol.* 10, 193 ff.

gative Bedeutung für uns. Es handelt sich also beim Zeigen und Greifen um ganz verschiedene Arten der Stellung des Organismus gegenüber dem Objekt.

Das findet seinen besonderen Ausdruck in dem verschiedenen Verhalten der Kranken gegenüber optischen und akustischen Reizen. Sowohl
der Cerebellarkranke wie der Seelenblinde finden eine Schallquelle
prompt, jedenfalls viel besser als ein optisch gegebenes Objekt. Da man
ja den Versuch nur bei geschlossenen Augen anstellen kann, könnte man
die bessere Leistung beim Seelenblinden bei Darbietung einer Schallquelle darauf zurückführen, daß die Schallquelle wahrnehmungsgemäß
gegeben ist, der optische Reiz dagegen nur vorstellungsmäßig, aber
gerade diese letztere Gegebenheit ja beim Seelenblinden mehr oder weniger beeinträchtigt ist. Das Versagen beim Zeigen wäre so schon als
eine Folge der Mangelhaftigkeit des Reizes verständlich. Deshalb sind die
Versuche beim Cerabellarkranken eindeutiger. Derselbe Kranke, der
eben (mit geschlossenen Augen) vorbeigezeigt hat, findet prompt die
klingenden Schlüssel. Gewiß können wir ihn auch bei Darbietung einer
Schallquelle zum Vorbeizeigen bringen, wenn wir ihn etwa besonders
auffordern, die Stelle zu zeigen, wo sich die Schlüssel befinden. Gewöhnlich wird aber eine Schallquelle richtig ergriffen. Das zeigt eben deutlich, daß die verschiedenen Reize eine verschiedene Einstellung nahelegen, der optische eine Einstellung auf Zeigen, der akustische mehr auf
Greifen. Und das ist wohl verständlich. Beim Schall sind wir viel mehr
auf seinen Inhalt, seine Bedeutung für uns gerichtet, bei optischer Darbietung können wir viel leichter vom Inhalt "abstrahieren" und sind viel
eher auf die Raumstelle, an der sich das Objekt befindet, eingestellt.
Gewiß können wir auch ein gesehenes Objekt ergreifen und auf die Stelle
zeigen, von der ein Schallreiz herkommt. Bringen wir den Cerebellarkranken in solche Situationen, so sehen wir ihn sich tatsächlich auch umgekehrt verhalten. Wir haben schon erwähnt, daß der Kranke, wenn wir
ihn auffordern, mit geschlossenen Augen zu zeigen, wo die Schallquelle
sich befindet, tatsächlich vorbeizeigt. Hat er auch ein gutes Visualisationsvermögen, so greift er auch nach Augenschluß evtl. nach einem vorge-
haltenen Gegenstand richtig. Das ist aber offenbar viel schwieriger.

Dieses verschiedene Verhalten bei optischen und akustischen Reizen zeigt wieder, daß das *Greifen* viel unmittelbarer durch die *Beziehungen des Organismus zum gesamten Umfeld* bestimmt wird als
das Zeigen, daß es sich um *weit weniger mit Bewußtsein ablaufende*
als unmittelbare Reaktionen handelt, daß wir es mit einem viel *vita-
leren, biologisch ausgedrückt einfacheren, primitiveren Vorgang* zu
tun haben.

Darauf weist uns schließlich noch die Tatsache hin, daß es auch noch
bei bewußtseingestörten Menschen oder beim dekapitierten Frosche

prompt erfolgt. In letzterer Hinsicht brauche ich nur auf die bekannten Versuche über den sog. Wischreflex bei Bestreichen einer Hautstelle mit Salpetersäure hinzuweisen. Es ist hier nur die Promptheit, mit der die Stelle gefunden wird, besonders zu betonen. Und das gilt in gleicher Weise für die Greifbewegung des bewußtseinsgestörten Menschen. Ich möchte es nach meinen Erfahrungen geradezu als ein Zeichen einer beträchtlichen Bewußtseinsstörung betrachten, daß ein Mensch auf Nadelstiche in die Brusthaut oder ins Bein mit prompten zugreifenden und wegwischenden Armbewegungen antwortet. Diese Tatsachen lehren uns, daß es sich hier offenbar um eine für den Organismus außerordentlich wichtige Schutzmaßnahme handelt, die auch bei schwerer Beeinträchtigung sehr vieler Funktionen noch erhalten bleibt. Man könnte hier von einem einfachen Reflex sprechen; aber das wäre nicht richtig, wenn man damit etwa eine festgefügte Beziehung zwischen einer bestimmten Körperstelle und einer bestimmten Bewegung meint. Gewiß erfolgt unter normalen Umständen auf Reizung einer bestimmten Stelle immer die gleiche Bewegung; so wird ein Reiz auf der rechten Seite mit einer Bewegung des rechten Armes beantwortet und umgekehrt ein Reiz auf der linken mit einer solchen des linken Armes, Reize an einem Bein mit ganz bestimmten Reaktionen des anderen Beines usw. Das gilt schon für das normale Sichkratzen und findet sich in gleicher Weise beim dekapitierten Frosch und beim Bewußtseinsgestörten. Man braucht aber beim dekapitierten Frosch nur die dem Reiz zugehörige Extremität festzuhalten, so erfolgt das Wischen sofort prompt mit einer anderen Extremität, und zwar gesetzmäßig mit der zur Erzielung des notwendigen Effektes am besten geeigneten. Das Gleiche finden wir beim Sichkratzen. Szimanski [6] hat gezeigt, daß bei Fixierung des "entsprechenden" Gliedes das Kratzen in sinnvollster Weise von einem anderen ausgeführt wird. Das gleiche konnte ich beim Bewußtseinsgetrübten beobachten. Ist die entsprechende Bewegung etwa durch Lähmung eines Armes gehindert, so erfolgt eine andere und immer die, die in der Gesamtsituation am besten geeignet ist, den irritierenden Reiz wegzuschaffen. Kein irgendwie gedachter Reflexmechanismus könnte ein solches Verhalten garantieren. Nur die Annahme jeweilig wechselnder, der Situation angepaßter Gesamtreaktionen kann es verständlich machen.[7]

[6] *Psychol. Forschg.* 2, 298 (1922).
[7] Vgl. hierzu "Zur Theorie der Funktion des Nervensystems", *Arch. f. Psychiatr.* 74, 370 ff. (1925).

Auch diese Tatsachen bestärken unsere Anschauung von der tiefen Verbundenheit des Greifens mit dem Gesamtorganismus und dem biologisch einfachen primitiven Charakter des Greifens.

All diese Tatsachen und Überlegungen dürften es erklären, daß das Zeigen gestört, das Greifen erhalten oder jedenfalls sehr viel weniger gestört sein kann. Das Greifen bleibt durch solche Veränderungen, die den bewußten Anteil der Leistung betreffen – durch die Beeinträchtigung des Simultanerfassens (beim Seelenblinden), durch die Verschiebung des erlebten Raumes (beim Cerebellargeschädigten), durch die Schädigung der bewußten Sensibilität (bei bestimmten corticalen Läsionen) – völlig unberührt, weil es sich gar nicht in dieser bewußten gegenständlichen Sphäre abspielt. Es bleibt immer erhalten, solange die peripheren Erregungen noch ausreichen, es in bestimmter Weise zu dirigieren.

Die Analyse des Zeigens und Greifens gibt uns einen theoretisch sehr interessanten Einblick in die Verschiedenartigkeit der Verhaltungswesen, die dem Organismus zur Verfügung stehen. Gleichzeitig belehrt sie uns durch die Tatsache, daß das Zeigen immer zuerst leidet, über die Art des Abbaues bei einer Läsion, die sich in völliger Übereinstimmung zeigt mit Erfahrungen, die wir bei der Betrachtung anderer Leistungen machen können.

Ehe wir auf einige weitere theoretisch interessante Eigentümlichkeiten des Greifens eingehen, möchte ich zurückkommend auf unsere anfänglichen Überlegungen, auf die *praktische Bedeutung* unserer Analyse, hinweisen. Wir verstehen jetzt die evtl. Inkonstanz der Ergebnisse und erkennen sie als eine scheinbare, wo wir wissen, daß Abweichungen vom erwarteten Resultat sich dadurch erklären können, daß der Versuch unter einer anderen Einstellung vor sich gegangen ist, als es den Anschein hatte. Damit wird die diagnostische Bedeutung des VZ. wieder eine größere, sofern wir nur unter Kenntnis der verschiedenen Möglichkeiten exakt untersuchen, und damit gewinnen wir eine neue Grundlage für eine verfeinerte Diagnostik.

Die Analyse gibt uns auch ein Mittel in die Hand, organisch bedingtes Vorbeizeigen von psychogen bedingtem zu unterscheiden. Es zeigt sich nämlich, daß *beim psychogen Kranken* die Differenz zwischen Zeigen und Greifen gewöhnlich *nicht* besteht, daß er in gleicher Weise vorbeigreift wie er vorbeizeigt. Durch welches Moment auch immer das Vorbeizeigen bei ihm bedingt sein mag, dieses macht sich offenbar, weil es irgendwie mit der Vorstellung des Kranken in Beziehung steht, der ja den Unterschied zwischen Zeigen und Greifen nicht kennt, beim Greifen ebenso geltend wie beim Zeigen. Vielleicht auch besonders dadurch, daß beim Neurotiker die bewußte, gegenständliche Einstellung vor der impulsiven, unmittelbaren vorherrscht. Der Tatbestand kann uns nicht nur praktisch im gegebenen Falle wichtig werden, er muß uns auch aus allgemein methodischen Gesichtspunkten interessieren. Wir sind gewiß zunächst geneigt, den gleichen Ausfall beim Zeigen und Greifen als das objektiv besser begründete Verhalten aufzufassen und die Verschiedenheit im Ausfall als entweder nicht verwertbare Inkonstanz oder gar als Ausdruck psychogener Verursachung zu betrachten. Das Gegenteil ist nun tatsächlich der Fall. Das muß uns darauf hinweisen, daß Übereinstimmung in den Befunden im Sinne gewöhnlich einer bestimmten theoretischen Erwartung keineswegs immer für objektive Richtigkeit spricht und umgekehrt. Eine solche Übereinstimmung ist im Gegenteil, sofern sie überhaupt nicht nur scheinbar ist und auf mangelhafter Beobachtung beruht, recht oft gerade ein Ausdruck funktioneller Erkrankung.

Kehren wir jetzt wieder zu unserer Charakteristik des Greifens zurück. Da scheint sich ein Bedenken zu erheben: Sind wir denn berechtigt, das Greifen eines Normalen oder Kranken nach der Nase oder einer berührten Hautstelle mit dem Fassen nach einem irritierenden Objekt durch den Bewußtseinsgestörten, mit dem Wegwischen der Säure durch den dekapitierten Frosch in Parallele zu setzen? Ich meine: Ja und doch nicht ganz. Ja, insofern, als es auch sehr prompt erfolgt, die Stelle, nach der gegriffen wird, nicht bewußt zu sein braucht. Und doch nicht ganz, insofern als dieses Greifen gewiß nicht ganz ohne Bewußtsein verläuft. Es geschieht ja auf Aufforderung. Der Kranke will ja greifen. Der Greifende braucht zwar nicht ein Erlebnis von der Stelle im Raum zu haben, nach der er greift, aber er hat wohl das Gefühl eines bestimmten Gerichtetseins im Raum, das wir beim Bewußtseinsgestörten oder gar beim dekapitierten Frosch doch wohl kaum annehmen können.

Der Normale oder der Seelenblinde *kann* nach einer gereizten Gegend greifen, der Bewußtseinsgestörte *muß* es tun. Beim normalen Greifen geht die Bewegung vom Greifenden aus, beim Bewußtseinsgestörten geschieht etwas am Zufassenden. Durch dieses Müssen, durch dieses Losgelöstsein vom Ich rückt das erwähnte Verhalten in die Nähe des sog. *Zwangsgreifens*, das bei bestimmten Hirnkranken auch bei klarem Bewußtsein der Kranken zur Beobachtung kommt; ein Phänomen, das, ja schon lange bekannt, in letzter Zeit besonders durch die Untersuchungen von Schuster [8] und von Kleist [9] besonderes Interesse erweckt hat.

Läßt sich das *Zufassen des Bewußtseinsgetrübten* ähnlich auffassen

[8] *Zbl. Neur.* 83 (1923) u. 108 (1927).
[9] *Mschr. Psychiatr.* 65 (1927).

wie das *Zwangsgreifen?* Trotz aller Ähnlichkeit unterscheiden sich beide Phänomene in ihrem ganzen Verlauf doch sehr wesentlich, und zwar schon rein motorisch. Während das Zwangsgreifen einen sozusagen massiven Charakter der Bewegung aufweist, eine reine Beugebewegung der Hand und der Finger darstellt, haben die Greifbewegungen des Bewußtseinsgestörten einen weit differenzierteren Charakter. Die Phänomene unterscheiden sich weiter durch eine verschiedene Beziehung der Reaktion zum Reiz. So erfolgt das Zwangsgreifen auf jeden Reiz hin; es wird nach schmerzverursachenden Objekten gegriffen, ja solche scheinen besonders stark umschlossen und festgehalten zu werden, ohne Rücksicht auf die dabei auftretende Zunahme des Schmerzes. Das Zwangsgreifen läßt auch nicht nach, wenn das Objekt etwa entfernt ist, im Gegenteil: sucht man das Objekt zu entfernen, so greift der Kranke nach (sog. Nachgreifen). Die Bewegungen des Bewußtseingetrübten erfolgen aber überhaupt nur bei irritierenden Reizen von einer gewissen Stärke, sie führen keineswegs zu einem Festhalten des Objektes, haben im Gegenteil anscheinend ganz ausgesprochen die Tendenz, das Reizobjekt fortzuschaffen. Sie kommen nicht eher zur Ruhe, als bis das gelingt; dann aber hören sie sofort auf. Von einer Fortsetzung der Bewegung, wenn der Reiz aufgehört hat, ist nicht die Rede. Diese Differenzen weisen auf tiefgehende biologische Unterschiede hin. Das sollte auch in der Namengebung des Vorganges seinen Ausdruck finden. Da es sich beim sog. Zwangsgreifen offenbar doch gar nicht um die Tendenz handelt, einen Gegenstand zu ergreifen, sondern eine einfache sinnlose Umklammerung oder, wie ich diesen Vorgang anderweitig genannt habe, eine zwangsweise Zuwendung zum Reiz vorliegt, so sollte man das Phänomen besser als *zwangshafte Zuwendung* oder etwa *Umklammerungsphänomen* bezeichnen, nicht als Zwangsgreifen. In einer solchen Bezeichnung würden alle Eigentümlichkeiten: die primitive Form der Bewegung, das Zunehmen bei Zunahme der Reize, das Nachgreifen am besten zum Ausdruck gebracht werden. Sie wäre auch geeignet, eine Reihe weiterer Erscheinungen zu umfassen, die wahrscheinlich den gleichen Vorgang auf anderen motorischen Gebieten darstellen.

Daß es sich beim sog. Zwangsgreifen nicht um das Ergreifen eines Objektes handelt, sondern nur um eine zwangshafte Zuwendung zum Reiz, dafür spricht eine Beobachtung, die man bei zwangsgreifenden Patienten nicht selten machen kann, die aber besonders schön in einem unserer Fälle in Erscheinung trat, den mein früherer Assistent H. Cohn publiziert hat. Setzt man bei solchen Kranken den Reiz nicht an der Vola an, sondern an der Dorsalseite der Hand bzw. des Unterarms, so kommt es nicht zu einer zwangshaften volaren, sondern dorsalen Bewegung, gewissermaßen einem dorsalwärts gerichteten "Zwangsgreifen", ein Phänomen, das gewiß nichts mit einem Greifen zu tun haben kann, das aber ohne weiteres verständlich wird, wenn man es als Ausdruck einer abnormen Zuwendung zum Reiz auffaßt.

Ich bin überzeugt, daß man dieses Phänomen öfter finden wird, wenn man erst nach ihm sucht, besonders bei Fällen, bei denen die volare Umklammerung nicht sehr hochgradig ausgebildet ist. Ist nämlich letzteres der Fall, dann tritt die volare Bewegung bei jedem Reiz auf, auch bei am Dorsum ansetzenden, evtl. so stark, daß die dorsale Zuwendung nicht in Erscheinung tritt. Genauere Beobachtung lehrt dann nicht selten, daß bei Bestreichen des Dorsum ein eigenartiges dorso-volares Wackeln auftritt von nystagmusartigem Charakter, wobei die volare Bewegung stärker ist als die dorsale. Ich möchte dieses Wackeln als Ausdruck eines Wettstreites zwischen einer volaren und dorsalen Bewegung auffassen. Der dorsal ansetzende Reiz hat nicht nur eine dorsale, sondern auch eine volare Zuwendungsbewegung zur Folge. Tritt eine volare Bewegung allein auf – als Ausdruck eines starken Überwiegens der volaren Bewegung über die dorsale [10] –, dann ist diese aber wesentlich geringer, als wenn die Vola selbst gereizt ist. Warum die *Volarbewegung* bei jedem intensiv ansetzenden Reiz oft so stark überwiegt – nur dadurch tritt das Phänomen des "Zwangsgreifens" in der bekannten Form so oft in Erscheinung –, das kann ich hier nicht erörtern. Später sollen noch einige Bemerkungen dazu gemacht werden.

Mit dieser Charakterisierung des Zwangsgreifens rückt es in enge Beziehung zu anderen Phänomenen, mit denen es oft vergesellschaftet auftritt, zu der *tonischen Beugung der Zehen bei Reizung der Fußsohle*, zum sog. *Saugreflex*, und zu noch anderen *allgemeineren Umklammerungserscheinungen*, die man, wenn man darauf achtet, bei Kranken mit sog. Zwangsgreifen nicht selten findet. Reizt man bei solchen Kranken nicht die Handfläche, sondern eine andere Stelle des Körpers, etwa die Brust, so kommt es nicht selten nicht nur zum zwangshaften Handschluß (ohne daß ein Objekt evtl. in der Hand ist),

---

[10] Vgl. über das Auftreten von Wettstreit oder nur *einer* Leistung bei Einwirkung zweier Reize meine Ausführungen *Handb. d. norm. u. pathol. Physiol.* 10, 652.

sondern zu zwangshaften Beugebewegungen in ausgedehnten Körper-
abschnitten, deren Gesamtbewegung wie eine Umklammerung des Reizes durch den ganzen Körper ausschaut. So führt z. B. bei einer Patientin, die ich in Beobachtung habe, eine Berührung der rechten Brustseite
zu einer zwangshaften, gewaltsamen, elementaren Beugebewegung auf
der rechten Seite an den Fingern, der Hand, dem Unterarm, zu einer
Adduction und Beugung in der rechten Schulter, so daß der Arm an
die Brust angedrückt wird, einer Krümmung des Thorax nach vorn,
einer Beugung des Kopfes auf die Brust. Damit können sich ähnlich
gerichtete Bewegungen am rechten Bein im Sinne krampfhafter Beugung und schließlich auch auf der anderen Seite hinzugesellen. Ursprünglich – in einem früheren Stadium der Erkrankung – war bei der
Patientin (übrigens einer striären, jedenfalls nicht pyramidalen Erkrankung) wesentlich ein Zwangsgreifen der linken Hand vorhanden,
das sich durch jeden Reiz verstärkte und schließlich zu einem Dauer-
spasmus geführt hatte. Ein ähnliches Verhalten, wenn auch nicht so
ausgesprochen, habe ich kürzlich bei einem Patienten gesehen, bei
dem sich zu mancher Zeit – zur Zeit eines weniger schlechten Allge-
meinzustandes (vgl. hierzu später) – typisches Zwangsgreifen bei Reiz
in der Hand, auch typisches Nachgreifen fand. Beide Patienten boten
neben dem Zwangsgreifen an der Hand ein entsprechendes Phänomen
am Fuß, das ich in verschieden starker Ausbildung auch sonst noch
öfter gesehen habe: eine *zwangshalte Beugekontraktion der Zehen und
Krümmung* des Fußes bei Berührung, besonders schmerzhafter Berührung der Sohle, besonders des Zehenansatzes. Diese Kontraktion
hat einen tonischen Charakter, läßt erst allmählich nach. Bei der erwähnten Patientin ist es schließlich auch hier zu einer Dauerkontrak-
tion gekommen. Diese starke, bei fortgesetztem Reiz anhaltende Beugekontraktion der Zehen [11] scheint mir dasselbe Phänomen zu sein
wie das sog. Zwangsgreifen.

[11] Kurz möchte ich hier auf die Beziehung dieses *Fußphänomens zum Ros-
solimoschen Reflex* hinweisen. Es entsteht wie dieser am besten bei Erschütte-
rungsreiz, Beklopfen der Plantarfläche der Fußzehen oder Drücken auf diese
Gegend; es scheint besonders bei Läsionen des Frontalhirns bzw. der Bezie-
hungsbahnen zu diesem aufzutreten, wie auch der R.-Reflex nach den neuesten
Untersuchungen von Goldflam, *Die diagnostische Bedeutung des R.-Reflexes.*
Karger 1930, bei Fortfall einer von den Frontal- bzw. Zentralwindungen aus-
gehenden "Hemmung" in Erscheinung treten soll. Das tonische Fußphänomen
scheint einen Dauer-Rossolimo darzustellen. Weitere Untersuchungen über die
klinischen Beziehungen beider zueinander sind im Gange und werden hoffentlich auch die theoretischen Verhältnisse klären.

Ebenso ist das sog. Ansaugen, auf dessen Zusammenvorkommen mit dem Zwangsgreifen auch Schuster hingewiesen hat, aufzufassen. Mit dem eigentlichen Saugen des Säuglings hat das Phänomen nur eine sehr äußerliche Ähnlichkeit. Es fehlt der rhythmische Charakter der Bewegung (sofern man nicht rhythmische Reize anwendet), die Innervation ist eine tonische und unabhängig von der Natur des Reizes. Während das eigentliche Saugen im Prinzip ein doppelseitig einheitlicher Vorgang ist, – zielt es doch auf die Erfassung eines Objektes ab – kann das sog. Ansaugen auch einseitig auftreten. Der Mund wird dann bei einseitig ansetzendem Reiz gar nicht geschlossen oder wenigstens nicht nur geschlossen, sondern auch seitlich verzogen, führt also eine Bewegung aus, die zum Ergreifen eines Gegenstandes durch den Mund ungeeignet, eher sogar entgegengesetzter Art ist (ähnlich wie die dorsale Bewegung der Hand bei Bestreichen des Handrückens). All das erklärt sich, wenn man das Ansaugen auch als Ausdruck der verstärkten Zuwendung auffaßt. Ansaugen und Saugen stehen etwa in ähnlichem Verhältnis wie Zwangsgreifen und Greifen. Das Saugen des Säuglings hat biologisch viel mehr Ähnlichkeit mit dem Greifen des Bewußtseinsgestörten als mit dem Ansaugen.

Wir kommen so zu dem Ergebnis: *Beim Zwangsgreifen handelt es sich um einen Ausdruck einer abnorm starken zwangsweisen Zuwendung zum Reiz.* Hirnphysiologisch ist es ein typisches Isolierungsphänomen; wie jedes Isolierungsphänomen [12] charakterisiert durch relativ geringe inhaltliche Kompliziertheit, durch zwanghaften Charakter, abnorme Gebundenheit an relativ wenig Reize, relative Isoliertheit vom Gesamtverhalten, daher in bezug zum Gesamtorganismus relativ sinnlos und unzweckmäßig. Auch das Greifen des Bewußtseinsgestörten ist ein Isolierungsphänomen, auch dieses verläuft ja zwangshaft und unbeeinflußt davon, ob das Objekt nicht vielleicht trotz des Unbehagens, das es erzeugt, für den Gesamtorganismus zweckmäßig ist und deshalb besser nicht fortgeschafft würde. Es muß aber durch eine andere Art der Isolierung zustande kommen als das Zwangsgreifen. Es ist keine Frage, daß es einen viel komplizierteren Ablauf darstellt, und daß es durch viel mehr Vorgänge im Organismus bestimmt ist, ist es doch der Bedeutung des Reizes für den Gesamtorganismus angepaßt. Der Teil des Organismus, der beim Greifen des Bewußtseinsgestörten

---

[12] Vgl. "Zur Theorie der Funktion des Nervensystems", *Arch. f. Psychiatr.* 74, 397 u. 76.

tätig ist, muß ein weit größerer sein als der beim Umklammerungsphänomen tätige.

Ich hatte Gelegenheit, beide Phänomene beim gleichen Kranken zu
beobachten. Diese Beobachtungen scheinen mir geeignet, einen Einblick nicht nur in die Verschiedenheit der Phänomene, sondern auch
in die verschiedene Beziehung beider zum Gesamtorganismus zu gewähren. Der erwähnte Kranke mit typischem Zwangsgreifen, dessen
Zwangsgreifen in der rechten Hand sich durch Reize an verschiedenen
Körperstellen, so durch Nadelstiche in die Brusthaut verstärkte, ver-
fiel in einen Zustand ziemlich schwerer Bewußtseinstrübung. Das
Zwangsgreifen bestand unverändert fort. Stach man jetzt den Patienten heftig in die Brusthaut, so war folgendes am rechten Arm zu beobachten: in der Hand traten Bewegungen der Öffnung der Finger,
besonders im Daumen und Zeigefinger, auf, der Arm hob sich, so
daß die Hand an die Stelle der Schmerzeinwirkung kam. Dort führte
sie Wischbewegungen aus, oft nur mit Zeigefinger und Daumen, wobei dann die übrigen Finger mehr oder weniger fest geschlossen blieben. Manchmal sah man in den zwei ersten Fingern ein Wechselspiel
zwischen Beugung im Sinne des Zwangsgreifens und Streckung und
Wischbewegungen auftreten. Gelangte die Hand nicht bis an die
Schmerzstelle, so erfolgten die Wischbewegungen ins Leere, waren
dann allerdings weit weniger ausgesprochen. Das trat besonders in
Erscheinung, wenn der Reiz nicht sehr stark war oder man mit
Stechen nachließ, ehe die Hand bis an die Stelle gelangt war. Das Verhalten der Hand war noch eigenartiger, wenn man in die Hand einen
Gegenstand legte, der umklammert wurde. War er leicht, so hielt die
Hand ihn fest, führte ihn mit zur Brust und behielt ihn auch umschlossen, während sie die Wischbewegung ausführte. War er schwer
– etwa ein schwerer Reflexhammer –, so konnte es vorkommen, daß
die Hand sich öffnete, den Hammer fallen ließ und jetzt ohne Gegenstand an die Schmerzstelle herankam. Wir hatten Gelegenheit, den
Patienten am folgenden Tage wieder bei etwas *klarerem Bewußtsein*
zu untersuchen. Das Zwangsgreifen war so deutlich wie vorher,
Schmerzreize an der Brust führten *aber gar nicht oder höchstens zu
einem Ansatz einer Hinbewegung der Hand.* Eine spätere Verstärkung der Bewußtseinstrübung zeigte dagegen wieder das vorher geschilderte Phänomen.

Es zeigte sich also eine *gesetzmäßige Beziehung der beiden Phänomene zum Bewußtseinszustand und zueinander. Die Umklammerung*

ist unabhängig vom Bewußtsein, dagegen tritt die *zwangshafte Wischbewegung überhaupt erst deutlich bei einem bestimmten Grad der Bewußtseinstrübung in Erscheinung.* Das habe ich auch an anderen Kranken beobachten können. Gewiß kommt es auch bei ganz klaren Patienten vor, daß sie, wenn man sie in die Brusthaut sticht, nach der Reizstelle hinfassen, aber sie machen das nicht zwangshaft; sie schreien evtl. auf, zucken zusammen, wehren sich gegen das Stechen, aber sie können das Hinfassen unterlassen. Das kann der Bewußtseinsgetrübte nicht; er *muß* hinfassen und kann davon auch durch Festhalten kaum abgehalten werden. Das spricht dafür, daß wir es mit einer für den Organismus sehr wichtigen Reaktion zu tun haben, um die Abwehr einer ihm drohenden Gefahr. Das geht auch daraus hervor, daß nichtirritierende Reize die Bewegung nicht auslösen. Die Abwehr der Gefahr kann in dem Zustand der Bewußtseinstrübung nur durch diese Reaktion erfolgen. Alle anderen Wege den Reiz unschädlich zu machen, etwa Abwehräußerungen durch Blick oder Sprache oder Entfernung des ganzen Körpers oder schließlich die Erkenntnis, daß die Gefahr gar nicht so groß ist, so daß man den Reiz aus bestimmten Gründen ruhig ertragen muß, wie etwa bei einer Sensibilitätsstörung oder bei einer Einspritzung – all das ist dem Organismus ja unmöglich geworden. Dem bewußtseinsgestörten Organismus ist nur das eine Verhalten geblieben, und dies tritt zwangsmäßig in Erscheinung. Die Beziehung des Vorganges zu einem gewiß recht großen Teil des Organismus – denn Bewußtseinstrübung bedeutet ja nur die Ausschaltung eines relativ kleinen Teiles – gibt ihm ein Übergewicht gegenüber dem ja gewiß sich viel isolierter abspielenden Zwangsgreifen. Deshalb tritt es trotz der Hemmnisse durch das Zwangsgreifen in Erscheinung, sobald die Gesamtsituation es erfordert, der Organismus bedroht ist.

Der sinnvolle Charakter und die enge Beziehung zum Gesamtorganismus stellt das uns interessierende Phänomen dem eigentlichen Greifen viel näher als das Zwangsgreifen. Es gehört – im Gegensatz zu letzterem – in gewisser Hinsicht auch in *eine* Gruppe mit dem Zeigen insofern, als sowohl Zeigen wie Greifen beides sinnvolle, normale, wenn auch in sich sehr verschiedene Reaktionen des Gesamtorganismus darstellen. Das Zeigen und Greifen darf nicht verwechselt werden mit den Zeige-, Greif- und Taststellungen, die wir besonders bei Stammganglienläsionen auftreten sehen. Das Zeigen, Tasten und Greifen sind Leistungen des Organismus, die das Zeigen am meisten, das Greifen am wenigsten (überhaupt in recht geringem Maße) die kategoriale bewußte Einstellung erfordern. Die Stellungen sind dagegen durch die Läsion isolierte motorische Teilstücke der diesen Leistungen entsprechenden Bewegungsabläufe, keineswegs der Leistungen selbst. Diese Teilstücke kommen in der Form, wie wir sie beobachten, überhaupt nur unter pathologischen Bedingungen vor; sie sind uns aber wichtig insofern, als wir aus ihrem Auftreten bei bestimmten Läsionen die Notwendigkeit bestimmter Apparate für den Ablauf der erwähnten Leistungen erkennen, andererseits sie uns lokaldiagnostische Hinweise liefern. Rein physiologisch betrachtet sind es Isolierungsphänomene, die uns hier noch besonders interessieren, weil sie dem Zwangsgreifen nahestehen, ja dieses wohl ihnen gleichzustellen ist. Nachdem Boernstein und *ich* [13] diese Stellungen beschrieben haben, sind sie Gegenstand verschiedener Arbeiten geworden. Ich verweise besonders auf die erwähnte Arbeit von H. Cohn. Diese Stellungen können als spastische Dauerstellungen auftreten, aber sie können auch nur zeitweise als Endstellungen bestimmter Bewegungen vor unseren Augen sich ausbilden. Auch sie entstehen zwangshaft, unabhängig vom Willen, wenn auch nicht unter so starkem Zwang wie das Zwangsgreifen. Sie können vom Kranken noch in gewisser Weise verhindert bzw. modifiziert werden durch bestimmte Lagen der Hand oder des übrigen Körpers oder durch Ausführung anderer willkürlicher Bewegungen. Besonders die Zeige- und Taststellung scheinen durch den Stammganglienapparat garantiert zu sein, wobei die Zeigestellung eine bessere Leistung des Apparates erfordert als die Taststellung. Isolierung des Stammganglienapparates läßt diese Stellungen in abnormer Weise bei jeder Intendierung einer Bewegung überhaupt oder bei anderen Reizen hervortreten. Unter bestimmten Umständen findet sich dann in einem Wechselspiel – bald die eine, bald die andere – gewöhnlich neben noch anderen Bewegungen; so z. B. bei der Athetose.[14] Bei leichteren Läsionen kann die Zeigestellung dominieren, bei schwereren die Taststellung. Ersteres scheint besonders der Fall zu sein bei corticalen oder subcorticalen Läsionen, die bestimmte Beziehungen zur Rinde lösen, letzteres besonders bei teilweiser Läsion des Stammganglienapparates selbst. Noch schwerere Läsion läßt schließlich nur noch die Umklammerungsbewegung, die Beugebewegung der Finger zur Faust zustande kommen. Ob es dabei nur zu einer

---

[13] *Dtsch. Z. Nervenheilk.* 84, 234 ff. (1925).
[14] Vgl. hierzu die Arbeit von Boernstein und Goldstein. *l. c.*

Beugetendenz oder zu einem Zwangsgreifen oder zu einem ausgesprochenen Beugespasmus kommt, das hängt von weiteren Momenten ab, auf die wir hier nicht eingehen können. Ich möchte nur hervorheben, daß ich gesehen habe, daß aus der Beugetendenz sich Zwangsgreifen und schließlich ein ausgesprochener Beugespasmus entwickeln können. Für das Zustandekommen dieses Phänomens ist vielleicht der Stammganglienapparat selbst gar nicht so notwendig; es ist die letzte Leistung der Hand auf einen Reiz, die der geschädigte Organismus noch zustande bringt.

Die Bevorzugung der Beugung, die in der Umklammerung zum Ausdruck kommt, entspricht einer ausgezeichneten Lage [15] der Hand. Man könnte vielleicht sagen, diese Handstellung ist deshalb ausgezeichnet, weil sie aus der besonderen Anordnung der Knochen, Gelenke, Bänder, Muskeln resultiert; aber eine solche Auffassung würde das Problem nur verschieben. Dieser periphere Bau ist ebenso der Ausdruck der ausgezeichneten Lage, die die Beugestellung darstellt, wie die Beugestellung selbst, und beide sind ausgezeichnet in dem Sinne, daß sie den besten Ausgangspunkt für die wichtigste Leistung der Hand, die Greifleistung, darstellen. Dieses Erhaltenbleiben der Beugung ist ein Ausdruck ihrer besonderen Bedeutung, die auch bei schwerer Schädigung des Organismus noch möglich bleibt.

---

[15] Vgl. meine Ausführungen in *Dtsch. Z. Nervenheilk.* 109 (1929.)

L'ANALYSE DE L'APHASIE
ET
L'ÉTUDE DE L'ESSENCE DU LANGAGE *

Nous nous proposons de traiter ici de faits qui relèvent de la pathologie du langage et d'en indiquer l'importance pour l'intelligence du
langage normal; mais notre intention n'est pas de relever cette importance jusque dans le détail. Il faudrait pour cela examiner longue-
ment les phénomènes normaux du langage, ce qui déborderait le cadre
de cet article. Nous nous en tiendrons pour l'essentiel à apporter des
observations cliniques propres à nous faire progresser dans l'analyse
des phénomènes du langage normal. Notre attitude s'exprimera dans
le choix même des faits étudiés, puisque sur une vaste masse d'observations nous ne prélèverons que celles qui peuvent présenter un
intérêt spécial pour l'étude des problèmes généraux du langage.

I. REMARQUES PRÉLIMINAIRES

Il nous faut, avant d'en venir aux faits eux-mêmes, commencer par
quelques remarques générales relatives à la possibilité d'utiliser les
faits pathologiques pour l'étude des problèmes de psychologie normale. Tant que l'on n'a pris les phénomènes pathologiques que pour
des bizarreries résultant de la maladie, on n'a guère pensé que leur
étude pût servir à l'intelligence des phénomènes normaux. Certains
savants rejettent pour cette raison l'emploi des données pathologiques.
Leur scepticisme paraît justifié dans la mesure où, en édifiant des
théories sur des faits pathologiques – sans user de prudence critique
–, on risque d'égarer dans de fausses voies l'étude des phénomènes
normaux: ce qui est arrivé plus d'une fois; je rappellerai seulement

* Nous tenons à remercier la maison Presses Universitaires de France,
Paris, qui a bien voulu donner la permission de reproduire cet article paru
dans le *Journal de Psychologie Normale et Pathologique*, 30, 1933 (pp. 430-
496).

l'exemple des "schémas du langage": cette conception, fondée sur des données pathologiques, a contribué très notablement à renforcer l'associationnisme en psychologie et à étayer la théorie qui fait de la vie psychique une somme de fonctions isolées se caractérisant à la manière des représentations; on sait que ces vues ont été reconnues comme erronées dans une large mesure. Mais l'influence funeste de la pathologie sur l'étude des faits normaux tient moins à l'emploi même d'observations pathologiques qu'à l'analyse incomplète de ces faits et à l'erreur de méthode qui consiste à transférer des conceptions d'un domaine dans l'autre sans égard aux particularités des deux. Si l'on tient compte de ces particularités, on pourra sans aucun danger tirer parti de leur étude comparée.[1]

S'il est vrai que les phénomènes pathologiques sont des modifications régulières de faits normaux – et personne n'en doute plus guère de nos jours –, on ne pourra tirer des premiers des conclusions relatives aux seconds que si l'on a découvert les lois de ces modifications. Il sera pour cela nécessaire tout d'abord de ne pas partir de faits détachés, interprétés isolément, comme on l'a fait trop souvent, mais de commencer par observer et par comprendre le phénomène pathologique lui-même comme un symptôme révélateur de la structure modifiée de la personnalité du malade. Même chez le sujet normal, le moindre phénomène particulier – un mot prononcé, un geste de la main, une manifestation du sentiment – n'est intelligible que si l'on peut l'intégrer dans la personnalité totale de l'individu. Mais là on peut à la rigueur appliquer dans l'observation une sorte de norme moyenne. Il en est tout autrement dès qu'il s'agit d'un malade, ou du moins il ne faut alors user de cette norme que dans de strictes limites. Bien que l'on puisse observer certaines modifications génériques du comportement, reconnaissables chez tous les hommes, ou du moins chez les hommes d'une même sorte, d'une même couche sociale, *etc.*, il sera nécessaire, si l'on veut comprendre sans équivoque possible le phénomène pathologique, de connaître la personnalité individuelle du malade et sa modification individuelle. Il faudra en outre tenir compte du fait qu'on est en présence d'un *malade*, et de l'importance qu'a cette altération pour le sujet en question. Même les

---

[1] *Cf.* Goldstein, "Lokalisation in der Grosshirnrinde", *Handbuch der normalen u. pathologischen Physiologie*, Berlin, Springer, t. X, p. 626 sq., et "Beobacht. über d. Veränderungen bei Gehirnschädigung", *Mon. f. Psychiatrie u. Neurologie*, 1928, t. LXVIII; A. Gelb, *Bericht über d. IX. Psycholog. Congr.*, 1925, Iéna, Fischer, 1926, p. 24.

opérations du sujet normal, et surtout celles qui consistent à résoudre des problèmes posés, tels qu'il s'en présente au cours des examens usuels, ne sont pas des phénomènes qu'on puisse détacher de la personnalité et de la situation concrète: elles tirent toujours leur origine de la réaction de l'organisme aux exigences extérieures, elles expriment toujours la défense de l'organisme contre le milieu environnant, la lutte qu'il soutient pour se réaliser, sa "lutte pour l'existence" au sens le plus étendu du terme. Mais le sujet normal est d'habitude si solidement implanté dans son milieu qu'il peut se permettre un certain nombre de réactions fausses, il peut supporter un échec sans en être ébranlé dans son existence même. Chez le malade, non seulement les exigences du milieu normal qui était le sien auparavant donneront matière à beaucoup plus de réactions fausses, mais celles-ci compromettront plus gravement son existence, il en sera bien plus profondément ébranlé. Nous reconnaissons dans cet ébranlement anormal, dans cette "réaction catastrophique",[2] l'une des caractéristiques de la modification pathologique. Sa gravité consiste non seulement en ce qu'il s'accompagne d'un sentiment très pénible de désarroi et d'angoisse, mais en ce qu'il paralyse plus ou moins longtemps l'organisme, même dans des fonctions et dans des opérations qu'il est en état d'accomplir quand des circonstances plus favorables ne l'ébranlent point. L'organisme modifié cherche, bien entendu, à défendre son existence et à s'assurer un maximum de possibilités d'action; il est donc naturel que cet organisme malade recherche une situation où tout ébranlement lui serait évité dans la mesure du possible. Ce ne sera réalisable qu'à condition qu'il évite de se trouver placé en face d'exigences auxquelles il ne saurait suffire; il lui faudra se créer un milieu modifié, rétréci par rapport au milieu "normal" précédent. C'est ainsi que dans les cas de guérison déficitaire nous constatons un rétrécissement du milieu, du monde où vit le malade, et nous voyons celui-ci éviter autant que possible tout se qui pourrait l'arracher à ce milieu. C'est pour cela que le comportement des malades acquiert des particularités sur lesquelles nous reviendrons ultérieurement et qui ne sont intelligibles que si l'on connaît cette modification de leur attitude envers le monde extérieur; si l'on veut tirer de ce comportement pathologique des conclusions valables pour le comportement normal, il faut user d'une extrême prudence et garder toujours présente à l'esprit cette modifi-

[2] *Cf.* "Zur Theorie der Funktion des Nervensystems", *Arch. f. Psychiatrie*, t. XIX, et "Zum Problem der Angst", *Z. f. Psychotherapie*, t. II, fasc. 7, p. 409.

cation de la personnalité totale qui résulte de la maladie. Une opération particulière d'un malade ne pourra être comparée à un acte d'un sujet normal que si l'on en a bien compris la valeur et l'importance pour les possibilités d'existence de l'organisme modifié. Cela exige une analyse détaillée de chaque phénomène particulier dans ses rapports avec la personnalité totale du malade et avec la situation particulière du moment. Tant que l'on a considéré la vie de l'organisme comme un ensemble de fonctions particulières relativement indépendantes les unes des autres, capables tout au plus de s'entraver ou de se renforcer réciproquement de façon secondaire, il a été impossible de formuler une pareille exigence, au moins de lui reconnaître cette importance fondamentale. A peine s'il en est question dans la plupart das études cliniques anciennes. Le plus souvent, les auteurs se contentent de constater que les malades accomplissent ou n'accomplissent pas telle ou telle opération. Cette façon de procéder rendait impossible l'interprétation correcte des actes évoqués plus haut. De plus elle faisait illusion sur la capacité ou l'incapacité du malade. Même dans le cas d'une réaction correcte quant à l'effet, il peut y avoir une modification chez le malade, il peut être parvenu à cette réaction par une voie toute différente de la voie normale. Inversement, l'échec effectif ne signifie pas toujours l'incapacité définitive: il peut résulter d'une situation toute spéciale, il peut être la conséquence de l'ebranlement dont nous avons parlé ou représenter une mesure de protection dans le cas où une réaction imparfaite ou incomplète mettrait le malade dans un danger pire que l'absence de réaction. Ce sont surtout les *"détours"* déjà mentionnés qui jouent chez les malades un rôle extraordinaire. Il est important de les connaître pour comprendre ce qui se passe chez le malade mais aussi chez le sujet normal. Leur étude nous renseigne d'une part sur les moyens dont l'homme normal dispose aussi, mais qu'il n'utilise que dans des circonstances particulièrement difficiles, qu'en cas d'embarras. Elle nous montre d'autre part à quel point ces réactions sont défectueuses en fait, elle seule peut nous révéler la modification survenue chez le malade, puisque nous pouvons démontrer par des expériences convenablement choisies que ces réactions ne répondent plus à certaines exigences normales. Par surcroît ces "détours" nous font comprendre profondément l'importance de la structure individuelle pour toutes les activités de l'homme, importance qui a été indiquée depuis longtemps en pathologie, notamment par quelques auteurs français – qu'il me suffise de citer Charcot et Ballet. Si insoutenable que nous paraisse aujourd'hui l'essentiel de leurs théories, il faut se garder d'oublier les services qu'ils ont rendus sur ce terrain.

Si nous insistons ainsi sur ce fait qu'il faut, pour comprendre une action particulière, connaître ses rapports avec l'ensemble de la personnalité, ce n'est point que nous considérions qu'il y a là un problème exclusivement psychologique. Quelle que soit la valeur de l'analyse psychologique, on n'arrivera jamais à reconstruire la personnalité intégrale sur des données purement psychologiques. Il ne suffirait pas non plus de compléter les faits résultant d'un examen psychologique à l'aide de faits physiologiques. Il faut nous représenter très nettement que ce que nous notons comme faits psychologiques on physiologiques est une documentation qui nous arrive déjà faussée par notre procédé de "dissection" et que, loin de nous faire saisir de façon immédiate la manière d'être de l'organisme, elle nous la signale seulement.[3] Une fois que l'on a commis l'erreur usuelle de considérer ces deux séries de faits comme des phénomènes appartenant réellement à deux domaines séparés de l'être, il n'y a plus de rectification possible. Une bonne partie des difficultés auxquelles se heurte la psychologie pure, et qu'elle cherche en vain à surmonter à l'aide d'hypothèses variées, vient de ce qu'elle n'a pas vu ou de ce qu'elle a mal vu les rapports qui existent entre le psychologique et la vie. Nous ne comprendrons le comportement de l'organisme que si nous nous plaçons, pour envisager et apprécier les faits particuliers, au point de vue de l'organisme total. C'est ici qu'apparaît l'importance capitale du problème de l'organisme pour toute notre étude. Il faudrait pour le résoudre construire tout un système de biologie, système dont n'existent encore que les premiers linéaments; aucune tâche n'est plus importante à mon avis. Une pareille biologie aurait à rechercher ce qui fait *l'essence* individuelle des organismes et à déterminer à partir de cette donnée le véritable caractère des faits que nous appelons soit physiologiques, soit psychologiques.

C'est ainsi que la description des phénomènes d'aphasie exigerait que l'on commençât par exposer la théorie de l'organisme humain, de son activité et des modifications morbides de cette activité, et qu'on entreprît l'étude de toutes les manifestations verbales dans leur rapport avec le comportement général dans chacun des cas envisagés.

[3] *Cf.* Goldstein, "Das psycho-physische Problem in seiner Bedeutung für ärztliches Handeln", *Therapie der Gegenwart,* 1931, fasc. 1, p. 1 sq.

Il nous faut renoncer, bien entendu, à donner à notre exposé des phénomènes aphasiques, une base systématique aussi complète. Mais nous voudrions cependant fixer quelques principes sous forme de thèses dont on trouvera la démonstration détaillée dans d'autres travaux.

Nous pensons [4] que l'organisme fonctionne toujours comme un tout. Toute excitation qui agit sur lui produit une modification du système entier que cet organisme représente. C'est pure apparence si les réactions semblent localisées dans des portions circonscrites de l'organisme. La modification totale de l'organisme se caractérise toujours par une "articulation" interne qui, en même temps, détermine la manière dont l'excitation se répand dans tout le système organique. Cette "articulation" et, par conséquent, la distribution de l'excitation varient avec les opérations dont il s'agit chaque fois. Et c'est en vertu de cette "articulation" que les effets sont plus visibles sur tels points que sur d'autres, l'essentiel de cette "articulation" consistant à favoriser une certaine région plus ou moins étendue par rapport au reste de l'organisme. Nous appellerons *processus dominant* ce qui se passe dans cette région privilégiée qui est ébranlée de façon spécifique et occupe le centre de l'action totale. Ce qui se passe dans les autres régions, loin d'être indifférent pour le processus dominant, lui fournit en quelque sorte l'atmosphère au milieu de laquelle il s'accomplit; c'est le *processus d'arrière-plan*. Au processus dominant répond l'opération de mise-en-relief, la "figure"; au processus d'arrière plan répond le "fond", d'où se détache la figure. La tâche imposée à l'organisme détermine chaque fois ce qui est mis en relief et ce qui appartient à l'arrière-plan: la répartition varie selon les excitations auxquelles cet organisme se trouve exposé. La valeur fonctionnelle d'un stimulus pour l'organisme entier détermine une distribution de l'excitation telle qu'elle garantisse toujours le meilleur accomplissement possible des tâches imposées à l'organisme par sa structure tant générale qu'individuelle. Ce phénomène fondamental d' "articulation", de différenciation se déroule toujours de la même manière, quelle que soit la région de l'organisme touchée par les stimuli et quelle que soit la nature, physique ou psychique, des réactions prévalentes. La diversité de ces réactions est subordonnée, quant à son *contenu*, aux matériaux mis en oeuvre dans la formation de la "figure", soit qu'ils ont été fournis par un organe des sens, par la

[4] *Cf.* l'article du *Handbuch der Physiologie* cité plus haut.

motricité, par l'activité intellectuelle ou par la vie affective. La différenciation, la formation de la "figure" et du "fond", est d'autant plus difficile, au point de vue formel, c'est-à-dire *impose à l'activité de l'organisme des exigences d'autant plus grandes, quand la matière qui doit s'ordonner en "figure" et "fond" est plus riche; quand le processus circonscrit, créateur d'unité, se détache avec plus de précision du reste de l'expérience, du "fond"; enfin quand le processus ainsi circonscrit contient un plus grand nombre d'éléments isolés doués d'une forme caractéristique.* Quand la capacité d'un substrat se trouve lésée, ce qui disparaît d'abord et dans la plus large mesure, c'est la possibilité d'exécuter des réactions isolées, alors que les réactions globales, qui correspondent à une différenciation moins précise de la "figure" et du "fond", peuvent subsister. Ce qui est touché aussi, c'est la différenciation interne des opérations: l'organisation des éléments isolés qu'elles enferment perd en précision et en netteté.

Quand une action extérieure quelconque vient à modifier l'organisme, elle provoque une tendance vers un état d'équilibre [5] telle que la modification ne subsiste jamais longtemps au delà d'une certaine mesure par rapport à l'état normal. Cette action d'équilibre, qui fait partie de la réaction, fait que les "seuils" varient peu et que les réponses à des excitations d'égale qualité apparente demeurent relativement égales à différents moments, c'est-à-dire que les réactions de l'organisme sont relativement constantes dans un milieu défini qui lui est adéquat. Ce qui est garanti par là, c'est la constance relative de l'organisme et de son milieu. Dans un organisme normal, à toute tâche déterminée répond une différenciation, une formation de "figure" déterminée, ayant une fermeté, une force et une durée déterminées. Ce fait est lié à la *structure morphologique normale* de l'organisme et surtout au *déroulement temporel normal* des excitations dans cette structure. Toute espèce de lésion organique, et la maladie notamment, met hors de combat une partie de l'organisme. De ce fait, elle fait disparaître certaines fonctions et modifie le cours normal de certaines autres. Ces lacunes et ces *réactions modifiées* constituent les *symptômes* que nous observons chez nos malades. Les réactions sont modifiées en ce sens qu'elles présentent *une durée et une force anormales*, que *le processus de différenciation en "figure" et "fond"* perd de sa fermeté normale, si bien que l'on en vient aisément à une

[5] *Cf.* surtout "Neuroregulation", *Ergebnisse der inneren Medizin*, Berlin, 1932, t. XLII, p. 763 sq.

manière d'*oscillation entre la "figure" et le "fond"*, dans le cas où de façon générale les excitations extérieures ont réussi à agir. D'autre part, l'anéantissement de certaines structures normales rend inopérantes une série d'excitations. De ce fait la teneur des réactions *s'appauvrit* et certaines opérations qui exigent une différenciation de "figure" et de "fond" particulièrement compliquée, *certaines attitudes supérieures peuvent manquer totalement*. D'autre part, comme toute une série de fonctions internes supprimées ne peuvent plus intervenir dans la réponse aux dites excitations, les réactions dépendent plus exclusivement des situations extérieures, elles sont plus *asservies aux excitations*. Il y a plus *d'uniformité dans les opérations*, moins de variabilité, une plus forte dépendance à l'égard des modifications du milieu, une perte de liberté.

Les manifestations qui accompagnent l'atteinte localisée de l'écorce, si importante dans l'aphasie, resteraient inintelligibles si on les réduisait à des phénomènes de disparition, à plus forte raison à la disparition de fonctions isolées; elles s'expliquent par la *destruction de certaines "régions de l'activité"* (au sens que Monakow donne à ce terme): *la "dédifférenciation" du processus de formation de la "figure" et du "fond" signifie ici une atteinte de certaines sortes d'attitudes, de certaines manières d'être*. La destruction se poursuit de telle manière que les manières d'être et les comportements dont la complication biologique est la plus grande, c'est-à-dire ceux qui représentent du point de vue de l'être en question le niveau le plus élevé, souffrent les premiers. L'étude de la destruction progressive qui suit les progrès de la maladie nous permet de comprendre les diverses attitudes possibles ainsi que leur structure stratifiée, la manière dont les unes se fondent sur les autres. Il faut ici tenir compte de ce que, dans une opération donnée, ce n'est pas chaque fois une attitude unique qui s'exprime; toute réaction étant une réaction de l'organisme entier, les diverses attitudes s'enchevêtrent de façon telle qu'il est presque impossible de les démêler. Il faut aussi *se garder de croire que les diverses attitudes encore possibles chez un malade représentent simplement une sorte de résidu du comportement normal*, ce qui a survécu à la destruction. Les attitudes qui ont subsisté chez le malade ne se présentent *jamais sous cette forme chez le sujet normal*, pas même aux stades inférieurs de son ontogénèse ou de sa phylogénèse, comme on l'admet trop fréquemment. La maladie leur a donné des formes particulières, et l'on ne peut les bien comprendre que si l'on tient compte de l'état morbide. Il faut user de la plus extrême prudence en comparant les faits pathologiques aux phénomènes qui chez l'enfant ou chez le primitif présentent à première vue quelque analogie.

Le siège chaque fois diffèrent de la lésion corticale conduit à des tableaux cliniques différents, parce que les diverses régions de l'activité sont plus ou moins touchées par le processus de dédifférenciation. Chaque localisation entraîne une diminution plus ou moins grande de la fonction fondamentale de différenciation, tant en général que spécialement, selon la situation du foyer, pour des opérations liées à telle matière déterminée.

Diverses particularités symptomatologiques s'éclairent si l'on admet que *la quantité d'énergie dont dispose l'organisme total est relativement constante,* si bien que la dépense en excédant sur un point entraîne une diminution de l'énergie disponible sur un autre point et de ce fait modifie certaines réactions. La distribution normale de l'énergie est telle qu'elle assure avant tout l'accomplissement des tâches les plus indispensables à l'organisme dans une situation donnée. La maladie fait baisser quelquefois la somme totale de l'énergie disponible, mais surtout elle requiert une dépense d'énergie plus grande pour des actes identiques, à cause de la résistance accrue qui résulte de l'atteinte cérébrale. La distribution d'énergie qui correspondrait à des opérations s'accomplissant normalement est troublée; l'exécution difficile d'une opération compromet la possibilité d'autres actes. L'organisme malade réagit lui aussi de telle façon que, malgré l'altération qu'il a subie, il tâche de produire des opérations aussi parfaites que possible, c'est-à-dire qu'il s'efforce d'accomplir de son mieux les tâches qui lui reviennent de par son "essence". Vu l'impossibilité de réussir certaines opérations, il use de ces "détours" dont nous avons signalé l'importance et cela souvent de façon involontaire et inconsciente. Il travaille en outre à éviter les "réactions catastrophiques", en adoptant une nouvelle attitude générale envers son milieu, pour empêcher ces réactions autant que possible. Cette modification d'attitude se manifeste dans certains traits que nous pouvons observer dans tous les cas de lésion cérébrale et qui importent à la production de certaines opérations: une tendance anormale à éviter les situations qui impliquent le changement et l'inquiétude, une tendance à la régularité, à la monotonie, une certaine horreur du vide où pourraient surgir des exigences auxquelles l'organisme n'est plus en mesure de suffire, une tendance à s'en tenir aux fonctions qu'il est capable d'accomplir, qui lui sont demeurées possibles.

Nous venons de parler de "l'essence" de l'organisme, de l'état normal qui correspond à cette "essence" et en vue duquel toute modification consécutive à une excitation est chaque fois compensée; nous avons parlé des tâches qui conviennent à cette "essence"; il nous faut souligner à ce propos, pour prévenir tout malentendu et sans pouvoir préciser ici la nature de cette "essence", qu'il ne s'agit pas d'une détermination au sens ontologique ni au sens téléologique. Nous n'avons pas à dire comment naît cette essence, ni à quoi elle tend, ni quel en est le sens dans l'univers; ce que nous appelons "l'essence" n'est pour nous que le *principe de connaissance* à partir duquel il nous est possible de comprendre les activités de l'organisme que nous nous représentons comme dépendantes de ce principe. L'"essence" ne se révèle à nous que dans les opérations et c'est de ces opérations que nous en construisons l'image. Nous ne nous dissimulons pas la grande difficulté de méthode qui tient à ce que la description des opérations et celle de l'essence se conditionnent et s'étayent mutuellement.[6] Il nous semble, à vrai dire, que cette difficulté n'est pas aussi grande dans la pratique, une fois que l'on s'est clairement représenté que toute connaissance biologique est toujours provisoire et ne peut offrir qu'une approximation croissante de la vérité, la connaissance définitive n'étant possible que si l'on se fonde sur certaines hypothèses métaphysiques, soit explicites soit tacites, que nous nous efforçons d'éviter. Notre dessein n'est pas d'arriver à ces connaissances définitives, il nous suffit de parvenir à des résultats propres à nous rendre intelligible le comportement de l'organisme dans les diverses situations possibles. A cette tâche notre méthode peut suffire.

Il est clair, d'après ces remarques préliminaires, que tout exposé des phénomènes pathologiques, et par conséquent aussi celui des phénomènes d'aphasie, n'est possible que si l'on a recours à une description quelque peu analytique, car il est impossible d'énoncer toujours expressément tous les points de vue que je viens d'énumérer. Il en résulte que tout exposé risque d'être mal compris. Nos lecteurs seront priés de se souvenir que tous les motifs invoqués par nous ont été utilisés pour l'analyse des divers cas pathologiques dont nous traitons, même lorsque nous ne l'indiquons pas expressément.

[6] *Cf.* "Über Neuroregulation", *Ergebnisse der inneren Medizin.* Berlin, Springer, 1932, t. XLII, surtout p. 749 sq.

On me permettra encore, pour finir, une remarque personnelle. On pourrait peut-être me reprocher de m'appuyer presque exclusivement sur ma documentation propre. Vu la grande influence qu'exerce ici la méthode de la recherche sur la documentation elle-même, il me semble nécessaire de procéder comme je le fais, car mes objections à certaines théories sont nées surtout de scrupules de méthode. Dans la plupart des travaux, l'exposé est insuffisant pour permettre au lecteur un jugement sûr et précis sur les "faits". C'est pourquoi l'utilisation en est si malaisée. Je m'excuse donc de me référer principalement à ma documentation personnelle et de citer surtout mes propres travaux. Mon argumentation de détail n'est intelligible qu'à la lumière d'une conception générale que je ne puis exposer ici et que mes travaux spéciaux, bien entendu, aideraient à connaître. Le lecteur informé verra tout de suite sur quels points mes idées se rapprochent de celles d'autres savants. Mais cela importe peu à l'intelligence de mon exposé. Des explications historiques, avec les polémiques qu'elles entraînent, encombreraient inutilement mon texte.

II. TROUBLES DES MOYENS D'EXPRESSION VERBALE

On peut distinguer parmi les troubles du langage ceux qui affectent les *moyens d'expression verbale* et ceux qui influent sur la *faculté d'employer ces moyens à l'expression de faits psychiques*. La théorie de l'aphasie s'est autrefois occupée des premiers surtout, mais les recherches récentes ont de plus en plus pris pour objectif les seconds, ainsi que la modification psychique qui caractérise l'aphasie. Certes, même autrefois, on n'a pas négligé les modifications de l'attitude psychique générale chez les aphasiques. Wernicke, Heilbronner, Kleist et d'autres les ont étudiées. Mais dans leurs travaux il s'agissait surtout du rapport qui existe entre les symptômes de l'aphasie et les modifications psychiques, et, à vrai dire, de la façon dont le trouble du langage réagit sur l'état psychique plutôt que de la modification psychique spécifique qui permet seule de comprendre les troubles du langage où elle s'exprime. Le mérite d'avoir montré l'importance de ce problème appartient avant tout à Pierre Marie. En protestant contre la conception courante des symptômes de l'aphasie, il entendait non seulement s'en prendre à la théorie alors régnante des "images verbales", mais exiger que, dans l'interprétation des symptômes de l'aphasie, on prît pour base l'analyse de la modification de l'intelligence chez les malades. L'aphasie proprement dite est à ses yeux une sorte de trouble de l'intelligence; il réserve le nom d'aphasie aux troubles qui se peuvent interpréter ainsi. La conception de Pierre Marie a été très généralement contestée. Pour ma part j'étais absolument d'accord avec lui pour isoler sous le nom d'aphasie proprement dite un groupe bien défini de symptômes et pour voir dans l'analyse de cette modification fondamentale un des objets principaux de l'étude de l'aphasie. A vrai dire, les explications de Pierre Marie n'étaient pas propres, dans leur généralité, à nous faire beaucoup avancer dans l'étude de cette altération essentielle. En qualifiant de troubles intellectuels les troubles aphasiques en général, on courait le risque d'esquiver la complexité du problème et notamment de sous-estimer les modifications qui s'expriment par l'altération des moyens d'expression verbale, au bénéfice de celles qui sont produites par l'altération des activités psychiques spécialement mises en jeu lors de l'emploi de ces moyens. Il est certain que bien des phénomènes que l'on était jusqu'alors généralement enclin à rapporter à une altération des moyens d'expression verbale, par exemple à la difficulté de faire reparaître certains résidus verbaux, sont apparus à l'analyse comme les symptômes d'une modification dans l'attitude psychique générale: ainsi l'impossibilité de trouver les mots dans l'aphasie amnésique (*cf.* p. 471). Mais il ne faudrait pas trop généraliser ce point de vue et négliger le grand problème de l'importance des moyens spécifiques d'expression verbale dans les phénomènes d'aphasie. Il n'est pas à propos non plus d'exclure ces modifications de la catégorie des troubles aphasiques. Elles sont dans un rapport trop étroit avec le phénomène même du langage. Le langage, certes, est un, mais sa structure est très complexe, ses troubles peuvent donc être très divers. Sans doute, où que le trouble soit localisé, il y a modification du langage tout entier, mais cette modification varie selon le point spécialement atteint, selon sa place dans l'ensemble de la fonction. En esquissant une vue d'ensemble des phénomènes d'aphasie, nous sommes donc en droit de traiter séparément des troubles des moyens d'expression verbale. Nous n'oublions d'ailleurs pas que cela n'est possible que par abstraction. Les moyens d'expression verbale ne se manifestant jamais isolément, mais toujours en liaison, en synthèse avec d'autres phénomènes psychiques, dont nous ne pouvons les isoler que par artifice; il est impossible de parler de leur intégrité à eux seuls ou de leur altération à eux seuls. Nous pouvons cependant distinguer des cas où l'altération des moyens d'expression verbale apparaît comme un fait primaire, et des cas où le phénomène est inverse.

Parmi les *troubles des moyens d'expression verbale*, nous pouvons, de nouveau de manière un peu abstraite, distinguer deux groupes, selon que les plus fortement affectés sont les *moyens externes* ou les *moyens internes*. Les troubles du premier groupe sont ceux que l'on décrit généralement sous le nom "d'aphasie pure": aphasies motrice ou sensorielle pures, agraphie pure, alexie pure. Nous ne nous appesantirons pas sur les aspects de l'aphasie où l'on a affaire à des formes sensorielles. Nous nous contenterons d'indiquer qu'il ne s'agit pas là de conséquences de disparition de certaines images (images visuelles des lettres, images auditives des mots, *etc.*). Ces symptômes s'expliqueront beaucoup mieux si l'on adopte le point de vue plus large qui sera le nôtre plus bas et si on y reconnaît le signe d'une dé-différenciation des fonctions sensorielles en général, qui se manifeste, à partir d'un certain degré, dans la difficulté de reconnaître les lettres ou les sons des mots (sans préjudice d'autres troubles moins prononcés qui affectent d'autres activités optiques ou acoustiques). Pierre Marie avaint tout à fait raison de répudier avec énergie la théorie très répandue qui admettait la disparition de certaines images; je me suis toujours placé au même point de vue; au cours de ces années dernières, cette position a été défendue par Head [7] avec beaucoup de force.

L'aphasie motrice

Nous examinerons d'un peu plus près la symptomatologie des *troubles moteurs* de langage, parce qu'elle pourra nous conduire justement à des conclusions relatives aux problèmes généraux du langage. Nous laisserons de côté les cas où la maladie atteint les muscles mêmes qui servent à la parole, qu'il s'agisse de troubles de l'innervation prériphérique ou de l'innervation centrale; ce sont ces troubles que Broca avait réunis sous le nom d'*alalie mécanique*, les opposant aux troubles aphasiques proprement dits, et que l'on désigne aujourd'hui sous le nom de *dysarthrie*. Pierre Marie a certainement exagéré en rangeant parmi les dysarthries toutes les altérations motrices du langage, dans la mesure où elles ne sont pas commandées par un trouble intellectuel. C'est faire tort au caractère spécifiquement

---

[7] *Speech and cerebral localisation*, Brain, 1920, t. XLIII, et 1923, t. XLVI; *Aphasia and kindred disorders of speech*, Cambridge, 1926.

moteur du langage et oublier tous les troubles déterminés par des lésions de la sphère motrice du langage. Ces formes de maladie, qui correspondent à l'aphémie de Broca, à l'aphasie motrice des auteurs allemands, offrent du point de vue de notre thème principal un intérêt spécial et méritent que nous les examinions de très près.

Les formes dont il s'agit ici ont une symptomatologie des plus complexes. A moins que le langage n'ait complètement disparu, ce qui n'est le plus souvent qu'un phénomène transitoire, nous nous trouvons en présence d'un chaos, à peu près inextricable, d'actes ou fonctions encore possibles et de lacunes. Ce n'est certainement pas le hasard qui décide de ce que le malade peut dire ou non; on discerne un choix singulier; on est frappé en outre de voir que le malade n'accomplit pas toujours tous les actes du langage qui lui seraient encore possibles, alors que d'autre part il surprend l'observateur en exécutant des actes dont il venait de se montrer incapable. A considérer les choses du dehors, on a l'impression d'une grande inconstance que l'on attribue, le plus souvent à tort, à l'effet de troubles généraux, fatigue, *etc.*

Avant d'essayer d'interpréter ces symptômes, nous exposerons brièvement la théorie de Broca. Broca concevait l'aphémie comme "une altération de la faculté spéciale du langage articulé". Dans la mesure où il avait en vue le fait *moteur* particulier qui est mis en jeu dans le langage, nous pouvons lui donner raison. Il y a certainement dans ce cas une atteinte primaire de la sphère motrice. Mais il ne suffit pas d'admettre ce fait pour comprendre le trouble. Il faut pour cela caractériser plus exactement la structure de la sphère motrice normale dont la désintégration nous apparaît à travers les signes de l'aphémie; il faudra ensuite caractériser cette désintégration elle-même. La théorie de Broca n'est pas assez précise à cet egard. L'obstacle à cette caractéristique plus précise vient de ce que Broca se représentait la mémoire verbale comme trop isolée des autres activités psychiques, ou, en termes anatomiques, trop dépendante d'une localisation cérébrale précise. C'est ce qui a été fatal au développement ultérieur de la théorie. On a été conduit ainsi à délimiter un centre moteur du langage; et d'autre part, en accord avec la thèse associationniste sur l'importance des images, on en est venu à admettre que des images verbales motrices se déposaient dans ce centre et que la mémoire verbale se composait des souvenirs-images des mots, des sons, des lettres, *etc.* Une lésion du centre cérébral de ces images devait avoir pour suite l'aphasie motrice. Il faut certainement écarter cette conception de la mémoire du langage. D'une part nous n'avons pas, en parlant, de semblables images, d'autre part nous n'observons jamais, dans l'aphasie, de lacunes telles qu'elles nous fassent admettre des actes de mémoire correspondant à des faits moteurs aussi isolés, ni l'altération isolée de ces mêmes faits. La structure de l'appareil moteur du langage se présente tout autrement. Pour la caractériser, il faut considérer, outre le fait *d'apprentissage purement moteur,* les rapports qu'on peut établir, d'une part *avec les autres fonctions des muscles intéressés,* d'autre part, et surtout, *avec le langage lui même*; c'est indispensable si l'on veut comprendre la disparition ou la conservation de certaines fonctions lorsqu'il y a lésion de la région cérébrale correspondante. Pour Broca, la mémoire verbale motrice était une mémoire spéciale "des mouvements nécessaires pour articuler les mots"; elle n'était en rapport "ni avec les autres mémoires, ni avec le reste de l'intelligence". La définition est insuffisante aux deux points de vue. Nous n'insisterons pas sur le rapport de cette mémoire du langage spécialement motrice avec l'appareil de l'articulation, de la phonation, *etc.,* ni avec l'acquis qui en est conservé dans la mémoire; nous nous bornerons à examiner son rapport avec "l'intelligence". D'après Broca – et de nombreux auteurs l'ont suivi sur ce point – on peut considérer les mots comme de simples outils, réellement distincts du langage, et que le langage mettrait en mouvement du dehors. Sans doute, des actes moteurs verbaux peuvent être appris par des exercices purement moteurs, et le fait est qu'ils s'apprennent partiellement de cette manière. La mémoire verbale motrice traduit assurément dans sa structure la difficulté que présentent les divers mouvements nécessaires au langage, au point de vue exclusivement moteur. Il est hors de doute que, dans les langues qui nous sont familières, certaines séries consolidées par l'exercice à l'origine, et plus tard par l'usage, jouent un rôle particulier. Dans l'ensemble de ce que nous appelons le savoir verbal, et dont nous aurons ultérieurement à indiquer l'importance, il y a une part d'acquis moteur qui se déclenche dans certaines circonstances, soit par une certaine sorte de stimulation volontaire, soit par suite d'autres phénomènes verbaux de façon plus involontaire. Il est également hors de doute que dans l'aphasie motrice ce contenu moteur de la mémoire est atteint et que toute une série de phénomènes s'expliquent par là. L'aisance du débit courant du langage est affectée de manière particulière. Le malade éprouve aussi une difficulté spéciale à prononcer certains mots dont la réalisation motrice est particulièrement malaisée.

Mais il ne faut pas entendre par difficulté motrice uniquement la longueur de la locution, la difficulté de prononcer les lettres ou les mots qui la composent. Il n'est pas rare que des locutions fort longues soient prononcées avec une correction relative, et certaines séries mieux que les mots composants. Le malade arrive ou n'arrive plus à prononcer telle ou telle locution selon la nature de la totalité motrice où elle est requise. Ce qui fait le plus défaut, c'est la faculté d'extraire un détail d'un ensemble familier, parce que c'est évidemment l'opération la plus difficile: par exemple prononcer isolément une lettre ou un mot que nous avons appris à l'intérieur d'une série motrice et que nous avons coutume d'employer dans cette série. Un tel acte, qui correspond évidemment à un processus de différenciation motrice de "figure" et de "fond" particulièrement compliqué, exige un très grand effort de la fonction cérébrale, et c'est pour cette raison qu'il disparaît le premier. Boumann et Grünbaum [8] ont montré par des observations très minutieuses quelles sont pour les malades les difficultés particulières de cette façon analytique de parler, de lire, *etc.* De telles observations sont très précieuses, parce qu'elles nous renseignent sur la valeur diverse et la signification particulière dans chaque cas, au point de vue moteur, des fonctions isolées et nous ouvrent un jour sur la formation du langage moteur. Mais cette analyse ne nous renseigne pas encore complètement sur le détail de cette formation. En fait, elle ne nous permet même pas de comprendre les symptômes de l'aphasie motrice. Pour cela, il nous faudra aussi tenir compte *des rapports des formes verbales avec l' "intelligence"*, le sens, la signification.

L'*acquis* moteur de la mémoire est déjà loin de dépendre uniquement de l'exercice mécanique. La *signification des formes verbomotrices,* leur rapport avec le sens qu'elles expriment, y joue un rôle important. S'il est nécessaire, pour apprendre une langue, de s'astreindre à des exercices purement moteurs, il est non moins essentiel de combiner ces exercices avec l'usage intelligent des formes motrices: l'apprentissage de la langue en est grandement facilité et accéléré. Dans le traitement des lésions cérébrales, nous avons toujours observé que dans les cas d'aphasie motrice on arrivait à de bien meilleurs résultats en usant dans les exercices non seulement de mots ou

[8] *Zeitschrift für d. ges. Neurologie u. Psychiatrie*, XCII, 1925, p. 481 sq.

de syllabes dénués de sens, mais aussi de termes ayant un sens. Cette relation étroite des formes verbo-motrices avec le sens s'exprime dans le fait que les formes verbales apprises de façon mécanique s'oublient plus aisément que d'autres et que les malades ne peuvent plus les reproduire dès que le sens en est perdu pour eux. C'est le cas même en l'absence de toute lésion primaire du contenu moteur du langage. La table de multiplication s'acquiert certainement par un procédé mécanique et nous pouvons la considérer comme un acquis moteur très vigoureusement enraciné dans la mémoire. Nous serions donc tentés de croire qu'elle demeure intacte même quand la signification, qui dépend de la notion de nombre, vient à disparaître. En fait, ce n'est aucunement le cas. Il arrive que des malades qui ont perdu la notion de nombre perdent ces séries motrices, ainsi que nous avons pu l'observer chez un malade atteint de "cécité psychique". Des fonctions motrices qui ont perdu leur sens disparaissent, sans doute parce que leur existence est liée à ce sens, si mécanique qu'en ait pu être l'acquisition, et parce que c'est toujours ce sens qui les déclenche, si mécanique qu'en soit le déroulement ultérieur. Il est indispensable de tenir compte du rapport des fonctions motrices du langage avec le sens, c'est-à-dire de leur signification et de leur importance pour l'organisme entier, si l'on veut comprendre réellement la façon dont s'édifie le langage moteur et les symptômes qui accompagnent la destruction de la mémoire motrice du langage par suite de la maladie.[9] Nous verrons alors que la sélection des opérations n'a pas pour seule cause leur difficulté motrice, mais que la complication des rapports de sens dans lesquels apparaissent les formes verbales motrices en est un facteur important. On a eu beau essayer de grouper d'après des considérations extérieures les fonctions conservées et les fonctions altérées, en se demandant par exemple si un malade prononce plus aisément des sons que des mots, des mots brefs que des mots longs, des mots faciles à énoncer plutôt que des mots difficiles, chercher s'il répète facilement ce qu'on lui dit, plutôt qu'il ne parle spontanément, s'il lit mieux à haute voix qu'à voix basse ou inversement, – toutes

---

[9] Il nous sera permis de citer ici W. von Humboldt: "L'intention et la capacité de se faire comprendre, non pas en général mais dans le cas particulier et par l'exposé d'une pensée, est à l'origine du son articulé..." (*Über die Verschiedenheit des Sprachbaues, etc., Werke*, Akademie-Ausgabe, III, 1, p. 65). "L'articulation repose sur la façon dont l'esprit dispose des instruments du langage et peut les obliger à traiter les sons en conformité avec la forme de son action propre." (*Ibid.*, p. 66).

ces classifications, et d'autres analogues qu'on a multipliées sans
se lasser, n'ont jamais conduit à interpréter de façon non équivoque
le comportement du malade. Si l'on se sert de pareils critères, il semble
que la capacité qu'on veut définir varie sans cesse. Tantôt le malade prononcera un mot long, voire une phrase, presque correctement,
mais il ne sera pas en état de prononcer un mot court et facile au
point de vue moteur. Tantôt il répétera correctement un mot, et peu
après bronchera sur ce même mot. Il lira parfaitement un mot, puis
n'arrivera plus à le prononcer, bien qu'il semble l'avoir compris, *etc.*
On n'arrive à mettre un peu d'ordre dans le chaos apparent de l'aphasie motrice que si l'on analyse les phénomènes particuliers en les
ramenant à notre hypothèse, c'est-à-dire si l'on envisage toutes les
fonctions du point de vue de la valeur qui leur est attribuée par le
sujet parlant et si l'on examine leur plus ou moins grande difficulté
de ce point de vue.

En nous fondant sur des considérations de psychologie normale
et sur des constatations pathologiques, nous pouvons distinguer en
gros quatre façons diverses d'user du langage, qui correspondent à
quatre activités différentes de la fonction cérébrale et lui demandent
des efforts différents:

1° *L'emploi du langage pour exposer quelque chose, le langage
"représentatif" (darstellende Sprache)*, langage volontaire, qui sert
surtout à s'acquitter de tâches verbales définies: réponses aux questions, désignation des objets, *etc.* Cette activité correspond sans doute
à ce que Jackson appelle le langage "intellectuel". Cette forme du
langage est altérée la première par les lésions cérébrales;

2° *Le langage expressif*, qui naît de l'émotion en même temps que
d'autres mouvements expressifs dont il fait partie; il est plutôt passif
que produit activement par le sujet. Ce langage "émotionnel", comme
l'appelle Jackson, est celui qui se conserve le mieux, en cas de lésion
cérébrale;

3° *Le savoir verbal*, qui se présente sous des formes très variées:
mémoire motrice, ou sensorielle, langage intérieur, *etc.* Les opérations
qui en dépendent, du moins quand il s'agit de la parole, qui nous intéresse le plus ici, sont suscitées le plus souvent par l'intention volontaire, mais se déroulent ensuite de façon presque involontaire, parce
qu'elles sont commandées par la situation psychique totale. En tout
cas le sujet parlant n'en produit pas volontairement le détail, mais
seulement l'ensemble, et elles se suscitent aisément les unes les autres.

Ce savoir verbal semble lié à une localisation cérébrale définie, la zone du langage proprement dite;

4° *Le langage usuel,* qui contient toutes les autres formes du langage dans un enchevêtrement difficile à débrouiller en détail. Il est impossible de distinguer à première vue de quelle manière se produisent les manifestations verbales dans un cas concret. On peut cependant tirer quelques conclusions de l'intonation, des éléments "musicaux" du langage et des gestes expressifs concomitants, surtout si l'on tient compte de la situation concrète totale. Il est souvent d'autant plus malaisé d'en juger que, par suite d'un trouble des moyens d'expression verbale, le malade éprouve de la peine à rendre compte de la façon dout il use du langage.

Nous n'arriverons à comprendre vraiment le langage des malades atteints d'aphasie motrice que lorsque nous aurons réussi à ranger dans une de ces classes du langage chacune de leurs manifestations verbales. Comme les diverses formes du langage mettent à contribution la fonction du cerveau en général et les fonctions des différentes régions dont il peut s'agir ici de façon plus ou moins pressante, et que dans la destruction progressive de la fonction les activités les plus complexes disparaissent les premières, nous comprendrons, par exemple, qu'outre les phénomènes mentionnés plus haut, la distinction entre le langage "représentatif" et le langage expressif soit si importante quand on veut estimer de quoi le malade est encore capable. Le langage "représentatif" exige un bien plus grand effort de la fonction cérébrale. Voici longtemps que les recherches si importantes de Jackson, trop longtemps méconnues, ont démontré que le langage expressif se conserve toujours mieux que le langage "représentatif" et volontaire. Nous pouvons l'observer tous les jours. Cette différence nous aide à comprendre toute une série de détails, par exemple le fait que les malades peuvent émettre de façon expressive certains sons, mais ne peuvent pas prononcer des lettres très analogues qui exigent, si on les prononce en tant que lettres, une activité fortement "représentative". Cette différence apparaît très nettement dans la récitation des séries. Ainsi des malades ne peuvent réciter la série des nombres que si on les laisse la psalmodier comme un acquis particulièrement solide de la mémoire. Ou bien ils réussissent à compter des objets, mais ne peuvent pas énumérer un à un les nombres isolés. Il en est de même des jours de la semaine ou de toute autre série analogue.

On s'explique de la même manière que les malades éprouvent une difficulté spéciale à isoler les divers moments du déroulement d'un ensemble moteur. Ce qui est le plus instructif, c'est le désarroi complet des aphasiques devant des mots qui ne se présentent d'habitude qu'à l'intérieur de groupes verbaux cohérents. Il en est ainsi notamment des particules du discours, *dans, le, souvent, sur, sous,* etc. On est toujours frappé de voir le malade lire rapidement des mots même longs, des séries complètes de mots, une adresse par exemple, quand le groupe en forme une unité, mais ne plus pouvoir lire ces mêmes mots un à un. Il est aisé de démontrer qu'il ne s'agit pas ici de lacunes isolées, de la perte de tels ou tels mots, ce qui s'est produit, c'est l'incapacité de se placer dans une certaine attitude mentale; quand on arrive à placer le malade dans cette attitude, les mots se retrouvent instantanément à sa disposition. Il faut extraire ces mots, sous ses yeux, d'ensembles plus grands, les lui faire remarquer, puis écrire et lire un à un. Si l'on répète plusieurs fois l'expérience, le malade finit par comprendre qu'il s'agit ici d'une forme d'activité spéciale dans laquelle ces mots sont liés entre eux. Si on lui demande plus tard l'un de ces mots, il lui arrive d'écrire non seulement le mot en question, mais toute une série de ces mots dont on lui a enseigné le rapport.

L'impossibilité d'adopter des attitudes mentales difficiles est la cause que des malades polyglottes se tirent à peu près d'affaire dans leur langue maternelle, mais sont incapables d'user d'une langue étrangère. Pour la même raison, dans les cas de récupération suffisante des deux langues, il leur arrive, en parlant la langue étrangère, de retomber brusquement dans leur langue maternelle, parce qu'elle est plus facile pour eux; ils y sont également plus facilement entraînés par les circonstances. On reconnaît que les malades n'ont pas perdu leur langue étrangère au fait que dans certaines circonstances ils redeviennent soudain capables de la parler correctement. Un malade aphasique de Pick, un Tchèque qui savait l'allemand, se mit à parler allemand à partir du moment où il entendit Pick parler cette langue avec son assistant, et il fut d'abord difficile de l'en dissuader. D'autres symptômes s'expliquent par le fait que dans toute altération de la fonction cérébrale il devient plus difficile de changer brusquement d'attitude mentale. C'est pourquoi les malades échouent surtout dans les cas où ce changement est nécessaire pour s'adapter à une situation donnée, par exemple, quand le malade doit répondre à une question ou faire un récit. Cela exige non seulement qu'il prenne une attitude mentale "représentative", mais qu'il puisse changer rapidement d'attitude. Pour répondre à certaines questions déterminées, le malade doit non seulement se transporter dans une situation déterminée qui dépasse le lieu et le moment présents, mais aussi choisir, pour faire face à cette situation, des mots qu'il détermine de façon plus ou moins volontaire. On comprend aisément qu'il arrive à un résultat très inférieur à celui qu'il obtient quand il s'agit simplement de converser dans son milieu familier. Dans ce milieu, il a beaucoup moins besoin de procéder par décision volontaire, les mots découlent plus passivement de la situation, de la présence même de son interlocuteur. Pour des raisons analogues, il échouera surtout à parler spontanément. C'est ce qui cause souvent que les malades ne parlent que quand on leur adresse la parole et laissent souvent croire à une indigence verbale plus grande qu'elle ne l'est réellement.

Un phénomène intéressant à observer chez les malades atteints d'aphasie motrice, est le *style télégraphique*. On peut le caractériser négativement par l'absence de tous les mots qui ne sont pas absolument indispensables à se faire comprendre. Cette économie de mots manifeste la détresse verbale des aphasiques et plus spécialement le trouble du langage courant, l'altération du déroulement des séries. Mais la détresse verbale ne suffit pas à l'expliquer. Les mots disparus ne sont pas des mots quelconques; ce ne sont pas les mots les plus difficiles à prononcer qui disparaissent surtout: il y a bien plutôt un choix défini qui consiste à préférer les mots indispensables à ceux qui ne le sont pas, et à tirer parti du secours que peuvent offrir l'ordre syntaxique et la situation elle-même. Cette propriété positive du style télégraphique indique qu'il traduit une attitude mentale modifiée parfaitement définie, qui tend à utiliser au maximum pour se faire comprendre la capacité verbale qui a pu subsister. Isserlin a été le premier à insister sur ce fait.[10] Les malades ne suppriment pas consciemment des mots de faible signification, comme nous le faisons dans un télégramme (à moins qu'il s'agisse de personnes ayant très grande habitude de télégraphier: dans ce cas, le style télégraphique dépend aussi d'une modification de l'attitude mentale). Ce qui prouve que l'attitude mentale a changé, c'est que les malades, bien souvent, ne comprennent plus et ne peuvent pas lire tout haut ces mots qu'ils n'emploient plus, si on les leur présente isolés. Ces mots que leur attitude mentale nouvelle a fonctionnellement exclus sont devenus pour eux des formes

[10] *Zeitschr. f. d. ges. Neurologie u. Psychiatrie*, LXXV.

étranges vides de sens. Le fait que le style télégraphique est beaucoup moins fréquent dans la rédaction écrite que dans le style oral va dans le même sens. Enfin, détail intéressant: dans des déclarations à forte tonalité affective ou dans des situations où il n'a pas coutume de s'appliquer à la correction du langage, par exemple quand il cause avec des gens de son propre niveau, le malade parle avec une plus grande correction grammaticale et l'on voit reparaître les catégories de mots qui manquaient. Ces manifestations verbales, il est vrai, présentent assez souvent des fautes d'un autre genre, les mots sont plus indistincts, plus tronqués, alors que dans le style télégraphique la pronunciation est généralement meilleure. On a l'impression que l'organisme dont les aptitudes actives sont lésées n'a plus assez d'énergie pour produire un langage qui joigne à la correction grammaticale l'exactitude motrice. Ni la prononciation correcte des mots ni la construction correcte de la phrase n'a subi de dommage réel, mais la difficulté qu'éprouve le malade par suite de la gêne apportée au déroulement rapide des actes moteurs est la cause qu'il se sent hors d'état d'accomplir normalement sa tâche sous ce double rapport. Son énergie n'y suffit pas. Il semble qu'il ait à choisir entre deux possibilités: ou conserver la construction correcte en sacrifiant l'exactitude des mots, ou supprimer des catégories de mots et sacrifier la construction pour conserver la prononciation. Il est clair qu'il choisit la conduite qui dans chaque situation est plus propre à l'aider à remplir le dessein qui le fait parler, à satisfaire le désir qu'il a d'être compris. Pour cette raison, il s'efforce de ne pas excéder les forces dont il dispose, de s'adapter à elles; toute défaillance de l'énergie doit conduire à un échec particulièrement grave, vu la difficulté accrue qu'il éprouve à agir. Il tâche de parer à cet inconvénient en usant de divers procédés adaptés à la diversité des situations. Il est intéressant de voir ici à quel point les fonctions sont dépendantes de cette distribution adéquate de l'énergie que j'ai signalée plus haut (*cf.* p. 290).

D'une forme spéciale de l'aphasie motrice

Dans de nombreux cas d'aphasie motrice, la modification des manifestations motrices verbales que je viens de décrire s'accompagne de troubles dans diverses autres catégories d'activité. La simple observation amène à distinguer ces malades de ceux décrits les premiers, atteints de troubles purement moteurs. On est frappé de les voir plus ou moins ralentis ou entravés dans tous leurs actes, même si dans la vie quotidienne ils ne sont pas sujets à des défaillances graves. Ils paraissent manquer surtout d'initiative, d'intérêt aux choses. L'expression du visage en témoigne déjà, par un air d'absence, d'indifférence, de fixité, souvent aussi de désarroi et d'inquiétude. Cette modification d'attitude générale n'est ni constante ni toujours égale, les malades paraissent parfois plus animés, ils semblent s'intéresser à ce qui se passe, ils ont des mouvements plus rapides, mieux réglés, leur visage exprime la sympathie, le calme, la joie, la "présence". Si on cherche à comprendre ces fluctuations en examinant de plus près les situations où se manifeste l'un ou l'autre de ces comportements, on constate d'abord que les malades sont toujours mornes et figés quand ils se trouvent en présence de tâches qui les dépassent, et qu'ils manifestent de l'intérêt et de la vie dès que se présente le cas contraire. De quelle sorte sont ces tâches auxquelles les malades ne peuvent plus suffire? C'est ce que les analyses précises de Head (*loc. cit.*) et de W. van Woerkom [11] ainsi que nos propres recherches [12] nous ont révélé. Si l'on examine les divers domaines de l'activité, on obtient tout d'abord un tableau fort complexe. Les malades présentent des troubles de la notion d'espace, comme l'a montré notamment van Woerkom. Ils ont perdu le sens de l'orientation, ils ne peuvent plus indiquer une direction, montrer ce qui est en haut, en bas, à droite, à gauche, *etc.;* ils sont incapables de dessiner une carte, de réaliser des constructions spatiales même très simples, d'évaluer des distances, *etc.* Ils ne peuvent ni reproduire des mouvements simples, ni tracer un cercle dans l'air, *etc.* Ils ont d'habitude des troubles graves en écrivant, surtout quand il s'agit de grouper des lettres pour former des mots. Il arrive qu'ils ne distinguent plus que certains détails dans les images, ils sont incapables de grouper de façon normale des images, des couleurs; ils ne comprennent qu'imparfaitement les ordres, surtout ils ne comprennent plus les choses qu'on leur raconte, même de brèves et simples histoires qu'ils sont parfois encore en état de lire. Ils ont perdu la notion de nombre, *etc.* Ils paraissent distraits. Ils remarquent fort bien certaines choses, mais au hasard, semble-t-il: leur mémoire est par ailleurs très défectueuse dès qu'il s'agit de noter des faits volontairement.

[11] *Monatsschr. f. Psychiat. u. Neurol.*, LIX, 1925, p. 256.
[12] "Über Aphasie", *Schweizer Archiv f. Neurol. u. Psychiat.*, 1926; Gelb et Goldstein, *Psycholog. Analysen hirnpatholog. Fälle*, XIV: W. Siekmann, "Ein Fall von sog. motor. Aphasie", *Psycholog. Forschung*, XVI, 1932, p. 204.

Plus on étend le champ de l'investigation, plus on découvre de modifications chez ces malades. Il semble qu'ils soient atteints de plusieurs troubles simultanés, et c'était autrefois une hypothèse généralement admise. Mais l'analyse plus serrée de tous ces troubles conduit à une conception toute différente. Il apparaît d'abord que les malades, même si l'on examine les champs d'action les plus divers, ne sont pas défaillants partout, et que dans certaines circonstances ils sont capables de faire fort bien dans tous les domaines. C'est ainsi qu'ils savent s'orienter pratiquement dans des situations spatiales même assez compliquées. Dans l'action, ils ne confondent jamais les directions ni les distances. Ils atteignent avec précision, au moyen d'une balle lancée, des objets placés à des distances diverses; ils se servent correctement des objets en accord avec les circonstances. Ils saisissent fort bien des situations même assez compliquées dans lesquelles ils se trouvent et auxquelles ils sont intéressés. Ils peuvent parfois user correctement des nombres dans la pratique, ils comprennent ce qu'on leur dit dans des situations qui les intéressent, et dans ce cas ils parlent mieux aussi, *etc*. Si l'on analyse dans le détail les opérations dont les malades se montrent incapables et celles où ils réussissent, on constate que leur défaillance, dans quelque domaine que ce soit, se ramène toujours à la même impuissance, celle d'une attitude bien nettement déterminée. Il ne s'agit pas de troubles divers, mais d'une modification foncière qui se révèle par des symptômes variables selon le champ d'activité que l'on envisage.

On peut qualifier cette modification essentielle de diverses manières. C'est elle que Jackson avait en vue quand il parlait d'une altération de l'emploi énonciatif, "propositionnel" du langage, de troubles du langage "supérieur", avec conservation du langage "inférieur" ou "émotionnel". Head parle de la perte de l'expression symbolique, de la formulation symbolique, qui caractériserait la modification commune au langage et au reste du comportement. On peut aussi la définir, comme nous l'avons fait naguère,[13] en ces termes: dès que les malades, soit pour agir, soit pour comprendre, ne sont pas déterminés de façon immédiate et directe par les situations dans lesquelles ils se trouvent, dès qu'ils sont obligés de dépasser, pratiquement ou mentalement, la situation présente, ils échouent. C'est le cas dès que l'on exige d'eux qu'ils s'adaptent à un monde tant soit peu abstrait ou hypothétique. Nous avons parlé, dans le même sens, d'une modi-

[13] *Über Aphasie, loc. cit.*, p. 28.

fication de "l'attitude catégorielle" (*cf.* p. 473). On peut aussi décrire le fait comme une altération de la faculté de se placer en face de l'objet auquel on a affaire, ou dire avec W. van Woerkom, qu'il y a trouble de la fonction "représentative". – Au fond, ces diverses formules reviennent au même. Saisir une chose de façon "catégorielle" signifie qu'on saisit, par exemple, un objet offrant des qualités actuelles bien définies comme n'étant que le spécimen d'un groupe d'objets analogues par certains points. Exposer, "représenter" une chose, c'est en saisir en même temps les rapports avec d'autres choses qu'elle représente. L'expression symbolique exige de même que l'on saisisse une réalité donnée à la fois en elle-même et comme symbole d'autre chose. Nous retrouvons partout ce trait commun, le sentiment d'être à une certaine distance d'autre chose, la présence dans la conscience de deux données différentes, moi et le monde, unies en un rapport mutuel déterminé.

Nous pouvons, grâce aux explications données plus haut, nous faire aussi une idée de la modification physiologique sous-jacente. Il est nécessaire, pour satisfaire à la tâche que nous venons de décrire que l'on puisse faire alterner rapidement deux "figures", en saisissant leur connexité. C'est cette faculté de saisir une alternance rapide des "figures", alternance soumise à un rapport de sens, c'est-à-dire à une connexité d'ordre supérieur, qui semble altérée chez les malades. Il est probable qu'il s'agit là d'un trouble dans le déroulement temporel de l'acte physiologique (*cf.* p. 436). Ce trouble se révèle aussi dans la difficulté qu'éprouvent les malades à changer d'attitude mentale, dans leur incapacité d'accomplir des opérations qui exigent des changements d'adaptation rapides. Nous pourrions donc considérer que cette modification de l'attitude "catégorielle", ou de quelque nom qu'on veuille l'appeler, exprime *l'altération d'un processus de différenciation de "figure" et de "fond" particulièrement compliqué.* Comme ce phénomène physiologique complexe est très vulnérable, on comprend que le trouble d'activité que nous venons d'évoquer soit des premiers à apparaître.

Abstraction faite des troubles purement moteurs que nous avons décrits plus haut, le *trouble du langage,* chez les malades, apparaît comme une *manifestation spéciale de cette modification générale qui affecte l'être entier.* C'est pourquoi chez ces malades, justement, la différence est si marquée entre le langage volontaire et "représentatif", gravement affecté, et le langage expressif, relativement mieux conservé. Cette différence se manifeste souvent dans une certaine manière de répéter les paroles entendues; les malades répètent involontairement ce qui est dit devant eux, assez distinctement pour qu'on le lise sur leurs lèvres, mais ne sont pas en état de le répéter ensuite volontairement. Le processus moteur du langage est relativement peu atteint, cependant le langage manque. Rien ne démontre mieux que le langage volontaire dépend d'une attitude psychique générale.

Il faut encore noter que chez ces malades la faculté de comprendre n'est nullement intacte. Dejerine a déjà signalé que certains malades atteints d'aphasie motrice présentent des troubles de la compréhension. En général on a tâché d'éliminer ce fait en admettant un trouble simultané du domaine sensoriel. Nous y reconnaissons aujourd'hui l'expression de la même modification fondamentale que dans les troubles moteurs du langage, et nous comprenons pourquoi les symptômes varient. Les malades n'arrivent pas à comprendre précisément dans les cas où il faut adopter en présence des mots entendus une attitude "représentative", ou quand il devient nécessaire de changer d'attitude, ce qui est parfois plus important encore pour comprendre que pour parler spontanément.

Notre exposé a présenté le trouble moteur du langage de nos malades comme la traduction d'une profonde modification générale. On pourrait douter que dans ces cas nous ayons bien affaire à de l'aphasie motrice. Au point de vue clinique, ils représentent certainement une forme spéciale. Mais on devrait leur conserver le nom d'aphasie motrice. L'altération motrice du langage – même définie comme plus haut – est, d'habitude, très évidente. La cause en est à la localisation de la lésion,[14] au fait qu'il s'agit d'une zone dont l'atteinte conduit aisément en même temps à une perturbation de la fonction motrice du langage et de sa fonction représentative. Si le tableau clinique présenté par les malades semble dominé par deux troubles distincts: représentatif et moteur, une étude plus attentive montre qu'ils ont tous deux la même caractéristique physiologique. Il s'agit dans les deux cas d'une désorganisation du processus de formation des "figures" un peu complexes, qui peut retentir dans des domaines différents.

[14] Sur la théorie de la "localisation" cérébrale, et sur l'importance de la localisation de la maladie pour la symptomatologie, voir mes explications, *Handbuch d. norm. u. pathol. Physiol., loc. cit.*

Les troubles du "langage intérieur"

Dans l'interprétation que nous avons donnée jusqu'à présent des troubles moteurs du langage, nous avons négligé à dessein le *langage intérieur*. Mais de nombreux phénomènes observés chez les malades ne s'expliquent exactement que si l'on admet une altération de ce langage. En traitant à présent du langage intérieur pour y chercher l'explication des phénomènes d'aphasie, nous ne pourrons, de nouveau, l'isoler qu'un peu artificiellement et par abstraction.

Le *langage intérieur* a un rôle à jouer dans la théorie de l'aphasie. Mais ce terme est un peu équivoque dans la pratique. Si l'on entend par langage intérieur tout ce qui précède l'acte moteur du langage ou tout ce qui s'éveille en nous quand nous reconnaissons dans un groupe sonore une forme de langage d'une signification déterminée, c'est un phénomène très complexe dans lequel nous pouvons distinguer encore deux éléments différents au point de vue pathologique: 1° ce que les linguistes appellent la *forme interne du langage,* ce que W. von Humboldt [15] désigne comme le *sens intérieur du langage (der innere Sprachsinn),* par où il n'entend pas "une faculté spéciale, mais l'aptitude intellectuelle tout entière appliquée à l'usage du langage, le principe intérieur qui régit le langage et donne partout l'impulsion dirigeante"; c'est ce qui apparaît à Wundt [16] comme l'ensemble des motifs qui produisent par voie de conséquence la forme extérieure du langage, et à Vossler [17] comme le noyau actif, "ce que le mot veut dire"; 2° ce *phénomène verbal spécifique, relativement indépendant du sens,* que les théoriciens allemands de l'aphasie appellent le *concept du mot (Wortbegriff);* c'est à ce fait que les théoriciens français ont donné le nom de *langage intérieur.* Bien que ces deux phénomènes, à coup sûr, ne soient pas sentis séparément dans l'acte du langage, ils ne sont pourtant pas identiques. Le premier concerne le sens, la signification, et relève plutôt de la sémantique; le second est plutôt d'ordre psychologique et accessible à l'analyse psychologique. La même "forme de langage intérieur" peut se présenter sous dés aspects extérieurement très différents dans les diverses tournures d'une même langue ou dans des mots absolument différents appartenant à différentes langues, bien que dans ce dernier cas, naturellement, il faille user de beaucoup de prudence avant d'attribuer aux divers mots le

---

[15] *Werke,* Akademie-Ausgabe, t. VII, p. 250.
[16] *Völkerpsychologie. Sprache.*
[17] *Sprachphilosophie.* Munich, 1923.

même sens. Nous pouvons aussi nous servir des moyens d'expression verbale isolés passagèrement de leur sens, lorsque nous lisons ou parlons involontairement, dans une disposition d'esprit en quelque sorte automatique et sans comprendre. Ces phénomènes, – relativement détachés du sens de la forme verbale intérieure –, gardent pourtant un caractère spécifiquement verbal, bien que l'attitude verbale ne soit certainement pas la même ici que quand nous prononçons un mot en lui donnant son sens. C'est surtout la pathologie qui nous permet d'arriver à isoler à peu près la forme verbale intérieure d'une part et la réalisation verbale d'autre part. L'aspect le plus frappant de cette séparation est l'*écholalie,* où le malade répète correctement et avec promptitude les mots entendus sans qu'ils éveillent en lui le moindre soupçon d'un sens, sinon extrêmement rudimentaire. Ces troubles se présentent non seulement quand il y a une altération grave de la vie mentale dans son ensemble, mais – au moins à titre d'indication – quand il y a l'atteinte de "l'attitude catégorielle", de la notion de signification. Nous constatons alors que des malades dont le langage, dans la conversation courante, ne présentait presque rien d'anormal, peuvent lire un texte avec l'intonation la plus juste et nous donner l'impression qu'ils l'ont compris, alors qu'en fait il n'en est rien. Ceci montre que les fonctions purement verbales peuvent se détacher de tout sens et ce fait est d'une grande importance pour la solution de nombreux problèmes. Nous aurons à y revenir (*cf.* p. 321).

Comment caractériser de façon plus précise le phénomène du langage intérieur? Ici les avis sont partagés. On s'est le plus souvent appuyé sur la théorie des images verbales (*Wortbilder*) et de leur importance dans le langage, et l'on a défini le langage intérieur comme une façon de percevoir des images verbales déterminées. Pour Dejerine [18] comme pour Wernicke [19] le concept verbal était fait d'une étroite association de souvenirs verbaux moteurs et auditifs. Wernicke parlait de concept, parce que pour lui le concept est fait, essentiellement, d'une solide association de souvenirs cohérents. Quand il y a une atteinte des concepts verbaux, l'aphémie devient aphasie. C'est pourquoi dans l'aphasie motrice la compréhension du langage est si souvent atteinte. Pour critiquer cette théorie qui a dominé toute l'étude de l'aphasie, surtout en Allemagne, il faudrait discuter l'idée que Wernicke se fait de l'essence même du concept. Il a eu raison de penser

---

[18] *Sémiologie,* p. 426.
[19] *Deutsche Klinik,* t. VI, p. 494.

que dans le langage intérieur il s'agit de faits de nature conceptuelle. Il a eu également raison de séparer ce "concept verbal du mot" (Caro) du sens, de la signification, mais il a eu tort d'admettre que le concept représente une étroite association d'images-souvenirs. Impossible d'insister ici sur ce point, ni sur les solutions diverses que la psychologie normale a essayé de donner au problème du concept. Ce qui est sûr, c'est que le concept du mot, comme le concept en général, se fonde sur des représentations, mais n'est pas un lien entre des représentations; il représente une donnée spécifiquement différente, un point de vue déterminé en face du vécu quel qu'il soit, une certaine attitude de langage que nous adoptons en présence d'un mot, d'une phrase, *etc.*, attitude qui est toujours la même qu'il s'agisse de mots entendus, dits ou évoqués de façon sensorielle ou motrice. Cette expérience interne centrale, spécifiquement verbale, grâce à laquelle le son entendu, prononcé, lu ou écrit devient un fait de langage, l'attitude verbale commune que nous adoptons à cette occasion, voilà ce qu'il nous faut serrer de plus près. On m'a reproché à tort – Isserlin [20] notamment – que mes vues sur le langage intérieur aboutissent à quelque chose d'indéfinissable. Le reproche est injuste. J'ai voulu surtout exposer un programme et je n'ai nullement prétendu caractériser le langage intérieur; j'ai seulement indiqué qu'il fallait d'abord analyser de façon précise le concept du mot. J'ai repoussé la solution antérieure, purement théorique, qui consiste à décomposer ces concepts en images verbales motrices et acoustiques, – si bien jointes qu'on les suppose –, parce que cette théorie empêche d'emblée toute analyse des faits ou l'égare sur de fausses voies. Ce dont il s'agit ici n'est rien moins que le problème de la délimitation du phénomène du langage proprement dit par rapport aux souvenirs verbaux sensoriels ou moteurs. A moins d'avoir conscience de cette distinction, on n'arrivera pas à comprendre les phénomènes que nous mentionnerons plus bas et qui montrent avec évidence que ces souvenirs peuvent demeurer intacts alors que le langage intérieur est altéré.

Nous ne pouvons insister ici sur la manière dont est ressenti ce phénomène du langage proprement dit, ni sur l'influence qu'il exerce sur la parole normale. Notre tâche ne peut consister qu'à signaler les

[20] "Die pathologische Physiologie der Sprache", *Ergebnisse der Physiologie,* t. XXIX, 1929, p. 170.

données pathologiques dont l'analyse est de nature à éclaircir le problème de l'essence du langage intérieur.

Certains tableaux cliniques ne présentent aucune altération primaire
de la sphère auditive ou motrice, du moins aucune altération découvra-
ble (bien que certains auteurs en admettent l'existence pour des raisons
théoriques); il y a cependant dans ces cas des troubles de la compréhension et de la parole (ici spécialement sous forme de paraphasie), de la lecture et de l'écriture; on ne peut pas mettre ces symptômes sur le compte d'une altération de l'attitude catégorielle, de la
fonction "représentative", bien que celle-ci soit souvent affectée
en même temps. D'habitude, ces malades éprouvent aussi de la gène
à répéter des mots, à trouver leurs mots, à épeler et composer des
mots au moyen de lettres; il y a des troubles de la structure grammaticale du langage. Ce sont de tels cas que Pierre Marie
envisageait surtout quand il parlait de l'aphasie. J'ai appelé ces cas
aphasie centrale,[21] parce que je pense qu'il y a ici atteinte du processus
central, du phénomène spécifique du langage et que les divers symptômes se ramènent tous à ce trouble du fonctionnement central.
L'analyse faite jusqu'ici ne nous autorise, à vrai dire, qu'à repousser
l'hypothèse selon laquelle les symptômes dépendraient d'une altération des images sensorielles ou motrices; elle n'est pas assez avancée
pour nous permettre de reconnaître dans tous ces symptômes la traduction du langage intérieur. C'est pourquoi je ne traiterai ici que de
quelques symptômes spéciaux dont l'analyse me paraît à peu près
suffisante pour les faire comprendre.

Je voudrais examiner tout d'abord la *paraphasie littérale*. Alors
que la structure générale des mots – longueur et rythme – est plus ou
moins bien conservée, certaines lettres sont omises, d'autres sont introduites à tort ou déplacées. On admet le plus souvent que cette paraphasie repose sur l'altération des souvenirs sensoriels. Cele n'est pas
vrai. Sans parler de l'impossibilité théorique d'une telle hypothèse,[22]
elle est intenable, parce que les souvenirs de ces malades ne sont pas
nécessairement altérés. Ils sont normalement présents et peuvent aussi

---

[21] *Cf.* pour la symptomatologie, la bibliographie de l'aphasie dite "de con-
duction" (Leitungsaphasie): Wernicke, *Deutsche Klinik*, 136, 1903: Pick, *Ges.
Abhandlungen*; Heilbronner, *Arch. f. Psychiatr. u. Nervenkr.*, t. XLIII; Kleist,
Monatsschrift f. Psychiatrie u. Neurol., t. XIII; Stertz, *ibid.*, 1914; Goldstein,
Neur. Zentralbl., 1912, no. 12, *Arch. f. Psychiatr. u. Nervenkrankh.*, t. LV, *etc.*
[22] *Cf.* mon argumentation, *Deutsche Ztschr. f. Nervenheilkunde*, t. LXXVII,
p. 86.

surgir, sinon être appelés volontairement. C'est ce que montre l'influence qu'ils exercent sur la naissance des paraphasies, ainsi que nous le verrons plus bas. La paraphasie exige une autre explication. Au point de vue négatif, elle a pour cause une altération de la structure normale du mot, au sens du langage intérieur. La structure du mot étant modifiée au point de ne plus conduire à une innervation adéquate, le malade est obligé d'user de détours pour s'acquitter de sa tâche. Ces détours déterminent pour une part la paraphasie. Le malade procède à peu près comme nous lorsque nous apprenons une langue étrangère et que nous ne trouvons pas tout de suite un mot. Nous cherchons à le reconstruire d'après nos souvenirs soit optiques, soit acoustiques, soit moteurs. Le malade procède exactement de la même façon. C'est ce que montre déjà l'analyse de ce que ressentent ces malades – dans la mesure où elle est possible – et plus nettement encore l'analyse des fautes dans la paraphasie. Ces fautes ressemblent souvent de façon caractéristique aux fautes d'un sujet normal qui s'en tiendrait, pour parler ou pour écrire, à des souvenirs optiques, acoustiques et moteurs. Les fautes sont parfois particulièrement graves parce que les souvenirs du malade peuvent être altérés eux aussi. Il se reprend à utiliser de nouveau de vieilles acquisitions faites pendant l'enfance et qui depuis longtemps n'avaient plus qu'une importance secondaire dans la vie du langage, à ressusciter les expériences concrètes frappantes qui ont autrefois donné naissance aux concepts verbaux, tout cela parce que l'acquis plus récent, les concepts verbaux qui garantissent le cours rapide et complet du langage sont altérés. L'étude précise des souvenirs verbaux des aphasiques offrira certainement un intérêt tout particulier. La théorie classique qui invoquait si fréquemment l'altération de ces souvenirs n'a pas produit grand'chose de positif dans ce domaine, surtout parce qu'en négligeant l'analyse des phénomènes elle est demeurée beaucoup trop théorique. Il faudra tenir compte ici des souvenirs verbaux moteurs particulièrement développés chez certaines personnes, et l'on observera que ces souvenirs peuvent être altérés, quand la région de la mémoire verbale motrice est altérée elle-même au sens expliqué plus haut. Les troubles des souvenirs – optiques ou acoustiques entre autres – peuvent contribuer, à titre secondaire, aux fautes des paraphasiques, mais n'en sont pas la cause.

Si l'on cherche à déterminer les souvenirs lointains des malades, il faut bien se rappeler la règle suivante: on ne devra pas essayer de déterminer les images des malades en les priant d'en rendre compte. Le plus souvent on n'obtiendra pas de grands résultats de cette manière. Même quand il s'agit d'un trouble du langage intérieur, la fonction représentative est souvent atteinte. Or, pour réveiller volontairement des images verbales et en rendre compte, il faut accomplir des actes nettement représentatifs. Il ne faut donc pas s'étonner que les malades en soient si souvent incapables. Au contraire, par l'analyse de leurs opérations nous pouvons obtenir quelque clarté sur les souvenirs utilisés dans ces opérations et qui manifestement surgissent sans appel volontaire. Il faut tenir compte de cette distinction si l'on veut tirer parti de l'analyse des souvenirs pour l'intelligence des produits paraphasiques, à quoi elle est certainement propre. Cette distinction, par surcroît, nous éclaire sur la nature des images qui, comme les perceptions, lorsqu'elles font partie d'une opération, peuvent être saisies de manière intentionnelle et "catégorielle", ou surgir passivement.

Outre la cause que je viens de citer: l'emploi de produits de remplacement imparfaits, la paraphasie, me semble-t-il, peut aussi être déterminée par une altération dans la structure du mot lui-même. Le mot n'a plus sa longueur ni son rythme propres, le commencement, la fin, les lettres caractéristiques ne se présentent plus correctement, ou bien l'ensemble se forme à peu près correctement, mais il y a des erreurs dans les parties. Ce qui est troublé, c'est la juste proportion de l'essentiel et de l'accessoire dans le mot, de la "figure" et du "fond". Un son faux se trouve mis en avant, accentué, et cette erreur à son tour détermine la suite du processus, *etc.* Ou encore, c'est la différenciation qui souffre: en général il y a une sorte de nivellement entre la "figure" et le "fond", les processus deviennent plus ou moins équivalents, les lettres sont assimilées les unes aux autres. On en vient à fondre ensemble plusieurs mots ou les parties de divers mots.

C'est l'étude de ces modifications du mot – et spécialement sa délimitation à l'égard des faits dont nous avons parlé précédemment – qui peut nous apporter le plus de lumière sur l'essence du concept du mot. Nous n'en sommes encore qu'à amasser des matériaux. Nous sommes très loin de pouvoir déterminer les lois de ces transformations. Diverses particularités semblent indiquer que les lois de transformation qui agissent ici sont au point de vue formel les mêmes que celles que l'on peut déduire des modifications introduites par la maladie dans d'autres activités nerveuses ou psychiques, par exemple dans les attitudes affectives, morales, *etc.* Il faut aussi signaler l'analogie des fautes par lapsus, telles qu'elles ont été étudiées surtout par Meringer et Mayer.[23] Notons enfin qu'il y a peut-être quelque ressemblance entre nos phénomènes et les faits de transformation de langues.

A côte de la paraphasie littérale, les *paraphasies verbales* offrent un intérêt spécial, parce qu'elles peuvent nous instruire au sujet de la structure du langage intérieur et de son rapport étroit avec le sens, la signification de l'objet exprimé par le langage. Il n'est pas rare que le malade, quand on le prie de répéter un mot, ne puisse pas répéter celui qu'on vient de lui dire, même si ce mot n'offre aucune difficulté particulière, mais qu'il en produise un autre qui appartient à la même sphère de signification que le premier. Ainsi un de mes malades[24] prié de dire "église" répondait "Dieu", et l'on ne pouvait pas, à ce moment, du moins, lui faire répéter le mot "église". Un malade de Henneberg[25] à "crocodile" répondait "tortue"; un malade de Mohr[26] disait "bas" pour "pantalon" et "porte" pour "fenêtre". Dans des observations très soigneusement menées, Lotmar[27] a étudié le processus mental d'un malade atteint de troubles verbaux paraphasiques dans l'aptitude à trouver ses mots, et il a tâché de mettre en évidence l'action réciproque de la pensée et du langage. Il a pu montrer dans le détail que la paraphasie verbale de son sujet n'était pas déterminée par l'analogie phonétique du mot juste et du mot erroné, mais par le fait que ces différents mots appartiennent à une même sphère de signification. L'analyse phénoménale a pu, en retrouvant les intermédiaires, montrer par quelle voie le malade arrive au mot erroné. On a pu constater ainsi que dans la sphère des objets elle-même apparaît déjà, "comme conséquence de la difficulté accrue du déclenchement des fonctions verbales, un détour, un cours modifié de la pensée. Ce qui à l'état normal – tout en faisant partie du complexe qui détermine le mot – reste sous le seuil de la conscience, apparaît ici en pleine lumière", et le choix du mot se fait au moment où l'expression a ainsi, par hasard, franchi le seuil, où elle est devenue "plus liquide". C'est ainsi que, d'après Lotmar, se produisent les solutions dans la paraphasie verbale.

Que le surgissement des mots appartenant à la même "sphère de signification" soit lié au ralentissement du processus verbal, on ne

[23] Meringer et Mayer, *Versprechen und Verlesen*, 1895.
[24] *Journal f. Psychol. u. Neurol.*, t. VII, 1905-06, p. 172.
[25] *Monatsschr. f. Psychiatr. u. Neurol.*, t. XIX, 1955.
[26] *Archiv f. Psychiatr. u. Neurol.*, t. XXXIX, 1903.
[27] *Schweizer Arch. f. Neurol. u. Psychiatr.*, t. V et VI. 1910, 1923.

saurait le nier: à la voie normale se substitue un détour qui comporte un travail mental avec apparition de pensées et de mots ordinairement "subliminaux". Mais le surgissement final de tel mot déterminé n'est certainement pas lié au fait que, par hasard, il est "plus liquide" à tel moment. Il ne suffit pas d'affirmer, comme le fait Isserlin (p. 51), que ceci ne porte pas atteinte à la loi de causalité et que le terme de "hasard" ne signifierait ici que l'opacité de l'ensemble des circonstances et le fait que la production du mot n'est pas déterminée ou est mal déterminée par la tâche à accomplir, *etc.* Il ne suffit pas non plus de dire, avec Lotmar (p. 18-19), que le "degré de liquidité" (dans la désignation des objets) "n'est pas en rapport avec la proximité de sens plus ou moins grande entre chacun de ces objets et l'objet qui répondrait le mieux à la tâche posée, mais qu'il est soumis à des circonstances 'fortuites' sans rapport avec le système complexe de ces objets". Il est au contraire nécessaire de déterminer pourquoi c'est précisément tel mot qui est devenu "plus liquide". Sans doute des facteurs purement verbaux peuvent-ils jouer un rôle, comme on peut le voir dans les paraphasies d'analogie verbale. Mais ce n'est justement pas le cas dans la paraphasie de "sphère de signification". La "liquidité" n'est pas déterminée par des motifs purement verbaux; il faut, pour la comprendre, analyser de manière plus serrée les processus de pensée. Ceux-ci ne deviennent clairs que lorsqu'on les envisage sous l'angle de l'attitude modifiée du malade en présence de l'objet correspondant au mot qui doit être répété. A la défectuosité verbale répond une modification de l'attitude générale. C'est cette modification de l'attitude générale qui détermine quel est l'élément du cours de pensée qui deviendra mot. Elle correspond a une destruction qui a suivi certaines règles, et elle doit être soumise à une analyse précise. Envisagée ainsi, la "liquidité" du mot n'est pas fortuite: elle peut être expliquée par l'analyse. Il est vrai que nous ne sommes ici qu'au début de notre science. Mais notre tâche devra consister justement à affranchir cette "liquidité" de son caractère fortuit. L'étude des modifications des attitudes peut y mener. Dans la diminution de la "liquidité" l'apparition de l'attitude concrète avec toutes ses manifestations joue le principal rôle: nous reviendrons plus bas sur l'importance qu'elle présente au point de vue de l'expression verbale.

L'étude des symptômes de l'*agrammatisme* nous apporte des renseignements particulièrement intéressants sur les processus du langage intérieur. C'est à juste titre que A. Pick [28] a mis l'agrammatisme au premier rang des troubles aphasiques. Pour comprendre ces troubles, il faudrait traiter d'abord des relations entre la pensée et la parole, qui sont à la base de la structure grammaticale. Il serait nécessaire de procéder à une analyse des processus intellectuels eux-mêmes qu'il est impossible de donner ici. Il faut nous contenter d'un tout petit nombre de remarques que suggère l'observation des faits pathologiques; aussi bien ne voulons-nous envisager toute la question qu'à ce point de vue. Il n'est pas douteux que les rapports entre la parole et la pensée dépendent du déroulement normal des faits intellectuels comme des faits verbaux.

On peut considérer comme périmée l'idée que la pensée est un jeu d'images. Il est vrai que les images jouent un rôle dans la pensée, mais la pensée n'est pas un enchaînement d'images si étroit qu'on le suppose, c'est une activité spécifique qui a un caractère d'unité, qui est globale et à laquelle correspond certainement un processus physiologique cérébral offrant la même unité de structure. A l'intérieur de ce fait global, il y a déjà une organisation, un ordre grammatical non verbal, notamment quand la pensée se présente comme le stade préliminaire d'une formulation verbale; cet ordre traduit l'importance plus ou moins grande des diverses parties de la pensée, au point de vue de l'unité de l'ensemble, et le rapport de ces parties entre elles. Cette "grammaire de la pensée", ainsi que je l'ai appelée, se révèle dans l'ordre syntaxique. La place donnée à chaque partie dans l'architecture générale lui donne son rang.

Mais le langage ne se contente pas de reproduire cet ordre de la pensée. Il s'y surajoute des modifications considérables grâce à l'addition de moyens de "représentation" purement verbaux: l'ordre des mots, la flexion, l'introduction des mots de liaison, qui traduisent avec beaucoup plus de délicatesse et de précision les rapports qui existent entre les parties composantes de la pensée. Il s'y ajoute les éléments "musicaux" du langage. Tout le contenu mental ne s'exprime pas par des mots. Que l'on songe au grand rôle que jouent dans l'expression verbale l'intonation de la phrase, l'intonation des divers mots, les silences, l'omission de certains mots. La structure grammaticale dépend donc des particularités génériques des diverses langues, des particularités individuelles du sujet parlant, et enfin de tout l'ensemble

---

[28] *Die grammatischen Sprachstörungen*, Berlin, 1913. *Cf.* Goldstein, *Monatsschr. f. Psychiatr. u. Nervenkrankh.*, 1913.

de la situation, par exemple du temps dont on dispose, de la nature de l'auditeur et de bien d'autres choses; mais on peut dire en règle générale qu'il s'agit toujours d'exprimer le plus distinctement possible la substructure mentale, conformément aux intensions du sujet parlant. Il ne peut donc être question d'un parallélisme entre la pensée et la parole. En pathologie on a généralement adopté un autre point de vue. C'est ainsi que Pierre Marie et Moutier défendent la "théorie de l'identité"; pour Kleist aussi la structure grammaticale est l'image fidèle, la traduction des relations logiques qui unissent un certain nombre de concepts. Si l'on se place à ce point de vue, le phénomène verbal n'est plus qu'une technique, et l'on pourrait être enclin, comme on l'était surtout autrefois, à considérer les troubles grammaticaux comme résultant exclusivement de troubles intellectuels ou à les séparer, comme purement techniques, des troubles aphasiques proprements dits. Aucune de ces attitudes ne répond aux faits.

Si l'on examine sans parti pris les modifications grammaticales chez les malades cérébraux, on peut en distinguer deux groupes principaux:

1° Altérations qui résultent de *troubles intellectuels.* Nous n'en parlerons pas en détail ici.[29] Il s'agit d'un retour à la construction primitive des phrases et d'une fausse répartition des membres de la phrase, qui correspondent à un défaut d'ordre de la pensée;

2° Altérations grammaticales causées par des *anomalies spécifiques du langage.* Parmi ces formes provenant du langage lui-même, il faut de nouveau distinguer le *style télégraphique* dont nous avons traité plus haut, et une seconde variété, fréquente surtout dans les cas "d'aphasie centrale", que l'on peut appeler avec Kleist [30] le *paragrammatisme.* Ce trouble est caractérisé surtout par la confusion des flexions caractéristiques, des formes de déclinaisons, des particularités des diverses langues, et coexiste avec une certaine richesse de vocabulaire (qui, à vrai dire, présente le plus souvent beaucoup de formes de paraphasie littérale on verbale, qu'il convient de négliger comme accessoires quand on examine les modifications proprement grammaticales). En outre, la construction générale de la phrase est troublée. Pick a certainement raison d'affirmer que la genèse de cette forme d'agrammatisme, loin de se trouver dans un trouble général de l'intelligence, est d'ordre purement verbal.

---

[29] *Cf.* Goldstein, "Über die Störungen der Grammatik", *etc., Monatsschr. f. Psychiatr. u. Nervenkrankh.,* 1943.

[30] *Cf. Monatsschr. f. Psychiatr. u. Nervenkrankh.,* t. XVII, p. 40.

Le paragrammatisme nous paraît consécutif à la désorganisation d'activités verbales internes qui, à vrai dire, ont encore grand besoin d'être étudiées. Il est clair que l'activité qui s'exprime par l'intégrité du mot semble s'altérer plus tôt que celle qui répond à la construction de la phrase; ceci indique non seulement que la construction de la phrase demeure indépendante du mot, mais aussi que la phrase est le fait le plus simple des deux. La phrase verbale, en effet, n'est pas une somme d'images de mots, elle est un phénomène global spécifique, une sorte de schéma qui est lié à l'ordre intellectuel par un rapport défini qu'il nous faut renoncer à exposer ici. Le schéma de la phrase précède la possession des mots. Mais d'autre part la prompte apparition des mots réagit de façon très sensible sur la formation d'un certain schéma. L'altération des concepts de mots doit nécessairement retentir sur la construction grammaticale. Le malade, s'il lui manque des mots, préférera les constructions les plus simples. Il sera particulièrement gêné par cette difficulté qu'il éprouve à changer d'attitude mentale et qui est si caractéristique de toutes les affections cérébrales. Je ne puis qu'indiquer ici la grande importance du "sous-entendu" pour la construction de la phrase: elle résulte du rapport étroit qui existe entre l'édification de la phrase et la situation tant du sujet parlant que de l'auditeur. Or la compréhension exacte du "sous-entendu" exige un changement d'attitude rapide et constant. Chez les malades, divers troubles de la construction s'expliquent par la difficulté accrue de ce changement d'attitude. Les constructions même peu compliquées deviennent impossibles aux malades, la phrase se simplifie. Elle s'adapte ainsi tant bien que mal à des situations très diverses, ou, si le malade s'efforce de réaliser une construction plus compliquée, on obtient un très grand désordre tant dans la succession des mots que dans leurs formes. L'altération simultanée de la fonction symbolique du langage rend plus difficile la construction volontaire des phrases à laquelle le malade est contraint dès que l'aisance naturelle du discours est troublée. S'il s'y ajoute enfin l'aggravation qu'entraîne un trouble moteur, on se trouve souvent en présence d'un langage grammaticalement très obscur.

Il n'est pas rare que chez les malades atteints de troubles du langage intérieur il y ait un trouble très apparent de la faculté de *répéter* les mots entendus, alors que le groupe verbal acoustique est bien saisi et que le malade est capable de parler spontanément ou de lire à haute voix avec une promptitude au moins relative. L'analyse de ces troubles montre que la répétition des mots entendus est un phénomène très compliqué auquel importe non seulement l'intégrité du déroulement des processus respectifs du langage, mais aussi l'attitude mentale générale du sujet parlant. Nous ne pouvons pas insister ici sur ce point.

Les phénomènes décrits en dernier lieu nous ont fait saisir avec une netteté particulière les rapports étroits qui unissent le langage intérieur et la sphère du sens et de la signification des mots. L'altération de ces rapports et l'altération de la possibilité de faire servir le langage à l'expression symbolique sont les faits qui permettent le mieux de conclure à des *troubles de l'intelligence* chez les aphasiques. L'analyse des exemples que nous avons cités suffit déjà à indiquer que la conception qui ramène la modification des activités intellectuelles à un changement dans l'attitude générale permet de caractériser les faits de façon plus précise que par le terme "troubles de l'intelligence". Ce qui suit nous le montrera encore bien plus clairement. Mais il faut en revanche insister sur le fait que ces troubles de l'attitude générale qui peuvent à première vue nous faire croire à des troubles primaires de la pensée elle-même peuvent être causés aussi par des défectuosités primaires des moyens d'expression verbale.

III. LES TROUBLES DU LANGAGE, TRADUCTION D'UNE MODIFICATION DE L'ATTITUDE GÉNÉRALE

Après avoir dit expressément dans les chapitres qui précèdent que, dans certains troubles du langage, l'altération primaire est celle des moyens d'expression verbale, il nous faut insister d'autant plus sur le fait que le langage peut aussi être modifié par une *altération primaire de l'attitude intellectuelle globale*; en effet, de nombreux troubles portés au compte de l'aphasie expriment simplement cette modification foncière de la personnalité tout entière. A première vue on est tenté de croire en effet à une simple altération du langage, et il faut une analyse plus précise pour révéler que le défaut du langage tient à la modification de la personnalité entière. Nous avons déjà signalé ce fait à propos de certaines formes d'aphasie motrice. Il nous faut examiner ces troubles de plus près à cause de leur grande importance pour la psychologie et la philosophie du langage.

Que nous enseigne la pathologie au sujet des rapports de l'attitude générale et du langage? Jusqu'à présent, la pathologie ne s'était guère intéressée aux troubles des relations du langage et de la pensée: on a traité cette question à propos de *l'aphasie transcorticale*, à la suite de Wernicke,[31] et lorsqu'on a étudié le cheminement de la pensée à la parole et de la parole à la pensée, comme l'a fait Pick.[32] Depuis les études fondamentales de Jackson, on ne pouvait plus négliger la situation toute spéciale du langage affectif ou "émotionnel". Les différences entre le langage volontaire et les manifestations verbales plus involontaires ont amené à faire entrer en ligne de compte la volonté et l'intention conscientes et leur influence sur les phénomènes du langage.

Si l'on peut ainsi trouver chez les anciens auteurs quelque intérêt pour l'étude des phénomènes psychiques non verbaux dans l'aphasie, les modernes, même quand ils prennent pour base des théories anciennes, se distinguent essentiellement de leurs prédécesseurs: on s'efforce de comprendre les altérations du langage non plus comme le trouble de quelque faculté psychique spéciale: "volonté", "sensibilité", "pensée", *etc.*, mais comme une altération de l'attitude générale: le degré et la nature de cette altération conduisent dans chaque cas à une forme particulière de trouble verbal.

La pathologie enseigne que d'habitude la désorganisation de l'attitude générale s'accomplit selon certaines règles, et que l'on peut parler, en ce sens, d'attitudes d'ordre supérieur ou inférieur, ces mots demeurant relatifs à l'homme normal, au type humain accompli. L'attitude "représentative", par exemple, est toujours affectée avant l'attitude expressive et affective. Cette gradation se présente aussi dans les troubles du langage; c'est en partant de cette notion de destruction graduelle que l'on essaiera de les comprendre.

Une autre différence entre le point de vue moderne et le point de vue ancien ou "classique", c'est que jusqu'à présent l'on traitait presque toujours des cas qui nous intéressent ici en supposant que le trouble de l'un des deux domaines, pensée ou langage, dépendait d'une altération primaire de l'autre. Une conception toute différente tend à s'établir à présent.

En s'appuyant sur l'interprétation d'une forme particulière de l'aphasie, *l'aphasie amnésique,* on tend à écarter toute idée d'un rapport de dépendance, et on cherche à reconnaître, tant dans les manifestations verbales que dans les attitudes non verbales, l'expression

---

[31] *Cf.* Goldstein, *Die transcorticalen Aphasien*, Iéna, Fischer, 1945.
[32] *Über Agrammatismus*, Berlin, Springer.

d'une modification foncière de la personnalité. Lorsque nous nous plaçons à ce point de vue, nous ne nions pas qu'il n'y ait aussi des troubles conditionnés – c'est-à-dire des troubles de l'attitude générale qui dépendent de troubles primaires des moyens d'expression verbale ou inversement. Mais il faut insister sur le fait qu'il y en a d'autres et qu'on doit les envisager du point de vue indiqué. Ce sont même ces faits là qui offrent le plus d'intérêt pour la psychologie et la philosophie du langage, puisqu'ils fournissent les documents nécessaires à l'examen d'un des problèmes fondamentaux de la science du langage: celui des rapports entre le langage et le monde des objets. Wilhelm von Humboldt en a déjà indiqué l'importance, et Cassirer, de nos jours, en a fait le centre de ses réflexions sur le langage.[33]

L'affection qui nous intéresse ici surtout, *l'aphasie amnésique*,[34] s'est présentée sous une forme très simple à ceux qui l'ont étudiée d'abord. En apparence il ne manquait à ces malades que l'aptitude, ou du moins la facilité, à nommer les objets concrets et plus encore les objets abstraits. C'est pourquoi on avait parlé d'un trouble de l'aptitude à trouver les mots. Pour s'acquitter de la tâche qui consiste par exemple à nommer un objet, les malades emploieront des périphrases caractéristiques qui montrent qu'ils savent bien de quel objet il s'agit. C'est ce qui apparaît entre autres quand ils emploient dans la périphrase le mot même qu'ils ne trouvaient pas au moment où il devait servir à désigner l'objet et que peu après ils ne retrouveront plus devant le même objet. C'est ainsi qu'un de ces malades, prié de nommer un parapluie et incapable de le faire, disait à peu près: "Je ne sais pas comment cela s'appelle, moi aussi j'ai un parapluie à la maison." Assez souvent les malades usent des mots qui expriment l'emploi de l'objet; (le crayon, ce sera "pour écrire", la lampe de poche, "briquet à lumière", *etc.*), ou des mots qui semblent avoir un caractère plus général (*cf.* p. 331 note), par exemple quand ils désignent des fleurs non par leurs noms mais par le terme "fleur", ou même toutes sortes d'objets par le mot "chose". Les théories anciennes ramenaient ce trouble à la difficulté d'évoquer ces mots ou

---

[33] *Philosophie der symbolischen Formen*, t. III, Berlin, B. Cassirer, 1929.
[34] Pour la bibliographie du sujet, voir Pitres, *L'aphasie amnésique, etc.*, Paris, Alcan, 1898; Wolff, *Klinische und kritische Beiträge zur Lehre von der Sprachstörung*, Leipzig, 1904; Goldstein, *Archiv für Psychiatrie und Nervenkrankheiten*, XLI, 1906, XLVIII, 1911; Kehrer, *Archiv für Psychiatr. u. Nervenkrankh.*, LI, 1913; Head, *loc. cit.*; Gelb et Goldstein, *Psychologische Forschung*, VI, p. 127.

à la disparition de certaines images verbales. L'observation plus précise a montré que sans doute, comme on l'a toujours affirmé, les autres activités verbales de ces malades, la compréhension, la répétition de mots entendus, la récitation de séries, la lecture et l'écriture n'étaient pas nécessairement affectées, sauf quelques exceptions assez peu frappantes dont nous aurons à parler; mais qu'en ce qui concerne la découverte des mots, la situation était beaucoup moins simple qu'on ne l'avait cru trop souvent. Il a apparu que ces malades, au fond, n'ont nullement perdu les mots qui leur manquent, qu'il n'est pas vrai non plus qu'ils ne puissent plus les évoquer. *Ce n'est que dans certaines conditions qu'ils ne peuvent plus disposer de ces mots.* Des malades qui par exemple ne peuvent plus désigner des couleurs, peuvent en certains cas réciter à la file des noms de couleurs et les emploient très correctement dans le discours courant. Ils ne peuvent pas désigner comme "rouge" des échantillons de laine rouge de diverses nuances, mais ils peuvent dire que la fraise est rouge. Les mots leur manquent surtout quand il s'agit de désigner les choses qu'on leur présente. L'analyse de leur attitude générale fait comprendre la raison de ce fait. Elle montre en effet que si "l'intelligence" en général n'est pas altérée et spécialement si les objets sont parfaitement "reconnus", l'attitude du malade à leur égard, comme à l'égard de son milieu en général, a changé profondément. On avait observé depuis longtemps, en effet, que les malades, placés dans l'obligation de nommer un objet, faisaient le plus souvent un nombre anormal de gestes expressifs, montraient en quelque sorte ce qu'on peut faire avec l'objet, et aussi qu'ils employaient des mots qui expriment l'action, comme nous l'avons déjà mentionné plus haut; mais on avait négligé ce changement du comportement général et la nature de ces manifestations verbales, ou bien on ne leur avait attribué qu'une importance tout extérieure, celle d'activités de remplacement. Une analyse plus approfondie a révélé que l'étude de ces modifications est susceptible de nous mener au foyer même du trouble en question.

L'analyse de l'attitude des malades à l'égard des couleurs est celle qui nous éclaire le mieux. Il y a des malades chez qui la désignation des couleurs est particulièrement altérée, ils sont atteints de *l'amnésie des noms de couleurs.* Si l'on examine de plus près l'attitude de ces malades à l'égard des couleurs, si par exemple on leur demande de grouper d'après la couleur fondamentale des écheveaux colorés pris dans la collection des échantillons de laine de Holmgreen, de chercher tous ceux qui s'accordent à un écheveau rouge donné, le malade, chez qui aucun trouble de la vision chromatique n'est apparente, s'en montre incapable. Il rapprochera deux nuances absolument identiques ou très voisines. Il laissera de côté ou repoussera toutes les autres. Il est évident qu'elles ne lui semblent pas s'accorder. D'autre part, il rapprochera des couleurs dont le ton fondamental diffère absolument. Mais il apparaîtra alors qu'elles s'harmonisent par quelque autre qualité, la clarté, la délicatesse, l'effet esthétique. Le malade ne peut ordonner les couleurs que d'après une convenance concrète qui chaque fois s'impose directement à lui, jamais selon un principe d'ordre de nature conceptuelle et non imposé directement par les événements extérieurs.

Pourquoi le malade ne peut-il classer les nuances d'après leur couleur fondamentale? Nous avons démontré, Gelb et moi, que cette classification exige que l'on néglige la particularité présente de la nuance donnée, et que l'on n'envisage les écheveaux que comme les représentants d'un groupe de nuances – le groupe des verts, des rouges, *etc.* – d'une catégorie spéciale de la "verdeur", de la "rougeur". C'est de quoi les malades sont incapables. Voilà pourquoi nous avons parlé d'une *altération de l'attitude catégorielle*. Ce n'est pas que nous dénions aux malades la faculté de reconnaître toute espèce de rapports objectifs en général: ce terme signifie pour nous seulement une régression de la connaissance qui glisse d'une appréhension conceptuelle des rapports entre les choses vers une appréhension plus intuitive et concrète. Chaque couleur laisse aux malades une impression singulière, et ce sont ces impressions qui domineront le classement. C'est pourquoi nous avons considéré cette manière d'être comme plus intuitive, plus "primitive".[35]

[35] Si nous admettons qu'il y a chez les aphasiques amnésiques une régression vers une manière d'être plus "primitive", ce n'est pas que nous voulions assimiler leur comportement et leur langage à ceux des enfants. Le langage des malades est, abstraction faite des locutions courantes, plus pauvre que celui des enfants, surtout en termes concrets. Dans les situations concrètes où l'enfant trouve le mot correct, le malade ne réussit pas. Cette différence se comprend fort bien. Pour l'enfant, le mot fait partie de la chose. Mais cette cohésion intime se perd peu à peu, dans la mesure où l'attitude générale de l'enfant devient plus catégorielle et où l'enfant apprend à user des mots comme des signes. Le rapport entre le mot et les autres propriétés d'une chose est, en effet, moins fort que celui qui lie ces propriétés entre elles, et il se relâche de plus en plus à mesure que les situations où l'attitude catégorielle est nécessaire se multiplient, que l'enfant acquiert une attitude plus conceptuelle à l'égard des choses, qu'il s'habitue davantage à employer les mots comme des signes. Il ne

On peut faire des constatations très analogues chez nos malades si l'on les met en présence d'autres objets. Leur façon de classer les objets s'écarte de la norme. Ils les rangent soit d'après une convenance qui "saute aux yeux", couleur, forme, matière, soit selon l'usage commun auquel ils peuvent servir. C'est au point qu'ils en arrivent à ne considérer comme du même ordre que les objets qui peuvent servir directement dans la situation présente. Un malade, par exemple, a refusé de mettre ensemble un tire-bouchon et une bouteille dans laquelle le bouchon ne tenait pas très bien, sous prétexte que la bouteille était déjà débouchée. Pour pouvoir classer ensemble ces objets, il faudrait pouvoir négliger les particularités de la situation présente. C'est ce dont les malades ne sont plus capables.

Cette altération explique non seulement que les malades soient déterminés surtout par la donnée concrète présente, mais qu'il leur soit si difficile, voire presque impossible, de fixer de façon durable un mode défini des phénomènes. On est toujours frappé de voir comme ils sont facilement poussés à changer leur classement sous l'influence d'une qualité particulière qui s'impose à eux à un moment, par exemple, la clarté ou la chaleur de la teinte, – comme ils sont instables, en un mot. Pour conserver à l'attention une orientation déterminée, il faut pouvoir abstraire de façon catégorielle une certaine qualité des objets. Même quand les malades semblent ordonner les objets d'après un principe, par exemple d'après la clarté de la teinte, ce n'est vrai qu'en apparence. En fait, ils sont poussés passivement vers ce classement par la clarté des écheveaux qui s'impose à eux, après quoi ils

---

faut pas oublier en outre que, même dans les situations où l'enfant conserve une attitude concrète et où il a autrefois ressenti les mots comme absolument adhérents aux choses, à mesure qu'il avance en âge, le mot perd pour lui en intérêt. Chez l'adulte, dans des situations de ce genre, l'action non-verbale passe à un tel point au premier plan que le mot perd presque toute importance. Tandis que l'enfant accompagne presque toutes ses actions de paroles, le langage disparaît chez l'adulte qui agit ou pense de façon vivante. Pour l'action au moins il n'y a pas de doute sur ce point. Mais il en est de même pour la pensée, au moins tant que nous ne la formulons pas, tant qu'il ne s'agit que de voir clair dans des rapports objectifs, et c'est le cas dans la pensée proprement dite, au moins au commencement. On comprend alors que le malade, dans les situations concrètes où l'enfant accompagne ses actes de paroles, n'ait pas de mots à sa disposition: il a depuis longtemps perdu tout besoin d'accompagner l'action de paroles. S'il veut cependant exprimer ses actions en paroles, il faut qu'il cherche la désignation adéquate, et il n'y réussit pas, à moins que le "savoir verbal" ne lui serve de détour (voir plus bas). En effet, la faculté d'user des mots comme des signes est justement troublée chez lui par suite de l'altération de l'attitude catégorielle.

sont poussés vers un autre groupement par quelque autre particularité saillante. Il nous arrive aussi de nous conduire d'une manière analogue, mais nous pouvons agir tout autrement: nous pouvons garder une direction d'attention choisie, malgré toutes les autres particularités qui cherchent à s'imposer à nous; nous pouvons surtout choisir volontairement une direction, par exemple, pour prendre le cas le plus fréquent, nous en tenir à la teinte fondamentale. Le malade est hors d'état d'adopter cette attitude "volontaire".

Quels sont les rapports entre la difficulté à trouver les mots et cette modification de l'attitude générale à l'égard du monde extérieur? Cette difficulté est-elle la cause du changement d'attitude? Le trouble du langage est tellement apparent que l'on est tenté d'admettre l'hypothèse qui fait de la difficulté à évoquer les mots la cause de toutes les autres manifestations morbides. Divers faits tirés de la psychologie tant normale que pathologique semblent en faveur de cette hypothèse et montrent que le mot est certainement un très bon moyen, un moyen presque indispensable de passer de l'attitude concrète à l'attitude catégorielle.[36] Et cependant nous croyons, Gelb et moi, devoir repousser cette conjecture. Il nous semble qu'on peut faire valoir contre elle le fait qu'il n'est nullement impossible de réveiller les mots chez ces malades, mais qu'ils auront beau entendre les noms des couleurs, et même les prononcer, l'attitude catégorielle leur demeurera inaccessible. Les malades n'arrivent pas à montrer les couleurs, même en les entendant nommer, même en en prononçant eux-mêmes les noms. Ce n'est certainement pas faute de retrouver le mot lui-même que le malade n'arrive pas à se placer ou ne se place que difficilement dans l'attitude catégorielle.

Même si l'on admettait un trouble primaire de nature verbale, il faudrait qu'il fût d'une sorte toute spéciale. Il faudrait que les mots eussent perdu ce qui, normalement, les rend aptes à provoquer l'attitude catégorielle. Nous aurons à exposer plus tard que les mots qui se présentent à l'esprit des malades, ceux qu'ils ont à leur disposition, sont en effet différents par leur essence même des mots normaux. Ce sont plutôt des noms propres que des désignations génériques. Le genre de mots dont usent les malades suggérait depuis

[36] *Cf.* W. v. Humboldt: "Le langage ne représente jamais les objets eux-mêmes, mais les concepts que l'esprit s'est formé d'eux dans l'activité autonome par laquelle il crée le langage", *Einleitung ins Kawiwerk. Werke,* Akademie-Ausgabe, VII, p. 90.

longtemps cette idée; c'est ainsi qu'ils emploient les mots "bleu de violette", "bleu de ciel". Mais la diminution subie par les mots est la même, au point de vue du langage, que celle que nous constatons dans toute l'attitude du malade vis-à-vis du monde extérieur. Là aussi l'objet est saisi plutôt avec toutes ses singularités que comme le représentant d'un groupe. Mais si le trouble du langage dépend de la même altération que la modification de l'attitude générale, *nous n'avons aucune raison de supposer que l'un de ces troubles soit primaire et l'autre dérivé.* C'est ainsi que nous sommes arrivés, Gelb et moi, d'après nos observations, à ce résultat: l'attitude catégorielle envers le monde extérieur et l'aptitude à user des mots pour désigner des concepts traduisent une seule et même attitude fondamentale. Aucune des deux n'est la cause ou l'effet de l'autre. C'est l'altération de cette attitude fondamentale et la régression vers une attitude plus intuitive et plus "primitive" qui nous a paru être le trouble qui produit tous les symptômes de nos malades. Il est vain, il n'est ni possible, ni légitime d'essayer à ramener cette attitude fondamentale à quelque chose de plus profond encore. Il ne reste, dit avec raison Cassirer,[37] qu'à "reconnaître dans ce rapport symbolique fondamental [selon sa terminologie], considéré comme le fait de l'expression pure, un véritable phénomène premier que l'on peut retrouver comme l'élément constitutif de tout 'savoir' au sujet d'objets quelconques". La psychopathologie, à notre avis, a rempli sa tâche quand elle a saisi que les symptômes morbides expriment un trouble de ces modes d'attitudes, de ces phénomènes premiers.

Avant d'examiner de plus près la transformation particulière que les mots subissent chez les malades, il nous faut répondre à une objection qui pourrait être faite à notre conception de l'aphasie amnésique. Est-il exact que, *lorsque nous désignons un objet, nous employons toujours les mots dans ce sens conceptuel, catégoriel que nous venons de définir?* La difficulté de trouver les mots résulte-t-elle vraiment de l'altération de cette attitude? Même si l'on admet que la modification de l'attitude générale des malades est telle qu'un sujet normal qui l'adopterait n'userait point ou userait peu du langage, il reste qu'il pourrait en user: il peut accompagner ses actes de paroles, des mêmes paroles qui lui servent à désigner les objets. Pourquoi le malade n'y réussit-il pas? N'y a-t-il pas chez le malade, *outre la modification de l'attitude générale, une difficulté plus grande*

---

[37] *Loc. cit.,* t. III, p. 144.

à évoquer les mots, et par conséquent un trouble des moyens d'expression verbale?

Nous nous sommes déjà demandé autrefois, Gelb et moi, si cette grave altération de la faculté de trouver les mots ne tenait pas à ce qu'à la longue, dans l'aphasie amnésique, le substrat physiologique des images verbales est affecté de façon secondaire ou s'il n'y a pas une combinaison avec un trouble simultané de la faculté d'évoquer les mots. La première hypothèse n'a rien d'invraisemblable. Je me permets de renvoyer ici aux faits et aux considérations que j'ai cités plus haut, relatifs à la diminution du savoir verbal lorsqu'il y a perte de la signification. Dans la seconde hypothèse, il faudrait surtout tenir compte de la proximité du siège de la lésion qui cause l'aphasie amnésique et du centre cérébral des moyens d'expression verbale. Admettre une telle altération des moyens d'expression verbale n'atteindrait nullement notre conception du trouble fondamental dans l'aphasie amnésique. L'hypothèse expliquerait tout au plus la gravité du trouble de l'aptitude à trouver les mots chez certains de ces malades, c'est-à-dire en quelque sorte une complication de l'aphasie amnésique, et non, comme on l'a cru autrefois, son altération essentielle. Il y a encore une autre explication possible de la difficulté à trouver les mots, nous n'en parlerons toutefois qu'après avoir brièvement exposé quelques nouvelles données de fait. Il y a en effet des malades qui, bien qu'atteints du même trouble fondamental, ont encore beaucoup de mots à leur disposition. L'analyse des cas de cette espèce semble particulièrement propre à nous éclairer sur la cause du trouble de l'aphasie amnésique grave. Nous voudrions donner ici le résumé d'une de nos observations dont nous comptons publier le détail ailleurs.

Il s'agit d'une femme de quarante-neuf ans, employée, très habile dans son métier, *très diserte*. Elle faisait la correspondance et tenait les livres d'une grande affaire, à la parfaite satisfaction de son chef, faisait elle-même le bilan de fin d'année. Elle était ambitieuse, équitable et susceptible, plus portée aux choses intellectuelles qu'aux choses pratiques. Elle avait peu de goût pour les travaux proprement féminins, la cuisine, l'entretien des vêtements et les soins du ménage, bien qu'elle s'en acquittât correctement: elle habitait seule. Elle souffrait depuis des années d'une maladie de coeur, sans que ce fût très apparent. Tout à coup, probablement à la suite d'une thrombose, elle présenta une lésion cérébrale en même temps que le trouble spécial qui nous intéresse ici.

La malade était dans l'ensemble calme, déprimée, très susceptible, aisément offensée, souvent sans aucun motif objectif, sans doute faute de comprendre la situation. Peu loquace, elle ne parlait presque plus spontanément. Ce qu'elle disait se présentait en périodes bien ordonnées, avec la complexité normale des propositions principales et subordonnées, sans grosses fautes de mots et sans paraphasie verbale ni littérale. On observait *dans son langage ainsi que dans sa manière de comprendre de très grandes variations*. Tantôt elle comprenait fort bien, tantôt elle ne comprenait plus du tout ou d'une façon bizarre, tout de côté. L'observation plus précise montra que ces défaillances ne se produisaient pas dans n'importe quelles circonstances ni au hasard et qu'elles n'avaient rien à faire avec la fatigue. *C'était dans des situations et devant des tâches parfaitement déterminées que la malade cessait de comprendre ou ne le pouvait plus qu'avec une grande difficulté.* Nous verrons plus tard quelles étaient ces situations. Il en était de même pour la parole. Dans la conversation courante, surtout s'il s'agissait de choses concrètes, relatives à son propre milieu, *les mots lui faisaient rarement défaut*. Il en était tout autrement devant certaines tâches, quand elle avait à répondre à certaines questions qui dépassaient sa situation concrète, à raconter quelque chose ou à se rendre compte à elle-même de certaines choses. Elle balbutiait, *beaucoup de mots lui manquaient, que ce fussent des mots abstraits, ou des noms d'objets concrets, de personnes, etc.* C'est ainsi qu'elle était par exemple *hors d'état d'énumérer des prénoms féminins* ou des noms d'animaux ou des capitales d'États. Il est hors de doute qu'elle possédait encore ces mots. Dans d'autres situations elle témoignait sur tous ces sujets d'*un savoir nettement au-dessus de la moyenne* et employait alors ces mots sans difficulté, mais, si l'on lui demandait de les dire en série, elle y échouait souvent complètement ou n'arrivait tout au plus qu'à citer un seul nom. Il est vrai qu'à l'occasion elle citait tout à coup une série de noms, et c'est de l'analyse de ces cas que nous avons tiré les premières indications sur la nature des situations dans lesquelles la malade échouait et de celles où elle n'échouait pas. Une fois, par exemple, elle énuméra quatre prénoms féminins. Quand on lui demanda comment elle en avait été capable, elle répondit: "Ce sont les quatre soeurs G . . ." (son nom de famille). Elle n'avait donc pas énuméré quatre prénoms, mais nommé par leurs noms ses quatre soeurs. Il lui arrivait de même de dire, si on le lui demanda, divers noms d'animaux. Interrogée sur la provenance de ce savoir, elle répondit: "Mais c'est comme au Jardin Zoologique". En effet, elle citait ces noms dans l'ordre où l'on rencontrait ces divers animaux en entrant au Jardin Zoologique. Mais il lui était impossible de continuer à énumérer d'autres noms d'animaux. Ces exemples et d'autres démontrent qu'*elle avait seulement les mots à sa disposition qui s'adaptaient à une situation toute concrète et dont elle avait l'expérience directe.* Ces mots ne représentaient évidemment pas pour elle des désignations de choses, mais des qualités du vécu, attachées à certaines expériences, des noms propres; ils lui apparaissaient comme intimement unis à cette expérience concrète; mais elle devenait incapable de les retrouver détachés de l'expérience et indépendants. Pour qu'un mot lui revînt, peu importait que la malade se trouvât effectivement dans la situation qui impliquait telle ou telle expression verbale, ou qu'elle ne fît que s'en souvenir. A la vérité, il fallait que le souvenir aussi se présentât d'une certaine façon. Quand on la priait de se souvenir de détails précis, elle en était incapable. Mais les souvenirs surgissaient, à en croire ses dires et son attitude, quand on réussissait à la transporter dans l'ensemble d'une situation passée. Ainsi elle ne pouvait pas indiquer les objets qui se trouvent dans une cuisine. Mais on pouvait arriver, par une conversation appropriée, à la transporter en esprit dans sa propre cuisine et dans sa propre activité culinaire: aussitôt elle devenait capable d'énumérer les divers ustensiles, comme si elle circulait dans son souvenir dans sa propre cuisine en se servant de ces objets, tels qu'ils se trouvaient là.

Dans ces diverses expériences, on avait l'impression que la malade usait des *mots comme de noms propres* et non comme de simples désignations, qu'elle se conduisait comme les gens atteints d'aphasie amnésique; mais on était surpris au premier abord qu'*elle pût nommer les objets les plus divers qu'on lui présentait*. Nous négligerons provisoirement cette particularité par où elle se distinguait des aphasiques amnésiques ordinaires, et nous commencerons par relever d'autres coïncidences avec les cas d'aphasie amnésique.

S'il s'agissait de nommer les nuances de *certains échantillons de laine,* entre plusieurs qu'on lui présentait, la malade échouait tout à fait et d'une façon assez singulière. Elle ne pouvait désigner *par le nom usuel de leur couleur fondamentale,* vert, rouge, *etc.,* que *des nuances très déterminées,* et presque toujours les mêmes. C'étaient le plus souvent des tons très saturés. En présence d'autres nuances, ou bien elle ne pouvait employer aucun de ces noms, ou bien elle employait des noms qui semblaient beaucoup mieux convenir à la nuance particulière en question: des mots comme *réséda* ou *jaune foncé, bleu clair, vert feuille,* ou d'autres qui exprimaient d'autres particularités de la couleur, comme *couleur mode, couleur printanière.* Pas plus qu'elle ne pouvait indiquer le nom du ton fondamental, elle ne l'acceptait pour exact si on le lui suggérait. *Elle refusait avec beaucoup d'énergie d'accepter par exemple le mot "rouge" pour toutes les nuances du rouge,* comme le fait sans difficulté tout homme dressé à l'usage des mots. Priée de mettre de côté tous les échantillons rouges, elle n'en choisissait généralement qu'un seul, et d'habitude un rouge très saturé, parfois encore un autre très voisin. Elle n'allait jamais au delà, affirmant qu'il n'y avait pas là d'autres rouges. Il fallait que la nuance et le nom de couleur se trouvassent dans un accord tout particulièrement étroit pour qu'elle établît une relation entre eux. Seuls les mots qui rendaient pleinement la réalité concrète des écheveaux de laine présentés étaient considérés comme adéquats par la malade. Les mots usuels généraux, plus "abstraits", lui paraissaient inutilisables ou tout au plus propres à désigner quelques nuances très déterminées. Le *mot* chez la malade avait quelque chose de plus *individuel,* il était plutôt une qualité complémentaire, il faisait partie de l'objet, c'était un nom propre. En cela la malade se comportait tout comme les aphasiques amnésiques, et cette concordance apparaissait aussi dans sa *conduite non-verbale.* Les diverses nuances d'une couleur, du rouge par exemple, étaient pour elle si individuelles, si différentes l'une de l'autre, qu'elle refusait de les considérer comme appartenant à la même classe, si on les lui présentait. Pour cette même raison, elle ne pouvait assortir à un certain rouge aucune autre nuance, ni reconnaître de ressemblance lorsqu'on lui plaçait des échantillons voisins sous les yeux. Elle considérait ces *nuances comme autant d'individus* qui n'avaient rien de commun, en tout cas pas la couleur fondamentale. Il est clair qu'elle ne pouvait plus les rattacher, comme nous le faisons, à une catégorie, celle du rouge. Son univers concret n'avait pas l'organisation conceptuelle caractéristique qui répond à notre attitude mentale habituelle. Elle ne pouvait grouper les objets que d'une manière beaucoup plus concrète, par exemple selon l'*identité* ou encore par un procédé que nous voudrions examiner d'un peu plus près, parce qu'il traduit de façon particulièrement caractéristique l'attitude générale de la malade à l'égard du monde extérieur.

Priée de grouper divers échantillons de laine, la malade, comme nous l'avons vu, rapproche soit des nuances identiques, mais sans y prendre beaucoup de plaisir, ou, ce qu'elle préfère, *des nuances que l'on emploie ensemble dans un cas déterminé,* par exemple dans un drapeau, ou, mieux, dans un costume. Ainsi elle rapprochera un certain brun, un certain jaune et un certain vert et expliquera, si on l'interroge, que c'est la jupe, la blouse et le plastron. Les divers objets ne s'ordonnent pour elle qu'en s'adaptant à son milieu, au monde concret où elle vit en réalité ou par le souvenir. C'est plus évident encore quand on lui demande de grouper des objets d'après leurs affinités. Si l'on choisit des objets tels qu'ils offrent au sujet normal diverses possibilités de groupement, par exemple d'après la couleur, la forme, la matière, l'usage, on obtient chez le sujet normal une préférence individuelle pour tel ou tel groupement, mais on peut presque toujours l'amener à chacun de ces modes de classement, soit de façon active, en le rendant attentif à certaines possibilités définies (en lui demandant par exemple: "Ne pourrait-on pas aussi classer par couleurs?"), soit de façon passive, en soulignant diverses particularités par la disposition même que l'on donne aux objets (en mettant ensemble par exemple ceux qui ont la même couleur). Pour notre malade, *il n'y a qu'un seul ordre possible,* celui qui correspond à *l'usage concret des choses dans une situation définie* que lui suggèrent des objets définis. On place devant elle des objets divers par la couleur, la grandeur, la matière et l'usage; par exemple un roman relié en rouge, un guide relié en vert, un recueil de cantiques relié en vert, tous du même format, plusieurs crayons de diverses couleurs et d'autres accessoires pour écrire, un cendrier rond, rouge, un centimètre, des ciseaux, des couteaux, une boite en fer-blanc, ronde, bleue, contenant de la crème "Nivea", *etc.* Elle ne les groupera jamais spontanément d'après la couleur, la taille, *etc.,* elle ne rapprochera pas, par exemple, tous les livres, même si leur disposition le lui suggère. Et si on lui propose de rapprocher tous les objets de même couleur, elle en admet la possibilité, mais cela ne lui suggérera jamais, par la suite, d'essayer spontanément un tel classement. Priée expressément d'établir un tel groupement, elle ne le fait qu'avec répugnance, pour complaire à l'examinateur, et il lui arrive de dire très vivement, avec émotion: "C'est tout à fait faux!" ou "Ça ne va pas du tout!"

Pour elle, *rien ne se groupe que ce qui appartient à un même complexe d'action.* Quand elle range ensemble par exemple un guide, une boîte de crème, un recueil de chansons de route, *etc.* . . . ., qu'on lui demande pourquoi elle en use ainsi, et qu'elle réponde: "C'est pour une excursion", il pourrait sembler qu'elle obéit à un principe supérieur de classement. Il est aisé de réfuter cette interprétation erronée, trop fréquente.[38] Si on demande à la malade, par exemple, d'énumérer des objets qu'enveloppe un tel concept surordonné, elle s'en montre incapable. Les objets et les mots ne se rejoignent que quand elle les réunit vraiment dans son expérience concrète. En présence des objets on observe la même attitude qu'en présence des couleurs, avec cette même façon de ramener les nombreuses conduites possibles à une seule, celle qui répond à une action concrète. Ce monde de l'action est au fond le seul qui existe pour notre malade, le seul qui lui soit proche; tout autre lui est étranger.

Des recherches dans d'autres domaines, celui de l'espace, de l'emploi des nombres, de la compréhension des images, révèlent partout la même modification de l'attitude générale. Ce changement d'attitude de la ma-

---

[38] Il en est de même pour l'interprétation des manifestations verbales des aphasiques amnésiques qui, quand ils emploient des mots à sens général, du moins en apparence, comme *chose, fleur,* au lieu de *rose,* pourraient faire croire qu'ils ont une attitude non point plus concrète que les sujets normaux, mais plus abstraite. L'analyse précise montre que ce n'est pas le cas, qu'ils usent de ces expressions générales pour désigner des choses tout à fait concrètes, et non pas générales. C'est ce qui apparaît déjà dans tout leur comportement au moment où ils usent de ces mots, dans la pantomime qui exprime l'usage tout concret de l'objet en question et dans les périphrases qui montrent bien qu'il s'agit de décrire des situations toutes concrètes. Pourquoi emploient-ils ces mots malgré tout? C'est ce qui pourrait nous rendre intelligible l'observation des enfants qui, à un stade trop précoce pour qu'ils puissent avoir de notions générales, emploient cependant les mêmes mots que les malades. Nous ne nous demanderons pas ici comment les enfants acquièrent ces mots – ils proviennent, bien entendu, du vocabulaire des adultes. La seule chose qui nous intéresse ici, c'est que l'enfant possède ces mots à un stade de son développement où il ne peut encore être question chez lui de concepts; c'est donc que ces mots appartiennent *au vocabulaire le plus primitif.* Si nous admettons à présent que l'essence de l'aphasie amnésique consiste en ce que les malades qui en sont atteints retombent à un niveau de comportement plus "primitif", on comprendra qu'ils emploient de préférence les expressions générales qui appartiennent au tout premier vocabulaire. Ces mots, en effet, correspondent à l'attitude "primitive" (*cf.* p. 323 *sq.,* note). Il n'est pas contradictoire que les malades puissent aussi disposer des autres mots, quand ceux-ci se présentent dans un ensemble concret, alors que les termes "généraux" appraissent dans des cas qui exigeraient une attitude catégorielle.

lade à l'égard du monde n'est nulle part aussi apparent que dans la *relation nouvelle qu'elle établit entre sa propre personne et ses semblables au point de vue sentimental et moral.* Elle ne connaît réellement plus qu'elle-même; rien n'a pour elle de valeur que ce qui se rapporte à son ego, cela seul existe, c'est-à-dire s'intègre au monde qui lui est saisissable, elle n'appréhende que cela parmi les faits qui se déroulent autour d'elle. Cette attitude égocentrique, comme on pourrait l'appeler, ne s'explique pas par un changement moral de nature spéciale, elle n'est que le retentissement, dans le domaine spécial des relations entre le moi et les autres hommes, du changement survenu dans l'attitude générale. Ce changement apparaît très clairement dans le langage. Nous avons vu que la malade ne réussissait pas à énumérer des noms dans l'abstrait, mais que dans des situations concrètes elle parlait presque normalement; qu'elle ne comprenait les mots que lorsqu'ils se présentaient dans des situations accessibles par le rôle actif qu'elle y jouait. C'est pourquoi elle ne comprend souvent pas des descriptions objectives même simples de circonstances qui ne la touchent pas, bien qu'elle puisse parfois répéter fort bien ces descriptions mot à mot. Au contraire, elle comprend d'une façon surprenante des propos bien plus compliqués, relatifs à des choses qui la concernent, même s'ils ont été formulés tout à fait en passant, de sorte que l'on a pu avoir l'impression que la malade n'y a presque pas pris garde.

Une analyse plus poussée a précisé encore les modifications que les mots ont subies chez la malade. Des mots dont le sens réside pour nous dans une acception figurée très différente du sens littéral ne semblent pas avoir de sens pour la malade, ou n'ont pour elle qu'un sens littéral et concret qui nous est, à notre tour, parfaitement étranger. C'est ainsi que, par exemple, elle ne comprend pas le mot *Backfisch* (adolescente, litt.: "poisson à frire") et répond: "On fait frire les poissons". Au mot *Galgenstrick* (vaurien, litt.: corde de gibet), elle répond: "Corde pour le gibet . . . pour pendre . . ."

La malade ne comprend ni proverbes ni comparaisons, elle ne comprend les homonymes que dans le sens qu'ils ont dans la situation où elle se trouve à ce moment. Le mot *Anhänger,* qui peut signifier un collier (pendentif) ou la deuxième voiture du tram électrique (baladeuse) ou le partisan d'un chef (politique ou autre), n'a pour elle que *le sens concret suggéré par la situation présente, par exemple par une conversation.* On peut la faire passer d'un sens à un autre. Si l'on y arrive cependant en amenant un changement dans la situation, le mot perd aussitôt son premier sens. Elle est incapable de conserver les deux significations à la fois.

Toute la série d'exemples que nous venons de donner montre nettement que les mots n'ont pour notre malade qu'un sens strictement concret. L'attitude générale que nous avons observée dans la compréhension reparaît, inchangée, dans l'usage des mots. L'analyse de cet emploi des mots offre une occasion très précieuse de prendre position à l'égard de la question possée par nous plus haut, celle de savoir si la difficulté de trouver les mots dépend uniquement d'une altération fondamentale du comportement. Notre malade pouvait nommer tous les objets usuels. Mais comme cet usage des mots ne s'accompagnait d'aucune attitude conceptuelle à l'égard des objets, on pouvait penser que ces mots même étaient pour la malade autre chose que pour un sujet normal. Toutefois il était impossible de constater cette altération des mots par l'emploi seul des noms des objets usuels; on ne pouvait l'essayer qu'à propos d'autres mots. Nous avons vu plus haut que pour elle les noms de couleurs ne s'appliquaient qu'à des nuances très déterminées. Après qu'on lui eut fait remarquer plusieurs fois avec insistance que des sujets normaux désignaient par le mot "rouge" aussi les autres nuances de rouge, elle a fait de même, et elle est arrivée à classer sous ce nom diverses nuances de rouge. Il semblait, en apparence, qu'elle se comportât comme un sujet normal. Mais avait-elle changé d'attitude mentale, avait-elle retrouvé l'attitude catégorielle, ou n'en avait-elle pas besoin pour désigner une couleur? L'une et l'autre hypothèse se sont révélées fausses à l'examen. Elle n'avait rien changé à sa notion du rapport entre la couleur et le mot. En fait, le nom ne s'appliquait toujours pour elle qu'à une seule nuance. Ce qu'elle avait appris, c'est qu'on emploie aussi ce même terme pour d'autres nuances, "on", c'est-à-dire les autres, nous qui lui avions enseigné cela, et c'est pour nous faire plaisir qu'elle usait ainsi de ce mot. Mais elle gardait le sentiment que ce n'était pas exact, que quelque chose ne marchait pas. Ses affirmations souvent assez véhémentes ne laissaient aucun doute sur ce point: "Ce n'est pas ça . . . C'est parce que vous le voulez . . ."

Elle avait évidemment établi *entre les mots et les choses une relation purement extérieure, qui lui apparaissait étrange, qui était sentie comme essentiellement différente de celle qui existait normalement pour elle entre les objets et les mots, là où elle les ressentait comme des noms propres, étroitement liés à l'objet.* Le mot n'était pas pour elle un moyen d'introduire un ordre conceptuel dans les choses, il n'adhérait non plus à l'objet, il avait avec lui une toute autre relation, assez étrange, extérieure en quelque façon.

La question se pose de savoir si la désignation exacte des objets par la malade ne tenait pas à ce que précédemment elle avait eu, en état de santé, un tel savoir verbal "extérieur" particulièrement solide, et si la différence entre la malade et d'autres aphasiques amnésiques ne venait pas de ce que ce savoir verbal extérieur peut être, même chez les normaux, plus ou moins développé. Tout sujet normal possède certainement ces relations tout "extérieures" entre les objets et les mots, mais il les possède à divers degrés. Quand nous ne connaissons pas bien l'objet devant lequel nous sommes placés, mais qu'il est nécessaire que nous lui donnions une étiquette, afin de nous y retrouver un peu, il se forme de ces associations qui ne s'expriment pas nécessairement par un mot usuel, mais peuvent conduire à la création d'un mot nouveau. Le caractère particulier de ce langage apparaît non seulement en ce que la relation entre le mot et l'objet n'est créée que pour un usage tout à fait précis, mais en ce qu'il se perd très facilement dès que l'on n'en fait plus usage. Il en est ainsi des mots étrangers appris par coeur, qui s'oublient aisément s'ils n'ont pas acquis entre-temps à l'intérieur de notre vocabulaire une existence propre, c'est-à-dire gagné le contenu spécial qu'ils ont dans leur langue, autrement dit la relation particulière qu'ils expriment à l'égard du monde extérieur.

Mais il n'est pas facile de dire, dans chaque cas particulier, en quoi consiste la relation d'un mot avec un objet. Il est sûr que pour un grand nombre d'objets il existe une telle relation, purement extérieure, mais diverse selon les individus, surtout selon le talent verbal des divers individus. Chez des hommes très doués au point de vue verbal, il est possible que cette autonomie du vocabulaire, représentée par ce rapport extérieur, joue un beaucoup plus grand rôle que chez ceux qui en parlant ne perdent jamais de vue le rapport des mots avec les choses, à moins que pour eux, comme dans une grande part du langage en général, le mot ne fasse partie intégrante de la chose et ne soit senti et employé que comme adhérent à l'objet.

Quand le mot perd sa fonction de signe, le mot individuel ou le savoir verbal extérieur passe au premier plan. Nous observons chez tous les aphasiques amnésiques l'importance des mots individuels, chez notre malade de même. Selon l'étendue plus ou moins grande du savoir verbal, ce savoir servira de produit de substitution dans les cas où le mot individuel ne suffit plus, et l'on constatera un trouble plus ou moins grave de l'aptitude à trouver les mots. Les exemples précités montrent que chez la malade il s'agit bien, dans la désignation des objets, de mots qui ont ces rapports tout extérieurs avec les choses. Cela devient plus probable encore si nous nous souvenons qu'il s'agit d'une personne particulièrement douée pour la parole et surtout de

quelqu'un pour qui les mots – en dehors du langage proprement expressif – servaient moins à formuler des rapports objectifs entre les
choses qu'à s'orienter de façon pratique dans une réalité limitée.

Chez d'autres aphasiques amnésiques, le trouble grave de l'aptitude à trouver les mots est probablement causé par le fait qu'ils
étaient autrement orientés avant la maladie, qu'ils disposaient d'un
savoir verbal moins étendu. Ceci peut expliquer sans doute le choix
particulier qui s'opère entre les mots conservés et ceux que les malades ne retrouvent plus: ils trouvent plus facilement que les autres
les mots qui expriment des relations extérieures.

On peut exploiter d'autres faits dans le même sens. Il n'est pas rare
que des aphasiques amnésiques qui ont su deux langues trouvent
plus aisément les mots de leur seconde langue que ceux de leur langue maternelle. Cela se comprend si nous nous souvenons que les
mots de la langue étrangère sont un acquis plus "extérieur" et pour
cette raison se conservent mieux. On a observé depuis longtemps que
les mots appris par des aphasiques amnésiques, à moins qu'il ne se produise une amélioration du trouble fondamental, s'oublient très vite
si l'on ne les fait pas répéter sans cesse, tout comme les mots d'une
langue étrangère, – à la différence de ceux qui dès l'apprentissage
nous apparaissent comme liés aux objets par un rapport de sens. Ils
ne sont rattachés à la personnalité que par un rapport tout extérieur.
Ils ne nous éclairent pas, ils ne sont qu'un instrument de l'action, leur
valeur consiste dans les possibilités effectives et extérieures qu'ils
nous offrent. Si cette expérience effective ne se répète pas fréquemment, nous les oublions. Nous les acquérons d'habitude à cause de
cette valeur que nous leur attribuons ou parce que nous avons con-
fiance dans une personne qui nous en a exposé l'utilité. L'enfant apprend bien des choses, par exemple la table de multiplication, avant
de les comprendre et sur la foi de son entourage; il les conserve parce
qu'il en saisit le sens plus tard. Nous avons déjà dit que, si ce sens
disparaît, le mot peut disparaître aussi. Et nous avons indiqué que ce
motif peut aggraver la difficulté à trouver les mots chez certains
aphasiques amnésiques. Si l'on joint l'autre motif signalé plus haut,
c'est-à-dire qu'outre le trouble de l'aptitude catégorielle il peut y
avoir trouble des moyens d'expression verbale, on comprendra que
le trouble plus on moins grave de l'aptitude à trouver les mots puisse
se produire de façons diverses, indépendamment du trouble fondamental de la fonction significative, dont nous avons parlé plus haut.

Enfin la localisation dont nous avons parlé en dernier lieu peut peut-être aider à comprendre la grande différence qui existe entre notre malade et d'autres aphasiques amnésiques, quant à la faculté de désigner les objets; en effet, la plupart des aphasiques amnésiques présentent des lésions temporo-pariétales, avec atteinte de la zone du langage, alors que chez notre malade l'affection est probablement localisée dans la région frontale et de façon telle qu'elle laisse indemne la zone du langage. Quand la lésion frontale atteint la région du langage, on observe des symptômes comme ceux que nous avons décrits plus haut (*cf.* p. 303) à titre de variante de l'aphasie motrice; la faculté de trouver les mots est toujours plus ou moins altérée dans ces cas.

Une autre particularité de la symptomatologie de l'aphasie amnésique mérite une mention spéciale, parce qu'elle nous montre combien il est difficile d'évaluer pourquoi un malade échoue dans tel cas et réussit dans un autre qui semble tout pareil au premier, et parce que ces faits nous révèlent la situation diverse qui est la nôtre en présence de divers groupes d'objets et par suite en présence des mots qui y correspondent. Il s'agit de l'attitude diverse qu'adoptent les malades en présence des objets et des couleurs. Nous avons vu que notre malade pouvait presque toujours nommer les objets, mais ne pouvait plus nommer les couleurs. Nous observons de même que des amnésiques non seulement ne peuvent plus désigner les couleurs, mais ne peuvent plus rapporter le nom de couleur qu'on leur dit à une impression colorée, alors que, si on leur demande de montrer les objets qu'on leur nomme, ils y réussissent presque toujours. Entre plusieurs noms qu'on leur propose, ils "se jettent", à leur façon si caractéristique, sur le mot exact et écartent avec vivacité les termes impropres.

On serait tenté d'admettre que cette différence vient de ce que l'audition d'un nom d'objet juste éveille plus facilement une attitude catégorielle – ne fût-ce que très fugitive – que l'audition d'un nom de couleur, et que, dans le cas où cette attitude est altérée, le premier de ces actes demeure possible alors que l'autre ne l'est plus. Mais il suffit, pour écarter cette interprétation, d'observer que, dans les cas même les plus graves d'aphasie amnésique, le malade se "précipite" tout aussi vivement sur le mot propre, alors que, dans l'amnésie des noms de couleurs, on remarque au moins une incertitude au sujet du nom de couleur entendu ou surgie dans la conscience de quelque autre façon. De toute manière, cette explication nous semble très forcée.

Nous proposerons, pour la différence des attitudes relatives aux noms de couleurs d'une part, aux noms des objets de l'autre, l'explication suivante: quand on prie quelqu'un de montrer la nuance qui correspond à un certain nom de couleur, le problème est d'habitude résolu comme nous l'avons indiqué, c'est-à-dire que le nom de couleur est saisi comme la désignation d'une catégorie de couleurs et que l'on cherche parmi les échantillons proposés une teinte qui "représente" la catégorie en question. On ne peut même le résoudre autrement, car d'habitude le mot "vert" ou "rouge" ne convient exactement à aucun des échantillons proposés. Un malade atteint d'amnésie des noms de couleurs n'arrive pas à résoudre le problème parce que chez lui l'attitude catégorielle indispensable est atteinte. Mais un malade peut arriver à trouver la couleur demandée en résolvant le problème d'une autre façon qui n'exige pas l'attitude catégorielle, par exemple lorsqu'en entendant citer un nom de couleur, soit le mot "rouge", il se redit à lui-même, en faisant appel à son "savoir verbal", des noms d'objets qui portent cette couleur ("rouge-sang"); il se représente alors le sang et cherche parmi les couleurs proposées celle qui convient à l'image du sang. C'est effectivement à l'aide d'un pareil détour que les malades retrouvent assez souvent des couleurs. Or, alors que, dans le cas des couleurs, le premier procédé, plus abstrait, est plus usuel et souvent le seul possible, ne fût-ce que parce que le deuxième procédé exige une excellente imagination visuelle et qu'il faudrait aussi que parmi les échantillons proposés il s'en trouvât un exactement semblable à l'image, – quand il s'agit de montrer l'objet qui vient d'être nommé, il est toujours possible et même indiqué d'user du procédé plus concret et intuitif. Si donc les aphasiques amnésiques ont conservé le pouvoir de montrer les objets qu'on leur nomme, c'est parce qu'ils ont pu adopter le second procédé et qu'ils n'ont pas eu à faire appel au comportement catégoriel. Si l'on nous demande, entre divers objets, de montrer un mouchoir, le mot mouchoir est lié à des expériences concrètes bien définies, non seulement, comme dans le cas des noms de couleurs, par des formules qui viennent du savoir verbal – par exemple, "le mouchoir sert à se moucher" –, mais par diverses réactions pratiques. Pour montrer l'objet qu'on nous nomme, nous n'avons pas besoin de saisir ce nom comme désignant une catégorie d'objets, ni cet objet comme le représentant de cette catégorie; nous choisissons entre les objets présents celui qui convient à quelque expérience concrète. Nous voyons donc qu'entre les deux conduites: la désignation des couleurs nommées et la désignation des objets nommés, il n'y a pas d'opposition de principe, mais qu'il y a bien une différence, en ce sens que pour montrer les couleurs nommées il faut le plus souvent prendre l'attitude catégorielle, alors que pour montrer les objets on peut toujours s'en passer. C'est pour cette raison que les aphasiques amnésiques montrent toujours promptement les objets qu'on leur nomme. Il en est de même pour leur façon de se "précipiter" sur le nom d'un objet quelconque: parmi les noms que l'on propose au malade, il n'y en a jamais qu'un qui convienne aux expériences concrètes que suggère ou déclenche l'objet.

Il est clair, vu la complexité des faits, qu'il est difficile de décider pourquoi tel malade trouve ou ne trouve pas un mot; on ne peut évidemment en juger que si l'on a démontré quelle est la caractéristique du mot, et de quelle manière il a été trouvé. Malheureusement on ne l'a pas toujours fait, faute de se représenter la complexité de ce problème tout entier. On en est venu ainsi à maintes controverses stériles. L'analyse du comportement de nos malades n'en a que plus d'importance au point de vue clinique et théorique. Sa valeur consiste en outre à mettre en pleine évidence *les différences de sens et de contenu des divers mots et la connexion intime entre le langage et une certaine attitude envers le monde extérieur.* Aux diverses attitudes correspondent des mots différents et un contenu différent des mêmes mots. Le mot "individuel" appartient à l'attitude concrète, il porte l'empreinte de l'action sur le monde extérieur; le mot signe relève de l'attitude conceptuelle qui consiste à comprendre et à introduire dans les faits un ordre objectif; le savoir purement verbal et "extérieur" relève d'une attitude qui consiste à se tirer d'affaire dans le monde de façon tout extérieure sans chercher à comprendre.

Quelques nouveaux exemples nous permettront d'illustrer ce qui vient d'être dit. Nous reviendrons sur les particularités du savoir verbal proprement dit. Il est inutile de citer des exemples de langage conceptuel. En fait de langage concret et actif, nous trouvons surtout la périphrase de l'action, quand par exemple un crayon est défini "pour écrire", une lampe de poche comme "briquet à lumière", une loupe comme "pour voir à travers". Ou bien on trouve des mots individuels, particulièrement caractéristiques du langage du malade qui les forme à sa façon. Ainsi le bloc-notes de la doctoresse sera appelé "écritoire de dame", le canif, tantôt, s'il est rapproché du crayon, "taille-crayon", s'il est près d'une pomme, "pèle-pomme", près du pain "taille-pain", avec une fourchette, "couteau et fourchette". Mais le langage peut traduire non seulement la qualité concrète de l'action, mais aussi le caractère concret de l'attitude esthétique et physiognomonique du sujet à l'égard du monde extérieur. Il se présente alors des mots très difficiles à comprendre au premier abord. Quand une malade appelle l'infirmière (en allemand: "Schwester"), "Sœur de la Résurrection", elle exprime par le mot "Résurrection" son impression personnelle sur la fonction secourable de l'infirmière. Quand elle désigne un calepin vert un peu endommagé dont on tourne rapidement les pages devant elle comme "la roulotte des bohémiens" c'est une désignation caractéristique de l'impression physiognomonique qu'elle en a reçue et qui lui a rappelé une roulotte de bohémiens, parce qu'elle l'associe à la même expérience physiognomonique. Il faut souligner ici qu'il n'y a pas une confusion véritable, la malade discerne tout de suite après qu'il s'agit d'un calepin. Mais son attitude mentale modifiée ne lui a pas permis de retrouver immédiatement le mot conceptuel "calepin": elle lui a substitué une caractéristique physiognomonique.

La même explication vaut pour un malade qui désignait deux crayons usés et mal taillés qu'on lui présentait ensemble d'abord comme "deux alliances", ensuite comme "deux employés des pompes funèbres". Il expliquait la première expression en disant qu'on les employait ensemble, "qu'il faudrait même dire une alliance". Il s'agit ici d'abord sans doute d'une attitude active, mais qui exprime la physionomie de l'action plutôt que l'usage des objets. Les objets apparaissent en quelque sorte avec la physionomie de sujets agissants. L'attitude physiognomonique est plus évidente encore dans le terme "employés des pompes funèbres". La vétusté qu'exprime l'apparence des crayons a éveillé chez le malade une impression de néant, de mort. "On peut dire que ce sont des cadavres, dit-il, ils sont assez usés". Ils l'ont fait penser à la mort, à l'éternité, d'après ce qu'il dit. Mais comme ils se présentaient debout et côté à côté, ils ont évoqué en lui l'image de deux hommes qui marchent l'un à côté de l'autre; d'où le terme de "Leichenträger" (porteurs de cadavres). Ici encore il faut noter que le malade reconnaissait fort bien les crayons et l'usage qu'on en pourrait faire. L'autre attitude, l'attitude physiognomonique semble si naturelle, devient si dominante parfois qu'elle agit plus fortement sur le langage, d'autant plus que le mot crayon, qui appartient à l'attitude conceptuelle, était peut-être un peu effacé à cause de l'altération de cette attitude.

Le savoir verbal

On trouve des troubles du savoir verbal dans des cas d'altération des moyens d'expression verbale et parmi ceux-ci surtout dans les cas d'aphasie motrice. Ce fait indique que le savoir verbal représente surtout le résultat d'un apprentissage moteur. La perte de ces effets de l'exercice joue un rôle important dans la formation des aphasies par trouble des moyens d'expression verbale.

Le savoir verbal joue un plus grand rôle encore comme *moyen de secours* dans le second groupe des troubles du langage. Nous avons déjà vu quel peut être son rôle comme procédé de suppléance dans l'aphasie amnésique et à quel point il peut parfois dissimuler la difficulté que le malade éprouve à trouver les mots. Le mot peut alors être évoqué ou bien directement et de façon tout extérieure par la présence de l'objet, ou bien par un détour, à travers des souvenirs qui se rattachent à des perceptions et grâce au savoir verbal. Si dans le premier cas il est possible de se tromper sur la manière dont le mot a été trouvé, la chose est claire dans le second cas.[39] Un malade, par exemple, ne peut plus trouver le mot "myosotis" ou le mot "bleu", mais l'objet éveille en lui le souvenir du dicton: "Blau blüht ein Blümelein, es heisst Vergissmeinnicht" (Il est une fleurette bleue qui s'appelle le myosotis), et aussitôt il dit "myosotis" et "bleu". Ces mots, il ne les a pas employés à la manière significative usuelle, ils se sont présentés à lui comme un savoir verbal extérieur: c'est ce qui apparaît clairement dans le fait que peu après le malade ne peut plus retrouver ces mêmes mots comme désignations des objets. L'importance du savoir verbal dans les tâches pratiques qu'impose le milieu ressort mieux encore quand le rapport direct avec le milieu est troublé par quelque modification foncière, par exemple dans les cas de cécité psychique. Comme nous l'avons exposé,[40] il y a au moins

---

[39] *Cf.* Gelb et Goldstein, "Über Farbennamenamnesie", *loc. cit.*, surtout p. 168.

[40] Gelb et Goldstein, "Zur Psychologie des optischen Wahrnehmungs- und Erkennungsvorgangs", *Psycholog. Analysen hirnpatholog. Fälle*, I, Leipzig, 1920.

une forme de cécité psychique qui n'est pas caractérisée par une lésion de la sphère optique comme on le croyait généralement autrefois, mais bien par une modification générale de la situation du malade par rapport au monde extérieur. Voici à peu près comment on peut caractériser cette modification: dans tous les cas où il est nécessaire, pour agir et réagir correctement, de saisir simultanément une donnée comme un tout organisé et articulé, le malade échoue, tandis qu'il obtient des résultats passables, voire bons, quand il suffit de procéder successivement. Une foule de troubles de détail dans les domaines les plus divers s'expliquent comme l'expression de ce trouble fondamental: troubles graves de la connaissance optique ou tactile, de l'évaluation des quantités, de la notion des nombres, de la notion d'espace et de temps, incapacité de suffire à certaines tâches intellectuelles, *etc.* Or, on a remarqué de tout temps que les malades, malgré ces lacunes, savent admirablement se tirer d'affaire dans la pratique, et on a été frappé du rôle que jouaient là les actes verbaux. Le langage d'un malade atteint de cécité psychique, examiné en détail par Gelb et par moi, a été soumis récemment à une étude spéciale par un de nos collaborateurs, le docteur Hochheimer.[41] Chez ce malade, les moyens d'expression verbale semblent intacts. Le langage est encore riche en mots, aucune catégorie de mots ne fait réellement défaut. En comparaison avec des normaux, on est seulement frappé d'un changement formel: le malade se sert presque uniquement de propositions principales simplement juxtaposées, bien que logiquement ordonnées. Il est rare qu'on rencontre une construction plus compliquée.

Mais ce langage ne se présente *presque jamais comme un langage "représentatif"*. Il affecte la forme soit du langage expressif, soit d'une liaison étroite avec l'action et l'expérience concrète, soit du savoir verbal. Le langage expressif lui-même n'intervient dans les manifestations verbales du malade que si celui-ci se trouve placé passivement dans une situation où la personnalité soit tout entière intéressée, et qu'il contribue à modeler. Le langage qui accompagne ses expériences et ses actions se distingue par son étroite subordination à ces expériences et à ces actions. C'est ainsi que le malade ne comprend jamais une expression figurée, il ne peut prononcer des phrases qui aient une portée générale (à moins que ce ne soit un pur savoir verbal). Il ne peut rien énoncer ni répéter à la demande qui ne corresponde à la "réalité", à sa réalité, ainsi que c'est le cas de beaucoup d'autres ma-

[41] Hochheimer, *Psychologische Forschung*, XVI, 1932, p. 1 sq.

lades atteints de lésions cérébrales et touchés dans leur "essence" même. Si on lui dit, par exemple, "le ciel est noir", il répond conformément à la vérité objective, "il fait sombre". Il se comportera de même si on lui dit "la neige est noire". Il ne reconnaît pas ces phrases qui ne correspondent pas à la réalité; il ne peut ni dire, ni répéter à la demande, ni penser des choses absurdes. C'est seulement si l'on réussit à lui faire répéter des mots de telle façon qu'il n'ait aucune conscience de leur contenu, qu'il répétera des "absurdités", mais de façon toute mécanique et manifestement sans prendre aucune part à toute cette activité qui lui demeure étrangère. On n'y parvient d'ailleurs que très difficilement.

Il ne parle jamais que si l'on lui parle. Si l'on a parfois l'impression qu'il commence spontanément une conversation, ce n'est qu'une apparence. Ainsi, lorsque chez lui il interpelle ses enfants, ses paroles sont provoquées par des questions toutes formulées, qu'il s'est inculquées et qu'il a décidé une fois pour toutes d'adresser à ses enfants, par exemple: "As-tu été sage aujourd'hui?" Cette parole "spontanée" est extrêmement stéréotypée et pauvre. En fait, le langage n'a à peu près aucune spontanéité. Le malade, comme nous l'avons dit, ne parle que si on l'interpelle, si on le questionne ou si on le stimule en quelque façon. Il commence d'habitude par *répéter* le mot entendu. Exemple, à la question: "Qu'est-ce qu'une grenouille? Avez-vous vu des grenouilles?" il répond: "Grenouille? Qu'est-ce qu'une grenouille? Grenouille: couac, couac, ça saute." Si on lui demande ce qu'elle mange, il répond: "Je n'en sais rien, elles vivent dans les marais, les eaux, sur les bords". – Quelle est leur couleur? – "Grenouille, grenouille, *Laubfrosch* (grenouille du feuillage, rainette). Ah! oui, la couleur, feuillage, vert, le *Laubfrosch* est vert. Oui."

Une fois que le malade a commencé à parler, il continue, et on est souvent surpris de tout le savoir dont il fait preuve. Lui-même en est souvent étonné, se demande d'où cela lui est venu et le dit. Exemple: On lui demande d'où proviennent les vagues sur l'eau. Il répond: "Le vent susurre; ça vient du vent" [dit avec un air d'absence, marmotté]. – Qu'est-ce que c'est que ça? – [Après un silence:] "Ça doit être une poésie, je ne sais plus moi-même comment ça m'est venu. Comment l'expliquer, qu'est-ce que je devais dire? Les vagues, les vagues? D'où viennent les vagues? Alors est venu: "Les vagues murmurent, le vent susurre. Donc, c'est le vent."

Le malade certainement *parle d'abord sans y penser.* Il ne parle pas par réflexion: il s'agit, comme le dit Hochheimer, d'un acte aidé par des mots involontaires. Ces paroles ne sont pas absurdes, elles contiennent une masse de choses sues et mènent généralement à une sorte de solution du problème, mais ce langage n'implique aucune espèce de travail mental accompli au moment même, il contient des arguments intelligents, mais qui ne proviennent pas d'une réflexion présente. Ce sont en quelque sorte des formules que le malade emploie pour résoudre un problème, de même que dans la vie nous faisons beaucoup de choses que nous ne comprenons pas et qui se déclenchent en nous, grâce à un certain mot ou à une situation extérieure, plutôt que nous ne les mettons nous-mêmes en branle; ainsi, par exemple, entrant dans une pièce obscure, nous allumons l'électricité souvent sans en avoir conscience et certainement sans nous rendre compte de ce que nous faisons, dans le détail.

Dans la vie courante, le malade accomplit des prodiges grâce à ce langage. Il supplée par ce moyen à bien des choses que le sujet normal accomplit sans parler, grâce à l'intuition naturelle que le malade n'a plus. Si par exemple le malade doit désigner un carré qu'on lui présente et qu'il ne reconnaît pas optiquement comme tel, il dit, après en avoir suivi les contours par des mouvements [42]: "Carré sur le mur, quatre angles au mur, tableaux, fenêtres, porte, ventilateur, miroir, calendrier . . ." (Tous ces objets peuvent être carrés, éveillent l'idée d'un carré). "Et puis, cela a l'air noir." Il conclut de façon purement verbale, d'après ceux de ces divers carrés qui pourraient s'accorder avec l'idée de noir. Autre exemple: Sur la table il y a un livre rouge. Le malade arrive par voie motrice à distinguer un carré. Si on place le livre de telle façon qu'il en voie à présent les pages blanches, il dit: "Du blanc", et distingue une certaine forme. Il dit alors: "Carré rouge, blanc, épais, sur la table, cela pourrait être un livre".

Si exposé qu'il soit par ce procédé à se tromper, son langage est pourtant le seul moyen, et souvent évidemment un excellent moyen, de connaître les choses et de s'orienter.

Que nous apprend cette observation? Si nous faisons abstraction du caractère concret que présente le langage du malade et de sa subordination à l'action et au réel, elle nous enseigne *l'extraordinaire indépendance, l'extraordinaire richesse du langage de l'adulte.* Elle montre le riche trésor de savoir qu'enferme le langage, ses vastes possibilités d'emploi efficace, d'opérations logiques, justes ou pra-

---

[42] *Cf.* le travail cité de Gelb et moi (p. 471).

tiques, son utilité extraordinaire d'instrument à l'intérieur d'une activité déterminée par une situation concrète; mais elle révèle d'autre part *la totale absence de spontanéité et de productivité d'un langage détaché de l'ensemble des activités de la vie.* On ne saurait trouver de meilleur exemple pour démontrer à quel point il serait faux de ne considérer le langage que comme un instrument. Ce que nous venons de voir, c'est la genèse du langage dans les cas où il ne peut plus servir que d'instrument. Chez l'homme normal aussi, il arrive que le langage ne serve que d'instrument, et c'est un instrument qui a beaucoup contribué à l'édification de la civilisation humaine. Mais *cette fonction d'instrument suppose que le langage signifie au fond tout autre chose ou, comme chez le malade, qu'il a autrefois, avant la maladie, signifié tout autre chose.* La fonction instrumentale du langage suppose la fonction représentative, c'est-à-dire une attitude générale très déterminée, l'attitude symbolique et catégorielle justement. Sans cette attitude, le langage de l'homme ne serait point un langage. Aussi est-il faux de dire que "même à l'état animal l'homme possédait un langage", sans parler des autres objections à faire à cette assertion. Pas plus que l'homme animal n'était un homme, il ne possédait ce langage qui est précisément une des expressions de sa qualité d'homme. Pour acquérir ce savoir verbal, il faut que nous nous soyons placés dans cette attitude représentative, que nous ayons dominé le monde du regard. Le malade ne posséderait pas ce langage s'il n'avait été auparavant un homme normal. Le malade, quand il use du langage de la façon extérieure décrite plus haut, semble mouvoir comme un homme sans âme dans un monde sans âme; l'homme normal semble se conduire de même, quand il parle ou agit dans un monde détaché de lui et privé d'âme. Dès que l'homme se sert du langage pour établir une relation vivante avec lui-même ou avec ses semblables, le langage n'est plus un instrument, n'est plus un moyen, il est une manifestation, une révélation de l'être intime et du lien psychique qui nous unit au monde et à nos semblables. Le langage du malade a beau révéler beaucoup de savoir, il a beau être utilisable pour des activités déterminées, il manque totalement de cette productivité qui fait l'essence la plus profonde de l'homme et qui ne se révèle peut-être dans aucune création de la civilisation avec autant d'évidence que dans la création du langage lui-même. C'est ainsi que l'essence du langage ne nous apparaît nulle part avec autant d'évidence que chez le malade. (Berlin, 1932. Traduit par Mlle G. Bianquis.)

THE PROBLEM OF THE MEANING OF WORDS BASED UPON OBSERVATION OF APHASIC PATIENTS *

The problem of the meaning of words is one of the most discussed and most important problems of the psychology of language. It seems to be a very simple matter when we name an object or when we say "that is a table, that is green," *etc*. There seems to be an external connection between a sound and an object, but this is not frequently true. The name can also represent something quite different.

The study of the growth of language in children has shown the special importance of the name-word relationship by demonstrating the interconnection between them and the unfolding of personality, and, as well the development of the child's external world. Let us remember: At the moment when Helen Keller recognized that each thing has a name her whole world changed, and she felt herself changed. That moment her fully selfconscious life began.

We know from disturbances of language in brain diseases, as seen in the symptomatology of the aphasic cases, that the lack of ability of naming objects is often connected with a very characteristic change of the whole personality of the patient. The observation of such patients gives us good insight into the essence of this connection between objects and words and points markedly to the meaning of words. Because of this I shall discuss the problem from the basis of experiences with patients with so-called amnestic aphasia, who show this lack of naming objects as a striking symptom.

Earlier, this symptom was usually understood as an expression of dissociation between a so-called brain center for "thing-ideas" and a center for "word-ideas." This conception of brain centers and connections between them as the basis of psychological ideas is certainly incorrect and has been generally discarded. I shall not concern myself

* Reprinted, by permission of The Journal Press, Provincetown, Mass., from *Journal of Psychology*, 2, 193 (pp. 301-315).

with the discussion of this concept theoretically, but rather will present facts obtained in recent investigations of such cases which make the previous conception inapplicable.

If one examines a patient with this type of aphasia (*cf.* 1 & 2) one is certain to find as a striking symptom that the patient is totally or partially unable to find names for concrete objects. Further, the patient may be lacking in nouns or verbs in his spontaneous language. However, the language is disturbed not only by this lack, but also by other changes. Thus the patient uses many circumlocutions where we would use simple words. For example, a patient of mine said, in a situation in which we would merely say "that is an umbrella": "*that is a thing for the rain*" or "*I must have it for the rain*," or "*I have it at home*" or suddenly "*I have three umbrellas at home.*" In the last sentence using the right word in the circumlocution, yet not being able to repeat it soon after to the new question "What is that?" In the same way patients may answer when they are to name an illustrated object; for example, a cup: "this is for drinking," or a penholder "that is for writing," *etc.*

The patient may use words which usually belong to a more general usage. For example, when asked to name a rose or a violet, he says "that is a flower," or, when asked to name a table "that is a thing." However, as we shall see, he uses these seemingly general terms not in a general sense but in a very concrete one.

Not only the language of the patients is changed, as it may seem from a superficial aspect, but the total behavior of the patient also shows peculiarities. All the acting and thinking seems to be concentrated to an unusual degree with their own personality and its relationship to the world. The patients are persons acting in the world rather than thinking or speaking about the world. Their speaking is accompanied much more with expressive movements. Very often we recognize that the patient seems to be unable to express his meaning by words, but does so by movements.

The change of the whole behavior becomes still more striking in particular examinations. I shall begin with the presentation of the results of an examination which I might call the "color sorting test." I begin with this test because the results seem particularly suited to find out the basic change in such patients.

We place in front of the patient a heap of skeins of yarn of different colors (Holmgren test of color vision). We ask the patient to select all the red skeins and place them together, *i.e.*, the varying shades of red colors. Or we pick out one skein, for example, dark red, and ask him to choose skeins of the same or similar color.

A normal person with good color efficiency usually selects a great number of different shades of the same basic quality. For instance, different reds, without regard to the intensity, purity, brightness, *etc.*, of the single shade. According to the task, the subject's intention is directed to the basic color quality, and he chooses all skeins which he recognizes as belonging to the given basic color quality. The result of this examination in a patient with amnestic aphasia is quite different. There are to be observed varying types of behavior of the patients: for example, according to the instruction to take all skeins similar to a given one, the patient chooses only such skeins of the identical or at least of a closely similar shade. Though urged, he chooses a small number because there are only a few very similar ones in the heap. Another patient matches a given bright shade of red with a blue skein of great brightness; at first, the patient may seem to be colorblind, but it may be demonstrated by other investigations beyond doubt that his color efficiency is normal and that the patient is able to differentiate very distinctly very small differences of colors. More precise observations disclose that the choice of the patient in the above-mentioned case was determined by a particular color attribute of the given skein, for instance, in this case, by the brightness. We observe further, that the choice is decided now by one attribute, now by another one; by brightness, softness, coldness, warmth, *etc.* However, and that is a very amazing thing, the same patient who seems to be choosing according to a certain attribute, is not able to follow this procedure if it is demanded of him, *viz.*, if we ask him to choose all bright ones. Further, we observe, he does not seem to be able to hold to a certain procedure. He has chosen, for instance, some bright ones. Suddenly he transfers the selection to the characteristics of another attribute, for instance, to coldness or some other factor.

In another case, the patient will arrange the skeins as if guided by a scale of brightness. He will begin with the greatest brightness, with a very bright red, then add one less bright and so on to a dull one. But if we ask him to place the skeins in a succession according to their brightness, he shows himself incapable of the performance, even if it is demonstrated to him.

If we try to understand the behavior of the patients, we have to examine the procedure of normal persons in such taks. If we have to choose all red colors we select various nuances, even though we see that they have various attributes not equal to one another. We do so because we mean that they belong together in respect to the basic quality. The several shades are to us only examples of this quality. We treat the skeins not as things as they are given, but as representatives of the basic quality. For the moment we ignore all but the specific character requested. We inhibit or disregard all other attributes which may enter attentive consciousness. We are able to do this since we can abstract and hold fast the direction of procedure once initiated.

There is another approach, however, open to the normal person. When we start with one particular skein and pass it over the heap, passively surrendering ourselves to the impressions emerging as we do so, then one or two things will take place: if skeins resembling our sample in all attributes are present, all these immediately cohere in a unitary sensory experience. If, however, they do not match our sample in all respects, but only in some, we shall experience a characteristic unrest concerning the heap and a variation and rivalry between groupings according to the different attributes. The characteristic in either case is the circumstance that the coherence results from the sense data and takes place passively and we do not experience a definite attitude. There is an essential difference between the two kinds of approach, namely, in the first, a definite ordering principle determines our action; in the other, there is no such principle, and our action is passively determined by the outer impressions. We may designate the two as the abstract attitude and concrete attitude.

These two kinds of attitude are merely instances of man's twofold attitude to the world in general. In this connection, let me stress that in the abstract attitude we are not directed toward an individual object but toward the category of which that individual thing represents itself as an accidental example and representative of the category. Therefore, we call this attitude also *the categorical attitude*.

The concrete attitude is more realistic: we are directed more toward the concrete thing in its particular uniqueness.

To these different approaches towards the world correspond two types of behavior. In brief we may say that in the first approach we are rather thinking about things. Our reaction is determined not by the demands of the given thing, but by the demands of the category which the object represents for us. In the second approach we are manipulating the objects rather than thinking about them. Our thinking and acting are determined by the claims of the given object in its singularity. To each of these types of behavior belongs a particular kind of language. It is in the first attitude in which we usually name an object. When we speak of "table" we do not mean a special given table with all the accidental properties, but we mean "table" in general. The word is used as a representative of the category "table" as a symbol for the idea "table." We employ the word "table" in this categorical sense when naming a particular table. Thus, if we are asked to group together all reds, we are immediately – by hearing the word red – prepared to select colors, in a categorical fashion. For this approach, language plays a great rôle. This is a form of language which we may designate by the term of Karl Buehler, *"darstellende Sprache,"* which may be translated as representational speech.

In the second form of behavior language does not play much of a rôle. Our words rather accompany our acts and express rather a property of the object itself, such as color, size, *etc.* This fact is shown in the particular kind of words which we use in such situations. The words are especially adapted to the individuality of the given object. We use words like "red," "rose," "violet," not words like "flower"; we do not say "red," "pink" but "dark red," "strawberry red," "sky blue," "grass green," *etc.* Often when we have no word for naming a given object, we do so in a round-about way.

When we regard the behavior of the patient in the light of these concepts, we may say: the patient's behavior is similar to the concrete approach of the normal person and this is so, because he *lacks the ability to assume the categorical attitude.* He is only able to find a more concrete, a more realistic attitude. This assumption accounts for his making his choice in the way described above. It finds confirmation in the patient's general behavior, in its greater concreteness in general, in the predominance of activity over thinking, the accompaniment of speech by expressive movements.

Our assumption finally is substantiated by the results of another type of sorting test. If a normal person tries to order the objects lying on the writing table of a very busy man, he can do it in diverse ways, according to diverse attitudes. He may arrange them by size, by color, by function, by importance, in terms of activity or thinking, *etc.* Further, he is able to shift from one attitude and one kind of order to another one and to effect any one arrangement on demand. A patient with amnesic aphasia confronted with miscellaneous objects to be brought into some ordered arrangement, will exhibit the same behavior as in the color test. He is incapable of carrying out any directions, and the kind of arrangement being left to himself, he will proceed in a manner indicating that he is determined by concrete promptings.

Among a number of different objects there were placed on a table before a patient a bottle with a cork loosely set in its neck and a corkscrew. The patient, asked to assemble these as he would think of them, did not put the bottle and the corkscrew together. Asked if these two objects did not belong together, he said "no" very positively, backing it up with the explanation "the bottle is already opened." Under these circumstances, most normal people would pay no attention to the fact that the cork was not fast; because of the business in hand, it is quite accidental and unimportant whether the cork is loose or fast. To the categorical attitude, which we assume in sorting, bottle, cork and corkscrew belong together, independent of their occurrence in any particular situation. For the patient who is able to take the objects only as they are given in sense-experience, the corkscrew does not belong to the bottle and the cork – if the cork is already loose. This instance shows that the same concreteness described in the patient's behavior toward colors is shown by him also toward other objects.

Since the patient faces his world in the particular attitude to which speech is non-relevant, the normal attitude from which we name objects is so alien to him that he cannot even understand how we name objects. Thus the nominal words do not even occur to him. When such words are mentioned to him and he does accept them, he does not understand them as names but as purely external correlates of the objects.

If he finds such an external correlate by himself or if he is prompted in that direction he will seemingly succeed in naming an object, but that in such a case he is again only making an external correlation and not really giving a name is made evident by closer analysis. That the words used by the patient have no categorical meaning to him is shown by the following. Even when the patient is given the proper word he is unable to sort the colors in an abstract way, nor can he attain the abstract approach when he repeats the words, which he will often do. We would frequently observe that a patient asked to name a color, told over to himself various color names: red, blue, yellow, *etc.* He might even pronounce the name appropriate to the given color, but in spite of that he remains unable to bring this correct name into connection with the color itself. In fact, the patient has not lost the words, but his words appear to have lost to him the peculiarity requisite for use in a categorical sense to be employed as symbols. It may indeed be thought that the words have become for the patient empty sounds, which may belong to a definite object as this object's property, but which can no longer serve as a symbol for an idea, *i.e.,* cannot be used as a generic name.

In the same way the reality of this is shown by the circumstance that the patient pronounces the words much as we would pronounce the words of a foreign language, which have a familiar sound but have no familiar meaning.

The change in the words which we have described is shown with special clearness in patients with amnesic aphasia, whose speech is not so impoverished, but who have fairly ample vocabularies and verbal knowledge. They may even attach the right nominal words to some objects, for example, colors, but it can be demonstrated that in these cases, too, such words have not the significance of symbols.

A patient of mine correctly named familiar objects as well as colors, but only when they were quite pure. Only then would she designate them as red, blue, *etc.* She declined to extend the same name to the several shades of the given color on the ground that it would not be correct "to call these red, blue, *etc.*" In short, she had not used the word as a name for an idea, as it might have appeared at first, but only as a sound pertaining to one particular object.

In the course of time, after repeated examinations, the patient came to call various shades by the same name, for instance, she would use the word red for all shades of red. Superficially she seemed to behave like a normal person: one might have thought she may have improved. But it was not so. Asked why she now called all these different shades by the same word, she answered "The doctors have told me that all these colors are named red. Therefore I call them all red." Asked if this was not correct, she laughed and said "Not one of these colors is red, but I am told to call them by this word."

It is clear that she had not used the word as a symbol, but had learned to build quite a superficial connection between a diversity of things and one word, a quite meaningless connection, which, however, helped her to carry out a task, if only in a quite external way. Her good memory helped her to do this. (It is very important to hold in mind that there is the possibility of words being used in this way by patients, otherwise we may be easily deceived.)

That the words used by the patient in a seemingly normal way, yet are always of a totally concrete character, may be further illustrated by the following examples. Asked to mention the names of some animals, the same patient was at first unable to do so. Not until we had given her examples such as dog, cat, mouse, did she reply to our question. Then suddenly she said: "A polar bear, a brown bear, a lion, a tiger." Asked why she named just these animals, she said "If we enter the zoological gardens we come, at first, to the polar bear and then the other animals." Apparently she had called by memory the names of the animals as they were situated in the Zoological Gardens, and she had used the words only as they belonged to the concrete situation. In this regard, it was very characteristic, that she did not say: "bears," a word which expresses the category of all different kinds of bears, and which we would call when asked to name animals – but that she called the words "polar bear, brown bear."

We found the same thing when the patient was asked to call different female first names. She said: "Grete, Paula, Clara, Martha", and asked why she had called just these names, answered "Those are all G's," (G was her family name) and went on "One sister died with a heart neurosis." This example demonstrates very clearly that the patient had not thought of names, but only words which belonged to the particular situation.

How very concretely such words are taken may be demonstrated by the following example. When such a patient was offered a knife together with a pencil, the patient called the knife a "pencil sharpener," when the knife was offered together with an apple, it was to her an "apple parer", and in company with a piece of bread it became a "bread-knife", and together with a fork it was "knife and fork." The word knife alone she never uttered spontaneously, and when she was asked "could we not always call it simply knife?", she replied promptly, "no."

Another angle of approach comes from the use of some word which has several meanings. For example, there is in German the word *"Anhänger"*, which may mean a lavalier which hangs on a chain around a girl's neck; or a follower of a personage, or the second car which is attached to the first street car, as is usual in Germany. Such a patient as we have been describing was unable to use the word except in a single sense. When she had understood the word in one sense, for example, "Anhänger" as follower, she could not understand that we might also use it in another sense as an expression for lavalier or second car.

The observation of such patients shows strikingly that the words which an amnesic patient can utter in connected speech are not words of categorical meaning but belong exclusively to individual things.

Therefore, the assumption must be rejected that the lack of categorical attitude and the concreteness of the patients is caused by the patient's loss of memory for words, or a difficulty of speech. The patients have not lost the words but are unable to use them in a categorical sense.

It might be argued that words as such have not been lost, but that they have lost their meaning and that the disturbance of the categorical attitude is merely the result of the change of the words. There are sound reasons against such an assumption. We find side by side the change in the use of words and the disturbance of categorical behavior. Because the change in words is basically of the same kind as the change of the behavior in general, it seems to be more reasonable to consider both changes as expressions of the same basic disturbance, of the change of the general behavior of the patient towards the world, for neither the use of words in a categorical sense nor the capacity for categorical behavior in general – neither of these functions is primary or secondary. To have sounds in a categorical meaning as symbols for ideas means the same concerning language as to have the possibility of approach in general categorical behavior.

But does this explanation suffice to make us understand the inconsistency so characteristically a symptom of these patients, of their being able to name one thing, and being unable to name another thing, and does it explain the still more perplexing phenomenon that some patients will be practically unable to name any object, whereas other patients find relatively numerous words? The patient's possession of some words becomes self-explanatory when it is noted that all these words have the unmistakable character of connection with individual things, say, words like "strawberry red," "sky blue," "to write," and so on. Even when the patients use words that are normally employed in a categorical sense, in their speech they have a quite concrete sensory meaning. This is also true, when they use the word "thing." This is not, as for us, a category detached from individual objects, but the name of one particular object.

These explanations show that it is not a correct description of the facts when we say, the patients are able to name some objects. Also in these examples they do not use the word in a categorical meaning.

Consider the inequalities among different patients, in the difficulty of finding words. This finds its explanation in the circumstance that the patients differ widely in their capacity for covering up their defect. This variable capacity is conditioned by the patient's previous linguistic knowledge. The better the linguistic knowledge was developed in the patient before his illness, the more will he be able to cover up the defect by the use of words in this externalized way. On the other hand, the greater the total disturbance of the patient, the more obvious the amnesic aphasia by the concomitant impairment for memory language itself. Such a gross impairment will make it difficult or even impossible to find words in an externalized way, and particularly motor aphasia can produce phenomena resembling amnesic aphasia. As a matter of fact, such cases have been frequently confused with amnesic aphasia.

From both a theoretical and practical standpoint these phenomena deserve careful attention. With respect to theory, non-discrimination between these two forms of disturbances in finding words has given rise to the erroneous contention that persons suffering from amnesic aphasia need not have suffered any impairment of the categorical attitude. It is not my contention that there are disturbances in finding words without impairment of the categoric attitude. Since, however, such disturbances arise from a totally different basis, cases involving them must be sharply distinguished from cases, in which the difficulty in finding words is conditioned in the manner described as characteristic for amnesic aphasia, and this last type alone can be called amnesic aphasia.

To meet objections that may be raised against our conception of the disturbance of word-finding as manifestation of a disturbance of categoric attitude it is necessary to find criteria for clearly discriminating between the two types of disturbances of word-finding.

The difficulty in finding words, of itself, is not manifested in the same way in the two forms. Whereas it is characteristic of amnesic aphasia that periphrases occur in place of words not found, in the second type periphrases are much rarer and the characteristic phenomena are mutilations in the line of verbal or literal paraphasia. Patients suffering from the latter disorder are often helped by being given the initial letter or some key-letter of a word they cannot find. No such prompting would be of the slightest help to a true amnesic aphasic. Finally, the second type also exhibits these differences: speech difficulties other than in finding words, motor impediments in pronunciation, disturbances in reacting, writing and comprehension, disturbances which do not occur in amnesic aphasia.

To this conception of amnesic aphasia various objections have been made by such investigators as Isserlin (3), Kuenberg (4, 5), Lange, Hauptmann, Weisenburg & McBride (9), etc.

The first objection states that the concrete approach to the solution of the colored skein sorting test is not sufficient to permit us to assume that the person is able solely to use a concrete type of behavior. Also, some normal persons, to whom we cannot really deny the possession of this ability to use categoric behavior in the sorting test, may, on occasion, behave in the same concrete way as do the patients. We do not deny this fact. Indeed, a colleague of mine, Dr. Weigl (7 & 8), has experimentally demonstrated that this sort of behavior is found quite frequently in very intelligent persons. But – and that is more important – all these normal persons, when asked to sort the test material abstractly, and to change from one way of sorting to another, were able to do so. The amnesic aphasics were never able to bring themselves to such an abstract attitude, or to meet a situation demanding a change in their attitude. Hence it seems that the criticism of Kuenberg and Isserlin concerning the possibility of a concrete attitude in normals does not touch upon our conception as to the nature of the disturbance in the amnesic aphasic patient.

More serious is the objection, which asserts that our explanations do not correspond to the facts in so far as patients, suffering a difficulty or lack in finding words, may behave very well abstractly (categorically). This criticism has been advanced particularly by Kuenberg from examination of her patients. Dr. Weigl and myself have studied very carefully the protocols published by Kuenberg and are convinced that these protocols fail to confirm her conclusions. It is not necessary to repeat here the explanatory proof which Weigl (8) has given. A brief report of the critical conclusions of Weigl follows:

(a). Weigl has demonstrated that it is very doubtful if the patients of whom Kuenberg reports this categorical attitude *are really amnesic aphasics*. The protocols are insufficient to permit a definite opinion as to whether these patients were cases of amnesic aphasia or whether they were suffering from some other form of disability in finding words, which has nothing to do with amnesic aphasia. If the patients are not amnesic aphasics they would not behave concretely.

(b). According to Kuenberg's original data, it is both doubtful and improbable that the patients have behaved categorically. I pointed out many years ago that in judging the disability solely on the basis of the patients' answers there is a fruitful source of error of judgment. Weigl demonstrated through a very careful analysis of single cases that the verbal answer is in no way a proof that the patient was really behaving in a categorical fashion. Two obvious possibilities of error are as follows: (a). Errors based on false judgments of the words which the patients use. As was pointed out above, we can demonstrate the possibility that the same word may be used both in a concrete and abstract sense, and that we may be deceived as to what the patient really meant. Only a very close and accurate examination can give us a definite and clear result, as, for example, in the case which E. Rothmann (6) has published. The protocols published by Dr. Kuenberg give no evidence of such critical analysis, and many details reported make it improbable that those patients, who were really amnesic aphasics, did use the words in an abstract sense. (b). Another frequent source of error comes from a false interpretation of the results of the sorting test. Sometimes the patients put objects together in a way that may at first suggest a categorical attitude, but upon closer analysis shows itself as an expression of a very concrete proceeding.

Weigl has demonstrated in great detail that this is true in certain of the reports of Kuenberg, although Kuenberg uses this argument as proof of categorical character in the behavior of her patients.

Other writers such as Isserlin have objected to our conception of amnesic aphasia, and have usually supported their criticisms on the basis of the work of Kuenberg. In so far as they have described their own material they do not seem to have avoided the errors which we have just stressed, and therefore our objections to their work are the same as those that of Kuenberg.

A very critical reconsideration of more recent cases, with due attention to all these objections has in no way forced me to modify my original concept; on the contrary, it has strengthened my belief in its verity.

Thus I believe that it may be concluded that the *evidence which should support the objections to our conception of amnesic aphasia does not achieve that purpose.* Misunderstanding arises from an unsatisfactory analysis of the facts, particularly in the failure to avoid different possibilities of error. In the future a much more thorough analysis of each individual response of the patient must be sought before a judgment of the basic disability of the patient may be given with assurance.

The pseudo-naming of objects is simply an instance of the use of the knowledge of language. The incidence of this external naming depends on the extent of the individual's verbal ability. In this way the amnesic aphasic can disguise himself in individually varying degrees according to the individual's stock of external connections. If amnesic aphasia is to be rightly understood, it is necessary to keep these two different relations between objects and words rigorously apart. This discrimination requires, however, a thorough analysis of every individual utterance. Let me emphasize that by amnesic aphasia we mean exclusively that syndrome in which an impairment of the categorical attitude is demonstrated.

This superficial use of words also plays a great rôle in ordinary speech. But as important as so-called speech automatisms may be for our everyday language they obtain their position in the background of representational speech. This may be gathered from the fact that speech automatisms are developed only if the human being possesses the functional ability to construct meanings. We know that children with an inborn deficiency in this function are not able to develop this speech automatism to any extent, in spite of the fact that they can speak and have a good memory in general. And in the same way, patients with a loss of categorical behavior may lose those automatisms if they are not continuously kept in use by the demands of concrete situations. Such patients lose, for example, the ability to count and knowledge of the simple multiplication table, which are usually regarded as seemingly well fixed possessions of memory, once they have lost the meaning of the numbers. The use of speech automatisms alone is no real language. The patients may be able, despite their lack of the categorical attitude to use these speech automatisms because they have acquired them in their healthy time, but the fact that their speech lacks the spontaneity and productivity which characterizes the normal language demonstrates very clearly that language without the categorical background is not real language.

SUMMARY

1. Amnesic aphasia is not caused by a lack of words or a lack of ability to call up word images. On the contrary, the symptoms shown by the patients are caused by a change in his basic behavior. The patients have lost the categorical behavior and are reduced to a mere

concrete level of behavior. This conception classifies the modification of the behavior of the patient in general and the change of language in particular, especially his inability to find the name for a given object.

2. This formulation shows further that at least in some aphasic patients the disturbance does not consist in a lack of particular ideas or images, nor in a lack of association between different images nor in the lack of a particular mental ability, but in a change of the whole behavior of a person, in reducing him to a mere concrete being.

3. With respect to the main problem here discussed, *we find the seemingly so simple function of naming objects does not present a simple superficial connection between a thing and a word.*

4. The fact that the loss of the meaning of words is accompanied by such a great change in the world of the patient shows clearly that *language does not merely reflect the world to the mind,* but that it is a means itself for building up the world in a particular way, *i.e.,* in the abstract categorical way. We are reminded of Wilhelm von Humboldt's saying, "Language never represents objects themselves, but the concepts which the mind has formed of them in that autonomous activity, by which he creates language."

5. We can build simple connections between an object and a word and also between two objects. We do it, for example, in learning words in a foreign language, as in vocabularies. So long as we have not yet a conception of the foreign language we possess the words only as a superficial connection with the words of our own language. Also, some words of our mother tongue always stay in such a superficial connection with things, until we gain the meaning of these words. Then the words achieve an absolutely different character. Then they become representatives of the mentioned categorical approach to the thing, to the world in general.

REFERENCES

1. A. Gelb & K. Goldstein, "Über Farbennamenamnesie," *etc. Psychol. Forsch.* 1924, 6, 127-186.
2. K. Goldstein, "Das Wesen der amnestischen Aphasie," *Schweiz. Arch. f. Neur. u. Psychiat.,* 1924, 15, 163-175.
3. M. Isserlin, "Die pathologische Physiologie der Sprache," *Ergeb. d. Physiol.,* 1929, 29, 129-249; 1932, 34, 1065-1144.

4. M. v. Kuenberg, "Über d. Erfassen einfacher Beziehungen an anschaulichem Material bei Hirngeschädigten," *Zsch. f. Neur. u. Psychol.*, 1923, 85, 1923.

5. —, "Zuordnungsversuche bei Gesunden und Sprachgestörten," *Arch. f. Psychol.*, 1930, 76, 257-352.

6. E. Rothmann, "Untersuchung eines Falles von umschriebener Hirnschädigung mit Störungen auf verschiedenen Leistungsgebieten," *Schweiz. Arch. f. Neur. u. Psychiat.*, 1933, 25, 3-51.

7. E. Weigl, "Zur Psychologie sog. Abstraktionsprozesse," I. *Zsch. f. Psychol.*, 1927, 103, 1-45.

8. E. Weigl, "Sprache und Ordnen," *Zsch. f. d. ges. Neur. u. Psychiat.*, 1933, 144, 507-561.

9. Th. Weisenburg & K. E. McBride, *A clinical and psychological study.* New York: Commonwealth Fund. 1935. Pp. 634.

SIGNIFICANCE OF SPEECH DISTURBANCES
FOR NORMAL PSYCHOLOGY

The following explanations will take into consideration only such pathological findings which are related to two special problems in the psychology of speech: – (1) the problem of meaning of words; (2) the significance of "speech automatisms."

There are psychologists who deny that there is such a phenomenon as the meaning of words. To them words are nothing but associations between sounds or movements and objects or situations. Speech, then, would be a kind of conditioned response.

To prove that such an assumption is incorrect, there are no more suitable data than the behavior of aphasic patients whose words have lost meaning. Let us begin with a simple example.[1] There lies on the table a heap of colored woolen skeins of many colors and different shades. A normal person, asked to pick out all reds or all greens, picks all the various shades belonging to red or green. The patient, however, picks up only one or a few very similar skeins of the named color. It appears that the word, "green," fits for him only one special object or very few of close similarity. When the patient is asked to name the various colors, he calls only a very few skeins "green" or "red." He is not able to name at all the other shades of the same hue, or he calls them by special names which fit the special appearance of the individual color (*i.e.*, "light green," "moss green," "this is the color of the leaves," *etc.*). Faced with all the color shades which we call green, he denies that one can call them all green. The patient shows the same behavior as to other objects. Asked for the name of an ob-

* Reprinted, by permission of The Journal Press, Provincetown, Mass., from *Journal of Psychology*, 2, 1936 (pp. 159-163).

[1] K. Goldstein, "The Problem of the Meaning of Words Based Upon Observation of Aphasic Patients," *Jour. of. Psychol.*, 2, 1936.

ject (knife), a woman-patient called it either an apple-parer, or a bread-knife, or a pencil-sharpener or a potato-pealer, according to the various situations in which the same knife was presented to her. A knife together with a fork, she called "knife-and-fork," and she objected to speaking simply of a knife in various situations, as, for example, in connection with an apple or a pencil. This incapacity to use the same word in different situations manifests itself particularly when the patient has to deal with words which have several meanings and a different meaning in different situations. A good example, for instance, would be the many meanings of the word "bar." The patient might be able to utter such a word in one of its various connections, but immediately thereafter, he would be unable to use or understand it in one of the other senses. We might say that the patient seems to be able to use words only if they were associated with a definite individual object or situation. He has only individual words, belonging to an object like other properties, e.g., color, form, etc., but he cannot use the word if it merely represents the abstract class or category under which the object in question may be classified. He cannot use words as symbols. The words have lost meaning in themselves.

This speech defect goes along with an impairment of the conceptual approach toward the world in general.[2] The patient uses objects only as means for concrete activities, not as examples or representations of a class. This behavior of the patients becomes especially clear in their reaction to some special tests,[3] which the author has contrived for investigations of the impairment of the "categorical" or "abstract" attitude (Color Sorting Test, Object Sorting Test, Block Design Test, etc.). The loss of meaning of words and the impairment of the abstract attitude and reduction to a more concrete level of behavior is, in the speaker's opinion, based on one and the same *change of the personality as a whole*.

The significance of words becomes obvious when one considers the peculiarities which speech shows under this condition. The whole language is changed from an active, spontaneous *productive means* for expressing ideas, feelings, etc., to a passive, more or less compulsive,

---

[2] K. Goldstein, "The Significance of the Frontal Lobes for Mental Performances," *Jour. of Neurol. and Psychopath.*, XVII. 1936.

[3] K. Goldstein and M. Scheerer, *Abstract and Concrete Behavior. An Experimental Study. Psychological Monographs*, Vol. 53, 1941.

stereotyped, and unproductive *reaction*. The amount of speech is generally reduced, especially spontaneous speech. The patients have the greatest difficulty in beginning to speak. Speaking has to be elicited through outside stimuli. When stimulated to speak, the patients have difficulty in stopping and use many stereotyped utterances, *etc.*

One especially interesting consequence of the modified character of speech is the fact that the patients have the greatest difficulty in *speaking so-called senseless sentences,* or even to repeat them on request. For example, such as are in contrast to a given situation or to their knowledge. One of my patients was unable to repeat the sentence: "It is raining today" on a day of sunshine; or to repeat "The snow is black," or "2 × 2 are 5." Such patients cannot understand how to say so-called senseless things because it is possible to understand senseless sentences only if one can abstract from the given situation or from experienced facts.

The great change in the patient's world involved in this loss of the meaning of words, as such, would make the patient totally helpless if he did not retain, from the time before the onset of the disease, many automatisms, with the help of which he can come to terms with his environment even though he has no real consciousness of their action, which would naturally require abstract mental power.

Analysis of these automatic speech reactions reveals to how great a degree the speech of an adult human being is independent of his *personality* core, and discloses the associative character of much of his speech. One especially interesting example are the vocabularies which we acquire in learning a foreign language. So long as we have no real understanding of the foreign language we acquire the words only in their superficial connection with the words of our own language. We know that these words belong to a definite situation and are able to use them correctly without having a real understanding of their meaning. However, this is the case only in these situations. We make many a mistake due to the fact that we utter them in situations where they do not fit, because we have no real insight as to their meaning. The situation changes when we have acquired a real conception of the foreign language so that we understand the fundamental meaning behind its words. Then the words achieve an absolutely different character. They become representatives of the categorical approach to the surrounding world, and then only is one justified to speak of mastering the language.

Pathology teaches us further how strongly these automatic reactions depend upon the categorical attitude, both for their *acquisition*, as well as their *preservation* in memory.

The speaker pointed to the practical and theoretical consequences of the pathological findings for the customary theory of association and conditioning and the implications of his results as affecting the theory of learning and the origin of speech in the history of man. He comes to the conclusion that human language and meaning cannot be separated. Human language is never a merely external association. Language involves a special attitude toward the world, – that attitude in which the individual is detached from a given condition, *i.e.,* the attitude characteristic of the human being. *When first there was a human being, there was meaningful speech.* This does not mean that normal language is always meaningful speech and that normal performances are carried out exclusively on the basis of the abstract attitude. In ordinary life, the concrete behavior plays a very great part, and most of our performances are carried out in a concrete way. But the mental set-up which these performances require as their conditional background is the abstract attitude. Otherwise, we would simply be robots or behave like the patients described above. Thus, the abstract attitude is essential to the human being. Its importance can be nowhere grasped so clearly as in the change of the behavior in patients under observation; in their lack of activity, creativeness, freedom, social adaptation, and in the changes of their language.

The speaker finished with some remarks concerning the relationship between the findings in the patients and observations on so-called primitive people. He pointed to the similarities with respect to behavior in general and speech in particular, but rejects the assumption that primitive people represent a defective condition like that of the patients described above, or a less developed kind of human beings, or that their capacities are of a degree inferior to those of "civilized" people. That "primitive" people behave concretely is no justification for assuming that they are not able to behave in other ways under varied conditions. The investigations, with our tests, in normal persons belonging to our culture are very instructive in this respect. Not seldom do we observe that very intelligent persons show a preference for concrete responses in these tests. However, these subjects are able to shift from the concrete to the abstract procedure if asked to do so, or if the problem demands it. This is the decisive difference between the normal person and the patient, since the patient cannot shift to the abstract approach, which he has lost, and it is also my opinion that this is the difference between primitive people and our patients. The reason for the concreteness evidenced in both is totally different in the two cases. The patients are forced to react concretely because of a defect in their capacities. Primitive people prefer the concrete behavior because of the special form of their culture and because it usually does not demand the activation of abstract behavior. Why this latter is the case, is a question which involves another problem very well worth discussion, and which cannot be dealt with at the present time.

ABSTRACT AND CONCRETE BEHAVIOR *

Differentiation and Definitions of the Concrete and Abstract Attitudes

In recent years the interest of American students in the impairment of integrative mental function as a phenomenon of psychopathology has been growing. This interest is demonstrated by the mounting list of publications reporting the experimental work carried out by different investigators in clinical psychology (68, 20, 21, 25, 9, 10, 41, 27). These studies on behavior changes in the brain-diseased, schizophrenic, ament and dement, focus on the question of impairment of "abstract behavior."

The problem was first discovered and experimentally attacked by Gelb and Goldstein (17), who, during and after the First World War, introduced a number of methods for determining the capacity of patients suffering from brain injuries. These authors and their collaborators devised special sorting tests, *e.g.*, color and object sorting tests for that purpose (18, 70, 35, 5, 61, 36, 63, 22). The analysis of the behavior and the performance changes in such patients led them to make a distinction between two modes of behavior – the abstract and the concrete. The normal person is capable of assuming both, whereas the abnormal individual is confined to but one type of behavior – the concrete. The abstract and concrete behaviors are dependent upon two corresponding attitudes which are psychologically so basic that one may speak of them almost as levels.

The abstract and the concrete attitudes are not acquired mental sets or habits of an individual, or special isolable aptitudes, such as memory, attention, *etc.* They are rather *capacity levels of the total personality*. Each one furnishes the basis for all performances pertaining to a specific plane of activity. In other words, each attitude

* By Kurt Goldstein and Martin Scheerer.
Excerpt reprinted, by permission of The Journal Press, Provincetown, Mass., from *Psychological Monographs*, 53, No. 2, 1941 (pp. 1-29).

constitutes one definite behavioral range which involves a number of performances and responses. These latter, when taken individually at their surface value, may appear to be discrete entities of quite a diversified nature.[1] Closer analysis reveals that these seemingly diverse performances and responses have as a common basis one functional level of integration, one cross-sectional attitude of the personality: either the concrete or the abstract attitude. Each one is the functional precondition for the concerted operation of different processes; it accounts for their mutual interdependence.

In some ways, the use of the term "attitude" may disturb the psychologist who would prefer the more legitimate terminology of "*mental set*" or "*approach*" as being the more common designations. Both expressions, however, are either too "partitive" and "temporal" in meaning or bear certain behavioristic connotations; and the latter leave little room for an explanatory concept not adhering to the monopolizing claims of "past experience" or "acquired traits." The meaning the authors try to convey by the term *attitude* is rather unique in one respect. Our concept of attitude implies a *capacity level* of the total personality in a specific plane of activity.

This plane can be related to the outerworld situation or to an inner experience. One can assume either an abstract or a concrete attitude towards the outer world as well as towards an inner experience. In assuming the one or the other, the individual as a whole gears himself toward a specific direction of activity which we call abstract or concrete behavior.[2]

For these reasons the departure from common usage may be justified. Yet here are some similarities to the objectives and theoretical approach of certain modern investigators which may be pointed out to the reader. He may relate our conception to the following discussions in contemporary psychology on the question of common functional factors: Karl S. Lashley's excellent paper on functional determinants of cerebral localization (47) and the various investigations of Spearman and Thurstone (67), signifying the search for "common factors" which underlie different partial activities, have some points in common with what we express by the term "attitude."

---

[1] *E.g.*, attention, recall, retention, recognition, synthesizing, symbolization, *etc.*

[2] Gordon W. Allport defines attitude and trait as a form of readiness for response (1).

The principal difference between the aforementioned and the approach presented here is that we forego any attempt at statistical methods at this phase of our work and knowledge. We believe it to be the preliminary task, especially of psychopathology, to ascertain data on a descriptive, qualitative level. The distinction between an abstract and concrete attitude in the characterized sense of two different behavioral ranges is of such a preliminary descriptive nature.

The concrete attitude is realistic. It does not imply conscious activity in the sense of reasoning, awareness or a self-account of one's doing. We surrender to experiences of an unreflective character: we are confined to the immediate apprehension of the given thing or situation in its particular uniqueness. This apprehension may be by sense or percept, but is never *mediated by discursive reasoning.* Our thinking and acting are directed by the immediate claims which one particular aspect of the object or of the outer-world situation makes.

The nature of these claims may be experienced in different forms: as sensory impressiveness; as sensory cohesion; as an expressive quality of physiognomies or of things (2, 62); as situational belongingness, be it a manipulative valence (48, 29), a situational familiarity, or a tangible means-end function.

We respond unreflectively to these claims, because they are thrust upon us as palpable configurations or palpable contexts in the experiential phenomenal realm (*e.g.,* the aspect of kindred color or of practical usage, *etc.*). Most of our common reactions are co-determined by these claims arising from the environing stimuli in our everyday life. Such a claim may constitute a bond between the responding individual and the object, *etc.* Because of the bondage, the individual cannot easily detach himself from the demand exerted by that experienced uniqueness of the object. Therefore it is difficult, if not impossible, for him to realize other potential functions of this same object, or even to conceive of it as an example, a representative, or a case of a general class or category. This dependence upon immediate claims can take on the characteristic of rigidity and "lack of shifting" well known in abnormal psychology. But it can also take on the characteristic of fluidity which manifests itself in an extreme susceptibility to the varying stimuli in the surroundings. The stimuli are followed as ever newly arising; the person is delivered to their momentary valences. This may appear to be distractibility or continual spontaneous shifting of attention whereas, in reality, the individual is being shunted passively from one stimulus to the next.

The concrete attitude exists also in respect to ideas, thoughts and feelings, even if these experiences are not directly dependent upon the immediate outer world. With respect to these more subjective experiences, the attitude is also realistic. We surrender to the immediate claims and particular uniqueness of thoughts and feelings in the same way as to the outer-world claims.

The abstract attitude embraces more than merely the "real" stimulus in its scope. It implies conscious activity in the sense of reasoning, awareness and self-account of one's doing. We transcend the immediately given situation, the specific aspect or sense impression: we abstract common from particular properties; we are oriented in our action by a rather conceptual viewpoint, be it a category, a class, or a general meaning under which the particular object before us falls. We detach ourselves from the given impression, and the individual thing represents to us an accidental example or representation of a category. The abstract attitude is the basis for the following *conscious* and *volitional* modes of behavior:

1. To detach our ego from the outer world or from inner experiences.
2. To assume a mental set.
3. To account for acts to oneself; to verbalize the account.
4. To shift reflectively from one aspect of the situation to another.
5. To hold in mind simultaneously various aspects.
6. To grasp the essential of a given whole; to break up a given whole into parts, to isolate and to synthesize them.
7. To abstract common properties reflectively; to form hierarchic concepts.
8. To plan ahead ideationally; to assume an attitude towards the "mere possible" and to think or perform symbolically.

Concrete behavior has not the above-mentioned characteristics.

In order to illustrate the interrelation between the enumerated modes of behavior and the abstract attitude, we will briefly exemplify in the following from case material of cerebral pathology. Within the framework of our discussion, however, any attempt at a presentation of entire case histories and their clinical evaluation would lead too far astray. Therefore, we have to confine ourselves to pointing out certain symptomatic features in the performance of patients which show how the impairment of abstract attitude affects the characterized behavioral modes. With this purpose in mind, it seems rather irrelevant to labor the etiological question in each case, as long as the facts to be cited have been positively ascertained as sequelae to cerebral pathology.

1. *To detach our ego from the outer world or from inner experiences.*

Patient F. is asked to take a comb from a table and bring it to the examiner. She cannot do this without combing her hair ("forced responsiveness"). A patient of Head (30) says, "With me it's all in bits, I have to jump like a man who jumps from one thing to the next; I can see them, but I can't express them." Patient Sch. is asked to repeat the sentence: "The snow is black." He states he could not say it, that it was not so. The examiner explained to him that such senseless phrases can be repeated even though they are not true, and then urged the patient to repeat the sentence. Now the patient repeated the requested sentence, but mumbled immediately afterwards: "No, the snow is white." The same patient could not be induced to repeat the sentence "the sun is shining" on a rainy day. Patient Schor, with a paralysis of the right arm, was unable to repeat the sentence "I can write well with my right hand." He replaced the word "right" by the word "left." Another patient was well able to use eating utensils while eating, whereas given these objects outside of the eating situation, he produced only a jumble of senseless movements with them. Another patient was unable to drink water out of a glass on command, unless he was really thirsty.

2. *To assume a mental set willfully and consciously.*

A patient is unable to set the hands of a clock to the demanded hour, but can recognize immediately what time it is if presented with the clock. Another patient, whom the examiner started off on a continuous task, *e.g.*, counting or writing letters, is unable to proceed spontaneously if once interrupted; he is unable to initiate an action on his own, to assume a mental set willfully. A patient of Woerkom could give the *series* of the week days and months of the year correctly, but if the examiner named a *particular* day or month, the patient could not give the name of the one preceding or following.

3. *To account for acts to oneself or to others.*

A patient is well able to throw balls into three boxes which are located at different distances from him. He never misses. Asked which box is further and which is nearer, he is unable to give any account or to make a statement concerning his procedure in aiming. Another patient points correctly to the source of a noise, but cannot state the direction from which the noise originated. To do this requires an abstract grasp of spatial relation and the concomitant capacity to account for this understanding by verbalization.

4. *To shift reflectively from one aspect of the situation to another.*

A patient who has just succeeded in reciting the days of the week is now asked to recite the alphabet. He cannot shift to this task, and only after repeated promptings, or better stated, after the examiner has commenced to call out the alphabet, can the patient follow in his recitation. The same phenomenon occurs when the patient has accomplished the task of reciting the alphabet and is then asked to recite the days of the week or the number series. Another patient can call out the number series from one on, but if the examiner asks him to begin with a number other than one, the patient is at a loss, he must start with one. Such patients are often well able to keep up with a conversation initiated by the examiner, but when he suddenly shifts the topic to an entirely different context, they are at a loss to understand what he is saying. A patient may be able to read a word, but immediately thereafter cannot spell out the letters of the word and *vice versa*; he cannot shift from one procedure to the other. A patient of Head, after improvement, described his difficulty in performing the head, hand, ear, eye test in his own words thusly: "I look at you and then I say, he's got his hand on my left, therefore it is on the right; I have to translate it, to transfer it in my mind." The mental rigidity of patients of this kind can manifest itself in the following experiment: If confronted with the ambiguous figures of Rubin they will at best recognize one aspect, the face or the vase, but are unable to shift from one aspect to the other.

5. *To hold in mind simultaneously various aspects.*

A patient is instructed to press the lever in the reaction time apparatus set-up at the appearance of the red light. He does this correctly. If, however, instructed to respond to only one of two colored lights which are given in irregular succession (red, green), the patient responds by pressing the lever whenever any one of the lights appears. A patient is instructed to cross out the letter X in one of the concentration tests. She begins by following the instruction, but after having carried out the task correctly through a few lines of the test, she continues to cross out every letter. A patient of Gruenberg and Boumann, confronted with the designs of triangles, squares and circles, whose lines partially overlap and cross, is able to point to a place which belongs to one figure at the time, but is completely at a loss to show a point in the design which belongs to both the triangle and the square or the triangle and the circle.

Investigations of such patients with the feature profile test have shown that patients may put in the parts correctly according to shape – as in the open square for the four parts of the ear – but they cannot, at the same time, attend to the lines drawn on these four parts which make up the design of the ear.

6. *To grasp the essential of a given whole; to break up a given whole into parts, to isolate and to synthesize them.*

If a patient is confronted with a picture which tells a story (The Terman-Binet Pictures or the Kuhlman, *e.g.*, The Snowball or Blind Man's Buff), he is able only to enumerate individual items and does not grasp the point. He neither finds the essential relations between the persons acting in the picture, nor can he grasp the gist of the story. Evidently, the patient is unable to synthesize the individual events into a meaningful whole. A patient of Head's (30, p. 113) complains: "I tried working out jigsaw puzzles but I was very bad at them. I could see the bits but I could not see any relation between them. I could not get the general idea."

Certain patients are able to read whole words correctly, but if the letters of the same word are presented separately with a space between each letter, they are then not able to recognize the word.

7. *To abstract common properties reflectively; to form hierarchic concepts.*

A patient can count numbers on his fingers and by various round-about methods; in this fashion he can even obtain the results which look like subtraction and addition, but he is entirely unable to state whether 7 or 4 is more and has no concept of the value of numbers whatsoever. Patients of this type have no understanding of analogies or metaphors, since in both the abstraction of a common property is necessary. They fail on a simple syllogism or on tests of finding the common denominator of several items.

8. *To plan ahead ideationally.*

a. Patients can easily find their way in walking from the ward into a room or from the hospital to their home, but if asked to draw a map of their route or to give a verbal account of it, they cannot do it. Many patients of this type are unable to *start* drawing such a map, but can complete it if the experimenter gives them a starting point, *i.e.*, begins the design for them (Head). Similar to this is the way patients solve the Purse (Ball) and Field Test (Binet), they cannot make a plan of their search.

b. To assume an attitude towards the "mere possible" and to think or perform symbolically.

The patient can use the key to open the door correctly but is unable to demonstrate how to use the key without the door present. Another patient cannot demonstrate how to drink out of an empty glass whereas he can drink out of a full glass. He can knock at a door, but if pulled away from the door by the experimenter so that his arm does not reach the door, he cannot perform this action symbolically. He can write his name on paper, but not in the air. He can blow a piece of paper but cannot demonstrate how to blow without the paper.

The inabilities here discussed or, for instance, the patient's inability to continue hammering if the nail is removed, indicate that these patients are unable to assume an attitude toward the "mere possible" and are bound to concrete reality. –

We have to differentiate between various degrees of both the concrete and the abstract behavior. First, there are various degrees of abstract behavior corresponding to the degree of ideational complexity which the performance in question involves. For instance, the highest degree of abstract behavior is required for the conscious and volitional act of forming generalized and hierarchic concepts or of thinking in terms of a principle and its subordinate cases and to verbalize these acts. Another instance of similar abstract behavior is the act of consciously and volitionally directing and controlling every phase of a performance – and of accounting for it verbally. A lower degree of abstraction obtains the anticipatory, ideational act of consciously and volitionally planning or initiating insightful behavior without a distinct awareness or self-accounting of every phase of its further course. As a special instance of the latter degree, the understanding of symbols or metaphoric thinking and intelligent behavior in everyday life may be considered. Here it is mostly the *directional* act which is abstract, and the ensuing performance runs off on a concrete plane – until difficulties arise. Then the required shift again calls into play the abstract, anticipatory deliberation, and so on.

A gradation applies just as well to concrete behavior. The most concrete way of dealing with situations or things is to react to one aspect of them exclusively; *i.e.*, reacting to *one* global impression or to one color alone, to a particular form of an object, or to one property of it, as, for example, its practical usage. A less concrete approach is indicated when the person is unreflectively embracing in his scope the total, palpable configuration of an object or situation, and is not determined in his response by any one impressive particularity of it. An unreflective variation of perspective toward the situation is less concrete than a rigid fixation to one aspect of it.

The normal individual combines both attitudes and is able to shift from one to the other at will according to the demands of the situation. Some tasks can be performed only by virtue of the abstract attitude. We are well aware of the fact that as yet we have barely scratched the surface of the problem involved in the interrelation between abstract and concrete attitude in the normal individual. Here only the very first attempts towards an understanding are being made, and experimental research has yet to accomplish a highly complex task. At the present state of our knowledge the following points should be emphasized: (1) Although the normal person's behavior is prevailingly concrete, this concreteness can be considered normal only as long as it is embedded in and co-determined by the abstract attitude. For instance, in the normal person both attitudes are always present in a definite figure-ground relation. (2) Which of the two operates in the foreground depends upon the demands of the given situation. (3) In pathology this relation becomes disorganized, if not disintegrated, into an abnormal condition. Owing to the impairment of the abstract attitude, the concrete plane of behavior has become deprived of the functional control by that "higher" level and acquires an abnormal predominance of an automatic nature which we may call forced responsiveness as to *form* and concreteness as to *content*.

Organic pathology in patients with brain disease disintegrates human behavior in such a way that the capacity for abstract behavior is impaired to a greater or lesser degree in the patient. Thus, he becomes more or less reduced to a level of concreteness of situational thinking and acting so that he can perform only those tasks which can be fulfilled in a concrete manner.

In order to avoid misunderstanding, we have to emphasize that the process of disintegration toward the concrete does not abolish the arousal of ideas and of thoughts as such. What the deterioration affects and modifies is the *way of manipulating and operating with ideas and thoughts*. Thoughts do, however, arise but can become effective only in a concrete way. Just as the patient cannot deal with outer-world objects in an abstract manner, he has to deal with ideas simply as "things." With respect to the outer world we may say that concepts or categories, meanings other than situational or means-end relations are not within the patient's scope. This lack of abstract frame of reference holds also for the patient's inner experiences; it manifests itself in his inability to arouse and organize, to direct and hold in check ideas or feelings by conscious volition. He cannot detach his ego from his inner experiences; therefore he is rather a passive subject to, instead of an active master of them (*e.g.,* obsession, compulsion, in functional disturbances-rigidity, *etc.*). In patients with cortical damage, voluntary arousal or recall of images, events, or sentences, *etc.*, is impaired and only takes place if the patient is brought into the concrete situation to which that content belongs.

It should be mentioned that what we have described as conscious volition is a *descriptive* term rather than an explanatory concept. It is to signify the condition in which the organism can come to terms with the environment only by a special activity which is required by the situation. From observation in normal as well as in pathological cases, there can be no doubt that a condition corresponding either to conscious will, or to the loss of it, exists. We need not speculate beyond this descriptive observation as to what kind of psychological "force" this conscious volition might represent. It suffices that this sort of act belongs to the functioning of the *normal* personality on the level of abstract behavior; that its presence or absence coincides with the presence or absence of the abstract attitude. If this mutual interdependence within the structure of the personality can be taken as a matter of fact, then it is explicable why any defect affecting the abstract behavior must lead to a definite change of the personality as a whole. Since the characteristic changes in patients with brain lesions can be regarded as an impairment of abstract behavior, a variety of symptoms can be ascribed to that *basic* defect which manifests itself in different performance fields.

Thus we are dealing with a basic personality change. From this unitary point of view many of the otherwise separately described disturbances can be made intelligible.

Methods of Testing for Abstract Behavior Predominantly Qualitative

The methods of testing to which we now turn, especially the Sorting Tests for determining the impairment of abstract behavior, have also proven fruitful in the study of mental deterioration of other kinds. For investigations by Vigotsky (68), and later by Kasanin and Hanfmann (41), Bolles and Goldstein (9), have shown that this type of examination could be succesfully applied to certain types of schizophrenics. Since the problem has become of such a general practical and theoretical significance, it seemed advisable to prepare a manual on the Sorting Tests used by us and to present them with all the implementations which the experience of over twenty years of clinical work has evolved. In addition we publish here for the first time a psychological analysis of Goldstein's cube test (with the use of Kohs designs) and of the stick test with directions for administering all tests.

The tests are chiefly performance tests, *i.e.*, they exclude as far as possible a procedure *based* on language in their execution. The performance tests in common usage do this, too, but mainly because one tries to avoid the positive effects of verbal training or the negative effects of its absence upon results in verbal testing. In other words, the objective of the routine performance test is to determine the *actual* capacity of a subject which may not express itself in the same clear-cut manner on a verbal test. Our tests share this advantage of the performance tests. In pathological cases, however, there are other points to be considered which make the performance test especially superior to verbal tests:

a. Verbalization and speech can be changed qualitatively to a high degree in a patient with a brain disease. The patient may be able to utter the same words as the normal person does, but the meaning implied in his utterances may be quite different from the normal person's speech, without the observer's being able to notice this fact from the uttered or written words as such. In this way the patient may seem to produce a performance which actually is not within his capacity. A patient may use words which, from the point of view of logic, seem to express a general concept; to him, however, the words have a definite, concrete meaning. A female patient with amnesic aphasia, for example, calls every presented object a "thing" or a "piece" (18). By this word she does not mean the inclusion of this particular object together with many other different objects under the class concept "thing"; what she means is the total concrete situation in which she utilizes the presented object in a specific way; *e.g.*, she calls an umbrella, a brush, a watch, – "a piece"; however, with respect to the umbrella, she adds: "A nice piece, when it rains you open it up, I have two pieces at home; I had three of them." When shown the brush, she says: "I know already what it is, where one can pass over one's hair." (She makes the stroking movements.) It is evident from this protocol and the accompanying pantomimic gestures that the patient does not use the word "piece" as a class concept in the general, logical sense but that she says "piece" to denote a concrete manipulative object in a situational context.

This holds, of course, for all cases in which amnestic aphasics utilize so-called circumlocutions. When, for instance, such a patient designates a pen as "for writing," a tape measure as " for measuring," a pair of scissors as "for cutting," he certainly does not mean by these denotations that the individual article belongs to the *class* of objects with which one can write, measure and cut. The meaning he wants to express is of a concrete situational nature; he means to say that one can manipulate this individual thing in this specific manner. (Therefore these patients more or less accompany their verbal expressions with vivid pantomimic gestures.)

For this reason one also has to be cautious when a patient uses a seemingly general name, *e.g.,* the word flower, if faced with a rose, and, at another time, with a carnation, *etc.* We may illustrate the point by drawing on extraordinary circumstances in which the normal individual behaves in a kindred manner. If we lack the name for a rare object, for instance, a rare animal, we use the word "animal" without meaning the general concept of the animal species; but we want to express something very concrete: the unreflected experience of this given entity. We behave in a similar way if a word fails us when we want to denote a definite concrete object which we ask for or which is handed to us. Then we also say "flower" or "thing," to denote "this thing here" but not a species or class.

In this connection it is noteworthy that in the development of the child's language a similar phenomenon occurs. The child usually acquires expressions such as "flower" earlier than the word "rose," "carnation," *etc.* This in no way indicates that the child already can intend a general class concept with the expression "flower"; rather, he means something very concrete and definite – the situational valence of the given thing for which he has not yet acquired the specific term. William Stern (65) has emphasized that in this developmental stage the use of the individual word is in no way logically, *i.e.,* conceptually determined. The child does not have at his command any class concept in the adult sense. This developmental phenomenon is not yet entirely accounted for. Two factors may be noteworthy in our present state of knowledge.

1. As K. Bühler (12) has pointed out, the child uses verbalization to communicate his experience of expressive qualities or of a definite concrete action, but verbalization is not used in a *representational* sense; *e.g.,* if he has acquired a special word in the situation of picking flowers, he will, whenever brought again in the situation of picking flowers, use the same word no matter whether this word is rose or flower; for he does not denote with this word the object rose, but the act to which the word has become attached.

2. The adult tends to teach the child words which from his point of view are suited for application to different objects of the same class; therefore the word "flower" is in all probability taught before the words rose or carnation, so that the child will use this word in a concrete, situational sense without having grasped the class concept implied by the adult. Hence, in the early stages, the child acquires verbal expressions which, when viewed from the logical class aspect, *seem* to signify something general or categorical; in reality, however, they are nothing but a component of concrete situational *acts* in a realistic, non-abstract way. All this goes to show that one may overtly utter general names without having the meaning of the conceptional generality implied in these words.

This fact is of far-reaching importance, because it reveals that speech in general presents a certain ambiguity; an ambiguity as to the concrete or conceptual meaning of words. This ambiguity exists already in the normal person's verbalization and is accentuated in abnormal cases. It is therefore indispensable to analyze in each case the mental set – the attitude – from which the verbalization springs and to which it belongs.

We are stressing this point because it is easily overlooked in pathological changes of speech or of total personality. The ambiguity of language constitutes pitfalls for the application of verbal tests, especially to patients. Only by considering this ambiguity is the examiner safeguarded against misinterpretation and at the same time enabled to reconcile apparent inconsistencies in the verbalization of an abnormal subject. For example, a patient (70, *p. 1, note 3*) may impress the examiner with a pedantic meticulousness in calling out the names of every shade of presented color samples of the same hue, *e.g.,* red. One sample he calls paprika, the other peach, a third garnet, a fourth tearose – without ever using the general name "red." On the other hand, he may call a particular green tint "green" and then *continues* to name further green tints by individualized, specific names such as: emerald, turquoise, chartreuse, olive, evergreen. The apparent meticulousness in the one case, and the use of the word "green", in the other case, may cause the examiner to assume that the patient possesses the concept "green," but that in the case of "red" the patient has just behaved awkwardly and does not lack the concept red. As a matter of fact the patient has no general notion of the color-category at all. He therefore can only name every individual shade without being able to apply the class name of the color-hue (red) to which the different shades belong; he has used the seemingly general word "green" without any conceptual abstraction but simply because this given shade is the *only* one which aroused the unique experience connected with the *individual name green* in him. The use of any general color name, as red or green, does not indicate that a patient uses this word in a categorical way. *This has to be ascertained in control experiments;* (for instance, ask the patient to give the name which is common to all of the different shades of green which are presented to him, or to sort all "green" together, etc.).

For the above reasons our performance tests are devised to exclude and to check the ambiguity of verbalization which otherwise can become a fatal source of error in diagnosing.

There is another difficulty which arises from the verbalization of the patients. It consists in the fact that a dement or ament may exhibit an extensive vocabulary, a knowledge of routine phrases and a set of verbal responses, based upon a sheer extraneous drill and training, without really being able to understand the meaning these words imply in a general sense. The examiner can be easily deceived also in this case. A ten-year-old, feeble-minded boy was given the Binet sub-test of enumerating all words he knew. He fulfilled the request rapidly within normal time limits, revealing a surprisingly well-developed vocabulary. The subsequent inquiry disclosed that he was unable to define the meaning of a great number of the words he had given. He simply knew them by heart from spelling instructions and pure rote memory. Let us illustrate further. A female patient with a brain lesion (*cf.* E. Rothmann 61, *p. 1, note 3*) was unable to produce words on command, even if specified as to class, *e.g.,* "Give me animal names."

If, however one started her in calling out: "Cat, mouse, dog," she continued with, "polarbear, brownbear, lion, tiger." Asked why she picked these names, she explained that if you enter the Zoo (of her town) you would pass the cages of these animals first. On another occasion, asked to enumerate Christian names, she promptly called out: "Hedy, Erna, Tony, Paula." Inquiry revealed that these were the names of her sisters. Thus in both cases the patient did neither produce nor use the names "abstractly" as arbitrary class-names, but only "concretely" as individual names belonging to a definite situation.

b. Our performance tests differ from the usual test procedure. The tests in common usage apply a quantitative scoring in which success and failure are recorded in an arithmetical way as plus and minus. In our tests this method is applicable only to a very limited extent. The reason for this does not lie primarily in the fact that our tests have not as yet been gauged for quantitative standardization. The reason rather is a methodological one which is intimately connected with the nature of the case material to be examined with these tests: we are dealing with sick individuals, with defective human beings.

Due to this defect the sick person lives in an environment to which he is no longer adequate and which is no longer adequate for him, because it is the world of the normal. The sick person cannot cope with the demands which thrust themselves upon him. His capacity range is not up to answering the stimuli of the normal person's world with appropriate performances and responses. His feeling of inadequacy is incommensurately unpleasant in respect to tasks which appear commonplace to the normal. Viewed from the changed personality of the patient, however, this affect constitutes a justified catastrophic reaction.

In order to avoid such catastrophic situations the patient is dominated by an abnormally strong tendency to solve a given task or to get rid of it. He therefore will be driven to utilize roundabout ways or to use preserved capacities in a new way, if faced with a task he cannot cope with, because of this defect. Hence, from the mere extraneous result the task may appear to be solved, whereas the patient has not actually attained the performance effect by those means which the task really requires normally. In other words, a patient may produce a plus from a point of view of quantitative rating without the capacity required for this subtest really being present or called into function.

Further, it must be considered that the world in which the patient lives has been transformed through his disturbance and has been modified as to his apprehending and conceiving. For instance, the normal person's perceptual configuration follows very definite laws as to the relation between the phenomenal figure and ground in correspondence with definite stimulus constellations. These laws concerning a contrast of the figure against ground, its relief character, its stability, articulateness, *etc.*, are characteristically modified in pathology. The modification tends towards a dedifferentiation of the normal figure-ground formation. The defective figure-ground formation can manifest itself in various ways and in different fields, *e.g.*, in perception, in the motor field, in thinking, feeling, *etc.* The perceived configuration may become inverted as to figure and ground, or the normal relation between the two may be disorganized so that unessential details come into relief. Or the normal boundaries between figure and ground become blurred, *e.g.*, in reading, the letters will not stand out sufficiently clear to be recognized, *etc.*

Therefore it may easily be that the patient's changed reactions to outer-world events and to the contents he experiences simulate an impairment of a special performance capacity; however, the actual operation of this capacity is merely covered up by a disturbance in another field or is only secondarily and indirectly affected by that other derangement; *e.g.*, in the aforementioned difficulty in reading, the patient may give the impression that he suffers from alexia, whereas he is suffering from a defective figure-ground discrimination. For if we color the letters or draw a frame around them or simply underline them, the patient can read. Why? Because either method has intensified the contrast between figure and ground.

It follows from these facts and considerations that, according to quantitative rating, a patient might produce a minus result on a subtest without the function presumably tested by the applied subtest necessarily being lacking and he might produce a plus result without the function presumably being tested necessarily being present. The examples which could be adduced against the inadequacy of the plus and minus method in pathological cases are almost innumerable and every examiner encounters them in the routine of testing patients of this sort. In order to make plain the above arguments against the plus and minus method, we shall substantiate them by a number of examples taken from different case histories.

A patient (63, *p. 1, note 3*) was given a sentence completion test of the following wording: Dear sister – (I) – inform you – (that) – I have received your – (letter) –. I am feeling – (fine) –. If you visit me during the coming month you would give me great – (pleasure) –.

Your – (brother) –
Ludwig

In spite of all kinds of prompting the patient failed completely. It should be noted, however, that the patient, at that moment, did neither have to answer a letter to his sister nor write to her.

Another day the test was:

Yesterday was – (a) – heavy – (thunderstorm) –. There was – (strong) – thunder and lightning.

The patient solved the task promptly. According to mere quantitative rating the patient's performance should be scored minus on the first and plus on the second application of the test. Both figures would, of course, contradict each other and offer no hints on the same type of test. But if we analyze these data qualitatively and are attentive to all the surrounding circumstances we will find the reason why the patient was *able to solve one* and *unable to solve the other* task. The day before the thunderstorm test had been given a thunderstorm actually had occurred. *To fill in a test appropriately* the patient had to be presented with contents which had a concrete, personal bearing on his present situation. A text which has not this appeal belongs to an abstract, discursive field of thought, foreign to his concrete frame of mind. It was impossible for the patient to find words for a text chosen at random and lacking immediate connection with his concrete situation.

The same patient, asked to say the alphabet is not able to do so, while in a writing test, seeking to find the letter "O," he spontaneously calls out the alphabet until "O" is reached. Does the patient "know" the alphabet? Quantitatively we ought to rate him once plus on the alphabet and once minus. In a reading test the patient's performance was fairly good. Closer observation revealed that before the patient called out the letter he wrote every presented letter with his fingers either on the table or in the air. If one prevented such writing movements by holding his arms, he was unable to say the present letter or the word.

Another patient performs calculations quite correctly. Yet when he has to say how much four plus three are, he proceeds as follows: he says: one, two, three, four, pressing consecutively four fingers on the table at the same time. While keeping these fingers on the table, he again says: one, two, three, this time pressing three more fingers on the table. Now he counts all the fingers placed on the table: "1-2-3-4-5-6-7" and says: "four and three are seven." Closer examination, which we cannot give in detail here, brought out the fact that the patient has lost the concept of numbers, and that without such concrete aids he could not even tell whether seven is more than four.

It is evident that in the last mentioned cases any rating based on the mere performance *effect*, be it plus or minus, would produce only senseless figures or confounding results. The reason is that a plus, *i.e.*, an achievement correct *de facto*, may have been attained in quite an incorrect, abnormal way. The patient's pathology may consist largely of this abnormal procedure in roundabout ways. The disturbance may thereby be perfectly camouflaged. If the examiner orients himself merely by plus and minus scores, he will find, to his surprise, on different occasions, failure and success in the same or a closely similar task. This is the case when the experimental condition does not permit the patient to take his roundabout way, or when the task proper lacks the stringency of permitting only *one way of solution*.

For instance, in the subtest on the Binet scale which demands the finding of similarities between two or more objects a female patient behaved differently on different occasions (26). At one time wood and coal are found similar "because they both burn"; at a later date, however, she insists that they are totally different since one is brown and the other black.

Success or failure can depend upon the traits of the objects which happen to strike the patient at a given time. The apparent arbitrariness and inconsistency from the mere plus and minus point of view are resolved if one traces them back to the basic disturbance which consists of the patient's inability to *survey objects actively with the purpose of generalizing*; for this reason she is delivered to the similarities or dissimilarities as they were evoked by the names of the objects in her situationally-determined thinking. The same patient renders correctly to the smallest detail the designs of the Stanford Binet scoring card, but is unable to follow even the simplest rules of selections in copying names from a catalogue, *e.g.*, copying only the names marked or omitting the degrees following the names.

To summarize from this brief exemplification – which could be multiplied *ad libitum*: In pathology, test results can be evaluated only by analyzing the *procedure* by which the patient has arrived at his results. Any quantitative rating as to success and failure constitutes an infinite source of error, unless it *follows* a qualitative analysis instead of preceding the latter as is often practiced. This is borne out by further differences between the findings in tests on normals and in tests on abnormals. The construction of the usual test for normals consists of a scale of ascending steps of difficulty. These steps are meant to represent either progressing mental age levels (as in the Binet), or performance levels of increasing accomplishment. Therefore, in *principle*, a subject who has failed in a subtest which, on this scale, represents an easier task, is expected to fail also on the subtest higher up on the scale.

The principle of graded difficulty presupposes that each of the ascending steps represents quantitatively greater difficulty of performance. It presupposes at the same time that each step (*e.g.*, age level on the test) represents the same difficulty to the average individual (*e.g.*, of the corresponding age). The same holds for performance tests designed in steps of increasing complexity. Therefore the scores the subjects receive for their accomplishments in the different steps indicate whether or not one subject is better able to overcome the difficulties than the other.[3] The assumption that the same step represents the same difficulty for the average subject tested may even be disputable for normals. In patients such a quantitative comparison is inapplicable. The steps of "graded difficulty" may represent for the patient a *qualitative* difference. A patient may fail in one subtest of a "lower grade" and succeed on a subtest of a higher order of difficulty, because the first task demanded a mental set which the patient is not able to assume on account of the qualitative change in his relation to the world. The step which seems to contain greater difficulties may be solved "objectively" by the same patient, because to his modified personality it represents the easier task (a task for which the patient's mental set is adequate).

We can examplify this fact by the behavior of patients in a simple test situation. On the Kohs Block Test a patient may fail on the designs which are considered easier, whereas he succeeds on the design ranking higher on the scale of difficulty. This happens, for

[3] This is the gist of standardization of tests.

instance, in the case where a patient copies the first six designs correctly within the approximate normal time limits. However, when confronted with the 7th, 8th and 9th designs he fails, whereas he succeeds on the 10th and following designs. The reason is that designs 7, 8, 9 are not as the preceding ones, presented on a horizontal basis, but standing on an angle. The patient was not able to shift in his approach from horizontal to diagonal. Therefore he succeeded on design 10 and the following in which the horizontal presentation was restored (the usage of the term "restored" is only a description from the patient's point of view; there are many normal subjects who scarcely experience this irrelevant change of position).[4]

Another example: A patient is given a set of sticks; he is asked to copy with these sticks the configuration the examiner presents with corresponding sticks. If presented with two sticks forming an angle pointing up, he fails; if, however, the same sticks form an angle pointing downward, he is able to reproduce them. He is unable to copy the position of one stick alone, no matter what direction, but if presented with a design of a house, built from sticks, he succeeds. Investigation discloses that, to the patient the angle pointing downward represented the letter "V," a content with which he could deal; whereas the angle pointing upward had no meaning to him. Therefore he could not come to terms with the configuration which demanded the understanding of "pure" spatial directions without any concrete bearing (one stick – abstract spatial relation). Objectively, the task of reproducing the house, which consists of 10-12 sticks, appears to be a more difficult, complex performance than the task of copying the position of a single stick. According to objective, quantitative scoring, the patient would have been considered failing in the simple task and succeeding in the more complex one. However, to build the house presupposes a mental set on the part of the patient which is easier to assume than the abstract attitude required for the grasping of "mere" spatial position.

Taking this test result as illustrative of many others, we have to conclude: *the usual scoring method based on a scale of difficulty which has been standardized on a statistical basis offers no adequate instrument for determining the nature or the degree of impairment in a patient. Unless one takes into account the entire procedure, the specific reasons for the difficulty the patient encounters, one cannot simply read off from a score which task represents a greater difficulty and*

[4] This is a case of subcortical rigidity with intactness of intellectual function.

which a lesser. Any statistical evaluation has to be based upon a qualitative analysis of test result; qualitative has to precede statistical analysis. First one must determine which kind of qualitative difficulty a task represents for the performance capacity of the patient, then one can make any quantitative inferences as to the degree of impairment, *etc.*

Much work has been done in recent investigations on the problem of scatter on the Binet Test; attempts have been made to develop methods by which one could read off from the amount of scatter the degree of deterioration. This approach leads essentially to nothing more than to a process of converting figures into other figures. The results are confined to the mind of the experimenter without the figures having direct bearing on the diagnosis of the patient's actual performance-status. This is true in principle for the corresponding attempts to ultilize the I.Q. or M.A. of the patient as an indicator of the degree of his defect.[5] Regarding this problem in normals, it may be of practical value to determine the levels of I.Q. or M.A. However, one should consider the results of recent investigations regarding the influence of environment upon the I.Q. of different social groups [*cf.* the critical discussion of Neff (57), the elucidating work of Klineberg (43), and others]. The validity of the I.Q. as a measure of an inherent intellectual span and the claim of its constancy are evidently under dispute.

The following case is an example (3) of the difficulties encountered in applying the Binet to a normal child living in an environment which differs from the standard milieu: Q.: "If you went to the store and bought 6 cents worth of candy and gave the clerk 10 cents, what change would you receive?" One alert young boy in the Kentucky mountains replied: "I never had 10 cents and if I had I wouldn't spend it for candy, and anyway candy is what your mother makes." The examiner, intent on finding out whether the child could subtract 6 from 10, reformulates the question: "If you had taken 10 cows to pasture for your father and 6 of them strayed away, how many would you have left to drive home?" A.: "We don't have 10 cows, but if we did and I lost 6, I wouldn't dare go home." The examiner reformulates

---

[5] Kent, Grace (42), especially pp. 393-400. "Our norms hold only for the group, not for every individual included in the group and not necessarily for any particular individual . . . We have fallen into the habit of depending upon the norms to save us the trouble of making observations."

the question again. "If there were 10 children in a school and 6 of them were out with the measles, how many would there be in school?" A.: "None, because the rest would be afraid of catching it, too." The answer is undoubtedly determined by the special milieu and does not correspond to the statistical, abstract standards of the Binet. The answer, though "incorrect," displays such reasoning that qualitatively it should well be considered intelligent.

Apart from the literature which has accumulated on the technicalities of this question, we ought to point also to the misgivings of the anthropologists regarding the applicability of our intelligence tests to primitive peoples. Margaret Mead (52) relates her experiences with the ball and field test of the Stanford-Binet with Samoan children who failed on this test. Though, according to Western standardization, it represents a fair measure of reasoning in a given situation, the Samoan children tended to handle the problem from an aesthetic rather than from a practical aspect. They endeavored to make designs which would in themselves be pleasing instead of solving the task practically. This seems to be commensurate with the cultural and social matrix of their milieu. The same relationship is evidenced in their response to two pictures emphasizing human beings. "No discussion could be commenced until the question of the relationships of the characters had been ascertained." These facts point to the same problem we have encountered in testing pathological cases; a mere plus or minus does not betray the capacity under consideration as long as one fails to determine the way in which the result has been attained.

From Mead's example, we are *not* informed that the children are lacking in practical reasoning power: what we are informed of is that the test did not measure practical reasoning in this case because the different milieu of the subjects did not allow for such an approach on *this test*. Comparatively similar conditions prevail in pathological cases, different only because the mentioned milieu-differences on social grounds are here afforded by pathological changes. Therefore, in both cases one has to vary the experimental conditions in such a manner that the required approach is actually or potentially within the subject's scope and no other way of solution is possible. Only then is one justified in drawing inferences as to the presence or absence of a capacity. Another problem of specific psychological nature is all too readily pushed aside in the comparison of the I.Q.'s. One easily overlooks that the same M.A. or I.Q. in two different individuals has an entirely different significance as to the qualitative performance capacity. For the identical I.Q.'s are computed from quite different subtest-results in each of the two individuals. In patients the same rule applies in a more stringent manner and with more involved implications. The M.A. or I.Q., taken on a patient, especially if verbal tests are administered, represents a figure in which every factor contributing to its computation is derived from subtests. The results from each of these subtests in patients may deceive the examiner about the actually underlying capacity. The I.Q. findings in patients by means of verbal or performance tests suffer in principle from oversimplification. This testing method neglects the fact that an almost uncontrollable number of factors enters into the process of the test procedure. The effect is that the capacities underlying the subtest performances may be either masked, deflected, or not equivocally determined. For example, a patient may be rated very low because he could not solve the subtest in the prescribed time. If the time element did not constitute the measure of his accomplishment, he might easily comply with the requirement of the test. Therefore, the I.Q. based on such findings fails to do justice to the patient's *actual* capacity status. Recent investigations of the performance of schizophrenics in the Healy Completion Test showed that the patients would have failed completely on the standardized score (26). The qualitative analysis, however, revealed that the patients' particular solution of the problem was closely connected with their modified approach to space and imagined situations. They were well capable of realizing definite contexts imaginatively. Objectively, their failures consisted of a "disregard" of spatial realities, *e.g.*, placing a clock in the sky. This was neither arbitrary nor senseless, but fitted their conception of the story.

The conclusion to be drawn from these considerations is that only a qualitative analysis can be instrumental in determining the nature and degree of a defect. This postulate entails the necessity of further substantiating what is meant by qualitative. In this respect we have already characterized as qualitative the indispensable scrutiny to be exercised in observing the particular way in which a patient proceeds in order to attain a result. But qualitative determination has to go beyond that. We have to devise special tests in which we can ascertain unequivocally the corresponding approach required for each task: *i.e.*, the solution must presuppose a definite attitude and the experimental arrangement preclude success by means of any other approach. From this standpoint many tasks which *appear* to be different in content and difficulty may presuppose the same attitude and make the identical demand on the subject. On the other hand, many tasks which, taken at their face value, appear to demand the identical attitude from the subject, may actually presuppose a qualitatively different attitude.

This fact implies that the measure of difficulty cannot be one of mere quantity, but has rather to be derived from the difference in quality between the attitudes called for. The subject encounters a greater difficulty in assuming an abstract attitude than a concrete. It is our assertion that the aforementioned differentiation as to abstract and concrete offers a positive dividing line between two attitudes of contrasting difficulty. Each of these attitudes corresponds to a definite performance range. Tasks which presuppose the activation of the abstract performance level cannot be genuinely solved as long as the subject operates within the confines of the concrete level.

The Abstract Level of Behavior as a Distinctly New Level

There is a pronounced line of demarcation between these two attitudes which does not represent a *gradual* ascent from more simple to more complex mental sets. The greater difficulty connected with the abstract approach is not simply one of greater complexity, measured by the number of separate, subservient functions involved. It demands rather the behavior of the new emergent quality, generically different from the concrete.

From the evolutionary point of view, this behavioral quality would represent a recent achievement. Be this as it may, in any event we are dealing here with a "new" functional level, intimately connected with the intact working of the brain cortex (especially of the frontal lobes). It should be stressed that our entire conception of two behavioral ranges is based upon neurophysiological as well as psychological findings. The connection of "higher mental function" with the frontal lobes was brought out in neurophysiological and pathological studies during the past two decades by Goldstein (22, 23), Brickner (11), Henry Head (30), Weisenburg and McBride (71), Fulton and his associates (*e.g.*, Jacobsen) (16), and others.[6]

The abstract level is not simply a combination of existing lower functions in a next higher synthesis. And it seems also insufficient to

[6] See also Halstead's paper (78) which came to the attention of the present writers after this manuscript went to press.

characterize this level as the more complex capacity of synthesizing, or as the ability to shift and to perform a greater number of shifts. For there is a decisive difference between active synthesis, active shifting, and a passive, global reaction to stimulus constellations or a passively induced change in reactions which only overtly coincide with the true characteristics of synthesizing activity and shifting.

Rather, the new functional level is characterized by the appearance of the paramount factor of *conscious will*. The authors cannot but maintain that this is the essential feat of abstract behavior – that any other kind of seeming abstraction which does not involve *conscious will* is not abstraction at all. This may run counter to the traditional theories of abstraction which can be condensed to the following explanatory principle, common to most of them: the reaction to a partial conformity of several objects of perception (so-called common partial contents) is preceded by a stage, in which these percepts are already experientially present as *definite objects* with a number of well-defined, given properties. Accordingly, the process of abstraction is said to consist of either voluntarily or *involuntarily* singling out, *i.e.,* abstracting the common, partial content from all the given properties of the various objects.

However, the experimental evidence from studies on perceptual stages in adults and in children fails to support the view that an object is perceptually present with all attributes in *immediate* apprehension. Primarily and unreflectively it is usually given as a configuration with one definite functional property in the foreground (46, 44, 65, 58, 53, 55). The so-called *involuntary* reaction to partial conformity of different objects occurs either in the case that the conformities are *sensorially* impressive (in the foreground) or in the case that the subject acquires the reaction through experimental *training*. In neither case is it necessary to assume processes of involuntary abstraction as long as it suffices to explain the reactions as due to *phenomenal* groupings, be it that they arise spontaneously in response to the field or through a training effect. Crucial proof that an abstraction in the only possible sense of volitional abstraction has actually occurred can and must be provided by control experiments, *e.g.,* on the ability to shift the common denominator under varied conditions or on verbalization of the common denominator.

From sorting experiments with patients and normals the same conclusion seems to be indicated. For instance, all the subjects were able to group together a variety of given objects of similar color or similar use. The experimental analysis, however, revealed that from both groups only the normals could account for the principle of their sorting and could shift spontaneously or on request the conceptual category of their sorting. This the patients could not do; in most cases even a suggestively arranged presentation of groupings other than those formed by the patients failed to yield an acceptance of such groups. The patients could not be prompted to grasp the basis of the articles belonging together in that way. Even the verbal explanation of the concept on the part of the examiner did not help them. Did the patients abstract involuntarily common partial elements in the first instance, but could not do so in the second? Closer experimental investigation revealed: What at first glance appeared to be "involuntary abstraction" turned out to be an entirely concrete procedure, determined by an unreflective apprehension. The patients responded to a definite organization of the articles within the purely phenomenal realm of immediate experience. This definite organization was either one of sensory cohesion, or of situational belongingness, or of co-functional, manipulative valence. Hence, whenever in these cases the sorting of materials seemed to point superficially to an involuntary process of abstraction, the analysis disclosed that a so-called involuntary process of abstraction did not exist. As a matter of fact, the subject responded to a configuration of articles which was thrust upon him as a palpable organization of materials in a definite grouping. This is a concrete and unreflective reaction and in no way guided or *interfered with by discursive reasoning of voluntary or involuntary nature.* It has to be recognized that any sorting which involves genuine abstraction is necessarily bound to a *conscious* and *volitional* act of reflecting upon the properties of objects with reference to a concept, a class, or category.

These statements apparently contradict the results of outstanding experiments on concept formation in adults and children, for instance the experiments by Hull (38), Smoke (64), Heidbreder on adults (32), and by Munn and Steining (54), Hicks and Steward (33), Thrum (66), and Ray (60) on children. In essence the results of these experiments seem to point to the following conclusions:

1. Among others there are certain subjects, adults or children, who are able to acquire the correct conceptualized response, but may be

unable to verbalize the underlying principle of the generalization.

2. Concepts may not necessarily be conscious.

3. "The formation of the concept is usually not an end deliberately sought for itself. It has always been a means to an end" (Hull).

Topic 1. Before commenting on this statement we may mention that certain authors have paralleled the experimentally learned conceptual responses of human infants with the correct discrimination responses in experimentally trained animals. Thus one has spoken of a "concept formation of triangularity" in white rats (15) and chimpanzees (19). This is rather surprising in view of the fact that Köhler and others had already demonstrated correct responses to equal relations of varying absolute stimuli, but did not advance the claim that the animals possess the "*concept* of brightness," or "the *concept* of relations." The fact that animals and human infants, at an early stage, acquire equivalent responses to triangles which differ in size, position, and background, should make us rather skeptical about the inferred conceptualization in both cases. It may be methodically important to consider the possibility that very young children, in experimentally induced situations, learn to react to common aspects on an entirely *concrete* basis, probably on a basis very similar to that on which the animals responded correctly in parallel experiments. To support this view we may refer to the studies of Hobhouse (34) .He called the animal's reaction to relations a "concrete acquaintance" with objects in relation, in terms of the total pattern. He disclaimed, however, that the animals were *aware* of the relations in the *abstract*.

A point in favor of concreteness of those learned reactions is the fact that the children with whom Thrum, Hicks and Steward experimented had similar difficulties in learning the meaning of "middle size" (boxes, *etc.*) as animals had in learning to discriminate the middle of three serial stimuli (69, 51). The "middle" of three stimuli of varying magnitude is much less likely to stand in perceptual contrast with others (*i.e.*, to be concretely impressive) than the two extreme stimuli, *e.g.*, big box-little box, to which correct responses could be learned easier. On the other hand, there are instances of true concept formation, especially at *later* age levels, although without verbalization in all cases. It seems to us that one may easily confuse the issue if one argues that because no verbalization occurred concept formation fails to evince the characteristics of conscious activity. In the first place all the mentioned experiments on humans contained a definite *instruction* or inducement. The instruction was given verbally as a *class word* or category, *e.g.,* "give me the middle" (Thrum) or as a symbol (nonsense syllable, Hull); the inducement was to seek food (Gellerman) or to "get a green light" (Ray). In other words, a definite *activity* in a generalized direction on the part of the subject was called for by the experimental arrangement and during its course. If these experiments prove that concept formation had been attained – as they apparently do in several instances – then the result must have been due to a consciously initiated activity which sooner or later became oriented around a conceptual frame of reference. (The class word acquired a "meaning," or the material became conceptually organized.) That verbalization of the principle fails to occur in all subjects does in no way contradict the existence of conscious activity in a definitely generalizing direction. By no means do we imply that the conscious and volitional factor involved in abstracting operation must be inevitably accompanied by verbalization. True, verbalization is an index of a higher level of abstraction, but it is not the characteristic of every abstraction. This statement is corroborated by the experimental findings of Heidbreder (31) and Ray (60). More mature and brighter children (over six) as well as adults were better able to verbalize abstractions and their reasoning than were those under six and of dull intelligence.

Topic 2. The claim that concepts are not necessarily conscious is apparently based upon the mentioned absence of verbalization in some cases. In so far there seems to be no doubt that we can respond correctly on a conceptual basis without having verbalized that basis in our own mind. However, the absence of verbalization does not warrant the denial of an initiating volitional activity which had to be oriented toward a generalized frame of reference in order to evolve the concept in an experimental situation. The search for and discovery of the appropriate category, as for instance in Hull's or Smoke's experiments, may not always have been verbalized in the subject, but does this dispose of a generalizing act? Conceptualizing need in no way be identical with the conscious awareness of the *word* corresponding to the concept. Here the "word" is no more prerequisite than for the apprehension of relations for which an accompanying "verbal" consciousness has hitherto not been postulated. It seems rather fallacious to infer from instances of non-verbal generalization the occurrence of non-conscious, non-volitional, forming of concepts.

Topic 3. The process of concept formation during ontogenetic development, as Hull tried to model it in his experiments, is not our problem. How individuals acquire concepts during the course of their mental development is a rather intricate problem, and Hull's description is probably very close to the fact: "A young child finds himself in a certain situation, reacts to it by approach, say, and hears it called 'dog.' After an indeterminate intervening period he finds himself in a somewhat different situation, and hears that also called dog. Thus the process continues. The 'dog' experiences appear at irregular intervals. The appearances are thus unanticipated. They appear with no obvious label as to their essential nature... At length the time arrives when the child has a 'meaning' for the word 'dog.' Upon examination this meaning is found to be actually characteristic more or less of all dogs and not common to cats, dolls and 'teddybears.' But to the child the process of arriving at this meaning or concept has been largely unconscious. He has never said to himself, 'Lo, I shall proceed to discover the characteristics common to all dogs but not enjoyed by cats and teddy bears' " (38, pp. 5-6). We have already referred to W. Stern and K. Bühler in this connection regarding the development of language.[7] If one agrees upon the common assumption among many child psychologists that the child first uses the word in actual situations as belonging to these situations, then one has to conclude that the child does not at first use the word as belonging to a particular object or *class*. The word is rather attached to one experientially impressive aspect of, or activity in, the concrete situation. For example, Stern's daughter E. (age 1:7) called the points of shoes "noses" because she discovered she could pull on them like on the noses of her parents. Another child, according to Stern, said "lala" first to songs and music; after hearing soldiers march with an orchestra he also called soldiers "lala"; finally lala was any noise, tapping as well as being scolded. What Hull has justly termed "the child has a meaning for the word 'dog' " indicates, however, an entirely different level of activity than these former concrete stages of situational speech. Now the child has shifted in his approach; he is now able to *detach* the word from the concrete situations and to use it outside of these situations in the *abstract, i.e.,* in an entirely new way. The word is now a *category* under which a number of things fall. True, this process need not be consciously verbalized. However, it requires a very defi-

[7] See pages 376, 377 of this publication.

nite activity involving more conscious effort than Hull may have it. We can only refer to the numerous examples in the childstudies of Bühler, Stern, Koffka regarding the period of "asking questions" and of the discovery that "everything has a name" in the child's development. Without developing the abstract attitude as a conscious volitional activity, the child could never obtain concepts. The fact that this activity is actually *interwoven with other activities in the normal child* may becloud the issue in question, that we are dealing with an active intellectual, but not with a passive process of mere conditioning.

The following examples may help to bring out the issue more pointedly. W. Stern (65) reports: A 4:3 year old child was able to count. Asked how many fingers he had, he answered: "I don't know; I can only count my fingers." The number concept was not yet present in the abstract, although the child could count. Stern's daughter, age 3:7, counted correctly the fingers on her father's hand up to 5. He then asked: "Hence, how many fingers are there altogether?" The child could not answer and started counting again. The last finger is the fifth all right in counting, but not as yet the sum 5 in the abstract as a representative of the number of fingers counted. Her brother at the age of 1:7 *discovered* the "similarity" of different doors in this way. Pointing to one door in the room he asked: "That?" The parent said: "Door." Then he ran to a second and a third door of the room repeating each time the same question and receiving the same answer. The child behaved in the same manner with regard to *seven* chairs in the room!

Experimental studies of Welch and Long (72, *cf.* also 73, 74, 75) have demonstrated during hundreds of trials the extreme difficulties encountered in conditioning infants and young children to make "conceptual responses" and evolve or accept hierarchic concepts. On the other hand, if the appropriate maturation level has been reached, the same process is possible. In the normal child it may not be always so obvious. But who was not impressed with the description of how Helen Keller discovered that cold water in her right and a factual "sign" in her left hand had a relation: the relation between name and thing? And how Helen Keller thence proceeded to touch everything on her way home from the pump and to stretch her other hand out to Mrs. Sullivan demanding she should "give" her the "word" (in touch alphabet)? It is this *activity* which in the normal child blends with others. We know, however, that certain groups of feeble-minded children never acquire the "meaning" of a word in a conceptual sense and that certain aphasic patients lose this meaning of words.

In our tests the task is so elementary and simple that there can be no doubt about such a condition: a patient cannot sort colors or equally shaped figures together on request; nor can he accept such groupings; neither does he understand the given explanation; nor can he give an account of his concrete grouping; he also fails on request to shift this grouping to another form. Here we meet a condition in which these criteria of abstraction are wanting: the ability to assume the abstract attitude, *i.e.*, to carry out a conceptualization by conscious volition. The fact that the patient cannot verbalize upon the most elementary groups is here also significant because every normal individual – even a deaf-mute child – possesses these basic categories of like shape and color.[8]

The results obtained in these investigations with sorting tests are paralleled by numerous other experimental findings, *e.g.*, with the Weigl, the Stick Test, the Vigotsky, the Feature-Profile, the Goldstein-Scheerer Cube Test, *etc.* They are further confirmed by other pathological data on the difference between conscious, volitional and concrete behavior as in disorders of speech, of imagery, memory, and in apraxia.[9] This difference between the concrete and abstract behavior is unearthed in psychopathology, but is concealed in the normal individual. In his total behavior both activities are intertwined in a fluid relationship. Only when we scrutinize the texture of his actions do we realize the presence of both components. A great part of our daily activities runs off on a concrete basis which consists either of an unlearned experiential unreflectiveness or of acquired performances which do not need conscious, volitional activity. Abstract behavior as an indispensable factor is brought into play whenever the situation cannot be mastered without the individual's detaching his ego from the situation. This conscious volition initiates the required performance or its shifting and, if necessary, controls its further course. We have many striking instances illustrating this point in our daily activities and also in the psychology of productive thinking. A

[8] *Cf.* the findings on deaf-mute children with the Gelb-Goldstein Color Sorting Test (4).

[9] See literature references on page 1; also Bouman, L., and Grünbaum, A. A., "Experimentell-psychologische Untersuchungen zur Aphasie und Paraphasie", *Z. ges. Neurol. Psychiat.*, 1925, 96, 481-538; and Grünbaum, A. A., "Über-Apraxie", *Zentralbl. ges. Neurol. u. Psychiat.*, 1930-31, 55.

recent survey of 200 introspective reports (39) on this process and on problem-solving experiments demonstrates that the "shift" or re-organization which leads to the solution is frequently experienced as sudden and passive. It may occur long after the direction giving con-scious volition has been enacted. But it is by this act that the process has been set going; and only by virtue of such an act in the new direction can the shift be *grasped* in its significance for, and applica-bility to, the solution.

REFERENCES

1. G. W. Allport, *Personality – A psychological interpretation.* New York: Henry Holt, 1937. P. 293.
2. G. W. Allport and P. E. Vernon, *Studies in expressive movement.* New York: Macmillan, 1933.
3. A. Anastasi, *Differential psychology.* New York: Macmillan, 1937.
4. C. W. Barron, "Studies in the psychology of the deaf," *Psychol. Monogr.,* 1940, 52, No. 1.
5. W. Benary, "Studien zur Untersuchung der Intelligenz bei einem Fall von Seelenblindheit," *Psychol. Forsch.,* 1922, 2, 209-297.
6. L. Bender, "A visual motor gestalt test," etc. *Res. Monogr. Amer. Orthopsychiat. Ass.,* 1938, No. 3.
7. L. Benedek and T. Lehocsky, "The clinical recognition of Pick's disease," *Brain,* 1939, 62, 104-122.
8. M. M. Bolles, "The basis of pertinence," *Arch. Psychol.,* N. Y., 1937, No. 212.
9. M. M. Bolles and K. Goldstein, "A study of the impairment of 'abstract behavior' in schizophrenic patients," *Psychiat. Quart.,* 1938, 12, 42-65.
10. M. M. Bolles, G. P. Rosen and C. Landis, "Psychological perform-ance tests as prognostic agents for the efficacy of insulin therapy in schizophrenia," *Psychiat. Quart.,* 1938, 12, 733-737.
11. R. M. Brickner, *The intellectual functions of the frontal lobes.* New York: Macmillan, 1936.
12. K. Bühler, *Die geistige Entwicklung des Kindes.* Jena: Fischer, 1930.
13. L. Carmichael, H. P. Hogan and A. A. Walter, "Study on repro-duction," *J. exp. Psychol.,* 1932, 15, 73-86.
14. W. D. Ellis, *Source book of gestalt psychology.* New York: Harcourt Brace, 1938.
15. P. E. Fields, "Studies in concept formation. I. The development of the concept of triangularity by the white rat," *Comp. Psychol. Monogr.,* 1932, 9, No. 42.
16. J. F. Fulton and C. F. Jacobsen, "The function of the frontal lobes," *Advances Mod. Biol.,* 1935, 5, No. 4.

17. A. Gelb and K. Goldstein, *Psychologische Analysen hirnpathologischer Fälle*. Leipzig: Barth, 1920.

18. — — "Über Farbennamenamnesie nebst Bemerkungen über das Wesen der amnestischen Aphasie überhaupt und die Beziehung zwischen Sprache und dem Verhalten zur Umwelt," *Psychol. Forsch.*, 1925, 6, 127-186.

19. L. W. Gellerman, "Form discrimination in chimpanzees and two year old children," *J. genet. Psychol.*, 1933, 42, 2-27.

20. K. Goldstein, "The problem of the meaning of words based upon observation of aphasic patients," *J. Psychol.*, 1936, 2, 301-316.

21. — "The modifications of behavior consequent to cerebral lesions," *Psychiat. Quart.*, 1936, 10, 586-610.

22. — "The significance of the frontal lobes for mental performances," *J. Neurol. Psychopath.*, 1936-37, 17, 27-40.

23. — "Die Funktionen des Stirnhirns und ihre Bedeutung für die Diagnose der Stirnhirnerkrankungen," *Med. Klinik.*, 1923, Nos. 28 and 29.

24. — *The Organism*. New York: American Book Co., 1939. Pp. 148, 169, 171.

24a. — "The significance of special mental tests for diagnosis and prognosis in schizophrenia," *Amer. J. Psychiat.*, 1939, 96, 575-587.

25. K. Goldstein and S. E. Katz, "The psychopathology of Pick's disease," *Arch. Neurol. Psychiat.*, Chicago, 1937, 38, 473-490.

26. E. Hanfmann, "Thought disturbances in schizophrenia as revealed by performances in a picture completion test," *J. abnorm. (soc.) Psychol.*, 1930, 34, 249-264.

27. E. Hanfmann and J. Kasanin, "A method for study of concept formation," *J. Psychol.*, 1936, 3, 521-540.

28. M. R. Harrower, "Changes in figure-ground perception in patients with cortical lesions," *Brit. J. Psychol.*, 1939, 30, 47-51.

29. G. W. Hartmann, *Gestalt psychology*. New York: Ronald, 1935.

30. H. Head, *Aphasia and kindred disorders of speech*. (2 vols.) London: Cambridge Univ. Press, 1926; New York: Macmillan, 1926.

31. E. F. Heidbreder, "Problem solving in children and adults," *J. genet. Psychol.*, 1928, 35, 522-545.

32. — "A study of the evolution of concepts," *Psychol. Bull.*, 1934, 31, 673.

33. J. A. Hicks and F. D. Steward, "The learning of abstract concepts of size," *Child Develpm.*, 1930, 1, 195-204.

34. L. T. Hobhouse, *Mind in evolution*. New York: Macmillan, 1901.

35. W. Hochheimer, "Analyse eines 'Seelenblinden' von der Sprache aus," *Psychol. Forsch.*, 1932, 16, 1-69.

36. — "Zur Psychopathologie räumlicher Leistungen und ihrer 'Restitution'," *Z. Psychol.*, 1932, 127, 60-91.

37. M. D. Hubbell, "Configurational properties considered good," *Amer. J. Psychol.*, 1940, 53, 46-69.

38. C. L. Hull, "Quantitative aspects of the evolution of concepts," *Psychol. Monogr.*, 1920, 28, No. 123, 1-86.
39. E. D. Hutchinson, "Varieties of insight in humans," *Psychiatry*, 1939, 2, No. 3.
40. C. F. Jacobsen, "Studies of cerebral function in primates," *Comp. Psychol. Monogr.*, 1936, 13, No. 3, 3-60.
41. J. Kasanin and F. Hanfmann, "An experimental study of concept formation in schizophrenia," *Amer. J. Psychiat.*, 1938, 95, 35-52.
42. G. Kent, "Use and abuse of mental tests in clinical diagnosis," *Psychol. Rec.*, 1938, 2, 391-400.
43. O. Klineberg, *Race differences.* New York: Harpers, 1935.
44. K. Koffka, *The growth of the mind.* New York: Harcourt Brace, 1924.
45. — *Principles of gestalt psychology.* New York: Harcourt Brace, 1935.
46. W. Köhler, *Dynamics of psychology.* New York: Liveright, 1940.
47. K. S. Lashley, "Functional determinants of cerebral localization," *Arch. Neurol. Psychiat.*, Chicago, 1937, 38, 371-378.
48. K. Lewin, *A dynamic theory of personality.* New York: McGraw-Hill, 1935.
49. — "The conceptual representation and measurement of psychological forces," *Contr. psychol. Theor.*, 1938, 1, No. 4.
50. N. Malamud and D. A. Boyd, "Pick's disease with atrophy of the temporal lobes," *Arch. Neurol. Psychiat.*, Chicago, 1940, 43, 210-222.
51. T. L. McColloch, "The selection of the intermediate of a series of weights by the white rat," *J. Comp. Psychol.*, 1935, 20, 1-11.
52. M. Mead, Coming of age in Samoa. New York: Morrow, 1928.
53. R. Meili, "Untersuchungen über das Ordnen von Gegenständen," *Psychol. Forsch.*, 1926, 7, p. 165.
54. N. L. Munn and B. R. Stiening, "The relative efficacy of form and background in a child's discrimination of visual patterns," *J. genet. Psychol.*, 1931, 39, 73-90.
55. G. Murphy, *General psychology.* New York: Harpers, 1933.
56. A. B. Nadel, "A qualitative analysis of behavior following cerebral lesions," *Arch. Psychol.*, N. Y., 1938, No. 224.
57. W. S. Neff, "Socioeconomic status and intelligence," *Psychol. Bull.*, 1938, 35, 727-757.
58. — "Perceiving and symbolizing: An experimental study," *Psychol. Bull.*, 1936, 33, 723-724.
59. H. W. Nissen, S. Machover and E. F. Kinder, "A study of performance tests given to a group of native African Negro children," *Brit. J. Psychol.*, 1935, 25, 308-355.
60. J. J. Ray, "The generalizing ability of dull, bright, and superior children," *Peabody Contr. Educ.*, 1936, No. 175.
61. E. Rothmann, "Untersuchungen eines Falles von umschriebener

Hirnschädigung mit Störungen auf verschiedensten Leistungsgebieten," *Schweiz. Arch. f. Neurol. u. Psychiat.,* 1933, 33.

62. T. A. Ryan, "Dynamic physiognomics and other neglected properties
of perceived objects," *Amer. J. Psychol.,* 1938, 51, 629-650.

63. W. Siekmann, "Psychologische Analyse des Falles Rat," *Psychol.
Forsch.,* 1932, 16, 201-250.

64. K. L. Smoke, "An objective study of concept formation," *Psychol.
Monogr.,* 1932, 42, No. 4.

65. W. Stern, *Psychology of early childhood.* New York: Holt, 1924.

66. M. E. Thrum, "The development of concepts of magnitude," *Child
Develpm.,* 1935, 6, 120-140.

67. L. L. Thurstone and E. J. Chave, *The measurement of attitude.* Chicago: Univ. Chicago Press, 1931.

68. L. S. Vigotsky, "Thought in schizophrenia," (Trans. by J. Kasanin.)
Arch. Neurol. Psychiat., Chicago, 1934, 31, 1063-1077.

69. C. J. Warden and C. N. Winslow, "The discrimination of absolute
versus relative size in the ring dove," *J. genet. Psychol.,* 1939, 39,
328-341.

70. E. Weigl, "Zur Psychologie sogenannter Abstraktionsprozesse," *Z.
Psychol.,* 1927, 103, 1-45, and *J. abnorm. soc. Psychol.,* 1941, 36,
1-33.

71. T. Weisenburg and K. McBride, *Aphasia.* New York: Commonwealth Fund, 1935.

72. L. Welch and L. Long, "The higher structural phases of concept
formation of children," *J. Psychol.,* 1940, 9, 59-95.

73. L. Welch, "A preliminary study of the interaction of conflicting concepts of children," *Psychol. Rec.,* 1938, 439-459.

74. — "The development of discrimination of form and area," *J.
Psychol.,* 1939, 7, 37-54.

75. — "The span of generalization below the two-year age level," *J.
genet. Psychol.,* 1939, 55, 269-297.

76. H. Werner and A. Strauss, "Problems and methods of functional
analysis in mentally deficient children," *J. abnorm. social Psychol.,*
1939, 34, No. 1.

77. M. Wertheimer, *Drei Abhandlungen zur Gestalttheorie.* Akademie
Erlangen, 1925.

78. W. C. Halstead, "Preliminary analysis of grouping behavior in patients with cerebral injury," etc. *Am. J. Psychiat.,* 1940, 96, 1264.

ON NAMING AND PSEUDONAMING *

FROM EXPERIENCES IN PSYCHOPATHOLOGY

The purpose of this paper is to acquaint the linguist with material that will help elucidate the much discussed phenomenon of naming, and to demonstrate the paramount position of meaning in language. The material concerns patients having speech disturbances due to brain damage, particularly those suffering from so-called *amnesic aphasia*.[1]

The most striking symptom these patients manifest is a defect in the capacity to name objects, even the most familiar ones occurring in everyday life. Usually this symptom is understood as a dissociation between so-called brain centers for "thing ideas" and a center of "word images," or of a difficulty to evoke the latter. There is no doubt that the inability of the patients to name objects is not due to a disturbance of recognition. This becomes evident by the circumlocutions by which the patients react to the request to name an object, for instance, when a patient – unable to name a pencil, a glass or an umbrella – will say "that is something to write with, to drink with, or a thing for the rain!" Surprisingly the patient sometimes uses words in these circumlocutions that he cannot find for naming, even immediately after having used them in the circumlocution. This proves that the inability is not due to a loss of words.

What then makes the patient incapable of naming the object? The answer to this question and a general clarification of the nature of naming came from a careful consideration of the total behavior of the

* Reprinted, by permission of the Linguistic Circle of New York, Bronx, N.Y., and Johnson Reprint Corporation, New York, N.Y., from *"Word,"* 2, No. 1, 1946 (pp. 1-7).
[1] See Gelb-Goldstein and K. Goldstein in References.

patients. The patient, in his behavior and thought, is concentrated to an unusual degree on his own personality and his relationship to the world. He is a person acting in the world rather than thinking and speaking about the world. His speech is accompanied by an excessive use of expressive gestures. Often he seems incapable of expressing himself through words, but can do so quite well with the help of gestures. This general change of behavior shows up very clearly in special tests which we developed in order to study the attitude with which the patient faces the world. Some sorting tests proved to be particularly useful for this purpose.[2] For instance, we place before the patient a pile of skeins of yarn of different colors, in the same way as in Holmgren's test for color vision. We ask the patient to select out all the red skeins, including the various shades of red. Or we pick out one skein of, say, a dark red, and ask him to find skeins of the same or similar color. A normal person with good color responses usually selects a great number of different shades of the same basic color, disregarding differences of intensity, purity, brightness *etc.* According to the task-the subject's attention may be directed to the basic color, and he chooses all skeins which he recognizes as belonging to the given type. When the test is given to a patient with amnesic aphasia, the results are quite different. In fact, several types of behavior are observed. For example, in following the instruction to take all skeins similar to a given one, the patient may choose only skeins of the identical or at least of a closely similar shade. Though urged on he limits himself to a small number because there are only a few very similar ones in the heap. Another patient matches a given bright shade of red with a blue skein of great brightness. At first, one might think the patient is color-blind, but it can be demonstrated beyond doubt by other tests that his color sense is normal, and that he is able to make very fine differentiations. More precise observations disclose that the choice in any given case is determined by a particular color attribute, for example, brightness. We observe further, that the choice may be decided now by one attribute, now by another one; by brightness, softness, coldness, warmth, *etc.* Moreover, surprising as it may seem, the patient who follows a given attribute, may be unable to follow this procedure if it is demanded of him, *viz.,* if we ask him to choose all bright skeins. Further, we observe that often he does not carry through with the same procedure. He has chosen, for instance, some bright colors. Suddenly

[2] See Gelb-Goldstein and Goldstein-Scheerer.

he transfers the selection to another attribute, for instance, to coldness. On another occasion, the patient will arrange the skeins as if guided by a scale of brightness. He will begin with a very bright red, then add one less bright and so on to a dull one. But if we ask him to place the skeins in a succession according to their brightness, he shows himself incapable of the performance, even after it is demonstrated to him.

To understand the behavior of these patients, we must compare the procedure of normal persons in such tasks. If required to choose all red colors, we group various nuances, even though we see that they are not identical. We do so because they belong together in respect to the chosen quality. The several shades are to us only examples of this quality. We treat the skeins not as things in themselves, but as representatives of the given quality. For the moment we ignore all but the specific character requested; we inhibit or disregard all other attributes which may enter attentive consciousness. We are able to do this because we can abstract and hold fast the direction of procedure once initiated.

There is another approach open to the normal person. If we start with one particular skein and pass it over the heap, passively surrendering ourselves to the impressions emerging as we do so, one of two things will take place. If skeins in all attributes like our sample are present, all these immediately cohere in a unitary sensory experience. If, however, they match our sample in some respects but not in all, we experience a characteristic unrest concerning the heap and a rivalry between groupings according to the different attributes. In either case, we see that the coherence or conflict results from the sense data. There is an essential difference between the two kinds of approach. In the first, a definite active ordering principle determines our action; in the second, this principle fails to work, and our action is passively determined by the outer impressions. We may designate the two as the abstract and the concrete attitude.[3]

These two attitudes are merely instances of man's twofold orientation toward the world. In this connection, let me stress that in the abstract attitude we are not directed toward an individual object but toward the category, of which it is an accidental example and representative. Therefore, we call this attitude also the categorical attitude. In the concrete attitude, we are directed more toward the actual thing

[3] See K. Goldstein and Goldstein-Scheerer.

in its particular uniqueness. To these different orientations correspond two types of behavior. In brief we may say that in the first approach we are mainly thinking about things. Our reaction is determined not by the demands of the given object, but by the demands of the category which it represents for us. In the second approach we are manipulating the object more than thinking about it. Our thinking and acting are determined by the individual claims of the given object.

The patient's behavior is similar to the concrete approach of the normal person. Because he can act only in this way, we conclude that he is impaired in his abstract attitude and has become a being dominated to an abnormal degree by concrete promptings.

Returning to the problem of naming, it is important to recognize that language is related to each type of behavior in a particular way. In the abstract approach, it is the word which induces us to take the abstract attitude, to organize the world in a conceptual way. In concrete behavior, language does not play a primary role, and words merely accompany our acts. The word is not much more than one property of the object itself, in addition to the physical properties such as color, size, *etc.* This difference finds its expression in the use of different words in the two attitudes. In the first, the tendency is to use more generic words like flower, color *etc.;* in the latter, words which are especially adapted to the individuality of objects, such as rose, violet, rose-red, strawberry red. In the concrete approach, one does not say simply green, but grass-green, *etc.*; the words in this situation are "individual" words closely fitting the definite object. They do not designate a group, they do not "represent" things.

We perform the task of naming usually in the abstract attitude. When we name an object such as a table, we do not mean the special table with all its accidental properties, but "table" in general. The word is used as representative of the category "table," as a symbol for the "idea." The patient, we conclude, cannot use words in this sense because he cannot assume the abstract attitude. Since the patient faces the world with the particular attitude to which speech is not relevant (or which we could accompany only with very "individual" words), the nominal words do not even occur to him. He does not find the words because he cannot understand what we mean by "naming," and he cannot understand it because it presupposes the abstract attitude which he cannot assume. He can use words in connection with objects only if he has some which fit the concrete situation in the same way as we use "individual words." The patient who cannot apply or accept the presented word red as fitting all different nuances of red, still uses words like strawberry red, sky blue, *etc.*, immediately in relation to corresponding colors. He has such "individual" words at his disposal. He may not utter the word green – because for him it belongs only to a definite green – but he may designate different greens with words which fit well the individual nuances. The more his premorbid language has developed, the more he utters such words. The language of the patient consists – besides speech automatisms with which we shall deal later and which belong to "concrete" language – only of such individual words. The words are no more representative beyond their immediate application. One might say that they have lost the character of symbols, they have lost meaning.

The fact that naming becomes impossible with this change in the character of language, reveals the nature of naming. It is not based on a simple association between an object and a sound, but presupposes a special attitude toward the object. The name is an expression of the conceptual attitude. Words used as names are not simply tools which may be handled like concrete objects, but a means to detach man from an external world and to help him organize it in a conceptual way. Words are fitted to be used in this way because they correspond to and evoke the abstract attitude. Thus *naming becomes a prototype of human language* and of the behavior characteristic of the human being.

The paramount importance of the abstract attitude for human language becomes evident by another characteristic modification of the language of the patients. We have stressed the fact that patients with impairment of the abstract attitude show changes of behavior in general: they lack initiative, they have difficulty in starting anything voluntarily, they find it difficult to shift voluntarily from one aspect of a situation to another. Their language shows the same deviation from the norm. Their language, reduced in general, has changed from an active, spontaneous, productive means for expressing ideas, feelings, *etc.*, to a passive, more or less compulsive stereotyped and unproductive reaction to definite stimuli. The qualitative difference between the speech of patients and normal speech becomes evident in the fact that the patients are not able to use a word which has normally several meanings, now with one meaning, now with another, and they cannot understand such a shift. They cannot grasp metaphoric use of words, *etc.*

However, the patients are not without speech. They are able, with the help of speech, to come to terms with the demands of the environment to a certain degree. Some patients even learn again to find the right word for an object, they become able to "name" objects. The following example may illustrate this: A patient of mine behaved in the beginning like other amnesic aphasic cases. In time she was able to give names to some familiar objects. But further examination showed clearly that we were not dealing with real naming. The words could be used only in connection with a definite appearance of the objects. This became particularly clear in connection with colors. She declined to extend the same "name" which she had given to a definite color to the several shades of the given color, on the ground that it would not be correct to call these red, blue, *etc.* However, in the course of time, after repeated examinations, the patient came to call various shades by the same name, for instance, she would use the word red for all shades of red. Superficially she seemed to behave like a normal person; one might have thought she had improved. But it was not so. Asked why she now called all these different shades by the same word, she answered, "The doctors have told me that all these colors are named red. Therefore I call them all red." Asked if this was not correct, she laughed and said "Not one of these colors is red, but I am told to call them by this word." [4] It is clear that she had not used the word as a symbol, but had learned to build quite a superficial connection between a diversity of things and one word, a rather meaningless connection, which, however, helped her to carry out a task, if only in a quite external way. Her good memory helped her in this task. It is very important to bear in mind that words can be used in this way by patients, otherwise we may be easily deceived.

We may illustrate by still further examples that the words used by the patient in an apparently normal way are nevertheless of a totally concrete character. Asked to mention the names of some animals, the same patient was at first unable to do so. Then suddenly she said: "A polar bear, a brown bear, a lion, a tiger." Asked why she named just these animals, she said "If we enter the Zoological Gardens we come first to the polar bear and then to the other animals." Apparently she had remembered the names of the animals in the order in which they were located in the Zoological Gardens of her home town, and she used the words as they belonged to the concrete situation. In

[4] See Rothmann, p. 18.

this connection it was very characteristic that she did not say: "bears" – a word which expresses the category of all different kinds of bears and which we would use when asked to name animals – but that she used the more specific "polar bear, brown bear."

We found the same thing when the patient was asked to mention different female names. She said: "Grete, Paula, Clara, Martha." When asked why she had given just these names, she answered, "those are all G's" (G was her family name), and went on, "one sister died of a heart neurosis." This example demonstrates very clearly that the patient did not think of names, but only of words which belonged to the particular situation. How very concretely such words are taken may be demonstrated by the following example. When a knife was offered to a patient of this type, together with a pencil, she called the knife a "pencil sharpener," when the knife was offered together with an apple it was an "apple parer" to her, in company with a piece of bread it became a "bread knife," and together with a fork it was "knife and fork." She never uttered spontaneously the word knife alone and when she was asked, "Could we not call all these simply knife?" she replied promptly, "No." The words the patient utters apparently do not have the character of names; they indicate external associations which the patient has learned. One should not call this naming, but should differentiate such use of words as *pseudonaming*. This distinction is important, for various reasons. If we do not distinguish between these two forms of applying words to objects, we may overlook the failure of the patient and make a wrong diagnosis of his defect in naming. The opposite error is also possible. Another type of patient is hampered in evoking words because of a memory defect. From his incapacity to name objects, we might assume that he has an impairment of the abstract attitude, which is not the case. Only by careful study can we decide which is the cause of the inability. But our conclusion is of significance also for the interpretation of speech performance in normals. It is impossible to evaluate any utterance on its face value without a careful analysis of the attitude that accompanies it.

Individuals, normal as well as abnormal, possess a varying number of speech-automatisms. They are acquired like other learned activities, and once set going, they run off as wholes without further stimulation and without the performer's cognizance of the components. We are not necessarily aware of their meaning while bringing them forth.

Nevertheless, they are not independent of the attitude of meaning, but are essentially embedded in it. This becomes evident in some observations on patients: Mentally defective children may learn a great number of such automatisms with the help of adults, but they may lose them later because they do not develop the abstract attitude. Adult patients with an impairment of the abstract attitude forget automatisms, for example, the multiplication table, well fixed as it may appear, when they have lost the value of numbers.

A good example to illustrate the difference between speech automatisms and meaningful language is the learning of vocabulary in a foreign language. So long as we have no real understanding of the foreign language we acquire the words only in their superficial connection with the words of our own language. We know that these words belong to a definite situation and are able to use them correctly without having a real understanding of their meaning. However, this covers only these given situations. We make many a mistake of using words in situations where they do not fit, because we have no real insight into their meaning. The situation changes when we have acquired a real conception of the foreign language, so that we understand the fundamental meaning of its words. Then the words achieve an absolutely different character. They become representatives of the categorical approach to the surrounding world, and only then can one speak of having mastered the language.

The following, then, are the main conclusions derived from our experiences with patients having speech disturbances due to brain damage:

1. The seemingly simple function of naming objects does not present a simple connection between a thing and a word. Naming presupposes a special attitude toward the object; that attitude in which the individual is detached from a given condition, the conceptual or abstract attitude characteristic of human beings.

2. We have to distinguish naming from pseudonaming, which is based on simple associations, speech automatisms which play a great role in normal language. Pathology teaches us that they are not independent from the abstract attitude. The use of these "tools" in language is not quite true language, but they become part of language by their association with meaning. Their conditional background is the abstract attitude.

3. Naming is only one example of human language which is char-

acterized by the phenomenon of meaning; language is a means for building up the world in a particular way, *i.e.*, the conceptual way. Pathology confirms the ideas of W. von Humboldt, who wrote: "Language does not represent objects themselves but the concepts which the mind has formed of them in that autonomous activity by which it creates language."

The significance of this autonomous activity which we will call the abstract attitude can be nowhere grasped as clearly as in the changes of the behavior of mental patients under observation: in the change of their total personality, in their lack of activity, of creativeness, freedom, and social adaptation, and in the changes of their language that we have described.

REFERENCES

A. Gelb and K. Goldstein, "Über Farbennamenamnesie," *Psycholog. Forschung* 6.127 (1924).

K. Goldstein, "The Problem of the Meaning of Words based upon Observation of Aphasic Patients," *Journal of Psych.*, vol. 2 (1936).

K. Goldstein and M. Scheerer, *Abstract and Concrete Behavior, An Experimental Study with Special Tests, Psychological Monographs* 239 (1941).

Henry Head, *Aphasia and Kindred Disorders of Speech,* New York, Macmillan, 1926.

M. Isserlin, "Die pathologische Physiologie der Sprache," *Ergebnisse der Physiologie* 29.130-249 (1929).

E. Rothmann, "Untersuchung eines Falles von umschriebener Hirnschädigung" etc., *Schweizer Arch. f. Neur. u. Psychiat.* vol. 35 (1933).

E. Weigl, "Sprache und Ordnen," *Zschr. f. d. gesamte Neur. u. Psychiat.* vol. 144 (1933).

T. Weisenberg and K. E. McBride, *Aphasia, A Clinical and Psychological Study*, New York, Commonwealth Fund, 1938.

ORGANISMIC APPROACH TO THE PROBLEM
OF MOTIVATION *

"The problem of motivation," writes Boring, "is the problem of determining the forces which impel or incite all living organisms' actions."

It is not and cannot be my intention to take into reference the enormous research undertaken in this field, to discuss the different attempts to solve the problem, and to deal with it in all its implications. What I intend to do is to draw attention to some observations which seem to me suited to contribute something to our knowledge of these forces, and which support an organismic approach to the problem of motivation.

In all the cases I wish to refer to, we are facing the process of adjustment to an irreparable functional defect due to a damage of the brain. The way in which this adjustment is achieved gives us some insight into the motives of organismic behavior. These patients who show a number of defects – differing as to the location of the damage – must find adjustment to their functional defects. Otherwise, they are in danger of deteriorating increasingly. They are, thus, under the urge of a strong force like the normal organism if its activity is determined by a strong "drive."

The condition of such a patient during the first time after the incident occurred – it may be an injury, a hemorrhage, or any other disease which produces a more or less circumscribed damage to the brain – is best characterized as a state of *general disorder*. The patient is not only incapable of performing tasks he could perform before; he is, besides that, changed in his total behavior, he is restless, distracted, inconsistent, frightened, very emotional; he cannot fulfill tasks in which he is apparently not damaged. He is in a state which I have

* Reprinted, by permission of the New York Academy of Sciences, from *Transactions of The New York Academy of Sciences*, Series II, vol. 9, No. 6, 1947 (pp. 218-230).

called "catastrophic condition." [1] After a certain time, his behavior changes. He shows greater constancy, is more quiet, no longer seems so often stricken by anxiety. The organism seems to have reached again a state of order, of equilibrium. What is the cause of the condition of disorder, and which are the forces that bring about the new order?

To answer these questions, we have to look at how the order and constancy of the normal organism are guaranteed. The basis of order is the constancy of the thresholds of the organism. If the thresholds would not remain approximately equal under "normal" conditions (in the outer world and inside of the organism), a stimulus corresponding to an object or an event would not arouse about the same effect and the same experience, nor would the organism be able to react to the same situation in a consistent way. Our world would change incessantly, and we ourselves would change, too. Our personal existence would always be in danger. As a matter of fact, however, this is not the case. Our world remains relatively constant, despite all the changes in it, and so do we ourselves.

On the other hand, there is no doubt that each stimulation produces a change in the psycho-physical substrata by which its excitability is modified, with the result that a new stimulus, equal to the former one, gives rise to an effect different from the previous one – or, better said, would give, if there were not a mechanism at work by which that is prevented, by which the threshold is brought back to its previous, normal height after a definite period of time. This mechanism, which we call the *equalization process*,[2] is a basic biological phenomenon. It keeps the thresholds constant and is also the presupposition of ordered behavior, which guarantees the existence of the organism. This normal equalization process, in any part of the organism, is dependent upon the normal functioning of the total organism, as I was able to show on another occasion.[3] If a part of the organism is separated, "isolated" from the rest, the equalization process is modified in this part. Stimulation here produces abnormal reactions, and ordered behavior is more or less impossible. This happens in pathology. The organism is no longer able to come to terms

---

[1] See K. Goldstein, *The Organism. A Holistic Approach to Biology*, pp. 35 ff. American Book Company. New York. 1939.

[2] *Ibid.*, pp. 113 ff.

[3] *Ibid.*, p. 111.

with the demands of his previous milieu. Disordered reactions, catastrophes, and anxiety are the consequences. That is the condition in which the patient is in the beginning.

How does he return to the state of order, if his impaired capacities do not come to the norm? As a matter of fact, he has the same defects in the state of order, but they no longer come to the fore in a disturbing way. That, however, is not the whole picture. If we compare the results of examination of the different performance capacities with the behavior of the patient in everyday life, we find an astounding discrepancy. Such comparison reveals, on the one hand, that the patient performs better in the latter condition (as we shall see by finding compensations for his defect); and, on the other hand, that he does not at all utilize all the possibilities of the preserved capacities. He seems to stick to some definite performances. This rigidity of behavior is usually attributed to a special anomaly called perseveration. Closer investigation shows that there is no evidence to assume such a general anomaly; that the patient is not at all perseverating under all conditions; that he sticks to such performances as he can fulfill, and only if he is confronted with a task he cannot fulfill [4] does the perseveration occur. If examination is organized in a way that tasks of a kind which the patient cannot fulfill are avoided to a certain degree, he does not perseverate or only much less. Why does he perseverate if he is confronted with insoluble tasks? Because the insolubility of the task may produce a catastrophic condition, and with that make it impossible for the patient to use even his preserved capacities. Catastrophic condition does not only eliminate performance momentarily but has a disastrous effect on the activities following for a certain shorter or longer time. Thus, "self-realization" of the organism and its "existence" are in danger. That is what the organism tries to avoid by sticking to the performances it is able to fulfill, if confronted with such tasks at it cannot cope with. This prevents occurrence of catastrophic condition.

Now, the patient (as long as he is living in his old milieu) is easily and frequently confronted with tasks he cannot solve and, so, exposed to the entrance of catastrophe. This goes along with the experience of abnormal tension. It is only too natural that the sick organism

[4] K. Goldstein, "Physiological aspects of convalescence and rehabilitation," etc. *Symp. Physiol. Aspects Convalescence etc.*, Fed. Proc. Exp. Biol. 3 : 260. 1944.

tends to remove this dangerous condition by all means. Only then will it remain at least in a certain order. Thus, it seems to be governed by a "drive" to eliminate tension, *to find release of tension,* which is at least temporarily achieved by sticking to a task it can master.

All I have said about the behavior of organic patients is valid also for so-called neurotics. On the onset of the development of neurosis, disorder and anxiety stand in the center, as expressions of the impossibility to come to terms with tasks set for the individual, and of the experience of not being able to realize his or her own personality. This anxiety may be due to conflicts in infancy or later life. I cannot discuss this complex problem here. Such a discussion would bring us too far away from our subject and is not essential for the problem we are interested in. We are interested in the motives which bring about the elimination of disorder and anxiety in neurotics. The neurotic organism tries as well as the organic to get rid of disorder, by the same reason and by the same means. This it accomplishes by building up protective mechanisms which consist mainly in sticking to such performances which it can fulfill (in spite of the conflicts) and which prevent the conflicts from coming to the fore and, with that, unbearable tension. The result is the well-known compulsive behavior, which is not simply an expression of disease but mainly a protection against the danger of tension and of catastrophes. The significance of compulsive behavior shows up when one tries to force the patient to give up his compulsive actions. Then he comes into a state of enormous tension, anxiety, confusion, aggressiveness, *i.e.,* catastrophe. If he is allowed to stick to his compulsions, the patient is able to fulfill so many tasks that he can realize his personality at least to such a degree that life to him appears worth living. He appears forced to follow definite drives, trends, desires, and does so for the sake of getting rid of tension. His whole behavior seems to be dominated, motivated by getting release of tension, like that of the organic patient.

From such observations, one might be induced to consider the trend to come into a state of equilibrium, into order – the trend for release of tension – a basic motivating force of organismic life. This corresponds to a theory of motivation which has obtained widely spread appreciation. This theory considers the important, if not the essential motive of behavior elimination of tension, which appears as an expression of the various drives which are supposed to motivate organismic life. The goal of the drives, according to this theory, is the elimination of the disturbing tension which they produce. The best known expression of this tension-release theory is the pleasure principle of Freud.

I think we are not justified to make such a conclusion from the observation of patients, and that for the following reasons:

The domination of behavior by the tendency to release tension is a *pathological* phenomenon. It is an expression of defective functioning of the organism. As I was able to show in many examples, it is the effect of stimulation of parts of the organism isolated from the total organism. It is the effect of isolation, and the most characteristic consequence of pathology. The pathological organism is forced into these reactions, but they are not its goal. The real motive of the activities of the pathological organism is, like that of the normal, the trend to realize its capacities. It tries to realize the preserved capacities in the best possible way. The behavior of patients with brain damage, as that of neurotics, can be understood only from this point of view. It is a basic mistake of the tension-release theory of motivation that it tries to interpret normal phenomena from laws determining abnormal life *without taking into consideration the phenomenon of pathology.* This brings the theory to overlook that the trend for release of tension is in the foreground to such a degree because, for these individuals, it is the absolute presupposition for ordered behavior and, with that, for self-realization at least to a certain degree. Indeed, the tension-release theory is not based on pathological material alone, but also on observation of young children and animals under experimental conditions. The phenomena observed here are, however, also modified by the influence of isolation, which is here effective in a way similar to that in pathology. We have no time, here, to consider the effect of the "fallacy of isolation" and its theoretical and practical implications. I wish to point to my discussion of this very important problem on another occasion and stress only a few points. The theory which considers a drive for maintenance or self-preservation as the basic drive of organismic life is due to the above-mentioned fallacy. Preservation is an expression of pathology, of decay.[5] The goal of the normal organism is not preservation of an

[5] See K. Goldstein, *Human Nature in the Light of Psychopathology*, p. 147. Harvard Un. Press. 1940; also, *The Organism*, p. 443.

existent state. The tendency of normal life is directed toward activity and progress.

The facts which seem to speak for the *existence of special drives* do not correspond to the natural behavior of the organism. They are *special reactions,* in special situations, of the total organism under special unusual conditions. If the tension corresponding to a special deficiency of the organism, *e.g.,* of nutrition or sex, etc., increases to a certain amount – because of abnormal conditions in the outerworld or within the organism – then the organism may be disturbed in general, in a way that catastrophe and, with that, impossibility to realize its nature are impending. Then, the deficiency must be eliminated by all means, and, under these circumstances, the organism appears motivated in its behavior by hunger, thirst, sex, *etc.* Under normal conditions, we are not forced to follow such needs even if they are strong. If we are involved in a very important activity, the neglect of which would bring us into danger, then we do not follow such needs. We give way to them if this is not in contrast to the activities of self-realization, or if it belongs to these. The impression of special drives appears when we consider the activities of the organism isolated from their relation to the total organism.

This and similar assumptions are due to the neglect of the fact that definite reactions belong into a special context and cannot be transmitted to others – the *neglect of context,* as John Dewey has termed this phenomenon, which he, in an interesting paper about context and thoughts, calls "the greatest disaster which philosophical thinking can incur." By this neglect, through the fallacy of isolation, elements belonging to a special context become absolute by the fallacy of *universalization* and are often "converted into sweeping metaphysical doctrines." Indeed, consideration of the belonging of special phenomena to a definite context is not sufficient for understanding organismic behavior. It will prevent us from making too quick generalizations of observations made under certain conditions. But it does not render possible a decision as to whether a phenomenon belongs to the "context" of the organism. For such a decision, the concept of "self-realization" seems to present a possibility.

The traditional view assumes several drives which become effective according to the intensity of the individual drive. That is true. The intensity can, however, be evaluated only in relation to the total organism, by its value for the latter's self-realization under the given conditions.

Our standpoint has another valuable consequence. We are able to understand, from here, the *positive significance of tensions*. The organism is not only driven sometimes by the tendency to release tension, but it accepts tension *as a positive experience*. Normal behavior corresponds to a continual change of tension of such a kind that, over and again, that tension is reached which enables and impels the organism to further activities according to its nature.[6]

The *tension-release theory* (as, *e.g.*, in the form of Freud's) knows only the *urge to release*, not the *pleasure of tension*, which is not only at the basis of all creative activity, but also an essential part of the pleasure corresponding to all so-called lower needs, as hunger, sex, *etc.*

Certainly, I do not want to deny that there are also normal conditions in which the need for rest and release of tension is in the foreground. Also, normal life is full of catastrophes, and we can fulfill our goals only if we have intercessions of rest and release of tension. But how much we submit to these needs, is determined by their significance for self-realization of the total organism. If they come to the fore as *all-determining* forces, then there is something wrong with the total organism, with the personality.

It may seem that I have drawn on the pathological observations mainly from the standpoint of warning against too simple an application, to the interpretation of normal behavior, of the laws found valid there. However, I also stressed a positive factor as a motivating force which, admittedly, did not come to the fore so much in the first part of this paper, though it already showed its great significance, *viz.*, the trend of the sick organism to utilize its preserved capacities as much as possible. To stress this factor is the purpose of my further discussions, which will use the procedure in adjustment to a circumscribed irreparable defect as a basis for determining the motivating force.

Because the organism must be very careful concerning the occurrence of catastrophes, it has to restrict itself in the utilization of all its preserved performances: a selection has to take place. This selection becomes understandable if one considers it from the angle of inquiring by which performances the goal, self-realization, can best be reached and catastrophes may be avoided at the same time.

I should like to illustrate this assertion by two examples, the behavior of patients with hemianopsia and with disturbances of equilib-

---

[6] *The Organism*, p. 197.

rium due to cerebellar lesions.[7] Hemianopsia is total blindness of corresponding halves of the visual field in both eyes due to lesion of the occipital lobe of the brain. Behavior of these patients in everyday life often fails to indicate that they do not see in one half of the field. They are subjectively aware of a somewhat impaired vision, but they see objects in their entirety, not only halves of them. Their visual field is arranged around a center like in normal people, the region of clearest vision lying *within* this field – not, as one could assume, on the margin corresponding to the location of the fovea in the preserved half of the field. I cannot explain, in detail, how the organism manages to obtain a whole field. I wish to stress the fact that research has shown that only if the object one wants to see is within a field good vision and recognition are guaranteed. This has to be reached by the patient, and it is achieved by a little deviation of the eyes, so that the visual stimuli coming from all sides are then reflected on the healthy retina. This is the only way to enable the individual to have visual performances which make recognition of objects possible, and it apparently occurs. Only from this point of view the new organization becomes intelligible. It is apparently *the good of the organism* to have a vision as good as possible, and that was the motive of the activity.

This assumption is confirmed by another observation. The transformation mentioned does not take place if the one half of the visual field is not *totally* lacking perception, as in cases of hemiamblyopia, where vision in the one half is diminished but not so much that it could not be used for essential performances and, particularly, for rendering possible the normal, characteristically formed, visual field.

As long as such is the case, transformation does not occur, and it does not do so because it is not necessary, since the diminution in vision in hemiamblyopia is not so disturbing that recognition of objects cannot take place. This state has some advantage over that of transformation. The latter limits other performances of the organism. After transformation, the field is constricted, and by displacement of the eyes the total organism is restricted in some performances. The organism bears all these impediments if a good vision – a performance so essential for the total organism – cannot otherwise be reached, as

[7] As to the facts, see K. Goldstein, "The two ways of adjustment of the organism to cerebral defects." *J. Mount Sinai Hosp.* 9 (4), p. 504. 1942; also, *The Organism*, p. 47 ff.

in total blindness of the halves of the visual field. It avoids them if adequate vision can be maintained to some degree, sufficient for the most important performances for the total organism: *recognition of objects,* without eye-shifting with its consequences. Apparently, what is pertinent is not the best possible performance in *one* special performance-field but the best possible activity of the organism as a whole. Here lies the motivation for the particular form of adaptation, the cause of the differences of adaption in hemianopsia and hemiamblyopia.

Another example from a totally different field will illustrate the same procedure of the organism in adjustment to a circumscribed defect.

In some patients with cerebellar lesion, one observes tilting of the body and the head toward the side of the lesion – in left-sided lesions to the left side. In other cases, however, with a similar lesion, the head is tilted to the other, the right side.

What is the cause of the deviation and of the difference in some patients with the same lesion of the cerebellum?

Closer investigation shows that the patient can stand and behave quite normally in all other performances, bodily and mentally, if he has head and body tilted a little to the left side. If he is forced to bring his head into the previous normal, erect position, he is not only in danger of falling to this side, but he feels dizzy, confused, and cannot fulfill other physical and mental performances in a normal way. He feels well and returns to the norm in all these respects if he is allowed to keep his head tilted sideways.

If he keeps his head straight, he experiences a pull to the affected side. *This pull corresponds to a normal tendency of the organism to turn toward stimulation* from the outside, stimulation of the skin, ear, eye, *etc.* The organism is thrown to the side of stimulation. The normal individual does not feel this pull because both sides of the body are normally stimulated in about the same strength and, so, the pulls to both sides counterbalance each other. Thus, an equilibrium is established which is further guaranteed by the regulative influence of the cerebellum and frontal lobes, and we stand up straight without difficulty. In the patient, the reaction is abnormally strong on one side because of the lesion of the cerebellum of the corresponding side. The organism is thus thrown to this side by the stimuli originating from the normal outerworld. If the patient tilts his head, the pull disappears. The abnormal position represents an adjustment of the organism to the defect, and brings about a new order. The organism is able effectively to utilize its capacities to a higher degree because of the lack of catastrophes. The patient finds by, so to say, yielding to the abnormality, to the abnormal pull, a better, more constant condition. The deviation becomes so understandable from the motive that the organism tries to get a condition in which it is in a *situation to realize its capacities best*.

Now, why does the other type of patient, suffering from the same defect, hold the head *tilted to the opposite side*?

If one examines these patients carefully, one finds that they have the same defect, but in a *different degree*. The pull has the *same direction* but is *much stronger*. In the first group of cases, the patient shows a *tendency* to fall if he keeps his head upright, in the second the patient *falls really*, his stability thus being affected to a much higher degree, and he is more easily thrown into great disorder with disturbance of all performances. If this patient followed, in his attempt to adjust to the defect, the same course as the first one, *i.e.*, if he yielded to the pull, he would have to assume an extreme position in his attempt to compensate the stronger pull by tilting the body. By this position of the whole body, no balance could be maintained at all. Such an attempt of adjustment to the defect would not bring order, and, thus, the behavior of the organism as a whole would not be guaranteed. Therefore, another way of adjustment has to take place, namely, the pull to the left side is compensated by the production of a voluntary pull to the other, the right side. This is achieved by tilting the head to the other side. By this procedure, equilibrium and a new order are obtained, which is confirmed by the fact that, under this condition, the patient feels best and shows normal behavior in all performances.

The difference of adjustment to the same, only quantitatively different defect, again shows that the *motive is to find a new order for the total organism*. That form of adjustment occurs which best guarantees this order under the given condition. We have, as in hemianopsia and hemiamblyopia, here, too, two different, yet *opposite* ways of procedure motivated by *the same trend*, on the one hand yielding to the defect, on the other hand *transformation of the whole function* of the concerned apparatus. Both ways do not represent adjustment of equal value for the total organism. Yielding is more natural, more automatical, demands less voluntary activity, and therefore insures more security. In the second case, the *normal form of functioning is changed*. It is more voluntary, leads more readily to fluctuation of function, includes less security, and admits greater possibilities for catastrophic reactions. But it is the only way to guarantee the order of the whole organism *under the given condition*. Therefore, it is chosen, but only if the other way is impossible. Again, we see as a determining factor the tendency to achieve the optimal performance of the total organism.

It is certainly of general interest that the *same motive* can bring about *different, yet opposite, effects in behavior* – a phenomenon which we meet with all motivating factors. A strong need can be fulfilled by yielding or opposition, and that procedure is selected which best guarantees the possibility of self-realization of the *total* organism.

We have considered, till now, the way of adjustment from the viewpoint of the condition in a special part of the organism (a defect in a special performance field). However, the condition of the rest of the organism and the demands which arise from the outerworld have to be taken into consideration as well if we want to understand the behavior of the patient. Adjustment to a special defect is totally different if the special capacity could no longer be used by the organism because it has other defects which would make this impossible. For example, a patient with visual agnosia, *i.e.,* defect of recognition of seen objects, will try to improve his defect in such recognition by building up non-visual performances as substitutes. But he will do it *only if he can use them*. A patient who cannot use them because he is paralyzed at the same time and, thus, hampered in activity in general, will not build such substitutes at all or only to a smaller degree.

A corresponding procedure takes place if the demands coming from the outerworld differ in degree. If they are too great in respect to the patient's capacities, he gives in and does not adjust himself to the highest possible degree, apparently because it would be in vain and any attempt would produce catastrophe. He satisfies himself with a lower form of adjustment and, if he is not allowed to do that, he breaks down. If the demands are too small and the patient can do justice to them without changes of behavior, these do not occur. It again becomes evident that the motive of the way of adjustment is determined by the trend to come into a state which makes possible the best way of self-realization under the condition of the irreparable defect.

To summarize: *What can we gain from the experiences with patients with brain damage for our knowledge concerning the forces which determine motivation?* We saw that adjustment is determined by the significance which a special activity has for the organism as a whole, and that the motivational force of this activity – yielding or transformation of function – depends upon this significance.

This is valid for adjustment to an irreparable defect as well as for the effect of normal needs. Any explanation is doomed to failure which attempts to reduce human motivation to a number of *isolable factors*, capacities, drives, *etc.*, to *separated* forces which interact only secondarily with each other. Our analysis has shown that such constant and independent forces may determine behavior *under pathological and under unnatural, eventually emergency conditions.* They are due to the influence of isolation on the behavior which is characteristic for all these conditions. We have no right to infer, from these phenomena, the existence of such single forces in the normal organism.

Pathology teaches us that we have to be cautious with all such inferences. Thus, for instance, we have no right to assume, from these experiences, that the clue for motivation normally is tension-release. Such an assumption neglects the factor of pathology, of isolation in general, in modifying behavior: it is the effect of the fallacy of isolation.

Our main result was that the basic trend of the organism is the trend *to realize its capacities*, its *personality* as much as possible, that it is the trend for *self-realization*. Forces which may gain influence, as special needs, can be evaluated in their motivational effect only if they are considered from this point of view, from *their significance for self-realization of this or that organism* – normal and pathological under this or that condition.

Here, we have a new starting point and task for research. Our approach traces the whole problem of motivation back to the problem of the organization of the organism, its capacities and potentialities, *i.e.*, its *nature*. We are confronted, indeed, with a difficult scientific problem of methodology, namely, how to gain knowledge about this nature of the organism from phenomena which we have to obtain by an analytic, isolating procedure of investigation. Especially, the question has to be answered of how to differentiate between the phenomena that are more or less essential for the organism and such that are due to the artificial isolation. Certainly, I cannot enter into the discussion of this basic problem of psychology and anthropology here. I again wish to refer, in this respect, to my book, *The Organism*. There, I have discussed the general methodological problem involved and tried to find rules for this differentiation by pointing to the *material* gathered under the concept of *preferred behavior*. This material seems to hold promise to make our task possible, at least in so far that we learn some steps of our way to the goal. The problem of motivation will not come on a more rational basis until the functional structure of the organism is better understood. I think that, in this respect, pathology can contribute very much, indeed, only if the phenomenon of pathology itself is taken into correct consideration.

I am fully aware that my dealing with the problem of motivation was incomplete, which is due partially to the complexity of the problem which could scarcely be disentangled sufficiently in one lecture. I was able to treat the problem only in a somewhat sketchy way. I could not do much more than to point to some material – by the way, easily to be multiplied – which may be useful in further discussion, and give some hints as to procedure in the attempt to find a more factual and reasonable basis for a theory of motivation. What I regret particularly is that I had no time to expose the implications of my interpretation of the facts, as regards therapy, in patients with organic diseases as well as with neuroses. My point of view grew from the attempt to help patients. The problem of motivation is closely related to therapy. A theory of motivation should never forget that we are not primarily interested in this problem for the sake of knowledge, but for the sake of helping, guiding, of trying to change human behavior for the better. Therapy, on the other hand, cannot do anything more sensible than to observe the motivational tendencies operative in nature in the attempt of adjustment to defects, and then to try to follow these tendencies. There could be, in turn, no better proof for the soundness of this organismic approach to motivation than its usefulness for the purposes of therapy.

BEMERKUNG ZUM VORTRAG VON PROF. MEYERHOF

Es war eine grosse Ehre und ein Vergnügen für mich, den Vortrag von Dr. Meyerhof vorzulesen, besonders da ich in sehr wesentlichen Punkten mit ihm übereinstimme. Ich darf den grossen Beifall als den Ausdruck der Anerkennung für das grosse Verdienst betrachten, das sich Dr. Meyerhof damit erworben hat, uns hier seine Ansichten über Goethes Bedeutung für die Naturwissenschaft auseinanderzusetzen. Wenn ich einige persönliche Worte hinzufüge, in denen ich zum Teil von Dr. Meyerhof abweiche, so ist es nicht, um an seinen Anschauungen Kritik zu üben, sondern, um einen Punkt der Goetheschen Auffassung stärker zu betonen und seine Bedeutung in Hinsicht auf die heutige Situation darzulegen. Die Klarstellung dieses Punktes kann so recht begreiflich machen die Abneigung Goethes gegen die Einstellung, die der Newtonschen Theorie der Farben zu Grunde liegt. Wogegen er sich empörte, war gerade das, was Newton in den Vordergrund rückt, und was die Naturwissenschaft heute so hoch einschätzt, die Loslösung der Erkenntnis der Natur von der menschlichen Existenz. Diese Isolierung erschien ihm als die grosse Gefahr, die er in so temperamentvoller Weise bekämpfte.

Die enorme Entwicklung der Naturwissenschaft, besonders die Entwicklung der Lehre von der Atomstruktur, würde Goethe, so sehr er sie auch bewundert hätte, in der gleichen Weise zum Widerspruch herausgefordert haben wie die Newtonsche Lehre wegen der verhängnisvollen Wirkung, die sie durch die Isolierung von der menschlichen Existenz auf das menschliche Leben haben könnte. Wir haben diese Gefahr erlebt, und Forscher, die zu der Fortentwicklung der Atomlehre Bedeutendes beigetragen haben, sehen die

* Mit freundlicher Erlaubnis der Brooklyn Medical Press, Inc., Brooklyn, N.Y., abgedruckt aus *Proceedings of the Rudolf Virchow Medical Society in New York*, 8, 1949 (pp. 2-4).

Gefahr und haben gewarnt. Es entspricht den Goetheschen Ein-
wänden, die Angst, die der heutige Mensch empfindet gegenüber
diesen enormen Erfolgen der Wissenschaft, dass sie mehr berufen
sein möchten, die Welt zu zerstören, als der Menschheit zu einem
besseren Leben zu verhelfen. Gegenüber dieser wissenschaftlichen
Einstellung, wesentliche Seiten des menschlichen Daseins unberücksichtigt zu lassen, betonte Goethe die Notwendigkeit einer mehr
unmittelbaren Betrachtung der Natur, die sich niemals so dem Menschen entfremden könnte. Für eine solche Betrachtung suchte er die
erkenntnistheoretischen Grundlagen. Solcher Art sind die Begriffe,
die er einführte wie der von der Urform, die für ihn der Weg wurde
zu präzisen, konkreten Forschungen und Entdeckungen. Es ist nicht
ganz richtig, seine Anschauungsweise als eine ästhetische oder
subjektive zu betrachten. Sie entbehrt keineswegs der begrifflichen
Verarbeitung, sie sucht nur Tatsachen in den Vordergrund zu rücken,
die in der üblichen Naturwissenschaft in den Hintergrund gerieten.
Er sucht eine besondere Realität zur Anschauung zu bringen, die die
übliche Naturwissenschaft vernachlässigen muss. So konnte man von
seiner Anschauung als einer Ergänzung sprechen, die wertvoll sich
erweisen möchte auch für den anderen Standpunkt. Das Verhältnis
zwischen den Resultaten der beiden Standpunkte setzt uns vor ein
besonderes Problem, das allerdings erst angegriffen werden kann,
wenn man nicht blind ist für die Bedeutung der Einstellung, die
Goethes Betrachtung der Natur entspricht. Auf Grund solcher Einstellung hat er eine Reihe von wissenschaftlichen Entdeckungen
gemacht, die auch heute noch ihre Bedeutung haben. Nicht nur auf
dem Gebiete der beschreibenden Naturforschung, der Morphologie,
der Osteologie, der Metamorphose der Pflanzen *etc.* – er hat vor allen
Dingen eine neue psychologische Betrachtungsweise vorbereitet, die
in der modernsten Psychologie hervortritt. Eine ihm ähnliche
Betrachtungsweise hat sich mir persönlich in der Darstellung biologischer Phänomene als wissenschaftlich fruchtbar erwiesen. Diese
Betrachtungsweise der Natur hat dieselben Kämpfe durchzumachen
wie Goethes. Der Unterschied ist nur, dass sie die Vorteile der
andern besser anerkennt. Sie ist jetzt gerade besonders wichtig, weil
sie berufen zu sein scheint, den Gefahren der atomistischen naturwissenschaftlichen Betrachtung zu begegnen und eine fruchtbare
Synthese herbeizuführen. Eine mehr an der menschlichen Existenz
orientierte Naturwissenschaft ist das, was Goethe im Grunde wollte,

was das Studium seiner naturwissenschaftlichen Schriften immer
wieder lehrt. Sie können nicht richtig beurteilt werden, wenn man
sie vom Standpunkt der heutigen Naturwissenschaft betrachtet,
sondern nur, wenn man ihre Bedeutung in der Zukunft in Betracht
zieht. Der von Goethe vertretene Standpunkt scheint mir berufen zu
sein zu verhindern, dass die physikalisch-naturwissenschaftliche Einstellung die Menschen der Selbstzerstörung entgegen führt, was
doch ganz im Gegensatz zu dem wäre, was die Naturwissenschaft
will. Dies uns zum Bewusstsein zu bringen, das scheint mir unserer
heutigen Veranstaltung einen besonderen Wert zu geben. Sie wird
hoffentlich in vielen den Wunsch erwecken, nicht nur die poetischen
Schriften Goethes zu lesen, sondern auch die naturwissenschaftlichen, die weithin unbekannt sind; sie zu lesen, sich ihres schönen
Stiles und ihrer Klarheit zu erfreuen und durch sie belehrt zu werden
über die Möglichkeit, wissenschaftliche Betrachtung in besserer Weise
für eine bessere Gestaltung des menschlichen Daseins zu benutzen.

ON EMOTIONS: CONSIDERATIONS FROM THE
ORGANISMIC POINT OF VIEW *

Emotions are usually regarded as conditions the psychological causes of which have a disorganizing effect on the activity the organism may be engaged in at the time. Behavior is disturbed, and effective adjustment is said to be more or less impeded. The condition includes changes in observable behavior, certain visceral phenomena, and a definite affective experience. These characteristics are often attributed to a weakening or loss of cerebral control.

My conception of anxiety, as explained in my book, *The Organism* (2), might seem to be in agreement with these assumptions. In fact it is not. The description of anxiety as a state of disorganization does not imply that all emotions must be so characterized. As a matter of fact, not all can be considered simply as disordered conditions, as states of negative value for the organism's performances. This point has been stressed by R. W. Leeper (7) in a recent paper. He states that all of the current discussions of emotion emphasize the disorganization of response. But he asks what is meant by the terms order and disorder and says: "The criterion of organization is not a matter of whether there is some interference with preceding activities or with inconsistent subordinate activities. It is the question whether this interference is relatively chaotic and haphazard, or whether these suppressions and changes of subordinate activities are harmonious with some main function which is being served" (7, p. 12). I agree with this, but there remains the question of what is meant by "main function." I have pointed out that order and disorder can be defined only in relation to the structure of the organism and the task before it at a given moment. Disorder is a state in which the individual, owing to external or internal conditions, cannot come to terms with

* Reprinted, by permission of The Journal Press, Provincetown, Mass., from *Journal of Psychology*, 31, 1951 (pp. 37-49).

the task in such a way that self-realization takes place. Order is the state in which that is the case. Thus order and disorder are not simply different forms of functional organization; they can be defined only in terms of their relationship to the basic trend of the organism, that of self-realization. Whether there is order or disorder can be judged only from the positive or negative value which the condition holds for the organism's self-realization. Hence, the same objective condition may imply organization or disorganization for one individual, but not for another, or for the same individual under one set of conditions, not under another. Only if we apply this criterion shall we be able to decide whether an emotion is disturbing or not, and to discover the meaning of emotion in the totality of behavior of men.

In anxiety disorganization is clearly apparent. It is, as we have said, the experience of the "catastrophic situation," of danger of going to pieces, of "losing one's existence." We shall see later that even here the organism must not be altogether in disorder, that even here the emotion is not simply a negative phenomenon but has some positive effect for the life of the individual. Nevertheless, disorder is here such a paramount feature that we may well say it characterizes the emotion.

There is another emotion which may appear as disorganization. This emotion is ecstasy. Here, also, is danger of losing contact with the world. But the individual is in a condition which is of great positive value for its life. What appears like disorder represents a particular kind of order and self-realization.

There are other emotions in which disorganization is not at all a prominent feature. The individual, in spite of the emotion, is not hindered from acting in accordance with the requirements of the task before him. Thus emotion and ordered behavior are in no way incompatible; the experience of "emotional upset" may become even the origin of particularly fruitful activity relevant to the individual's self-realization. That occurs, for instance, in fear. Fear has some similarity with anxiety, but there is an essential difference. Fear can inspire purposeful activity, thus helping in the maintenance of ordered behavior and allowing for self-realization in a dangerous situation. In this way, even though experienced as disturbance, emotion may not really be a state of disorganization, but rather one of reorganization with special significance within the totality of behavior.

Emotions are usually considered as factors adding something to behavior, to thinking, acting, *etc.* According to Munn: "Emotions disturb or upset whatever activities are in progress at the time of arousal ... Emotions are what produces this disturbance" (8, p. 263). Are emotions *something outside of behavior,* acting on it, or *do they belong to behavior,* as characteristic aspects of it? Our previous discussion of the structure of anxiety has shown that anxiety is not something additional to behavior, but is an aspect of a definite kind of behavior.

I would like to demonstrate the inherent character of emotions in another example. If, given a problem, we achieve the solution immediately, we may experience a feeling of comfort and satisfaction. But if this easy solution occurs in a situation where we want to show what we are able to do, we may feel cheated, disappointed, and angry because the task was too easy and we could not show our ability. If the problem is very difficult and we are not able to solve it satisfactorily, we feel tense and dissatisfied, especially if success would be important for us in that situation. If unsuccessful, we may find ourselves in a condition of anxiety. If we have great difficulty in solving the problem, but, in spite of that, are ambitious and eager to tackle difficult tasks, the very difficulty may induce a feeling of adventure, elation, and courage. When achievement of the correct solution is less important to us, we may feel at ease even in failure. The same holds true when we think that failure cannot be ascribed to our personal inadequacy since it is generally impossible to find the correct solution, or when we take an over-all attitude of callousness or resignation towards the world. If we resent the very fact of being asked to solve a given problem, defiance may be the result, and failure may even give us satisfaction.

Thus we see that success or failure in the solution of the same problem may go along with very different emotions. Such examples lead us to suspect that there is *no behavior without emotion,* and that there is no one-to-one correlation between the objective situation and the emotions induced by it. In order to understand what emotions will arise we need to consider the implications of the situation with regard to the organism's potential for self-realization.

I have shown that all phenomena which we may separate in human behavior are abstractions. Behavior is always an entity and concerns the whole personality. Only abstractively can we separate such "aspects" as "bodily processes" on the one hand and "conscious phenomena," states of awareness as "feelings" and "attitudes" on the other hand. In normal human behavior these "aspects" are integrated and organized for optimal self-realization under the given conditions. Emotions *qua* phenomena of awareness are inherent in the entity of behavior in the same way as are "thinking" or "bodily processes," *etc.* At the very moment when emotions come to the foreground, phenomena belonging to other "aspects" are correspondingly modified. The individual is more or less aware of being driven by emotion, and his behavior is changed in its entirety. Optimum self-realization under the given conditions determines qualitative and quantitative differences of emotions. In the example above a definite emotion belongs to each variation. Each of these corresponds to a definite relationship between individual, environmental situation and internal conditions. The latter in turn depend upon the effect of *environmental stimuli* on the individual and the *aftereffects* of previous experiences. Hence a given emotion may be determined by a preceding emotional state, *e.g.*, a mood prevailing at the time of stimulation, of previous emotions as they are aroused by those in progress. In *The Organism* (2, p. 307) I have dealt more generally with the structure of aftereffects of phenomena belonging to different "aspects" of human behavior. I concluded there that phenomena of each "aspect" assert direct aftereffects only on phenomena belonging to the same "aspect," and affect other "aspects" only indirectly by changing the total behavior. This applies to emotions too. Previous emotions exert *direct* aftereffects only on present *emotions*.

The kind and intensity of emotion dominant in a particular situation depends upon how much the present situation stimulates feelings and how much the aftereffect of previous experiences modifies them both qualitatively and quantitatively. All these factors have to be carefully considered if we want to understand the rôle which a given emotion plays in a particular behavior sequence. A person in a gay mood confronted with something which would ordinarily produce sadness may not be affected as long as the situation allows for continuation of that self-realization which fitted the situation in which he lives. However, if anything in the present situation arouses previous sadness, the factors which produce sadness may become so strong that his mood will change correspondingly.

We usually say that an individual is acting without affect when the emotional situation allows action and self-realization adequate to the demands of the situation. If the latter are disturbed in the presence of emotion, we speak about emotional influences on behavior. Such observations are the basis for the distinction between *unemotional* ("normal") and *emotional* ("disturbed") behavior. To quote Woodworth (11): "Activity is unemotional in proportion as it consists in observing and managing the situation (p. 438) . . . The difference between emotional and unemotional activity depends on the degree to which the individual keeps his head, that is, on the degree to which the brainy life of relation dominates his whole activity (p. 437) . . . It depends on how free the lower centers are at any time from domination by the central cortex" (p. 438). I shall not discuss here whether this physiological explanation gives us real insight into the rôle played by emotions in the totality of behavior. However that may be, the problem remains – in such an interpretation of the phenomena – why, in a certain situation, the brain centers lose their dominance, and whether it is really justified to say that there are ever activities without experienced emotion. Is the feeling of quietness and satisfaction in adequate activities not affect? I think it is very doubtful whether there exist actions without emotion. The emotions may be in the background, but they belong to the behavior, as in general the condition in the background belongs to normal "figure" formation. Is it not influence of emotions if they guarantee constant and objectively correct performance? I agree with Guenther Stern (10) when he states that experiences and activities are always accompanied by emotions, that experience is always pervaded by a certain "tonality." "Yet, in everyday life, the tempting and threatening qualities matter most. They are the first sense matters, whereby we do not mean only that sense data are saturated with mood qualities, but that their embodiment in object-like data represents the second stage." Certainly sense data are not under all conditions primary. This is the case only in a special kind of situation in which "personal" factors are to a degree kept ineffective. This does not mean that all relation of the personality to the activity in progress is eliminated. Without all such relation, activity would not go on. The impression of lack of "personal" influence originates from the *constancy of affect,* from the fact that the activity is not disrupted by "personal" events. For instance, if confronted with a scientific problem to be solved, we may appear "detached," *i.e.,* not under the influence of emotion. But that must not mean that we are without any emotion. The situation is essentially similar to that in reflexes which are guaranteed by the constant condition of the excitation in the rest of the organism. Reflexes appear as a reaction to stimuli under a very special condition of the organism, *i.e.,* the abstract attitude or special experimental condition which keeps the excitation level of the organism constant except for the part where the reflex activity takes place. The same is true of "emotionless" behavior. Such behavior is possible as a function of the abstract attitude which allows the individual to exclude subjective influences detrimental to the task at hand. This constancy of emotion belongs as a prerequisite to scientific activity as various specific emotions belong to other activities. Only with the help of the abstract attitude can objective activity take place "in proportion as it consists in observing and managing the solution" (11, p. 438). However, these activities are not sufficiently characterized in terms of "managing the solution." The whole personality is always involved, feelings and emotions providing an adequate background for the activity in progress. This is true of that kind of self-realization in which the objective world is in the foreground. Whether or not that represents the highest form of self-realization is a problem. It certainly is not the most "natural" one. I again agree with Stern when he says: "It is not the mood character of the world that is puzzling, but, on the contrary, the fact that in certain so-called theoretical acts the world seems to shake off that character . . . that man is able to disregard it and handle the world unemotionally in a rational way." I would like to add, he is not only able to do that, but *this very ability is the basic presupposition for a very important form of self-realization, because it alone guarantees "security."* According to some authors, this type of self-realization is the "normal" one, "security" – the effect of stability in action and experience – being considered the most basic goal of the individual. This viewpoint overlooks the enormous significance of the experience of variety which accompanies emotions in human life, the individual and social. Even "emotionless" activity would not exist or receive so much attention, were it not ultimately directed by a definite emotion: by the craving for security and the drive to obtain it.

We have so far considered emotions qua *inherent aspects of behavior.* But let us not overlook the fact that emotions are not only inherent characteristics, they also serve a special *purpose.* Our previous description of purpose of the constant emotional background in "emotionless" activities points already in this direction. This "constant" state of emotion is apparently a deliberately produced means to guarantee this type of behavior. The self-realization underlying such behavior is not a passive process; it is an expression of personal action and decision. The individual wants to be put before a task in which he can realize himself. He searches for the task. Now each task implies a conflict between organism and world, and definite emotions accompany it, always somewhat disturbing the activity. But, in addition, emotions may come to the fore which help the individual to overcome the difficulties of his endeavor. It is not only the little boy in the children's story who went out into the world to learn the nature of fright. The grown-up acts very much like him in his natural adventurous aim to conquer the outer and inner world. Thus we see emotions have *both detrimental and facilitating effects*. From this originates the ambivalence of functional value of emotions. They are both helpful and disturbing. The goal cannot be reached without some risk and insecurity. This is the case particularly in those activities which are most important for human existence.

If this ambiguity is eliminated to a high degree, as in "emotionless behavior," in the abstract attitude, then the world becomes more "secure", but, at the same time, life becomes progressively more rigid and loses in freedom, vitality, and colorfulness. It becomes more and more drab. *The presence of emotions represents the colorfulness of human life*. It makes the individual feel that it is *he* who experiences, that it is *he* who acts, that *he* is. Life goes on close to the center of the personality, the ego. The individual feels himself as being within the world. In "emotionless" actions, on the other hand, the ego is more or less eliminated and activity more or less detached.

Certain emotions are more dangerous than others. That becomes evident, for instance, when we compare the effect of similar emotions in greater or lesser intensity, *e.g.*, anxiety and fear (2). In anxiety the emotion is so strong, the organism is so highly altered in its function, that the abstract attitude can no longer be assumed by the individual. In danger of going to pieces and being unable to act at all the individual must be protected if he is to survive. This means going back to a lower level of coming to terms with the world, thus depriving the personality of important characteristics; but at least it guarantees mere existence. In fear also, the individual experiences strong affect, but not so intensely as to become unable to realize the danger – that is, the danger of impending anxiety – and he can build up protective mechanisms with the help of the preserved abstraction. Fear sharpens the senses and allows us to observe things and events which we may never see in the "emotionless" condition. In fear we gain a new insight into the structure of the world and the nature of man. Fear induces special effort in activity and discloses at the same time danger to human life and the basic significance of the emotion of courage for human existence. In fear, *the positive character of emotion* becomes particularly evident.

As far as I can see it was especially Jean Paul Sartre who considered *emotions as meaningful performances*. "They are mobilized by man in certain situations for definite purposes." I agree with that and also when he states that in emotion we live in *another world*. It corresponds to my general concept of the relation between specific activities and a definite world (2, p. 310). I could show that the "usual world" depends upon behavior in the abstract attitude, and that with "concrete" behavior there goes parallel another "world" in which things and events are related to each other in a more direct, concrete, and personal way. We tend to act in response to objects rather than to think about them. The situation is similar with regard to "emotional" and "emotionless" behavior: to each belongs a particular "world." When under the influence of emotions, the world in which we live shows, in general, some of the characteristics of the "concrete" world. To be sure, they manifest themselves in different ways, in accordance with the special character of the emotion in a given situation. Sartre writes:

In normal and adapted action, the objects "to be realized" appear as having to be realized in certain ways. The means themselves appear as potentialities which demand existence. This apprehension of the means as the only possible way to reach the end can be called a pragmatistic intuition of the determinism of the world around us ... the world of our desires, our needs and our acts ... (9, p. 57).

Our normal world [1] can be modified when the demands on us arising from it become too difficult, "when the paths traced out become too difficult, or when we see no path, we can no longer live in so urgent and difficult a world. All the ways are barred. However, we must act. So we try to change the world" (9, p. 158). That is the transformation of the world in emotion. In this changed world we try "... to live as if the connections between things and their potentialities were not ruled by deterministic processes, but by magic (9, p. 59) ... Magical

[1] That is, the normal world in which we act.

behavior aims at denying an object of the external world, and will go so far as to annihilate itself in order to annihilate the object with it" (9, p. 64), *i.e.*, the object with which we cannot cope. "The impossibility of finding a solution to the problem objectively apprehended as a quality of the world serves as motivation for the new unreflective consciousness which now perceives the world otherwise and with a new aspect, and which requires new behavior – through which this aspect is perceived – and which serves as 'hyle' for the new intention" (p. 60). Thus emotions save the individual in an unstable situation. That is their purpose.

I agree with Sartre that an individual, when faced with a situation too difficult to be handled adequately, goes over into another "world," and that under anxiety, the individual lives – in Sartre's words – "a lesser existence, lesser presence" (4, p. 60). That corresponds to my characterization of this level as a "shrunken range of behavior," as a "level of existence within which a number of potential activities of human beings can no longer be realized." Thus the individual is reduced severely in self-realization.

However, this level to which the individual is reduced is not necessarily the magic level, as Sartre believes. There may be conditions where living in a magic world is the only possibility for at least a certain kind of self-realization. Whether that is the case in all situations of anxiety, and particularly whether the appearance of a magic attitude can be understood as reaction of the individual to anxiety *alone* appears doubtful. If in a condition of great danger the individual evades the given world and passes over onto a new plane of "existence," this new world must not be a magic world, it can simply be a *restricted, abnormally concrete world,* as I have shown for individuals with brain damage whose existence is constantly endangered by catastrophic situations. This new level is a means to guarantee some kind of existence in a state of abnormal relation between the person and the outer world due to the change of the individual by pathology. Anxiety occurs here as the effect of catastrophes, of failure; it belongs to the breakdown of organismic life and disappears as soon as failure disappears. That takes place if and to the degree as the "new" level of existence has been achieved. *But are we allowed to speak here of a purpose of the emotion of anxiety?* If we mean by purpose some impulse by which activity is inspired adequate to the "nature" of the organism, certainly not. The effect is not suited to realize essential capacities of the individual, and his lower level cannot be considered the purposeful intention of it. That corresponds to the observation that the individual does not try to achieve it. What he tries is to find a way out of the disastrous situation. He tries to reach an adjustment to the outer world which allows some kind of reaction without permanent disturbance by catastrophes. That is the case in an environment in which he has not to use – to fulfill the demands of the environment – the "abstract attitude," and in which he can be successful in concrete behavior (2, p. 38). The individual's activity is not purposeless, insofar as a condition is reached in which at least some activities are possible. But that is achieved in a passive way. Active shifting to another level would not even be possible for the patients, because they are deprived of the capacity to do that due to their pathology. The passive character of this shifting becomes apparent also by the fact that the new level can be preserved only if the organism is protected otherwise, that is, if he can, with the help of other human beings, live in a definite environment from which no demands arise he cannot cope with. Left to his own devices, the patient would soon "break down." Thus we cannot describe the individual's shift onto a new plane of existence as the "purpose" of anxiety. It is not at all fruitful for the individual in the sense of self-realization. It may therefore not even be justified to say that the individual now lives in another "world." The environment to which he is reduced in order to live at all *does not belong to the realm of the various forms of "world" of normal human existence* (6, p. 67). With our interpretation of the effect of anxiety, a discrepancy in Sartre's concept can be avoided, namely, that he on the one hand considers emotions purposeful, and on the other one states they are "not effective." That appears contradictory: effectiveness and purpose do belong together. If one denies purposefulness of anxiety, as we do, it is understandable that it is not effective. Other emotions which are purposeful are effective, too. That is, for instance, the case in fear. In fear the individual's natural "world" does not disappear; even though it does undergo some change, it is essentially preserved. *The behavior in anxiety is thus not on the same level as that under other conditions of emotion.* It might serve to avoid confusion if we would not label that condition emotion but designate it as the *inner experience of catastrophe*!

Fear is a real emotion. *It* has positive value for behavior. It has a purpose, the purpose of enabling the individual to achieve optimal

self-realization under the given conditions, and it is effective. G. Stern
has indicated the different ways in which the relation between emotion
and activity has been considered, *e.g.*, the relationship between sadness and crying. According to Stern, it is not true that we cry *because*
we are sad – as the layman would think. Nor do we become sad because we cry, as William James would have assumed. Nor do we
cry in order to become sad, as Sartre might say. It would seem to me
that we best describe the phenomenon as a condition of the organism
to which the feeling of sadness belongs in the same way as crying.
Both sadness and crying originate in the individual on the one hand
as a disturbing occurrence, on the other one as an *aid in overcoming
the difficulties of the situation which have produced them.* The organism, we might say, *gives in* to sadness and thus manages to establish
a more adequate relationship with the world in spite of it. As a consequence of this giving in, the individual is able to handle the difficulties better than in permanent conflict in passive sadness. He tries
to bear something disagreeable and can so organize a situation in a
way in which he can handle the disturbing character of the original
condition, that condition from which sadness originated. To be sure,
that will be possible only with limitation of self-realization, but will
make possible that it essentially remain preserved. I have shown on
another occasion (2, p. 439) that this is the way in which the organism
tends to overcome difficulties in general if he cannot eliminate them
altogether. A new state becomes organized which allows for self-
realization even though in a somewhat restricted fashion. On this new
plane emotions are effective. Here, giving in somewhat and not simply
fighting them, has some positive value. Indeed, such a selective procedure is possible only with the help of the highest function of human
nature, that of abstraction, which induces self-control in the interest of
higher goals. At random it might be mentioned, here lies the basis of
all success in psycho-therapy.

Thus we can see again that *emotions are part and parcel of behavior.*
Behavior is determined by the trend towards self-realization. Depending on various external and internal conditions with which the organism has to cope at the time, self-realization expresses itself in different
activities which belong to different "worlds." There is always a
tendency towards "optimal" adjustment of the personality and the
world in which the individual has to live. The difficulties encountered
– the opposing forces of physical and social world, the inner conflicts

– produce different kinds of reactions. A definite emotion is coordinated with each reaction, *i.e.*, always that emotion which fits in
best with optimal self-realization under the given conditions. But
there remains a lack, and emotions are also, in a sense, the expression
of this lack. But emotions are *not simply a part of the changed situation*; rather, the individual *can and does bring himself into these
emotional conditions because they make for better self-realization.*
All these emotional conditions belong to human existence; they correspond to the different "worlds" of man.

Thus: *no action occurs without emotion.* The quantitative and
qualitative differences of emotions correspond to the different ways
of self-realization. In everyday life various emotions arise which more
or less disturb and/or facilitate action. The human being assumes,
and has to assume, different attitudes in order to realize all his capacities. The rôle played by the emotions differs with these different
attitudes. In activity induced by the abstract attitude, particularly in
the scientific approach to the world, emotions are kept at bay. They
are "in the background" or, more correctly, they are kept relatively
constant. This state comes into being in the search for security, and the
feeling of security is part of it. Yet, there appears at the same time the
joy in activity, the experience of satisfaction of creative power, and
the freedom to overcome difficulties. Nevertheless, under the influence
of the abstract attitude there manifests itself only a restricted aspect
of the world and of the person, of human nature in general. Another,
and a very important one appears in "emotional" activity, revealing
the colorfulness of human nature and its world. Here security is
reduced. The adventurous character of man is active, wanting to face
and overcome the difficulties of life which oppose his self-realization.
Emotions here are a deliberate means to come to terms with particular
situations. Under these conditions we are justified in speaking of the
"purpose" of emotions.

When emotion is so strong that the individual is no longer able to
bear the disturbance accompanying it, as, *e.g.*, in the condition of
anxiety, then there is no other means to meet the emotion than to
escape to a lower level of existence. An essential part of the human
world is lost. These are the only states of emotion where disturbance
is in the foreground. Here emotion has *no* purpose, insofar as it is not
desired, it is not effective in terms of the individual's "adequate"
activities. All other emotions have some positive character, some

purpose; they imply both positive and negative value for behavior and self-realization. When we are sad, the negative side is, characteristically, in the foreground. The opposite is the case in joy.

We should now proceed to show the fruitfulness of this view in a systematic analysis of the various kinds of emotions. However, I shall discuss only one kind: *joy* – as an example for indicating the general direction which such analysis should take. The discussion of joy will demonstrate again the complexity of the structure of what we call emotion.

To characterize joy as a disturbance of behavior would immediately appear to be wrong. Joy brings about disturbance, to be sure, if we compare it with behavior in an "emotionless" state. But this negative value is outweighed by its great positive value for self-realization. Sartre has characterized joy as a condition in which we anticipate an "instantaneous totality" which, in fact, is only partially realized. "The behavior is accompanied by the certainty that the possessions [2] will be realized sooner or later" (8, p. 69). It is true that in joy we transcend the immediate reality, but we remain in the world in which we are living and acting. I cannot agree with Sartre that we shift onto a magic plane. We are not so deceived as to consider the world already perfect, but we expect and hope that it will be so in the future. This experience we owe to the capacity of abstraction which implies the category of possibility, a category of paramount significance in human experience. Individuals who are impaired in this capacity, due to brain damage, and cannot take the attitude toward something merely possible, do not experience joy in this sense. They experience an affect which may appear on the surface like joy, but should be distinguished from it. It is the experience of pleasure by relief of tension (2, p. 195). It corresponds to the agreeable feeling which we experience on return to a state of equilibrium after the latter has been disturbed, or to the feeling of being freed from distress. It is a passive experience and lacks the feeling of activity and freedom so characteristic of joy. Pleasure lasts only until a new situation stimulates new activity. In joy, on the other hand, we have the experience of infinite continuation. The two emotions play essentially different rôles with regard to self-realization, and they belong to different "worlds." Pleasure may be a necessary state of respite. But it is a phenomenon of "standstill," *it is akin to death*. It separates us from the world while in joy we experi-

---

[2] *E.g.*, meeting a beloved person.

ence "existence" of ourself and the world. Pleasure is equilibrium, elimination of danger, quietness. In joy there is disequilibrium at both "higher" and "lower" levels than "normal" behavior. It is, however, a *productive disequilibrium* leading forward to fruitful activity and self-realization. There is, of course, the danger of complete loss of equilibrium, *i.e.*, the disintegration of the personality which in turn may produce a state of anxiety as in pathological conditions. But man enjoys this danger, it corresponds to the tension which is part of living to its very apex. This example shows how behavior in emotion mirrors the complexity and ambiguity of human nature and the world belonging to it.

Our discussion has led us to realize not only how pertinent emotions are for human behavior, that they are inherent in it, but it also points to an *essential character of man, his not being primarily concerned with security*. The search for security is neither the only nor the highest form of self-realization of man. At least there are other forms which do not lack emotion, when we live in insecurity, when we take over insecurity deliberately, because only then we can realize ourselves in the highest form. There we are correct to speak of purpose of emotions.

REFERENCES

1. E. G. Boring, H. S. Langfeld & H. P. Weld, *Introduction to Psychology*. New York: Wiley, 1939.
2. K. Goldstein, *The Organism*. New York: American Book, 1939.
3. —. "The two ways of adjustment of the organism to cerebral defects," *J. Mt. Sinai Hosp.*, 1942, 9, No. 4.
4. —. "The idea of disease and therapy," *Rev. Relig.*, 1949, 13, pp. 229-240.
5. —. "Organismic approach to the problem of motivation," *Trans. New York Acad. Sci.*, 1947, 9, No. 6.
6. —. *Human Nature in the Light of Psychopathology*. Cambridge: Harvard Univ. Press, 1947.
7. R. W. Leeper, "A motivational theory of emotion to replace emotion as disorganized response," *Psychol. Rev.*, 1948, 55, 5-21.
8. N. L. Munn, *Psychology*. Boston: Houghton-Mifflin, 1946.
9. J. P. Sartre, *The Emotions: Outline of a Theory*. New York: Philosophical Library, 1948.
10. G. Stern, *Private communication*.
11. R. S. Woodworth, *Psychology*. New York: Holt, 1940.

REMARQUES SUR LE PROBLÈME
ÉPISTÉMOLOGIQUE DE LA BIOLOGIE

La biologie est habituellement considérée comme une partie de la science de la nature. Lorsqu'une tâche concrète suscite des réflexions concernant l'épistémologie, c'est que l'application de la méthode de décomposition atomistique, usitée dans la science de la nature, s'avère peu satisfaisante pour l'intelligence – à partir des faits révélés par la méthode – du comportement d'un organisme, en particulier de celui des êtres humains. Il arrive souvent que même une description sans ambiguïté n'est pas possible, parce qu'il existe de nombreuses contradictions dans les phénomènes observés. Le problème principal de la biologie n'est pas résolu. Notamment la question de savoir d'où vient l'ordre et le sens – problème si caractéristique du comportement de l'organisme – dans ce chaos qu'est la somme énorme de faits séparés et contradictoires. Cet état de choses a conduit à admettre un nombre toujours croissant de principes nouveaux supposés de devoir garantir cet ordre et ce sens. Tous ces principes nouveaux – qu'ils soient de type anatomique, physiologique, psychologique, métaphysique – ont pour trait commun d'introduire des facteurs étrangers à ce principe fondamental selon lequel on supposait que la vie de l'organisme était ordonnée de façon à supporter les tentatives de traitement atomistique. Les principes additionnels apparaissent comme des moyens de parer aux échecs dus à l'usage du principe des réflexes, échecs qui nous font douter de la justesse de ce principe-ci et en général de la méthode atomistique. Ce doute a libéré notre vision pour un examen plus direct des phénomènes, des "symptomes", et il permet de reconnaître des traits caractéristiques du comportement de l'orga-

* Nous tenons à remercier la maison Hermann, Editeurs des Sciences et des Arts, Paris, qui a bien voulu donner la permission de reproduire cet article paru dans *Actes du Congrès International de Philosophie des Sciences*, vol. 1, Epistémologie, Paris 1951 (pp. 141-143).

nisme qui nous conduisent à considérer l'organisme comme un tout. Cette nouvelle tentative de traitement organismique met en lumière de nombreux phénomènes jusqu'alors inaperçus ou négligés parce qu'ils ne pouvaient pas être compris dans la perspective atomistique.

Il y a une différence très nette entre le but de la science de la nature et celui de la biologie qui rend ces phénomènes rapportés à l'organisme dans sa totalité tellement essentiels pour la connaissance en biologie. La science de la nature n'est pas intéressée fondamentalement à la réalité de ses objets. Elle est satisfaite si les principes permettent de décrire les phénomènes et d'agir sur les objets dans une situation donnée et de façon réglée. *La Biologie a affaire à des individus qui existent* et tendent à exister, c'est-à-dire à réaliser leurs capacités du mieux possible dans un environnement donné. Les performances de l'organisme en vie sont seulement compréhensibles par leur rapport à cette tendance fondamentale, c'est-à-dire seulement comme expressions du processus d'auto-réalisation de l'organisme. Seule cette considération permet de distinguer, dans le nombre énorme des phénomènes révélés par la méthode atomistique, ceux qui sont à quelque degré des "artefacts" de la méthode d'isolement de ceux qui relèvent proprement de la vie de l'organisme et représentent ainsi le matériel sur lequel notre savoir peut être fondé!

A la vérité, cette attitude à l'égard du savoir biologique nous place devant un problème épistémologique très ardu. Nous ne pouvons pas abandonner la méthode de décomposition comme moyen de faire apparaître des phénomènes, mais comment pouvons-nous de ce matériel choisir les phénomènes qui appartiennent proprement à la biologie? Ni une démarche inductive, ni une simple synthèse ne peuvent être fécondes à cet égard, ni quelque préconception théorique que ce soit. *Le seul critère d'appartenance est l'utilité du phénomène pour l'existence de l'individualité caractéristique de l'organisme.* Seuls les phénomènes qui garantissent cette existence, c'est-à-dire l'auto-réalisation, sont proprement biologiques. Ces activités propres et leur insertion dans l'organisme pris comme un tout, dans sa "Gestalt", sont la matière du savoir en biologie. Le savoir en biologie consiste, comme tout savoir, dans une représentation symbolique, mais les symboles dont la biologie a besoin pour une représentation cohérente des phénomènes empiriques sont d'une autre sorte que ceux des sciences physiques. Tous les symboles biologiques sont des substituts, mais plus proches du réel, moins étrangers aux phénomènes observés que ceux des sciences physiques. Ils doivent donner une image plus "adéquate" du caractère individuel concret de l'organisme. Les données que nous observons ne sont pas la simple apparence des activités des organismes mais quelque chose qui appartient à la *réalité* de l'organisme, bien qu'insuffisant pour une connaissance directe de cet organisme. L'intelligence en biologie ne se satisfait jamais de la découverte de lois établissant des relations entre éléments considérés plus ou moins théoriquement. Les symboles en biologie doivent en principe contenir la qualité et l'individualité. Nous sommes capables d'atteindre ce but – comme j'ai tenté de montrer à l'occasion d'un grand nombre de faits dans *Aufbau des Organismus* – grâce à une *activité créatrice*, à une démarche qui est *essentiellement apparentée à l'activité par laquelle l'organisme s'accommode avec le monde ambiant de façon à pouvoir se réaliser lui-même, c'est-à-dire exister*. La connaissance biologique reproduit d'une façon consciente la démarche de l'organisme vivant. La démarche cognitive du biologiste est exposée à des difficultés analogues à celles que rencontre l'organisme dans son "apprentissage" (learning) c'est-à-dire dans ses tentatives pour s'ajuster au monde extérieur. Notre démarche est favorisée par notre capacité d'abstraction caractéristique de l'être humain. D'autre part, elle n'atteint pas une telle perfection au titre d'ajustement naturel. Elle est incomplète comme tout savoir, mais elle ne peut pas avancer comme la connaissance dans la science physique en ajoutant les faits aux faits, parce que les faits eux-mêmes ne peuvent jamais être évalués de façon simplement quantitative. Chaque nouveau fait isolé doit avoir une signification qualitative et doit être capable de révolutionner la totalité du concept basé sur des découvertes antérieures. Cela peut demander la construction d'une nouvelle idée, à la lumière de laquelle les faits antérieurs pourront être interprêtés d'une façon radicalement différente. Il s'ensuit que le savoir biologique peut être caractérisé comme une *démarche dialectique, fondée sur une activité créatrice continue par laquelle la description de la nature de l'organisme devient toujours plus proche de la saisie de notre expérience*. Les différents termes, la "nature", "l'essence" et "l'existence" de l'organisme ne sont pas pris dans le sens d'une entité métaphysique, mais comme la base d'une recognition, une raison de savoir. Ces symboles ne doivent pas seulement satisfaire l'interprétation théorique des phénomènes, mais aussi l'activité que nous imposent les relations réciproques de tous les êtres vivants. Ainsi la connaissance biologique est liée très étroitement à l'action, bien plus le savoir et l'action soutiennent des relations réciproques très étroites, chacun d'eux tirant son origine de l'autre et se corrigeant l'un l'autre d'une façon dialectique déterminée, comme cela se produit dans le processus d'ajustement de tout organisme au monde extérieur.

De ce point de vue, la prise en considération des processus isolés que l'on suppose soutenir l'action de l'organisme apparaît superflue: par exemple des processus comme l'intérêt, l'attention, l'inhibition, les régulations, *etc.* . . . De même, des concepts comme antagonismes entre des parties opposées, depuis l'innervation antagoniste des muscles jusqu'à l'antagonisme entre la vie et l'esprit. Des phénomènes comme la norme, la santé, la maladie, l'hérédité, la différence entre les animaux et l'homme, la structure hiérarchique du règne vivant et d'autres problèmes apparaissent sous un jour nouveau.

Traduit par G. et S. CANGUILHEM.

BEMERKUNGEN ZUM PROBLEM
"SPRECHEN UND DENKEN"
AUF GRUND HIRNPATHOLOGISCHER ERFAHRUNGEN

Ich glaube es nicht als meine Aufgabe in dem Symposium über das Problem des Verhältnisses von Sprechen und Denken betrachten zu sollen, mich theoretisch an der Discussion zu beteiligen und meinen Standpunkt darzulegen, sondern auf Material hinzuweisen das mir geeignet erscheint, in mancher Hinsicht Klärung zu bringen, bisher aber nicht die richtige Bewertung gefunden hat: das Material der Pathologie. Die Beobachtungen stammen von Kranken, bei denen als Folge von umschriebener Hirnschädigung Sprachstörungen auftreten.

Seit der Mitte des vorigen Jahrhunderts sind diese sogenannten aphasischen Symptomencomplexe im Zentrum des Interesses der Psychopathologen. Sie erwiesen sich als besonders wertvoll für das Verstehen pathologischer psychischer Phänomene im allgemeinen und haben mancherlei beigetragen, um unsere Kenntnisse normalen menschlichen Verhaltens zu erweitern.

Der Versuch, pathologisches Material in dieser Hinsicht zu verwenden, ist vielfach mit Skepsis aufgenommen worden. Ich konnte bei verschiedenen Gelegenheiten zeigen, daß eine solche Verwendung sehr fruchtbar sein kann, wenn man die besondere Art berücksichtigt, in der Pathologie die Function des Organismus verändert. Ich möchte hier besonders auf meine Erörterungen in meinem Organismusbuche hinweisen.[1] Ich habe dort darzulegen versucht, daß die skeptische Einstellung so lange begründet war, als man die pathologischen Phänomene isoliert betrachtete und von den so gewonnenen Erfahrungen Rückschlüsse auf die Structur der normalen Erscheinungen machte. Diese isolierende Betrachtung hat sich in den letzten Jahrzehnten zu-

---

* Mit freundlicher Erlaubnis der North Holland Publishing Company, Amsterdam, abgedruckt aus *Thinking and Speaking, a Symposium,* edited by G. Révész, 1954 (pp. 175-196).

[1] K. Goldstein, *Der Aufbau des Organismus.* M. Nijhoff, Haag 1934.

nehmend als unfruchtbar für das Verständnis der pathologischen Vorgänge im allgemeinen erwiesen. Man erkannte, daß viele der zu beobachtenden Phänomena bei dieser Betrachtung nicht verständlich werden, ja nicht einmal eindeutig beschreibbar, aber daß das möglich wird, wenn man sie als Ausdruck einer veränderten Tätigkeit des ganzen Organismus auffaßt. Die Analyse zahlreicher Beispiele hat ferner ergeben, daß was als pathologisch erscheint, eine *Modifikation normalen Verhaltens darstellt,* die vom selben Grundmotiv bestimmt wird wie normales Verhalten, nämlich, von der *Grundtendenz organischen Lebens* zu "existieren", d.h. "sich", seine Eigenschaften, seine "Natur", so gut wie möglich unter den gegebenen Bedingungen zu verwirklichen; so auch entsprechend den Veränderungen, die der Organismus durch Pathologie erfahren hat.

Für diese Betrachtungsweise erscheint die Sprache nur als ein allerdings besonders wertvolles Mittel der Selbstverwirklichung des Menschen. Das gleiche gilt vom Denken. Das Verhältnis von Sprechen und Denken erscheint damit in einem neuen Lichte. Wenn wir in dieses Verhältnis Einsicht gewinnen wollen, so kann das unserer Überzeugung nach nur auf dem Wege über eine Erkenntnis der Bedeutung beider Vorgänge und ihrer Beziehung zu einander für die Selbstverwirklichung des Individuums unter den jeweiligen Umständen geschehen. Ich glaube, daß manche Controverse über dieses Verhältnis nicht zum geringsten daraus erwachsen ist, daß man die Phänomene der Sprache und des Denkens gewöhnlich zu isoliert von der Gesamtpersönlichkeit betrachtet hat.

Wir wollen ausgehen von der Analyse einer anscheinend sehr einfachen Störung der Sprache, von der Unfähigkeit mancher Kranken den *Namen für Objekte,* selbst für die gewöhnlichsten des alltäglichen Lebens, *zu finden.* Dieses Symptomenbild wird gewöhnlich amnestische Aphasie genannt.[2] Es ist leicht zu beweisen, daß dieser Defekt nicht auf einer Störung des Erkennens der Objekte beruht. Die characteristischen Umschreibungen, die die Kranken vorbringen, wenn sie ein Objekt nicht benennen können, lassen keinen Zweifel, daß sie die Objekte erkennen, so z.B. wenn eine Patientin, die einen Regenschirm, ein Glas, einen Federhalter, *etc.* nicht benennen kann, sagt: "Ein Ding für den Regen, ein Ding zum Trinken, ein Ding zum Schreiben". Die Kranken benutzen die Objekte in korrekter Weise, sie können aus einer Reihe vor ihnen liegender verlangte heraussuchen.

---

[2] A. Gelb und K. Goldstein, "Über Farbennamenaphasie," *Psychol. Forschung.* 6. 1924.

Man war geneigt, entsprechend der Theorie, daß die Sprache auf Erweckung von "Sprachvorstellungen" beruht, die im Gehirn deponiert sind, anzunehmen, daß die Störung der Benennung durch eine Schädigung solcher Vorstellungsbilder bedingt ist oder darauf beruhe, daß die Patienten die Fähigkeit verloren hätten, diese zu erwecken. Eine solche Annahme steht aber nicht in Einklang mit anderen Befunden, die keinen Zweifel lassen, daß die Patienten die *Worte nicht verloren* haben. Sie mögen imstande sein, sie in einer Konversation zu gebrauchen, oder, wenn sie über eine Situation berichten, zu deren Beschreibung Worte notwendig sind, die sie in der Aufgabe des Benennens nicht hervorbringen können. Wenn sie einen Namen angeben sollen, der gewöhnlich in einer Reihe mit anderen auftritt, dann mögen sie ihn in der Reihe anstandslos produzieren, so z.B. wenn ein Patient die Farbe rot oder grün nicht benennen kann, mag er, aufgefordert, die verschiedenen Farbennamen wie "rot, grün, gelb, blau" zu rezitieren, das sehr wohl ausführen, ohne daß er selbst danach imstande ist, eine bestimmte farbige Wollprobe zu benennen. Wie wenig die Worte wirklich verloren sind, zeigt die auf die Aufforderung der Benennung erfolgende Reaktion einer meiner Patientinnen, die einen Regenschirm nicht benennen konnte: "Ich habe drei Regenschirme zu Hause," ohne daß diese Äußerung es ihr ermöglichte, sofort darauf den gezeigten Regenschirm zu benennen.

All die erwähnten und andere Beobachtungen beweisen, daß die Patienten *die Worte nicht verloren haben.* Was aber macht sie dann unfähig, die Objekte zu benennen? Die Antwort auf diese Frage und damit eine Klärung der Natur des Namens kam von einer sorgfältigeren *Beobachtung des Gesamtverhaltens der Patienten.* Sie sind in ungewöhnlicher Weise auf die eigene Person und ihre Beziehung zur Umwelt eingestellt, im ganzen mehr handelnd als denkend und sprechend. Ihre Sprache ist im stärksten Maße von Ausdrucksbewegungen begleitet, die oft als Ersatz für die gestörte Sprache auftreten. Die Veränderung ihres Verhaltens kommt besonders deutlich heraus in der Untersuchung mit gewissen Testen, die speziell für den Zweck, das veränderte Verhalten genauer zu bestimmen, von uns angegeben wurden.[3],[4] Es handelt sich dabei besonders um Auf-

---

[3] Siehe Fussnote 2.
[4] K. Goldstein and Scheerer, *Abstract and concrete Behavior. An Experimental Study with Special Tests.* Amer. Psychol. Assoc. Psycholog. Monographs, 329, 1941.

gaben, zu deren Erledigung die Fähigkeit, Gegenstände nach bestimmten Gesichtspunkten zu sortieren, notwendig ist. Vor dem Patienten
werden z.B. eine größere Zahl von Wollproben verschiedenster Färbung, verschiedene Rotnuancen, Grünnuancen, *etc.* (etwa die Holmgreenschen Wollproben, die man zur Prüfung der Farbentüchtigkeit
benutzt) ausgebreitet. Er hat die Aufgabe, *alle* roten oder grünen Farbsträhnen zu wählen oder zu einer dargebotenen Strähne diejenigen
herauszusuchen, die dazu *passen,* die ihm "ähnlich" erscheinen, Aufgaben, die von normalen Personen ohne jede Schwierigkeit erfüllt
werden können. Der Normale geht dabei so vor, daß er von der Verschiedenheit der Nuancen und anderen etwa auffallenden Eigenschaften der Farbsträhnen absieht, "abstrahiert" und entsprechend der gestellten Aufgabe nur die Grundfarbe bei der Wahl berücksichtigt.
Nicht so der Patient. Er wählt nur ganz identische oder sehr ähnliche
Strähnen, ähnlich in Hinsicht auf sich sinnlich aufdrängende Eigentümlichkeiten, etwa ihre Helligkeit oder besondere "Kälte" oder
"Wärme" oder Schönheit oder ihre Brauchbarkeit in einer bestimmten
wirklichen Situation; so z.B., wenn eine Patientin zu einer braunen
Farbe eine grüne, eine rote und eine gelbe wählt und auf Befragen,
warum, erklärt, die eine (die grüne) ist für den Rock, die andere (die
rote) für eine dazu passende Bluse, die dritte (die gelbe) für einen
Shawl. Wenn Patienten durch die Helligkeit angeregt eine hellgrüne
zu einer hellroten und hellgelben legen, könnte man, wenn andere Untersuchungen nicht ergeben hätten, daß sie farbentüchtig sind, ver-
muten, daß sie farbenblind sind. Genauere Untersuchung hat ergeben,
daß die Patienten in ihrem Vorgehen völlig vom *konkreten sinnlichen
Eindruck,* jeweilig von dem, der sich ihnen im Moment aufdrängt, in
ihrem Vorgehen bestimmt sind, daß sie nicht von diesem Eindruck
absehen und nach einem bestimmten *Prinzip* sortieren können. Die
Unfähigkeit, nach einem Prinzip vorzugehen, zeigt sich besonders,
wenn der Patient, der eben zu einer gebotenen hellen Strähne anders-
farbige helligkeitsgleiche herausgesucht hat, nicht imstande ist, auf
Aufforderung alle hellen zu wählen.

Wir sagen, der Patient ist nicht imstande zu "abstrahieren", wobei
unter Abstrahieren die Fähigkeit verstanden ist, in unserer Stellungnahme zur Welt, etwa zu einem gegebenen Objekt, von dessen zu-
fälliger Erscheinungsweise abzusehen und es *von einem bestimmten zu
einer Aufgabe gehörigen Gesichtspunkt zu betrachten, so z.B. der verlangten Aufgabe, die gebotenen Farbsträhnen vom Gesichtspunkt ihrer*

Zugehörigkeit zu den Grundfarben zu sortieren. Wir können uns der Welt gegenüber und so auch gegenüber dem Farbhaufen auch anders einstellen. Wir vermögen, die gewählte Strähne über den Haufen hinüberführend, uns den *auftretenden Eindrücken passiv zu überlassen.* Dann erleben wir, wie die Strähnen, die in allen Eigenschaften ähnlich sind, sich unmittelbar zusammenschließen. Wenn aber nicht viele solch gleiche da sind, sondern immer nur einige in gewisser Hinsicht ähnlich sind, durch ihre Helligkeit oder andere auffallende Eigenschaften, so gewinnen bald die helligkeitsähnlichen, bald andere, die in einer anderen Eigenschaft ähnlich sind, passiv die Oberhand und scheinen aus dem Haufen hervorzutreten. Wir erleben eine gewisse Unruhe im Haufen. Während im Sortieren nach einem bestimmten Gesichtspunkt die gewählten fest im Vordergrund stehen gegenüber dem Hintergrund, der von den anderen gebildet wird, wechselt jetzt Figur und Grund fortwährend, bestimmt durch passiv sich aufdrängende wechselnde Sinneseindrücke. Wir haben die Verhaltensweise, die durch die Gegebenheit in ihrer besonderen Eigentümlichkeit bestimmt wird, *konkretes Verhalten* [5] genannt.

Im abstrakten Verhalten sind wir mehr denkend über Dinge, wir handeln aktiv, entsprechend der Kategorie, von der das gegebene Objekt ein mehr zufälliges Exemplar darstellt; im *konkreten Verhalten* sind wir mehr passiv reagierend als denkend. Normaler Weise kommt dasjenige Verhalten in den Vordergrund, das im Moment die bessere Möglichkeit der Auseinandersetzung mit der Umwelt und ihren Aufgaben mit sich bringt und so die bessere Art der Selbstverwirklichung darstellt. *Der Patient ist nur zum zweiten, dem konkreten Verhalten fähig.* Das gilt nicht etwa nur in Hinsicht auf die Leistung beim Farbensortieren, sondern für *alle Leistungen.* Andere Teste [6] haben gezeigt, daß die Patienten sich im Sortieren von Gebrauchsgegenständen, im Schaffen räumlicher Anordnungen entsprechend verhalten. Sie können eine Aufgabe nicht erfüllen, wenn diese abstraktes Vorgehen verlangt, sie reagieren prompt und richtig, wenn die Aufgabe in konkretem Vorgehen erfüllt werden kann. Ebenso verhalten sie sich in Situationen des täglichen Lebens. Sie versagen in allen Situationen, die zu ihrer Bewältigung verlangen, daß man nach einem bestimmten Prinzip vorgeht, daß man sich willkürlich bald nach

[5] Siehe Fussnoten 2 und 4.
[6] K. Goldstein, *Language and Language Disturbances.* Grune & Stratton, New York 1948.

einem Aspekt einer Situation, bald nach einem anderen richten muß, daß man reflektieren muß, welcher Weg der richtige ist, daß eine Wahl notwendig ist. Sie versagen, wenn man zur Erfüllung der Aufgabe eine Gegebenheit in Teile zerlegen und dann nach einem anderen Gesichtspunkt wieder aufbauen, d.h. analysierend oder synthetisch vorgehen muß, wenn im Vorgehen, Denken und Fühlen es nicht genügt, sich nur auf unmittelbar Gegebenes einzustellen, sondern man sich auf nur "Mögliches" einstellen muß. Sie sind keiner "symbolischen" Einstellung fähig. Das Versagen in den erwähnten und anderen Aufgaben läßt sich, wie ich an andere Stelle gezeigt habe, als Ausdruck der *Beeinträchtigung der "abstrakten" Einstellung* betrachten.

In Hinsicht auf das uns hier beschäftigende Problem muß hervorgehoben werden, daß die Sprache in beiden Verhaltensweisen eine sehr verschiedene Rolle spielt. Zum abstrakten Verhalten gehört sie *wesentlich* dazu. Die Sprache bestimmt uns, der Welt in einer mehr begrifflichen Weise gegenüber zu stehen. In der konkreten Verhaltensweise spielt die Sprache keine wesentliche Rolle. Sie mag überhaupt nicht auftreten, oder, wenn Worte auftauchen, so sind sie meist ein Zeichen dafür, daß die Reaktion irgendwie gestört ist, daß wir der Aufgabe, die wir ausführen sollen oder wollen, nicht mit der konkreten Einstellung gerecht werden können und wir zu überlegen beginnen, wie wir vorgehen sollen. Unter anderen Umständen erscheinen Worte mehr als Begleitung unseres konkreten Handelns und gehören zu ihm wie andere Eigenschaften der Objekte, wie ihre Größe, ihre Farbe. Das findet seinen Ausdruck in der Art der Worte, die hierbei auftreten. Sie entsprechen individuellen Eigenschaften der Objekte, wie die Worte veilchenblau, erdbeerrot, grasgrün, etc. die auch die Kranken in der Testsituation benutzen, wenn sie die Worte, die wir im Zusammenhang mit der begrifflichen Einstellung benutzen – wo wir von rot, grün, blau, *etc.* sprechen – nicht finden.

Wenn wir uns diese Differenzen der beiden Einstellungen und der zu ihnen gehörenden Sprache vergegenwärtigen, verstehen wir, warum die Patienten Schwierigkeiten haben, gewisse Worte zu finden, nämlich, weil diese zu der ihnen allein möglichen konkreten Einstellung nicht gehören, so z.B. bei der Benennung von Gegenständen. Das Versagen der Kranken wirft ein spezielles Licht auf das Phänomen des *Namengebens,* das in den sprachtheoretischen Erörterungen eine große Rolle spielt. Unsere Beobachtungen zeigen, daß das *Namengeben aufs engste mit der abstrakten Einstellung verknüpft ist.* Ein

Besinnen auf das, was in uns beim Benennen eines Gegenstandes vorgeht, bringt das zum Erlebnis. Wenn wir einen Gegenstand, z.B. einen Tisch, mit einem Namen belegen, so meinen wir nicht diesen speziellen Gegenstand mit allen seinen Eigentümlichkeiten, sondern die Kategorie, der er zugehört. Das Wort Tisch erscheint als Repräsentant des Begriffes Tisch, als *Symbol* für ihn. Der Patient kann den Namen nicht finden, weil er die zum Benennen gehörige Einstellung zur Welt nicht einnehmen kann. Daß er solche Worte, die zum Objekt als "Eigenschaften" gehören, wie wir vorher erwähnten, ohne Schwierigkeit findet, bestätigt unsere Annahme, daß das *Benennen nicht auf einer einfachen äußerlichen Assoziation zwischen einem Objekt und einer Wortvorstellung beruht, sondern zur begrifflichen Einstellung gehört.*

Was sich in Hinsicht auf die Namengebung zeigt, betrifft die ganze Sprache der Patienten. Alle Sprachleistungen, die mit dem abstrakten Verhalten verknüpft sind, sind bei ihnen gestört. Die sprachliche Beziehung mit den Mitmenschen ist reduziert, weil der Patient eine Reihe von Verhaltensweisen nicht einnehmen kann, die normaler Weise mit Sprache verknüpft sind, weil in der Kommunikation die abstrakte Einstellung, die Einstellung auf das, was im anderen vorgeht, von großer Bedeutung ist. Die Patienten zeigen Schwierigkeiten, eine Unterhaltung zu beginnen, von einem Inhalt zu einem anderen zu wechseln, sie können die Worte nicht in metaphorischem Sinne benutzen, nicht dasselbe Wort in verschiedener Bedeutung, und versagen in vielen anderen Sprachleistungen, worauf ich hier nicht eingehen kann [7] und im Zusammenhang mit dem Problem von Sprechen und Denken nicht einzugehen brauche. Das wichtigste Resultat unserer Untersuchung solcher Patienten scheint mir die Feststellung, daß ihre Störung nicht in einem Verlust der Worte an sich besteht, sondern darin, daß die Worte die Fähigkeit eingebüßt haben, als *Symbole* benutzt zu werden. Die Sprache, die übrig geblieben ist, entspricht nicht der, die wir in unserer Welt gebrauchen, die uns erlaubt, die Vorgänge dieser Welt sprachlich auszudrücken und anderen mitzuteilen. Dazu genügen die Sprachlaute an sich offenbar nicht.

Nun sind bei den Kranken, wie wir vorher erwähnten, die nicht-sprachlichen Leistungen in gleicher Weise verändert wie die Sprache. Wie haben wir dieses Zusammenauftreten der gleichen Veränderung der Sprache und der nicht-sprachlichen Leistungen zu verstehen? Es ist gewiß nicht zufällig. Gegen eine solche Annahme spricht, daß die

[7] Siehe Fussnote 6.

Veränderungen in beiden Bereichen *immer* gleichzeitig auftreten. Sind sie von einander abhängig, ist die Störung in einem Gebiet primär, im anderen sekundär und wenn, in welchem primär? Ist etwa die Störung der Abstraktion in den nicht-sprachlichen Leistungen von der Störung der Sprache abhängig, was man annehmen könnte, in Hinsicht auf die erwähnte zweifellos richtige Tatsache, daß "Sprache" für die Einstellung auf das abstrakte Verhalten gewiß von großer Bedeutung ist. Allerdings dürften gegen eine solche Annahme Beobachtungen von anderen Kranken mit schweren Sprachverlusten, ja fast völligem Fehlen der motorischen Sprache sprechen, bei denen die Patienten in ihrem Abstraktionsvermögen *nicht* beeinträchtigt sind.

Die erwähnten scheinbar kontrastierenden Tatsachen weisen darauf hin, daß Verlust der Sprache nicht immer dasselbe bedeuten kann. Das ist tatsächlich der Fall, wie eine nähere Betrachtung der unter verschiedenen pathologischen Umständen auftretenden Schädigungen der Sprache zeigt. Wir stellen dann fest, daß wir zwei prinzipiell verschiedene Weisen, in denen Sprache gestört sein kann, unterscheiden müssen, eine Unterscheidung, die nicht nur von großer klinischer Wichtigkeit ist (weil sie prinzipiell verschiedene Krankheitsbilder abzugrenzen gestattet, die bei obenflächlicher Betrachtung leicht verwechselt werden können), sondern auch für eine Benutzung des Materials für eine Stellungnahme zum Problem des Wesens der Sprache entscheidend ist.

Die Sprachstörung, die wir genauer besprochen haben, die amnestische Aphasie, stellt, wie wir dargelegt haben, nicht einen Verlust der Worte an sich, sondern eine Einbuße ihrer *symbolischen* Bedeutung dar. Die zweite Art der Störung, bei der die abstrakte Einstellung erhalten sein kann und oft ist, ist eine Schädigung gelernter motorischer und sensorischer sprachlicher Vorgänge. In beiden Fällen von Sprachstörung kann die Wortfindung und so auch das Benennen von Gegenständen beeinträchtigt sein, aber der Defekt hat in jedem eine völlig andere Ursache, was sich bei näherer Untersuchung in wesentlichen symptomatologischen Differenzen kundgibt.

In der zweiten Gruppe der Fälle handelt es sich *nicht* um eine Störung der Leistung des Benennens. Die Kranken verstehen, was Namen bedeuten, können den richtigen oft aussprechen, nur in mehr oder weniger verstümmelter Form. Wenn sich das bis zu einem völligen Versagen steigert, kann eine Störung des Benennens vorgetäuscht werden. Fordert man diese Kranken auf, das Wort aufzuschreiben, so sieht

man, daß sie das können im Gegensatz zu den anderen, die es ebenso
wenig aufschreiben wie aussprechen können. Sie haben offenbar den
Namen, können ihn nur nicht aussprechen. Es handelt sich nicht um
eine Störung der Symbolfunktion, sondern eines gelernten motorischen
Vorganges, der durch das Sehen des Objekts direkt assoziativ angeregt
wird. Wir unterscheiden die beiden Leistungen im Namenfinden als
echtes eigentliches Benennen und *Pseudo-Benennen*. Ebenso wie beim
Benennen ist in diesen Fällen bei allen anderen sprachlichen Leistungen nicht der Gebrauch der Sprachlaute als Symbole, sondern die
Wortproduction an sich gestört, *resp.* verstümmelt. Diese verschiedene
Störungsmöglichkeit dessen, was wir Sprache nennen, läßt uns unterscheiden zwischen eigentlicher Sprache, die den Charakter von Symbolen hat, und den gelernten Sprachmitteln.

Daß die Worte mit symbolischer Bedeutung nicht das Ganze der
Sprache ausmachen, das lehren uns besonders die Patienten mit amnestischer Aphasie. Sie sind keineswegs sprachlos und verstehen Gesprochenes in weitem Maße. In der Unterhaltung, im Lesen, im
Schreiben treten viele Worte auf, manchmal sogar in Situationen, in
denen wir die Leistung als echte Namenfindung zu betrachten geneigt
sind. Ein Beispiel mag diese Tatsache illustrieren: eine Patientin, die
im Beginn der Beobachtung Gegenstände nicht bezeichnen konnte,
speziell die Namen für Farben, grün, rot, *etc.,* nicht fand, schien nach
wiederholter Vornahme der Versuche eines Tages dazu imstande zu
sein. Sie benannte einige Gegenstände und auch Farben. Genauere
Untersuchung ergab, daß es sich nicht um Worte mit symbolischer
Bedeutung handelte. Wenn man sie fragte, warum sie jetzt die Namen
fand, sagte sie: "Die Ärzte haben mir gesagt, daß alle diese Nuancen
rot heißen, deshalb nenne ich sie so." Gefragt, ob das korrekt sei, sagte
sie: "Nein, keine dieser Farben ist rot." Das Wort rot gehört für sie
nur zu einem ganz speziellen rot, nicht zu allen Rotnuancen wie für
uns, es ist *kein Name*. Wenn sie das Wort jetzt im Zusammenhang mit
verschiedenen roten Nuancen gebraucht, so vermag sie das, weil es für
sie zu der speziellen Situation gehört, in der der Arzt es so gebraucht. Sie weiss nicht, warum, aber sie wiederholt, was sie gelernt
hat. Die Worte, die sie benutzt, sind *"individuelle" Worte*. Solche
Beobachtungen weisen mit Nachdruck darauf hin, wie leicht wir uns
über die Natur einer Sprachleistung täuschen können. Wir können es
einer sprachlichen Äußerung nicht ansehen, ob sie "bedeutungsvoll"
gemacht worden ist, d.h. mit symbolischer Einstellung, oder nur eine
äußerliche Assoziation darstellt.

Die Unterscheidung zweier verschiedener Erscheinungsweisen der Sprache darf uns nicht veranlassen, sie als gesonderte, nur sekundär verbundene Phänomene anzusehen. Pathologie lehrt uns ihre enge Beziehung zueinander, ja daß wir sie nur künstlich voneinander trennen können. Kranke mit Beeinträchtigung des abstrakten Verhaltens haben die größte Schwierigkeit, sprachliche Automatismen zu lernen, und die früher erworbenen gehen leicht verloren, wenn sie nicht immer wieder von außen angeregt werden.[8] Wenn wir in der symbolischen Einstellung sprechen, bedienen wir uns derselben Worte und Wendungen, die unser konkretes Verhalten mehr oder weniger begleiten. In unserem konkreten Verhalten treten immer wieder sprachliche Äußerungen auf, die symbolisch gemeint sind, wenn auch hierbei mehr "individuelle" Worte gebraucht werden und die Benutzung von Sprache überhaupt nicht so nahe liegt.

Zurückgehend zu der Frage der Beziehung zwischen der Veränderung der Sprache und der der nicht-sprachlichen Leistungen der Kranken mit Störung der Symbolfunction der Sprache, können wir jetzt kaum sagen, die Sprachstörung ist die Ursache der Störung des abstracten Verhaltens bei den nicht-sprachlichen Leistungen. Die Sprachlaute und die letzteren sind ja in gleicher Weise verändert. So scheint es richtiger zu sagen, daß die Veränderung beider auf eine Störung derselben Grundfunktion zurückführen ist: die der abstrakten Einstellung.

Wenn wir jetzt den *Bezug von Sprechen und Denken* ins Auge fassen, so müßen wir erst etwas auf das, was wir Denken nennen, eingehen.

Denken ist ein so komplexer Vorgang, daß wir ihn hier nicht einmal oberflächlich in allen Hinsichten besprechen können. Wiederum vor allem interessiert an dem, was wir von der Pathologie lernen können, wollen wir nur so weit darauf eingehen, daß es uns ermöglicht, die Störungen des Verhältnisses zwischen Denken und Sprechen zu verstehen, wovon wir uns auch einen Vorteil für unsere Kenntnis beim Normalen versprechen. Das Problem erscheint in der Pathologie gewöhnlich in der Form einer Diskussion über die Intelligenz der Aphasischen,[9] das vom Beginn an sehr im Vordergrund der Forschung stand. Ich kann hier nicht auf die große Literatur eingehen. Ich möchte nur erwähnen, daß Pierre Marie in seinem Angriff auf die sog. klas-

[8] K. Goldstein, "Naming and Pseudonaming," *Word*, 2, 1946.
[9] Siehe Fussnote 6.

sische Aphasielehre die Störung der Patienten als eine Störung der Intelligenz, "soweit sie die Sprache betrifft" bezeichnete und außerdem eine Störung der "intelligence générale" annahm. Von den durch Intelligenzstörungen bedingten aphasischen Sprachstörungen trennte er die sog. reinen Aphasien ab, in denen die Intelligenz nicht verändert ist, Störungsbilder, die für unseren Standpunkt Störungen der Sprachmittel darstellen. Ich stimme im ganzen mit dieser Unterscheidung überein. Nur lehren die Erfahrungen, daß die beiden Vorgänge nicht unabhängig voneinander sind, daß die Störung des Denkens das Sprechen nicht unbeteiligt läßt und auch das umgekehrte der Fall ist und weiter, daß die Beziehung eine komplizierte und wechselnde ist, je nachdem, vor welche Aufgabe das Individuum gestellt ist. Zu einer Klärung der komplizierten Verhältnisse waren die üblichen Intelligenzuntersuchungen nicht geeignet. Nur eine eingehende Analyse der Vorgänge bei den nicht-sprachlichen Leistungen im allgemeinen versprach, einen besseren Einblick in das Wesen der Intelligenz und damit auch in das, war wir Denken nennen, zu bringen. Eine solche Analyse wurde erst durch Einführung solcher Teste möglich, die das Verhalten mit möglichst weitgehender Ausschaltung der Sprache zu untersuchen gestatteten. So haben die Teste, auf die wir vorher schon hingewiesen haben, nicht nur dazu beigetragen, die Störung der Symbolfunktion der Sprache und so auch die Unterscheidung der zwei Erscheinungsweisen der Sprache klarzustellen, sondern scheinen mir auch besonders brauchbar zur Klärung der Phänomene der nicht-sprachlichen psychischen Leistungen im allgemeinen und so auch des Denkens. Wenn wir betrachten, welche Arten nicht-sprachlicher Leistungen durch Beeinträchtigung des abstrakten Verhaltens bei den Kranken gestört sind, so begegnen wir solchen, die für den Denkvorgang sicher von größter Bedeutung sind.

Man kann sagen, das Denken wird angeregt durch das Auftauchen einer Wahrnehmung, einer Vorstellung, eines Gefühls, eines Gedankens, einer Idee. Diese Vorgänge wirken als Reiz, stellen das Individuum vor eine bestimmte Aufgabe, bei deren Erledigung gedanklichen Prozessen im Ganzen der Reaktion eine besondere Rolle zukommt. Wie alle unsere Reaktionen, so sind auch die Denkvorgänge bestimmt durch die Tendenz des Organismus die Selbstverwirklichung in bestmöglicher Weise zu erreichen.

Mit dem das Denken anregenden Vorgang setzen passive und aktive Vorgänge verschiedener Art ein. Passiv treten Assoziationen verschiedenster Art, Vorstellungen aus verschiedensten Sinnesgebieten, Gedanken, Gefühle, motorische Reaktionen auf; unter diesen auch sprachliche Phänomene verschiedenster Art. Man kann ferner sagen, daß all die auftauchenden Vorgänge unter einem bestimmten Gesichtspunkt betrachtet werden, eine Auswahl, Analyse, Synthese, *etc.* vorgenommen wird, bis ein einheitlicher Vorgang zustande kommt, der aus der Fülle der Erscheinungen als "Figur" hervortritt und das Resultat darstellt, vermittels dessen wir der gestellten Aufgabe gerecht zu werden versuchen. Diese Leistung hat die Form eines Ordnens in bestimmter Weise, wobei die Verhaltensweisen, die wir als charakteristisch für die abstrakte Einstellung kennen gelernt haben, eine wesentliche Rolle spielen. Die Gedankengebilde erscheinen in einer Ordnung, die man als Organisation in Form des Satzes bezeichnen kann. Man kann so von einer Grammatik des Denkens sprechen, die ihren Ausdruck nach außen in der Sprache findet.

Schon während der gedanklichen Ordnung treten den einzelnen Gedankenteilen zugeordnete sprachliche Vorgänge auf. Diese werden aber keineswegs in der Reihenfolge, in der diese stehen, ausgesprochen, es erfolgt vielmehr eine spezifisch sprachliche Umordnung. Nicht jedem Glied der Gedankenreihe entspricht ein Wort, sondern manchmal finden mehrere durch ein Wort oder durch einen Teil eines Wortes ihre Vertretung, manchmal ist der Gedanke nur durch mehrere Worte oder noch kompliziertere sprachliche Gebilde zum Ausdruck zu bringen. Hier tritt zu der einfachen Stellung der Worte zueinander, die in der gedanklichen Ordnung vorliegt, die Wortbeugung hinzu, die grammatischen Formen und die bestimmte sprachliche Ordnung der Worte, die der der betreffenden Sprache entsprechenden, ihr eigentümlichen Struktur zugehören. Bei dieser Umsetzung spielen die erwähnten sprachlichen Automatismen eine besondere Rolle. Sie können das Denken, wenigstens teilweise, ersetzen, besonders wenn der für die Auseinandersetzung mit der Umwelt notwendige Denkvorgang schon oft in ähnlicher Weise vor sich gegangen ist. Das tritt nicht selten bei der Mitteilung gewohnter Gedanken in einer Rede ein. Der Hörer braucht dann gar nicht zu merken, daß es sich nicht immer um einen eigentlichen Denkvorgang handelt.

Die Umwandlung des Gedanklichen ins Sprachliche geht keineswegs in der Weise vor, daß die Ordnung der Gedanken erst abgeschlossen wird und dann erst die Übertragung ins Sprachliche beginnt, sondern der sprachliche Vorgang setzt schon vorher ein. Wir haben zunächst eine Einstellung auf den unabgeschlossenen, aber in bestimmter Richtung verlaufenden Gedankengang, beginnen schon jetzt eine sprachliche Struktur zu erleben und bald oder später sie in bestimmte sprachliche Vorstellungen oder Handlungen umzusetzen. Die dem Wesentlichen der Aufgabe entsprechenden Vorstellungen, Gedanken, Gefühle, kommen in den Vordergrund, korrespondierende sprachliche Gebilde treten auf. Wir beginnen oft zu sprechen oder zu schreiben, ohne zu wissen, wie wir enden werden, das gedankliche Resultat wird im Verlauf des weiteren Denkens mehr und mehr "präzisiert"; dem entsprechend muß der sprachliche Vorgang eventuell verändert werden, wenn die zuerst auftauchenden Sprachgebilde sich im Fortgang des Denkens als nicht adäquat erweisen. Aber auch das Umgekehrte kann eintreten. Der einmal eingeschlagene sprachliche Weg, die sprachliche Struktur, die der allgemeinen Einstellung im Denkprozess oder Teilen derselben entsprach, kann modifizierend auf den Fortgang des Denkens wirken. Dies tritt besonders bei der lauten Mitteilung ein, wenn eine bestimmte Satzstruktur oder bestimmte Worte schon geäußert worden sind. Die Fixierung schon erledigten Denkens in Sprache ist von großer Bedeutung für den Fortgang des Denkens.

Der Vorgang beim Denken spielt sich in verschiedener Weise ab. Alles, was wir eben erwähnt haben, hat eine größere Bedeutung für den Fall, daß ganz neue Überlegungen angestellt werden müssen, als wenn es sich um Denken über Dinge handelt, die schon in ähnlicher Weise früher durchgedacht worden sind. Im letzteren Fall geht der Prozeß mehr oder weniger in abgekürzter Form vor sich.

Nachwirkungen früherer Denkvorgänge treten als fertige Gedanken und Gedankenabläufe auf und werden im Prozeß des Denkens, denselben erleichternd, verwertet. Ein Teil dieser fixierten Gebilde stellen sprachliche Phänomene dar, die früher mit Denkvorgängen assoziiert waren, so daß ihnen, worauf wir schon vorher hingewiesen haben, nicht immer Denkvorgänge zu entsprechen brauchen.

Wir können so, wie in der Sprache, auch im Denken zwei Erscheinungsweisen unterscheiden, eine aktive, das eigentliche von der Persönlichkeit dirigierte Denken, und eine mehr passive, mehr automatisierte Verhaltensweise, die dem "konkreten" Verhalten entspricht.

Wenn wir, ausgehend von dieser skizzenhaften Charakterisierung der Denkvorgänge und ihrer Beziehung zum Sprechen, die bei Kranken auftretenden Störungen betrachten, so wird uns nicht nur manche Er-

scheinung verständlich, sondern wir können hoffen, von diesen Beobachtungen unser Wissen über die normalen Verhältnisse zu klären
und bereichern zu können. Besonders treten Probleme auf, die uns
Anlaß geben, das normale Verhalten von neuen Gesichtspunkten zu
untersuchen.

In der Pathologie zeigt sich die Störung im Denkprozeß einerseits in
der Störung der richtigen Bildung der Gedanken, wo dann an Stelle
dieser sprachmotorische oder andere Vorstellungen als Ersatz auftreten. Ich möchte hier ein Beispiel erwähnen, das die Benutzung
senso-motorischer und sprachlicher Leistungen (hier besonders
sprachlicher Automatismen) als Ersatz für gestörtes Denken besonders deutlich zeigt. Es handelt sich um einen Patienten, der intelligent
und sprachgewandt von Haus aus war. Seine ausgesprochene Störung
des Denkens zeigte sich unter anderem in der Unmöglichkeit, einfache
Schlüsse auszuführen.[10] Er konnte aber durch Benutzung sprachlicher
und anderer motorischer Leistungen zu einem Resultat kommen, das
ein wirkliches Schließen vortäuschen konnte.

Es wurde unter anderem folgender Schluß von ihm verlangt: Öl
schwimmt auf Wasser. Ricinus ist ein Öl, also? Er sollte antworten:
Also schwimmt Ricinus auf Wasser. Er konnte den Schluß nicht direct
ziehen. Er kam nun allmählich zum Resultat auf folgendem Wege: Er
wiederholte zu sich selbst die Worte: "Öl schwimmt auf Wasser."
Dieser Satz löste Bewegungen seiner ausgestreckten Arme aus,[11] die
dem Schwimmen auf Wasser entsprachen, dann wiederholte er:
"Ricinus ist ein Öl," dann "Öl schwimmt auf Wasser," *gleichzeitig*
mit den schwimmenden Bewegungen. Dann hielt er inne und sagte
langsam: "Ricinus ist... Öl," machte wieder die Bewegungen und
sagte: "So! es schwimmt auf Wasser." Dieser effektiv richtige Schluß
erfolgte ohne Einsicht in das Wesen des Schließens, das auch nachher
ihm nicht verständlich gemacht werden konnte, einfach als Resultat
dessen, daß beide Sätze zur selben Zeit augesprochen wurden. Der
Patient hatte nicht das Erlebnis irgend eines Denkzusammenhanges
zwischen beiden. Sein Resultat basierte auf dem äußerlichen Zusam-
menerleben zweier Vorgänge. Sein Verhalten entsprach dem konkreten, auf äußerlicher Assoziation basierten Vorgehen der Patienten

[10] W. Benary, "Studien z. Untersuchung der Intelligenz bei einem Fall von
Seelenblindheit," 2. 1922.
[11] Diese Umsetzung von Sprachlichem in Motorisches was für ihn charac-
teristisch; warum er das tat, können wir hier nicht darlegen, s. Fußnote 10.

mit Störung der Abstraktion. Wir können hier wie durch andere auf assoziativem Wege zustande kommende Resultate über das Fehlen des abstraktiven Vorganges getäuscht werden. Ich verweise in dieser Hinsicht auf das vorher gegebene Beispiel der Patientin mit amnestischer Aphasie (s.S. 451). Dieses und ähnliche Beispiele weisen auf das *Spezifische des Denkvorganges* hin gegenüber der Assoziation.

In anderen Patienten zeigt sich die Beeinträchtigung des Denkens in einer Beeinträchtigung der richtigen Ordnung von an sich mehr oder weniger richtigen Gedanken im Ganzen eines Gedankenganges. Es können einzelne Teile ausfallen, andere abnorm in den Vordergrund treten, die Beziehung kann sich auf weniger Teile beschränken, als zur Erfüllung der Aufgabe nötig wäre; das Resultat entspricht dann einem "primitiveren" Niveau, es kommt zu einer "Nivellierung" des Denkens, das Denken entbehrt der Präzision. Diese Störungen kommen in Veränderungen des Verhaltens gegenüber der Welt, d.h. in nichtsprachlichen Leistungen und in Veränderungen der Sprache zum Ausdruck. Das letztere Verhalten möchte ich durch einige Resultate von Untersuchungen illustrieren, in denen der Kranke die Aufgabe hat, Worte, die ihm auf Täfelchen aufgeschrieben geboten werden, so zu ordnen, daß ein sinnvoller Satz zustande kommt. Das bereitete dem Kranken die größten Schwierigkeiten und führte oft zu keinem nur einigermaßen entsprechenden Ergebnis. Betont sei, daß der Kranke die einzelnen Worte lesen kann und versteht. Ein Beispiel: ein Kranker hat folgende Worte zu ordnen: Eltern, Kinder, die, ihre, lieben, sollen. Er ordnet in folgender Weise: Eltern-lieben Kinder-sollen-ihre-die; oder: Kinder-lieben-Eltern; oder: Eltern-Kinder-sollen. Er bringt die richtige begriffliche Ordnung nicht zustande. Ebenso in folgendem noch einfacherem Beispiele: Jäger, der, den Hasen, Felde, auf, schießt, dem, die er folgendermaßen ordnet: schießt-den-Jäger-auf-Hasen, dann: auf dem Felde.

Diese Beispiele zeigen nicht nur den Defekt, sondern auch, in einigen richtigen Teilresultaten, wie trotz der Störung der Ordnung im Denken einzelne dem Aussehen nach richtige Resultate mit Hilfe automatischer Sprachleistungen gewonnen werden können, so zum Beispiel die richtige Zusammenstellung: "auf dem Felde" oder "schießt den," "Kinder lieben Eltern." Es sind das gewöhnlich solche Ordnungen, die den grammatischen Formen der vom Kranken gesprochenen Sprache entsprechen. Ein anderes Beispiel einer spontanen Äußerung eines solchen Patienten zeigt diesen Einfluß der sprach lichen Vorgänge noch deutlicher neben der schweren Störung der gedanklichen Ordnung. Auf die Frage "wie heißen Sie," antwortete er: "Wie heißen, das heißen, wie alt werden wird oder es fertig gemacht wird, ich weiß nicht, ich weiß nicht recht, welche Zeit, daß ist nicht ob wohl, guter Herr Doktor, ich weiß nicht, wie das macht. Entweder es muß sie oder so nicht auch schon in den dreissigern hundertvierzig und zwei, zu alt, ich, oh, oder fehlt mir so ein bißchen, o Gott, guter Herr Doktor, so ein bißchen schwach."

Unter den Veränderungen des Denkens, die sich deutlich in den sprachlichen Äußerungen kundtun, möchte ich noch auf die sog. Ideenflucht eingehen. Ihr liegt gewiß eine Störung der Ordnung des Denkens zu Grunde. Die Klarstellung der speziellen Form, in der das Denken hierbei gestört ist, dürfte auf eine wichtige Eigentümlichkeit des normalen Denken hinweisen: die Nichtverwertung auftauchender Gebilde, die den richtigen Gedankengang stören können. Im Beginn und besonders im Verlauf des Denkens, wenn es sich nicht in sehr gewohnten Bahnen bewegt, treten schon normaler Weise neben den zur Erledigung der vorliegenden Aufgabe gehörigen, das Denken anregenden und den Fortgang bestimmenden Vorstellungen, Ideen, Gefühlen, Gedanken und entsprechenden Sprachgebilden mancherlei andere auf, die zu der "Sphäre" der Vorgänge gehören, die im geordneten Denken Verwendung finden. Sie entsprechen dem, was W. James als "fringes" bezeichnet hat. Sie werden im normalen Denken als ungeeignet eliminiert, *resp.* nicht verwendet. Sie kommen in der Ermüdung und besonders in der Pathologie infolge der Störung des korrekten "Figur-Grund"-Geschehens in abnormer Weise in den Vordergrund; oft so stark, daß der Kranke im Denken in solche Nebengeleise abgelenkt wird, wobei verschiedene Gründe für das Abgleiten in das eine oder andere in Betracht kommen. Bestimmte Phänomene können sich vordrängen, weil sie eine leichtere Erledigung der Aufgabe ermöglichen oder weil sie Ähnlichkeiten zu bestimmten früheren Vorgängen aufweisen. All das wird normaler Weise durch den geordneten Denkvorgang verhindert. Das Wirksamwerden der den "fringes" entsprechenden Vorgänge bei Störungen ist von allgemein biologischen Gesichtspunkten aus, auf die wir hier nicht eingehen können, sehr wohl verständlich (s. Fußnote 6). Findet es im Sprachlichen statt, so beobachen wir die sog. "Ideenflucht" in den sprachlichen Äußerungen. Es handelt sich nicht eigentlich um eine "Flucht," sondern um ein abnormes in den Vordergrund Kommen von Vorgängen. Wenn die Leistungen unter diesen Umständen auch nicht die gestellte Aufgabe erfüllen, so gewinnen die Kranken doch das Gefühl, daß sie eine Aufgabe erledigten. Entsprechend der allgemeinen Tendenz der Kranken, nach Möglichkeit zu einem ihnen korrekt erscheinenden Abschluß zu kommen – weil nur so "Katastrophen" vermieden werden – sind sie mit ihrem Resultat zufrieden, so lange sie nicht durch eine Reaktion von Seiten der Umwelt auf das Falsche des Vorgehens aufmerksam gemacht werden.

Die sprachlichen Äußerungen in der Ideenflucht zeigen nicht nur die Wirkung der "fringes" des Denkvorganges, sondern auch eine solche der sprachlichen "fringes" selbst, des Abgleitens im Sprachlichen. So erscheinen klangähnliche und andere Worte, aus denen man auf einen Ursprung in den Beziehungen der Worte, wie sie in den Sprachautomatismen vorliegen, schließen kann.

Hierher gehören auch Beobachtungen, die man bei Kranken mit Denkstörungen bei der Aufgabe, Worte nachzusprechen, machen kann. Sie zeigen zunächst, daß das Nachsprechen keineswegs ein so einfacher Vorgang ist wie oft angenommen wird. Es handelt sich nicht um eine einfache Wiederholung von Gehörtem, es klingen immer – unter verschiedenen Umständen in verschiedener Weise – auch das Denken, das Erlebnis der Bedeutung des gehörten Wortes oder andere Gedanken an. Hierbei spielt der Bildungsgrad und die sprachliche Begabung und Ausbildung eine Rolle. Der Ungebildete ist mehr geneigt, auf dem Wege über das Denken nachzusprechen, der Gebildete mehr in mechanischer (der Aufgabe entsprechender) Weise; mit anderen Worten, der Ungebildete reagiert mehr mit einer Reaktion, die die ganze Persönlichkeit betrifft, der Gebildete mehr mit einer Einstellung auf den isolierten Vorgang. Das letztere erfordert einen größeren Grad von Abstraktion, zu der der Gebildete im Allgemeinen mehr geneigt ist als der Ungebildete. Wegen dieses Bezuges des Nachsprechens zum Denken haben Patienten mit Störung der Abstraktion Schwierigkeiten mit reinem "sinnlosen" Nachsprechen. Das "denkende" Nachsprechen kommt in den Vordergrund. Wenn der sensomotorische Vorgang, der durch das gehörte Wort angeregt ist, aus irgend einem Grunde nicht prompt abläuft, der Kranke nicht imstande ist, das vorgesprochene Wort sofort nachzusprechen, treten die zur gedanklichen Sphäre des Wortes gehörigen Gebilde abnorm hervor; der Kranke wiederholt eventuell nicht das gebotene, sondern ein Wort, das zur gedanklichen Sphäre gehört. So erklärt es sich, wenn z.B. ein

Kranker an Stelle des vorgesprochenes Wortes Gott – Kirche, an Stelle von Dorf – Haus, und Ähnliches wiederholt. Wir sehen ein gleiches Abgleiten auch bei erschwerter Wortfindung. Manche Kranken bringen in der Aufgabe, einen Gegenstand zu benennen, an Stelle des "richtigen" Wortes ein anderes, das für sie und auch für uns zur gleichen Sphäre gehört, das bei uns auch im Hintergrund anklingen mag, der Kranke aber allein hervorbringen kann. Wir verdanken Lotmar [12] eine besonders interessante Untersuchung dieses Abgleitens, auf die ich hier verweise.

Der enge Bezug zwischen Denken und Sprechen betrifft *nicht alle Wortkategorien* in gleicher Weise. Ich möchte hier nur auf die Beziehung der sog. kleinen Satzteile, Präpositionen, Artikel, Pronomina, Bindeworte, etc. zur abstrakten Einstellung hinweisen. Wir haben vorher gesehen, daß diese Worte in den automatisierten Verbänden mit anderen Worten, besonders Substantiven, in denen sie gewöhnlich auftreten, gestörte Denkvorgänge in gewissem Grade ersetzen können. Die Pathologie lehrt uns, daß wir zu ihrer Erweckung außerhalb solcher Verbände im besonderen Maße der abstraktiven Einstellung bedürfen. In Fällen mit gestörter Abstraktion sind diese Worte trotz wohl erhaltener "Sprachmittel" oft *besonders geschädigt*. Sie können oft weder spontan gesprochen noch gelesen, geschrieben, selbst nicht nachgesprochen werden.

Diese Worte werden oft auch bei motorischer Aphasie in der Spontansprache fortgelassen. Wenn der Kranke nicht imstande ist, die normale Leistung in vollständiger Weise auszuführen, so läßt er gewissermaßen aus Sparsamkeit solche Worte aus, die für das Verständnis nicht absolut notwendig sind. Dazu gehören besonders diese kleinen Satzteile. Diese Kranken können diese Worte wiederholen, lesen, *etc.* Vor allem können sie sie isoliert normal produzieren. Bei Störung der Abstraktion können die Worte im Gegensatz dazu im Zusammenhang wohl auftreten (als Ausdruck der intakten sprachmotorischen Automatismen), aber nicht isoliert hervorgebracht werden, offenbar weil diese Leistung an die abstrakte Einstellung gebunden ist. Wie sehr das der Fall ist, kommt besonders zum Ausdruck, wenn ein Patient (s. Fußnote 6), der solche Worte wie "in, aber, auf, unter, oben, nach, und, der, bevor" und ähnliche in keiner Weise isoliert hervorbringen kann, plötzlich nach vielfacher Prüfung auf die Aufforderung, ein be-

[12] F. Lotmar, "Zur Kenntnis d. erschwerten Wortfindung," *etc. Schweiz. Arch. f. Neurol. u. Psychiatr.* V u. VI.

stimmtes dieser Worte auf Diktat zu schreiben, eine mehr oder weniger große Zahl der früher geprüften Worte zusammen produziert; offensichtlich, weil er die Worte zusammen im Gedächtnis behalten hat – in Assoziation zu der Aufgabe der Prüfung – und sie jetzt alle zusammen als eine Einheit aus dem Gedächtnis hervorbringt. Seine Einstellung zum einzelnen Wort hat sich damit in keiner Weise geändert, was sich dadurch erweist, daß er auch jetzt die Worte einzeln ebenso wenig wie früher produzieren kann. Diese Worte, die wir normaler Weise fast nur in Zusammenhang "in konkretem Verhalten" gebrauchen, sind isoliert bei Störung der abstrakten Einstellung offenbar nicht erweckbar. Durch den engen Bezug dieser Wortkategorie zur abstrakten Einstellung wird es auch verständlich, daß Worte, die den erwähnten Worten dem Klang nach oder motorisch oder visuell sehr ähnlich sind, von dem Kranken auch isoliert gebraucht werden können, wenn sie isoliert einen konkreten Inhalt vermitteln. So z.B. mag ein solcher Kranke imstande sein, das Wort vier zu produzieren, das klangähnliche *für* nicht, und ähnliches.

Wir haben vorher auf die unterstützende Funktion hingewiesen, die die Sprache, besonders in der Form der automatisierten Sprachmittel, für das Denken hat. Das Denken ist in Störungen der Sprachmittel verlangsamt, umständlicher, es treten Auslassungen auf, die besonders auf die Bedeutung der Fixierung von Teilen des gedanklichen Prozesses durch die Sprache hinweisen. Die Sprache kann aber trotz der Defekte verständlich bleiben, solange das Denken intakt ist. Das zeigt sich besonders im sog. Agrammatismus bei motorischer Aphasie.

Die grammatische Struktur der Sprache ist bei Patienten in verschiedener Weise verändert, sowohl bei Störungen des Sprechens wie des Denkens. Ich verweise in dieser Hinsicht auf A. Pick's [13] und meine eigene [14] Darstellung dieser Störungen und will mich hier nur mit denen bei der motorischen Aphasie beschäftigen, bei der die verschiedenen motorischen Vorgänge je nach ihrer motorischen Schwierigkeit mehr oder weniger erschwert sind. Die gedankliche Ordnung ist in diesen Fällen erhalten, der Kranke spricht mit Weglassung vieler für das Verständnis des Gesprochenen nicht unbedingt nötigen Worte im *Telegrammstil*. So z.B. wenn eine Kranke Heilbronners auf die Frage, was sie am Tage getan hat, mit folgenden Worten antwortet:

[13] A. Pick, *Die grammatischen Sprachstörungen*, Berlin 1913.
[14] K. Goldstein, "Über Störungen der Grammatik bei Hirnkrankheiten," *Monatsschr. f. Psychiat. u. Neurol.* 34. 1913.

Erst Morgen, Kaffee trinken, und fegen, ausfegen und Feld gehen, Mittag so'ne Pille und Feld gehen und ¾ 6 zu Hause, ne reingehen, Abendbrot essen, 7 Pille om ¾ 9 Bette . . ." Daß bei Erschwerung der sprachmotorischen Leistung Telegrammstil auftritt, ist ein Ausdruck dafür, daß grammatische Formen und Satzbildung in hohem Maße von motorischer Leistung abhängen.

Der Einfluß der Sprache auf den grammatischen Aufbau zeigt sich auch, wenn wir eine Sprache nicht genügend beherrschen. Die Tendenz, möglichst so zu sprechen, daß wir uns verständlich machen, läßt uns alles weglassen, was nicht absolut dazu nötig ist und dessen Äußerung den Gesamtakt so schwierig machen würde, daß unsere Absicht vereitelt werden könnte. Das Gleiche tut der Kranke mit motorischer Aphasie. Der Ausdruck "weglassen" entspricht beim Kranken allerdings wohl nicht dem psychologischen Tatbestand. Er beschreibt den Vorgang beim Aufsetzen eines Telegrammes, wobei wir eventuell Worte aus dem erwähnten Grunde wegstreichen. Der Vorgang beim Kranken und bei Personen, die die Sprache unvollkommen beherrschen, ist wohl richtiger folgendermaßen beschrieben: Der Sprecher ist konzentriert auf die Ideen, die er ausdrücken will, und bringt diese in Worte. Dadurch fallen von selbst die "überflüssigen" Worte fort. Dieses Sprechen ist verständlich, weil die Ordnung, in der die wichtigen Worte erscheinen, vom intakten Denken aus bestimmt ist.

Die grammatischen Formen, die an die Sprachmittel gebunden erscheinen, dürfen nicht als etwas Äußerliches, vom Denken völlig Verschiedenes betrachtet werden. Die grammatischen Formen die in einer Sprache erscheinen, sind ja ein Ausdruck der besonderen geistigen Gesamthaltung, die der betreffenden Sprache entspricht, und wirken auch auf das Denken zurück. Die Pathologie lehrt uns nur, daß, wenn die motorischen grammatischen Formen relativ isoliert verloren gehen, das Denken in seinen einfacheren Strukturen nicht beeinträchtigt zu sein braucht; in den komplizierteren Denkvorgängen ist es das gewiß.

Ich bin mir bewußt, daß meine Ausführungen nicht mehr als einige Bemerkungen zum Problem Sprechen und Denken bieten. Eine systematische Darstellung des ganzen Gebietes wäre von der Pathologie aus gar nicht möglich. Dazu reichen die bisherigen Erfahrungen nicht aus. Ich hoffe, wenigstens einige Anregungen zu weiterem Studium derselben gegeben zu haben.

Abschließend möchte ich die Auffassung, die ich mir auf Grund der Pathologie gebildet habe, zusammenfassen.

Sprechen und Denken sind Leistungen des menschlichen Organismus. Wie alle organismischen Leistungen können sie (und so auch ihr Verhältnis zueinander) nur verstanden werden, wenn man sie in Beziehung zum Gesamtorganismus betrachtet. Von diesem Gesichtspunkt aus, sind *Sprechen und Denken besondere Mittel zur Erfüllung der Grundtendenz organismischen Geschehens, besondere Mittel zur Erfüllung der Tendenz der Selbstverwirklichung des Organismus.*

Jede der beiden Leistungen folgt bestimmten ihrer Struktur entsprechenden eigenen Gesetzen, die aber gemäß den jeweiligen Anforderungen des Gesamtorganismus modifiziert in Erscheinung treten.

Wie in allen Leistungen des Organismus können wir sowohl im Denken wie Sprechen zwei Erscheinungsweisen unterscheiden, ein aktives, vom ganzen Organismus dirigiertes Verhalten, das unter der Wirkung der abstrakten Einstellung vor sich geht, und passive, mehr reizgebundene Reaktionen, die erlernt sind mit Hülfe der abstrakten Einstellung, später aber automatisch verlaufen und als Unterstützung für die erste Erscheinungsweise dienen.

Die zwei Erscheinungsweisen stellen in der Sprache das *Symbolgetragene Sprechen und Verstehen* und die sog. *Sprachmittel* dar, im Denken das *eigentliche Denken* und die durch frühere Denkvorgänge zustande gekommenen *fixierten Gedanken und Gedankengänge.*

Je nach der Situation, d.h. je nachdem die Selbstverwirklichung im gegebenen Moment besser durch die eine oder die andere Erscheinungsweise des Sprechens oder Denkens erreicht werden kann, tritt die eine oder andere als "Figur" in der Vordergrund. Sie bleibt aber immer in Bezug zu dem "Hintergrund", der durch die andere Erscheinungsweise des Sprechens und Denkens, und übrigens auch das Verhalten des gesamten Organismus dargestellt wird. Wenn eine oder die andere Erscheinungsweise isoliert auftritt, was in der Pathologie oder unter abnormen Situationen geschieht, dann gewinnt sie einen abnormen Charakter und täuscht leicht etwas anderes vor, als sie darstellt, so z.B. wenn automatisiertes Sprechen Denkprozesse vortäuscht.

Der Bezug zwischen Denken und Sprechen, ihre Abhängigkeit von einander, ist entsprechend unserer Anschauung vielgestaltig. Sie können sich gegenseitig unterstützen und vertreten, wobei wiederum die beiden Erscheinungsweisen in verschiedenem Ausmaß wirksam sind.

Der Antrieb zur Benutzung von Sprache geht immer vom Denken aus. Auch wenn sie von außen, durch Vorgänge oder Ansprache, angeregt wird, spielt das Denken, selbst in sehr einfachen und gewohnten Sprachleistungen, wie z.B. dem Nachsprechen, eine Rolle. Die Pathologie lehrt uns das aufs deutlichste durch die Veränderungen, die die Sprache aufweist, wenn das Denken beeinträchtigt ist. Die Sprache gewinnt dann einen automatischen, mehr stereotypen Charakter.

Im Verlauf des Denkens und Sprechens gewinnen oft sprachliche Vorgänge vom Charakter der "Sprachmittel" eine besondere Bedeutung, besonders wenn es sich um Äußerung von "fixierten" Gedanken handelt. Das darf uns aber nicht veranlassen, den Bezug zwischen Denken und Sprechen vorwiegend vom Gesichtspunkt der Fixierung von Gedanken durch die Sprache zu betrachten, eine Anschauung, die z.B. in Schopenhauers Worten ihren Ausdruck fand, "daß das eigentliche Leben des Gedankens nur so lange dauert, bis es an dem Grenzpunkt der Worte angelangt ist . . . da petrifiziert es, ist fortan tot . . ." [15] Das trifft gewiß nur in beschräktem Maße und unter bestimmten Umständen zu. Die Sprache bereichert auch – kraft der ihr innewohnenden Symbolfunktion – das Denken, oder von unserem Standpunkt ausgedrückt, ist ein kostbares Mittel, die Persölichkeit und ihre Welt zur volleren Entwicklung zu bringen und damit ihre *Selbstverwirklichung* in höheren Maß zu ermöglichen. Besonders W. von Humboldt und E. Cassirer haben diesen befruchtenden Charakter der Sprache ausdrücklich betont. Wenn auch die Sprache nach Humboldt das Denken in gewissen Schranken hält, "so fügt andrerseits das Wort, welches den Begriff erst zu einem Individuum der Gedankenwelt macht, zu ihm bedeutend von dem Seinigen hinzu; jede bedeutende Sprache ist ein Mittel zu Erzeugung und Mitteilung von Ideen." Der gleiche Gedanke fand in den Worten M. Schelers seinen Ausdruck: daß, so sehr die Sprache in ihren "herrschenden Schemata" das Erleben einfängt, sie doch durch neue Formen des Ausdrucks unser Leben bereichert und so die Erlebnisse "erst der fürchterlichen Stummheit unseres inneren Erlebens abzuringen vermag." [16]

Es gibt kaum einen besseren Beleg für diese Auffassung, als die Beobachtung des sprachgestörten Kranken: Die Veränderung seiner Persönlichkeit und seiner Welt, die mit dem Verlust des Symbolcharakters der Sprache, also der eigentlichen Sprache, einher geht. Der Kranke erlebt nicht mehr eine geordnete Welt, in der die Gegenstände

---

[15] A. Schopenhauer, *Parerga und Paralipomena*. II. § 283.
[16] M. Scheler, *Zur Phänomenologie und Theorie der Sympathiegefühle*. Halle 1913.

in gesetzmäßiger Beziehung zu einander stehen, sodaß man mit einer gewissen Sicherheit erwarten kann, was sich ereignen wird; er *steht vielmehr immer wieder anderen isolierten Situationen und Dingen gegenüber,* auf die er mehr oder weniger direkt reagieren kann, nämlich wenn er mit ihnen von früher im Bezug direkter Reaktion gestanden hat. Mit dem Fehlen der begrifflichen Beziehung und der damit verbundenen Ordnung ist die Möglichkeit, aktiv in die Welt einzugreifen, aufs schwerste behindert. Man kann zweifelhaft sein, ob wir berechtigt sind, von einer Welt der Gegenstände in dieser Welt zu sprechen. Gelb bezeichnete das, was der Patient erlebt, ich glaube korrekt, als Aktionsobjekte. Sie sind jedenfalls vereinzelte Gebilde und ihr Bezug zu dem Kranken wesentlich nur ein Anreiz zum Handeln, das von sehr anderen Aspekten bestimmt ist als unser normales Handeln. Man macht es sich gewöhnlich nicht klar, wie sehr die abstrakte Einstellung die Grundlage unseres Lebens in der Alltäglichkeit ist, wie sehr unsere alltägliche Welt auf Abstraktion und damit auf Sprache aufgebaut ist. Gewiß bringt die Sprache nicht nur Ordnung, sondern auch Zweideutigkeit in unser Leben. Wir haben wiederholt darauf hingewiesen, wie leicht Sprache Denken vortäuschen kann normaler Weise und besonders beim Kranken. Aber damit wird ihre enorme Bedeutung für die höchste Form der Selbstverwirklichung des Menschen in keiner Weise eingeschränkt, die ohne Denken und Sprechen nicht möglich wäre.

Denken und Sprache haben im *Wesentlichen die gleiche Struktur, beider Kern ist die Möglichkeit, die Welt mit abstrakter Einstellung zu betrachten. So repräsentieren beide in gleicher Weise das Charakteristische der menschlichen Natur.* Der Unterschied zwischen beiden besteht darin, daß diese Fähigkeit mit verschiedenen Mitteln zum Ausdruck gebracht wird. Die aufgezeigte Übereinstimmung macht es verständlich, daß jede allein nicht zur vollen Entwicklung kommen kann, daß Schädigung der einen Leistung sich auch in einer Beeinträchtigung der anderen manifestiert.

THE SMILING OF THE INFANT AND THE PROBLEM OF
UNDERSTANDING THE "OTHER"

The first smiling of the infant has always met with particular interest, and not alone because it is the most beautiful phenomenon of infancy. It became an object of scientific investigation because it seemed to represent the first contact of the infant with another human being and thus to be well-fitted for clarifying the very complex problem of mutual understanding.

Its appearance has always been hailed as a happy event which promises a happy life for the infant. In respect to this event I would like to refer to its description, often celebrated by a family festival, by the Roman poet. Virgilius, in verses 60-63 of his IVth Eclogue.[1] The poet speaks of it with prophesies for the future of the child, and exclaims: "Who does not smile at the mother will never be honored by the Gods to sit at their table nor by any Goddess to sleep with her." He then addresses the infant: "Begin, little boy, to welcome your mother by smiling, you, who brought so much discomfort to her for nine months, begin, little boy."

When one wants to understand the phenomenon of the smiling of the child, one should be aware that not all that is sometimes considered smiling in the infant is real smiling. Other movements which are observed on the face of the infant and have frequently been called smiling differ essentially from it. They are more diffuse, not so characteristically related to definite parts of the face, such as eyes, nose, mouth; they are irregular, uncoordinated.

Smiling must be further distinguished from laughing, which is not to be found in infancy. Laughing is a much stronger reaction; it is an exploding movement, the result of vehement pleasure, an outbreak of

* Reprinted, by permission of The Journal Press, Provincetown, Mass., from *Journal of Psychology*, 44, 1957 (pp. 175-191).
[1] *Cf.* also the interpretation of the verses by Norden (12).

great excitement; it goes along with a feeling similar to that experienced in passive, absolute relaxation; it is not related to the face alone but often consists, more or less, of uncoordinated movements of the whole body. The individual surrenders himself in laughing, so to say, to the outer world, without real interest in it, without even a relationship to it; it is a kind of strong release (8, 3).

From the general impression of the infant's smiling we may be inclined to assume that the stimulus which evokes it and the experiences of the infant during smiling may correspond to the phenomenon of smiling in the adult. But are we actually dealing with the same phenomena? Are we not overlooking some characteristic differences? Aware of the distinction between the personality structure of the infant and that of the adult, would the assumption not be more probable that we are dealing, in spite of some similarities, with essentially different phenomena? For a more adequate realization of the similarities and differences between the smiling of the infant and that of the adult, it may be useful first to describe the smiling of the adult. In our description we follow particularly Buytendijk (3), to whom we owe much for clarifying the phenomenon of smiling in general.

The expressive movements in smiling essentially concern the face. They are smooth, occur slowly, are well coordinated. The face creates the impression of satisfaction and serenity, accompanied by a little tension as if in the expectation of something agreeable. As Buytendijk says, it expresses the feeling of encountering a friend, anticipating the agreeable possibilities which the encounter contains as a promise. It is like the inner happiness we experience when we expect a joyful message which has not yet been received. But it expresses at the same time some uncertainty, some fear, that our expectation may not be fulfilled. It shows by the broadening of the face and the opening of the eyes the "sunny" character of the encounter and by the closed lips the restraint and somewhat concealed surrender to that which the encounter contains as a possibility. What the happiness produces seems to be the experience of a friendly attachment between me and some other human being which produces an overwhelming source of joy.

Even though there is no doubt that the smiling occurs frequently in normal infancy, there is nevertheless some difference of opinion as to the time of its first appearance. Charlotte Bühler (2) observed it on the tenth day, Spitz and Wolf (13) on the eighth, others more or less later. Spitz indicates that there seems to be no reason to question the possibility of smiling immediately after birth. This may be correct. But I cannot agree with these authors when they consider smiling to be akin to other expressive movements observed in the baby, such as frowning, opening and closing of the mouth, protruding the tongue, distortions of the face, irregular movements of arms, legs, trunk, *etc*. Smiling should be distinguished from these movements. It seems to be even doubtful whether they are expressive movements at all. They occur indiscriminately in response to different stimuli, whereas genuine expressive movements are related to definite stimulus con- figurations. They disappear after the first few months, while smiling normally increases.

In about the third month smiling can be elicited by a definite stimu- lus configuration and only by that, and reveals a differentiation from other expressive movements which occur, *i.e.*, from those when joy is experienced or in the reaction to food or toys, *etc.*

It has been said that smiling is based on an anticipation of gratifi- cation of a special need (see Gesell, 4). Although anticipation may be important for smiling in the adult, this cannot be assumed in the case of smiling in the infant in that stage of development where the attitude of anticipation does not yet exist.

For the same reason we must reject the hypothesis that it is based on imitation. At this age the infant is not capable of imitating anything. The fact that smiling occurs spontaneously also speaks against the imitation theory.

Kaila (11) has stated that the specific stimulation of smiling consists in the presentation of the two eyes, of the nose and forehead, in an *en face* position, accompanied by movements in the face, as by talking or nodding of the head. The stimulus configuration must be very definite, since holding the head in profile interrupts smiling at once. Without the accompanying movements the above-mentioned aspect of the face does not produce smiling. On the other hand, it seems that by definite stimulation the reaction occurs like a reflex. From this kind of stimu- lus configuration one could be inclined to assume that the stimulus must present the face of a living human being which tries to come, by a movement of the head, into contact with the baby. If by this it were meant that the smiling of the infant reflects the friendly expres- sion of the smiling adult, such interpretation would be in disagreement with observations which reveal that the individual from whom smiling is elicited need not have the feeling which belongs normally to smiling. Such a relationship between the adult and the child in smiling became particularly doubtful after newer experimental studies had been made by R. A. Spitz and Kathe Wolf (13). These experiments revealed that smiling could be elicited by a strongly distorted human face; moreover, that the presentation of a life-size puppet could have the same effect. It occurs only if some characteristic "Gestalt" is preserved, *i.e.,* if the stimulus consists of a face-like mask containing two forms simulating "eyes" and if the puppet is moved like a nodding head.

It is not quite clear how the infant experiences the mask or the puppet, whether the experience really differs from the reaction to the human face. That it appears different to us does not mean that this must also be so for the infant. It seems to me to be more accurate to say that the smiling of the infant is *released by a definite stimulus configuration,* rather than that it is produced by another person. What kind of relationship between stimulus and reaction can we assume to exist? I believe that we can consider smiling in this stage based on a kind of inborn mechanism, like other regular reactions to stimuli which we observe at this age and which develop on the basis of inborn mechanisms (5). This assumption does not, indeed, explain why smiling occurs "spontaneously" and, further, why it is elicited especially by the face of a human being.

We shall see that we are able to understand these and other phenomena when we consider smiling from a broader biological point of view. In this procedure we found it useful to start from the assumption that the *smiling reaction of the infant is accompanied by pleasurable feeling of a similar kind as the smiling of the adult.* At this point two questions arise: *What produces the pleasurable feeling in the infant and what kind of relationship to the outer world does this feeling represent?*

When we consider the motor action in the smiling of the infant we can say that it is an ordered behavior of the organism in connection with a definite stimulus. We know from other experiences that *ordered behavior is an expression of adequacy between the demands of the stimulus and the capacity of the organism.*

I could show that such an adequacy can exist in an individual without the experience of an "ego" or an "outer world." It corresponds to an objective unity between the organism and the "world." Such adequacy exists when smiling occurs accompanied by a definite *inner ex-*

perience within the infant (a feeling of well-being). One could say that *the first smiling of the infant belongs to an objective, adequate relationship between the infantile organism and the world,* especially the world as represented by the face of the mother, finding its expression in the *smiling movement and the feeling of well-being which is experienced in all conditions of adequacy.*

Since smiling may be an expression of adequacy, it is not related to a specific object. It is comprehensible, therefore, that it can appear in relation to different objective events, as, for example, when the infant is satiated, when he is in an "adequate" temperature, when he is falling asleep, *i.e., in all such situations which have a common denominator, namely that the baby is in adequate relationship with the environment.*

It may be useful at this point to refer to another phenomenon which is the effect of such an objective relationship between the organism and the outer world, a phenomenon in which an expressive movement combined with a definite experience occurs without the individual being aware of himself, of a definite outer world and of a relationship between both. This phenomenon is *anxiety,* which, as we could show, presupposes the existence of such a relationship without the individual being aware of it (5). Indeed, in such a situation the relationship brings about an inadequate distorted reaction: the phenomenon which we call the "catastrophic condition." This occurs in situations in which the organism is not able to cope with the demands of the outer world in an *adequate* way. It could be shown that in this condition the individual is *not aware* of the outer world situation which produces anxiety nor of the objective disorder of behavior to which the experience of anxiety belongs. To repeat: *In both phenomena, in anxiety and in smiling, the outer world is not experienced as such, nor does the individual experience himself as something separate from a "world."*

Concerning our concept that the first smiling is an expression of adequacy, I do not intend to minimize the particular rôle the mother plays in the development of early smiling. This concept makes it very understandable that the smiling, even if it is not the *direct* effect of the stimulation by the mother's face, is so easily brought to the fore in connection with it. There is scarcely anything else so apt to *produce a condition of adequacy in the infant as the adequate behavior of a loving mother.*

There is one point in our characterization of the smiling of the infant which demands special attention: *the experience of well-being related to smiling.* It appears as a concomitant of the adequate coming to terms with the outer world. One may ask why we ascribe to adequacy such great significance for organismic life. I think the reason is that it is the presupposition of self-realization. In my theoretical concept of organismic behavior, the trend for self-realization represents the basic impulse for all activity of the organism, and the feeling of well-being is only an expression of the organism's "existence." I cannot go into the details of this concept. However, to avoid misunderstanding, I should like to say the following:

"Self-realization" means nothing but *the realization of all capacities of the organism in a harmonious way so that the "existence" of the organism is guaranteed.* Indeed, the term fits the human organism fully only after the development of the "self." When we use it in relation to the infant who has not yet a "self" or to animals, where we cannot speak of a "self" at all, we do it because the essential meaning of the term is related to the unitary character of what we call a living being, which in the human being manifests itself in the experience of "the self" (5). To avoid misunderstanding I shall use the term *realization of the particular nature,* instead of self-realization, when we are not dealing with adult human beings. This trend for self-realization concerns not only the capacities already developed. It is *effective as well in the process of growth,* maturation, and learning. Smiling is but one expression of the organism in the realization of its nature as it corresponds to this stage of its development. It is not, however, the only expression. Other forms appear in the "primitive" reactions by which in this stage the existence, *i.e.,* the development, is guaranteed. By virtue of our explanation, smiling acquires a paradigmatic value for understanding human behavior.

The first smiling corresponds to the immature state of development of the infant. As an expression of the adequacy between the infant and the external conditions, it can occur at various times in correspondence to the way in which conditions are more or less conducive to producing adequacy. From our assumption, it becomes further comprehensible that the lack of smiling is accompanied by a failure in the development of the infant in general. We mentioned before that the ancient poet, Virgil, considered it to augur ill when the infant did not smile. Many authors have pointed to the relation between the lack of smiling and the disturbance in development due to unfortunate external conditions. Spitz and Wolf, as the result of careful observations, have stressed particularly this point. This lack of smiling can be an expression of a congenital mental retardation in general, which impedes the adequate relationship of the infant to the events of the outer world, or it may be due to abnormalities in the outer world with which the infant cannot come to terms in an adequate way, *e.g.*, the incorrect behavior of the mother or of persons who care for the infant.

As an *expressive movement* it has a somewhat different relation to organismic life than have the other adequate reactions. The latter bring the infant into connection with the outer world in such a way that he can actualize all his capacities and thus develop himself, thereby increasingly achieving his world. The expressive movements are particularly important for the *relation between himself and other persons*. Whether we are permitted to differentiate so sharply expressive activities from other activities, as has often been done, is somewhat questionable. Both phenomena appear later closely related. I have tried to show on another occasion (6) that *emotions* are not comprehensible as separate phenomena but that they belong to definite conditions of the totality of the organism. The observation that the same structure underlies both reaction forms as they manifest themselves in infancy permits us to assume that the *feeling of well-being* is characteristic not only of smiling but is *also present in all other adequate activities*. This is also suggested by the characteristic feelings we experience in so-called "preferred" behavior (5), which goes on in the form of adequacy and is closely related to self-realization. According to our interpretation of the smiling of the infant, it must be considered as an expression of the *present* condition of the organism, in the same way as I have, on another occasion, explained the phenomenon of anxiety (5). Previous events may influence the functioning of the organism and therefore modify the occurrence of adequacy in later situations. But *smiling is always the result of the present coming to terms of the organism*. The reaction form underlying the previous and the present smiling is the same. Its appearance can be understood only by considering *this reaction form*.

If, from our results concerning the nature of the first smiling, we consider the smiling in the *second stage* of development which begins in the second half of the first year, we shall see that in some respects it reveals equal phenomena and in others characteristic differences from the first smiling. It is no longer as dependent upon the exactness of the above-mentioned stimulus configuration. It is no longer as stereotyped and rigid. It can no longer be elicited by every smiling person. To some persons the child smiles back, to others he does not. He may even react to their smiling with the expression of anxiety and repulsion. It is no longer a passive reaction forced upon the infant but consists of a more active selective process. The smiling of the adult is also somewhat passive. We are induced to smile by an adequate stimulus, but we are not compelled to smile and we are able to interrupt it. On the other hand, we can continue it after the eliciting condition has disappeared. We can smile when we merely imagine a situation in which smiling may arise.

The smiling of the infant acquires increasingly all the characteristics of the smiling of the adult in the encounter with another person. In this respect it is interesting that the smiling of the infant in the second stage does not occur as immediately as before. It is, so to say, in the making. The infant frequently manifests hesitation, doubt, even some fear. He looks as though he might be experiencing a feeling of deception in his interpretation of the feeling of the smiling person. It seems that a certain courage is required in order to smile back. The influence of expectation is present, the *effect of the category of "possibility,"* which is a most characteristic expression of the "abstract attitude" (5).

While in the *first stage* of development adequacy and well-being are present in the unity with the world without any experience on the part of the infant of any relationship to anyone, to any "world," in the *second stage,* however, the unity occurs with the conscious experience of another person and of objects separated from the infant. All the above-mentioned characteristics of smiling in the second stage of development can be understood as an expression of a *change in the behavior of the infant in general* due to the development of the abstract attitude in this stage, which changes the smiling in the same way as it does all other activities of the infant. It reveals the selective character so characteristic for behavior determined by the abstract attitude.

After we have seen that smiling is related to the adequacy of the organism in respect to the outer world with which it has to cope, and, further, that smiling in the second stage, in spite of the equality of the underlying "mechanism" and feeling, reveals characteristic differences from that in the first stage, we are confronted with the problem: How does this change of the phenomenon from the first to the second stage occur?

For my general concept of biology (5) there is no doubt that we can successfully attack this problem only when we consider the phenomenon of smiling in relation to the change of the infant *in general* in this stage of development. Considering the development from this point of view, we should be aware that the infant is already in the *second period* of his life. The very first period is represented by the condition in the womb of the mother. In this period normally he and his mother live in a *somatic unity.* He is totally dependent upon the mother's condition. It seems that he is to a high degree protected against disturbances and is therefore for the most part in an adequate, ordered state. Otherwise normal development would not be possible.

What can we say about the *inner experience* of the fetus? We are, of course, unable to say anything definite about this. The observation of the first smiling has taught us that even very early ordered behavior seems to be accompanied by a psychic experience, the experience of well-being which accompanies the condition of "adequacy." We believe that it may not be too far-fetched to attribute even to the *embryonic life some psychic experiences,* something akin to the feeling of well-being in "order" and of anxiety in "disorder."

I feel justified in doing this particularly since it renders unnecessary the assumption of conscious experiences in the proper sense of the word, which we certainly cannot assume to exist in the embryo. The experiences belong to that group of phenomena which one can call the phenomenon of awareness, inner states, moods, feelings, *etc.,* which do not originate in a definite stage of development and are not related to a definite activity of the organism. They are characteristic *properties of all organismic life,* psychic phenomena belonging to the various ways of the coming-to-terms of the organism with the various demands it is exposed to. In the ordered, adequate form of organismic life, this is accompanied by the feeling of well-being; in the disordered, by anxiety, whether it occurs in the mature organism or in the fetus.

It is my belief that any attempt to separate objective behavior from such feelings is artificial, is a consequence of our method of cognition as a result of the application of the isolating method of natural science. We are not dealing with two events related to each other secondarily in any way. What seems to be so is merely the result of the two aspects from which the same phenomenon is considered by the special methodological approach. I must restrict myself in this place to these few comments concerning the so frequently disputed psycho-physical problem. For a more extensive discussion of this question I would refer the reader to my book, *The Organism* (5).

Birth changes essentially the situation of the infant. The basic unity between mother and child is broken. Immediately afterwards disordered behavior, catastrophes, probably connected with feelings of tension and anxiety occur. But for the most part the normal child is soon again in an ordered state; he sleeps most of the time, and, when awake, he does not seem to be very much disturbed. From the early appearance of smiling we can assume that a new adequacy is in the making. On the one hand, this is the effect of new bodily relations between mother and infant which develop specifically from the expressions of love on the part of the mother; on the other hand, this is the effect of various inborn mechanisms which are set into motion by the new stimuli and enable the organism to react adequately to the dangerous situation. As an example, I refer only to the mechanism of breathing which is stimulated by the lack of oxygen so indispensable for survival. More and more the infant comes into adequate contact with the world and acquires increasingly experiences related to the environment. Our knowledge of the infant's experiences in this period is very unsatisfactory, frequently based upon speculation alone. More careful studies are urgently needed. However, there is no doubt that the experiences do not represent a "world" around the infant in this period when neither an "ego" nor an "outer world" exist.

All the various sensations and activities of the infant are experienced with the feeling of well-being or of anxiety, depending upon whether they belong to adequate or inadequate reactions. Only the first correspond to self-realization and thus are adequate for *building up the "world" of the infant*. They may be very indefinite and for him not yet related to definite "objects" of *our* world, but they are, so to say, hovering around the experiences which correspond to different adequately-reacted-to events in the outer world, giving them characteristic flavors. These outstanding events, which acquire through the influence of memory some stability, come to the fore later in relation to objects in the "world" separated from the "ego."

In this way the world of the infant not only becomes more and more enlarged and differentiated but at the same time the *disrupted unity is reestablished* through the previously mentioned new conditions between mother and child, and even more through the spiritual unity which develops between mother and child in relation to the *common experiences of well-being in the same outer-world situation. The feeling of well-being is in this first stage not experienced as belonging to the individual infant* – such an individual infant does not yet exist. *It belongs to the experienced world.* One could say that the feeling of well-being is related to the total *infant-world-unity* and strengthens it increasingly.

With the development of the infant in the second stage – the most important characteristic of which is the development of an ego and an objective world separated from the ego – *this unity does not get lost.* It is maintained as a particular *sphere* in the totality of the human being. This is often overlooked in the discussion of the structure of the personality of man. Indeed in our culture this sphere is not allowed to come to the fore to any great degree because it would interfere with the tasks considered important. The neglect of this sphere is sometimes so wide that one has the impression that it plays no rôle in human behavior and human existence.

However, this impression is certainly an error. This *sphere* is always in the background of our experiences and activities and comes particularly to the fore *under all conditions in which self-realization can be fulfilled only in a more immediate relationship to the world,* as in all creative activities, as in all *intimate relationships with others,* be it friendship or love. Here adequate behavior and self-realization can be achieved only if we give ourselves over to this *sphere.*

From the early appearance of smiling we can assume that a new unity, a new adequacy between infant and environment is in the making. We are inclined from what we have said above to speak of a *reawakening* of the original "organism-world unity."

The various activities which we observe in the infant at the first stage are not all related to this unity in the same way. We are able to distinguish different forms of activities in various events in the outer world:

1. To some events the infant does *not react at all.* These are the events for which the infantile organism has no adequate reaction apparatus, or when he has such, the apparatus may not have matured to the degree that adequate reaction can occur.

2. On the other hand, the infant may react even to inadequate

stimuli when they are *very strong*. He is forced to do so, but under these conditions he does not react in a normal, ordered way but rather in a disordered way, a way which we call *catastrophic*. Out of the catastrophic reactions self-realization cannot develop. They are more or less conductive to hindering such development.

3. The third group of *activities* represents the real performances, which occur when the *outer-world can be reacted to in an adequate way* due to inborn mechanisms, belonging to the nature of the human being, and more or less mature at a definite stage of development. The first smiling belongs to the reactions in the sphere of "organism-world unity." But it occurs within the objective sphere, the world of the adult. The first smiling would not be possible if the infant were not protected against the dangers arising from our world by the behavior of the adult, by the organization of the world in such a way that adequacy between the infant and the demands on him is rendered possible. Only then can the infant behave adequately and can he *smile*.

This occurrence of smiling within *our* world will bestow on the feelings of well-being some coloring by means of the sensations emanating from the particular situations or objects where the smiling takes place and the motor experiences related to the reactions of the infant which accompany the smiling. As indefinite as these experiences may be, they, so to say, hover around the smiling in relation to different incidents and therefore bestow on it different characteristics. These experiences come to the fore later when the smiling takes place in relation to the objectively same "objects" in the "subject-object" world.

Thus we arrive at the result: *Man always lives in two spheres of experience,* never in one alone. The experiences are related to each other in the form of figure and ground. What stands out *as figure* depends on the particular significance of the one or the other experience in respect to the process of self-realization of the individual under the given conditions. All our activities – actions, thinking, *etc.* – begin with an organization of the "world" by means of the abstract attitude, through which the organism comes into a situation where the task he has to fulfill can best be accomplished (7). If by experimentation or unusual external circumstances the phenomena belonging to one sphere become inadequately preponderant, abnormal behavior takes place.

From this point of view, when we consider the condition during the two stages of development, we arrive at the following result: In the *first stage* the infant is able to act in the "organism-world sphere," but he can do so only when the world is organized by *the abstract attitude of the adult*, which means that *in this stage as well both spheres are in action*. The difference between the first and second stages consists merely in the fact that in the first stage the organization by the abstract attitude derives from the "other person," while later the individual himself organizes the world by his own abstract attitude.

As a matter of fact, the first smiling is not so simple a phenomenon, not a simple inborn mechanism set going by an isolated stimulus configuration such as we have described previously. It is, as all organismic behavior, an activity in an "organism-environment" realm. What we call infantile behavior is only an artificially separated part of an entity which comprises in our case the unity between the child and the human beings around him, particularly the mother.

I am not able to discuss in detail in this paper the specific attitude of the duality of experience with which we are here confronted. I wish only to mention that we are more or less always in this attitude in all our contacts with the world; not only in our personal relationship, in physiognomic, artistic, and religious experiences, but also in our recognition of objects, events, and even in the scientific approach to the world. In this approach the sphere of "organism-world unity" is intentionally repressed; while in our relation to persons, living beings in general, in physiognomic, artistic, and religious experiences, it is in the foreground.

This has to be taken into consideration when we evaluate the different realms of experience in their significance for human existence. Much would have to be said in this respect, especially concerning the significance of natural science for human existence.

The concept of the two spheres in man's experience, at which we arrived by means of the analysis of the smiling of the infant, brought us finally to some conclusions concerning the often-discussed problem of *understanding the other person*. It is not and cannot be my intention to consider this problem here in all its aspects. What I would like to do is merely to show what we can learn in this respect from our observations of the smiling of the infant.

The first smiling of the infant to the mother was often considered to be an expression of a sort of sympathetic encounter between the child and another person. *Our analysis of the phenomenon, however, does not permit us to assume this.* On the other hand, we have seen that there appears to be a common factor – the feeling of well-being in a state of adequacy as a starting point for the realization of the nature of the individual – underlying the first smiling and the smiling in the second stage of the infant and of the adult; and the latter, without a doubt, represents an *understanding of the "other" person.* From this fact I believe we may be able to come closer to a solution of this problem.

Before going into the matter, I would like to make some comments concerning the approach which characterizes our effort. The point of view from which we consider the observable phenomena is a *biological-anthropological* one. Indeed my definition of the term "biological" differs somewhat – one might even say essentially – from what is usually called biological. Concerning this I wish to refer to my book, *The Organism,* in which I have discussed the difference between my point of view and that of the usual natural-science interpretation of the behavior of living beings in general and of man in particular.

It is unnecessary to emphasize that our procedure also represents an analysis of empirical data. One may doubt that with this starting point anything can be contributed to the solution of this problem. This was often considered the cause of the various unsatisfactory interpretations of the phenomenon. Since Scheler's clarifying book, *Wesen und Formen der Sympathie,* one is convinced that one can do justice to the problem only by a phenomenological-ontological approach. In this respect particularly the work of Heidegger, Binswanger, Buytendijk, Guardini, Plessner, *et al.,* has to be mentioned. Binswanger has expressed this opinion in the strongest form when he wrote: "Mit dem Aufweis des ontologischen Zusammenhanges hat Heidegger ganze Bibliotheken über das Problem der Einfühlung, der Fremdwahrnehmung, überhaupt der Konstitution des fremden Ich in das Gebiet der Historie verwiesen; denn, was diese erklären und beweisen wollten, war in ihren Erklärungen und Beweisen immer schon vorausgesetzt." (With the disclosure of the ontological link of phenomena like empathy, recognition of the constitution of the other ego, *et al.,* Heidegger has banished to the realm of history libraries of books concerned with these problems. All that one wanted to explain and demonstrate was presumed in the explanations and demonstrations.)

Nevertheless, I believe it may be justified to investigate whether the phenomenological analysis represents the only adequate method to study the phenomena, whether the biological approach, as I have developed it, cannot contribute something to their understanding or at least establish a bridge between the results of both procedures. I was glad to read that Buytendijk wrote (3, p. 438): "Mitsein als Existial des In-der-Welt-Seins ist zwar der *Seinsgrund* jedes möglichen Verstehens, Einfühlens und Einsfühlens, aber dennoch soll man nicht übersehen, dass es auch Phänomene wie Wahrnehmungen, Empfinden, sich Erinnern, sich Einbilden, u.s.w. gibt – und es gerade die Aufgabe der Psychologie ist, ihre Eigenart in der Begegnung... zu erläutern." (Even if one considers to-be-with as the "existential," as the ontological basis of all understanding, empathy and feeling of oneness, one should not overlook the fact that there are also such phenomena as perception, feeling, recollection, imagination, *etc.*, and that it is the very task of psychology to clarify the special significance of each for the "encounter.")

And further: "Die ontologische Aufschliessung des Daseins würde sich in der Ungewissheit der unbegründeten, d.h. unmittelbar intuitiven Meinungen – die unbemerkt sich als eidetische Wesensschau vortun – verlieren, wenn nicht in den empirischen Wissenschaften die *demonstrative* Evidenz der Tatsachen immer wieder zurückgefunden würde" (p. 438). (Unless there were through the findings of empirical science a constant recourse to the demonstrable evidence of the facts, the ontological analysis of human existence ("Dasein") would be lost in the uncertainties of unfounded, that is to say, immediate intuitive "opinions" which appear in the guise of eidetic intuition of essence without one being aware of it.)

"Eben die Tatsache, dass die psychologischen Erfahrungen zu der sinnvollen Einheit eines systematischen Wissensgebietes zusammengefügt werden können auf Grund einer bestimmten Einsicht in das menschliche Sein, ist für die Richtigkeit dieser Einsicht die einzige legitime Berechtigung." (The fact that psychologic experience of a discursive nature can be merged into a meaningful scientific system, based on a definitive insight into the nature of man, *i.e.*, the "to-be" of man, this very fact is the only justification for the correctness of such an insight.)

With these words Buytendijk ascribes to empirical research a particular significance for a complete interpretation of the phenomenon of understanding the "other." When he further says that his concept is based on the observation: "dass es eine völlig sinnlose Faktizität nicht gibt (p. 439), sodass der Sinn nicht vom Subjekt völlig entworfen wird sondern der Entwurf sich einem vorgefundenen – objektiven – Sinn einfügt" (that there is no completely meaningless facticity, that meaning is not confined to the projections of a subject, but rather that the project has to be adapted to a meaning which is objectively given), this is in full agreement with my point of view regarding biology. This concept of facticity corresponds to what I call *biological facts*. The "phenomena" which we observe acquire the character of "data," i.e., of relevance for understanding organismic behavior only insofar as they are *significant* for the "existence" of the organism, or, in relation to man, for human existence.

I was reassured concerning my procedure when I realized that the data I refer to represent, so to say, empirical illustrations for essential results achieved through ontological insight. One example is Heidegger's statement (10): "Die Welt des Daseins ist Mitwelt. Das In-Sein (das in der Welt Sein) ist Mitsein mit anderen." (The world of human existence consists in a world of to-be-with. To-be-in (to be in the world), is being with others.)

Another example is Guardini's (9) position: "Die Person ist nur dann sinnvoll, wenn es andere gibt." (To speak of a "person" is meaningful only with the provision that there are other persons in the world.) In my opinion these ontological observations find their parallel in the results of my own studies, pointing out that "self-realization," i.e., *human existence, is possible only in relation to the self-realization of the "other."*

We observed that in the first stage of the development of the infant the feeling of well-being is not experienced as related to the infant alone but rather to the child-mother unity. This is the sphere we enter when we encounter someone with whom we have lived previously in a world where the same event produced in both equal and adequate reactions, and where the feeling corresponding to this adequacy has grown out of the experience of self-realization, of "existence." From the concomitant experiences related to the same external events originate the feeling of mutual adequacy, the feeling of belongingness to one another, of unity – somewhat similar to what the infant experiences in the first stage.

Concomitantly with the experience of "oneness," the infant in the second stage of development, after the separation of subject and object has taken place, experiences the separation between the self and the "other." This also occurs in the encounter of the adult when he sees that the "other" smiles or weeps in relation to explicit conditions in the outer world, or reacts to them in an explicit way. For at that moment he experiences what is taking place in "the other," he feels what the other feels, what he thinks, what he denotes by an action, by a word. But at the same time he is conscious that there is a person *separated* from him, an "other one," in the objective world, than he is himself. *He lives at the same time in both spheres.* He is able to experience this because of the abstract attitude, on which not only the separation between subject and object is based, but which also permits the possibility of shifting from one sphere to the other. Hence the individual lives in two worlds corresponding to the two spheres. He experiences himself and the "other" in separation as well as in unity, at least insofar as their common world is concerned. His own feeling is experienced by the "other," or, more accurately, in the "he-ego unity." When we experience that he is another, in the objective world, this must not disturb us.

This is the structure of the mutual smiling of friends in encounter. This experience of the *same adequate world is the presupposition of the understanding of the other one,* of all our knowledge of what is taking place in the "other." This is the foundation of understanding language. It is the basis of all friendship, of all love, where with surprise and astonishment we recognize that what is taking place in the "other" is identical with what is taking place in us.

We achieve this sphere of unity in "encounter" through perceiving the "other one." What induces it is not always the same manifestation in the "other." Sometimes it may be the total personality, or some single aspect of him, such as smiling, or some characteristic movement of the head, the hand, or the sound of his voice, *etc.* Also the total situation in which we meet him can be important for evoking the experience of *belonging together in the same world in adequacy with each other.*

What we have said concerning the structure of understanding of the "other" points to the *essential significance the original unity of child and mother* has for the developing of the phenomenon of "encounter" in the adult. I would like to add that it is not simply the effect of the experience of unity, of the manifestation of adequacy and of the feeling of well-being, but ultimately it is related to *the experience of the possibility of realizing oneself.* This is what fills us with so much *joy* in the "encounter." The fact that it is the experience of self-realization which is elicited by the "encounter" explains why we are so *deeply disappointed* when we have erred, whether it be that the other was someone else than we thought or whether he has changed in the meantime. This disappointment is so profound because it represents, so to say, a *shaking of our own existence*.

The experience in "encounter" brings to the fore something that is profoundly *characteristic of human nature, namely, that my existence is bound to the self-realization of "the other one."* The specific experience of "encounter" occurs only when the self-realization of the "other" is guaranteed, or seems to be so, according to previous experience.

Our discussion of the phenomenon of smiling has brought us to the conclusion that man can never realize himself unless the existence of the other is guaranteed. This reveals that ultimately *the concern for the other's existence is an intrinsic property of man's nature,* and that man is not to be understood in his characteristic uniqueness among all other living things without a consideration of *his belonging together with the "other."* This relationship is not simply a means of mutual support in the difficult effort of living in the world. It is by this belonging of individuals to each other that *man becomes man* and *only insofar as he achieves this is he man.* This reality presents itself in the appearance of joy (essentially different from pleasure), which *reveals itself as a characteristic experience for human existence* as early as in *the smiling of the infant in primitive form, and later conspicuously in the "encounter" of the adult* with another person.

REFERENCES

1. L. Binswanger, *Grundformen und Erkenntnis menschlichen Daseins.* Zürich 1941.
2. C. Bühler, "The social behaviour of children," *The Handbook of Social Psychology* (C. Murchison, Ed.). Worcester, Mass.: Clark Univ. Press, 1933.
3. F. J. J. Buytendijk, "Das erste Lächeln des Kindes," *Psyche,* Jahrgang 11, Heft 1.
4. E. Ilg & F. Gesell, *Feeding Behavior in Infants.* New York: Lippincott, 1937.
5. K. Goldstein, *The Organism: A Wholistic Approach to Biology,* New York: American Book Corp., 1948.

6. —. "On Emotions: Considerations from the organismic point of view," *J. of Psychol.*, 1951, 31, 37.
7. K. Goldstein & M. Scheerer, "Abstract and Concrete Behavior," *Psychol. Monog.*, 1941, 53, 239.
8. I. C. Gregory, *The Nature of Laughing*. London: 1924.
9. R. Guardini, *Welt und Person*. Würzburg: 1939.
10. M. Heidegger, *Sein und Zeit*. Tübingen: 1949.
11. E. Kaila, *Die Reaktionen des Säuglings auf das menschliche Gesicht*. Universitatis Abonensis, 1932.
12. E. Norden, *Die Geburt des Kindes: Geschichte einer religiösen Idee*. Leipzig: Teubner, 1924.
13. R. Spitz & K. M. Wolf, "The Smiling Response," *Genet. Psychol. Monog.*, 1946, 34, 57-125.

CONCERNING THE CONCEPT OF "PRIMITIVITY"*

The use of the word "primitive" in the literature about human behavior is very confusing. Its application to the ways of "uncivilized" people, at face value so different from those of civilized man, originated in the popular assumption that these ways were expressions of an inferior mentality. This opinion seemed to find scientific confirmation, particularly in the results of the research of Lévy-Bruhl, who spoke of a prelogical mentality of primitive people whose life is supposed to be determined by the law of participation, a concept which he had taken over from Durkheim. The members of these societies do not experience themselves as separate individuals; they and the objects in their world appear to them sometimes as the same, sometimes as others.

Paul Radin has, on the basis of unbiased consideration of reported phenomena, taken a definite critical stand against the correctness of Lévy-Bruhl's interpretation, so that it may seem no longer necessary to mention the latter in our discussion of the problem of primitivity – this the less as Lévy-Bruhl later abandoned some of his concepts. However, we are induced to refer to his concepts because they had and still have a great influence on the interpretation of a number of abnormal mental phenomena of cultured and "uncultured" people, as, for instance, the behavior of children or of patients with mental diseases, of dreams, and the like. This situation demands our consideration not only because the assumption that these and other phenomena are experiences of a similar "primitive" mental state was one of the main origins of the confusion concerning the term primitive, but also because, as we shall see, it is based on a wrong interpretation of the mentioned phenomena. To illustrate the role Lévy-Bruhl's ideas

* Reprinted, by permission of Columbia University Press, New York, N.Y., from *Culture in History, Essays in honor of Paul Radin,* 1960 (pp. 99-106).

still play in this field, I would like to quote some remarks by a scientist who plays a considerable role in spreading the concept of the so-called prelogical mind and the similarity between the inferior mentality of primitive people and the other conditions I pointed to. He writes: "The paleologician expresses himself in egocentric speech habits, for his thinking is predicative, and he has regressed to the egocentric speech of the child" (Domarus, 1944, p. 112). "We know that the child's speech has some elements of the speech of the primitive people . . . Therefore we are once more driven to the conclusion that the specific paleological thought and speech processes of the schizophrenics are in essence those of primitive people . . . the specific laws of language in schizophrenics show that they are the same as those of primitive people or even those of higher animals."

Another author tells us that if we accept this concept of paleological thinking it means that from the evolutionary point of view in biology, and correspondingly a comparative developmental approach in psychology, we also have to assume "the notion that intermediary stages once existed between some apes or ape-like species and the races of man who live today. Presumably these intermediary races of man thought paleologically" (Arieti, 1955, p. 269).

Heinz Werner has tried (Werner and Kaplan, 1956) to bring order into the chaos concerning the concept of primitivity by clarifying the various conditions to which the term has been applied. He wishes to reserve it – in relation to his concept of development psychology – for the lower level of behavior in the increasing differentiation and hierarchic integration characteristic for development. He writes: "It is empirically true that the processes emerging in the actual time sequence frequently conform to the developmental sequence; what occurs earlier in time often involves a greater lack of differentiation than what occurs later." Indeed, he does not want to be misunderstood as assuming that "primitive" means simply that which chronologically comes first. "The empirical relationship does not entail the proposition that temporal order of emergence and developmental sequence are of the same logical character." If I understand his reservation correctly, he wishes to avoid giving the impression that he believes in the generally relinquished "biogenetic *Grundgesetz*" of Haeckel. What he wants, it seems to me, is merely to state that the various behavior forms in different stages represent observable facts which can be considered similar or different expressions of degrees of differentiation. Indeed it seems to me doubtful whether, from this point of view, findings in the ontogenetic development of human beings could be compared with those in phylogenetic sequences; it seems particularly doubtful that childhood phenomena could be put parallel to those in "primitive" people. I have the impression that his studies have the intention of making such comparisons. I may or may not be correct on this, but I do think that Werner did not pay enough attention in this comparison to an aspect which seems to me of essential significance for any comparison of phenomena observed in different organisms or in different stages of development: we should never consider phenomena isolatedly, and we should never compare phenomena observed in isolation. What we observe is *embedded in the activity of the total organism,* and all its activity is an expression of the coming to terms of the particular organism with the outer world in its tendency to realize its nature as much as possible (Goldstein, 1939). Any phenomenon can be correctly interpreted only if one at least considers it from this point of view, too.

Developmental psychology considers phenomena in isolation insofar as it is interested in their formal structure; thus it often neglects the contents as unimportant. But when we want to understand a phenomenon, *i.e.,* interpret it as a means for the organism's self-realization, we must also take the contents into consideration. Particularly is this the case when we want to decide whether we are dealing in a phenomenon with the effect of one definite capacity or the lack of another – in our example the lack of a higher mental activity. Or when we want to know whether the organism possesses a capacity but it does not become effective in a definite situation – that is, in a definite relationship between organism and world – because the intention of the organism's activity can be fulfilled equally or even better without it.

It is not my intention to discuss concepts of the so-called primitive mind critically. Rather I prefer to analyze some phenomena often considered primitive which I have studied intensively, and to see whether this analysis gives us possibly a better interpretation of the behavior of "primitive" people than the assumption of prelogical thinking – an interpretation which, as I would like to show, is in principle in accordance with the results of the studies of Paul Radin.

It was particularly experiences with patients which taught me what erroneous interpretations of behavior one can arrive at when the conclusion is based on consideration of isolated phenomena, and how wrong one's results can be if one compares them with others which appear similar, even equal, at face value (Goldstein, 1946).

Before describing the behavior of certain patients with greater or lesser damage of the higher mental functions, I want to make some remarks concerning the concept of the organization of the human mind to which I came through studies of personalities with such damage.

We can distinguish in the behavior of normal human beings two kinds of approach to the world; we call these *concrete* behavior and *abstract* behavior (Goldstein and Gelb, 1925). Before I characterize both in more detail, I would like to illustrate the difference of the two approaches by a simple example. When we enter a darkened bedroom and switch on the light we act concretely, often without being aware of what we are doing; we experience only a desire to have light. The reaction is based on the aftereffect of previous equal situations. One can say we are given over somewhat passively to the world and bound to the immediate experience of the very things or the situation.

If, however, we reflect that by switching on the light we might awaken someone sleeping in the room and therefore do not switch it on, we approach the situation abstractly. We transcend the immediately given specific aspect of sense impressions; we detach ourselves from them and consider the situation from a conceptual point of view and react accordingly.

The two approaches are specific for all behavior organization of the human being (Goldstein and Scheerer, 1941) but one should not consider them as the effect of two different, separate capacities; they are rather two levels of the capacity of the human being. Each approach constitutes one definite behavioral range of performance, but they are always effective together as a unit which determines the organization of the performance. The participation of one or the other approach in a performance differs according to the different significance of one or the other approach for the fulfillment of the task.

All performances of the organism have the structure of a *figure-ground organization, i.e.,* we have to distinguish in the unitary activity which every performance presents that one part which fulfills the task directly from another one which represents the activity in the "background" on which the correct performance is based (Goldstein, 1946, p. 109). We call the first activity the figure, the other one the ground. What is meant by figure and ground becomes immediately obvious in visual experiences, for instance, in the difference between a picture and the ground on which it is presented; here one can also see that figure and ground are *dependent on each other* and that the phenomena in one influence the other. Like visual performances, all other performances of the organism show the same figure-ground organization, all motor actions, feelings, thinking, speaking, and the like.

Which capacity level becomes figure and which ground depends upon the way in which the task can best be fulfilled. In some tasks this will be by virtue of one level of activity, in others by the other level. It is very important to be aware that the *starting* of any performance *presupposes the abstract attitude*. Also, in performances which have to be executed in concrete behavior, for instance motor automatisms, the situation has to be prearranged in such a way that concrete behavior is set in motion; the ground has to be prepared so that it can run smoothly, independently. To achieve that, the abstract attitude is necessary. Furthermore, if for any reason anything goes wrong in the concrete activity, we need the abstract attitude to correct the mistake and to induce the continuation of the interrupted task.

In many situations of normal life the ground is prepared for concrete behavior in general, so that concrete behavior can be elicited immediately. That is the case in the organization for special work activity in industry, similarly in social life by organization according to customs.

In such situations we may be inclined to assume that the concrete approach *alone* is determining behavior. Patients with impairment of abstract attitude may not appear to deviate grossly from normal persons in everyday behavior because many routine tasks do not require the abstract attitude once activity has been set in motion and the situation in which it must occur is given. But otherwise they show definite failures, we can say, in all situations to which one can come to terms only by the abstract approach.

From an analysis of the behavior of a great number of such patients in various situations in everyday life and in special test situations, we learned, on the one hand, the different modes of behavior in which the abstract attitude is necessary, and on the other hand, what characterizes the structure of concrete behavior. I would like to mention some of the modes of behavior where the patient *fails*: when it is necessary to give an account to himself for acts and thoughts; when he has to keep in mind various aspects of a task or any presentation simultaneously; therefore the same object may appear as something different when considered by chance from another aspect or in another situation. The patient cannot break up a given whole into parts to isolate and so synthesize them. He cannot form concepts, symbols, and does not understand them; therefore his language has lost the character of being used in a symbolic way (Goldstein and Scheerer, 1941; Goldstein, 1948). The patient is not able to detach the ego from the outer world or from inner experiences; the relationship between different objects, different events, persons, words, may be determined by their accidentally appearing in the same place or at the same time. Syllogisms may be based on the similarity of parts of the premise – or, better said, on what appears so to the patient. Under certain conditions the predicate may determine the conclusion while under normal conditions it is determined by the subject. But, under other conditions, experience of similarity of other parts of the two sentences which the premises represent determines this. One has to be aware that the patient is not even able to realize what is demanded of him; he is unable to understand the structure of a syllogism and the procedure to solve the problem.

The concrete behavior does not imply conscious activity in the sense of reasoning. We surrender to experiences of an unreflected character; we are confined to the immediate apprehension of a given thing or situation in its particular uniqueness, which is never mediated by discursive reasoning. Our thinking and acting are directed by the claims which one particular object or an aspect of it or a situation makes. I want to stress that the concrete attitude exists also in respect to ideas, thoughts, and feelings.

The concrete behavior of the patient with defect of abstraction shows *characteristic differences from concrete behavior of normals.* The normal person is induced to behave concretely in special situations, but his reaction does not occur passively – there is some intention to do it. The individual is not forced to perform it. Even when some reaction runs automatically, we have in the background the feeling of its significance, embedded in a wider, more or less aware realm of experiences. When we make a mistake we are able to correct it by switching to the abstract attitude which, one could say, is always hovering around. The patient is forced to react to the object, to the situation. His doing is not an activity of himself as a person; one should rather speak of a reaction of an apparatus to a stimulus to which it is bound. The object is a "sign," by which the reaction is elicited. But not even that is fully correct. Not everything can become a sign; the sign has always some relation to the subject who can use it. For the patient everything can become a "sign" – a stimulus, a word, an object, a situation, a feeling – which for any reason comes to the fore and becomes connected with something else, for instance, when it occurs at the same time or place or otherwise. This connection becomes determining for future activities. What is connected remains so until some other "stronger" stimulation takes place. Everything that occurs gets the character of "evidence."

The patient cannot easily detach himself from definite objects and the like; it is difficult, sometimes impossible, for him to realize other potential functions of the same object. He appears fixed, rigid. On the other hand, he may be particularly suggestible to any connections which are induced to him by other people, if they are presented in such a way that he can grasp them with the concrete behavior. He may not be able to evoke images voluntarily, but they may come passively to the fore and even overwhelm him in such a way that he cannot get rid of them. He may not be able to distinguish them from real experiences.

Because of the difficulty of producing reasonable relations, often what is normally on the "fringes" of our experience, but usually is eliminated from use in our reactions, may become effective and produce connections difficult to understand, but understandable from this point of view.

We have till now referred to the phenomena in concrete behavior in everyday life, in practical work. But there are other normal reactions and experiences which belong to concrete behavior: physiognomic experiences, emotions, religious experiences and activities in different forms, from the rites, mythical experiences and activities, to the highest forms – the rituals in the "highest" religions.

Where these behavior forms appear in primitive people they are often considered as a special expression of an inferior mind. They represent, in opposition to the experience mediated by the intellectual approach, a more *immediate concrete relationship* between the individual and the world, especially the world of living beings, but also what we call the physical world: landscapes, mountains, the ocean, the sky, the sun, the stars, clouds, thunder, and the like. These play a considerable role in the life of man. The same phenomenon which can be experienced as an object in the ordered outer world in which things are going on, and in which we act on the basis of abstract attitude or in concrete activity, appears from this point of view as something totally different. These experiences are the basis of people's awe, admiration, devotion; conversely, of the feeling of helplessness and anxiety. They are the cause of a great number of activities which are strictly in opposition to rational understanding but have for them reality and influence the people.

Even highly educated people cannot escape from these influences. As much as one tries to eliminate these "disturbing" experiences which we have in all of man's different realms, to eliminate them by interpreting the phenomena as illusions, they appear again and again, sometimes in very complex systematic forms in cosmic theories, religious interpretations, myths, social customs, individual habits. These immediate experiences in relation to other human beings give rise particularly to assumptions about what is going on in the experiences of the "other." They are the basis of mutual understanding among human beings. The thinking underlying these experiences does not follow the laws of logical thinking. It shows similarity with the organization of concrete behavior.

I have come to the conclusion that man always lives in two spheres of experience; the sphere in which the subject and object are experienced as separate and only secondarily related, and another one in which he experiences oneness with the world (Goldstein, 1958).

Because we observe these experiences in normal human beings, we must say they and the world in which they appear belong to man's nature. When we then see that they cannot be understood by logic, we are inclined to consider them as aberrations, i.e., pathological phenomena or manifestations of an inferior mentality. It is particularly these phenomena which induced the assumption that the primitive has a prelogical mind.

Are we right to make such an evaluation? One may think so if one neglects the differences between normal and pathological concreteness. Here particularly the *isolatedness* of the experiences and actions of the pathological person is in opposition to the relatedness of the normal concrete behavior to the individual in its totality and the general condition in which it occurs. What is described as prelogical is more like the pathological than the normal concreteness. Is not the case the same concerning the mentality of the primitive people? Is their mentality not more similar to our normal concreteness than to the concreteness of the patients? The study of patients with missing abstract attitude who can use only the concrete capacity level shows that they can live in an ordered way if their *fellow men prepare the conditions* (by their abstract behavior) in such a way that the patient can do justice to demands in a concrete way. The positive result of their activities is therefore the effect of the influence of both capacity levels in cooperation. The same is the case when normal individuals are involved in concrete activities. The difference is that the latter can *prepare the conditions themselves* (with their own abstract capacity) in an appropriate way.

From my experience with the behavior of patients, I guessed that the *people in primitive societies may not be inferior, but that their behavior may correspond to what we have characterized as concrete behavior.* If that can be assumed, we come to the further question: *how can these people exist with their concrete level of behavior alone?* and I pondered whether their *existence may not be guaranteed by the abstract attitude of fellow men.*

Authors who assume that the behavior of primitive people shows inferior mentality, that it is an expression of a prelogical state of mind came to the conclusion that people with this mentality could not survive, for example, the "ape-like ancestors of man" who possessed only this capacity. Arieti asked "how these primitive races were able to survive or evolve into others ["higher" ones] if their actions were determined by a system of thinking which is so unrealistic . . .," and he came to the conclusion that "eventually the races which could not sufficiently overcome this type of thinking perished" (1955, p. 272). I could agree with him that human beings with such an inferior mentality could not survive – but only if one assumes that they were really human beings. If they were not that, why should living beings of another kind not have other conditions of existence? Now it is really only a hypothesis that these "predecessors" of man have lived. Arieti is interested in this problem of the possibility of the existence of a prelogical individual because he ascribes the same mentality to the living "primitive" men. He attempts to explain their existence by assuming that it is made possible through the "support of the authority" (the tribe); "therefore they may be able to indulge in the ritual with a certain facility" (1955, p. 227).

But how does this *support of the authority originate*? Does this not presuppose the existence of people of another, "higher" mentality in the society than the "primitive" man? I think that such an assumption would be necessary, not only as an explanation of the "concern" of the "authority" with their fellow men but particularly as explanation of the insight into the reason why the primitive man is not able to handle the difficulties of the world. Only then could the support occur in the correct way. If one assumes that the authority consists not of men but of rules or organization which guarantee the life of the tribe, then the problem is: *How could these rules grow out of a society of such inferior mentality?* I think only if one assumes that the inherited regulations were created by *men of higher mentality.* But that would mean that such men existed at least sometimes in the tribe. If that was the case, why not assume that one may have overlooked the fact that they exist also in present primitive society? Anyway it must induce us to study whether this may not be the case. This seems not improbable because rules can only be transmitted in history and remain effective later if there are men behind them who understand them and make them work.

With that, the not very plausible assumption of the existence of ape men as predecessors of men who perished would not be necessary. One would only have to assume that men with the higher mental capacity have always existed and may exist now in primitive tribes, although the great number of these people may live on a lower level of capacity, or, as I prefer to say, do behave concretely. When we speak later about Radin's concept of primitive societies, we shall see *that this seems really to be the case.* Such an assumption would make it unnecessary to explain how from the prelogical being the logical man "evolved." Without discussing this very delicate problem, I would like to say that I personally believe that there is no proof that such a development took place, and I do not see how it would be possible. How could (which it would mean) the symbolic function – so characteristic for man – develop from a capacity level which gives only the possibility for thinking and acting in "sign" relations?

Returning to the problem of how people who possess only concrete behavior can exist, again the observation of patients has brought us important information. As an example I would like to refer to the condition of the brain-damaged individuals we talked about before. We saw that patients with severe impairment of the abstract capacity level are not able to fulfill those tasks which we mentioned as depending on the use of this capacity. Therefore in the first period after the injury they are not able to come to terms with many demands of our – their previous – world and they therefore come easily into catastrophes and anxiety. Because of the disturbing aftereffects of the catastrophes, they are not even able to actualize fully their preserved concrete capacity. We could show that after a certain time mechanisms develop which protect them against the anxiety. How this occurs I cannot discuss here, but it is certainly not within their consciousness (Goldstein, 1939, pp. 42 ff.). But by these protections their life becomes more ordered, if even more restricted. They would have to live in a very reduced condition if they did not have the help of the people around them. *What does this help consist of?* What we observe is that after a certain time the patients come into better relations with the environment and are more able to use concretely what they had previously learned. One can easily get the impression that they are improved in respect to their defect. Examination of their capacities, however, shows that the defect exists as before. They can very easily come into catastrophes if confronted with tasks which cannot be fulfilled in concrete behavior. What brought the "improvement" was the organization of an environment from which such tasks do not, or only rarely, arise. Now they can live without difficulties in the way they are alone able to live, *i.e.*, in an absolutely concrete form of behavior. This organization is the effect of the use of the abstract attitude of the people around them. Their behavior can be understood only as an effect of the *interaction of the abstract behavior of their fellow men and their own concrete behavior.* In this way their existence is guaranteed in spite of their being able only to behave concretely.

With that we came to the conclusion that living with the *concrete behavior alone is not possible*; human existence presupposes the influence of both capacity levels.

Another example which illustrates our viewpoint is the existence of the infant in the first year of life. The infant comes into the world as a very imperfect, very helpless organism, particularly because his abstract capacity is not yet developed. He escapes the immediate danger of death by the operation of some inborn mechanisms which immediately come into action. But as important as that is for survival, he would come again and again into disorder and dangerous catastrophes, he would not even be able to use his inborn capacities to come to terms with the world or to develop if he were not protected against these states of disorder by the people around, the prototype of whom is represented by the mother.

This protection consists in building up an *environment corresponding to the state of the infant's maturation.* Organization of this adequate "world" presupposes insight into the physical and psychological needs of the infantile organism and its changes during maturation. This insight and the tendency to use it in the interest of the infant is an effect of the application of abstract behavior. Certainly the mother does not always invent the adequate organization of the environment; she takes over many old customs she has learned from her mother or other people. But it cannot be said that her activities grow out of so-called instincts; they are the result of the abstract attitude of the mother and of the ancestors.

At about the end of the first year of the infant's life, the first signs of the development of abstract attitude become visible. Now more and more, but in very slow development, the behavior of the child shows the influence of the unity of the concrete/abstract capacity levels. The mother's influence has to change correspondingly. There is a time when the cooperation of the mother's abstract attitude with the not fully developed capacity of abstraction of the child represents a very complex problem, which is not always correctly solved by the mother and so may have an ill effect on the further development of the child. In this relationship between mother and child, the capacity of the mother to understand also the psychological needs of the child is of greatest significance. Because the concrete behavior of the child prevails for a long time, the structure of his behavior may show similarities with other conditions where concrete behavior is in the foreground – with the behavior of patients and primitive people. Therefore a comparison may be easily at hand. But the differences should warn us against assuming equal states of "development" in the various conditions. What for us at the moment is important is that the development of the behavior of the child shows clearly that it is the effect of *abstract and concrete behavior,* that the existence and development of the infant is guaranteed by the effect of the capacity of abstraction in the behavior of others until he has developed his own abstract attitude.

From my analysis of the behavior of persons lacking the use of the abstract attitude and showing correspondingly abnormal concreteness,

I was inclined to assume that the people living in "primitive" societies may not have an inferior mentality but that they possess, like all human beings, the concrete-abstract unity of the human mental capacity. The impression of an inferior mentality might have arisen from the predominance of the concrete level in their behavior, by which they come to terms with the demands of the special world in which they live. I further assumed that they could exist only if their life was guaranteed by other people of the tribe, who have organized the world in such a way that people can come to terms with it with the concrete attitude. This in turn would make it necessary to assume that there are in the tribe people who have and use the abstract capacity. If that were true, then we would find here the same organization of their behavior as in our patients and in infants, insofar as it would represent the effect of the activity of themselves and of other people, too. If this could be proved for primitive societies, then the question would arise: Do not the "primitive" people in these societies show under some conditions signs of abstract capacity also? It is probable that a society consists of two groups of people mentally so different.

I was very much pleased when I realized that my conjecture seemed to be in agreement with the analysis of the mentality of "primitive" people by Paul Radin, and that his conclusions enforced my concept of the organization of human behavior in general.

I would like in this respect to refer to some statements by Radin in his book *Die religiöse Erfahrung der Naturvölker,* and to some of the reports by which he documents his conclusions. Radin stresses that the assumption of an inferior mentality of primitive people originated, on the one hand, from a generalization of the experiences with single or very few individuals. If a greater number had been investigated, it would have been realized that primitive people are not so passive, not such rigidly acting persons, but individuals; further – what is of particular significance – their individualities differ considerably. One can distinguish in all primitive societies two types of people, those who live strictly in accord with the rules of the society, whom he calls the "nonthinkers," and those who think, the "thinkers." The number of thinkers may be small but they play a great role in the tribe; they are the people who formulate the concepts and organize them in systems, which are then taken over – generally without criticism – by the nonthinkers. When one wants to understand the many peculiarities of the customs, rituals and the like, one must further pay attention to the fact that average people frequently misunderstand the formulations of the thinkers and distort them. There is another point in his remarks which is important, namely, that it is self-understood for these societies that the thinkers are so closely connected with community life that they also more or less participate in the certainly nonrational activities of the groups. This may give the impression that their mentality also is *"primitive."* Radin adds here that the same is the case also in civilized societies. He concludes: "Primitive societies differ in many respects essentially from ours, but not in that they have not the capacity of reasoning or in that they are not individuals." I would like to point out concerning his documentation for this opinion particularly the reports about conversations which Rasmussen had with the Eskimos. The comparison of the two reports given in detail leaves no doubt about the difference of the people in respect to thinking and not think- ing, and about the existence of people with high mental capacity in the tribe, not essentially different from those in civilized societies. The latter makes it understandable, according to Radin, that the religious experiences of the primitive people show exactly the same differences that we find in the historical high religions – we find mystics, ration- alists, conformists, revolutionaries, pragmatists.

When we read (Radin, 1950, p. 23) the remarks of the old Iglulik Eskimo, Ana – an Eskimo of the nonthinking type – in relation to the difficult life of the Eskimos, we recognize the realistic and concrete attitude toward the world; but the man seems not to be satisfied with simply pointing to the many difficulties and dangers of the life of the Eskimos but adds repeatedly the question: "Why is it so?" Further, "Why must there be storms which hinder us in looking for meat for ourselves and our beloved ones?" Why must the women he mentions suffer from pain and sickness without any guilt? Why must human beings suffer at all? And he adds to Rasmussen: "You also cannot answer our question – why is life as it is? And so it must be. We have no explanation." He adds then some remarks that are of particular significance in relation to the discussion of our problem about the capacity level of primitive people in comparison to our own. "We have anxiety ... therefore our fathers tried, as their forebears taught them, to protect themselves by all those instructions and customs which grew out of experiences and the knowledge of generations. We do not know how and why. But we follow them so that we can live in peace. And with all our angacoqs and their secret knowledge, we know so little that we fear everything."

The report of Rasmussen concerning this Eskimo has, as Radin mentioned, induced Lévy-Bruhl to assume the inferior mentality of the people. For him, Radin continues, the man's remark, "We have no explanation," represents the characteristic mental attitude of all primitive people, of each individual in every tribe. Is it justified to assume that such a man has a *"prelogical* mind"? In this respect I would like to stress that his behavior *is not like the behavior of our patients.* It does not show the deviations, the compulsiveness, by which the patients differ from normal concrete people. The remarks of the man show definitely a relationship of his activities and experiences to his total personality; this corresponds to the *concreteness of normal civilized people* but is in *opposition to the behavior of the patients,* who have *no "personality," no "world," only more or less isolated experiences.*

What might have brought the people of the primitive societies to this kind of organization of their culture to which concrete behavior is adequate? I cannot enter into a discussion of this problem. I do not feel at all competent for such a task. But I would like to say something about the role which *anxiety* plays in this respect. There is no doubt – again according to the remarks of the mentioned Eskimo – that the people know what anxiety is. On the other hand, they seem to have little anxiety. Radin says that Ana does not show in his behavior that he is in an emotional state when he speaks about the misery of their life and about their fear – at least not as if he experienced much anxiety. He mentioned that they live peacefully. If they were to be stricken by much anxiety that would not be possible, because as people living concretely they would not have the ability to escape anxiety. We know in general that anxiety cannot be overcome by concrete behavior. Thus the absence of anxiety must have another reason. *It is not eliminated; it does not occur,* because they live in a condition – due to their following the rules of the society – in which conflicts and anxiety usually do not arise. One could say also that they have no anxiety because they have the possibility of living in proportion with the demands on them.

This may not be so for the thinking people. To build up this adequate culture they must be aware of the anxiety and its danger and think about the way to avoid it. That would correspond again to the description of these people by Radin. They are aware of the difficulties of their own psychic disequilibrium and try to escape this by building up religious concepts and behavior. Their primary problem is to avoid anxiety and suffering and restore a normal psychic state of their own. With the awareness of this goal is connected another one, namely, to help the others to be able to live in physical and psychic health. It seems that this activity is based on altruistic feeling, even if other tendencies may be effective – the desire for power, reputation and wealth (Radin, 1950, p. 40). Be that as it may, *this goal would explain why they organize the society in such a way that physical and psychic health can also be reached by the nonthinking people.*

So it would be quite correct to say that people escape anxiety, but even better to speak of avoidance of the occurrence of conflict and anxiety by the structure of their culture. The nonthinking people may in their activity not be aware that the culture lets them avoid anxiety; in the same way as in civilized life, people who act concretely when menaced with anxiety are not aware that they are avoiding anxiety by acting concretely. The *nonthinking primitive people have no anxiety, because in the structure of their culture they are induced to act concretely and so do not come into conditions where anxiety could arise.* They know that there is anxiety; better, they are afraid of a great number of events. The thinker knows the reason for the occurrence of anxiety – as Radin has so clearly described in his discussion of the origin of their religion and organization of the rites to overcome their psychic disagreeableness – and so organized the culture in this way. This lack of much conflict and anxiety – also of guilt feelings – may explain why primitive people do not seem to suffer from compulsive neuroses. I think it is meaningless to say, as has been said, that the individuals have no compulsive neuroses, rather the whole culture is compulsive. There are mental states reported which look at face value like catatonia. What they represent is unclear. I would guess they represent severe shock reactions.

When the nonthinking Eskimo speaks of the significance of their culture as means to avoid anxiety, he may not be referring to his own experience of anxiety, but he is trying to explain how, by means of their culture, anxiety is avoided. That would show again how he is able to use his reasoning under certain conditions. When in his usual life in doing and thinking that is not the case, this would be explainable because it is not necessary. He behaves concretely because thereby he is able to achieve the best result. The application of abstract attitude may even disturb his successful concrete activities in the same way that the abstract attitude generally interferes with an activity which could be performed best in concrete behavior. The nonthinking man would then come into physical, particularly mental, disequilibrium which he would not be able to handle as the thinking man does, and he would experience anxiety.

The concrete behavior of the primitive man consists particularly in the rituals, so-called magical experiences and religious and mythical activities. When we look at them isolated from the whole structure of the primitive culture, they may appear abstruse, irrational. They do not originate in the nonthinking people but are the produce of the religious concepts of the "thinking" religious man. They are the expression of the religious man's attempts to fulfill his needs, to find order in his life, particularly in respect to psychological difficulties, by assuming the existence of something outside himself which is more powerful than he and determines what is valuable in man's life and restores his psychic equilibrium (Radin, 1950, p. 28). What we observe in the nonthinking man are those parts of these concepts which can be grasped in a concrete way and may be modified, even distorted, by misunderstanding; but they play in the totality of his life the same role as for the thinking man, *i.e.*, they stabilize his psychic life. They belong to the second sphere in which man lives in relation to the world, to which I have directed attention before (Goldstein, 1958). These phenomena may play a greater role in primitive life, but they are not essentially different from what we observe in the "thinking" man and the "nonthinking" man in civilized societies.

So we would come to the conclusion, that in both civilized and primitive societies, acting and thinking are not the result of the concrete behavior alone. The abstract attitude is always effective in the organization of the "world" by the thinkers in such a way that the people can fulfill the task in a concrete way. This participation of the abstract attitude finds its expression in primitive society in the formation of a permanent structure of the society, in civilized life in certain formations under special conditions. This may give the impression that the abstract capacity of the individual is in the latter always somewhat in action – not so in the activities of primitive people. If one then overlooks the difference between normal concrete behavior and the behavior of patients with defect of abstraction, one may get the impression that the primitive people have an inferior mind, particularly because the "primitive" person appears more unfree, compulsive, which is the effect of the greater regularity of his life. Indeed, they are hardly comparable to the patients; they are much more able to shift from one activity to another when the situation demands it.

I know only too well that my little essay, which touches upon so many controversial problems, is not at all sufficient to clarify the concept of primitivity. However, it may stimulate consideration of the factors underlying the assumption of an inferior human mind and may make us hesitate in comparing the behavior of children and patients with that of preliterate people. I hope the peculiarity of these people may come to be characterized by a more adequate term.

Paul Radin has said: "No progress in ethnology will be achieved until scholars rid themselves once and for all of the curious notion that everything possesses history, until they realize that certain ideas and concepts are ultimate for man." That is the same idea which grew out of my studies of the behavior of brain-damaged individuals in my attempt to acquire from these observations a concept of the nature of man.

REFERENCES

S. Arieti, *Interpretation of Schizophrenia.* New York, Brunner, 1955.

E. Cassirer, *Philosophy of Symbolic Forms.* New Haven, Yale Univ. Press, 1953.

E. Domarus, "The Specific Laws of Logic in Schizophrenia," *Language and Thought in Schizophrenia,* ed. by J. S. Kasanin. Chicago, Univ. of Chicago Press, 1944.

K. Goldstein, *The Organism.* New York, American Book Co., 1939.

—. "The Significance of Psychological Research in Schizophrenia," *Journal of Nervous and Mental Diseases,* 97:261, 1943.

—. "Naming and Pseudonaming," *Word,* Vol. 2, 1946.

—. *Language and Language Disturbances.* New York, Grune & Stratton, 1948.

—. *Human Nature in the Light of Psychopathology.* Cambridge, Harvard Univ. Press, 1951.

—. "The Smiling of the Infant and the Problem of Understanding the 'Other'," *Journal of Psychology,* 44:115-91, 1958.

K. Goldstein and A. Gelb, *Psychologische Analysen hirnpathologischer Fälle I.* Leipzig, Barth, 1920.

—. "Über Farbennamenamnesie," *Psychologische Forschung,* 6:127-86, 1925.

K. Goldstein and M. Scheerer, *Abstract and Concrete Behavior: An Experimental Study. Psychological Monographs,* Vol. 53, 1941.

Paul Radin, *Die religiöse Erfahrung der Naturvölker.* Zurich, Rhein-Verlag, 1950.

K. Rasmussen, *The Intellectual Culture of the Iglulik Eskimo.* Copenhagen, 1915.

H. Werner and B. Kaplan, "The Developmental Approach to Cognition: Its Relevance to the Psychological Interpretation of Anthropological and Ethnolinguistic Data," *American Anthropologist,* 58, No. 5, 1956.